Winfried Melcher, Katrin David und Thomas Skowronek

Rückstellungen in der Praxis

Winfried Melcher, Katrin David und Thomas Skowronek

Rückstellungen in der Praxis

Anwendungsfälle nach HGB und IFRS

WILEY
WILEY-VCH Verlag GmbH & Co. KGaA

1. Auflage 2013

Alle Bücher von Wiley-VCH werden sorgfältig erarbeitet. Dennoch übernehmen Autoren, Herausgeber und Verlag in keinem Fall, einschließlich des vorliegenden Werkes, für die Richtigkeit von Angaben, Hinweisen und Ratschlägen sowie für eventuelle Druckfehler irgendeine Haftung.

Bibliografische Information der Deutschen Nationalbibliothek
Die Deutsche Nationalbibliothek verzeichnet diese Publikation in der Deutschen Nationalbibliografie; detaillierte bibliografische Daten sind im Internet über http://dnb.d-nb.de abrufbar.

© 2013 Wiley-VCH Verlag & Co. KGaA, Boschstr. 12, 69469 Weinheim, Germany

Alle Rechte, insbesondere die der Übersetzung in andere Sprachen, vorbehalten. Kein Teil dieses Buches darf ohne schriftliche Genehmigung des Verlages in irgendeiner Form – durch Photokopie, Mikroverfilmung oder irgendein anderes Verfahren – reproduziert oder in eine von Maschinen, insbesondere von Datenverarbeitungsmaschinen, verwendbare Sprache übertragen oder übersetzt werden. Die Wiedergabe von Warenbezeichnungen, Handelsnamen oder sonstigen Kennzeichen in diesem Buch berechtigt nicht zu der Annahme, dass diese von jedermann frei benutzt werden dürfen. Vielmehr kann es sich auch dann um eingetragene Warenzeichen oder sonstige gesetzlich geschützte Kennzeichen handeln, wenn sie nicht eigens als solche markiert sind.

Satz inmedialo, Digital- und Printmedien UG, Plankstadt
Druck und Bindung CPI, Ebner & Spiegel, Ulm
Umschlaggestaltung Christian Kalkert, Birken-Honigsessen

ISBN: 978-3-527-50686-6

Inhaltsübersicht

Inhaltsverzeichnis 7

Vorwort 17

Abkürzungsverzeichnis 19

1 **Einleitung** 23

2 **Sonstige Rückstellungen** 27
   2.1 Ansatz 27
   2.2 Bewertung 92
   2.3 Auswirkungen der Ausübung des Beibehaltungswahlrechts auf die Jahresabschlüsse nach dem Übergang auf das BilMoG 162
   2.4 Ausweis 173
   2.5 Ausblick HGB 207

3 **Steuerrückstellungen** 209
   3.1 Ansatz nach HGB 209
   3.2 Bewertung 213
   3.3 Ausweis 213
   3.4 Anhangangaben 214
   3.5 Rückstellungen für latente Steuern 215
   3.6 Besonderheiten nach IFRS 218
   3.7 Synoptische Übersicht 221

Rückstellungen in der Praxis Winfried Melcher, Katrin David und Thomas Skowronek
Copyright © 2013 WILEY-VCH Verlag GmbH & Co. KGaA, Weinheim

4 Pensionsrückstellungen *223*
    4.1 Allgemeines *223*
    4.2 Ansatz *228*
    4.3 Bewertung von Pensionsrückstellungen *234*
    4.4 Ausweis *271*
    4.5 Ausblick *279*

5 Anwendungsbeispiele für Ansatz, Bewertung und Ausweis *283*
    5.1 Sonstige Rückstellungen *284*
    5.2 Steuerrückstellungen *391*
    5.3 Pensionsrückstellungen *398*

6 Schlussbetrachtungen und Ausblick *413*

Zu den Autoren *415*

Literaturverzeichnis *417*

Stichwortverzeichnis *427*

Inhaltsverzeichnis

Vorwort 17

Abkürzungsverzeichnis 19

1 Einleitung 23

2 Sonstige Rückstellungen 27
- 2.1 Ansatz 27
- 2.1.1 Allgemeines 27
- 2.1.1.1 Rückstellungsbegriff 31
- 2.1.1.2 Abgrenzungen zu anderen Instrumenten 33
- 2.1.1.2.1 Rückstellungen und Verbindlichkeiten 33
- 2.1.1.2.2 Rückstellungen und Eventualverbindlichkeiten 34
- 2.1.1.2.3 Rückstellungen und Rechnungsabgrenzungsposten 36
- 2.1.1.2.4 Rückstellungen und Rücklagen 38
- 2.1.1.2.5 Rückstellungsbildung versus Abschreibungserfordernis 39
- 2.1.1.3 Zeitpunkt der Bildung/Nachholung, Inanspruchnahme, Umgliederung und Auflösung 40
- 2.1.1.3.1 Zeitpunkt 40
- 2.1.1.3.2 Bildung/Nachholung 42
- 2.1.1.3.3 Inanspruchnahme 43
- 2.1.1.3.4 Umgliederung 44
- 2.1.1.3.5 Auflösung 45
- 2.1.1.3.6 Besonderheiten unter IFRS 45
- 2.1.1.4 Wertaufhellung und Wertbegründung 46
- 2.1.1.5 Einfluss der steuerlichen Rechtsprechung auf die handelsrechtliche Bilanzierung 48
- 2.1.2 Verbindlichkeitsrückstellungen 49
- 2.1.2.1 Voraussetzungen für die Ansatzpflicht nach HGB 49
- 2.1.2.1.1 Passivierungspflicht 49
- 2.1.2.1.2 Bestehen einer Außenverpflichtung 50

2.1.2.1.3	Rechtliche oder wirtschaftliche Verursachung in der Vergangenheit und betriebliche Veranlassung	51
2.1.2.1.4	Wahrscheinlichkeit der Inanspruchnahme	53
2.1.2.1.5	Keine zukünftigen Anschaffungs- und/oder Herstellungskosten	54
2.1.2.1.6	Passivierungsverbot	55
2.1.2.1.7	Konkurrenz zu Drohverlustrückstellungen	56
2.1.2.1.8	Ansatzgründe für Verbindlichkeitsrückstellungen	56
2.1.2.2	Besonderheiten nach IFRS	60
2.1.2.2.1	Allgemeines	60
2.1.2.2.2	Restrukturierungsrückstellungen	62
2.1.2.3	Synoptische Übersicht	64
2.1.3	Drohverlustrückstellungen	66
2.1.3.1	Voraussetzungen für die Ansatzpflicht nach HGB	66
2.1.3.1.1	Passivierungspflicht	66
2.1.3.1.2	Schwebende Geschäfte	66
2.1.3.1.3	Objektive Verlusterwartung	67
2.1.3.1.4	Entstehen eines Nettoverlustes (Saldierungsbereich)	68
2.1.3.1.5	Einmalige Lieferungen und Leistungen	68
2.1.3.1.5.1	Beschaffungsgeschäfte	68
2.1.3.1.5.2	Absatzgeschäfte	70
2.1.3.1.5.3	Mischkalkulation	71
2.1.3.1.5.4	Bewertungseinheiten aus Beschaffungs- und Absatzgeschäften	72
2.1.3.1.6	Dauerschuldverhältnisse	74
2.1.3.1.6.1	Dauerbeschaffungsverhältnisse (z.B. Darlehens-, Miet-, Arbeits- und ähnliche Verträge)	74
2.1.3.1.6.2	Dauerabsatzgeschäfte (z.B. aus Vermietungsverträgen oder sonstigen langfristigen Verträgen)	75
2.1.3.1.7	Sonderfälle	76
2.1.3.1.7.1	Verlustbringende Filialen	76
2.1.3.1.7.2	Angeschaffte Drohverlustrückstellungen	77
2.1.3.1.8	Konkurrenz zu Verbindlichkeitsrückstellungen	78
2.1.3.1.9	Dokumentation der drohenden Verluste	78
2.1.3.1.10	Ansatzgründe für Drohverlustrückstellungen	78
2.1.3.2	Besonderheiten nach IFRS	79
2.1.3.2.1	Belastende Verträge	79
2.1.3.2.2	Verluste aus Fertigungsaufträgen	80
2.1.3.3	Synoptische Übersicht	81

2.1.4	Aufwandsrückstellungen	82
2.1.4.1	Voraussetzungen für die Ansatzpflicht nach HGB	82
2.1.4.1.1	Unterlassene Aufwendungen für Instandhaltung	82
2.1.4.1.2	Unterlassene Aufwendungen für Abraumbeseitigung	84
2.1.4.1.3	Gewährleistungen ohne rechtliche Verpflichtung (Kulanzrückstellungen)	85
2.1.4.1.4	Aufwandsrückstellungen und Komponentenansatz	86
2.1.4.2	Besonderheiten nach IFRS	88
2.1.4.2.1	Latente Steuern aufgrund nicht angesetzter Aufwandsrückstellungen	88
2.1.4.2.2	Kulanzrückstellungen	88
2.1.4.2.3	Komponentenansatz	89
2.1.4.3	Synoptische Übersicht	91
2.2	Bewertung	92
2.2.1	Allgemeines	92
2.2.2	Nominaler Verpflichtungsbetrag	93
2.2.2.1	Schätzmaßstab	93
2.2.2.2	Wertfindung und Berücksichtigung künftiger Preis- und Kostenänderungen	99
2.2.2.3	Verzinslichkeit	107
2.2.2.4	Schätzungsänderungen	108
2.2.2.5	Drohverlustrückstellungen	109
2.2.2.6	Aufwandsrückstellungen	110
2.2.2.7	Sammelrückstellungen	110
2.2.3	Erstattungsansprüche	113
2.2.3.1	Aktivierungsfähigkeit von Erstattungsansprüchen	114
2.2.3.2	Verrechnung von Erstattungsansprüchen mit Rückstellungen	117
2.2.4	Abzinsung	120
2.2.4.1	Restlaufzeit	121
2.2.4.2	Abzinsung von Rückstellungen mit Restlaufzeiten unter einem Jahr	127
2.2.4.3	Zinssatz	130
2.2.4.3.1	Ganzjährige Restlaufzeiten	130
2.2.4.3.2	Unterjährige Restlaufzeiten	132
2.2.4.3.3	Fremdwährungsverpflichtungen	134
2.2.4.3.4	Drohverlustrückstellungen	135
2.2.4.3.5	Zinssatz nach IFRS	135
2.2.4.4	Abzinsungszeitraum	137

2.2.4.4.1	Ganzjährige Restlaufzeiten	*137*
2.2.4.4.2	Unterjährige Restlaufzeiten	*139*
2.2.4.4.3	Abzinsungszeitraum nach IFRS	*140*
2.2.4.5	Berechnung der Aufzinsungsbeträge	*140*
2.2.4.6	Vereinfachungen bei der Sammelbewertung	*144*
2.2.4.6.1	Methode gesondert zu betrachtender Teilperioden	*144*
2.2.4.6.2	Gruppenbewertung	*147*
2.2.4.6.3	Möglichkeiten nach IFRS	*149*
2.2.4.7	Rückstellungen für latente Steuern	*150*
2.2.5	Verteilungs- und Ansammlungsrückstellungen	*150*
2.2.5.1	Verteilungsrückstellungen	*151*
2.2.5.1.1	Bilanzierung nach HGB	*151*
2.2.5.1.2	Bilanzierung von Entsorgungs-, Wiederherstellungs- und ähnlichen Verpflichtungen nach IFRS	*155*
2.2.5.2	Ansammlungsrückstellungen	*158*
2.2.5.2.1	Bilanzierung nach HGB	*158*
2.2.5.2.2	Bilanzierung nach IFRS	*159*
2.2.6	Synoptische Übersicht	*160*
2.3	Auswirkungen der Ausübung des Beibehaltungswahlrechts auf die Jahresabschlüsse nach dem Übergang auf das BilMoG	*162*
2.3.1	Einführung	
2.3.2	Das Beibehaltungswahlrecht nach Art. 67 Abs. 1 S. 2 EGHGB	*162*
2.3.3	Das Beibehaltungswahlrecht für Aufwandsrückstellungen	*167*
2.3.4	Ausweis	*169*
2.3.5	Anhangangaben	*172*
2.3.6	Zusammenfassung: Ausweisvorschriften und Anhangangaben	*172*
2.4	Ausweis	*173*
2.4.1	Bilanz	*173*
2.4.2	Gewinn- und Verlustrechnung	*175*
2.4.2.1	Erfassung von Zuführungen	*176*
2.4.2.2	Einflüsse aus der Abzinsung	*178*
2.4.2.2.1	Jährlicher Aufzinsungsaufwand	*179*
2.4.2.2.2	Effekte aus der Änderung des Abzinsungszinssatzes	*179*
2.4.2.2.3	Effekte aus der Änderung der Restlaufzeit	*180*
2.4.2.2.4	Vorgehen zur Bestimmung der einzelnen Effekte	*181*

2.4.2.3	Verminderungen oder Auflösungen von Rückstellungen	*185*
2.4.2.4	Gesonderter Ausweis der Erträge und Aufwendungen aus der Abzinsung	*187*
2.4.3	Anhang	*188*
2.4.3.1	Angaben nach § 284 Abs. 2 Nr. 1 HGB	*188*
2.4.3.2	Angaben nach § 284 Abs. 2 Nr. 3 HGB	*190*
2.4.3.3	Angaben nach § 285 Nr. 12 HGB	*191*
2.4.3.4	Angaben nach § 277 Abs. 4 S. 3 HGB zu periodenfremden Aufwendungen und Erträgen	*193*
2.4.3.5	Besonderheiten im Konzernabschluss	*194*
2.4.3.6	Allgemeine Anhangangaben nach IFRS	*194*
2.4.3.6.1	Angaben zu den Bilanzierungs- und Bewertungsmethoden (IAS 1)	*194*
2.4.3.6.2	Angaben zu Änderungen der Bilanzierungs- und Bewertungsmethoden (IAS 8)	*196*
2.4.3.7	Anhangangaben nach IAS 37	*197*
2.4.3.7.1	Angaben zu bilanzierten Rückstellungen	*197*
2.4.3.7.2	Eventualverbindlichkeiten und Eventualforderungen	*198*
2.4.3.7.3	Erleichterungsvorschriften	*199*
2.4.3.8	Angabe zu wesentlichen Erträgen und Aufwendungen aus Bilanzierung oder Auflösung von Rückstellungen	*200*
2.4.3.9	Anhangangaben nach IAS 10	*201*
2.4.4	Lagebericht	*202*
2.4.4.1	Anwendungsbereich und Grundsätze	*202*
2.4.4.2	Geschäftsverlauf und Lage der Gesellschaft	*203*
2.4.4.3	Bericht über wesentliche Chancen und Risiken	*204*
2.4.4.4	Nachtragsbericht	*204*
2.4.5	Synoptische Übersicht	*205*
2.5	Ausblick HGB	*207*

3 Steuerrückstellungen *209*

3.1	Ansatz nach HGB	*209*
3.1.1	Betriebliche Steuerschulden aus öffentlich-rechtlichem Verhältnis	*209*
3.1.2	Ansatz beim Steuerschuldner	*211*
3.1.3	Ansatz von laufend und nicht laufend veranlagten Steuern	*212*

3.2	Bewertung	213
3.3	Ausweis	213
3.4	Anhangangaben	214
3.5	Rückstellungen für latente Steuern	215
3.6	Besonderheiten nach IFRS	218
3.6.1	Aktuelle Regelungen	218
3.6.2	Ausblick	220
3.7	Synoptische Übersicht	221

4 Pensionsrückstellungen 223

4.1	Allgemeines	223
4.1.1	Begriff und Begriffsabgrenzung nach HGB	223
4.1.2	Begriff und Begriffsabgrenzung nach IFRS	226
4.2	Ansatz	228
4.2.1	Ansatz nach HGB	228
4.2.1.1	Unmittelbare Verpflichtungen	228
4.2.1.2	Mittelbare und ähnliche Verpflichtungen	230
4.2.2	Ansatz nach IFRS	231
4.2.2.1	Beitragsorientierte Altersversorgungsverpflichtungen	231
4.2.2.2	Leistungsorientierte Altersversorgungsverpflichtungen	232
4.3	Bewertung von Pensionsrückstellungen	234
4.3.1	Bewertung nach HGB	234
4.3.1.1	Bewertungsvorschrift	234
4.3.1.2	Lohn-, Gehalts- und Rententrends	235
4.3.1.3	Abzinsungszinssatz	236
4.3.1.4	Bewertungsmethode	240
4.3.2	Bewertung nach IFRS	242
4.3.2.1	Abzinsungssatz und Ertrag aus dem Planvermögen	242
4.3.2.2	Versicherungsmathematische Gewinne und Verluste	244
4.3.2.3	Bewertungsmethode	247
4.3.3	Synoptische Übersicht: Ansatz und Bewertung	248
4.3.4	Deckungsvermögen	249
4.3.4.1	Handelsrechtliche Voraussetzungen	249
4.3.4.1.1	Vermögensgegenstände nach § 246 Abs. 1 HGB	250
4.3.4.1.2	Schulden aus Altersversorgungsverpflichtungen und vergleichbaren langfristig fälligen Verpflichtungen	250
4.3.4.1.3	Schutz der Vermögensgegenstände vor dem Zugriff aller übrigen Gläubiger (Insolvenzschutz)	250

4.3.4.1.4	Zweckexklusivität der Vermögensgegenstände	*252*
4.3.4.2	Rechtsfolgen des § 246 Abs. 2 S. 2 HGB	*253*
4.3.4.2.1	Umfang der Saldierung	*253*
4.3.4.2.2	Bewertung der Vermögensgegenstände zum beizulegenden Zeitwert	*253*
4.3.4.2.3	Ausschüttungssperre im Zusammenhang mit Deckungsvermögen	*254*
4.3.5	Wertpapiergebundene Altersversorgungszusagen	*255*
4.3.5.1	Handelsrechtliche Voraussetzungen und Rechtsfolgen	*255*
4.3.5.2	Sonderfall: Leistungskongruente Rückdeckungsversicherungen	*258*
4.3.5.2.1	Kennzeichen und Ausgestaltung einer Rückdeckungsversicherung	*258*
4.3.5.2.2	Anforderungen an das Vorliegen einer leistungskongruenten Rückdeckungsversicherung	*259*
4.3.5.2.3	Anschaffungskosten und Zeitwert einer Rückdeckungsversicherung	*261*
4.3.5.2.4	Auswirkungen auf die Ausschüttungssperre nach § 268 Abs. 8 S. 3 HGB	*263*
4.3.6	Planvermögen: Voraussetzungen nach IAS 19 im Vergleich zum Handelsrecht	*263*
4.3.7	Vergleich von Deckungsvermögen und Planvermögen	*266*
4.3.8	(Un)zulässige Vermögensarten	*268*
4.3.8.1	Eigene Anteile	*268*
4.3.8.2	Darlehen des Fonds an den Bilanzierenden	*268*
4.3.8.3	Übertragung von nicht finanziellen Vermögenswerten auf den Fonds mit anschließender Nutzungsüberlassung an das Unternehmen	*269*
4.3.8.4	Betriebsnotwendiges Anlagevermögen	*270*
4.4	Ausweis	*271*
4.4.1	Ausweis in der Bilanz nach HGB	*271*
4.4.2	Ausweis in der Bilanz nach IFRS	*272*
4.4.3	Ausweis in der Gewinn- und Verlustrechnung nach HGB	*273*
4.4.4	Ausweis in der Gesamtergebnisrechnung nach IFRS	*275*
4.4.5	Anhangangaben nach HGB	*277*
4.4.6	Anhangangaben nach IFRS	*279*
4.5	Ausblick	*279*

5 Anwendungsbeispiele für Ansatz, Bewertung und Ausweis 283

5.1	Sonstige Rückstellungen	284
5.1.1	Abbruchkosten	284
5.1.2	Ansammlungs- und Verteilungsrückstellungen	285
5.1.3	Aufbewahrungsrückstellung	296
5.1.4	Aufwandsrückstellungen (unterlassene Instandhaltung)	302
5.1.5	Beibehaltungswahlrecht: Konsequenzen an den nachfolgenden Bilanzstichtagen	304
5.1.6	Drohverlustrückstellungen	309
5.1.6.1	Rückstellungen für schwebende Rohstoffbeschaffungsgeschäfte	309
5.1.6.2	Zusammenfassung von Verträgen	315
5.1.7	Garantie/Gewährleistungen	319
5.1.8	Handelsvertreter (Ausgleichszahlung)	324
5.1.9	Hauptuntersuchungs-Rückstellungen (Verpflichtungen aus Leasingverträgen)	327
5.1.10	Personalrückstellungen	335
5.1.10.1	Urlaubsrückstellungen	335
5.1.10.2	Einmalzahlungen	343
5.1.10.3	Verpflichtungen aus Altersteilzeitverträgen	344
5.1.10.4	Beihilfen	353
5.1.10.5	Vorruhestand	355
5.1.10.6	Lebensarbeitszeitkonten	358
5.1.11	Prüfungskosten/Jahresabschlusskosten	363
5.1.12	Rechtsstreitigkeiten/Prozesskosten	365
5.1.13	Restrukturierungsrückstellung	370
5.1.13.1	Ansatz einer Restrukturierungsrückstellung	370
5.1.13.2	Verlagerung der Produktion 1 und Schließung der Produktion 2	377
5.1.13.3	Berücksichtigung von Transfergesellschaften	379
5.1.13.4	Umzugs- bzw. Pendelkosten	380
5.1.13.5	Aufwendungen im Zusammenhang mit einer Restrukturierung	381
5.1.13.6	Ausweis von Restrukturierungsaufwendungen	383
5.1.14	Sanierung/Beseitigung von Altlasten	384
5.1.15	Umweltschutzverpflichtungen (Anpassungsverpflichtungen)	388

5.2	Steuerrückstellungen *391*
5.2.1	Rückstellung für Steuerrisiken *391*
5.2.2	Rückstellung für latente Steuern nach § 249 HGB *395*
5.3	Pensionsrückstellungen *398*
5.3.1	Übergangsvorschrift des Art. 67 Abs. 1 S. 1 EGHGB *398*
5.3.2	Deckungsvermögen und Ausschüttungssperre *405*
5.3.3	Wertpapiergebundene Altersversorgungszusagen *408*

6   Schlussbetrachtungen und Ausblick   *413*

Zu den Autoren   *415*

Literaturverzeichnis   *417*

Stichwortverzeichnis   *427*

Vorwort

Alles fing an mit einer Fallstudie zu den Konsequenzen aus der Ausübung des Beibehaltungswahlrechts zu »Überdotierte[n] Rückstellungen im Zeitpunkt des Übergangs auf das BilMoG«, die wir im Juli 2011 in der Zeitschrift für internationale und kapitalmarktorientierte Rechnungslegung veröffentlichten. Die Art und Weise, wie wir die praxisrelevanten Lösungen in der Fallstudie dargestellt hatten, wurde sowohl von Bilanzerstellern sowie prüfenden Kollegen in der Praxis als auch von Hochschullehrern und Studenten sehr positiv aufgenommen.

Daher stellten wir uns sehr gerne der Aufgabe, nicht nur ein weiteres theoretisches Buch über Rückstellungen zu schreiben, sondern aufbauend auf einem fundierten Einstieg in die unterschiedlichen Aspekte der Rückstellungen hinsichtlich Ansatz, Bewertung und Ausweis Lösungswege für die in der Praxis auftauchenden Probleme detailliert und nachvollziehbar darzustellen. Der allgemeine theoretische Teil ist dabei Voraussetzung für das Verständnis der praxisorientierten Beispiele. Somit ermöglichen wir den Lesern nicht nur den Einstieg in die Bilanzierung von Rückstellungen, sondern bieten auch Lösungsansätze für komplexere Fragen.

Die Beispiele basieren auf konkreten Fällen aus unserer täglichen Praxis in der fachlichen Grundsatzabteilung der KPMG in Berlin. Wir haben allerdings die Sachverhalte anonymisiert und stark vereinfacht, um die wesentlichen Aspekte und Aussagen für den konkreten Fall herauszuarbeiten. Die wesentliche Literatur zu diesem Thema wurde bis zum 30. September 2012 (Redaktionsschluss) berücksichtigt.

Ein solches Buch ist nur durch die Unterstützung einer Vielzahl von weiteren Personen möglich. Unser Dank gilt daher insbesondere unseren Kolleginnen und Kollegen aus der fachlichen Grundsatzabteilung für die zahlreichen bereichernden Diskussionen, so dass auch deren praktische Erfahrungen mit in dieses Buch eingeflossen sind. Des Weiteren danken wir unseren Werkstudenten, namentlich Svenja Schwalm und Stefanie Wägner, die uns beim Sichten und Vorsortieren der relevanten Literatur unterstützt haben sowie in der »heißen Phase« der Bucherstellung in mühevoller Kleinarbeit durch das Manuskript gingen.

Den Lesern und Nutzern dieses Buchs wünschen wir viel Freude und Erfolg bei der täglichen Arbeit mit dem Thema Rückstellungen und hoffen, dass wir unser Ziel, die Regelungen zur Bilanzierung der Rückstellungen nach HGB und IFRS klarer und verständlicher zu machen, erreicht haben.

Wir freuen uns auf Ihre Anregungen und Hinweise, die Sie entweder auf dem Postweg an den Verlag schicken oder per Email an Wirtschaft@Wiley-VCH.de senden können.

Berlin, 6. Dezember 2012
*Winfried Melcher,
Katrin David und
Thomas Skowronek*

Abkürzungsverzeichnis

A

a. A.	anderer Ansicht, anderer Auffassung
Abb.	Abbildung
Abs.	Absatz
Abschn.	Abschnitt
abzgl.	abzüglich
ADS	Adler/Düring/Schmaltz
a. F.	alte(r) Fassung
AG	Aktiengesellschaft
Alt.	Alternative
AO	Abgabenordnung
aRAP	aktiver Rechnungsabgrenzungsposten
Art.	Artikel
ATZ	Altersteilzeit

B

B.	Buchstabe
BAG	Bundesarbeitsgericht
BAGE	Entscheidungen des Bundesarbeitsgerichts
BB	Betriebs-Berater (Zeitschrift)
BBK	Buchführung Bilanz Kostenrechnung (Zeitschrift)
BBodSchG	Bundes-Bodenschutzgesetz
BDI	Bundesverband der Deutschen Industrie e. V.
BeBiKo	Beck'scher Bilanzkommentar
Begr.	Begründung
BetrAVG	Betriebsaltersversorgungsgesetz
BetrVG	Betriebsverfassungsgesetz
BFA	Bankenfachausschuss des IDW
BFH	Bundesfinanzhof
BGB	Bürgerliches Gesetzbuch
BGBl.	Bundesgesetzblatt
BGH	Bundesgerichtshof
BilMoG	Bilanzrechtsmodernisierungsgesetz
Bo-HdR	Bonner Handbuch der Rechnungslegung
BRZ/BC	Zeitschrift für Bilanzierung und Rechnungswesen (Zeitschrift)
bspw.	beispielsweise
BStBl.	Bundessteuerblatt
BT	Bundestag
BT-Drs.	Bundestagsdrucksache
BurlG	Bundesurlaubsgesetz
bzgl.	bezüglich
bzw.	beziehungsweise

C

ca.	circa
CTA	Contractual Trust Arrangement

D

DB	Der Betrieb (Zeitschrift)
DBO	Defined Benefit Obligation
d. h.	das heißt
DRS	Deutscher Rechnungslegungs Standard
Drs.	Drucksache
DRSC	Deutsches Rechnungslegungs Standards Committee e. V.
DStR	Deutsches Steuerrecht (Zeitschrift)
DStV	Deutscher Steuerberaterverband e. V.

E

ED	Exposure Draft
E-DRS	Entwurf Deutscher Rechnungslegungs Standard
EFRAG	European Financial Reporting Advisory Group

EGHGB	Einführungsgesetz zum Handelsgesetzbuch	**I**	
ElektroG	Elektro- und Elektronikgerätegesetz	IAS	International Accounting Standard
EStG	Einkommensteuergesetz	IASB	International Financial Standards Board
EStR	Einkommensteuerrichtlinien	i. d. F.	in der Fassung
etc.	et cetera	IDW	Institut der Wirtschaftsprüfer in Deutschland e. V.
EUR	Euro		
EuGH	Europäischer Gerichtshof	IDW ERS	Entwurf IDW Stellungnahme zur Rechnungslegung
e. V.	eingetragener Verein		
evtl.	eventuell	IDW PS	IDW Prüfungsstandard
EZB	Europäische Zentralbank	IDW RH	IDW Rechnungslegungshinweis
		IDW RS	IDW Stellungnahme zur Rechnungslegung
F			
f.	folgende	IFRIC	International Financial Reporting Interpretations Committee
FAS	Statement(s) of Financial Accounting Standards		
		IFRS	International Financial Reporting Standards
ff.	fortfolgende		
FG	Finanzgericht	IFS	Illustrative Financial Statements
FN-IDW	Fachnachrichten des IDW (Zeitschrift)	i. H. v.	in Höhe von
		InsO	Insolvenzordnung
		IRZ	Zeitschrift für Internationale Rechnungslegung (Zeitschrift)
G			
gem.	gemäß	i. S. d.	im Sinne des(r)
GewSt	Gewerbesteuer	i. S. v.	im Sinne von
ggf.	gegebenenfalls	IT	Informationstechnologie
GmbH	Gesellschaft mit beschränkter Haftung	i. V. m.	in Verbindung mit
		K	
GmbHG	Gesetz betreffend die Gesellschaften mit beschränkter Haftung	Kap.	Kapitel
		KoR	Zeitschrift für internationale und kapitalmarktorientierte Rechnungslegung
GmbHR	GmbH-Rundschau (Zeitschrift)		
GmbH-Stpr.	GmbH-Steuerpraxis (Zeitschrift)		
GoB	Grundsätze ordnungsgemäßer Buchführung	KSt	Körperschaftsteuer
grds.	grundsätzlich	**L**	
GrS	Großer Senat	LAG	Landesarbeitsgericht
GuV	Gewinn- und Verlustrechnung	Lifo	Last in first out
H		**M**	
HB	Handelsbilanz	MDR	Monatsschrift für Deutsches Recht (Zeitschrift)
HdR	Handbuch der Rechnungslegung		
		Mio.	Millionen
HFA	Hauptfachausschuss des IDW	m. w. N.	mit weiteren Nachweisen
HGB	Handelsgesetzbuch		
Hrsg./hrsg.	Herausgeber/herausgegeben	**N**	
HS	Halbsatz	n. F.	neue Fassung
		NJW	Neue Juristische Wochenschrift (Zeitschrift)

Nr.	Nummer	StB	Steuerbilanz
NWB	Neue Wirtschafts-Briefe (Zeitschrift)	StuB	Steuern und Bilanzen (Zeitschriften)

O

		T	
o. g.	oben genannt	Tab.	Tabelle
OLG	Oberlandesgericht	TEUR	Tausend Euro
		TV FlexÜ	Tarifvertrag zum flexiblen Übergang in die Rente
P		Tz.	Textziffer
p. a.	per annum		
PerG	Personengesellschaft	**U**	
PiR	Praxis der internationalen Rechnungslegung (Zeitschrift)	u. a.	unter anderem
		u. E.	unseres Erachtens
		USD	US-Dollar
POC-Methode	Percentage of Completion-Methode	US-GAAP	United States Generally Accepted Accounting Principles
pRAP	passiver Rechnungsabgrenzungsposten	USt	Umsatzsteuer
PSVaG	Pensions-Sicherungs-Verein auf Gegenseitigkeit	**V**	
PublG	Publizitätsgesetz	VerpackVO	Verpackungsverordnung
PUC-Methode	Projected Unit Credit-Methode	vgl.	vergleiche
R		**W**	
RegE	Regierungsentwurf	WPg	Die Wirtschaftsprüfung (Zeitschrift)
Rn.	Randnummer(n)		
resp.	respektive	WpHG	Wertpapierhandelsgesetz
RückAbzinsV	Rückstellungsabzinsungsverordnung	WPO	Wirtschaftsprüferordnung
		Y	
		YEN	japanische Währungseinheit
S			
S.	Satz	**Z**	
SGB	Sozialgesetzbuch	z. B.	zum Beispiel
sog.	sogenannte(r)	zzgl.	zuzüglich

1
Einleitung

In der Praxis stehen Bildung, Bewertung und Ausweis von **Rückstellungen** im Mittelpunkt vieler Fragen der täglichen Arbeit, in der monatlichen oder quartalsweisen Berichterstattung und im Rahmen der Erstellung des Jahres- bzw. Konzernabschlusses. Die Anpassung des nationalen HGB durch das **BilMoG**[1] in 2009 hat sich u.a. erheblich auf die handelsrechtliche Bilanzierung von Rückstellungen ausgewirkt. Hierzu gehören das weitreichende Passivierungsverbot für bestimmte **Aufwandsrückstellungen**, die verpflichtende Berücksichtigung künftiger **Preis- und Kostenänderungen** sowie die **Abzinsung** der voraussichtlichen nominalen Verpflichtungsbeträge.

Das Ziel dieser Änderungen war es, die handelsrechtliche Rechnungslegung sowohl für den Jahres- als auch für den Konzernabschluss **an die internationale Rechnungslegung anzunähern**. Im Vergleich zur IFRS-Rechnungslegung soll die HGB-Rechnungslegung aber **einfacher** und **kostengünstiger** sein. Dies soll insbesondere auch für konzernrechnungslegungspflichtige, nicht kapitalmarktorientierte Unternehmen gelten, denen mit dem HGB eine **bessere Alternative** zu IFRS erhalten bleiben soll.[2]

Ansatz

Durch das BilMoG wurde die Passivierung von **Aufwandsrückstellungen** weitestgehend verboten. Von diesem Verbot betroffen sind Rückstellungen für im abgelaufenen Geschäftsjahr unterlassene Instandhaltungsaufwendungen, sofern die Instandhaltungsmaßnahmen nicht innerhalb von drei Monaten nach Ablauf des Geschäftsjahrs nachgeholt werden[3], sowie Auf-

---

1 Vgl. Gesetz zur Modernisierung des Bilanzrechts (Bilanzrechtsmodernisierungsgesetz – BilMoG) vom 25.5.2009, BGBl. I, S. 1102 ff.
2 Vgl. Begr. RegE BilMoG, BT-Drucks. 16/10067, S. 35.
3 Vgl. § 249 Abs. 1 S. 2 HGB und § 249 Abs. 1 Nr. 2 HGB a. F. Nach der alten Fassung konnten Instandhaltungsmaßnahmen, die nach dem Dreimonatszeitraum, jedoch bis spätestens 12 Monate nach dem Bilanzstichtag nachgeholt wurden, ebenfalls zurückgestellt werden. Maßnahmen nach 12 Monaten waren auch schon vor BilMoG nicht rückstellungsfähig.

wandsrückstellungen für Aufwendungen, die dem abgelaufenen Geschäftsjahr oder einem früheren Geschäftsjahr zuzuordnen sind, die am Bilanzstichtag wahrscheinlich oder sicher, aber hinsichtlich Höhe und Eintrittszeitpunkt unbestimmt sind.[4]

Bewertung

Des Weiteren hat das BilMoG zu umfangreichen Änderungen der Bewertungsvorschriften für Rückstellungen geführt. Nach § 253 HGB sind »Rückstellungen in Höhe des nach vernünftiger kaufmännischer Beurteilung notwendigen **Erfüllungsbetrags** anzusetzen«. Das bedeutet, dass gegenüber dem früher anzusetzenden **Rückzahlungsbetrag** zukünftige **Preis- und Kostenänderungen** zwingend in die Bewertung von Rückstellungen einzubeziehen sind. Darüber hinaus müssen zukünftig alle Rückstellungen mit einer Restlaufzeit von mehr als einem Jahr mit einem fristenkongruenten Marktzinssatz abgezinst werden, um den Zeitwert des Geldes bei der Bewertung zu berücksichtigen. Bislang war eine **Abzinsung** nur dann zulässig, wenn in der zugrunde liegenden Verbindlichkeit ein Zinsanteil enthalten war. Die für die Abzinsung von den Bilanzierenden anzuwendenden Zinssätze werden von der **Deutschen Bundesbank** auf Grundlage eines über sieben Jahre geglätteten durchschnittlichen **laufzeitadäquaten Marktzinssatzes** ermittelt und veröffentlicht.

Anwendung

Die geänderten Ansatz- und Bewertungsvorschriften waren erstmals für nach dem **31.12.2009** beginnende Geschäftsjahre anzuwenden. Diese Vorschriften durften allerdings – wenn auch nur insgesamt – bereits für das davor liegende Geschäftsjahr angewendet werden.

Übergangsvorschriften

Durch die **Übergangsvorschriften**, die mit dem BilMoG (Art. 67 Abs. 1 und 3 EGHGB) ergangen sind, wurden dem Bilanzersteller mehrere **Wahlrechte** eingeräumt. So mussten bisher passivierte Rückstellungen, die in Zukunft nicht mehr gebildet werden können bzw. anders bewertet werden müssen, dem Grunde nach (Ansatz) bzw. der Höhe nach (Bewertung) beibehalten und bestimmungsgemäß nach den bisher geltenden Vorschriften in Anspruch genommen bzw. ergebniswirksam über die Gewinn- und Verlustrechnung aufgelöst oder sofort erfolgsneutral in die Gewinnrücklagen umgebucht werden.

---

4 Vgl. Streichung des § 249 Abs. 2 HGB (Fassung vor BilMoG).

Aufgrund der Möglichkeit der **Beibehaltung** bestimmter Rückstellungen über den Umstellungszeitpunkt hinaus entstehen in der Folgezeit weitere praktische Fragstellungen, die sich unter Umständen noch bis zu 15 Jahre nach erstmaliger Anwendung des BilMoG auswirken können. Wurde von dem Beibehaltungswahlrecht dagegen kein Gebrauch gemacht, mussten die resultierenden Auflösungsbeträge unmittelbar ergebnisneutral in die Gewinnrücklagen eingestellt werden. Eine Berührung der Gewinn- und Verlustrechnung fand dabei nicht statt.[5]

Auswirkungen auf die Bilanzierung von Rückstellungen

Die oben kurz umrissenen Änderungen beim Ansatz und bei der Bewertung haben zum Teil **erhebliche Konsequenzen** für die handelsrechtliche **Bilanzierung** von Rückstellungen und somit auch auf die **Bilanzpolitik** der Unternehmen.[6] Den Bilanzierenden werden so wichtige und beliebte Instrumente zur **Ergebnisgestaltung** weitgehend genommen.[7] Die Auswirkungen der Umstellung auf die Höhe der Rückstellungen kann allerdings nicht einheitlich beantwortet werden, da sich z.B. die Berücksichtigung von Preis- und Kostensteigerungen tendenziell rückstellungserhöhend auswirkt, während die Abzinsungsvorschriften zu eher niedrigeren Rückstellungen führen. Die quantitativen Konsequenzen sind daher nur **individuell** für jedes Unternehmen ermittelbar.

Annäherung HGB an IFRS

Bei flüchtiger Betrachtung ergibt sich durch die Umsetzung des BilMoG eine weitgehende **Annäherung** des HGB an die IFRS. Im Detail gibt es jedoch weiterhin **umfangreiche Unterschiede** sowohl beim Ansatz als auch bei der Bewertung sowie beim Ausweis. Die wesentlichen Ansatzunterschiede liegen im unterschiedlich ausgestalteten Komponentenansatz (z.B. Großreparaturen) sowie im Nichtansatz sämtlicher Aufwandsrückstellungen in den IFRS. Bedeutsame Bewertungsunterschiede ergeben sich durch unterschiedliche Marktzinssätze (Stichtagszinssätze versus 7-jährige Glättung) bei der Abzinsung. Durch die teilweise Orientierung des HGB an den IFRS werden die handelsrechtlichen **Ergebnisse** insgesamt **volatiler**. Soweit aus

---

5 Vgl. Art. 67 Abs. 1 S. 3 HGB sowie Art. 67 Abs. 3 S. 2 1. HS EGHGB; dies galt jedoch nicht für Aufwandsrückstellungen, die erst im letzten, vor dem 1.1.2010 beginnenden Geschäftsjahr neu gebildet wurden, da der Gesetzgeber damit die bewusste Bildung von Gewinnrücklagen verhindern wollte.

6 Vgl. Fink/Kunath, DB 2010, S. 2346.

7 Vgl. Schmidtmeier/Oser/Zajontz, DStR 2012, S. 1467.

den Unterschieden temporäre Differenzen zwischen IFRS-Bilanzansätzen und steuerlichen Buchwerten der Vermögenswerte und Schulden resultieren, werden die Effekte allerdings durch die Berücksichtigung von (gegenläufigen) latenten Steuern abgemildert.

Ziel des vorliegenden Buches

Das Ziel des vorliegenden Buches liegt darin, **Praktikern** bei der täglichen Arbeit eine Hilfestellung zu bieten, **Studierenden** einen praxisrelevanten Einstieg in das breite Anwendungsgebiet der Rückstellungen zu ermöglichen, **Lehrenden** theoretisch fundierte, anwendungsorientierte Beispiele für die Lehre zu bieten und der an der Materie **interessierten Öffentlichkeit** zu ermöglichen, einen schnellen Überblick zu den relevanten Themen zu erhalten.

Das Buch orientiert sich **sachlogisch am HGB** und setzt auch den **Schwerpunkt** der Betrachtung und Diskussion auf die nationale **handelsrechtliche Rechnungslegung**. Allgemeine Ansatz- und Bewertungsvorschriften, die z. B. auch für Pensionsrückstellungen und Steuerrückstellungen gelten, werden zunächst im Bereich der Sonstigen Rückstellungen vorgestellt und erläutert. Für die Bereiche Pensions- und Steuerrückstellungen wurden aufgrund deren Besonderheiten eigene Kapitel vorgesehen. Darüber hinaus werden **wesentliche Unterschiede zwischen HGB- und IFRS-Rechnungslegung** bzgl. der Rückstellungen aufgezeigt. Eine vollumfängliche Behandlung aller IFRS-Fragestellungen würde allerdings den Rahmen des vorliegenden Buches sprengen. Des Weiteren enthält das Buch ein separates Kapitel, in dem Beispiele aus der Praxis zu Sonstigen Rückstellungen im Allgemeinen und zu Steuer- und Pensionsrückstellungen im Besonderen dargestellt werden. Das Besondere an diesem Kapitel liegt in der Vorstellung detaillierter Lösungswege, die auch auf andere Rückstellungssachverhalte übertragen werden können.

2
Sonstige Rückstellungen

2.1 Ansatz

2.1.1 Allgemeines

Unter den Sonstigen Rückstellungen werden im Folgenden solche Rückstellungen verstanden, die nicht gem. § 266 HGB zu den Pensions- oder Steuerrückstellungen gehören. Dennoch gelten für die beiden letztgenannten auch die allgemeinen Überlegungen zu Rückstellungen, die in diesem Abschnitt vorgestellt und erläutert werden. Soweit darüber hinaus oder anstatt spezielle Regeln für Steuer- oder Pensionsrückstellungen gelten, sind diese in den Kapiteln 3 und 4 dargestellt.

Rückstellungen haben das **Ziel**, Aufwendungen dem Geschäftsjahr zuzuordnen, in dem sie entstanden bzw. wirtschaftlich verursacht worden sind[8], und am Bilanzstichtag die bestehenden Schulden[9] sowie die damit im Zusammenhang stehenden zukünftigen Ausgaben darzustellen. Rückstellungen dienen damit sowohl der Periodenabgrenzung als auch der Risikovorsorge. Während bei einer reinen Einnahmen-/Ausgabenrechnung Rückstellungen entbehrlich sind, kommt eine Berichterstattung, die den Gewinn auf der Basis von Erträgen und Aufwendungen ermittelt, nicht ohne dieses Instrument aus. Dies gilt nicht nur für die **Handelsbilanz**, sondern ebenso für die **Steuerbilanz**, da auch für steuerliche Zwecke außerhalb einer Gewinnermittlung nach § 4 Abs. 3 EStG (Überschuss der Betriebseinnahmen über die Betriebsausgaben) grundsätzlich eine Abgrenzung von nicht dem laufenden

---

[8] Hierauf zielt vor allem die dynamische Bilanztheorie ab, die Aspekte wie Vergleichbarkeit und Verursachung der Erfolgsermittlung in den Mittelpunkt stellt; vgl. z.B. das Werk von Schmalenbach, Dynamische Bilanztheorie, bzw. ADS[6], § 249 HGB, Tz. 22.

[9] Dies resultiert aus dem Blickwinkel der statischen Bilanzauffassung, die in erster Linie Wert auf die Vollständigkeit des Schuldenausweises legt; vgl. z.B. das Werk von Simon, Die Bilanzen der Aktiengesellschaften und der Kommanditgesellschaften auf Aktien, bzw. ADS[6], § 249 HGB, Tz. 21.

Wirtschaftsjahr zuzurechnenden Einnahmen und Ausgaben über Rückstellungen und Rechnungsabgrenzungen vorgenommen wird.

Um diese Abgrenzung zu erreichen, werden die Rückstellungen meist im Rahmen der **Abschlusserstellung** berücksichtigt. Bei komplexen Systemen ist es in der Praxis auch üblich, dass Rückstellungsbuchungen unterjährig **automatisch** bei bestimmten Geschäftsvorfällen erfasst und bei den entsprechenden Gegentransaktionen wieder ausgebucht werden.

> Unternehmen A verfügt über das folgende prozessorientierte Buchungssystem[10]:
>
> Bei einem Wareneingang wird das Rückstellungskonto belastet
>
> (Buchungssatz: *per »Vorräte« an »Ausstehende Rechnungen«*)
>
> und bei Eingang der Rechnung des Lieferanten wieder entlastet
>
> (Buchungssatz: *per »Ausstehende Rechnungen« an »Lieferantenverbindlichkeiten«*).
>
> Der Saldo des Rückstellungskontos entspricht bei korrekter Behandlung zum Bilanzstichtag dem Rückstellungsbedarf hinsichtlich der noch ausstehenden Rechnungen für Warenlieferungen, für die das Unternehmen von den Lieferanten noch keine Rechnungen erhalten hat und für die die entsprechenden Vorräte bereits in der Bilanz enthalten sind.

Rückstellungen werden zum einen für **ungewisse Verbindlichkeiten** gebildet, die zu künftigen Vermögensabflüssen (Ausgaben) führen, für die aber im Zeitpunkt der Realisierung noch keine konkreten Verbindlichkeiten eingebucht werden können, wenn sie hinsichtlich Grund und/oder Höhe nach nicht sicher bestimmbar sind (sog. **Verbindlichkeitsrückstellungen**).

> Die genaue Rechnung zu einer Rohstofflieferung kann von einer Laboranalyse (z. B. Aluminiumgehalt einer Bauxit-Lieferung oder Stärkegehalt einer Kartoffellieferung) abhängen. Erst wenn diese Informationen über die definierten Inhaltsstoffe vorliegen, ist eine genaue Rechnungslegung durch den Lieferanten möglich, so dass eine Verbindlichkeit aufgrund der dann eingehenden Rechnung erfasst werden kann. Für die Zwi-

---

10 Bei den Beispielen wird grundsätzlich auf die Berücksichtigung von Umsatzsteuern und latenten Steuern verzichtet.

schenzeit sichert die Rückstellung aufgrund einer sachgerechten Schätzung (z. B. Rechnung auf der Basis von Standardanalysen) zusammen mit der Vorratserfassung eine angemessene Berücksichtigung des Geschäftsvorfalls »Wareneingang auf Ziel« in der Vermögens-, Finanz- und Ertragslage.

Buchungssatz: *per »Vorräte« an »Wareneingang mit vorläufiger Berechnung«.*

Bei Eingang der aufgrund der finalen Laboranalyse korrigierten Rechnung kann dann unter Korrektur der Vorräte eine Entlastung des Rückstellungskontos »Wareneingang mit vorläufiger Berechnung« erfolgen.

Buchungssätze:

a) Analyse führt zu höherer oder gleich hoher Rechnung:

per »Vorräte« und »Wareneingang mit vorläufiger Berechnung« an »Lieferantenverbindlichkeiten«.

b) Analyse führt zu niedrigerer Rechnung:

per »Wareneingang mit vorläufiger Berechnung« an »Vorräte« und »Lieferantenverbindlichkeiten«.

Zum anderen müssen Rückstellungen für **drohende Verluste aus schwebenden Geschäften** gebildet werden (sog. **Drohverlustrückstellungen**). Solange sich bei einem schwebenden Geschäft die Verpflichtungen gleichwertig gegenüberstehen, werden diese nicht bilanziert. Erst wenn sich für eine Vertragspartei ein Verpflichtungsüberschuss ergibt, droht dieser ein Verlust aus dem schwebenden Geschäft. Dieser wird aufgrund von Vorsichtsüberlegungen vorweggenommen (antizipiert).

Hierzu gehört z. B. die Bildung einer Rückstellung für die vom Unternehmen noch zu tragenden Mietzahlungen nach der Freiräumung eines nicht mehr benötigten angemieteten Gebäudes. Sollte dem Unternehmen allerdings eine Weitervermietung (z. B. zu einem geringeren Mietzins) gelingen, so ist nur für den Differenzbetrag (Mietzahlungen abzgl. Untervermietungserlöse) eine Rückstellung zu bilden.

Buchungssatz: *per »Mietaufwand« (oder »außerordentlicher Aufwand«) an »Rückstellung für Nichtnutzung Gebäude«.*

Für **Aufwandsrückstellungen** ist konzeptionell in einem System, welches den Gewinn oder Verlust ermittelt, in dem Aufwendungen und Erträge den sie verursachenden Zeiträumen (Perioden) zugeordnet werden, grundsätzlich kein Platz.[11] Aufwendungen, die durch zukünftige Perioden verursacht werden, müssen diesen (zukünftigen) Perioden zugeordnet werden. Allerdings sind – wohl aus Vereinfachungsgründen und weil das deutsche Steuerrecht dies so vorsieht – bestimmte Aufwandsrückstellungen auch im Handelsrecht (§ 249 Abs. 2 Nr. 1 HGB) vorgesehen. Dies wird damit begründet, dass eine unterlassene Instandhaltung eigentlich zu einer Wertminderung des betreffenden Vermögensgegenstands (meist Gebäude oder Maschinen) führen und so durch eine außerplanmäßige Abschreibung bereits zum Bilanzstichtag erfasst werden müsste. Da die Ermittlung der genauen Wertminderung unter Berücksichtigung der bereits erfolgten planmäßigen Abschreibungen in der Praxis eher schwierig sein dürfte, kommt einer Aufwandsrückstellung (für unterlassene Instandhaltung) trotz der Systemdurchbrechung auch im Handelsrecht eine gewisse Existenzberechtigung zu.

> Ein Unternehmen hat die jährlich im November anfallende Inspektion einer Produktionsstraße um drei Monate verschoben. Die Inspektion wird bereits im Februar 2013 nachgeholt. In diesem Fall liegt eine Pflichtrückstellung vor. Ein Ansatz muss zum 31.12.2012 erfolgen, da eine Nachholung innerhalb von drei Monaten nach dem Bilanzstichtag erfolgt.

Mit dem **BilMoG** wurden insbesondere die Ansatzvorschriften für Aufwandsrückstellungen in wesentlichen Punkten geändert.[12]

In der Praxis können die zu den Rückstellungen gehörenden Posten im Vergleich zur Bilanzsumme einen nicht unerheblichen Umfang aufweisen. So ermittelte z. B. Zeyer für ausgewählte, nicht dem finanziellen Sektor zuzurechnende DAX 30-Unternehmen für die »Sonstigen Rückstellungen« Anteile an der Bilanzsumme von 0,36 % bis 26,0 %.[13] Daher müssen eine gründliche Analyse der auf das individuelle Unternehmen bezogenen Sachverhalte und deren Abbildung nach HGB und IFRS erfolgen, damit die Jahres- und Konzernabschlüsse keine wesentlichen Fehler aufweisen.

11 Vgl. Wehrheim/Rupp, DStR 2010, S. 825.
12 Vgl. Drinhausen/Ramsauer, DB 2009, Beilage 5, S. 46 ff.; Weigl/Weber/Costa, BB 2009, S. 1062 ff.; Zülch/Hoffmann, StuB 2009, S. 369, sowie Abschn. 2.1.4.
13 Vgl. Zeyer, DB 2011, S. 1467.

2.1.1.1 Rückstellungsbegriff

Im **deutschen Handelsrecht** ist die **Ansatzpflicht** für Rückstellungen in § 249 HGB kodifiziert. Nach § 249 Abs. 1 HGB sind Rückstellungen für **ungewisse Verbindlichkeiten** und für **drohende Verluste** aus schwebenden Geschäften anzusetzen. Darüber hinaus sind nach § 249 Abs. 2 Nr. 1 HGB Rückstellungen für **bestimmte Aufwandsrückstellungen** zu bilden: Dazu gehören – parallel zum deutschen Einkommensteuerrecht – die im Geschäftsjahr unterlassenen **Aufwendungen für Instandhaltung**, die im folgenden Geschäftsjahr innerhalb von drei Monaten nachgeholt werden, sowie die **Aufwendungen für Abraumbeseitigung**, die im folgenden Geschäftsjahr nachgeholt werden. § 249 Abs. 1 Nr. 2 HGB sieht vor, dass für **Gewährleistungen**[14], die **ohne rechtliche Verpflichtung** erbracht werden, ebenfalls Rückstellungen angesetzt werden müssen. Für andere Zwecke – so die explizite Regelung in § 249 Abs. 2 S. 1 HGB – dürfen Rückstellungen nicht gebildet werden. Insbesondere gibt es seit dem BilMoG nur noch obligatorische (**Pflichtansatz**) und keine fakultativen Rückstellungen (**Ansatzwahlrecht**) mehr.

Hinsichtlich der Auflösung von Rückstellungen bestimmt § 249 Abs. 2 S. 2 HGB, dass eine Rückstellung nur dann **(teil-)aufgelöst** werden darf, soweit der Grund für diese Rückstellung entfallen ist.

Eine weitere Unterscheidung der Rückstellungen erfolgt implizit durch die **Ausweisvorschriften** des § 266 Abs. 3 B. HGB. Danach werden die Rückstellungen unterteilt in:
(1) Rückstellungen für Pensionen und ähnliche Verpflichtungen,
(2) Steuerrückstellungen und
(3) Sonstige Rückstellungen.

Hinsichtlich der Beurteilung, ob eine **Drohverlustrückstellung** oder eine **Verbindlichkeitsrückstellung** zu bilden ist, kommt es auf die zugrunde liegenden Fakten und Umstände (Konkurrenzverhältnis) an.

> Den Geschäftsführern X und Y, die jeweils über einen befristeten Vertrag mit dreijähriger Restlaufzeit verfügen, wird durch die Gesellschafter die Beendigung ihrer Verträge nahegelegt. Aufgrund eines Aufhebungsvertrags, den die Gesellschaft und X am 20.12.2012 schließen, wird dem X eine einmalige Ausgleichszahlung, die am 10.1.2013 fällig ist, zugesagt. Damit sind alle gegenseitigen Ansprüche aus dem Arbeitsvertrag

---

[14] Gewährleistungsverpflichtungen können sich aus gesetzlichen (§ 434 ff. oder § 633 ff. BGB), aus vertraglichen Vereinbarungen sowie aus faktischen Erwägungen ergeben.

erloschen. Dem Y gelingt es, eine Fortzahlung der Bezüge bei sofortiger Freistellung (22.12.2012) bis zum Ende seines Vertrags zu verhandeln. Während im Fall X eine Verbindlichkeitsrückstellung zu bilden ist, muss im Fall Y eine Drohverlustrückstellung erfasst werden.

Die **IFRS** regeln mit dem IAS 37 *Rückstellungen, Eventualverbindlichkeiten und Eventualforderungen* den **Ansatz und** die **Bewertung von Rückstellungen**, soweit diese nicht unter die Anwendungsbereiche anderer Standards fallen, wie des IAS 39 *Finanzinstrumente: Ansatz und Bewertung*, IAS 11 *Fertigungsaufträge*, IAS 12 *Ertragsteuern*, IAS 17 *Leasingverhältnisse*, IAS 19 *Leistungen an Arbeitnehmer* oder IFRS 4 *Versicherungsverträge*. Des Weiteren sind Rückstellungen, die mit der Erfassung von Umsatzerlösen zusammenhängen, vor dem Hintergrund des IAS 18 *Umsatzerlöse* zu würdigen.

Nach der allgemeinen Definition in IAS 37.10 sind Rückstellungen als **Schulden** anzusehen, die bzgl. ihrer **Fälligkeit oder** ihrer **Höhe nach ungewiss** sind. Schulden sind dabei gegenwärtige Verpflichtungen des Unternehmens, die aus Ereignissen in der Vergangenheit entstanden sind und deren Erfüllung erwartungsgemäß zu einem **Abfluss von Ressourcen** mit wirtschaftlichem Nutzen führen werden, wobei deren Höhe zuverlässig **geschätzt** werden kann. Das verpflichtende Ereignis entsteht durch eine rechtliche (*legal obligation*) oder faktische Verpflichtung (*constructive obligation*) des Unternehmens, ohne dass dieses die Möglichkeit hat, sich der Verpflichtung zu entziehen.[15]

Auch nach IFRS sind für **belastende Verträge** (*onerous contracts*) Rückstellungen für drohende Verluste zu bilden.[16]

Dagegen sind **Aufwandsrückstellungen** den IFRS fremd, da es an einer Verpflichtung gegenüber Dritten, einer sog. Außenverpflichtung, fehlt. Daher darf z.B. für unterlassene Instandhaltung keine Rückstellung angesetzt werden, auch wenn die Instandhaltungsmaßnahmen in den ersten drei Monaten des folgenden Geschäftsjahrs nachgeholt werden. Als Folge müssen in einem IFRS-Abschluss regelmäßig Auswirkungen auf latente Steuern untersucht werden, wenn Aufwandsrückstellungen zulässigerweise nach deutschem Steuerrecht in der Steuerbilanz gebildet, verwendet oder aufgelöst werden.[17]

---

[15] Vgl. Wulf, PiR 2012, S. 77.
[16] Vgl. IAS 37.66.
[17] Vgl. Abschn. 2.1.4.2.1.

Die Regelungen der IFRS kennen keine detaillierten **Gliederungsvorschriften** zur Bilanz, wie sie in § 266 HGB vorgegeben sind. Allerdings sind mindestens die in IAS 1 *Darstellung des Abschlusses* genannten Posten[18] getrennt darzustellen. Daher findet man in einem typischen IFRS-Abschluss ebenfalls separate Bilanzposten für Pensionsrückstellungen und ähnliche Verpflichtungen, Ertragsteuerrückstellungen und sonstige Rückstellungen.

2.1.1.2 Abgrenzungen zu anderen Instrumenten

2.1.1.2.1 Rückstellungen und Verbindlichkeiten

Der klassische Rückstellungsbegriff im deutschen Handelsrecht beinhaltet neben dem Vorliegen einer Verpflichtung gegenüber einem Dritten (sog. **Außenverpflichtung**) immer eine **gewisse Ungewissheit** entweder hinsichtlich des Grundes und/oder bzgl. der betragsmäßigen Höhe der geschuldeten Beträge.[19] Sind sowohl Höhe als auch Fälligkeitszeitpunkt konkret bestimmt, wird die Schuld als Verbindlichkeit und nicht als Rückstellung ausgewiesen.

> Für das gerade abgelaufene Jahr wird eine Rückstellung für Körperschaftsteuer aufgrund des geschätzten zu versteuernden Einkommens in der Bilanz einer GmbH gebildet, während die Nachzahlung von Körperschaftsteuer für ein Vorjahr aufgrund eines (nicht angefochtenen) Bescheids des Finanzamtes als Verbindlichkeit auszuweisen ist. Hinsichtlich der im Rahmen der Aufstellung des Jahresabschlusses gebildeten Rückstellung für Körperschaftsteuer ist unsicher, ob die Bewertung aller bei einer steuerlichen Außenprüfung vorzulegenden steuerlich zu würdigenden Sachverhalte auch von der Betriebsprüfung geteilt wird. Ein Bescheid enthält dagegen, falls er nicht angefochten wird, die Verpflichtung, eine betragsmäßig bestimmte Summe zu einem bestimmten Zeitpunkt zu zahlen; eine solche konkrete Verpflichtung ist als Verbindlichkeit auszuweisen.

Im internationalen Bereich wird im Allgemeinen nicht wie im deutschen Handelsrecht nach **Rückstellungen** und **Verbindlichkeiten** unterschieden, da auch eine ungewisse Verbindlichkeit der Definition einer *liability* entspricht

---

[18] Vgl. IAS 1.54(l), (n) und (o).
[19] Vgl. BeBiKo[8], § 249 HGB, Tz. 2.

und damit unter den Verbindlichkeiten ausgewiesen wird.[20] Allerdings werden im internationalen Bereich die Begriffe Rückstellungen (*provisions*) und abgegrenzte Schulden (*accruals*)[21] unterschieden. Dabei sind nach IAS 37.10 *provisions* als ungewisse Schulden definiert, deren Fälligkeit und/oder Höhe ungewiss sind. Demgegenüber werden periodengerecht abgegrenzte »quasi-sichere« Schulden als *accruals* bezeichnet und unter den sonstigen Verbindlichkeiten ausgewiesen.

> Unter den »Accruals« sind z.B. Personalrückstellungen wie das Weihnachts- oder Urlaubsgeld auszuweisen.[22] Ein Unternehmen mit Bilanzstichtag am 30.9. muss zu diesem Stichtag 9/12 des Weihnachtsgeldes zurückgestellt haben und alle bis zu diesem Stichtag noch nicht genommenen Urlaubstage der anteilig (9/12 des Kalenderjahrs) auf das abweichende Geschäftsjahr entfallenden Urlaubsansprüche.

2.1.1.2.2 Rückstellungen und Eventualverbindlichkeiten

Im Gegensatz zu **ungewissen Verbindlichkeiten**, die sowohl nach HGB als auch nach IFRS in der Bilanz erfasst werden müssen, sind **Eventualverbindlichkeiten**[23] nicht in der Bilanz zu erfassen, sondern »unter der Bilanz« bzw. im Anhang auszuweisen und zu erläutern.[24] Zu Eventualverbindlichkeiten gehören bestimmte **Haftungsverhältnisse**, aus denen das Unternehmen theoretisch in Anspruch genommen werden kann, aber zum Bilanzstichtag nicht damit rechnet, dass es zu einer Inanspruchnahme kommt.[25] Verdichten sich die Hinweise, dass eine Inanspruchnahme droht, so muss die Verpflichtung durch eine Rückstellung berücksichtigt werden.

> Unternehmen A bürgt für den Kredit seines Kunden bei einer außenstehenden Bank. Dieses Haftungsverhältnis wird so lange nicht in der Bilanz des A erfasst, wie der Kunde seinen Zahlungspflichten hinsichtlich

---

20 Vgl. IFRS Framework, F.60ff.
21 Vgl. IAS 37.11.
22 Vgl. IAS 37.11(b).
23 Die Definitionen der Eventualverbindlichkeiten sind in HGB und IFRS nicht deckungsgleich, da nach IAS 37.10 auch Verpflichtungen einzubeziehen sind, die nicht verlässlich geschätzt werden können. Zudem geht es nach IFRS um die Frage, wie wahrscheinlich eine Verpflichtung ist (z.B. remote). Das HGB kennt den Begriff »remote« allerdings nicht.
24 Vgl. § 251 HGB bzw. IAS 37.31ff. sowie .84ff.
25 Vgl. ADS[6], § 251 HGB, Tz. 1; BeBiKo[8], § 251 HGB, Tz. 2.

Zinsen und Tilgungen an die Bank nachkommt. Allerdings ist diese Eventualverbindlichkeit gem. § 251 S. 1 HGB unter der Bilanz des A anzugeben.

Stellt der Kunde jedoch seine Zahlungen gegenüber der Bank ein, ist bei A eine Rückstellung für die drohende Inanspruchnahme durch die Bank aufgrund des Kreditausfalls geboten. Der Ausweis »unter der Bilanz« von A entfällt dann, da es ansonsten zu einem Doppelausweis in der Bilanz und »unter der Bilanz« käme.

In den **IFRS** werden Eventualverbindlichkeiten ähnlich wie im HGB verstanden. IAS 37 regelt auch die Behandlung dieser *contingent liabilities*, die ebenso wie im HGB nicht in der Bilanz erfasst werden, zu denen aber umfangreiche Anhangangaben erforderlich sind.[26] Allerdings werden unter den Eventualverbindlichkeiten gem. IAS 37.10 nicht nur mögliche Verpflichtungen aus einem Ereignis der Vergangenheit, deren Existenz aber von einem in der Zukunft liegenden weiteren Ereignis abhängt, welches nicht vollständig vom Unternehmen kontrolliert werden kann, verstanden, sondern auch gegenwärtige Verpflichtungen aufgrund eines Ereignisses in der Vergangenheit, für die ein Abfluss ökonomischer Ressourcen nicht wahrscheinlich ist oder deren Betrag nicht verlässlich schätzbar ist.

In den IFRS wird daher unterschieden, ob eine Inanspruchnahme »wahrscheinlich« (*probable* >50%), »möglich« (*possible* <= 50%) oder sogar »unwahrscheinlich« (*remote*) ist. Für den ersten Fall (»wahrscheinlich«) ist eine Rückstellung mit evtl. Erläuterung im Anhang anzusetzen, für den zweiten Fall (»möglich«) sind eine Eventualverbindlichkeit zu berücksichtigen und entsprechende Erläuterungen im Anhang zu veröffentlichen, während der letzte Fall (»unwahrscheinlich«) weder in der Bilanz noch im Anhang eine Berücksichtigung findet.[27]

Unternehmen A wurde verklagt ...

Fall 1: ... und geht davon aus, dass es den Prozess verliert.

→ Es ist eine Rückstellung zu bilden und ggf. Erläuterungen im Anhang vorzunehmen.

---

26 Vgl. IAS 37.27 ff. und .86 ff.
27 Vgl. IAS 37.14, .27 ff. und .86 und IFRS-Handbuch[5], Tz. 3430.

> *Fall 2:* ... und geht davon aus, dass ein negativer Ausgang möglich ist.
>
> → Es ist keine Rückstellung zu bilden; es sind aber Erläuterungen in den Anhang aufzunehmen.
>
> *Fall 3:* ..., geht aber davon aus, dass es völlig unwahrscheinlich ist, dass der Prozessgegner obsiegt.
>
> → In diesem Fall ist weder eine Rückstellung zu bilden, noch sind Erläuterungen im Anhang notwendig.

2.1.1.2.3 Rückstellungen und Rechnungsabgrenzungsposten

Sowohl Rückstellungen als auch Rechnungsabgrenzungsposten sind Instrumente der Periodenabgrenzung. Im Gegensatz zu Rückstellungen, die sich auf Sachverhalte beziehen, deren Verursachung bereits in abgelaufenen Perioden erfolgte und die in Zukunft zu Ausgaben führen, beziehen sich **aktive Rechnungsabgrenzungsposten (aRAP)** auf Ausgaben, die vor dem Stichtag erfolgten, aber erst nach dem Stichtag zu Aufwand führen.[28]

> Die Y-GmbH nimmt die Zahlung der Januarmiete bereits Ende Dezember des Vorjahrs vor.
>
> Der Zahlungsausgang ist im alten Jahr über eine aktive Rechnungsabgrenzung zu erfassen.
>
> Buchungssatz: *per »aRAP« an »Bank«.*
>
> Im Folgejahr wird der Aufwand durch Auflösung des aRAP gebucht und so der Aufwand der richtigen Periode zugeordnet.
>
> Buchungssatz: *per »Mietaufwand« an »aRAP«.*

Ein **passiver Rechnungsabgrenzungsposten (pRAP)** bezieht sich auf Einnahmen (meist Einzahlungen), die vor dem Stichtag erfolgen, aber erst Ertrag für eine bestimmte Zeit nach dem Stichtag darstellt.[29]

---

[28] Vgl. § 250 Abs. 1 HGB.
[29] Vgl. § 250 Abs. 2 HGB.

> Der Zahlungseingang der Januarmiete durch den Mieter wird bereits im Dezember des Vorjahrs auf dem Bankkonto des Vermieters gutgeschrieben.
>
> Das bilanzierende Unternehmen (Vermieter) hat den Zahlungseingang im alten Jahr über eine passive Rechnungsabgrenzung zu erfassen.
>
> Buchungssatz: *per »Bank« an »pRAP«.*
>
> Im Folgejahr wird der Ertrag durch die Auflösung des pRAP erfasst.
>
> Buchungssatz: *per »pRAP« an »Mietertrag«.*

In der Praxis können Rückstellungen auch zusammen mit einer aktiven Rechnungsabgrenzung gebildet werden.

> Ein leistungsstarker Mitarbeiter kündigt fristgemäß seinen Arbeitsvertrag. Der Arbeitgeber bietet dem Mitarbeiter eine Zahlung (*signing fee*) bei Rücknahme der Kündigung sowie eine weitere Zahlung (*stay bonus*) bei Abschluss einer Vereinbarung an, drei weitere Jahre im Unternehmen zu verbleiben. Allerdings muss der Mitarbeiter den *stay bonus* zurückzahlen, wenn er entgegen der Vereinbarung das Unternehmen innerhalb der drei Jahre verlässt. Beide Zahlungen sind jeweils mit der nächsten Gehaltszahlung fällig, die auf die Unterschriftsleistung erfolgt.
>
> *Hinweis:* Auf lohnsteuerliche und sozialversicherungsrechtliche Konsequenzen wird nicht eingegangen.
>
> Während die *signing fee* als sofortiger Aufwand erfasst werden muss, wird der *stay bonus* aktiv über die Laufzeit der Vereinbarung zu Lasten des Personalaufwands aufgelöst.[30]
>
> Buchungssätze für die *signing fee*:
>
> (1) Buchung bei Rücknahme der Kündigung:
>
> *per »Personalaufwand« an »Rückstellung für Signing Fee«*
>
> (2) Auflösung der Rückstellung bei der nächsten Gehaltsabrechnung:
>
> *per »Rückstellung für Signing Fee« an »Bank«*

---

[30] Vgl. Lüdenbach, StuB 2011, S. 717.

> Buchungssätze für den *stay bonus* :
>
> (1) Buchung bei Abschluss der Drei-Jahres-Vereinbarung:
>
> per »aRAP« an »Rückstellung für Stay Bonus«
>
> (2) Auflösung bei der nächsten Gehaltsabrechnung:
>
> per »Rückstellung für Stay Bonus« an »Bank«
>
> (3) Auflösungen des aRAP in den drei Folgejahren (monatlich):
>
> per »Personalaufwand« an »aRAP«

Unter den **IFRS** sind Rechnungsabgrenzungsposten nicht als eigenständige **Abschlusselemente** vorgesehen. Soweit diese Posten die Eigenschaften eines *asset* (aktive Abgrenzung) oder einer *liability* (passive Abgrenzung) gem. den Definitionen des IFRS-Rahmenkonzepts[31] aufweisen, sind sie unter den sonstigen Vermögenswerten bzw. sonstigen Verbindlichkeiten zu erfassen.

2.1.1.2.4 Rückstellungen und Rücklagen

Während **Rückstellungen** in der überwiegenden Anzahl der Fälle Fremdkapitalcharakter aufweisen, sind **Rücklagen** dem Eigenkapital zuzuordnen. Obwohl beide Instrumente im weitesten Sinne der bilanziellen **Vorsorge für Risiken** dienen, unterscheiden sie sich jedoch fundamental. Rückstellungen werden zur Abdeckung von Risiken, die vor dem Bilanzstichtag verursacht worden sind, gebildet, während Rücklagen der allgemeinen Stärkung des Eigenkapitals dienen. Durch die Rücklagen wird ein »Polster« für zukünftige, noch nicht am Bilanzstichtag verursachte und auch noch nicht definierte Risiken geschaffen. Ein weiterer wichtiger Unterschied besteht darin, dass Rückstellungen durch eine **Aufwandsbuchung** gebildet werden, während die Zuführung zu einer Rücklage eine **Gewinnverwendung** darstellt.

> Ist in der Satzung einer GmbH vorgesehen, dass aus dem Jahresüberschuss jeweils 10% in eine Gewinnrücklage eingestellt werden müssen, so ist dies eine Gewinnverwendung.
>
> Buchungssatz: *per »Jahresüberschuss« bzw. »Gewinnvortrag« an »Gewinnrücklagen«*.

[31] Vgl. Framework F.49(a) und (b) i.V.m. F.83.

Auch unter **IFRS** werden Rückstellungen unter den Schulden (*liabilities*) ausgewiesen, während Rücklagen als Eigenkapital (*equity*) gezeigt werden, da sie nicht der Definition des Rahmenkonzepts einer Schuld[32] entsprechen.

2.1.1.2.5 Rückstellungsbildung versus Abschreibungserfordernis

Auch zwischen den Abschreibungen und der Bildung von Rückstellungen besteht ein besonderer Zusammenhang. Solange **Risiken** hinsichtlich eines handelsrechtlichen Vermögensgegenstands bzw. eines Vermögenswerts nach IFRS (im Folgenden als Vermögen bezeichnet) bestehen, ist zunächst das Vermögen entsprechend abzuschreiben. Erst wenn das betreffende Vermögen **vollständig abgeschrieben** ist und weitere Risiken bestehen, ist der Weg zur **Bildung einer Rückstellung** offen.

> Aufgrund eines langfristigen Fertigungsauftrags mit einem Reeder wird von der Werft A ein Schiff hergestellt. Die mitlaufende Kalkulation ermittelt zum ersten Bilanzstichtag einen Drohverlust für das Gesamtprojekt i. H. v. EUR 5 Mio. Zu diesem Stichtag sind jedoch erst EUR 4 Mio. an Herstellungskosten angefallen und unter den Vorräten bilanziert.
>
> Im ersten Schritt muss A auf die unfertigen Erzeugnisse gem. § 253 Abs. 4 HGB eine außerplanmäßige Abschreibung i. H. v. EUR 4 Mio. vornehmen. Anschließend ist für den fehlenden Differenzbetrag zum ermittelten Drohverlust i. H. v. EUR 1 Mio. eine Rückstellung für drohende Verluste aus schwebenden Geschäften gem. § 249 Abs. 1 S. 1 HGB zu bilden.
>
> Buchungssätze:
>
> per »*Außerplanmäßige Abschreibung*« EUR 4 Mio.
>
> an »*Unfertige Erzeugnisse*« EUR 4 Mio.
>
> per »*Materialaufwand*« (oder andere Aufwandskonten) EUR 1 Mio.
>
> an »*Drohverlustrückstellung*« EUR 1 Mio.

Auch unter **IFRS** folgt man einer solchen sachlich hintereinander geschalteten Vorgehensweise[33]. Zunächst ist auf der Aktivseite die **Werthaltigkeit** des

---

32 Vgl. IFRS Framework, F.60 ff. für Schulden und F.65 ff. für Eigenkapital.
33 Vgl. IAS 37.69 i. V. m. IAS 36.

Vermögenswerts[34] zu beurteilen und ggf. mit null zu bewerten und dann unter Berücksichtigung des Wertminderungsaufwands (*impairment*) eine **Rückstellung** für den belastenden Vertrag (*onerous contract*) oder für die zu erwartenden Verluste anzusetzen.[35]

2.1.1.3 Zeitpunkt der Bildung/Nachholung, Inanspruchnahme, Umgliederung und Auflösung

2.1.1.3.1 Zeitpunkt

Verbindlichkeitsrückstellungen müssen nach **Handelsrecht** dann gebildet werden, wenn die ungewissen Verbindlichkeiten **rechtlich entstanden** sind.[36] Insofern sind Rückstellungen auch unterjährig zu erfassen, damit eine zeitnahe Berücksichtigung in der Vermögens- und Ertragslage erfolgen kann.[37]

> Beratungskosten sind bereits vor dem Bilanzstichtag zu erfassen, wenn die Beratungsleistung im alten Jahr erbracht wurde, auch wenn die Rechnung für das Honorar erst Monate später im folgenden Geschäftsjahr durch das Beratungsunternehmen erstellt und dem bilanzierenden Unternehmen zugestellt wird.

Liegt eine rechtliche Begründung (noch) nicht vor, so können auch **faktische Verhältnisse** oder eine **wirtschaftliche Verursachung** zu einer zwingenden Rückstellungsbildung führen.[38]

Eine Verpflichtung ist immer dann **wirtschaftlich verursacht**, wenn die Ursachen für das Entstehen der Verpflichtung im Wesentlichen vor dem Bilanzstichtag verwirklicht wurden bzw. wirtschaftlich dem abgelaufenen Geschäftsjahr zuzurechnen sind. Die Verpflichtung muss somit Vergangenes abgelten.[39]

Eine **faktische Verpflichtung** liegt immer dann vor, wenn sich der Bilanzierende aus tatsächlichen oder wirtschaftlichen Gründen einer Verpflichtung nicht entziehen kann.[40] Ein faktischer Leistungszwang kann sich dabei aus

---

34 Dies hängt im Wesentlichen von den einschlägigen Standards ab, unter die die Wertminderung der Vermögenswerte fällt; vgl. IAS 2.29, IAS 11.36, IAS 16.63, IAS 40.49, IFRS 5.20.

35 Auch hier sind die einschlägigen Standards zu berücksichtigen; vgl. etwa IAS 37.66 oder IAS 11.36, IAS 16.63, IAS 38.74 und .75.

36 Vgl. WP Handbuch[14], Abschn. E, Tz. 132.

37 Z. B. für Quartalsabschlüsse.

38 Vgl. Sigler, DStR 2011, S. 1478.

39 Vgl. hierzu ADS[6], § 249 HGB, Tz. 66 m.w.N.

40 Vgl. BeBiKo[8], § 249 HGB, Tz. 31.

geschäftlichen, moralischen oder sittlichen Erwägungen oder aus dem Grundsatz »Treu und Glauben« ergeben.[41]

> Patentverletzungen sind bereits für die Periode aufwandswirksam zu erfassen, in der das fremde Patent widerrechtlich genutzt wurde. Eine vertragliche Einigung nach dem Stichtag kann sich höchstens bei der Bewertung auswirken, nicht aber beim Ansatz dem Grunde nach.

Im Allgemeinen sind **Drohverlustrückstellungen** dann anzusetzen, wenn erkennbar ist, dass durch einen Anlass ein **Verpflichtungsüberschuss** entstanden ist bzw. voraussichtlich entstehen wird. Solange sich bei einem schwebenden Geschäft die Verpflichtungen der vertragschließenden Parteien gleichwertig gegenüberstehen, werden die Verpflichtungen bilanziell nicht erfasst. Erst wenn Störungen vorliegen, die zum Nachteil einer der Parteien wirken, geht man von einem Verpflichtungsüberschuss aus, der aufgrund des in § 252 Abs. 1 S. 4 HGB verankerten **Imparitätsprinzips** zu einer Rückstellung führt. Der bei einem schwebenden Geschäft entstehende Überschuss der Aufwendungen über die Erträge muss als Schuld bilanziert werden.[42]

> Unternehmen A hat einen langfristigen Liefervertrag mit einem Kunden abgeschlossen, bei dem feste Liefermengen und eine Preisstaffel für die folgenden fünf Jahre vereinbart wurden. Aufgrund unerwartet stark gestiegener Rohstoffkosten wird im Jahr 2 in der mitlaufenden Kalkulation ein Verlust für die Jahre 4 und 5 ermittelt. Für diesen Verlust aus dem schwebenden Geschäft ist bereits im Abschluss des Jahres 2 eine Drohverlustrückstellung gem. § 249 Abs. 1 S. 1 HGB zu bilden.

Für vom Gesetz vorgesehene **Aufwandsrückstellungen**[43] sind Rückstellungen zu bilanzieren, wenn zwei Bedingungen erfüllt sind: Zum einen muss der Tatbestand der **Unterlassung** hinsichtlich der Instandhaltung bzw. der Abraumbeseitigung vorliegen, und zum anderen muss eine **Nachholung** innerhalb von drei Monaten (Instandhaltung) bzw. innerhalb des nachfolgenden Geschäftsjahrs (Abraumbeseitigung) erfolgen. Eine Unterlassung liegt insbesondere dann vor, wenn aufgrund von Wartungsplänen oder betrieb-

---

41 Vgl. hierzu ADS[6], § 249 HGB, Tz. 52.
42 Vgl. Moxter, Festschrift, S. 435.
43 Vgl. § 249 Abs. 1 S. 2 Nr. 1 HGB.

licher Übung durch den Bilanzierenden nachgewiesen werden kann, dass eine eigentlich durchzuführende Instandhaltung aufgrund betrieblicher Notwendigkeiten (z. B. Nutzung einer Maschine für einen dringenden Auftrag) verschoben wurde.

> Eine für November 2012 vorgesehene, dringend vorzunehmende Revision einer Maschine (Revisionszyklus endet im Oktober 2012) wird aufgrund eines dringenden Auftrags verschoben und erst im Februar 2013 (noch während der Bilanzaufstellung) durchgeführt. Die Aufwendungen für die Revision im folgenden Geschäftsjahr müssen bereits zum Bilanzstichtag durch eine Rückstellung für unterlassene Instandhaltung erfasst werden.

Während die Inanspruchnahme einer Rückstellung für unterlassene Instandhaltung meist noch sehr nahe am Bilanzstichtag und damit oft im eigentlichen Bilanzaufstellungszeitraum erfolgt und daher mit leicht ermittel- und nachprüfbaren Beträgen angesetzt werden kann, ist bei einer Rückstellung für Abraumbeseitigung eine mit Ungenauigkeiten verbundene Schätzung vorzunehmen.[44]

2.1.1.3.2 Bildung/Nachholung

Bei der **Bildung** von Rückstellungen werden die Zuführungen unter der jeweiligen Aufwandsart erfasst, für die die zukünftigen Ausgaben voraussichtlich anfallen werden. Personalrückstellungen werden insoweit über den entsprechenden Personalaufwand erfasst. Bei gemischten Rückstellungen, die mehrere Aufwandsarten betreffen, ist es in der Praxis üblich, diese über die sonstigen betrieblichen Aufwendungen zu erfassen, sofern sich die Aufwandsarten nicht einzeln bestimmten Posten in der Gewinn- und Verlustrechnung zuordnen lassen.

Zwar ist eine unterjährige Bildung von Rückstellungen zur vollständigen Erfassung von Risiken sachgerecht und wünschenswert, es ist allerdings nicht zu beanstanden, wenn die Rückstellungen erst zum Bilanzstichtag erfasst werden.[45] So ist es üblich, im Rahmen der Erstellung eines Abschlusses auf der Basis einer Risikoinventur den Rückstellungsbedarf erst zum Ende einer Periode zu ermitteln und die dann notwendigen Veränderungen (Zuführung, Inanspruchnahme, Umgliederung und (Teil-)Auflösung) zu buchen.

44 Vgl. Abschn. 2.1.4.
45 Voraussetzung hierfür ist, dass das Unternehmen keine Zwischenabschlüsse aufstellen und veröffentlichen muss.

Wurde es versäumt, eine Rückstellung zu bilden, obwohl eine solche hätte gebildet werden müssen, muss eine **Nachholung** erfolgen. Ein Versäumnis liegt vor, wenn der Bilanzierende erst nach Feststellung des Jahresabschlusses Kenntnis davon erlangt, dass die Voraussetzungen für eine Rückstellung bereits zum Bilanzstichtag vorgelegen haben. Dagegen kann nicht von einem Versäumnis gesprochen werden, wenn die Rückstellung vorsätzlich (d.h. unter Kenntnis der Situation) nicht gebildet wurde. Bei Vorliegen eines Versäumnisses wird die entsprechende Rückstellung im letzten noch nicht festgestellten Jahresabschluss gebildet oder in laufender Rechnung nachträglich angesetzt. Soweit jedoch der Jahresabschluss einer Kapitalgesellschaft durch die Nichtbilanzierung dieser Rückstellung nichtig sein sollte, ist regelmäßig eine rückwärts gerichtete Berichtigung der fehlerhaften Jahresabschlüsse durch das Unternehmen einschließlich etwaiger Nachtragsprüfungen[46] durch den Abschlussprüfer notwendig, es sei denn, dass eine Heilung nach § 256 Abs. 6 AktG vorliegt.[47]

2.1.1.3.3 Inanspruchnahme

Die **Inanspruchnahme** von Rückstellungen kann buchhalterisch nach zwei Methoden erfasst werden, die als **Netto- bzw. Bruttomethode** bezeichnet werden. Bei der **Nettomethode** werden die Verbräuche sofort gegen die Rückstellung gebucht.

> **Nettomethode**
>
> Bei einer Prozesskostenrückstellung wird diese zunächst durch eine aufwandswirksame Buchung gebildet.
>
> Buchungssatz: *per »Rechtsberatungskosten« an »Prozesskostenrückstellung«*
>
> Anschließend werden die Ausgaben für die Rechtsberatung aufgrund der Honorarnote des Rechtsanwalts erfasst.
>
> Buchungssatz: *per »Prozesskostenrückstellung« an »Bank«*

Bei gemischten Rückstellungen ist die Anwendung der Nettomethode nicht immer oder nur mit Schwierigkeiten möglich, wenn die Verbräuche zunächst als Aufwand in der Buchhaltung erfasst werden. In der Praxis er-

---

46 Vgl. IDW PS 400, Tz. 6.2.1 (Nachtragsprüfungen).
47 Vgl. Baumbach/Hueck, § 42a GmbHG, Tz. 30 m.w.N. sowie § 253 GmbHG, Tz. 802 ff.

folgt in diesen Fällen zu einem späteren Zeitpunkt eine Korrekturbuchung über die Rückstellungen.

> **Bruttomethode**
>
> Ein Unternehmen hat eine Rückstellung für die Rekultivierung eines Tagebaus gebildet, die teilweise durch eigenes Personal und selbst beschafftes Material, teilweise durch fremde Dritte durchgeführt wird. Folgende beispielhafte, zusammengefasste Buchungssätze können bei der Inanspruchnahme zu erfassen sein:
>
> (1) unterjährig:
>
> »Personalaufwand«, »Materialaufwand« und »Fremdleistungen« an »Bank«
>
> (2) Korrektur zum Bilanzstichtag:
>
> »Rekultivierungsrückstellung« an »Personalaufwand«, »Materialaufwand« und »Fremdleistungen«.

Der Bilanzierende sollte sich für eine der beiden Methoden aufgrund von Zweckmäßigkeitsüberlegungen entscheiden. Eine einmal gewählte Methode ist in Folgeabschlüssen stetig anzuwenden.

2.1.1.3.4 Umgliederung

Soweit die Ungewissheiten hinsichtlich Höhe und/oder zeitlichem Anfall im Zeitablauf entfallen, ist eine **Umgliederung** der Rückstellung in die Verbindlichkeiten vorzunehmen.[48]

> Bzgl. einer in Vorjahren gebildeten Steuerrückstellung ergeht ein Bescheid durch das Finanzamt, aus dem der genaue Betrag und die zeitliche Fälligkeit (nach dem Stichtag) hervorgehen. Die Steuerrückstellung ist zum Bilanzstichtag in die Verbindlichkeiten umzugliedern.
>
> Buchungssatz: per »Steuerrückstellung« an »Steuerverbindlichkeit«.
>
> Eine etwaige Differenz ist als (periodenfremder) Aufwand oder Ertrag zu erfassen.
>
> Buchungssatz: per »Steueraufwand« an »Steuerverbindlichkeit« bzw. per »Steuerverbindlichkeit« an »Steuerertrag«.

---

[48] Vgl. Abschn. 2.1.1.2.1.

In der Praxis werden solche Umgliederungen häufig nicht vorgenommen, was tolerierbar sein dürfte, soweit es sich nicht um materielle Beträge handelt.

2.1.1.3.5 Auflösung

Eine (teilweise) **Auflösung** darf nach § 249 Abs. 2 S. 2 HGB erst dann vorgenommen werden, wenn der Grund für die konkrete Rückstellungsbildung weggefallen ist. Gründe für ein »Wegfallen« können neben einem vollständigen Verbrauch der Rückstellung auch neuere Einschätzungen des zugrunde liegenden Sachverhalts oder aber neue Erkenntnisse im Zeitablauf hinsichtlich der Sachlage sein. Insoweit kann auch eine **Wertaufhellung**[49] zu einer (teilweisen) Auflösung von Rückstellungen führen. Die erfolgswirksame Erfassung der Auflösung erfolgt grundsätzlich über die sonstigen betrieblichen Erträge; soweit es sich um periodenfremde Erträge handeln sollte, ist die Anhangangabe nach § 277 Abs. 4 S. 3 HGB zu beachten.[50]

> Nach vollständiger Durchführung und Abrechnung der Rekultivierung eines »Baggerlochs« weist das bilanzierende Unternehmen noch einen Restbetrag in der Rückstellung aus, da die tatsächlich angefallenen Rekultivierungsausgaben niedriger waren als die ursprünglich geschätzten Beträge. Da der Grund für die Rückstellung aufgrund der Erledigung weggefallen ist, muss der Restbetrag aufgelöst werden.
>
> Buchungssatz: *per »Rekultivierungsrückstellung« an »Sonstige betriebliche Erträge«*

2.1.1.3.6 Besonderheiten unter IFRS

Unter IFRS ergeben sich beim **Ansatz dem Grunde** nach nur wenige Besonderheiten hinsichtlich Bildung, Inanspruchnahme, Umgliederung und Auflösung von Rückstellungen, so dass auf die Ausführungen zu HGB sinngemäß verwiesen wird. Auf die Besonderheiten wird im Folgenden eingegangen.

---

49 Vgl. zur Unterscheidung zwischen Wertaufhellung und Wertbegründung Abschn. 2.1.1.4.
50 Vgl. Abschn. 2.4.3.4.

Eine Rückstellung ist nach IFRS dann anzusetzen, wenn
(1) für eine gegenwärtige Verpflichtung,
(2) die aufgrund eines Ereignisses in der Vergangenheit entstanden ist,
(3) der Abfluss von wirtschaftlichen Ressourcen wahrscheinlicher ist (Wahrscheinlichkeit >50%) als nicht, und
(4) die Höhe verlässlich geschätzt werden kann.

Während die ersten beiden Kriterien auch unter HGB entsprechend gelten, sind bei den letzten beiden Kriterien Unterschiede festzustellen. Zum einen wird nach HGB eine Ansatzpflicht auch bei einer Wahrscheinlichkeit von weniger als 50% bejaht, zum anderen wird unter IFRS für den Ansatz einer Rückstellung im Gegensatz zum HGB vorausgesetzt, dass diese auch **verlässlich bewertet** werden kann.[51]

Während nach § 249 Abs. 1 S. 2 Nr. 1 HGB bestimmte **Aufwandsrückstellungen** zwingend zu bilden sind, dürfen diese nach IFRS nicht angesetzt werden, da es an einer Außenverpflichtung fehlt.

Bei bestimmten **Rückbauverpflichtungen** werden unter IFRS die geschätzten Ausgaben als Anschaffungs- bzw. Herstellungskosten der betreffenden Sachanlagen und die entsprechenden Aufwendungen über deren planmäßige Abschreibung erfasst.[52] Unter HGB ist die Rückbauverpflichtung ratierlich über die Nutzungsdauer des zurück zu bauenden Gegenstands anzusammeln, eine Erfassung in den Anschaffungskosten der Vermögensgegenstände wie nach IFRS darf nicht erfolgen.[53]

Während unter HGB **Restrukturierungsrückstellungen** unter bestimmten Voraussetzungen bereits angesetzt werden müssen, wenn die Restrukturierung wirtschaftlich notwendig ist, muss unter IFRS ein formaler, detaillierter Restrukturierungsplan veröffentlicht oder mit den Maßnahmen effektiv begonnen worden sein.[54]

2.1.1.4 Wertaufhellung und Wertbegründung

Für den Ansatz von Rückstellungen sind auch Ereignisse von Bedeutung, die im Zeitraum nach dem eigentlichen Bilanzstichtag und vor dem Tag der Bilanzaufstellung eintreten. Hierbei wird unterschieden, ob die Ereignisse als wertaufhellende oder wertbegründende Tatsachen anzusehen sind. **Wertaufhellende Tatsachen** sind solche Ereignisse, die am Bilanzstichtag bereits

---

51 Vgl. IAS 37.14(c).
52 Vgl. IAS 16.16(c).
53 Vgl. Abschn. 2.2.5.1 zu den Besonderheiten bei Verteilungsrückstellungen.
54 Vgl. IAS 37.70 bis .83 und Kirchhof, WPg 2005, S. 589. Vgl. hierzu auch die Anwendungsfälle in Abschn. 5.1.13.

begründet, aber noch nicht bekannt waren.[55] Wertaufhellende Tatsachen werden insoweit auf den Bilanzstichtag zurückbezogen und sowohl beim Ansatz als auch bei der Bewertung berücksichtigt.

> Das Unternehmen A verstößt unwissentlich in den Geschäftsjahren 2010 bis 2012 gegen ein ausländisches Patent. Diese Tatsache wird erst im Februar 2013 während der Aufstellung des Jahresabschlusses zum 31.12.2012 bekannt, da sich der Patentanwalt des betroffenen Patentinhabers meldet. Hinsichtlich der in den letzten drei Jahren verursachten Verstöße liegt insoweit eine wertaufhellende Tatsache vor, die zum erstmaligen Ansatz einer Rückstellung zum 31.12.2012 führt. Da neben dem aktuellen Jahr 2012 auch Vorperioden betroffen sind, ist der periodenfremde Aufwand für die Jahre 2010 und 2011 – soweit materiell – im Anhang anzugeben.[56]

Zu den **wertbegründenden Tatsachen** gehören Ereignisse, die nach dem Stichtag stattfinden, aber keinen Bezug zu den Verhältnissen am Bilanzstichtag haben. Wertbegründende Tatsachen werden insoweit auch nicht auf den Bilanzstichtag zurückbezogen und daher weder beim Ansatz noch bei der Bewertung berücksichtigt. Allerdings kann ein Ereignis von besonderer Bedeutung im **Lagebericht** darzustellen sein.[57]

> Unternehmen B leitet im Februar 2013 Chemikalien in ein nahe gelegenes Gewässer ein. Der Umweltskandal wird im April 2013 publik; eine Schätzung, die noch während der Aufstellung des Jahresabschlusses 2012 vorgenommen wird, ergibt, dass die Beseitigung der Schäden zu Ausgaben führen wird, die höher als der in 2012 erzielte Jahresüberschuss sind. Da dieses Ereignis das Jahr 2013 betrifft, kann kein Rückbezug auf den Jahresabschluss zum 31.12.2012 erfolgen. Aufgrund der Wesentlichkeit wird über dieses Ereignis aber im Lagebericht 2012 zu berichten sein.

---

55 Vgl. zur objektiven Wertaufhellungskonzeption Moxter, BB 2003, S. 2561f., bzw. zur subjektiven Wertaufhellungskonzeption Küting/Kaiser, WPg 2000, S. 577ff.

56 Vgl. § 277 Abs. 4 S. 3 HGB sowie Abschn. 2.4.3.4. Weiterhin wird hier unterstellt, dass der Fehler für die Jahre 2010 und 2011 nicht wesentlich ist und in laufender Rechnung korrigiert werden kann.

57 Vgl. § 289 Abs. 2 Nr. 1 HGB sowie Abschn. 2.4.4.4.

In solchen Fällen wie in dem vorhergehenden Beispiel, in denen wertbegründende Ereignisse nach dem Stichtag einen wesentlichen Einfluss auf die Vermögens-, Finanz- und Ertragslage haben, wird in der Literatur auch gefordert, dass neben der Berichterstattung im Anhang oder Lagebericht **ausreichende Rücklagen** gebildet werden, um diese Risiken abzudecken.[58]

2.1.1.5 Einfluss der steuerlichen Rechtsprechung auf die handelsrechtliche Bilanzierung

Handels- und Steuerbilanz sind seit jeher stark miteinander verknüpft.[59] Ziel des in § 5 Abs. 1 S. 1 EStG kodifizierten Maßgeblichkeitsprinzips ist es, Handels- und Steuerbilanz im Sinne einer »**Einheitsbilanz**« (eine Bilanz sowohl für steuerliche als auch für handelsrechtliche Zwecke) mit nur wenigen Abweichungen aufstellen zu können. Dabei ist nicht nur die Handelsbilanz »maßgeblich« für die Steuerbilanz, sondern – zumindest bis vor Einführung des BilMoG[60] – auch die Steuerbilanz »umgekehrt maßgeblich« für die Abbildung bestimmter Sachverhalte in der Handelsbilanz.

Der **Grundsatz der Maßgeblichkeit** bedeutet dabei, dass – soweit keine unterschiedlichen, diesbezüglichen Steuernormen (sowohl Pflicht- als auch Wahlnormen) zu beachten sind – in der Steuerbilanz das zu aktivieren ist, was in die Handelsbilanz aufgenommen wird, und in der Handelsbilanz ausgewiesene Schulden ebenfalls in der Steuerbilanz anzusetzen sind. Insofern gelten die Grundsätze ordnungsmäßiger Buchführung auch für die steuerliche Rechnungslegung. Allerdings führen **handelsrechtliche Ansatzwahlrechte** zu **steuerlichen Ansatzverboten**.[61]

Mit **umgekehrter Maßgeblichkeit** wurde die **Öffnungsklausel** in den vor dem BilMoG geltenden HGB a. F. bezeichnet, die eine Ausübung rein **steuerlicher Wahlrechte** (z. B. Sonderabschreibungen nach Fördergebietsgesetz oder § 6b EStG-Abschreibung) auch in der Handelsbilanz möglich machte. Infolge der durch das BilMoG abgeschafften umgekehrten Maßgeblichkeit enthält die Handelsbilanz aufgrund der Übergangsbestimmungen nur noch für einen Übergangszeitraum steuerliche Wertansätze, die weit unter den tatsächlichen Werten liegen können. Insofern wurde durch das BilMoG der handelsrechtlich gewünschte **Einblick in die Vermögens-, Finanz- und Er-**

---

58 Vgl. BeBiKo[8], § 252 HGB, Tz. 38; ADS[6], § 252 HGB, Tz. 44.
59 Vgl. Hayn/Waldersee/Benzel, S. 11.
60 Mit Einführung des BilMoG wurde die umgekehrte Maßgeblichkeit gestrichen.
61 Vgl. BFH-Beschluss vom 3.2.1969, BStBl. II 1969, S. 291, und BMF-Schreiben vom 12.10.2009. Handelsrechtliche Wahlrechte, denen keine gleichlautenden steuerlichen Regelungen gegenüberstehen, müssen weiterhin nach den allgemeinen Grundsätzen ausgeübt und beurteilt werden.

tragslage erheblich verbessert, auch wenn durch die Übergangsregelungen noch eine lange Nachwirkungsphase ermöglicht wird, in der sich frühere »Verzerrungen« noch weiter auswirken.

Aber auch schon lange vor der Einführung des BilMoG war die »**Einheitsbilanz**« – bedingt durch viele steuerliche Ausnahmen – in weite Ferne gerückt. Aufgrund dieser (früher noch engeren) Verknüpfung von Handels- und Steuerrecht fühlte sich der **BFH** in der Vergangenheit dazu berufen, in seiner Rechtsprechung auch Entscheidungen zu handelsrechtlich zu würdigenden Sachverhalten zu treffen, die dann aufgrund der Maßgeblichkeit auch für die steuerliche Würdigung durchschlugen. Vor diesem Hintergrund ist die Existenz vieler Entscheidungen des BFH mit fiskalischer Intention auch zum handelsrechtlichen Bilanzrecht zu verstehen. Der **BGH** wird sich hoffentlich in Zukunft wieder verstärkt um handelsrechtlich bedeutsame Fragen kümmern und das Feld nicht länger dem BFH überlassen.

2.1.2 Verbindlichkeitsrückstellungen

2.1.2.1 Voraussetzungen für die Ansatzpflicht nach HGB

2.1.2.1.1 Passivierungspflicht

Aufgrund der gesetzlichen Buchführungspflicht gem. § 238 HGB muss der Kaufmann seine Handelsgeschäfte und die Lage seines Vermögens nach den **Grundsätzen ordnungsmäßiger Buchführung** ersichtlich machen. Dazu gehört, dass neben konkreten Verbindlichkeiten des Bilanzierenden auch solche Schulden, die entweder dem Grunde und/oder der Höhe nach ungewiss sind, in der Buchführung bzw. im Abschluss berücksichtigt werden müssen. Daher sind Verbindlichkeiten, bei denen hinsichtlich dem Grunde und/oder der Höhe nach Ungewissheiten bestehen, als **Verbindlichkeitsrückstellungen** anzusetzen.[62]

Für einen Ansatz dem Grunde nach sind folgende Voraussetzungen zu erfüllen:

(1) Es muss eine Außenverpflichtung bestehen,
(2) die bereits rechtlich oder wirtschaftlich vor dem Bilanzstichtag verursacht wurde,
(3) mit deren Inanspruchnahme der Kaufmann ernsthaft rechnen muss,

---

62 Vgl. BeBiKo[8], § 249 HGB, Tz. 24.

(4) bei der es sich nicht um aktivierungspflichtige Anschaffungs- und/oder Herstellungskosten handelt und
(5) die nicht einem Passivierungsverbot unterliegt.

Diese Voraussetzungen sollen in den nächsten Abschnitten näher erläutert werden.

2.1.2.1.2 Bestehen einer Außenverpflichtung

Für die Rückstellungsbildung sind hinsichtlich der Art der Verpflichtung sog. **Außenverpflichtungen** von **Innenverpflichtungen** abzugrenzen. Verbindlichkeitsrückstellungen sind nur dann zu bilden, wenn eine Verpflichtung gegenüber einem Dritten (Außenstehenden) besteht. Innenverpflichtungen, wie z. B. unterlassene Instandhaltung oder nicht bindende Absichtserklärungen führen aufgrund mangelnder Objektivierbarkeit grds. nicht zu einer Verbindlichkeitsrückstellung.[63]

Dabei kommt es handelsrechtlich nicht darauf an, ob der bilanzierende Kaufmann ein gewisses **Eigeninteresse** an der Erfüllung der Verpflichtung hat. So ist die steuerliche Rechtsprechung zu kritisieren, die z. B. für **Jubiläumszahlungen** oder **Drohverluste** keine oder nur teilweise eine Rückstellungspflicht in der Steuerbilanz anerkennt.[64] Durch Jubiläumsgelder, Rabatte oder Boni sollen Mitarbeiter bzw. Kunden an das Unternehmen gebunden werden und entsprechen insofern sicherlich auch einem Eigeninteresse des Kaufmanns; allerdings werden die Zahlungen aufgrund von Zusagen bzw. vertraglichen Vereinbarungen geleistet und sind daher als Außenverpflichtung zu charakterisieren.[65] Rückstellungen für Jubiläen, Gratifikationen sowie Boni und Rabatte sind daher handelsrechtlich zu bilden, auch wenn diese nicht oder nur teilweise in die Steuerbilanz übernommen werden dürfen.

Unselbstständige Nebenleistungen müssen in die Außenverpflichtung einbezogen werden, da diese erbracht werden müssen, um die Hauptleistung bzgl. der Außenverpflichtung erfüllen zu können. Hierzu können auch interne Aufwendungen gehören, die im Rahmen der Erfüllung der Außenverpflichtung anfallen.

---

63 Allerdings kommt für bestimmte Sachverhalte eine Rückstellung für unterlassene Instandhaltung als Aufwandsrückstellung nach § 249 Abs. 2 Nr. 1 HGB in Betracht.
64 Vgl. § 5 Abs. 4 EStG.
65 Vgl. BeBiKo[8], § 249 HGB, Tz. 26.

> Ein Unternehmen, das für die gesetzliche Abschlussprüfung eine Rückstellung angesetzt hat, muss auch die internen Personalaufwendungen sowie Sachkosten bei dieser Rückstellung berücksichtigen, die z. B. durch die Zuarbeiten der Buchhalter und des Controllers sowie anfallende Büromaterialien entstehen können. Für die unselbstständigen Nebenleistungen wird also keine separate Rückstellung angesetzt.

2.1.2.1.3 Rechtliche oder wirtschaftliche Verursachung in der Vergangenheit und betriebliche Veranlassung

Eine Außenverpflichtung kann auf unterschiedliche Art und Weise begründet werden. Neben **vertraglich** eingegangenen Verpflichtungen können auch **gesetzliche** Schuldverhältnisse Grundlage einer Verpflichtung gegenüber Dritten sein.

> Aufgrund einer zivilrechtlichen Vereinbarung mit einem Patentinhaber hat sich das Unternehmen verpflichtet, eine stückbezogene Lizenzzahlung (*royalty*) nach Ablauf des Geschäftsjahrs zu zahlen. Der zum Stichtag existierende Vertrag bildet die Grundlage für die Bildung der Rückstellung.
>
> Aufgrund eines fehlerhaften Produktes wird ein Mensch, der nicht der Käufer des Produktes war, schwer verletzt. Hier bildet das Produkthaftungsgesetz die Grundlage für die Bildung der Rückstellung, soweit die dort genannten Voraussetzungen erfüllt sind.[66]

Auch **öffentlich-rechtliche Verpflichtungen**, die auf einem Gesetz, einem Verwaltungsakt oder einem Gerichtsurteil beruhen, können Ausgangspunkt für die Bildung einer entsprechenden Rückstellung sein.

> Eine Handelskette ist aufgrund der VerpackVO verpflichtet, bestimmte Verpackungsabfälle zurückzunehmen und umweltgerecht zu entsorgen. Für die hieraus entstehenden Entsorgungskosten ist eine Rückstellung für ungewisse Verbindlichkeiten anzusetzen.[67]

---

[66] Vgl. OLG München vom 11.1.2011, MDR 2011, S. 540.
[67] Vgl. Fey, DB 1992, S. 2356.

Eine Verbindlichkeit muss in bestimmten Fällen bereits vor dem Zeitpunkt ihres rechtlichen Entstehens erfasst werden.[68] Dies ist der gesetzlichen Erläuterungspflicht zu wesentlichen Verbindlichkeiten zu entnehmen.[69] Nach dieser Vorschrift müssen wirtschaftlich verursachte, erst nach dem Bilanzstichtag rechtlich entstehende Verbindlichkeiten im Anhang erläutert werden. Solche Verpflichtungen sind dann zu passivieren, wenn sie wirtschaftlich bereits vor dem Stichtag verursacht wurden. Der BFH versteht unter der wirtschaftlichen Verursachung die Tatsache, dass eine Verpflichtung so eng mit dem betrieblichen Geschehen eines Jahrs verknüpft ist, dass es gerechtfertigt erscheint, die Verpflichtung wirtschaftlich als Teil dieses Zeitraums anzusehen.[70]

Strittig kann auch sein, ob die wirtschaftliche Verursachung für eine Verpflichtung bereits in der Vergangenheit entstanden ist oder nicht vielmehr mit den zukünftigen Tätigkeiten des Unternehmens zusammenhängt.

> Ein Pharmaunternehmen hatte im November 2012 einen Antrag für die Zulassung eines selbst entwickelten Pflanzenschutzmittels gestellt. Die nach Antrag der Zulassung entstehenden Kosten sind unabhängig von einer möglichen positiven oder negativen Zulassungsentscheidung zu entrichten. Die Finanzbehörde lehnte den Ansatz einer Rückstellung in der Steuerbilanz für die Zulassungskosten zum 31.12.2012 ab mit der Begründung, dass die Zulassung aus »Sicht des Bilanzstichtags« nicht mit vergangenen, sondern mit zukünftigen Tätigkeiten des Unternehmens verknüpft sei. Steuerlich ist ein Ansatz von selbst geschaffenen immateriellen Vermögensgegenständen verboten und somit die Aufwendungen entsprechend im Zeitpunkt der Zahlungen in der Gewinn- und Verlustrechnung zu erfassen.

Des Weiteren muss der Sachverhalt, welcher der Bildung einer Rückstellung zugrunde liegt, eine **betriebliche Veranlassung** aufweisen. Dies dürfte bei Kapitalgesellschaften grundsätzlich kein Diskussionspunkt sein. Bei Personengesellschaften könnte sich möglicherweise eine Vermischung zwischen betrieblicher und privater Veranlassung ergeben. Daher würde in letzterem Fall keine wirkliche Außenverpflichtung vorliegen, so dass bei Vorliegen einer privaten Veranlassung der Ansatz einer Rückstellung nicht vorgenommen werden darf.

---

68 Vgl. Rätke, StuB 2008, S. 477.
69 Vgl. § 268 Abs. 5 S. 3 HGB.
70 Vgl. BFH vom 12.12.1991, BStBl. II 1992, S. 600, 602.

> Bei der Umwandlung eines Einzelkaufmanns in eine offene Handelsgesellschaft mit anschließender Kapitalerhöhung lässt sich der Unternehmer A (Einzelkaufmann) von einem Rechtsanwalt sowohl hinsichtlich eines neuen Gesellschaftsvertrags (Aufnahme des Gesellschafters B) als auch bzgl. des Darlehensvertrags zur Finanzierung seiner Kapitalerhöhung beraten.
>
> Während die Beratung hinsichtlich des Gesellschaftsvertrags klar der betrieblichen Sphäre zuzurechnen ist, dient die Beratung bzgl. des Darlehensvertrags klar der privaten Sphäre des Gesellschafters A, auch wenn steuerlich Sonderbetriebsvermögen vorliegen wird. Für den Teil der Beratung hinsichtlich des Darlehens darf in der Gesamthandsbilanz mangels betrieblicher Veranlassung keine Rückstellung angesetzt werden.

2.1.2.1.4 Wahrscheinlichkeit der Inanspruchnahme

Neben der Wahrscheinlichkeit des Bestehens einer ungewissen Verbindlichkeit muss auch die Inanspruchnahme wahrscheinlich sein, da ansonsten unsicher ist, ob der Gläubiger einer wahrscheinlich bestehenden Verpflichtung den Schuldner auch tatsächlich in Anspruch nehmen wird.[71] Der BFH führte hierzu aus, dass Voraussetzung für den Ansatz einer Rückstellung ist, ob der Kaufmann mit einer Inanspruchnahme ernsthaft rechnen muss.[72] Bei der notwendigen Konkretisierung der Inanspruchnahme ist allerdings zu unterscheiden, ob es sich um eine **öffentlich-rechtliche** oder eine **privatrechtliche Verpflichtung** handelt. Nur hinsichtlich einer öffentlich-rechtlichen Verpflichtung ist eine hinreichende Konkretisierung erforderlich.

> **Öffentlich-rechtliche Verpflichtung**
>
> Ein Unternehmen betreibt einen Holzhandel auf einer ehemaligen Industriefläche, die mit Altlasten belastet ist. Der zuständigen Fachbehörde wurde die Altlast weder gemeldet noch ist sie ihr bekannt geworden.
>
> Solange die Tatsache, die eine Verpflichtung begründet, der Fachbehörde nicht bekannt geworden ist oder mit einem Bekanntwerden kurzfristig gerechnet werden kann, darf eine Rückstellung nicht gebildet werden.[73]

---

71 Vgl. BeBiKo[8], § 249 HGB, Tz. 42 ff., und BFH vom 2.10.1992, BStBl. II 1993, S. 154.
72 Vgl. BFH vom 17.7.1980, BStBl. II 1981, S. 669.
73 Vgl. BFH vom 19.10.1993, BStBl. II 1993, S. 891.

Privat-rechtliche Verpflichtung

Ein Unternehmen hat seit 20 Jahren Verkaufsflächen in einer sehr guten Innenstadtlage gemietet. Der jeweils für fünf Jahre geschlossene Mietvertrag sieht eine umsatzbezogene Miete und eine einseitige Verlängerungsoption für den Mieter vor, die der Mieter bereits viermal ausgeübt hat. Bei Vertragsende sieht der Vertrag vor, dass die Ladeneinrichtung auf Kosten des Mieters entfernt werden muss. Solange der Mieter – gestützt auf seine Rechtsposition und sein bisheriges Verhalten – nicht ernsthaft mit einer Inanspruchnahme durch den Vermieter rechnen muss, ist fraglich, ob der Mieter eine Rückstellung für die Beseitigung der Ladeneinrichtung ansetzen muss.

Da es sich in diesem Fall um eine privat-rechtliche Verpflichtung handelt, ist eine Verbindlichkeitsrückstellung zu bilden; in diesem Fall ist eine Inanspruchnahme anzunehmen, da nicht davon auszugehen ist, dass der Vermieter auf sein Recht verzichten wird, auch wenn der Zeitpunkt, wann das Mietverhältnis beendet sein wird, nicht genau abschätzbar ist.[74] Die Ungewissheit muss dann bei der Bewertung berücksichtigt werden.

2.1.2.1.5 Keine zukünftigen Anschaffungs- und/oder Herstellungskosten
In der Steuerbilanz dürfen nach § 5 Abs. 4 S. 1 EStG keine Rückstellungen für **zukünftige Anschaffungs- und/oder Herstellungskosten** gebildet werden. Das Gleiche gilt grundsätzlich auch für die Handelsbilanz.[75]

Ein Unternehmen hat im Geschäftsjahr ein Pestizid gegen Tigerbienen entwickelt und noch im alten Jahr einen Antrag zur Genehmigung durch die zuständige Behörde gestellt. Es wird damit gerechnet, dass das Amt mit hoher Wahrscheinlichkeit im April des Folgejahrs eine Genehmigung erteilen wird. Zum Bilanzstichtag stellt sich die Frage, ob die Kosten für die Genehmigung des Produkts als Rückstellung angesetzt werden müssen.

---

74 Vgl. BFH vom 28.3.2000, BStBl. II 2000, S. 612.
75 Vgl. BeBiKo[8], § 249 HGB, Tz. 100 (Anschaffungs- und Herstellungskosten). Ausnahmen bestehen z. B. bei schwebenden Beschaffungsgeschäften über bilanzierungsfähige Vermögensgegenstände (vgl. IDW RS HFA 4, Tz. 30). Vgl. hierzu Abschn. 2.1.3.1.5.1.

> Da noch keine Zahlung erfolgte, darf in diesem Fall keine Rückstellung gebildet werden, da es sich um zukünftige Herstellungskosten des Produkts handelt. Vielmehr wird im Jahr der Zahlung ein immaterieller Vermögensgegenstand angesetzt und über die Nutzungsdauer des hergestellten Produkts planmäßig abgeschrieben.

Solange sich der Wert der zukünftig zu aktivierenden Vermögensgegenstände und die aufzuwendende Gegenleistung gleichwertig gegenüberstehen, besteht kein Bedarf, eine Rückstellung für ungewisse Verbindlichkeiten zu bilden. Die zukünftige Ausgabe bzw. Auszahlung deckt in diesen Fällen die Erfassung der Vermögensgegenstände, so dass kein Raum für eine Rückstellung existiert.

2.1.2.1.6 Passivierungsverbot

§ 249 Abs. 2 S. 1 HGB enthält ein Passivierungsverbot für andere als die im Gesetz genannten Zwecke, für die demnach keine Rückstellungen gebildet werden dürfen. Daher sind z. B. Rückstellungen für das allgemeine nicht zu bestreitende **Unternehmerrisiko** nicht zulässig. Auch dürfen keine Rückstellungen für **operative Verluste** der Folgejahre gebildet werden, auch wenn diese Verluste vorhersehbar sind, aber keinen bereits abgeschlossenen konkreten Verträgen (schwebende Geschäfte) zuordenbar sind. Die Rückstellungsbildung scheitert in diesen Fällen an der mangelnden **Objektivierbarkeit**.[76] Hierzu gehören auch Verluste aus mangelnder Kapazitätsauslastung.

> Ein Start-up-Unternehmen erwartet laut der operativen Planung für das kommende Jahr einen Verlust von EUR 4 Mio., da die Umsätze noch nicht ausreichen, um die hohen Personalkosten, Vertriebsaufwendungen, allgemeinen Forschungs- und Entwicklungskosten sowie Abschreibungen der Neuinvestitionen decken zu können. Der zum Stichtag ermittelte Auftragsbestand enthält ausschließlich Aufträge, bei denen ausweislich der Auftragskalkulationen jeweils die Verkaufserlöse über den direkt zurechenbaren sowie angemessenen Gemeinkosten liegen.
>
> Eine Rückstellung für die operativen Verluste des Folgejahrs ist nicht zu bilden.

---

76 Vgl. Moxter, Festschrift, S. 435.

2.1.2.1.7 Konkurrenz zu Drohverlustrückstellungen

Aufgrund des steuerrechtlichen Ansatzverbots einer Rückstellung für drohende Verluste hat die Frage, ob ein Sachverhalt zur Bildung einer Drohverlustrückstellung oder zu einer Verbindlichkeitsrückstellung führt, an Bedeutung gewonnen. Da auch bei immer weitergehender Entkopplung der Steuerbilanz von der Handelsbilanz grundsätzlich das Maßgeblichkeitsprinzip der Handels- für die Steuerbilanz gilt, sind Verbindlichkeitsrückstellungen grundsätzlich in die Steuerbilanz zu übernehmen, während dies für Drohverlustrückstellungen nicht gilt.

Während Drohverlustrückstellungen Sachverhalte betreffen, bei denen **zukünftigen Aufwendungen** auch **zukünftige Erträge und Vorteile** gegenüberstehen, beziehen sich Verbindlichkeitsrückstellungen auf **vergangene Ereignisse**, denen im Fall eines Erfüllungsrückstands[77] **Erträge in vergangenen Perioden** oder **keine Erträge** gegenüberstanden.

Die Literatur geht überwiegend davon aus, dass eine Verbindlichkeitsrückstellung **Vorrang** vor einer Drohverlustrückstellung hat, da bei einer Verbindlichkeitsrückstellung die Ereignisse der Vergangenheit im Vordergrund stehen, während eine Drohverlustrückstellung sich immer auf zukünftige belastende Ereignisse bezieht.[78] Insofern ist zunächst der Erfüllungsrückstand zu berücksichtigen, bevor ein drohender Verlust in der Zukunft antizipiert werden muss.

2.1.2.1.8 Ansatzgründe für Verbindlichkeitsrückstellungen

Die nachstehende Tabelle gibt eine Übersicht zu möglichen Verbindlichkeitsrückstellungen.[79] Ausführungen zur Bewertung von Verbindlichkeitsrückstellungen sind in Abschn. 2.2 enthalten.

Vertriebsbezogene Rückstellungen
Abrechnungen
Provisionen, Ausgleichsanspruch Handelsvertreter
Boni und Rabatte
Gesetzliche Gewährleistung
Leergut/Pfandgelder

---

[77] Vgl. BFH vom 8.7.1992, BStBl. II 1992, S. 910; BFH vom 6.12.1995, BStBl. II 1996, S. 406; BFH vom 8.2.1995, BStBl. II 1995, S. 412.

[78] Vgl. Moxter, DStR 1998, S. 514 m.w.N.

[79] Vgl. BeBiKo[8], § 249 HGB, Tz. 100 mit weiterführenden Quellenangaben.

Rücknahme- und Entsorgungsverpflichtungen (Altfahrzeuge, Elektroschrott usw.)

Produktionsbezogene Rückstellungen

Abbruch- und Entfernungsverpflichtungen (Mietereinbauten, Öltanks usw.)

Emissionsrechte

Erneuerungsverpflichtungen

Produkthaftung

Sicherheitsinspektionen

Substanzerhaltung (Erfüllungsrückstand bei Miet- oder Pachtverträgen)

Umweltschutzverpflichtungen (Abfallbeseitigung und Entsorgung, Bergschäden, Altlastensanierung, Abraumbeseitigung, Rekultivierung usw.)

Verwaltungsbezogene Rückstellungen

Aufbewahrung von Geschäftsunterlagen[80]

Aufsichtsratsvergütungen

Ausstehende Rechnungen

Berufsgenossenschaftsbeiträge

Betriebsprüfungskosten

Betriebsprüfungsrisiko

Buchführungskosten

Geldbußen

Haftpflichtverletzungen

Abschluss- und Prüfungskosten aufgrund gesetzlicher Pflichten[81]

---

[80] Vgl. Abschn. 5.1.3; IDW RH HFA 1.009; Endert/Sepetauz, DStR 2011, S. 2060; Scherff/Willeke, BBK 2010, S. 1169ff., und Marx/Berg, DB 2006, S. 169ff.

[81] Vgl. IDW RH HFA 1.009, sowie Scherff/Willeke, BBK 2010, S. 1169ff. Gegen eine Rückstellung für eine freiwillige Prüfung vgl. FG Niedersachsen vom 26.5.2011 (nicht rechtskräftig – anhängig: BFH IV R 26/11).

Firmenjubiläum

Patentverletzungen, Urheberrechtsverletzungen, sonstiger Schadensersatz

Pensionssicherungsvereinsbeiträge

Prozesskosten (aktive und passive Prozesse)

Restrukturierungskosten

Mitarbeiterbezogene Rückstellungen

Abfindungen

Altersteilzeit

Arbeitslosengeld (im Fall der Haftung)

Ausbildungskosten

Beihilfen

Deputate

Gleitzeitüberhänge und Überstunden

Gratifikationen und Erfolgsprämien

Lohnfortzahlung

Jubiläumszuwendungen an Mitarbeiter

Pensionen

Sozialpläne, Restrukturierungskosten

Schwerbehinderten-Ausgleichsabgabe

Tantiemen und Erfolgsbeteiligungen

Umzugskosten

Urlaubsgeld

Vorruhestandsgeld

Weihnachtsgeld

Finanzierungsbezogene Rückstellungen

Avalprovisionen

Darlehenszinsen

Übrige Rückstellungen

Bürgschaften und Garantien

Datenschutz

Kreditzusagen

Patronatserklärungen

Dagegen dürfen in den folgenden Fällen keine Rückstellungen für ungewisse Verbindlichkeiten angesetzt werden:[82]

Kein Anlass für Rückstellungen

Verpflichtungen zur Analyse und Registrierung bislang zulassungsfreier Arzneimittel

Beiträge an die Berufsgenossenschaft für zukünftige Berichtsjahre

Ausgaben für Betriebsprüfungen für zukünftige, noch nicht abgelaufene Perioden

Zukünftige Beiträge an den Einlagensicherungsfonds der Banken

Allgemeines Geschäftsrisiko

Zukünftige Inspektionsverpflichtungen

Zukünftig zu zahlende Leistungsprämien, die an die Höhe der zukünftigen Gewinnsituation des Unternehmens geknüpft sind

Zukünftige Verpflichtungen zur Lohnfortzahlung im Krankheitsfall

Preissteigerungen bei Vermögensgegenständen

Geplante Verlegung des Geschäftsbetriebs

---

[82] Vgl. ADS[6], § 249 HGB, Tz. 134 m.w.N.

2.1.2.2 Besonderheiten nach IFRS
2.1.2.2.1 Allgemeines
Rückstellungen sind nach IAS 37.14 »dann anzusetzen, wenn
- für ein Unternehmen aus einem Ereignis der Vergangenheit eine gegenwärtige Verpflichtung (rechtlich oder faktisch) entstanden,
- der Abfluss von Ressourcen mit wirtschaftlichem Nutzen zur Erfüllung dieser Verpflichtungen wahrscheinlich und
- eine verlässliche Schätzung der Höhe der Verpflichtung möglich ist«.[83]

Bei dieser Betrachtung steht der Begriff »**gegenwärtige Verpflichtung**« im Mittelpunkt. Rechtliche Gründe für diese Verpflichtung können sich sowohl aus Vertrag als auch aus Gesetz ergeben.

Eine Verpflichtung kann aber auch aus **faktischen Gründen** resultieren, wenn etwa aus dem Verhalten oder einer Ankündigung eines Unternehmens eine entsprechende Erwartung bei dem Berechtigten geweckt wird.[84]

> Ein Automobilimporteur wirbt mit der Aussage, dass herstellungsbedingte Mängel bei seinen Fahrzeugen auch nach der gesetzlichen Garantiefrist in einem Zeitraum von bis zu fünf Jahren im Wege der Kulanz beseitigt werden. Eine solche Ankündigung stellt eine faktische Verpflichtung dar, für die eine Rückstellung im Abschluss angesetzt werden muss.

Ob eine Verpflichtung tatsächlich vorliegt, kann durch die Prüfung der Frage geklärt werden, ob das Unternehmen eine realistische Möglichkeit hat, sich ihrer Erfüllung zu entziehen, oder ob sich aus einer Nichterfüllung ein beträchtlicher Imageschaden ergeben würde.

Weiterhin muss ein **Ursache-Wirkungs-Zusammenhang** zwischen der »gegenwärtigen Verpflichtung« und einem »Ereignis der Vergangenheit« bestehen. Insofern sind für Verpflichtungen, die erst durch zukünftige Ereignisse entstehen (werden), keine Rückstellungen zu bilden.

> Unternehmen B, das Haushaltskleinstgeräte herstellt, wird nach dem ElektroG auch zur Finanzierung der umweltgerechten Entsorgung von Altgeräten in Anspruch genommen, die vor dem 13.8.2005 in Verkehr gebracht wurden (sog. Alt-Altgeräte). Allerdings sind die

---

[83] Vgl. auch IFRS Framework F.49b.
[84] Vgl. Henselmann, KoR 2007, S. 232.

> Entsorgungsaufwendungen nicht davon abhängig, wie viele Geräte ein Hersteller vor dem 13.8.2005 in den Verkehr gebracht hat. Vielmehr ermitteln sich diese Kosten anteilig aufgrund des Marktanteils zum Zeitpunkt des Anfalls der jeweiligen Entsorgungskosten.[85]
>
> Damit hat B für vergangene Perioden keine Rückstellung zu bilden. Der Anteil an den Entsorgungskosten im jeweiligen Jahr ist bei Zahlung als Aufwand zu erfassen. Ausschließlich, wenn für das abgelaufene Jahr eine Zahlung noch nicht erfolgte, muss eine Rückstellung gebildet werden.
>
> Außerdem muss eine Rückstellung für die Entsorgung von Geräten gebildet werden, die nach dem 13.8.2005 in Verkehr gebracht werden, soweit diese nicht im sog. Umlageverfahren angemeldet werden.[86]

Darüber hinaus sind Rückstellungen nur dann anzusetzen, wenn ein Ressourcenabfluss wahrscheinlich ist. Ein Ressourcenabfluss ist wahrscheinlich (*probable*), wenn mehr Gründe dafür als dagegen sprechen (*more likely than not*). Dies wird im Regelfall bei einer **Eintrittswahrscheinlichkeit** von mehr als 50 % erfüllt sein. Im Gegensatz dazu muss bei einer Verpflichtung, die mit einer Eintrittswahrscheinlichkeit von 25 % geschätzt wird und die ggf. unter HGB noch zu einem Ansatz führt, nach IFRS eine Eventualverbindlichkeit im Anhang angegeben werden. In der Praxis kann sich die Abgrenzung dieser Fälle als sehr schwierig herausstellen, so dass vielfach auf externe Gutachter oder Spezialisten zurückgegriffen wird.[87]

> Unternehmen Z hat das Patent eines Zulieferers verletzt. Der Lieferant L hat zwar hiervon Kenntnis, will aber zugunsten einer weiteren »guten« Geschäftstätigkeit mit Unternehmen Z keine Ansprüche aus der Patentverletzung geltend machen. Die Gespräche hierüber wurden nur mündlich zwischen den beiden Geschäftsführern von Z und L geführt.
>
> Eine Rückstellung ist nicht zu bilden, da nach Einschätzung des Geschäftsführers von Z voraussichtlich keine Ressourcen abfließen.

Des Weiteren muss der Rückstellungsbetrag **verlässlich geschätzt** werden können, damit es zum Ansatz einer Rückstellung kommt. Ist dies nicht

---

85 Vgl. Schäfer, BB 2004, S. 2737.
86 Vgl. Oser/Roß, WPg 2005, S. 1069.
87 Vgl. Küting/Kessler/Cassel/Metz, WPg 2010, S. 319.

möglich, ist – soweit materiell – eine Eventualverbindlichkeit im Anhang anzugeben.

> Unternehmen A wird aufgrund eines angeblich fehlerhaften Produkts in den USA verklagt. Da es sich um ein neuartiges Produkt handelt, liegen bisher keine Erfahrungswerte vor. Die Gerichte haben in entfernt ähnlichen Fällen zum Teil kein Verschulden des Herstellers erkannt, in anderen Fällen Strafen in Millionenhöhe ausgesprochen. Auch Bandbreiten sind nicht abschätzbar. Unternehmen A ist der Ansicht, dass in diesem Fall keine verlässliche Schätzung möglich ist.
>
> Bei einer solchen extremen Unsicherheit ist zwar nach IAS 37.26 keine Rückstellung zu bilden, jedoch auf den Sachverhalt gem. IAS 37.86 im Sinne einer Eventualverbindlichkeit hinzuweisen.

Darüber hinaus sind Ansatzwahlrechte unter IFRS nicht existent. Aus dem Vorliegen der Voraussetzungen folgt direkt, dass eine Rückstellung angesetzt werden muss. Indirekte Wahlrechte können aber daraus resultieren, dass hinsichtlich des Vorliegens bestimmter Voraussetzungen der Sachverhalt so gestaltet wird, dass ein Ansatz oder Nichtansatz folgt.

2.1.2.2.2 Restrukturierungsrückstellungen[88]

Unter IFRS gelten für Restrukturierungsrückstellungen besondere Regelungen, die sich von den allgemeinen Regeln für Rückstellungen unterscheiden. Eine **Restrukturierungsmaßnahme** ist demnach – wie in IAS 37.10 definiert – ein Programm, das vom Management geplant und kontrolliert wird und entweder das von dem Unternehmen abgedeckte Geschäftsfeld oder die Art, in der dieses Geschäft durchgeführt wird, wesentlich verändert. Als Beispiele nennt der Standard[89] die folgenden **Ereignisse**:
(a) Verkauf oder Beendigung eines Geschäftszweigs;
(b) Stilllegung von Standorten in einem Land oder in einer Region oder Verlegung von Geschäftsaktivitäten von einem Land oder einer Region in ein anderes bzw. eine andere;
(c) Änderung in der Struktur des Managements, z.B. Auflösung einer Managementebene; und

---

[88] Vgl. hierzu insbesondere die Anwendungsfälle in Abschn. 5.1.13.
[89] Vgl. IAS 37.70.

(d) grundsätzliche Umorganisation mit wesentlichen Auswirkungen auf den Charakter und Schwerpunkt der Geschäftstätigkeit des Unternehmens.

> **Unter die Restrukturierungsmaßnahmen fallen insbesondere die folgenden Aufwendungen:**
>
> Demontage und Verschrottung von Sachanlagen
>
> Abfindungen oder Leerstandskosten für angemietete Räume und Gebäude
>
> Drohende Verluste aus nicht weiter genutzten Leasingverträgen
>
> Rückbaukosten
>
> Abfindungen von Mitarbeitern
>
> Entgeltfortzahlungen für freigestellte Mitarbeiter
>
> Bewertungs-, Gerichts-, Sanierungs- und Beratungskosten, die mit der Restrukturierung im Zusammenhang stehen
>
> **Nicht rückstellungsfähig sind:**
>
> Umstellungskosten der Produktion
>
> Umschulungskosten der bleibenden Mitarbeiter

Zunächst ist nach IAS 37.71 zu prüfen, ob die in IAS 37.14 genannten Ansatzkriterien für Rückstellungen unter besonderer Berücksichtigung von IAS 37.72 bis .83 erfüllt sind.

Regelmäßig dürfte bei Vorliegen einer **vertraglichen Vereinbarung** (z. B. Betriebsvereinbarung) das verpflichtende Ereignis i. S. d. IAS 37.14(a) unproblematisch zu bestimmen sein. Schwieriger dürften die Fälle sein, in denen – zeitlich wesentlich früher – eine faktische Verpflichtung gegeben ist. Daher wurde in IAS 37.72 das Vorliegen einer faktischen Verpflichtung an die Existenz eines formalen Restrukturierungsplans geknüpft, der zumindest die folgenden Angaben beinhalten muss:
(a) der betroffene Geschäftsbereich oder Teil des Geschäftsbereichs;
(b) die wichtigsten betroffenen Standorte;
(c) Standort, Funktion und ungefähre Anzahl der Arbeitnehmer, die für die Beendigung ihres Beschäftigungsverhältnisses eine Abfindung erhalten werden;

(d) die entstehenden Ausgaben; und
(e) den Umsetzungszeitpunkt des Plans.

Darüber hinaus muss der Restrukturierungsplan bei den Betroffenen eine **gerechtfertigte Erwartung** geweckt haben, dass die Restrukturierungsmaßnahmen durchgeführt werden; dies kann durch den Beginn der Umsetzung oder durch eine Ankündigung erfolgen. Dabei müssen die Betroffenen selbst nicht einzeln benachrichtigt worden sein; es reicht, wenn der Vertreter der Betroffenen (z. B. der Betriebsrat) informiert wurde.

> Das Unternehmen hat angekündigt oder bereits damit begonnen, eine Produktionsanlage zu demontieren und an einen Dritten im Ausland zu verkaufen. Spätestens zu diesem Zeitpunkt können die Betroffenen davon ausgehen, dass die Restrukturierungsmaßnahmen umgesetzt werden.

Ein **einfacher Beschluss** über eine Reorganisation, auch wenn dieser von dem zuständigen Gremium vor dem Bilanzstichtag beschlossen wurde, reicht für eine Rückstellungsbildung nicht aus. Dies wird insbesondere in IAS 37.75 ausdrücklich klargestellt. Möglicherweise sind in einem solchen Fall aber Angaben nach IAS 10 *Ereignisse nach der Berichtsperiode* erforderlich, z. B. dann, wenn die Aufstellung eines formalen Plans erst nach dem Bilanzstichtag, aber noch in der Aufstellungsphase erfolgt, die Restrukturierung wesentlich ist und insofern die Kenntnis darüber Entscheidungen der Abschlussadressaten beeinflussen könnte.[90]

2.1.2.3 Synoptische Übersicht

Die folgende Übersicht zeigt wesentliche Unterschiede zwischen dem Ansatz von Rückstellungen für bestimmte ungewisse Verbindlichkeiten nach HGB und nach IFRS und fasst die Ausführungen in Abschn. 2.1.2 zusammen.

---

90 Vgl. Zwirner/Mugler, IRZ 2011, S. 507. Zur Anhangangabe nach IAS 10 vgl. Abschn. 2.4.3.9.

	HGB	IFRS
Allgemeines zu Ungewisse Verbindlichkeiten	Verbindlichkeitsrückstellungen sind anzusetzen, wenn folgende Voraussetzungen erfüllt sind: (1) Außenverpflichtung, (2) rechtliche oder wirtschaftliche Verursachung vor dem Bilanzstichtag, (3) mit Inanspruchnahme ist ernsthaft zu rechnen, (4) keine aktivierungspflichtigen Anschaffungs- und/oder Herstellungskosten und (5) kein Passivierungsverbot. Verlässliche Bewertbarkeit ist kein Ansatzkriterium. Ansatzwahrscheinlichkeit kann unter 50% liegen.	Rückstellungen sind anzusetzen, wenn (1) aus einem Ereignis der Vergangenheit (2) eine gegenwärtige Verpflichtung (rechtlich oder faktisch) entstanden ist und (3) der Abfluss von Ressourcen mit wirtschaftlichem Nutzen zur Erfüllung dieser Verpflichtungen wahrscheinlich (>50%) ist sowie (4) verlässlich geschätzt werden kann.
	Je nach Erfüllung der einzelnen (unterschiedlichen) Kriterien kann es in seltenen Fällen zu einem unterschiedlichen Ansatz für HGB bzw. IFRS kommen.	
Restrukturierungsrückstellungen	Keine spezifischen Regelungen für Restrukturierungsrückstellungen. Restrukturierungsbeschluss muss vor dem Bilanzstichtag erfolgt sein oder Restrukturierung ist **objektiv unvermeidlich bzw. wirtschaftlich notwendig**. Zudem müssen die Betroffenen bzw. zumindest der Betriebsrat oder Arbeitnehmervertreter im Aufsichtsrat spätestens vor Aufstellung bzw. Feststellung des Jahresabschlusses informiert werden.	Notwendig ist **formaler Restrukturierungsplan**, mit Mindestangaben: a) betroffener Geschäftsbereich oder Teil davon, b) wichtigste betroffene Standorte, c) Standort, Funktion und Anzahl der Betroffenen, für die eine Abfindung vorgesehen ist, d) entstehende Ausgaben und e) Umsetzungszeitpunkt. Bei den Betroffenen muss vor dem Bilanzstichtag eine gerechtfertigte Erwartung geweckt worden sein, dass die Restrukturierungsmaßnahmen durchgeführt werden.

2.1.3 Drohverlustrückstellungen

2.1.3.1 Voraussetzungen für die Ansatzpflicht nach HGB

2.1.3.1.1 Passivierungspflicht

Aufgrund des Vorsichtsprinzips (§ 252 Abs. 1 Nr. 4 HGB) müssen Rückstellungen für **drohende Verluste aus schwebenden Geschäften** gebildet werden (sog. **Drohverlustrückstellungen**), wenn sich bei einem schwebenden Geschäft die Verpflichtungen nicht (mehr) gleichwertig gegenüberstehen.[91] Aufgrund der **Antizipation** der Verluste, auch wenn sie noch nicht realisiert sind, werden die zukünftigen Perioden nicht durch die Verluste belastet. Damit dient diese Vorgehensweise dem **Gläubigerschutz**.

Soweit sich für eine Vertragspartei ein Verpflichtungsüberschuss ergibt, droht dieser ein Verlust aus dem schwebenden Geschäft, der in der Rechnungslegung zu antizipieren ist. Die Ansatzvorschrift in § 249 Abs. 1 S. 1 HGB ist gleichzeitig auch die Vorschrift zur Bewertung der Rückstellung. Um zu entscheiden, ob ein Ansatz vorgenommen werden muss, ist die Bewertung der Verpflichtung hinsichtlich zurechenbarer Gegenleistungen und notwendiger Aufwendungen vorzunehmen. Nur wenn der Saldo einen Aufwandsüberschuss ergibt, ist eine Rückstellung anzusetzen. Eine Trennung in Ansatz und Bewertung – wie bei anderen Rückstellungsarten üblich – gibt es bei Drohverlustrückstellungen daher nicht.

2.1.3.1.2 Schwebende Geschäfte

Unter **schwebenden Geschäften** sind zweiseitig verpflichtende Verträge zu verstehen, bei denen beide Vertragsparteien ihren Lieferungs- bzw. Leistungspflichten noch nicht vollumfänglich nachgekommen sind.[92] Danach beginnt der Schwebezustand grundsätzlich mit dem Vertragsabschluss, soweit keine aufschiebende Bedingung vorliegt.[93] Unter besonderen Umständen kann sogar ein Vorvertrag oder ein bindendes Vertragsangebot ausreichend sein, wenn aufgrund der Vorteilhaftigkeit für die Gegenseite von einer Annahme des Vertrags ausgegangen werden kann.[94] Der Schwebezustand endet bei entsprechender Lieferungs- bzw. Leistungserfüllung oder der Zahlungserfüllung einer der beiden Parteien.

---

91 Vgl. BeBiKo[8], § 249 HGB, Tz. 63.
92 Vgl. Coenenberg[22], S. 437f., und BFH vom 23.6.1997, BStBl. II 1997, S. 737.
93 Vgl. IDW RS HFA 4, Tz. 7.
94 Vgl. IDW RS HFA 4, Tz. 9.

Schwebende Geschäfte treten in den Unternehmen in vielfältiger Weise auf. Sie können in allen Bereichen und sogar in der Gründungsphase eines Unternehmens durch dessen Organe bzw. durch die handelnden Gesellschafter eingegangen werden. Meist handelt es sich um Geschäfte im Beschaffungs- oder Absatzbereich; es können aber auch sonstige Vertragsbeziehungen mit Mitarbeitern (Anstellungsverträge) oder Vermietern (Mietverträge) betroffen sein. Dabei können sowohl auf einmalige Leistung (Verkauf einer maschinellen Anlage an einen Kunden) als auch auf Dauerschuldverhältnisse (Abschluss eines Mietvertrags zur Nutzung von Büroräumen über 20 Jahre) gerichtete Verträge schwebende Geschäfte erzeugen. In selteneren Fällen können sich durch parallel abgeschlossene Verträge auch Bewertungseinheiten ergeben, deren kompensatorische Auswirkungen bei der Bewertung und damit auch beim Ansatz berücksichtigt werden müssen.

> Händler B tätigt seine Geschäfte ausschließlich im sog. Streckengeschäft. Er erwirbt Waren von Lieferanten und verkauft sie direkt an Kunden weiter, ohne je die Ware selbst physisch gesehen zu haben. Die Waren werden insofern direkt vom Lieferanten an den Kunden geliefert.
>
> Diese Streckengeschäfte können als Bewertungseinheiten betrachtet werden, da sie jeweils 1:1 zuordenbar sind.

Schwebende Geschäfte werden im Regelfall nicht in der Buchhaltung erfasst, solange davon auszugehen ist, dass sich Leistung und Gegenleistung bzw. die vertraglichen Verpflichtungen ausgeglichen gegenüberstehen. Ist dies nicht (mehr) der Fall, so muss für den sich ergebenden Verlust eine Rückstellung gebildet werden.

2.1.3.1.3 Objektive Verlusterwartung

Eine Rückstellungsbildung kann nur erfolgen, wenn auch **konkrete Anhaltspunkte** für die Erwartung eines Verlustes bei normaler und vernünftiger Abwicklung des Geschäftes bestehen; eine **bloße Möglichkeit** der Verlustentstehung reicht dagegen nicht aus.[95]

Allgemein ist davon auszugehen, dass bei Abschluss eines Geschäfts die Vertragsparteien ein für jede vorteilhaftes Geschäft ausgehandelt haben. Daher kann es nur in Ausnahmefällen direkt bei Abschluss eines Vertrags dazu kommen, dass eine Drohverlustrückstellung notwendig ist, etwa wenn

---

95 Vgl. IDW RS HFA 4, Tz. 15.

ein verlustbringendes Geschäft bewusst – um Marktanteile zu gewinnen – oder unbewusst – etwa durch eine Fehlkalkulation – eingegangen wurde.[96] Hier sollte allerdings untersucht werden, ob die Gründe für den Abschluss es erfordern, evtl. weitere Vorteile bei der Ermittlung des Aufwandsüberschusses zu berücksichtigen.

2.1.3.1.4 Entstehen eines Nettoverlustes (Saldierungsbereich)

Bei einer Drohverlustrückstellung handelt es sich, wie schon in Abschn. 2.1.3.1.1 erläutert, um eine Nettogröße, die aus der **Saldierung** von Gegenleistungen und Vorteilen aus dem Vertrag sowie von Aufwendungen zur Erfüllung der diesbezüglichen Lieferungs- oder Leistungsverpflichtungen resultiert. Aus dem Gesetz selbst ergibt sich, dass die Rückstellung für einen drohenden »Verlust« zu bilden ist. Der Ansatz einer Rückstellung ist daher an die **Nettogröße aus Erträgen und Aufwendungen** geknüpft, für die gilt, dass die Aufwendungen größer sind als die zuordenbaren Erträge oder Vorteile. Insofern ist die Saldierung die Grundlage für die Rückstellung und keine Ausnahme vom Saldierungsverbot.[97]

> Großhändler A hat 1.000 Fernseher aus China bestellt, die er ursprünglich für EUR 499 je Stück in Deutschland verkaufen will. Der Einkaufspreis beträgt umgerechnet EUR 399 je Stück. In der Zwischenzeit sind die Verkaufspreise auf EUR 389 gesunken, so dass A nunmehr von einem Verlust von EUR 10 je Fernseher ausgeht.
>
> Für diesen drohenden Verlust aus schwebenden Geschäften muss A eine Rückstellung von EUR 10.000 ansetzen.

2.1.3.1.5 Einmalige Lieferungen und Leistungen

2.1.3.1.5.1 *Beschaffungsgeschäfte*

Drohende Verluste aus schwebenden Geschäften können sich aus Beschaffungsgeschäften von Vermögensgegenständen des Anlage- und/oder des Umlaufvermögens ergeben. Soweit der Wert, d. h. die voraussichtlichen Anschaffungskosten, zu dem der Vermögensgegenstand in der Bilanz angesetzt werden würde, über dem beizulegenden Zeitwert am Bilanzstichtag liegt, ist bei einer Wertminderung gem. § 253 Abs. 3 bzw. 4 HGB eine Drohverlustrückstellung anzusetzen. Die Drohverlustrückstellung entspricht da-

---

96 Vgl. ADS[6], § 249 HGB, Tz. 145.
97 Vgl. BeBiKo[8], § 249 HGB, Tz. 63.

mit in wirtschaftlicher Konsequenz einer notwendigen **außerplanmäßigen Abschreibung** des Vermögensgegenstands, wenn dieser aktiviert worden wäre. Für Anlagevermögen ist somit grds. nur bei einer dauernden Wertminderung eine Drohverlustrückstellung anzusetzen. Eine **Ausnahme** gilt für Finanzanlagen, für die gem. § 253 Abs. 3 S. 4 HGB auch bereits bei nicht voraussichtlich dauernder Wertminderung eine Rückstellung angesetzt werden kann. Bei Umlaufvermögen ist eine Drohverlustrückstellung bereits bei einer vorübergehenden Wertminderung gem. § 253 Abs. 4 HGB zu bilanzieren.

Beschaffung von Anlagevermögen

Unternehmen A hat eine Maschine in Japan für YEN 100.000.000 zur Nutzung in der eigenen Produktion bestellt und den Kaufpreis im Voraus bezahlt. Die Bankbelastung beträgt EUR 975.990.

Buchungssatz: *per »Anzahlungen auf Anlagevermögen« an »Bank«.*

Die Maschine ist am Bilanzstichtag noch nicht geliefert worden. Der YEN hat gegenüber dem Zeitpunkt der Bestellung deutlich an Wert verloren und steht zum Bilanzstichtag bei 116,96 YEN/EUR.

	am Bestelldatum			am Bilanzstichtag		
	YEN	YEN/EUR	EUR	YEN/EUR	EUR	Geringere Kosten
Einkauf Maschine	100.000.000	102,46	975.990	116,96	854.993	120.997

Wenn es sich bei den gesunkenen Wiederbeschaffungskosten von EUR 854.993 um eine voraussichtlich dauerhafte Wertminderung handelt, muss eine Drohverlustrückstellung für die noch nicht gelieferte Maschine angesetzt werden; hier i. H. v. gerundet EUR 121.000.

Buchungssatz: *per »Sonstiger Aufwand« an »Drohverlustrückstellung«.*

Bei Lieferung der Maschine werden – soweit sich nicht weitere Differenzen ergeben haben – die höheren Anschaffungskosten um die Beträge der Rückstellung gemindert.

Buchungssatz: *per »Maschine« und »Drohverlustrückstellung« an »Anzahlungen auf Anlagen«.*

Beschaffung von Umlaufvermögen

Unternehmen B hat Rohstoffe in den USA eingekauft und im Voraus bezahlt. Zum Zeitpunkt des Vertragsschlusses stand der US-Dollar bei 0,6916 EUR/USD und zum Bilanzstichtag bei 0,6805 EUR/USD.

Buchungssatz: *per »Anzahlungen auf Vorräte« an »Bank«.*

	am Bestelldatum			am Bilanzstichtag		
	USD	EUR/USD	EUR	EUR/USD	EUR	Geringerer Erlös
Einkauf Rohstoffe	500.000	0,6916	345.800	0,6805	340.250	−5.550

Bei Vermögensgegenständen des Umlaufvermögens muss in jedem Fall, also auch bei einer voraussichtlich nicht dauerhaften Wertminderung, eine Drohverlustrückstellung angesetzt werden; hier i. H. v. gerundet EUR 5.600.

Buchungssatz: *per »Materialaufwand« an »Drohverlustrückstellung«.*

Bei Lieferung der Rohstoffe werden – soweit sich nicht weitere Differenzen ergeben haben – die höheren Anschaffungskosten um die Beträge der Rückstellung gemindert.

Buchungssatz: *per »Vorräte« und »Drohverlustrückstellung« an »Anzahlungen auf Vorräte«.*

2.1.3.1.5.2 Absatzgeschäfte

Bei Absatzgeschäften kann sich ein drohender Verlust daraus ergeben, dass die aus dem Verkauf erzielten Erlöse die notwendigen Aufwendungen für die Lieferungen oder Leistungen nicht decken. Dabei sind als Aufwendungen auch solche Kosten zu berücksichtigen, die erst nach dem Stichtag anfallen und insofern zum Bilanzstichtag noch nicht in den Herstellungskosten etwaiger unfertiger Erzeugnisse enthalten sind. Bei den Erlösen sind alle dem Auftrag direkt zurechenbaren Erlöse und Vorteile einzubeziehen.

Unternehmen A verkauft eine Maschine in die USA für USD 1.300.000. Zum Zeitpunkt des Vertragsschlusses stand der US-Dollar bei 0,6916 EUR/USD und zum Bilanzstichtag bei 0,6805 EUR/USD. Die ursprüngliche Kalkulation ging von Herstellungskosten von EUR 890.000 aus. Zum Bilanzstichtag sind für diesen Auftrag insgesamt EUR 810.000 in den »Unfertigen Erzeugnissen« aktiviert. Der zuständige Projektingenieur geht davon aus, dass nach dem Bilanzstichtag noch ca. EUR 85.000 an Kosten anfallen werden.

	am Bestelldatum			am Bilanzstichtag		
	USD	EUR/USD	EUR	EUR/USD	EUR	Geringerer Erlös
Verkauf Maschine	1.300.000	0,6916	899.080	0,6805	884.650	−14.430

Während der ursprüngliche Auftrag mit EUR 9.080 Gewinn äußerst knapp kalkuliert war, wird – bedingt durch den nicht abgesicherten Kursverlust EUR zu USD und durch die angestiegenen Herstellungskosten – insgesamt ein Verlust von EUR 10.350 (EUR 884.650 − EUR 810.000 − EUR 85.000) aus diesem Auftrag erwartet. Für diesen erwarteten Verlust ist eine Rückstellung zu bilden.

Buchungssatz: *per »Sonstige betriebliche Aufwendungen« an »Drohverlustrückstellung«.*

Bei der endgültigen Lieferung wird die Rückstellung erfolgswirksam aufgelöst.

Buchungssatz: *»Drohverlustrückstellung« an »Materialaufwand«.*

2.1.3.1.5.3 Mischkalkulation

Soweit durch einen Vertrag mehrere Lieferungen und/oder Leistungen erbracht werden sollen, für die eine Mischkalkulation erstellt wurde, darf eine Drohverlustrückstellung nicht für einzelne, nicht kostendeckende Teillieferungen und/oder -leistungen angesetzt werden, sondern nur, wenn der Auftrag **insgesamt** zu einem Verlust führt.[98]

---

[98] Vgl. BeBiKo[8], § 249 HGB, Tz. 74.

Bei einem Vertragsabschluss wurde ein Produkt bewusst unter den Anschaffungs- bzw. Herstellungskosten verkauft, um den gesamten Auftrag zu erhalten.

Verkauf	Menge Stück	Preis EUR/Stück	Erlös EUR	AK/HK EUR	Gewinn/Verlust EUR
Produkt 1	100	80	8.000	7.500	500
Produkt 2	200	70	14.000	15.000	-1.000
Produkt 3	300	60	18.000	16.000	2.000
			40.000	38.500	1.500

Da für den gesamten Auftrag ein positiver Gewinn von EUR 1.500 erzielt wird, darf für das Produkt 2 keine isolierte Drohverlustrückstellung von EUR 1.000 gebildet werden.

2.1.3.1.5.4 Bewertungseinheiten aus Beschaffungs- und Absatzgeschäften

Bei der Ermittlung von Drohverlusten gilt ebenfalls der in § 252 Abs. 1 Nr. 2 HGB festgelegte **Grundsatz der Einzelbewertung**. Dieser kann allerdings durchbrochen werden, wenn es übergeordnete Bewertungseinheiten gibt, zu denen einzelne Geschäfte zugeordnet werden können. Dies ist jedoch gem. § 252 Abs. 2 HGB nur in begründeten Ausnahmefällen möglich.

Unternehmen A hat eine Maschine in Japan für YEN 100.000.000 bestellt und für USD 1.300.000 weiterverkauft. Zum Zeitpunkt der Bestellung stand der YEN bei 116,96 YEN/EUR und der USD bei 0,6916 EUR/USD; zum Bilanzstichtag stand der YEN bei 102,46 YEN/EUR und der USD bei 0,7805 EUR/USD. Separate Sicherungsgeschäfte wurden nicht abgeschlossen.

		am Bestelldatum		am Bilanzstichtag		
	YEN	YEN/EUR	EUR	YEN/EUR	EUR	Mehrkosten
Einkauf Maschine	100.000.000	116,96	854.993	102,46	975.991	-120.998

		am Bestelldatum		am Bilanzstichtag		
	USD	EUR/USD	EUR	EUR/USD	EUR	Mehrerlös
Verkauf Maschine	1.300.000	0,6916	899.080	0,7805	1.014.650	115.570
		Gewinn	44.087	Gewinn	38.659	-5.428

> Bei einer separaten Betrachtung des Einkaufs- und des Verkaufsgeschäfts könnte man aufgrund des Prinzips der Einzelbewertung für den drohenden Verlust aus dem Einkaufsgeschäft eine Drohverlustrückstellung von ca. EUR 121.000 ansetzen. Betrachtet man aber beide Geschäfte zusammen als Bewertungseinheit, so stehen den Mehrkosten von EUR 120.998 aus dem Beschaffungsgeschäft Mehrerlöse von EUR 115.570 aus dem Absatzgeschäft gegenüber. Insgesamt wird mit EUR 38.659 immer noch ein positives Ergebnis erzielt, auch wenn sich dieses gegenüber dem ursprünglich kalkulierten Ergebnis von EUR 44.087 um EUR 5.428 vermindert hat. Daher darf – bei einer Gesamtbetrachtung – keine isolierte Drohverlustrückstellung für das Beschaffungsgeschäft angesetzt werden.

In der Praxis werden nicht immer wirtschaftlich zusammengehörende Transaktionen identifiziert. Fehlt es an einer Identifizierung, besteht keine Möglichkeit der Zusammenfassung der Transaktionen. In diesen Fällen muss aufgrund des Einzelbewertungsgrundsatzes eine Drohverlustrückstellung angesetzt werden, obwohl es an einer tatsächlichen wirtschaftlichen Belastung fehlt.

> *Abwandlung*
>
> Unternehmen A setzt trotz eines zum Bilanzstichtag kalkulierten Gewinns von EUR 38.659 eine Rückstellung für drohende Verluste aus dem Beschaffungsgeschäft i. H. v. gerundet EUR 121.000 an, da keine Indentifizierung erfolgt.
>
> Aus dieser Vorgehensweise wird – aus wirtschaftlicher Sicht – in Jahr 1 ein um EUR 121.000 zu niedriges und in Jahr 2 ein um EUR 115.572 (EUR 121.000 – EUR 5.428) zu hohes Ergebnis ausgewiesen.

Aufgrund des Stetigkeitsgrundsatzes[99] darf nicht willkürlich von der einmal gewählten Methode abgewichen werden.

---

99 Vgl. zur Abweichung von der Ansatz- bzw. Bewertungsstetigkeit § 246 Abs. 3 bzw. § 252 Abs. 1 Nr. 6 i. V. m. § 252 Abs. 2 HGB sowie Abschn. 2.4.3.2.

2.1.3.1.6 Dauerschuldverhältnisse

2.1.3.1.6.1 Dauerbeschaffungsverhältnisse (z. B. Darlehens-, Miet-, Arbeits- und ähnliche Verträge)

Auch im Rahmen von Dauerschuldverhältnissen, die nicht auf eine einmalige Lieferung oder Leistung ausgerichtet, sondern auf eine bestimmte oder unbestimmte Zeit ausgelegt sind, können sich Ungleichgewichtsverhältnisse einstellen. Charakteristisch für Dauerschuldverhältnisse ist, dass sie zu einem Teil bereits erfüllt und zum anderen noch nicht erfüllt sein können und daher auch in zwei Teilen betrachtet werden müssen.

Hinsichtlich des **erfüllten Teils** kann es einen **Erfüllungsrückstand** geben, der durch eine Verbindlichkeitsrückstellung abgedeckt wird; nur bzgl. des **noch ausstehenden Teils** des Dauerschuldverhältnisses kann es einen **Verpflichtungsüberschuss** geben, der durch eine Drohverlustrückstellung berücksichtigt werden muss. Ein Gewinn, der aus dem bereits abgewickelten Teil eines langfristigen Vertrags resultiert, darf nicht mit einem drohenden Verlust aus dem noch nicht abgewickelten Teil verrechnet werden.[100]

> Der für den Vertrieb zuständige Geschäftsführer des Unternehmens A, der am 1.1.2012 einen fünfjährigen Arbeitsvertrag unterschrieben hat, wurde aufgrund schwerwiegender Meinungsverschiedenheiten und noch ungeklärter Untreuevorwürfe im Mai 2012 fristlos entlassen. Die Bezüge ab Juni 2012 wurden nicht mehr gezahlt. Zum Jahresende stellt sich heraus, dass die Untreuevorwürfe und damit auch die fristlose Kündigung nicht haltbar sind. Unternehmen A wird den Geschäftsführer allerdings bis zum Ende der Vertragsdauer von seiner Tätigkeit freistellen. Aufhebungsgespräche sollen in Kürze folgen.
>
> Zum 31.12.2012 muss Unternehmen A eine Verbindlichkeitsrückstellung für die noch nicht gezahlten Gehälter bis Dezember 2012 bilden (Erfüllungsrückstand). Für die Gehälter der verbleibenden Vertragsdauer von vier Jahren ist eine Drohverlustrückstellung anzusetzen, da der Geschäftsführer aus dem Vertragsverhältnis zukünftig keine Gegenleistung mehr erbringt.

Allerdings gibt es zahlreiche Ausnahmen vom Ansatz von Drohverlustrückstellungen bei Dauerschuldverhältnissen, die zumeist fiskalisch motiviert sind.

---

100 Vgl. BeBiKo[8], § 249 HGB, Tz. 76.

> Kunde B hat von Unternehmen A im Rahmen einer Absatzfinanzierung ein Darlehen i. H. v. EUR 100.000 von A erhalten. Die Zinsen werden mit einem festen, marktkonformen Zinssatz von 5% über die Laufzeit von 10 Jahren ermittelt. Zum Bilanzstichtag ist der marktübliche Zinssatz auf 4% gefallen.
>
> Aus betriebswirtschaftlicher Sicht hat B die Chance verpasst, sich variabel zu günstigeren Zinsen ein Darlehen zu beschaffen. Ob hierfür eine Drohverlustrückstellung anzusetzen ist, wird in der Literatur unterschiedlich gesehen.[101] Ein Ansatz in der Steuerbilanz ist jedenfalls gem. § 5 Abs. 4a EStG verboten.

2.1.3.1.6.2 Dauerabsatzgeschäfte (z. B. aus Vermietungsverträgen oder sonstigen langfristigen Verträgen)

Ist ein Absatzgeschäft auf eine gewisse Dauer ausgerichtet, so sind die zu erzielenden Erträge mit den entsprechenden Aufwendungen zu vergleichen. Ein Verpflichtungsüberschuss, der dadurch entsteht, dass die Aufwendungen nicht durch die Erträge gedeckt werden, führt auch hier zu einer Drohverlustrückstellung.

> Ein Unternehmen hat ein Gebäude für EUR 50 je m² angemietet und nutzt entgegen der ursprünglichen Planung nur 75% der Flächen. Für den restlichen Teil wurde lange Zeit ein Untermieter gesucht und schließlich auch gefunden. Allerdings konnte der Untermietvertrag nur zu einer Miete von EUR 40 je m² abgeschlossen werden, so dass monatlich ein Verlust von EUR 10 je m² der untervermieteten Flächen entsteht.
>
> In diesem Fall ist eine Drohverlustrückstellung für den untervermieteten Teil im Zeitpunkt des Vertragsabschlusses zu bilden und über die Laufzeit aufzulösen.

Allerdings hat der BFH in seinem »Apothekerurteil« entschieden, dass auch wirtschaftliche Vorteile bei dem Ansatz/der Bewertung zu berücksichtigen sind und einer Drohverlustrückstellung entgegenstehen können.[102]

---

[101] Vgl. BeBiKo⁸, § 249 HGB, Tz. 100 (Darlehenszinsen) m. w. N.
[102] Vgl. BFH vom 23.6.1997, BStBl. II 1997, S. 735; für steuerliche Zwecke nunmehr gesetzlich normiert in § 6 Abs. 1 Nr. 3a (c) EStG.

Ein Apotheker hat in einem Gebäude zwei Etagen für jeweils EUR 1.000 angemietet. Die Miethöhe entspricht ortsüblichen Marktbedingungen. Das Erdgeschoss nutzt er als Ladengeschäft für seine Apotheke; die darüber liegende Etage hat er an einen Allgemeinmediziner für monatlich EUR 500 untervermietet. Für den »drohenden Verlust« aus dem Mietvertrag will er eine Rückstellung bilden.

In diesem Fall ist keine Drohverlustrückstellung zu bilden, da der Zweck der Untervermietung unter Marktmiete offensichtlich der Umsatzförderung seiner Apothekengeschäfte dient. Die wirtschaftlichen Vorteile, die er hieraus erzielt, sind bei der Rückstellungsbildung kompensierend zu berücksichtigen.

2.1.3.1.7 Sonderfälle

In der Praxis werden auch Fälle diskutiert, die im Schnittbereich von Sachverhaltsermittlung und Saldierungsbereich liegen. Hierzu gehören z. B. die Diskussionen, ob eine Ansatzpflicht für eine Drohverlustrückstellung bei der bewussten Fortführung einer verlustbringenden Filiale besteht oder eine »angeschaffte« Drohverlustrückstellung zu bilanzieren ist.

2.1.3.1.7.1 Verlustbringende Filialen

Bei Unternehmen mit vielen Filialen kann es vorkommen, dass nicht alle Filialen einen Überschuss erwirtschaften. Einer Schließung stehen jedoch oft Aspekte entgegen, die im **betriebswirtschaftlichen Kalkül** mit berücksichtigt werden müssen.

Ein Unternehmen hat verschiedene Filialen, von denen einige bereits seit einiger Zeit defizitär sind und möglichst bald geschlossen werden sollen, aber nicht ohne Weiteres geschlossen werden können. Eine sofortige Schließung würde aufgrund von Konventionalstrafen bzw. der Bildung einer Drohverlustrückstellung in Höhe der vertraglichen Mietzahlungen insgesamt zu höheren Verlusten als die Fortführung der verlustbringenden Filiale führen. Insofern wäre es betriebswirtschaftlich sinnvoll, die Filiale weiterzuführen, da so die Verluste minimiert werden.[103]

Nach Zwirner ist in einem solchen Fall eine Drohverlustrückstellung nach allgemeinen GoB und dem allgemeinen Gläubigerschutz anzusetzen, auch

[103] Beispiel in Anlehnung an Zwirner, StuB 2011, S. 891.

wenn er Schwierigkeiten bei der Identifikation der nachhaltig defizitären Filialen und deren Relevanz für das bewusst verfolgte Unternehmenskonzept sowie eine dem Kompensationsgebot (Saldierungsbereich) gerecht werdende, zutreffende Bewertung der Rückstellung konzediert.[104] Solche Fälle sind insofern im Detail hinsichtlich des genauen Sachverhalts zu analysieren. Dabei können kleine Abweichungen im Sachverhalt zu deutlich anderen Ergebnissen führen.

2.1.3.1.7.2 Angeschaffte Drohverlustrückstellungen

Werden bei einer Unternehmensveräußerung (Betriebsübernahme) **kaufpreismindernd Risiken**, für die in der Handelsbilanz eine Drohverlustrückstellung gebildet wurde, **schuldbefreiend** für den Veräußerer übernommen, so sind diese sowohl zum Erwerbszeitpunkt als auch in der Folgezeit in den Bilanzen des Erwerbers anzusetzen.[105] Der BFH hat diese Grundsätze auch für die Steuerbilanz des Erwerbers bestätigt[106], kommt aber zu dem Ergebnis, dass es sich in diesem Fall steuerlich um Verbindlichkeitsrückstellungen handelt.[107]

> Unternehmen A erwirbt im Rahmen eines *asset deal* einen Teil des Geschäfts von Unternehmen B, zu dem sowohl betriebsnotwendige Vermögensgegenstände als auch betriebsbedingte Schulden gehören. In den übernommenen Schulden war handelsrechtlich eine Drohverlustrückstellung aufgrund eines langfristigen Mietvertrags für Büroräume enthalten, die nicht mehr für den Betrieb des B genutzt wurden und auch langfristig nicht untervermietet werden können. A hat mit Zustimmung des Vermieters den Mietvertrag mit befreiender Wirkung von B übernommen. In Höhe der übernommenen Drohverlustrückstellung wurde auch der von A an B gezahlte Kaufpreis vermindert.
>
> Da hier auch der Mietvertrag schuldbefreiend für B auf A übergeht, ist im Erwerbszeitpunkt die Rückstellung einzubuchen und in den Folgebilanzen fortzuschreiben. Auch in der Steuerbilanz muss diese Rückstellung angesetzt werden. Handelsrechtlich ist dies eine »angeschaffte Drohverlustrückstellung«, steuerlich eine Verbindlichkeitsrückstellung aufgrund der befreienden Übernahme.

---

104 Vgl. Zwirner, StuB 2011, S. 895.
105 Vgl. Meurer, BB 2011, S. 1259.
106 Vgl. BFH vom 16.12.2009, BStBl. II 2011, S. 566.
107 Vgl. Prinz/Adrian, BB 2011, S. 1646f.

Handelsrechtlich wird diese Umdeutung nicht benötigt, da der Erwerber wohl auch die für die Drohverlustrückstellung ursächlichen Verträge übernimmt und insofern auch für diese drohenden Verluste eine Rückstellung ansetzen muss.

2.1.3.1.8 Konkurrenz zu Verbindlichkeitsrückstellungen

In der Literatur wird überwiegend davon ausgegangen, dass eine Verbindlichkeitsrückstellung **Vorrang** vor einer Drohverlustrückstellung hat, da bei einer Verbindlichkeitsrückstellung die Ereignisse der Vergangenheit im Vordergrund stehen, während eine Drohverlustrückstellung sich immer auf zukünftige belastende Ereignisse bezieht.[108] Insofern ist zunächst ein eventueller **Erfüllungsrückstand** zu berücksichtigen, bevor ein **drohender Verlust** in der Zukunft antizipiert werden muss.[109]

2.1.3.1.9 Dokumentation der drohenden Verluste

Um drohende Verluste aus schwebenden Geschäften erkennen zu können, muss eine **vollständige** und **richtige** Dokumentation der schwebenden Geschäfte vorliegen. Diese Aufzeichnungspflichten hinsichtlich der drohenden Verluste ergeben sich implizit aus dem Gesetz, da nach § 249 Abs. 1 S. 1 2. HS HGB der drohende Verlust aus einem schwebenden Geschäft als Anlass für eine Drohverlustrückstellung anzusehen ist. Da sich dieser nicht naturgemäß ergibt oder aus der Buchhaltung ableitbar ist, müssen die Einzelheiten, die zu dem Verlust führen, außerhalb der Buchhaltung in einer **Nebenrechnung** nachgewiesen und dokumentiert werden. Hierzu gehören alle im Zusammenhang mit dem konkreten schwebenden Geschäft stehenden Erträge, Aufwendungen sowie andere Vor- und Nachteile, Erkenntnisse am Bilanzstichtag sowie zwischen Bilanzstichtag und Tag der Bilanzaufstellung bzw. -feststellung.

2.1.3.1.10 Ansatzgründe für Drohverlustrückstellungen

Die nachstehende Tabelle gibt eine Übersicht zu möglichen Drohverlustrückstellungen.[110]

In der Praxis ergeben sich die unterschiedlichsten Gründe, die zu Drohverlustrückstellungen führen können. Häufig sind es **Störungen**, die sich ungeplant und unvorhergesehen entwickeln. Daher werden diese Sachverhalte auch meist im Aufstellungszeitraum des Jahres- bzw. Konzernab-

---

[108] Vgl. Moxter, DStR 1998, S. 514 m.w.N.
[109] Vgl. auch Abschn. 2.1.2.1.7.
[110] Vgl. BeBiKo⁸, § 249 HGB, Tz. 100.

Beschaffungsorientierte Drohverlustrückstellungen

Mietzahlungen für Gebäude bei Nichtnutzung

Freistellung eines Geschäftsführers

Absatzorientierte Drohverlustrückstellungen

Nicht kostendeckende Verkaufsgeschäfte

Finanzierungsorientierte Drohverlustrückstellungen

Devisentermingeschäfte

Optionsgeschäfte

Sonstige Drohverlustrückstellungen

Erbbaurechte

schlusses analysiert und erfasst. Die Bilanzierenden sind allerdings gut beraten, wenn sie die Notwendigkeit von Drohverlustrückstellungen zumindest in Form von **Checklisten** systematisch analysieren würden.

2.1.3.2 Besonderheiten nach IFRS

2.1.3.2.1 Belastende Verträge

Gem. IAS 37.66 ff. sind für **belastende Verträge** (*onerous contracts*) Rückstellungen für die aus den Verträgen entstehenden Belastungen anzusetzen. Ein belastender Vertrag liegt vor, wenn die voraussichtlichen nicht vermeidbaren Kosten, die zur Erfüllung der vertraglichen Verpflichtungen notwendig sind, die Erträge aus dem Vertrag übersteigen.[111] Zu den **Erträgen** gehören alle direkt zurechenbaren Erlöse und Vorteile, die der Bilanzierende durch die Umsatzrealisierung erlangt. Zu den **Kosten** gehören neben den direkt durch einen Vertrag verursachten Material-, Personal- und sonstigen Kosten auch Vertrags- oder Konventionalstrafen, Entschädigungen oder Ausgleichszahlungen, die wegen Schlecht-, Später- oder Nichterfüllung zu berücksichtigen sind.[112] Soweit sich jedoch ein Unternehmen diesen Verpflichtungen entziehen kann (z. B. kosten- und folgenlose Stornierung), mangelt es an einer Belastung, so dass eine Rückstellung unter IFRS nicht angesetzt werden darf. Kann sich der Bilanzierende durch eine gegenüber

---

111 Vgl. IAS 37.68.
112 Vgl. IAS 37.67.

dem drohenden Verlust geringere **Abstandszahlung** der Verpflichtung entziehen, so sind die niedrigeren anfallenden Nettokosten in diesem Zusammenhang als Rückstellung zu berücksichtigen.[113]

> Der Importeur I hat einen 5-jährigen Rahmenvertrag mit dem chinesischen Exporteur E geschlossen, Computer aus China zu einem Festpreis von je EUR 300 zu beziehen. I verkauft die Computer zum Marktpreis von jeweils EUR 350 weiter. Hinsichtlich der Stückzahlen sieht der Rahmenvertrag eine Mindestlieferung von 10.000 Stück im Jahr vor. I hat sich die Option vorbehalten, gegen eine Zahlung von EUR 100.000 mit einer einmonatigen Kündigungsfrist aus dem Vertrag auszusteigen. Nach zwei Jahren kann I aufgrund der allgemeinen Marktentwicklung nur noch EUR 250 je Computer erzielen. Auch liegen I mittlerweile Bezugsangebote für EUR 200 je Stück von anderen chinesischen Produzenten vor.
>
> Für diesen Sachverhalt muss I eine Rückstellung von maximal EUR 100.000 ansetzen. Ein Ansatz der Stückverluste von EUR 100 hat darüber hinaus nur für evtl. fest kontrahierte Abrufmengen zu erfolgen, deren Abnahme sich der Importeur nicht entziehen kann.

Soweit mit einem Vertrag bestimmte aktivierte Vermögenswerte verbunden sind, müssen zunächst diese Vermögenswerte einem Wertminderungstest unterzogen und der entsprechende Wertminderungsaufwand erfasst werden; nur für den übersteigenden Teil (die Belastung ist betragsmäßig größer als der Buchwert der aktivierten Vermögenswerte) ist eine Rückstellung zu bilden.[114]

2.1.3.2.2 Verluste aus Fertigungsaufträgen

Verluste aus Fertigungsaufträgen, die nach IAS 11 bilanziert werden, fallen nicht in den Anwendungsbereich des IAS 37. Diese erwarteten Verluste sind nach IAS 11.36 sofort als Aufwand bei den Auftragskosten zu berücksichtigen.[115] Hinsichtlich der **Gegenbuchung** ist zu unterscheiden, ob mit dem Auftrag in Zusammenhang stehende Vermögenswerte existieren, bei denen die Verluste mindernd berücksichtigt werden können, oder ob eine »Drohverlustrückstellung aus Fertigungsaufträgen« ausgewiesen werden muss.

---

113 Vgl. IAS 37.68.
114 Vgl. IAS 37.69.
115 Vgl. Beispiel siehe IFRS-Handbuch[5], Tz. 2354.

Eine Werft hat einen Auftrag zum Bau eines Spezialschiffs angenommen, das über einen Zeitraum von 18 Monaten (1.9.2012 bis 31.3.2014) nach einem kundenspezifischen Plan gebaut werden soll. Der ursprüngliche Verkaufspreis beträgt EUR 21 Mio. Insgesamt wurde das Schiff mit Kosten i.H.v. EUR 20 Mio. kalkuliert.

a) Zum **Stichtag 31.12.2012** sind bereits Kosten i.H.v. EUR 5 Mio. angefallen; mit weiteren EUR 15,4 Mio. wird noch gerechnet.

b) Zum **Stichtag 31.12.2013** weist die Kostenträgerrechnung Kosten von EUR 19 Mio. aus. Die noch anfallenden Kosten werden von dem zuständigen Projektingenieur auf EUR 4 Mio. geschätzt. Aufgrund von geänderten Kundenwünschen wurde mit dem Kunden ein Nachtrag (Erhöhung des Verkaufspreises) von EUR 1 Mio. vereinbart.

Zu a) Unter Anwendung der PoC-Methode werden **zum 31.12.2012** »künftige Forderungen aus Fertigungsaufträgen« von EUR 5,14 Mio. angesetzt.[116]

Zu b) **Zum 31.12.2013** wird eine »Drohverlustrückstellung aus Fertigungsaufträgen« i.H.v. EUR 1 Mio.[117] angesetzt.

2.1.3.3 Synoptische Übersicht

Die folgende Übersicht zeigt wesentliche Unterschiede zwischen dem Ansatz von Drohverlustrückstellungen nach HGB und nach IFRS und fasst die Darstellungen aus Abschn. 2.1.3 zusammen.

	HGB	IFRS
Belastende Verträge	Vorsichtsprinzip: Rückstellungen für drohende Verluste müssen gebildet werden, wenn sich bei einem schwebenden Geschäft die Verpflichtungen nicht (mehr) gleichwertig gegenüberstehen.	Bei belastenden Verträgen (*onerous contracts*) ist der Verpflichtungsüberschuss anzusetzen, sofern Abstandszahlung nicht geringer ist. Kein Ansatz, soweit Möglichkeit der Entziehung der Verpflichtung (z.B. kosten- und folgenlose Stornierung).

[116] Zur Percentage-of-completion Methode vgl. IAS 11.22 ff.: Berechnung: 5/20,4 * 21 = 5,14 (Ansatz von angefallenen Kosten zzgl. entsprechendem Gewinnanteil).

[117] Verkaufspreis zzgl. Nachtrag EUR 22 Mio. abzgl. angefallener und weiterer geschätzter Kosten von insgesamt EUR 23 Mio.

	HGB	IFRS
Drohverlust-rückstellungen bei Fertigungsaufträgen	Bei kundenbezogenen Fertigungsaufträgen sind unfertige Erzeugnisse entsprechend der erwarteten Verluste im Wert zu mindern bzw. ein die unfertigen Erzeugnisse übersteigender Teil als Rückstellung für drohende Verluste aus schwebenden Geschäften zu erfassen.	Verluste aus Fertigungsaufträgen (IAS 11) fallen nicht in den Anwendungsbereich des IAS 37. Erwartete Verluste sind nach IAS 11.36 sofort als Aufwand bei den Auftragskosten zu berücksichtigen (Gegenbuchung: Vermögenswert für den Auftrag oder »Drohverlustrückstellung aus Fertigungsaufträgen«).

2.1.4 Aufwandsrückstellungen

2.1.4.1 Voraussetzungen für die Ansatzpflicht nach HGB

2.1.4.1.1 Unterlassene Aufwendungen für Instandhaltung

Nach § 249 Abs. 1 S. 2 HGB sind für im Geschäftsjahr unterlassene Aufwendungen für Instandhaltung, die innerhalb der ersten drei Monate des folgenden Geschäftsjahrs nachgeholt werden, Rückstellungen zu bilden. Unter diese Rückstellungen fallen ausschließlich reine **Innenverpflichtungen**, da die Unterlassung in der Entscheidungssphäre des Managements liegt und keine Verpflichtungen gegenüber Dritten vorliegen.

> Ist ein Unternehmen verpflichtet, aufgrund vertraglicher Vereinbarungen die gepachteten Gebäude in einem bestimmten Zustand zu erhalten, so kommt – bei einer unterlassenen, jährlich geplanten Instandhaltungsmaßnahme – hierfür keine Aufwandsrückstellung in Betracht, sondern eine Verbindlichkeitsrückstellung.

Soweit es jedoch an einer solchen Außenverpflichtung fehlt, ist eine Aufwandsrückstellung – auch nach BilMoG[118] – anzusetzen (Pflichtrückstellung).

> Ein Unternehmen konnte aufgrund der hohen Auslastung der Produktion die jährlich geplante Revision nicht mehr im Dezember ausführen und hat diese erst im Februar des Folgejahrs durchgeführt.

---

[118] Vgl. auch die Diskussion zu Aufwandsrückstellungen in Abschn. 2.1.1.

Für diese unterlassene Instandhaltung ist eine Pflichtrückstellung (wie in der Steuerbilanz[119]) zu bilden.

Fraglich kann sein, was unter Instandhaltungsaufwand zu verstehen ist. Laut herrschender Meinung ist unter **Instandhaltung** eine mehr oder weniger regelmäßige Instandsetzung, Wartung und Inspektion von Vermögensgegenständen des Anlagevermögens zu verstehen.[120] Insofern gehören Verschleißbeseitigung, vorbeugende Verschleißhemmung sowie regelmäßige Inspektionen zu diesen Maßnahmen.[121] Dagegen dürfen Erhaltungsaufwendungen, die zu einer **Wertverbesserung** oder zu einer wesentlichen Veränderung des Vermögensgegenstands führen, nicht zurückgestellt werden, da sie aktivierungspflichtig sind und erst im Zeitpunkt der Durchführung erfasst werden dürfen.[122]

Ein Unternehmen hatte geplant, während einer normalen Inspektion im Dezember auch eine Generalüberholung der elektronischen Steuerung vorzunehmen, die zu einer flexibleren, vorher so nicht möglichen Produktion beitragen soll. Diese kombinierte Maßnahme wurde aufgrund einer hohen Produktionsauslastung im Dezember nicht durchgeführt und soll im kommenden Februar nachgeholt werden.

In diesem Fall muss eine Rückstellung für unterlassene Instandhaltung in Höhe der Aufwendungen der normalen Inspektion angesetzt werden; die geplanten aktivierungspflichtigen Verbesserungsinvestitionen dürfen nicht im Rahmen der unterlassenen Instandhaltung passiviert werden.

Ist absehbar, dass auch bis zum Schluss des dritten Monats nach dem Ende des Geschäftsjahrs, in dem die Instandhaltung unterlassen wurde, eine **abschließende Durchführung nicht möglich** ist, darf eine Rückstellung nicht angesetzt werden; vor Einführung des BilMoG wurde dann aus einer Pflichtrückstellung eine Wahlrückstellung, die jedoch nach der Änderung des § 249 Abs. 1 S. 3 HGB a. F. durch das BilMoG nicht mehr zulässig ist.[123]

---

119 Gem. § 5 Abs. 1 EStG und EStR R 5.7(11).
120 Vgl. ADS⁶, § 253 HGB, Tz. 277 ff.
121 Vgl. ADS⁶, § 249 HGB, Tz. 168.
122 Vgl. BeBiKo⁸, § 249 HGB, Tz. 102.
123 Vgl. ADS⁶, § 249 HGB, Tz. 279.

Darüber hinaus müssen die Aufwendungen **im Geschäftsjahr unterlassen** worden sein. Darunter können auch Aufwendungen sein, die ebenfalls in einem vorangegangenen Jahr und in der Folge auch im Geschäftsjahr unterlassen wurden. Tatbestandsmerkmale sind nur die **Unterlassung** im abgelaufenen Geschäftsjahr, für das eine Rückstellung zu bilden ist, und die **Nachholung** in den ersten drei Monaten des folgenden Geschäftsjahrs.[124] Bei einem solchen Sachverhalt sind allerdings höhere Anforderungen an die Nachweise sowie eine Analyse erforderlich, warum die Nachholung im letzten Jahr unterlassen, aber in diesem Jahr tatsächlich erfolgen soll.

2.1.4.1.2 Unterlassene Aufwendungen für Abraumbeseitigung

Nach § 249 Abs. 1 S. 2 HGB sind für im Geschäftsjahr unterlassene Aufwendungen für Abraumbeseitigung, die im folgenden Geschäftsjahr nachgeholt werden, Rückstellungen zu bilden. Auch bei diesen Rückstellungen handelt es sich ausschließlich um reine **Innenverpflichtungen**, da die Unterlassung in der Entscheidungssphäre des Managements liegt und keine Verpflichtung gegenüber einem Dritten vorliegt. Soweit eine vertragliche oder **öffentlich-rechtliche Abraumbeseitigungsverpflichtung** vorliegt, ist eine Verbindlichkeitsrückstellung zu bilden.

> Ein Bauunternehmen hat den Auftrag bekommen, die Verkehrswege innerhalb eines Industriegebiets zu erneuern. Der Auftrag beinhaltet ebenfalls die Beseitigung bzw. Verwertung des alten Straßenbelags und des Unterbaus (Abraum). Das Bauunternehmen lagert den Abraum auf einer Fläche im eigenen Bauhof, um ihn – in auftragsschwächeren Zeiten – zu entsorgen oder (Fallvariante) um ihn bei anderen Aufträgen als Material einzusetzen.
>
> Erfolgt eine Entsorgung, so ist zweifelsohne eine Rückstellung für Abraumbeseitigung anzusetzen.
>
> Soweit jedoch eine Verwertung des Materials (z. B. zum Straßenbau bei anderen zukünftigen Aufträgen) vorgesehen ist, darf keine Rückstellung für Abraumbeseitigung angesetzt werden, da das Bauunternehmen Kosten für die Anschaffung des Materials erspart.

---

124 Vgl. ADS⁶, § 249 HGB, Tz. 181.

Nimmt man den sprachlich missglückten Gesetzestext des § 249 Abs. 1 S. 2 HGB wörtlich, so könnten im Gegensatz zu einer aus vertraglicher oder öffentlich-rechtlicher Verpflichtung resultierenden Verbindlichkeitsrückstellung bei einer Aufwandsrückstellung nur jeweils die unterlassenen Aufwendungen des letzten Geschäftsjahrs zurückgestellt werden, während bei einer Verbindlichkeitsrückstellung auch die Aufwendungen zur Abraumbeseitigung erfasst werden müssen, die auf Vorjahre entfallen. Allerdings ist eine im Folgejahr nicht nachgeholte Abraumbeseitigung auch noch in diesem Folgejahr »unterlassen« und muss damit zurückgestellt werden, wenn sie im darauffolgenden Jahr nachgeholt wird.[125]

Zu beachten ist, dass nicht jede Abraumbeseitigung unter § 249 Abs. 1 S. 2 Nr. 1 HGB fällt und damit eine Aufwandsrückstellung gebildet werden kann, da bei einer öffentlich-rechtlichen Verpflichtung die Abraumbeseitigung unter § 249 Abs. 1 S. 1 HGB fällt und die entsprechende Rückstellung als Verbindlichkeitsrückstellung zu qualifizieren ist. Mit einer Aufwandsrückstellung kann damit nur eine unterlassene Abraumbeseitigung zu berücksichtigen sein, für die weder eine vertragliche noch eine öffentlich-rechtliche Verpflichtung existiert.

Während bei einer Aufwandsrückstellung nur der jeweils im abgelaufenen Geschäftsjahr unterlassene Teil der Aufwendungen zurückgestellt werden kann, der in den folgenden zwölf Monaten nachgeholt wird, sind bei einer Abraumbeseitigung, die aufgrund einer vertraglichen oder öffentlich-rechtlichen Verpflichtung besteht, auch solche Beträge zurückzustellen, die vor dem abgelaufenen Geschäftsjahr verursacht wurden. Darüber hinaus gilt die Begrenzung der Nachholung auf die folgenden zwölf Monate nicht. Daher sind auch solche Beträge zurückzustellen, die voraussichtlich erst nach den folgenden zwölf Monaten nachgeholt werden.

2.1.4.1.3 Gewährleistungen ohne rechtliche Verpflichtung (Kulanzrückstellungen)

Nach § 249 Abs. 1 Nr. 2 HGB besteht eine gesetzliche Rückstellungspflicht für Gewährleistungen, die ohne rechtliche Verpflichtungen erbracht werden. Diese gesetzliche Regelung trägt dem Umstand Rechnung, dass ein Unternehmen – auch ohne rechtlich dazu verpflichtet zu sein – Leistungen erbringen muss und sich dieser (wirtschaftlichen oder faktischen) Verpflichtung nicht entziehen kann. In der Praxis werden »Kulanzleistungen«[126] oft

---

[125] Vgl. ADS[6], § 249 HGB, Tz. 181.
[126] Vgl. Duden, Band 1: kulant (franz.), entgegenkommend, großzügig.

als **freiwilliges Entgegenkommen** von Händlern und/oder Herstellern erbracht, um Kunden in unklaren Fällen zufriedenzustellen und sie weiterhin an das Unternehmen zu binden. Hierzu können z. B. Preisnachlass, Schadensersatz, Reparatur, Nachrüsten, Nacharbeiten oder Umtausch gehören.

> Ein Hersteller weiß aus Erfahrung, dass ca. 2 % der verkauften Fernseher im Jahr nach Ablauf der Garantiefrist ausfallen. In der Vergangenheit wurden die betroffenen Bauteile unproblematisch und kulant von einem durch den Hersteller beauftragten und bezahlten Servicecenter ausgetauscht.
>
> Für diese Aufwendungen, die nicht aufgrund einer rechtlichen Verpflichtung entstehen, ist eine Kulanzrückstellung zu bilden.

Die Einordnung der Kulanzrückstellungen als **Aufwandsrückstellungen** oder **Rückstellungen für ungewisse Verbindlichkeiten** ist strittig. Für eine Interpretation als Aufwandsrückstellung spricht die Tatsache, dass ein Unternehmen Kulanzanträge theoretisch auch ablehnen und sich so einer Inanspruchnahme entziehen könnte. Soweit das Unternehmen sich für die Annahme eines Kulanzantrags entscheidet, könnte es sich auch um eine Kundenbindungsmaßnahme handeln, die Aufwand der Periode darstellt, in dem die Kulanz gewährt wird. Gegen die Charakterisierung als Aufwandsrückstellung und für die Annahme einer Rückstellung für ungewisse Verbindlichkeiten spricht, dass aus dem Vertragsverhältnis, auch wenn die gesetzliche bzw. vertragliche Garantiezeit abgelaufen ist, sich sehr wohl Streitigkeiten entwickeln könnten, so dass das Unternehmen im Sinne einer ungestörten Geschäftsbeziehung sich nicht auf rechtliche Positionen zurückziehen möchte und eine kulante Abwicklung vornimmt.[127] In diesen Fällen kommt es nicht zu einer Klärung, ob nicht vielleicht doch ein rechtlicher Grund für die als Kulanz gewährten Aufwendungen zum Tragen kommen würde, so dass im Zweifel auch eine ungewisse Verbindlichkeit angenommen werden kann. Soweit für Kulanzaufwendungen steuerlich keine Rückstellung angesetzt werden darf, kommt es zum Ansatz latenter Steuern.[128]

2.1.4.1.4 Aufwandsrückstellungen und Komponentenansatz
Aufgrund der geänderten Vorschriften des HGB durch das BilMoG wurde insbesondere das Ansatzwahlrecht für bestimmte Aufwandsrückstellungen

127 Vgl. ADS⁶, § 249 HGB, Tz. 193.
128 Vgl. WP Handbuch¹⁴, Abschn. E, Tz. 263 f.

gestrichen. Nach Einführung des BilMoG dürfen **Aufwandsrückstellungen**, wie oben beschrieben, nur noch in den durch das Gesetz bestimmten Fällen ((a) unterlassene Instandhaltung wird innerhalb von drei Monaten nachgeholt und (b) Abraumbeseitigung wird innerhalb von zwölf Monaten nachgeholt) angesetzt werden. In der Vergangenheit wurde das Wahlrecht aber auch für Großreparaturen und regelmäßig wiederkehrende Wartungen angewendet, und der Aufwand durch die Rückstellungszuführung über die verursachenden Perioden verteilt.

Als Ausgleich für die Aufhebung des Ansatzwahlrechts wird zurzeit diskutiert, ob im HGB auch der nach IFRS vorgeschriebene **Komponentenansatz**[129] zur Anwendung kommen kann.[130] Nach IDW RH HFA 1.016 ist eine gedankliche Zerlegung eines abnutzbaren Vermögensgegenstands in seine wesentlichen Komponenten möglich, um den Betrag der planmäßigen Abschreibungen komponentenweise aufgrund der unterschiedlichen Nutzungsdauern zu ermitteln. Die komponentenweise Abschreibung steht auch dem Einzelbewertungsgrundsatz des § 252 Abs. 1 Nr. 3 HGB nicht entgegen.[131] Daher ist bei Austausch von Komponenten ein nachträglicher Anschaffungs- oder Herstellungsaufwand zu aktivieren und über die zukünftige (Rest-)Nutzungsdauer abzuschreiben; entsprechend sind die Restbuchwerte der ausgetauschten Komponenten als Abgang zu erfassen. Allerdings sind Großreparaturen und Inspektionen von dieser komponentenweisen Abschreibung ausgenommen, da kein physischer Austausch wesentlicher separierbarer Komponenten erfolgt.[132] Damit besteht ein wesentlicher Unterschied zu den IFRS. Kritisch zur Ansicht des HFA äußern sich Hommel und Rößler, die zu dem Schluss kommen, dass die Auffassung des IDW nur für größere Inspektionen und Wartungen gelte, bei denen es keinen physischen Austausch von Komponenten gebe. Allerdings gäbe es in der Praxis sehr wohl Großreparaturen, die sich auf den Austausch einzelner Komponenten beziehen; für solche abgrenzbaren Fälle sei der Komponentenansatz auch entgegen IDW HFA 1.016 anwendbar.[133]

Soweit der Komponentenansatz in der Handelsbilanz zu temporären Differenzen gegenüber der Steuerbilanz führt, sind latente Steuern zu berücksichtigen.

---

129 Vgl. IAS 16.43 ff.
130 Vgl. Abschn. 2.1.4.2.3.
131 Vgl. IDW RH HFA 1.016, Tz. 8.
132 Vgl. IDW RH HFA 1.016, Tz. 7.
133 Vgl. Hommel/Rößler, BB 2009, S. 2530; ebenso Linder, DStR 2011, S. 1242.

2.1.4.2 Besonderheiten nach IFRS
2.1.4.2.1 Latente Steuern aufgrund nicht angesetzter Aufwandsrückstellungen

Wie in Abschn. 2.1.1 bereits erwähnt sind **Aufwandsrückstellungen** unter IFRS grundsätzlich nicht anzusetzen, da es an einer Außenverpflichtung fehlt. Zu den unter IFRS nicht ansetzbaren Aufwandsrückstellungen gehören

- im Geschäftsjahr unterlassene Aufwendungen für Instandhaltung, die im folgenden Geschäftsjahr innerhalb von drei Monaten nachgeholt werden, und
- im Geschäftsjahr unterlassene Aufwendungen für Abraumbeseitigung, die im folgenden Geschäftsjahr nachgeholt werden.

Bei der Überleitung eines HGB-Abschlusses in einen IFRS-Abschluss werden die Rückstellungen für unterlassene Instandhaltung und für Abraumbeseitigung ausgebucht und die Gewinnrücklagen (für Vorjahre) bzw. die Aufwandsposten (für die Berichtsperiode) entsprechend angepasst. Als Folge müssen in dem IFRS-Abschluss regelmäßig latente Steuern berücksichtigt werden, wenn solche Aufwandsrückstellungen zulässigerweise nach deutschem Steuerrecht auch in der Steuerbilanz gebildet, verwendet oder aufgelöst werden.

> Unternehmen A hat in seiner Steuerbilanz gem. § 249 Abs. 1 S. 2 Nr. 1, 1. HS HGB i.V.m. § 5 Abs. 1 EStG eine Rückstellung für unterlassene Instandhaltung i.H.v. TEUR 250 erstmalig gebildet.
>
> Da in der IFRS-Bilanz eine solche Rückstellung nicht angesetzt werden darf, resultiert hieraus eine temporäre Differenz von TEUR 250 zwischen dem IFRS-Ansatz (*book base*) und dem Steuerbilanzwert (*tax base*). Der Steuersatz, der voraussichtlich bei der Umkehr etwaiger temporärer Differenzen zur Anwendung kommen wird, beträgt 30%. Damit sind im IFRS-Abschluss ebenfalls erstmalig passive latente Steuern i.H.v. TEUR 75 anzusetzen.

Latente Steuern mildern insofern den Effekt, der sich aus der Korrekturbuchung im IFRS-Abschluss aufgrund einer Nichtberücksichtigung einer im HGB-Abschluss enthaltenen Aufwandsrückstellung ergibt.

2.1.4.2.2 Kulanzrückstellungen

Nach IFRS gibt es keine speziellen Regelungen, die ein Unternehmen zum Ansatz von Kulanzrückstellungen verpflichten. Daher müssen auch bei Kulanzrückstellungen zunächst die **allgemeinen Grundsätze** erfüllt sein. Ein Ansatz nach den allgemeinen Regeln würde aber an dem Kriterium der »Unentziehbarkeit« scheitern, da sich das Unternehmen, wie in Abschn. 2.1.4.1.3 erläutert, rein rechtlich einer kulanten Abwicklung einer Kundenreklamation **entziehen** könnte. Allerdings geht IAS 37.20 davon aus, dass eine **faktische Verpflichtung** entsteht, wenn die Öffentlichkeit (also nicht der einzelne Betroffene) informiert wird und der Betroffene daraus eine entsprechende Erwartungshaltung ableiten kann.[134] Hierzu reicht ein entsprechendes Image, dass ein Unternehmen im Regelfall kulant agiert.[135] Wenn sich das Unternehmen in der Vergangenheit kulant gezeigt hat und der Kunde davon ausgehen kann, auch in Zukunft bei berechtigten Reklamationen (allerdings außerhalb der gesetzlichen oder einer längeren vertraglichen Garantie) kulant behandelt zu werden, ist eine Kulanzrückstellung auch unter IFRS anzusetzen.

> Ein Hersteller wirbt damit, Mängelrügen bzgl. der von ihm verkauften Motoren auch außerhalb der zweijährigen Garantieverpflichtungen weitere 5 Jahre kulant zu begegnen. Er weiß aus Erfahrung, dass ca. 7% der verkauften Motoren in den Jahren nach dem Ablauf der Garantiefrist bis zum siebten Jahr ausfallen. In der Vergangenheit hat der Hersteller unter dieser Werbeaussage unproblematisch und kulant die bemängelten Motoren repariert oder ausgetauscht.
>
> Für diese Aufwendungen, die sich nicht aufgrund einer rechtlichen Verpflichtung ergeben, ist eine Kulanzrückstellung aufgrund der in der Öffentlichkeit erzeugten Erwartungshaltung zu bilden.

2.1.4.2.3. Komponentenansatz

Nach dem in IAS 16.43 umschriebenen, sog. *components approach* sind **separat identifizierbare Teile** einer Sachanlage getrennt abzuschreiben, wenn die einzelnen Teile unterschiedliche Nutzungsdauern aufweisen und der Nutzenverbrauch anderenfalls nicht verursachungsgemäß auf die Perioden der Nutzung verteilt würde.[136]

---

[134] Vgl. IFRS-Handbuch⁵, Tz. 3424.
[135] Vgl. IAS 37.17(b) und 37.20.
[136] Vgl. Künkele/Zwirner, BRZ/BC 2009, S. 442, und Künkele/Zwirner, IRZ 2010, S. 11.

> Eine chemische Anlage zur Herstellung von Farben, die schlüsselfertig von einem Produzenten solcher Anlagen zu einem Gesamtkaufpreis von EUR 150 Mio. erworben wurde, besteht im Einzelnen aus Tanks, Rohrleitungen, Rührwerkskesseln, Motoren, Pumpen, Aufzügen, Leitstand, Überdachungen und weiteren Vorrichtungen.
>
> Die einzelnen Komponenten sind, soweit sie sich durch wesentlich unterschiedliche Nutzungsdauern unterscheiden, separat zu erfassen und über die jeweilige Nutzungsdauer abzuschreiben.

IAS 16.14 schreibt für die **Durchführung regelmäßiger größerer Wartungen** vor, dass diese als nachträgliche Anschaffungs- oder Herstellungskosten einer getrennten Komponente erfasst werden müssen. Über die **planmäßigen Abschreibungen** dieser Komponenten wird eine verursachungsgemäße Verteilung des Gesamtaufwands auf die zukünftigen Perioden erreicht. Dies setzt natürlich bei Anschaffung voraus, dass ein Teil der ursprünglichen Anschaffungs- oder Herstellungskosten der Komponente »Großinspektion« zugeordnet werden müssen, da ansonsten die Aufwendungen doppelt erfasst werden.[137]

> Für das o.g. Beispiel der chemischen Anlage muss aufgrund von sicherheitstechnischen Vorgaben alle fünf Jahre eine »Großinspektion« vorgenommen werden, die zumindest für die erste Inspektion mit EUR 1 Mio. angeboten wurde.
>
> Es ist denkbar, dass aus dem Gesamtkaufpreis eine Komponente »5-Jahres-Wartung« isoliert wird (z.B. aufgrund von Angeboten), die dann separat erfasst und über die ersten fünf Jahre verteilt würde. Die Kosten der ersten Wartung würden dann im Jahr der Durchführung der Wartung aktiviert und über die nächsten fünf Jahre separat abgeschrieben.

Aufgrund der Ausführungen in IDW RH HFA 1.016, Tz. 7, ist die komponentenweise Abschreibung von Großreparaturen bzw. Inspektionen unter HGB ausdrücklich verboten, da **keine physisch getrennten Komponenten** ausgetauscht werden. Darin besteht ein wesentlicher Unterschied zu IFRS.[138]

---

137 Vgl. die Aufteilung im Beispiel in Künkele/Zwirner, IRZ 2010, S. 11.
138 Vgl. die Ausführungen inklusive der kritischen Anmerkungen in Abschn. 2.1.4.1.4.

2.1.4.3 Synoptische Übersicht

Die folgende Übersicht zeigt wesentliche Unterschiede zwischen dem Ansatz bestimmter Aufwandsrückstellungen nach HGB und nach IFRS und fasst die Darstellungen aus Abschn. 2.1.4 zusammen.

	HGB	IFRS
Unterlassene Instandhaltung	**Pflichtansatz** für im Geschäftsjahr unterlassene Aufwendungen, die im folgenden Geschäftsjahr innerhalb von drei Monaten nachgeholt werden (§ 249 Abs. 1 Nr. 1 HGB). **Keine latenten Steuern,** da in der Steuerbilanz ebenso eine Rückstellung für unterlassene Instandhaltung angesetzt werden muss.	**Kein Ansatz** einer Rückstellung, da es an einer Außenverpflichtung fehlt. In der IFRS-Bilanz müssen **latente Steuern** berücksichtigt werden, wenn in der Steuerbilanz eine Rückstellung für unterlassene Instandhaltung angesetzt werden muss.
Unterlassene Abraumbeseitigung	**Pflichtansatz** für unterlassene Aufwendungen, die im folgenden Geschäftsjahr nachgeholt werden (§ 249 Abs. 1 Nr. 1 HGB). **Keine latenten Steuern,** da in der Steuerbilanz ebenso eine Rückstellung für unterlassene Abraumbeseitigung angesetzt werden muss.	**Evtl. Aktivierung** und **planmäßige Abschreibung** entsprechend der Nutzung über den Komponentenansatz (siehe unten). Im Fall der Nichtaktivierung müssen **latente Steuern** berücksichtigt werden, da in der Steuerbilanz ein Pflichtansatz erfolgt.
Kulanzrückstellung	**Pflichtansatz** als Aufwendungen für Gewährleistungen ohne rechtlichen Grund (**Aufwandsrückstellung**).	Pflichtansatz als Rückstellung für **ungewisse Verbindlichkeiten.**
Großreparaturen und Komponentenansatz	Großreparaturen und Inspektionen sind von einer komponentenweisen Abschreibung **ausgenommen**, da kein physischer Austausch wesentlicher separierbarer Komponenten erfolgt (vgl. IDW RH HFA 1.016).	Für die Durchführung regelmäßiger größerer Wartungen ist vorgeschrieben, dass diese als nachträgliche Anschaffungs- oder Herstellungskosten einer **getrennten Komponente** erfasst werden.

2.2 Bewertung

2.2.1 Allgemeines

Voraussetzung für die Bewertung einer Rückstellung ist[139], dass nach Abschn. 2.1 in einem ersten Schritt der Ansatz einer Rückstellung erfolgen muss. Im zweiten Schritt stellt sich dann die Frage, in welcher Höhe die jeweilige Rückstellung anzusetzen ist. Insbesondere wenn die Höhe der Verpflichtung, die der Rückstellung zugrunde liegt, ungewiss ist, stellt dies den Bilanzierenden vor Herausforderungen. Dabei wird nach HGB und IFRS jeweils ein **Beurteilungsrahmen** vorgegeben, der den Bilanzansatz zu einem bestimmen Wert fordert. Zwar wird keine Wertuntergrenze oder -obergrenze fixiert, allerdings ergibt sich aus der notwendigen Schätzung der Rückstellungshöhe eine gewisse Bandbreite, in der Rückstellungsbeträge akzeptiert werden können.[140]

Die Bewertung von Rückstellungen orientiert sich nach HGB im ersten Schritt an den **allgemeinen Bewertungsgrundsätzen**. So sind Rückstellungen nach § 252 Abs. 1 Nr. 3 HGB zum Bilanzstichtag einzeln zu bewerten. Allerdings existieren neben Rückstellungen für einzelne, abgrenzbare Sachverhalte auch Risiken für eine Vielzahl gleichartiger Geschäftsvorfälle. Auch für diese sind Rückstellungen zu bilden. Eine Einzelbewertung würde in diesen Fällen jedoch zu einem erheblichen Mehraufwand für den Bilanzierenden führen. Insofern wird die Sammelbewertung in der Kommentarliteratur gem. § 252 Abs. 2 HGB als begründete Ausnahme von den allgemeinen Bewertungsgrundsätzen gesehen.[141]

Bei Rückstellungen gilt im Gegensatz zu anderen Schulden das **Höchstwertprinzip** nur einseitig.[142] Zwar sind die Wertansätze bei einer Erhöhung des Verpflichtungsumfangs anzupassen, allerdings sind auch Rückstellungen aufzulösen, wenn die Bewertung der Höhe nach zu einem Ergebnis führt, das unter dem bisher bilanzierten Rückstellungsbetrag liegt.[143] Somit kommt auch das **Anschaffungswertprinzip** bei Rückstellungen nicht zur Anwendung, da der Zugangswert keine Wertuntergrenze darstellt.[144]

---

[139] Eine Ausnahme gilt für die Bewertung von Drohverlustrückstellungen, bei denen bereits beim Ansatz eine Bewertung zu erfolgen hat (siehe Abschn. 2.1.3).
[140] Vgl. ADS[6], § 253 HGB, Tz. 175ff.
[141] Vgl. ADS[6], § 253 HGB, Tz. 184; BeBiKo[8], § 253 HGB, Tz. 162.
[142] Vgl. Bo-HdR, § 253 HGB, Tz. 105.
[143] Vgl. BeBiKo[8], § 249 HGB, Tz. 23, sowie ADS[6], § 253 HGB, Tz. 180.
[144] Vgl. BeBiKo[8], § 253 HGB, Tz. 152; ADS[6], § 253 HGB, Tz. 180.

Rückstellungen sind nach § 253 Abs. 1 S. 2 HGB in Höhe des nach vernünftiger kaufmännischer Beurteilung notwendigen Erfüllungsbetrags anzusetzen. Durch das BilMoG wurde der Begriff »**Erfüllungsbetrag**« klarstellend in das Gesetz aufgenommen. Darüber hinaus hat der Gesetzgeber erstmals die **Abzinsung** von Rückstellungen in § 253 Abs. 2 HGB geregelt.

Nach **IFRS** erfolgt die Bewertung von Rückstellungen gem. IAS 37.36 mit dem Betrag der bestmöglichen Schätzung. Gem. IAS 37.41 muss die Bewertung der Rückstellungen vor Steuern erfolgen, da die steuerlichen Konsequenzen von Rückstellungen in IAS 12 behandelt werden. Bei der Ermittlung der bestmöglichen Schätzung wird unterschieden nach einzelnen Verpflichtungen und einer großen Anzahl ähnlicher Verpflichtungen. Die Rückstellungen sind gem. IAS 37.45, soweit die Zinseffekte wesentlich sind, mit ihrem Barwert anzusetzen, d.h. der Verpflichtungsbetrag ist abzuzinsen.

2.2.2 Nominaler Verpflichtungsbetrag

2.2.2.1 Schätzmaßstab

Der Ansatz von Rückstellungen hat nach § 253 Abs. 1 S. 2 HGB in Höhe des **nach vernünftiger kaufmännischer Beurteilung notwendigen Erfüllungsbetrags** zu erfolgen. Der Begriff »Erfüllungsbetrag« wurde durch das BilMoG klarstellend in das Gesetz aufgenommen. Die Auslegung des bisher im HGB enthaltenen Begriffs »Rückzahlungsbetrag« führte dazu, dass dieser teilweise mit dem Begriff »Erfüllungsbetrag« gleichgesetzt wurde[145], wobei dessen Definition umstritten war. Insbesondere wurde diskutiert, ob und inwieweit künftige Preis- und Kostenänderungen auf Grund des Stichtagsprinzips gem. § 252 Abs. 1 Nr. 3 HGB in den »Rückzahlungsbetrag« einbezogen werden durften.[146] Die Änderung der Begriffsbezeichnung führt dazu, dass zukünftig eine Berücksichtigung von Preis- und Kostenänderungen notwendig ist.[147]

IDW ERS HFA 34 legt den Wortlaut des § 253 Abs. 1 S. 2 HGB derart aus, dass mit »nach vernünftiger kaufmännischer Beurteilung notwendiger Erfüllungsbetrag« der Betrag gemeint sein soll, der in der Bilanz angesetzt wird, d.h. der Buchwert der jeweiligen Rückstellung.[148] In diesem Buch wird dieser Definition gefolgt. Der im voraussichtlichen Erfüllungszeit-

---

[145] Vgl. ADS[6], § 253 HGB, Tz. 72; BeBiKo[8], § 253 HGB, Tz. 51.
[146] Vgl. z.B. Gelhausen/Fey/Kämpfer, Kap. I, Tz. 16.
[147] Vgl. IDW ERS HFA 34, Tz. 14, sowie die Ausführungen in Abschn. 2.2.2.2.
[148] Vgl. IDW ERS HFA 34, Tz. 16.

punkt zu zahlende Betrag wird dabei als »**nominaler Verpflichtungsbetrag**« bezeichnet.

Die **Schätzung** des Betrags der Rückstellung muss nach vernünftiger kaufmännischer Beurteilung erfolgen und gibt somit einen Maßstab für die Bestimmung der Höhe der Rückstellung vor. Dabei muss der Betrag innerhalb einer Bandbreite von möglichen und plausiblen Inanspruchnahmen liegen.[149] Die Bestimmung des Rückstellungswerts muss sich zudem objektiv und für einen sachverständigen Dritten nachvollziehbar aus den Umständen des konkreten Einzelfalls ableiten lassen.[150]

Auch die **Bewertung** muss den Grundsatz der Vorsicht berücksichtigen. Dies ergibt sich bereits aus dem Wortlaut des § 252 Abs. 1 Nr. 4 HGB, der als allgemeiner Bewertungsgrundsatz fordert, vorsichtig zu bewerten und alle vorhersehbaren Risiken und Verluste, die bis zum Bilanzstichtag entstanden sind, zu berücksichtigen. Sofern Rückstellungen nur **dem Grunde nach ungewiss** sind, nicht allerdings der Höhe nach, muss bei einem Ansatz der vollständige Betrag bilanziert werden. Sofern eine Vielzahl solcher Verpflichtungen vorliegt, werden in diesen Fällen Wahrscheinlichkeiten nur hinsichtlich der Anzahl, nicht aber bzgl. der Höhe berücksichtigt.[151]

> Die Y-GmbH sagt ihren Vertriebsmitarbeitern eine zusätzliche Vergütung i. H. v. EUR 1.000 zu, sofern diese im abgelaufenen Geschäftsjahr mindestens zehn neue Kunden gewinnen konnten. Zudem müssen die Vertriebsmitarbeiter ihr Arbeitsverhältnis mindestens für sechs Monate nach Ablauf des Geschäftsjahrs fortsetzen.
>
> Zum Ende des Geschäftsjahrs steht fest, welche Mitarbeiter einen Anspruch auf eine zusätzliche Vergütung haben. Auch die Höhe der zusätzlichen Vergütung ist fixiert und damit nicht ungewiss. Allerdings besteht noch eine nicht erfüllte Bedingung für die Auszahlung, nämlich die der Fortsetzung des Arbeitsverhältnisses. Die Wahrscheinlichkeiten über die Erwartungen der Fortsetzung des Arbeitsverhältnisses der Vertriebsmitarbeiter über die nächsten sechs Monate wirken sich somit auf die Höhe der Rückstellung zum Bilanzstichtag aus.

---

149 Vgl. IDW ERS HFA 34, Tz. 17.
150 Vgl. ADS[6], § 253 HGB, Tz. 190.
151 Vgl. BeBiKo[8], § 253 HGB, Tz. 155; ADS[6], § 253 HGB, Tz. 193.

Sofern Rückstellungen **der Höhe nach ungewiss** sind, ist anhand der verfügbaren Informationen eine Bandbreite möglicher plausibler Schätzwerte festzulegen. Eine Abgrenzung der Bandbreite darf dabei weder optimistisch noch pessimistisch erfolgen. Anschließend ist auf Basis der Bandbreite unter Berücksichtigung des Vorsichtsprinzips der Rückstellungswert zu bestimmen.[152] Bei Vorliegen von mehreren möglichen zukünftigen Werten ist der wahrscheinlichste Betrag Ausgangspunkt für die Bestimmung des Schätzwerts. Das Vorsichtsprinzip führt allerdings dazu, dass neben Eintrittswahrscheinlichkeiten auch eine pessimistische Grundhaltung berücksichtigt werden muss. In vielen Fällen kann der wahrscheinlichste Wert nicht als vorsichtig angesehen werden, mit der Folge der Erhöhung des Rückstellungsbetrags, um die Anforderungen des § 253 Abs. 1 S. 2 HGB zu erfüllen.[153]

> Eine Maschinenlieferung wurde von einem Kunden wegen Mängeln beanstandet. Die Y-GmbH muss daher Nacharbeiten durchführen, die aus Kapazitätsgründen am Bilanzstichtag noch ausstehen. Zum Bilanzstichtag konnte sich die Y-GmbH noch kein abschließendes Bild von der Erheblichkeit des Mangels machen. Es bestehen daher folgende mögliche Varianten mit entsprechenden Eintrittswahrscheinlichkeiten:
>
> a) Es handelt sich um einen kleinen Mangel, der innerhalb einer Woche behoben werden kann. Die Aufwendungen betragen TEUR 10 (Wahrscheinlichkeit 40 %).
>
> b) Ein wesentliches Bauteil wurde fehlerhaft eingebaut. Das Bauteil muss neu produziert und ausgetauscht werden. Die Aufwendungen belaufen sich auf TEUR 50 (Wahrscheinlichkeit 30 %).
>
> c) Durch ein fehlerhaftes Bauteil wurde die gesamte Maschine zerstört. Eine neue Maschine muss produziert werden. Die Aufwendungen belaufen sich auf TEUR 200 (Wahrscheinlichkeit 30 %).
>
> Die Höhe der Rückstellung ist ungewiss, kann allerdings aufgrund der Erfahrungen der Vergangenheit bei ähnlichen Fällen realistisch geschätzt werden. Der Betrag mit der höchsten Wahrscheinlichkeit kann jedoch nicht gewählt werden, da dabei das Vorsichtsprinzip nicht be-

---

152 Vgl. IDW ERS HFA 34, Tz. 16.
153 Vgl. BeBiKo[8], § 253 HGB, Tz. 155; ADS[6], § 253 HGB, Tz. 191 f.

achtet wird. Die Eintrittswahrscheinlichkeiten der anderen beiden Beträge entsprechen sich. Zudem ist die Eintrittswahrscheinlichkeit für eine Zerstörung der gesamten Maschine relativ hoch. In diesem Fall sollte daher aufgrund des Vorsichtsprinzips eine Rückstellung in Höhe des maximalen Risikos von TEUR 200 bilanziert werden.

Die Beurteilung wäre eine andere, wenn das Risiko einer zerstörten Maschine nur bei 5 % liegen und sich die verbleibenden Wahrscheinlichkeiten auf die anderen beiden Alternativen gleichmäßig verteilen würden. In diesem Fall müsste aufgrund des Vorsichtsprinzips eine Rückstellung von TEUR 50 bilanziert werden, da eine wesentliche Abweichung zwischen den Wahrscheinlichkeiten des Eintritts der beiden übrigen Varianten nicht vorliegt und somit die pessimistischere hinsichtlich der Schadenshöhe zu wählen ist.

In den Fällen, in denen sich die **Höhe** der Verpflichtung **nicht** anhand von Wahrscheinlichkeiten **abschätzen** lässt, muss – soweit bekannt – das maximale Risiko der Inanspruchnahme zurückgestellt werden. Ansonsten ist das maximale Risiko näherungsweise zu ermitteln. Zusätzlich sind entsprechende Erläuterungen im Anhang gem. § 264 Abs. 2 S. 2 HGB erforderlich, sofern die Rückstellung als wesentlich für den Jahresabschluss anzusehen ist.[154]

Der Betrag der **bestmöglichen Schätzung** wird nach IFRS über den Betrag bestimmt, der bei vernünftiger Betrachtung zur Erfüllung der gegenwärtigen Verpflichtung oder der Übertragung an einen Dritten am Bilanzstichtag erforderlich ist.[155] Für die Schätzung hat das Management alle relevanten Tatsachen zu berücksichtigen. Dabei sind neben Erfahrungswerten aus ähnlichen Transaktionen auch ggf. vorliegende Gutachten von Sachverständigen mit einzubeziehen.[156] Sofern eine verlässliche Schätzung nicht möglich ist, kann eine Rückstellung nicht erfasst werden. Die Verpflichtung erfüllt in diesem Fall die Voraussetzungen für eine Eventualverbindlichkeit gem. IAS 37.11. Hierzu wird es allerdings nur in Ausnahmefällen kommen.[157]

Bei der Bestimmung der bestmöglichen Schätzung sind gem. IAS 37.42 **Risiken und Unsicherheiten** zu berücksichtigen. Unter Risiko wird dabei die Variabilität der zukünftigen Ereignisse verstanden. Das Vorliegen unsiche-

---

154 Vgl. BeBiKo[8], § 253 HGB, Tz. 155.
155 Vgl. IAS 37.36.-37.
156 Vgl. IAS 37.38.
157 Vgl. KPMG, Insights[9], Tz. 3.12.110.15 und 3.12.875.

rer Zustände wirkt sich grundsätzlich rückstellungserhöhend aus. Ein aufgrund von unsicheren Umständen vorsichtig geschätzter Betrag darf allerdings nicht zusätzlich um einen Risikozuschlag erhöht werden, um die Risiken nicht doppelt zu berücksichtigen.[158]

Risiko und Unsicherheit können entweder bei den Zahlungsverpflichtungen oder beim Abzinsungssatz Berücksichtigung finden, allerdings nicht bei beiden gleichzeitig. Dieses würde ebenso zu einer unzulässigen Erhöhung der Rückstellung führen. Grundsätzlich wird es einfacher sein, die Zahlungsverpflichtungen anzupassen.[159] Ein mögliches Vorgehen ist dabei z. B. die Verwendung eines höheren Konfidenzintervalls.[160]

Bei Verpflichtungen wird für die Bestimmung der bestmöglichen Schätzung unterschieden zwischen einzelnen Verpflichtungen und einer Vielzahl ähnlicher Verpflichtungen.[161] Bei Einzelverpflichtungen kann gem. IAS 37.40 grundsätzlich vom wahrscheinlichsten Ergebnis ausgegangen werden. Insofern ist es in diesem Fall nicht möglich, die Rückstellungshöhe als Erwartungswert über Ereignismöglichkeiten zu ermitteln, da extreme Ergebnisse mit geringen Eintrittswahrscheinlichkeiten keinen Einfluss auf die Bewertung einer Verpflichtung haben sollen.[162]

> Die Y-GmbH wird von einem Kunden verklagt, da eine Maschine zu spät ausgeliefert wurde. Durch einen Rechtsberater wurde die Einschätzung gegeben, dass der Rechtsstreit mit 30% Wahrscheinlichkeit durch die Y-GmbH gewonnen wird. Mit einer Wahrscheinlichkeit von 70% wird jedoch die Y-GmbH das Verfahren verlieren und zu einer Zahlung von TEUR 300 verpflichtet.
>
> Die Rückstellung ist mit einem Betrag von TEUR 300 in der Bilanz anzusetzen. Die Ermittlung eines Erwartungswerts kommt für eine Einzelverpflichtung nicht in Betracht.[163]

Das **wahrscheinlichste Ergebnis** als bestmögliche Schätzung kann jedoch dann nicht ohne weitere Beurteilung verwendet werden, wenn andere Er-

---

158 Vgl. ADS International, Abschn. 18, Tz. 69.
159 Vgl. KPMG, Insights⁹, Tz. 3.12.120.20.
160 Vgl. ADS International, Abschn. 18, Tz. 70. Zum Konfidenzintervall vgl. auch die nachfolgenden Ausführungen.
161 Vgl. hierzu Abschn. 2.2.2.7.
162 Vgl. ADS International, Abschn. 18, Tz. 77.
163 Beispiel in Anlehnung an KPMG, Insights⁹, Tz. 3.12.110.40-.45.

gebnismöglichkeiten größtenteils ober- oder unterhalb des wahrscheinlichsten Ergebnisses liegen. Solche Wahrscheinlichkeitsverteilungen weisen darauf hin, dass die bestmögliche Schätzung ebenfalls ober- bzw. unterhalb des bisher ermittelten Betrags liegt.

Ein **denkbares Hilfsmittel** für die Bestimmung der bestmöglichen Schätzung kann die Berücksichtigung eines Konfidenzintervalls sein. Dabei wird ein Wahrscheinlichkeitsniveau (Summe von Wahrscheinlichkeiten) festgelegt, das die bestmögliche Schätzung mindestens erreichen muss. Die Festlegung des Wahrscheinlichkeitsniveaus muss dabei die Anforderung des IAS 37.40 erfüllen, d.h. es darf kein wesentliches Risiko mehr verbleiben. Dabei erfolgt die Festlegung des Niveaus individuell auf Basis des jeweiligen Einzelfalls. Zumindest eine Größe von 50% sollte dabei überschritten werden.[164]

Bei der Bestimmung des Ergebnisses für die bestmögliche Schätzung wird von den Beträgen für die einzelnen Wahrscheinlichkeiten ausgegangen. Die Bestimmung dieser Werte wird allerdings niemals exakt möglich sein. Vielmehr liegen den einzelnen Beträgen Schätzungen zugrunde, so dass in Einzelfällen auch die **Verwendung eines Zwischenwerts**, d.h. eines Betrags zwischen zwei Eintrittswahrscheinlichkeiten, als vertretbar angesehen werden kann.[165]

> Die Y-GmbH führt einen Rechtsstreit mit einem Kunden. Für das Verfahren sind aufgrund der unklaren Gesetzeslage verschiedene Ausgänge möglich. Ein Rechtsberater hat folgende Einschätzungen zu den Eintrittswahrscheinlichkeiten und den Kosten der jeweiligen Variante abgegeben:
>
> (1) Y-GmbH gewinnt das Verfahren: 10%, TEUR 0
>
> (2) Vergleich zugunsten der Y-GmbH: 35%, TEUR 100
>
> (3) Vergleich zuungunsten der Y-GmbH: 25%, TEUR 300
>
> (4) Y-GmbH verliert das Verfahren: 30%, TEUR 500
>
> Im vorliegenden Sachverhalt liegt eine Einzelverpflichtung vor, die demnach nicht über einen Erwartungswert ermittelt werden darf. Die bestmögliche Schätzung ist über die Beurteilung der Einzelwahrscheinlichkeiten zu bestimmen.

---

[164] Vgl. hierzu ADS International, Abschn. 18, Tz. 79f.
[165] Vgl. ADS International, Abschn. 18, Tz. 81.

> Nach dem Wortlaut des IAS 37.40 ist Ausgangswert der Ermittlung der wahrscheinlichste Betrag: TEUR 100 (35%-Wahrscheinlichkeit für einen solchen Ausgang). Allerdings liegen andere mögliche Ergebnisse größtenteils über diesem Wert. Daher ist davon auszugehen, dass auch die bestmögliche Schätzung über diesem (wahrscheinlichsten) Betrag liegen dürfte.
>
> Wird als Hilfsmittel das Konfidenzintervall verwendet, so muss das Wahrscheinlichkeitsniveau zumindest über 50% liegen. Hierzu müssen die Eintrittswahrscheinlichkeiten für die Varianten (1), (2) und (3) addiert werden.
>
> Für einen Betrag von TEUR 300 wird ein Wahrscheinlichkeitsniveau von insgesamt 70% erreicht. In Anbetracht des Wahrscheinlichkeitsniveaus kann ein Rückstellungsbetrag von TEUR 300 als vertretbar angesehen werden. Allerdings ist ein Wahrscheinlichkeitsniveau von 70% keine allgemeingültige Grenze und muss daher einzelfallbezogen beurteilt werden.[166]

Durch die Ermittlung des Rückstellungsbetrags im Wege einer bestmöglichen Schätzung wird im Regelfall nicht das **maximale Risiko** in der Bilanz ausgewiesen. Die Differenz zwischen beiden Werten stellt allerdings keine Eventualverbindlichkeit dar. Vielmehr müssen bei solchen Differenzen gem. IAS 37.85(b) entsprechende Ausführungen zu den Unsicherheiten hinsichtlich der Höhe der Rückstellung im Anhang erfolgen.[167]

2.2.2.2 Wertfindung und Berücksichtigung künftiger Preis- und Kostenänderungen

Verpflichtungen, die zu einer Rückstellungsbildung führen, können als Geldleistungs-, Sach- oder Dienstleistungsverpflichtungen ausgestaltet sein.

Geldleistungsverpflichtungen sind solche, die nur in Geld zu zahlen sind und deren Höhe nicht von Sach- oder Dienstleistungen abhängig ist. Rückstellungen für ungewisse Geldleistungsverpflichtungen sind mit dem Betrag anzusetzen, der vom Bilanzierenden voraussichtlich zu zahlen ist.[168]

---

[166] Vgl. ADS International, Abschn. 18, Tz. 81.
[167] Vgl. KPMG, Insights[9], Tz. 3.12.110.40-.45.
[168] Vgl. Haufe-HGB[2], § 253 HGB, Tz. 48.

Sach- oder Dienstleistungsverpflichtungen sind Verpflichtungen, die Sach- oder Dienstleistungen zum Gegenstand haben. Hierzu zählen auch Verpflichtungen, die in Geld zu erfüllen sind, deren Höhe allerdings von Sach- oder Dienstleistungen abhängt.[169] Der Betrag einer solchen Verpflichtung bestimmt sich dabei über die zur Erfüllung notwendigen Aufwendungen.

Für Sach- und Dienstleistungsverpflichtungen erfolgt die **Bewertung** zu Vollkosten, d.h. zu Einzel- und notwendigen Gemeinkosten.[170] Dabei besteht auch für aktivierungsfähige Aufwendungen eine Einbeziehungspflicht in die Rückstellungsbewertung.[171] Durch die Annäherung des Herstellungskostenbegriffs in § 255 Abs. 2 HGB durch das BilMoG – vom Ansatz zu Teilkosten hin zu den nach IFRS vorgeschriebenen Vollkosten – entfällt die bisher teilweise akzeptierte Sichtweise der Bewertung solcher Rückstellungen zu Teilkosten.[172] Bereits im Umstellungszeitpunkt auf das BilMoG war die Bewertung anzupassen und der nominale Verpflichtungsbetrag zu erhöhen.

Bei der Bewertung von Sachleistungsverpflichtungen ist zu berücksichtigen, ob sich der zur Erfüllung der Verpflichtung erforderliche Vermögensgegenstand bereits im Besitz des Unternehmens befindet oder noch erworben werden muss. **Vermögensgegenstände**, die sich bereits **im Besitz des Unternehmens** befinden, sind mit dem fortgeführten Buchwert des zu liefernden Vermögensgegenstands zu bewerten. Insofern besteht eine Verknüpfung der Rückstellung mit dem Wertansatz des zu liefernden Vermögensgegenstands. Entscheidend dabei ist, dass der Vermögensgegenstand nachweislich zur Erfüllung der Verpflichtung zur Verfügung steht. Da durch Abgang des Vermögensgegenstands die Verpflichtung erfüllt werden kann, belasten zukünftige Preissteigerungen das Unternehmen nicht. Eine Einbeziehung von Preis- und Kostenänderungen ist daher ebenso wenig möglich wie eine Abzinsung der Rückstellung.[173]

Bei der Bewertung von Rückstellungen sind lediglich **wertaufhellende Ereignisse**, d.h. nachträglich bessere Erkenntnisse über die tatsächlichen Verhältnisse am Bilanzstichtag, zu berücksichtigen.[174] Ereignisse nach dem Bilanzstichtag, die keinen Bezug zu den Verhältnissen am Stichtag haben, sind **wertbegründende Ereignisse** und dürfen nicht berücksichtigt werden.

---

169 Vgl. IDW ERS HFA 34, Tz. 21, bzw. Gelhausen/Fey/Kämpfer, Kap. I, Tz. 32.
170 Vgl. BeBiKo[8], § 253 HGB, Tz. 159; IDW ERS HFA 34, Tz. 20.
171 Vgl. IDW ERS HFA 34, Tz. 20.
172 Ebenso Haufe-HGB[2], § 253 HGB, Tz. 48.
173 Vgl. Gelhausen/Fey/Kämpfer, Kap. I, Tz. 27; IDW ERS HFA 34, Tz. 23.
174 Vgl. Abschn. 2.1.1.4 bzw. ADS[6], § 252 HGB, Tz. 39.

Die Y-GmbH verwendet Anlagen zur Produktion, die aufgrund der bis zum Bilanzstichtag geltenden Gesetze 15 Jahre genutzt werden können und anschließend zurückgebaut werden müssen. Die Gesellschaft hat die Aufwendungen zum Rückbau über die 15-jährige Nutzungsdauer verteilt. Aufgrund einer Änderung des Gesetzes nach dem Bilanzstichtag, aber noch in der Bilanzaufstellungsphase, sinkt die Nutzungsdauer auf 10 Jahre.

Eine Anpassung der Rückstellungsbewertung zum Bilanzstichtag ist nicht erforderlich, da die Gesetzesänderung als wertbegründendes Ereignis anzusehen ist. Erst zum folgenden Bilanzstichtag ist die kürzere Nutzungsdauer zu berücksichtigen. Soweit die Beträge wesentlich für die Gesamtaussage des Jahresabschlusses sein sollten, ist gem. § 264 Abs. 2 S. 2 HGB eine Anhangangabe erforderlich.

Die Y-GmbH rechnet zurzeit mit Rückbaukosten der Anlage von EUR 1 Mio. Im Bilanzaufstellungszeitraum wird festgestellt, dass wegen einer größeren Verunreinigung des Bodens die Aufwendungen um TEUR 100 steigen werden. Die Verunreinigung wurde a) erst in der Aufstellungsphase erkannt bzw. b) durch ein Leck nach dem Bilanzstichtag verursacht.

Im Fall b) ist die Rückstellung nicht zu erhöhen, da das Ereignis (Leck) nach dem Bilanzstichtag eintrat und somit als wertbegründend anzusehen ist. Anders verhält es sich im Fall a). Hier war die Verunreinigung in der Vergangenheit verursacht, wurde allerdings erst nach dem Bilanzstichtag erkannt. Damit ist das Ereignis als wertaufhellend anzusehen und die Rückstellungshöhe bereits im abgelaufenen Geschäftsjahr anzupassen.

Auch **Preis- und Kostenänderungen** sind bei der Ermittlung des Verpflichtungsbetrags einer Rückstellung zu berücksichtigen. Dies beruht auf dem vom Gesetzgeber verwendeten Begriff des »Erfüllungsbetrags«. Dadurch wird klargestellt, dass die Einbeziehung von Preis- und Kostenänderungen die tatsächliche Belastung des Unternehmens abbildet.[175] Trotz der Berücksichtigung von Preis- und Kostenänderungen erfolgt jedoch keine Aufhebung des Stichtagsprinzips gem. § 252 Abs. 1 Nr. 3 HGB. Zwar sind nun Erwartungen über die Zukunft bei der Rückstellungsbewertung zu berück-

---

175 Vgl. Begr. RegE BilMoG, BT-Drucks. 16/10067, S. 52.

sichtigen, diese müssen jedoch zum Bilanzstichtag auf begründeten Erwartungen und auf hinreichend objektiven Hinweisen beruhen.[176] Eine Einbeziehung von Preis- und Kostentrends wird dabei im Regelfall notwendig sein, insbesondere wenn Trends der Vergangenheit vorliegen und zum Bilanzstichtag keine Erkenntnisse bestehen, dass sich diese ändern könnten.

> Die Y-GmbH stellt ihren Jahresabschluss zum 31.12.2012 auf. Aufgrund einer Gesetzesänderung in der Bilanzaufstellungsphase (Februar 2013) ändert sich die Inflationserwartung von bisher 2 % (allgemeiner Trend der Vergangenheit) auf 3 %.
>
> Eine Berücksichtigung dieser Trendänderung für die Rückstellungsbewertung bereits zum 31.12.2012 ist nicht möglich. Das auslösende Ereignis für die Erhöhung der Inflationserwartung ist die Gesetzesänderung, die erst 2013 erfolgte und somit als wertbegründend anzusehen ist.

Der Bilanzierende muss solche Preis- und Kostenänderungen berücksichtigen, die er nicht durch eigene Entscheidungen beeinflussen und denen er sich auch nicht anderweitig entziehen kann.[177] Änderungen, die bei der Rückstellungsbewertung zu berücksichtigen sind, können z.B. Inflations-, Lohn- und/oder Materialkostenentwicklungen sein. Preis- und Kostenänderungen in eigener Disposition dürfen nur berücksichtigt werden, wenn konkrete Hinweise auf ihre Durchführung vorliegen oder eine faktische Verpflichtung zur Durchführung besteht.[178] Mit »in eigener Disposition« soll zum Ausdruck gebracht werden, dass kein Zwang für die Durchführung von Maßnahmen besteht, die zu Preis- und Kostenänderungen führen, sondern das Unternehmen nach dem Bilanzstichtag individuell über die Durchführung einer solchen Maßnahme entscheiden kann.

Einzelne **Parameter** für die Rückstellungsbewertung können bis zu drei Monate vor dem Bilanzstichtag erhoben werden, sofern Änderungen dieser Parameter bis zum Bilanzstichtag nur unwesentliche Auswirkungen auf die Höhe der zu erfassenden Rückstellung im Jahresabschluss haben.[179] Dies führt allerdings dazu, dass in solchen Fällen die Rückstellungswerte zum

---

176 Vgl. IDW ERS HFA 34, Tz. 24.
177 Vgl. Gelhausen/Fey/Kämpfer, Kap. I, Tz. 19.
178 Vgl. Gelhausen/Fey/Kämpfer, Kap. I, Tz. 19, bzw. Kessler/Leinen/Strickmann, S. 325 f.
179 Vgl. IDW ERS HFA 34, Tz. 6.

Jahresende überprüft werden müssen. Grundsätzlich sollte dieses Vorgehen daher nur gewählt werden, wenn gewichtige Gründe für eine vorzeitige Ermittlung der Parameter bestehen. Eine solche vorgezogene Erhebung der Daten erfolgt z. B. häufig im Rahmen der Bewertung von Pensionsrückstellungen.

Die **Ermittlung** der zu berücksichtigenden Preis- und Kostenänderungen muss grds. anhand von unternehmensspezifischen Daten erfolgen. Sofern solche Daten nicht existieren, sind branchenspezifische Daten heranzuziehen. Nur wenn auch diese nicht vorliegen und auch nicht mit vertretbarem Aufwand beschafft werden können, darf eine Schätzung künftiger Preisentwicklungen ausschließlich auf Basis der aktuellen Inflationsziele der EZB vorgenommen werden.[180] Historische Daten sind dabei auf ihre Fähigkeit hin zu überprüfen, für Prognosen verwendet werden zu können. Zudem müssen die Preis- und Kostenänderungen mit hoher Wahrscheinlichkeit zu erwarten sein. Für Unternehmen und Branchenverbände ist es empfehlenswert, Preis- und Kostenentwicklungen als Abweichung zur Inflationsentwicklung zu dokumentieren, da in der Zukunft verlässliche Daten vornehmlich von der EZB hinsichtlich von Inflationserwartungen vorliegen werden. Eine so dokumentierte vergangenheitsbezogene Abweichung könnte dann als Prognose-Abweichungswert zur zukünftigen Inflationserwartung der EZB verwendet werden. Der unternehmens- bzw. branchenspezifische Erwartungswert für Preis- und Kostenänderungen würde sich dann über die Addition der Inflationserwartung der EZB mit dem Prognose-Abweichungswert ermitteln.

Eine Ausnahme von diesem Vorgehen besteht lediglich für **Geldleistungsverpflichtungen**. Hier dürfen nur Inflationserwartungen der EZB berücksichtigt werden, da unternehmens- oder branchenspezifische Einflüsse auf Geldzahlungen nicht vorliegen.[181]

> Die Y-GmbH hat eine Rückstellung für eine Rekultivierungsverpflichtung zum 31.12.2012 erstmals zu bilanzieren. Die erwarteten Auszahlungen auf Basis des bisherigen Abbaus betragen TEUR 100 (Preisniveau am Bilanzstichtag). Die Rekultivierung ist nach Ablauf von drei Jahren geplant. Die Inflationserwartung der EZB für die nächsten drei Jahre liegt bei durchschnittlich 2%. Auf Basis von vergangenheitsbezogenen Daten hat die Y-GmbH ermittelt, dass sie durchschnittlich 2%

---

180 Vgl. IDW ERS HFA 34, Tz. 26.
181 Vgl. Fink/Kunath, DB 2010, S. 2347.

höhere Preis- bzw. Kostensteigerungen hatte, als es der veröffentlichten Inflationsrate der EZB entsprach. Bei anderen Unternehmen derselben Branche lag die Abweichung sogar bei 3%.

Darüber hinaus planen andere Unternehmen der Branche, für ähnliche Rekultivierungen ein umweltfreundlicheres Verfahren anzuwenden. Die Kosten liegen allerdings um 3% höher als bei dem von der Y-GmbH bisher angewendeten Verfahren. Die Y-GmbH geht zum Bilanzstichtag davon aus, dass sie das umweltfreundlichere Verfahren nicht anwenden wird.

Zudem haben im Januar 2013 die Verhandlungen mit den Gewerkschaften über einen neuen Tarifvertrag begonnen. Die Gesellschaft hat die zukünftigen Kostenbelastungen bereits in die Kostensteigerungsrate einkalkuliert. Mit Abschluss des Tarifvertrags im März 2013 – noch vor Aufstellung des Jahresabschlusses – wurden den Arbeitnehmern weitere Lohnerhöhungen zugesagt, so dass die Preis- bzw. Kostensteigerungsrate (als Abweichung zur Inflationsrate) von 2% auf zukünftig 4% steigen wird.

Der nominale Verpflichtungsbetrag der Rückstellung beträgt zum 31.12.2012 TEUR 112,5 (TEUR 100 * $(1 + 2\% + 2\%)^{3\,\text{Jahre}}$). Bei den Preis- und Kostenänderungen sind primär die unternehmensspezifischen Daten zu berücksichtigen. Die branchenspezifischen Daten sind in diesem Fall daher nicht erforderlich. Neben der Inflationsrate rechnet die Gesellschaft mit zusätzlichen Preis- bzw. Kostensteigerungen von 2%, d.h. von insgesamt 4% Kostensteigerungen pro Jahr. Das umweltfreundlichere Verfahren wird von der Y-GmbH nicht umgesetzt und ist auch nachweislich nicht geplant. Insofern darf eine Berücksichtigung dieser Mehr-Kosten nicht erfolgen. Auch die Kostensteigerungen aufgrund des nachteiligen Tarifvertragsabschlusses sind nicht zu beachten. Hier handelt es sich um ein wertbegründendes Ereignis (Eintritt der nachteiligen Entwicklung erst nach dem Bilanzstichtag und nicht vorhersehbar).

Auch **Preis- und Kostensenkungen** sind bei der Rückstellungsbewertung grundsätzlich zu berücksichtigen, allerdings sind die Voraussetzungen aufgrund des Vorsichtsprinzips gem. § 252 Abs. 1 Nr. 4 HGB erheblich größer. So darf eine Berücksichtigung von Preis- und Kostensenkungen nur erfolgen, wenn der Eintritt mit hoher Wahrscheinlichkeit zu erwarten ist. Hierfür sind neben unternehmensexternen Nachweisen auch hinreichende objektive Hinweise auf ein nachhaltig niedriges Preis- bzw. Kostenniveau erforderlich.[182] So wird ein Rückgang des Ölpreises unter bestimmten Umständen zwar erwartet werden können, aufgrund der voraussichtlich fehlenden Nachhaltigkeit dieser Entwicklung darf diese Erwartung jedoch nicht bei der Rückstellungsbewertung berücksichtigt werden.

Nach **IFRS** ist nicht geregelt, welche Kosten bei der Bewertung der Rückstellungen zu berücksichtigen sind. Aus dem Wortlaut des IAS 37.36 (»Ausgaben zur Erfüllung der gegenwärtigen Verpflichtung«) kann jedoch die Schlussfolgerung gezogen werden, dass die **zurechenbaren Vollkosten** in die Bewertung einfließen müssen. Diese Kosten entsprechen den Ausgaben, die zur Erfüllung der Verpflichtung erforderlich sind. Vollkosten können allerdings nur Einzelkosten und variable Gemeinkosten (sog. verpflichtungsbezogene Gemeinkosten) sein, da lediglich diese durch die Verpflichtung zusätzlich entstehen.[183] Eine Erfassung zukünftiger betrieblicher Verluste ist bereits durch IAS 37.63 verboten.

> Bei der Bewertung von Rückstellungen nach IFRS dürfen solche Kosten nicht berücksichtigt werden, die auch ohne die Verpflichtungen anfallen würden, wie z. B. Personalkosten von angestellten Rechtsanwälten. Sofern allerdings externe Rechtsanwälte beauftragt werden, sind die entsprechenden Kosten in der Rückstellung zu berücksichtigen.[184]

Die Bewertung von Rückstellungen hat gem. IAS 37.41 **vor Steuern** zu erfolgen. Die steuerlichen Konsequenzen aus der Rückstellungsbewertung werden nach IAS 12 bilanziert und dürfen somit keinen Einfluss auf die Ermittlung des Verpflichtungsbetrags haben.

Preis- und Kostenänderungen sind bei der Ermittlung des Verpflichtungsbetrags nach IFRS immer dann zu berücksichtigen, wenn ausreichende objektive substanzielle Hinweise auf deren Eintritt vorliegen.[185] Dies gilt sowohl für Steigerungen als auch für Senkungen der Preise und Kosten. Allerdings dürfen Preisänderungen nur berücksichtigt werden, wenn auch ein entsprechender Abzinsungssatz verwendet wird.[186]

Für **Kostensenkungen** durch künftige technologische Veränderungen gilt, dass Nachweise für die Einführung und Nutzung vorliegen müssen. Zudem muss die Kostenreduktion belegbar sein. Somit haben Technologien im Ent-

---

182 Vgl. IDW ERS HFA 34, Tz 27, bzw. Gelhausen/Fey/Kämpfer, Kap. I, Tz. 20.
183 Vgl. hierzu ADS International, Abschn. 18, Tz. 66f., bzw. WP Handbuch[14], Abschn. N, Tz. 505.
184 Vgl. zu beiden Aussagen KPMG, Insights[9], Tz. 3.12.180.30.-50.
185 Vgl. IAS 37.48.
186 Vgl. KPMG, Insights[9], Tz. 3.12.130.10.

wicklungsstadium grds. keinen Einfluss auf die Bewertung, da es an objektiven und substanziellen Nachweisen fehlen wird. Erfahrungskurveneffekte sind jedoch bei Erfüllung der entsprechenden Voraussetzungen als Kostensenkungen anerkannt.[187]

Die Möglichkeit oder der Wille, durch **Verhandlungen** eine Reduzierung der Verpflichtung zu erreichen oder Insolvenz anzumelden, sind keine künftigen Ereignisse, die Einfluss auf die Rückstellungsbewertung haben dürfen.[188] Das Ergebnis von Verhandlungen stellt ein wertbegründendes Ereignis dar und wird erst bilanziell berücksichtigt, wenn z. B. ein Vergleich vertraglich geschlossen wurde.

Gesetzesänderungen haben immer dann Einfluss auf die Bewertung von Verpflichtungen, wenn sie als ausreichend objektiv und substanziell angesehen werden können. Hierfür muss bis zum Bilanzstichtag so gut wie sicher sein, dass die Änderung in Kraft treten wird. Im deutschen Rechtsraum folgt hieraus, dass das Gesetzgebungsverfahren abgeschlossen sein muss und nur noch die Unterschrift des Bundespräsidenten fehlt. Bis zur Aufstellung des Abschlusses dürfen zudem keine Gründe bekannt werden, die zu einem Einwand des Bundespräsidenten gegen die Gesetzesänderung führen könnten.[189]

Gewinne aus dem erwarteten Abgang von Vermögenswerten dürfen bei der Bewertung von Rückstellungen nach IFRS grds. nicht berücksichtigt werden. Gewinne sind somit erst zu erfassen, wenn ein tatsächlicher Abgang vorliegt.[190] Neben dem Saldierungsverbot gem. IAS 1.32 ist auch die Ungewissheit der zukünftigen Erträge Ursache dieser Restriktion.[191]

Die Y-GmbH hat ein Restrukturierungsprogramm verkündet. Eine Produktionslinie soll eingestellt werden. Ein Markt für solche Maschinen existiert allerdings, so dass Erträge aus der Veräußerung der Maschinen erzielt werden können. Zum Bilanzstichtag befindet sich die Y-GmbH noch in Verkaufsverhandlungen.

Erwartete Erträge aus der geplanten Veräußerung dürfen die Restrukturierungsrückstellung nicht mindern. Vielmehr werden die Erträge bilanziell erst dann berücksichtigt, wenn eine Veräußerung der Maschinen auch tatsächlich erfolgt ist.[192]

---

187 Vgl. IAS 37.49, ADS International, Abschn. 18, Tz. 97 f.
188 Vgl. KPMG, Insights⁹, Tz. 3.12.160.10.
189 Vgl. IAS 37.50; ADS International, Abschn. 18, Tz. 99.
190 Vgl. IAS 37.51-.52.
191 Vgl. ADS International, Abschn. 18, Tz. 100.
192 Vgl. KPMG, Insights⁹, Tz. 3.12.170.20.

Erträge aus dem Abgang zukünftiger Vermögenswerte sind allerdings bei der Rückstellungsbewertung immer dann zu berücksichtigen, wenn diese unmittelbar aus der Erfüllung einer Verpflichtung entstehen und hinreichend sicher sind.[193] Unmittelbar bedeutet, dass aus der Erfüllung der Verpflichtung zwangsläufig und ohne Einfluss des Verpflichteten Erträge anfallen werden. Die Voraussetzungen werden somit nur in Ausnahmefällen erfüllt sein.

> Bei der Rückstellungsbewertung von Rücknahmeverpflichtungen von Elektrogeräten eines Herstellers sind z. B. Erträge aus der Verwertung dieser Geräte zu berücksichtigen. Allerdings muss hierfür ein Markt vorhanden sein und ein stabiler Preis für die Verwertungsbestandteile vorliegen, um eine Verminderung der Rückstellung für die Rücknahmeverpflichtung zu erreichen.

2.2.2.3 Verzinslichkeit

Wie bereits in Abschn. 2.2.2.1 ausgeführt, ist der am voraussichtlichen Erfüllungszeitpunkt zu zahlende Betrag (Verpflichtungsbetrag) zu ermitteln. Für die Berechnung des nominalen Verpflichtungsbetrags bei **verzinslichen Geldleistungsverpflichtungen** bedeutet dies, dass eine Verzinsung berücksichtigt werden muss. Die nach dem Bilanzstichtag zu zahlenden Zinsen haben dabei den wirtschaftlichen Charakter von Preissteigerungen.[194]

Beispiele für ungewisse verzinsliche Verpflichtungen sind strittige Schadensersatzverpflichtungen oder steuerliche Verpflichtungen (bspw. für Betriebsprüfungsrisiken), die einer Verzinsung unterliegen. Zu beachten ist, dass gem. § 233a Abs. 2 AO für steuerliche Verpflichtungen eine Verzinsung erst nach 15 Monaten nach Ablauf des Kalenderjahrs beginnt, in dem die Steuer entstanden ist. Insofern sind die ersten 15 Monate als zinsfrei zu behandeln.

Für verzinsliche Rückstellungen folgt hieraus, dass die Rückstellung mit dem der Verpflichtung zugrunde liegenden Zinssatz auf den Erfüllungszeitpunkt aufzuzinsen ist. Anschließend ist der so berechnete nominale Verpflichtungsbetrag abzuzinsen.[195]

---

193 Vgl. ADS International, Abschn. 18, Tz. 101.
194 Vgl. IDW ERS HFA 34, Tz 33.
195 Vgl. zur Abzinsung Abschn. 2.2.4.

> Die Y-GmbH hat eine Verpflichtung aus strittigem Schadensersatz zum 31.12.2012 erstmals zu bilanzieren. Die ungewisse Schadensersatzverpflichtung beträgt TEUR 100 (Preisniveau am Bilanzstichtag). Die Entscheidung des Gerichts wird zwei Jahre nach dem Bilanzstichtag erwartet. Zu beachten ist, dass die Schadensersatzverpflichtung einer Verzinsung von 6% p.a. unterliegt, die im Fall eines negativen Ausgangs des Verfahrens zusätzlich zu zahlen ist.
>
> Der nominale Verpflichtungsbetrag beträgt TEUR 112 und ermittelt sich über TEUR 100 * $(1 + 6\%)^{2 \text{ Jahre}}$. Die Verzinsung der ungewissen Schadensersatzverpflichtung ist in die Berechnung des nominalen Verpflichtungsbetrags einzubeziehen. Erst anschließend erfolgt die Abzinsung der Rückstellung.

Auch nach **IFRS** sind Zinsen in die Ermittlung der bestmöglichen Schätzung einzubeziehen. Eine Ausnahme vom Abzinsungsgebot für solche Verpflichtungen sehen die IFRS nicht vor.[196]

2.2.2.4 Schätzungsänderungen

Gem. § 252 Abs. 1 Nr. 3 HGB sind Rückstellungen zu jedem Bilanzstichtag neu zu bewerten. Dabei unterliegen alle im Vorjahr bilanzierten Rückstellungssachverhalte einer **Neubewertung**, selbst wenn die Ursachen seit dem Vorjahr unverändert geblieben sind.[197]

Die in den Vorjahren verwendeten Bewertungsmethoden sind grundsätzlich beizubehalten.[198] Insofern sind Rückstellungen zu jedem Bilanzstichtag daraufhin zu untersuchen, ob und in welcher Höhe Zuführungen oder Auflösungen erfolgen müssen.[199] Dabei gilt das ansonsten bei Schulden zu beachtende **Höchstwertprinzip** nur eingeschränkt.[200] Grund hierfür ist, dass eine Verminderung der Rückstellung zu keinen unrealisierten Gewinnen führt. Vielmehr erfolgt die Anpassung einer Bewertung im Vorjahr, die sich aufgrund neuerer Erkenntnisse als überholt herausgestellt hat.

---

[196] So weist WP Handbuch[14], Abschn. N, Tz. 507, darauf hin, dass Rückstellungen – unabhängig vom Vorliegen eines expliziten Zinsanteils – grds. einer Abzinsungspflicht unterliegen.
[197] Vgl. Bo-HdR, § 253 HGB, Tz. 104.
[198] Vgl. Abschn. 2.4.3.2 für den Fall einer Abweichung von den Bewertungsmethoden sowie für die Ausnahmetatbestände und die Konsequenzen für den Ausweis sowie Anhang.
[199] Vgl. ADS[6], § 253 HGB, Tz. 180.
[200] Vgl. Bo-HdR, § 253 HGB, Tz. 105.

Abzugrenzen von einer Schätzungsänderung sind die Fälle, in denen eine Rückstellung in Vorjahren bereits auf Basis der zu diesem Zeitpunkt vorliegenden Erkenntnisse hätte in anderer Höhe bilanziert werden müssen. Da es sich hierbei um einen **Bilanzierungsfehler** handelt, ist anhand der Hinweise in IDW RS HFA 6[201] zu prüfen, ob im laufenden Jahr eine Anpassung der Bilanzierung erfolgen darf. Änderungen von Jahresabschlüssen früherer Jahre ergeben sich z. B. grundsätzlich bei nichtigen Jahresabschlüssen, sofern der Fehler nicht bereits im Zeitablauf als geheilt angesehen werden kann.[202]

Nach **IFRS** sind Rückstellungen gem. IAS 37.59 zu jedem Bilanzstichtag zu überprüfen und ggf. anzupassen, so dass bilanziell die bestmögliche Schätzung erfasst wird. Ursache für die Anpassungen einer Schätzung können z. B. neue Informationen, zunehmende Erfahrungen oder Änderungen von Umständen, die Grundlage für die Schätzung waren, sein. Dadurch ergeben sich Auswirkungen auf den Verpflichtungsbetrag, den Abzinsungssatz oder den Fälligkeitszeitpunkt. Die bilanzielle Behandlung solcher **Schätzungsänderungen** erfolgt gem. IAS 8. Dabei sieht IAS 8.36 vor, dass die Änderung einer solchen rechnungslegungsbezogenen Schätzung prospektiv im Gewinn oder Verlust zu erfassen ist.[203] Zu den erforderlichen Anhangangaben in einem solchen Fall vgl. Abschn. 2.4.3.6.2.

Abzugrenzen von Schätzungsänderungen sind **Fehler**. Ein Fehler liegt gem. IAS 8.5 immer dann vor, wenn vorliegende zuverlässige Informationen nicht oder falsch berücksichtigt wurden. Sofern bei der Bewertung einer Rückstellung ein Fehler vorliegt, ist dieser grds. gem. IAS 8.42 rückwirkend zu erfassen, so dass neben den Eröffnungsbilanzwerten für die früheste dargestellte Periode auch die Vergleichsperioden angepasst werden müssen.[204]

2.2.2.5 Drohverlustrückstellungen

Aufgrund der unmittelbaren Verknüpfung von Ansatz und Bewertung bei Drohverlustrückstellungen nach HGB und belastenden Verträgen nach IFRS sind entsprechende Ausführungen im Abschnitt zum Ansatz in 2.1.3 enthalten.

---

201 IDW RS HFA 6, FN-IDW 2007, S. 77 ff.
202 Zu den einzelnen Voraussetzungen vgl. IDW RS HFA 6, Tz. 15 ff.
203 Vgl. IAS 8.32-.34, sowie IAS 8.37 zu Ausnahmen von der prospektiven Erfassung.
204 Vgl. zur Einschränkung der rückwirkenden Anpassung IAS 8.43-.48, sowie zu den erforderlichen Anhangangaben IAS 8.49.

2.2.2.6 Aufwandsrückstellungen

Für Aufwandsrückstellungen gelten die gleichen Grundsätze bei der Bewertung wie für Verbindlichkeitsrückstellungen.

Als Schätzung für die Höhe der Rückstellung für **unterlassene Aufwendungen für Instandhaltungen** können z. B. Pläne für Instandhaltungsarbeiten dienen. Liegen diese nicht vor, können auch Aufzeichnungen über die angefallenen Ausgaben für Instandhaltungen früherer Geschäftsjahre als Ermittlungsgrundlage herangezogen werden, wobei eine Untersuchung des Instandhaltungsintervalls erforderlich ist. Rückstellungen können dabei erst gebildet werden, wenn die Instandhaltungsintervalle überschritten sind.[205]

Die Höhe der Rückstellung ist abhängig davon, ob die Arbeiten von anderen Unternehmen durchgeführt werden oder vom Bilanzierenden selbst. Werden die Instandhaltungsarbeiten vom Unternehmen durchgeführt, erfolgt eine Bewertung zu Vollkosten (Einzelkosten zzgl. angemessene Teile der zurechenbaren Gemeinkosten).[206] Erfolgen Instandhaltungsarbeiten durch externe Unternehmen, sind entweder Angebotspreise oder Erfahrungen der Vergangenheit zur Bewertung der Rückstellung heranzuziehen.

Sofern die Aufstellung des Jahresabschlusses erst drei Monate nach dem Bilanzstichtag erfolgt und Instandhaltungsarbeiten während der ersten drei Monate nach Geschäftsjahresende nicht durchgeführt wurden, darf eine Rückstellung nicht bilanziert werden, da das Dreimonatskriterium nicht erfüllt ist. Sofern die Aufstellung des Jahresabschlusses bereits innerhalb der Dreimonatsfrist erfolgt, muss eine Durchführung der Arbeiten innerhalb des Dreimonatszeitraums weiterhin möglich sein.[207]

Aufwandsrückstellungen dürfen nach **IFRS** nicht angesetzt werden, so dass eine Betrachtung der Bewertung entfällt.[208]

2.2.2.7 Sammelrückstellungen

Wie in Abschn. 2.2.1 dargestellt, ist die Sammel- bzw. Gruppenbewertung als begründete Ausnahme vom allgemeinen Bewertungsgrundsatz der Einzelbewertung anerkannt.

Eine **Sammel- bzw. Gruppenbewertung** bei Rückstellungen ist möglich, wenn die Voraussetzungen des § 240 Abs. 4 HGB nach § 256 S. 2 HGB erfüllt sind. So kann eine Menge abgrenzbarer Sachverhalte immer dann zu-

---

205 Vgl. hierzu ADS[6], § 253 HGB, Tz. 283, sowie Abschn. 2.1.4.1.1.
206 Vgl. Abschn. 2.2.2.2.
207 Vgl. BeBiKo[8], § 249 HGB, Tz. 107.
208 Vgl. Abschn. 2.1.1.1.

sammen bewertet werden, wenn diese gleichartig und annähernd gleichwertig sind.[209] Gleichartigkeit bedeutet, dass die Sachverhalte z. B. zur gleichen Warengattung zugeordnet werden können und hinsichtlich der Qualität keine wesentlichen Unterschiede bestehen. Annähernde Gleichwertigkeit wird bei Rückstellungen insbesondere dann als erfüllt angesehen werden können, wenn das der Rückstellung zugrunde liegende Risiko annähernd gleich ist.[210]

Sammel- bzw. Gruppenbewertungen sind notwendig, da in der Regel für den individuellen Vermögensgegenstand keine auf Erfahrungen gestützte Wahrscheinlichkeiten für einen Material- oder Verarbeitungsfehler vorliegen. Für eine Produktgruppe, d. h. für eine Vielzahl an Vermögensgegenständen, liegen diese Erfahrungswerte allerdings eher vor.[211] Zu beachten ist, dass **konkretisierte Einzelsachverhalte** einzeln bewertet werden müssen. Dies bedeutet, dass im Fall von Gewährleistungsrückstellungen für eingegangene Reklamationen bis zur Aufstellung des Jahresabschlusses Einzelrückstellungen zu bilden sind.[212] Eine Einbeziehung dieser Geschäfte in die Bewertung der Sammelrückstellung darf nicht erfolgen.

Ausgangspunkt der Bewertung von Sammelrückstellungen sind unternehmens- und branchenspezifische **Erfahrungswerte** der Vergangenheit. Dabei müssen die individuellen Verhältnisse berücksichtigt werden und können zu Abweichungen von den Erfahrungswerten führen. Notwendige Abweichungen sind allerdings vom Bilanzierenden sachlich zu begründen.[213]

> Die Y-GmbH hat mit einer neuen Produktgruppe, die ein nahezu identisches Qualitätsrisiko hat, im vergangenen Jahr erstmals Umsätze i. H. v. EUR 1 Mio. erzielen können. Der Gewährleistungszeitraum für die Produktgruppe beträgt zwei Jahre. Aufgrund von Erfahrungswerten der Vergangenheit für ähnliche Produktgruppen rechnet das Unternehmen mit Gewährleistungsaufwendungen von 10 % der Umsatzerlöse, die sich auf die beiden Gewährleistungsjahre hälftig verteilen. Dabei wird vereinfachend davon ausgegangen, dass der Gewährleistungszeitraum für alle veräußerten Produkte zum Bilanzstichtag noch zwei Jahre beträgt.

---

[209] Vgl. Drinhausen/Ramsauer, DB 2009, Beilage 5, S. 52; Gelhausen/Fey/Kämpfer, Kap. I, Tz. 55; Fink/Kunath, DB 2010, S. 2348.
[210] Vgl. BeBiKo[8], § 240 HGB, Tz. 136 f. sowie § 253 HGB, Tz. 162.
[211] Vgl. BeBiKo[8], § 253 HGB, Tz. 162.
[212] Vgl. ADS[6], § 253 HGB, Tz. 185.
[213] Vgl. ADS[6], § 253 HGB, Tz. 187.

> Bis zur Bilanzaufstellung erfährt das Unternehmen, dass ein Großauftrag i. H. v. TEUR 200 fehlerhaft war und zur Fehlerbeseitigung ca. 50 % dieser Umsatzerlöse aufgewendet werden müssen.
>
> Für den Großauftrag ist aufgrund der Konkretisierung bis zum Bilanzstichtag eine Einzelrückstellung zu bilden. Der nominale Verpflichtungsbetrag für diese Einzelrückstellung beträgt TEUR 100. Die Berechnungsgrundlage für die Sammelrückstellung ist somit anzupassen. Für Umsätze i. H. v. EUR 0,8 Mio. (EUR 1 Mio. abzgl. TEUR 200) beträgt der nominale Verpflichtungsbetrag damit anstatt TEUR 100 nur noch TEUR 80 (0,8 Mio. * 10 %).

Beispiele für Sammel- und Gruppenbewertungen sind z. B. Gewährleistungs- und Garantieverpflichtungen bzw. Rücknahme- und Entsorgungsverpflichtungen. Auch anerkannt ist eine entsprechende Bewertung für Bürgschaftsverpflichtungen und das Wechselobligo.[214]

Wie bereits in Abschn. 2.2.2.1 ausgeführt, wird bei der Bestimmung der bestmöglichen Schätzung von Verpflichtungen nach **IFRS** unterschieden zwischen einzelnen Verpflichtungen und einer Vielzahl ähnlicher Verpflichtungen. Somit bestehen auch hier Vereinfachungen für die Ermittlung des Verpflichtungsbetrags einer Sammelrückstellung.

Bei einer Vielzahl ähnlicher Verpflichtungen sieht IAS 37.39 vor, dass der Wert über die Gewichtung der möglichen Ereignisse mit den jeweils zugeordneten Wahrscheinlichkeiten geschätzt wird. Diese Methode wird auch als **Erwartungswertmethode** bezeichnet. Notwendige Voraussetzungen sind, dass eine große Anzahl von gleichen oder zumindest vergleichbaren Verpflichtungen vorliegt und sich die Risiken entsprechen. Zudem muss eine zuverlässige Schätzung der einzelnen finanziellen Konsequenzen sowie der Wahrscheinlichkeiten möglich sein. Hierfür sind Erfahrungswerte der Vergangenheit erforderlich.[215] Sofern in einer Bandbreite möglicher Ergebnisse die Wahrscheinlichkeiten gleich verteilt sind, stellt der Mittelpunkt der Bandbreite die bestmögliche Schätzung dar.

---

214 Vgl. BeBiKo[8], § 253 HGB, Tz. 163; HdR[5], § 249 HGB, Tz. 274.
215 Vgl. ADS International, Abschn. 18, Tz. 74 f.

Die Y-GmbH produziert und vertreibt Mobilfunkgeräte. Bei Schäden innerhalb von einem Jahr erfolgt eine Übernahme der Reparaturkosten, sofern die Schäden nicht auf einen unsachgemäßen Gebrauch zurückzuführen sind.

Basierend auf Erfahrungswerten der Vergangenheit bestehen vier mögliche Ereignisse: kein Mangel, Mangel am Akku, kleiner Mangel an der Technik, großer Mangel an der Technik. Den jeweiligen Ereignissen können die folgenden Wahrscheinlichkeiten und durchschnittlichen Reparaturkosten zugeordnet werden:

(1) kein Mangel: 70%, EUR 0

(2) Mangel am Akku: 15%, EUR 30

(3) kleiner Mangel an der Technik: 10%, EUR 70

(4) großer Mangel an der Technik: 5%, EUR 150

Im Geschäftsjahr 2012 wurden insgesamt 1 Mio. Mobilfunkgeräte verkauft.

Aufgrund der großen Anzahl an vergleichbaren Verpflichtungen und der sich entsprechenden Risiken kann die Erwartungswertmethode nach IAS 37.39 angewendet werden. Die bestmögliche Schätzung ermittelt sich daher über den Erwartungswert:

(70% * EUR 0 + 15% * EUR 30 + 10% * EUR 70 + 5% * EUR 150) * 1 Mio. = EUR 19 Mio.

2.2.3 Erstattungsansprüche

Bei der Bewertung von Rückstellungen können Ansprüche einer zu bilanzierenden Verpflichtung kompensierend gegenüberstehen. **Beispiele** hierfür sind Ansprüche aus Haftpflichtversicherungen, Ansprüche aus gesamtschuldnerischer Haftung oder die Freistellung eines Tochterunternehmens von bestimmten Aufwendungen durch die Muttergesellschaft.

Im ersten Schritt ist zu prüfen, ob die Ansprüche bereits aktiviert werden können, d.h. die Voraussetzungen für einen Vermögensgegenstand erfüllt sind. Aktivierbare Ansprüche haben keine Auswirkungen auf die Bewertung der Rückstellung, da die durch die Aktivierung entstehenden Erträge bereits kompensierenden Charakter für die Aufwendungen der Verpflichtungsseite haben. Eine Saldierung der Vermögensgegenstände mit den Rückstellungen ist allerdings aufgrund des Saldierungsverbots gem. § 246 Abs. 2 S. 1 HGB nicht möglich. Insofern wird diese bilanzielle Abbildung auch als **Bruttobilanzierung** bezeichnet.[216]

Sofern die Ansprüche nicht aktiviert werden können, ist im zweiten Schritt zu prüfen, ob die zukünftigen Ansprüche bei der Rückstellungsbewertung berücksichtigt werden können und damit einen kompensierenden Effekt auf die zu erfassenden Aufwendungen haben. Da in diesem Fall die Erfassung der Rückstellung in Höhe der notwendigen Verpflichtungsbeträge nach Abzug der Erstattungsansprüche erfolgt, wird diese Art der bilanziellen Abbildung als **Nettobilanzierung** bezeichnet. Allerdings müssen für eine solche Bilanzierung zusätzliche Voraussetzungen vorliegen, die in Abschn. 2.2.3.2 dargestellt werden.

Auch **IAS 37** enthält Regelungen zur Bilanzierung von Erstattungsansprüchen. Gem. IAS 37.53 sind solche Ansprüche grundsätzlich als separate Vermögenswerte zu aktivieren, sofern die Voraussetzungen hierfür erfüllt sind (Bruttobilanzierung). Eine Berücksichtigung von nicht aktivierbaren Erstattungsansprüchen bei der Bewertung von Rückstellungen ist dagegen nicht möglich.[217] Somit scheidet eine Nettobilanzierung nach IFRS aus.

2.2.3.1 Aktivierungsfähigkeit von Erstattungsansprüchen

Erstattungsansprüche gegen Dritte sind als Vermögensgegenstände zu aktivieren, wenn sie entstanden bzw. realisiert sind.

Handelt es sich bei den Erstattungsansprüchen um Forderungen aus einseitigen Rechtsgeschäften oder aus Gesetzen, erfolgt erst dann eine Aktivierung, wenn die für die Entstehung des Anspruchs erforderlichen Rechtsakte oder Tathandlungen vollendet sind. Entscheidend ist somit, wann eine rechtswirksame Vermögensänderung eintritt. Versicherungsansprüche entstehen grundsätzlich mit Eintritt des Schadensereignisses und Erfüllung der übrigen Voraussetzungen für die Entstehung eines solchen Anspruchs durch den Bilanzierenden. Für öffentlich-rechtliche Ansprüche, d.h. solche, die aus Gesetzen entstehen, erfolgt eine Aktivierung, wenn mit der Erfüllung der Voraussetzungen ein Rechtsanspruch besteht.[218]

---

216 Vgl. hierzu ebenfalls BeBiKo[8], § 253 HGB, Tz. 157; HdR[5], § 249 HGB, Tz. 279; bzw. IDW ERS HFA 34, Tz. 32.
217 Vgl. ADS International, Abschn. 18, Tz. 103.
218 Vgl. ADS[6], § 246 HGB, Tz. 172 ff.

Für die Aktivierung von Ansprüchen muss allerdings zusätzlich die **Erfüllung der Anspruchsvoraussetzungen** mit an Sicherheit grenzender Wahrscheinlichkeit feststehen. Hängt die Erfüllung der Voraussetzungen von Ermessensentscheidungen Dritter ab, darf eine Aktivierung erst nach der Mitteilung über die abschließende Entscheidung erfolgen.[219] Für Schadensersatzforderungen bedeutet dies, dass diese erst dann aktiviert werden können, wenn Grund und Höhe unstreitig sind. Bei bestrittenen Schadensersatzforderungen wird eine Aktivierung somit erst möglich sein, wenn entweder ein außergerichtlicher Vergleich erzielt wurde oder ein rechtskräftiges Urteil vorliegt.[220]

Die notwendige rechtliche Entstehung solcher Ansprüche wird durch die **wirtschaftliche Betrachtungsweise** erweitert. So ist es bereits ausreichend, wenn der Anspruch so weit konkretisiert werden kann, dass die für die Entstehung des Anspruchs wesentlichen Ursachen bis zum Bilanzstichtag gesetzt wurden und mit der Erfüllung der noch fehlenden Voraussetzungen für das rechtliche Entstehen des Anspruchs mit Sicherheit gerechnet werden kann. Aufgrund des Realisationsprinzips in § 252 Abs. 1 Nr. 4 HGB muss diesbezüglich ein sehr hohes Maß an Sicherheit vorliegen.[221]

Nach **IFRS** ist eine Erstattung gem. IAS 37.53 als separater Vermögenswert dann zu erfassen, wenn es so gut wie sicher ist, dass das Unternehmen die Erstattung bei Erfüllung der Verpflichtung erhält. Dabei darf der Vermögenswert die Höhe der Rückstellung nicht übersteigen. Bei der Aktivierung der Ansprüche wird auf die Voraussetzungen für Eventualforderungen zurückgegriffen.[222] Eine **Eventualforderung** liegt immer dann vor, wenn der Eintritt des Nutzenzuflusses aus einem Vermögenswert durch ein vergangenes Ereignis verursacht und am Bilanzstichtag möglich oder wahrscheinlich, aber nicht so gut wie sicher (*virtually certain*) ist. Die Existenz eines Vermögenswerts muss somit erst durch ein in der Zukunft liegendes Ereignis bestätigt werden, das nicht vollständig unter der Kontrolle des Unternehmens ist.[223] Eventualforderungen werden grundsätzlich nicht in der Bilanz angesetzt, da dadurch Erträge erfasst würden, die zum Bilanzstichtag nicht realisiert sind und in Zukunft möglicherweise nie realisiert werden können.[224] Stattdessen müssen Angaben im Anhang erfolgen, sofern der Zufluss als wahrscheinlich angesehen wird.[225]

---

219 Vgl. ADS⁶, § 246 HGB, Tz. 175.
220 Vgl. ADS⁶, § 246 HGB, Tz. 176.
221 Vgl. ADS⁶, § 246 HGB, Tz. 53, bzw. Tz. 180, sowie BeBiKo⁸, § 247 HGB, Tz. 120.
222 Vgl. ADS International, Abschn. 18, Tz. 104.
223 Vgl. IAS 37.10.
224 Vgl. IAS 37.31, .33.
225 Vgl. IAS 37.34.

Sofern der Anspruch so gut wie sicher ist, gilt der betreffende Vermögenswert nicht mehr als Eventualforderung, mit der Folge, dass ein Vermögenswert angesetzt werden muss. »**So gut wie sicher**« ist die Eintrittswahrscheinlichkeit eines Anspruchs immer dann, wenn bis auf wenige unwahrscheinliche Ausnahmen der Anspruch entstehen wird. Der Bilanzierende ist verpflichtet, die Eintrittswahrscheinlichkeit von Eventualforderungen laufend zu überprüfen.[226]

In der **Gewinn- und Verlustrechnung** kann gem. IAS 37.54 der Aufwand aus der Bildung der Rückstellung nach Abzug der Erträge aus der Aktivierung des Erstattungsanspruchs netto erfasst werden.

Die Y-GmbH produziert Maschinen und hat im Geschäftsjahr 2012 eine Maschine für einen Kunden hergestellt und installiert. Nach der Inbetriebnahme durch den Kunden tritt im Dezember 2012 ein Schaden an der Maschine auf, der zum Ausfall einer gesamten Produktionsanlage führt (Konstruktionsfehler der Maschine). Der Kunde macht neben dem Schaden an der gelieferten Maschine (Konstruktionsfehler) auch die Folgeschäden aufgrund des Betriebsausfalls geltend. Das Maschinenbauunternehmen hat für den Folgeschaden wegen des Betriebsausfalls eine Versicherung abgeschlossen und meldet den Schaden noch im Dezember 2011 (Abwandlung: im Januar 2012) an die Versicherung.

Zum 31.12.2012 muss aufgrund des Gewährleistungsfalls eine Rückstellung bilanziert werden. Allerdings kann auch der Anspruch gegen die Versicherung die Voraussetzungen zur Aktivierung nach HGB und IFRS erfüllen. Ausschlaggebend hierfür ist, ob die Y-GmbH alle Anforderungen aus dem Versicherungsvertrag erfüllt hat und keine Ausschlussklausel greift.

Der Zeitpunkt der Kontaktaufnahme mit der Versicherung ist so lange unbeachtlich, wie dieser nicht zum Ausschluss des Versicherungsschutzes führt. Allerdings ist für die erforderliche Bilanzierung eines Anspruchs erforderlich, dass der Versicherungsschutz für den Schaden auch tatsächlich in Anspruch genommen werden soll. Sofern noch keine Meldung an die Versicherung bis zur Aufstellung des Jahresabschlusses erfolgt sein sollte, ist ein Anspruch daher nur zu bilanzieren, wenn mit der Meldung mit an Sicherheit grenzender Wahrscheinlichkeit

---

[226] Vgl. IAS 37.35.

(HGB) bzw. so gut wie sicher (IFRS) gerechnet werden kann und keine anderen Gründen gegen eine Übernahme des Schadens durch die Versicherung sprechen.

Nach IFRS ist zusätzlich zu berücksichtigen, dass der Versicherungsanspruch den Betrag der Rückstellung nicht übersteigen darf.

Die Aufwendungen und Erträge aus der Rückstellung bzw. dem ggf. zu bilanzierenden Erstattungsanspruch dürfen nach IFRS in der Gewinn- und Verlustrechnung saldiert werden. Nach HGB ist dies nicht zulässig.

2.2.3.2 Verrechnung von Erstattungsansprüchen mit Rückstellungen

Noch nicht aktivierbare Erstattungsansprüche sind nach HGB bei der Bewertung von Verbindlichkeitsrückstellungen zu berücksichtigen, wenn die zwei nachfolgenden **Voraussetzungen** erfüllt sind:[227]

(1) Der Anspruch folgt in rechtlich verbindlicher Weise der Entstehung oder Erfüllung der Verpflichtung, d.h. zwischen dem Anspruch und der Verpflichtung besteht ein unmittelbarer Zusammenhang (wechselseitige Kausalität), so dass der Eintritt der Verpflichtung nicht ohne den Eintritt des Anspruchs möglich ist und umgekehrt.

(2) Der Anspruch ist vollwertig, d.h. der Anspruchsschuldner bestreitet den Anspruch nicht und seine Bonität ist nicht zweifelhaft, so dass der Anspruch als werthaltig angesehen werden kann.

Bei Erfüllung der Voraussetzungen können die noch nicht aktivierbaren Erstattungsansprüche bei der Rückstellungsbewertung berücksichtigt werden. Bei diesem Vorgehen verstößt der Bilanzierende weder gegen das Saldierungsverbot gem. § 246 Abs. 2 HGB noch gegen den Grundsatz der Einzelbewertung nach § 252 Abs. 1 Nr. 3 HGB, da er lediglich den Anspruch bei der Bewertung der Rückstellung mit einbezieht.

Eine **wechselseitige Kausalität** liegt z.B. dann vor, wenn die Muttergesellschaft ihr Tochterunternehmen im Innenverhältnis von bestimmten Aufwendungen freistellt, so dass bei Zahlungen durch das Tochterunternehmen diese Aufwendungen von der Muttergesellschaft erstattet werden. Der Anspruch steht somit in unmittelbarem Zusammenhang und ist ohne die Leistung von Zahlungen nicht möglich. Gleiches gilt auch umgekehrt. Zwar

---

[227] Vgl. hierzu IDW ERS HFA 34, Tz. 29 f.; BeBiKo[8],
§ 253 HGB, Tz. 157; HdR[5], § 249 HGB, Tz. 280 ff.; ADS[6],
§ 253 HGB, Tz. 207.

bleibt das Tochterunternehmen im Außenverhältnis verpflichtet, kann allerdings die Rückstellung wegen der im Innenverhältnis erfolgten Übernahme je nach Höhe vermindern.[228]

Im Gegensatz dazu sind z. B. bei der Verpflichtung zur Rekultivierung einer Kiesgrube zukünftig erwartete Erlöse aus Kippgebühren nicht in die Rückstellungsbewertung mit einzubeziehen. Grund hierfür ist, dass die zukünftigen Kippgebühren **unrealisierte Ertragschancen** darstellen, die nicht unmittelbar aus der Rekultivierungsverpflichtung resultieren, sondern ein separates Geschäft darstellen.[229]

Wie bereits ausgeführt, ist nach **IFRS** eine Berücksichtigung von nicht aktivierbaren Erstattungsansprüchen bei der Bewertung von Rückstellungen nicht möglich.[230] Vielmehr erfolgt für diese Ansprüche eine Anhangangabe als Eventualforderung, sofern der Zufluss wahrscheinlich ist.[231] Falls eine Gesellschaft gesamtschuldnerisch für eine Verpflichtung haftet, wird gem. IAS 37.29 der Betrag als Eventualverbindlichkeit im Anhang angegeben, für den die Gesellschaft eine Übernahme durch eine andere Gesellschaft erwartet.[232] Somit wird nur der Anteil bilanziert, den das Unternehmen als Verpflichtung wahrscheinlich selbst tragen muss.

> Die Y-GmbH produziert Maschinen, in denen Bauteile von Subunternehmern eingebaut werden. Der Gewährleistungszeitraum beträgt zwei Jahre. Für am Bilanzstichtag noch nicht bekannte und bis zur Aufstellung des Jahresabschlusses noch nicht geltend gemachte Mängel möchte das Unternehmen eine Gewährleistungsrückstellung bilden. Basierend auf Erfahrungswerten der Vergangenheit erwartet die Y-GmbH eine Schadenshöhe von 10% (bezogen auf die Umsatzerlöse), die sich gleichmäßig auf beide Jahre verteilen. Durch die Verwendung von Bauteilen von Subunternehmern bestehen Regressansprüche, die in der Vergangenheit ca. 10% der Gewährleistungsaufwendungen entsprachen. Die Ansprüche gegen die Subunternehmer wurden in der Vergangenheit grds. nicht bestritten und können als vollwertig angesehen werden. Die Umsatzerlöse im Geschäftsjahr 2012 betrugen EUR 1 Mio.

---

228 Vgl. hierzu IDW ERS HFA 34, Tz. 31.
229 Vgl. hierzu IDW ERS HFA 34, Tz. 30.
230 Vgl. ADS International, Abschn. 18, Tz. 103.
231 Vgl. IAS 37.34.
232 Vgl. auch IAS 37.58.

Aus Vereinfachungsgründen soll nur der Verpflichtungsbetrag der Rückstellung für Umsätze aus 2012 ermittelt werden. Verpflichtungsbeträge aus Umsätzen der Vorjahre bleiben somit unberücksichtigt. Zudem wird davon ausgegangen, dass der Gewährleistungszeitraum für alle veräußerten Maschinen zum Bilanzstichtag noch zwei Jahre beträgt.

Der nominale Verpflichtungsbetrag der Rückstellung für Umsätze aus 2012 beträgt zum 31.12.2012 TEUR 90. Die Regressansprüche gegen die Subunternehmen sind bei der Rückstellungsbewertung zu berücksichtigen, da sie vollwertig sind und in rechtlich verbindlicher Weise der Entstehung der Verpflichtung nachfolgen. Somit ist der nominale Verpflichtungsbetrag im Rahmen der Bewertung von TEUR 100 um TEUR 10 zu vermindern.

Nach IFRS darf der nominale Verpflichtungsbetrag nicht vermindert werden. Die Ansprüche gegen die Subunternehmen sind nicht »so gut wie sicher«, so dass die Voraussetzungen für die Bilanzierung eines Vermögenswerts nicht erfüllt sind. Eine Berücksichtigung der Ansprüche in der Rückstellungsbewertung ist nach IFRS nicht möglich. Allerdings sind die Ansprüche, sofern sie wahrscheinlich sind, als Eventualforderung gem. IAS 37.89 im Anhang anzugeben.

Abwandlung

Am Ende des Geschäftsjahres 2012 tritt bei einer Maschine ein Mangel auf, der bis zum Bilanzstichtag noch nicht beseitigt wurde. Der erwartete Schaden beläuft sich auf TEUR 100 und ist durch den Einbau eines vom Subunternehmen gelieferten fehlerhaften Bauteils verursacht. Allerdings bestreitet der Subunternehmer den Mangel und weist auf den fehlerhaften Einbau des Bauteils hin. Die mögliche Inanspruchnahme des Subunternehmens schätzt die Y-GmbH auf 50% des erwarteten Schadens, wobei die Durchsetzbarkeit des Anspruchs fraglich ist.

Der nominale Verpflichtungsbetrag dieser Einzelrückstellung beläuft sich bei der Y-GmbH auf TEUR 100. Die Regressansprüche gegen den Subunternehmer entstehen zwar mit dem Schadenseintritt, werden allerdings durch ihn bestritten. Somit ist eine Berücksichtigung bei der Bewertung der Rückstellung nicht möglich. Vielmehr ist zu beurteilen, ob eine Aktivierung des Anspruchs nach HGB bzw. IFRS erfolgen kann. Da der Anspruch vom Subunternehmen bestritten wird und die Durch-

> setzbarkeit fraglich ist, unterbleibt sowohl nach HGB als auch nach IFRS eine Aktivierung. Nach IFRS ist die Höhe des Anspruchs als Eventualforderung gem. IAS 37.89 im Anhang anzugeben und zu beschreiben, sofern der Zufluss wahrscheinlich ist.

Die Vorschriften nach HGB und IFRS zur Bilanzierung von Erstattungsansprüchen werden in Abb. 1 zusammengefasst.

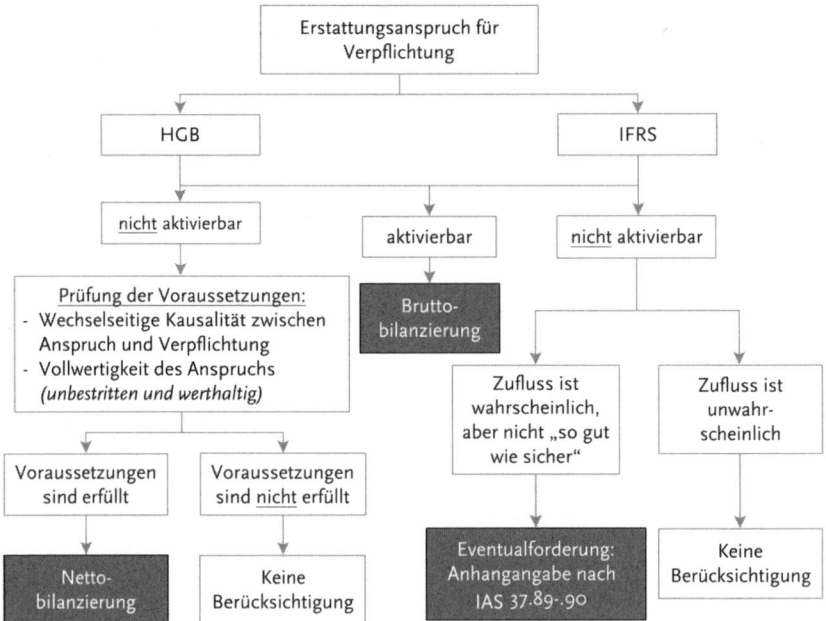

Abbildung 1 Prüfungsschema zu den Vorschriften nach HGB und IFRS zur Bilanzierung von Erstattungsansprüchen

2.2.4 Abzinsung[233]

Durch das **BilMoG** wurde § 253 Abs. 2 HGB neu aufgenommen. Danach sind Rückstellungen mit einer Restlaufzeit von mehr als einem Jahr abzuzinsen. Nach § 253 Abs. 1 S. 2 HGB a. F. waren Rückstellungen bisher nur abzuzinsen, soweit die der Verpflichtung zugrunde liegende Verbindlichkeit

---

[233] Der Abschnitt basiert weitgehend auf dem Artikel von Haas/David/Skowronek, KoR 2011, S. 483 ff.

eine Zinskomponente enthielt.[234] Die Änderung geht einher mit der Berücksichtigung von Preis- und Kostenänderungen bei der Ermittlung des nominalen Verpflichtungsbetrags.

Begründet wird die Abzinsung mit der Möglichkeit der Investition von in Rückstellungen gebundenen Finanzmitteln. Aus diesen können Erträge erzielt werden, die dazu führen, dass eine Verpflichtung nicht in vollständiger Höhe bilanziert werden muss, sondern nur in der Höhe, in der zukünftige Erträge aus den in der Rückstellung gebundenen Finanzmitteln bis zur Inanspruchnahme nicht zusätzlich erzielt werden können. Damit verfolgt der Gesetzgeber das Ziel einer realitätsgerechteren Darstellung der Vermögens-, Finanz- und Ertragslage.[235]

Die Abzinsung hat mit dem der Restlaufzeit entsprechenden durchschnittlichen Marktzinssatz der vergangenen sieben Geschäftsjahre zu erfolgen, wobei die Zinssätze von der Deutschen Bundesbank monatlich berechnet und veröffentlicht werden. Grundlage für die Abzinsung ist die Ermittlung der Restlaufzeit der der Rückstellung zugrunde liegenden Verpflichtung. Anschließend ist auf Basis der ermittelten Restlaufzeit der Abzinsungszinssatz und der Abzinsungszeitraum zu bestimmen.

Nach **IFRS** ist gem. IAS 37.45 die Abzinsung von Rückstellungen immer dann erforderlich, wenn der Zinseffekt wesentlich ist. Der Bilanzansatz der Rückstellung entspricht somit dem Barwert der erwarteten künftigen Verpflichtungsbeträge bei Erfüllung der Verpflichtung nach den Erkenntnissen am Bilanzstichtag.[236] Begründet wird die Abzinsung durch die größere Belastung von Verpflichtungen, deren Zahlungen kurzfristig nach dem Bilanzstichtag erwartet werden, im Vergleich zu Verpflichtungen, deren Inanspruchnahme erst längere Zeit nach dem Bilanzstichtag droht.[237]

2.2.4.1 Restlaufzeit

Für die Abzinsung von Rückstellungen gem. § 253 Abs. 2 S. 1 HGB muss für jede Rückstellung eine Restlaufzeit ermittelt werden. Grund hierfür ist, dass Rückstellungen entsprechend ihrer Restlaufzeit abzuzinsen sind, sofern diese am Bilanzstichtag mehr als ein Jahr beträgt.[238]

---

[234] Vgl. ADS[6], § 253 HGB, Tz. 198, 200, bzw. Weinand/Wolz, KoR 2011, S. 164.
[235] Vgl. Begr. RegE BilMoG, BT-Drucks. 16/10067, S. 54.
[236] Vgl. ADS International, Abschn. 18, Tz. 82.
[237] Vgl. IAS 37.46.
[238] Zum Abzinsungswahlrecht bei Rückstellungen mit einer Restlaufzeit von bis zu einem Jahr vgl. Abschn. 2.2.4.2.

Die **Bestimmung der Restlaufzeit** muss lediglich zu einem Bilanzstichtag erfolgen. Ursache hierfür ist, dass gem. § 242 Abs. 1 HGB nur zum Bilanzstichtag eine Bilanz aufzustellen ist. Rückstellungen werden somit erstmals zum Bilanzstichtag erfasst, so dass auch erst zu diesem Zeitpunkt die Bewertung nach § 252 Abs. 1 Nr. 3 i.V.m. § 253 HGB erfolgt. Notwendig für die Bewertung ist dabei auch die Restlaufzeit. An den folgenden Bilanzstichtagen muss erneut die Restlaufzeit ermittelt werden. Von Jahr zu Jahr wird sich dabei im Normalfall die Restlaufzeit jeweils um ein Jahr verringern.

Um die Wahlrechte zur Abzinsung von Rückstellungen darstellen zu können, ist eine **begriffliche Abgrenzung** von Rückstellungen in Abhängigkeit von der Restlaufzeit notwendig. Auswirkungen auf den Ausweis von Rückstellungen im Jahresabschluss ergeben sich dabei nicht. Rückstellungen, deren Restlaufzeit mehr als ein Jahr beträgt, werden nachfolgend als langfristige Rückstellungen bezeichnet. Rückstellungen mit einer Restlaufzeit von bis zu einem Jahr sind der Kategorie kurzfristige Rückstellungen zuzuordnen. Zudem können Rückstellungen allerdings auch nach der ursprünglichen Laufzeit unterschieden werden, die ihnen bei erstmaliger Bilanzierung zuzuordnen war. So können Rückstellungen den Kategorien ursprünglich langfristige Rückstellungen oder ursprünglich kurzfristige Rückstellungen zugeordnet werden. Tab. 1 enthält Beispiele zur begrifflichen Abgrenzung lang- und kurzfristiger Rückstellungen.

Restlaufzeit der Rückstellung zum 31.12.2012/ erstmalige Bilanzierung zum	Langfristige Rückstellung	Kurzfristige Rückstellung	Ursprünglich langfristige Rückstellung	Ursprünglich kurzfristige Rückstellung
2 Jahre/31.12.2011	✔		✔	
½ Jahr /31.12.2012		✔		✔
4 Jahre/31.12.2012	✔		✔	
1 Jahr /31.12.2009		✔	✔	

Tabelle 1 Beispiele für die Zuordnung von Rückstellungen in Abhängigkeit der Restlaufzeit (Bilanzstichtag: 31.12.2012)

> Die Y-GmbH erfährt im Juni 2012, dass eine Inanspruchnahme aus einem Schadensersatzprozess droht. Hierfür muss eine Rückstellung bilanziert werden. Der Prozess soll voraussichtlich im August 2013 abgeschlossen sein. Das Geschäftsjahr endet am 31.12.2012. Zum Bilanzstichtag geht die Gesellschaft weiterhin davon aus, dass das Prozessende voraussichtlich im August 2013 liegen wird.

> Die erstmalige Bilanzierung der Rückstellung erfolgt zum 31.12.2012.[239] Somit ist auch erst zu diesem Zeitpunkt die Restlaufzeit der Rückstellung zu bestimmen. Zum Bilanzstichtag beträgt die Restlaufzeit noch acht Monate. Die Rückstellung gehört daher zu der Gruppe der ursprünglich kurzfristigen Rückstellungen.

Die **Ermittlung der Restlaufzeit** ist vom Gesetzgeber nicht vorgegeben. Rückstellungen sind dadurch gekennzeichnet, dass der Bilanzierende von einem Zeitpunkt ausgeht, an dem eine finanzielle Belastung auf ihn zukommt. Die Restlaufzeit einer Rückstellung ist der Zeitraum, bis zu dem der Bilanzierende die Inanspruchnahme der Rückstellung erwartet.[240] Somit basiert die Ermittlung der Restlaufzeit auf der individuellen Einschätzung des Bilanzierenden.

Die Bestimmung der Restlaufzeit, d.h. des Zeitpunkts der voraussichtlichen Inanspruchnahme, kann über das in Abb. 2 dargestellte dreistufige **Prüfungsschema** erfolgen. Der Zeitraum vom Bilanzstichtag bis zum Tag der erwarteten Inanspruchnahme entspricht dabei der Restlaufzeit der Rückstellung.

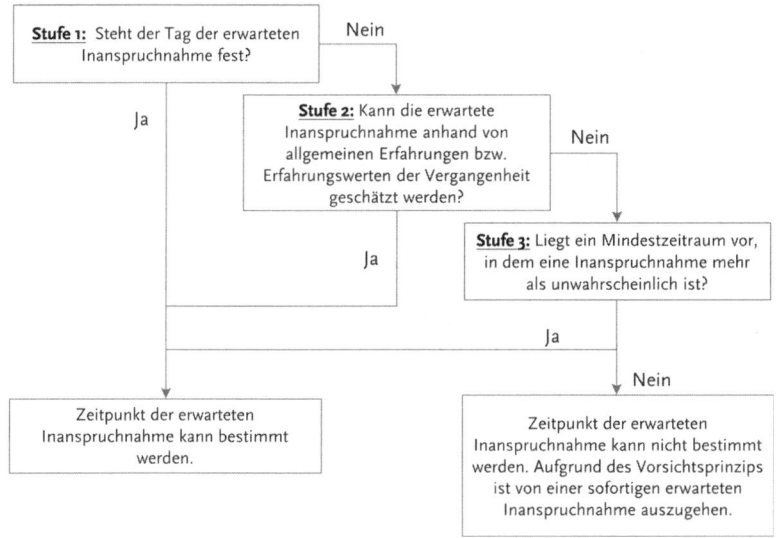

Abbildung 2 Prüfungsschema zur Bestimmung des Zeitpunkts der voraussichtlichen Inanspruchnahme[241]

---

239 Voraussetzung hierfür ist, dass keine Zwischenabschlüsse nach HGB aufgestellt werden müssen.
240 Vgl. Baetge/Kirsch, S. 102, bzw. Gelhausen/Fey/Kämpfer, Kap. I, Tz. 39. A.A. Kropp/Wirtz, DB 2011, S. 543.
241 Abb. nach Haas/David/Skowronek, KoR 2011, S. 484.

Zu beachten ist, dass grundsätzlich jeder Verpflichtungstatbestand gesondert geprüft werden muss. Der Zeitpunkt der voraussichtlichen Inanspruchnahme muss dabei im Verpflichtungszeitraum liegen, d. h. in dem Zeitraum, in dem eine Inanspruchnahme rechtlich möglich ist. Bei Gewährleistungsverpflichtungen ist der Verpflichtungszeitraum der von der Gesellschaft anerkannte Zeitraum, in dem Schäden auf Grundlage der Gewährleistung behoben werden müssen.

Auf der **ersten Stufe** ist zu prüfen, ob der Tag der erwarteten Inanspruchnahme feststeht, d. h. ein bestimmter Zeitpunkt ermittelt werden kann. Dies ist z. B. bei vertraglichen Verpflichtungen wie bei Rückbauverpflichtungen der Fall, die erst am Ende des zugrunde liegenden Mietvertrags erfüllt werden müssen. Solchen Verträgen kann eine bestimmte Mindestlaufzeit, eine Verlängerungsoption oder eine unbestimmte Laufzeit zugrunde liegen, die unterschiedliche Auswirkungen auf die Bestimmung der Restlaufzeit haben. Zu beachten ist, dass die Restlaufzeit hier auch gleichbedeutend mit dem Zeitraum ist, über den die Aufwendungen verteilt werden.[242]

Die Restlaufzeit einer Verpflichtung, die auf einem Vertrag mit einer **Mindestlaufzeit** basiert, stimmt im ersten Jahr grundsätzlich mit der Mindestlaufzeit überein. Sofern der Vertrag eine **Verlängerungsoption** beinhaltet, ist diese nur bei der Bestimmung der Restlaufzeit zu berücksichtigen, wenn entweder eine rechtliche Vereinbarung vor dem Bilanzstichtag zur Verlängerung des Vertrags abgeschlossen wurde oder eine Vertragsverlängerung aus den rechtlichen oder tatsächlichen Gegebenheiten ableitbar ist. Bei Verträgen mit **unbestimmten Laufzeiten** und Verpflichtungen **ohne vertragliche Regelungen** ist die Prüfung auf Stufe zwei fortzusetzen.[243]

Sofern auf der ersten Stufe eine Bestimmung nicht möglich ist, da Schätzungsunsicherheiten vorliegen, ist auf der **zweiten Stufe** der Zeitpunkt der voraussichtlichen Inanspruchnahme auf der Grundlage von allgemeinen Erfahrungen bzw. Erfahrungswerten der Vergangenheit zu schätzen. Der Nachweis sollte unter Berücksichtigung der Besonderheiten des Einzelfalls, anhand von nachvollziehbaren und verlässlichen Unterlagen erfolgen. Für Sammel- und Tilgungsrückstellungen wird auf dieser Stufe grundsätzlich ein Zeitpunkt zu bestimmen sein.[244] Eine taggenaue Ermittlung des Zeitpunkts der voraussichtlichen Inanspruchnahme wird bei Schätzungen meist nicht möglich sein. Insofern ist eine monats- oder quartalsgenaue Be-

---

242 Vgl. hierzu Abschn. 2.2.5.1.1.
243 Vgl. IDW ERS HFA 34, Tz. 36-38.
244 A.A. Engel-Ciric, BRZ/BC 2009, S. 365. Danach sind Gewährleistungsrückstellungen nicht abzuzinsen, da der Erfüllungszeitpunkt ungewiss ist und die Inanspruchnahme täglich erfolgen kann. Ebenso Kropp/Wirtz, DB 2011, S. 544.

stimmung grundsätzlich anerkannt.[245] Ist auch auf der zweiten Stufe eine nachvollziehbare und verlässliche Schätzung des Zeitpunkts der erwarteten Inanspruchnahme nicht möglich, gilt die Restlaufzeit der Rückstellung als unbestimmt.

Somit erfolgt auf der **dritten Stufe** die Prüfung, ob ein Mindestzeitraum vorliegt, in dem eine Inanspruchnahme unwahrscheinlich ist. Das Ende dieses Mindestzeitraums bestimmt dabei den Zeitpunkt der erwarteten Inanspruchnahme. Bei vertraglichen Verpflichtungen mit unbestimmten Laufzeiten wird die Restlaufzeit über den Zeitraum bestimmt, in dem eine Kündigung nicht möglich ist, es sei denn, rechtliche oder tatsächliche Gegebenheiten sprechen für eine Fortsetzung des Vertragsverhältnisses.[246] Nur wenn kein Mindestzeitraum ermittelt werden kann, ist aufgrund des Vorsichtsprinzips gem. § 252 Abs. 1 Nr. 4 HGB von einer sofortigen Inanspruchnahme der Rückstellung auszugehen, was in einer Nichtabzinsung resultiert.

> Die Y-GmbH hat für drei Mietobjekte Mietverträge abgeschlossen. In allen Objekten wurden Mietereinbauten vorgenommen, die jeweils am Ende der Mietverträge zurückgebaut werden müssen. Zum 31.12.2012 sollen die Restlaufzeiten für die bilanzierten Rückstellungen für Rückbauverpflichtungen bestimmt bzw. überprüft werden.
>
> (1) Mietvertrag 1 (abgeschlossen am 1.1.2010): Die Laufzeit beträgt sechs Jahre, wobei eine Option zur Laufzeitverlängerung um weitere vier Jahre besteht. Bis zum 31.12.2012 hat die Y-GmbH keine Vereinbarung über eine Verlängerung des Mietvertrags unterschrieben.
>
> (2) Mietvertrag 2 (abgeschlossen am 1.1.2011): Die Laufzeit beträgt drei Jahre, wobei eine Option zur Laufzeitverlängerung um weitere zwei Jahre besteht. Aufgrund eines unerwarteten Großauftrags im Januar 2013 wurde die Mietverlängerungsoption bereits Ende Januar 2013 unterzeichnet.
>
> (3) Mietvertrag 3 (abgeschlossen am 1.1.2007): Die Laufzeit beträgt drei Jahre. Nach drei Jahren besteht eine Kündigungsmöglichkeit von Seiten der Y-GmbH jeweils zum Quartalsende. Die Y-GmbH erwartet in den nächsten drei Jahren keinen Umzug in ein neues Mietobjekt. Ein Umzug würde zudem mindestens einen Vorlauf von einem Jahr benötigen.

---

245 Vgl. IDW ERS HFA 34, Tz. 12.
246 Vgl. IDW ERS HFA 34, Tz. 37.

Die Restlaufzeit der Rückbauverpflichtung bzgl. des Mietvertrags 1 beträgt zum 31.12.2012 drei Jahre. Eine Vereinbarung zur Mietverlängerung ist bis zum Bilanzstichtag noch nicht unterschrieben. Auch aus den rechtlichen oder tatsächlichen Gegebenheiten ist eine Vertragsverlängerung nicht ableitbar.

Die Restlaufzeit der Rückbauverpflichtung aus dem Mietvertrag 2 beträgt zum 31.12.2012 lediglich ein Jahr. Ein Entschluss zur Mietverlängerung ist erst nach dem Bilanzstichtag aufgrund des unerwarteten Großauftrags gefallen. Insofern ist die Verlängerung des Mietvertrags ein wertbegründendes Ereignis für die Ermittlung der Restlaufzeit. Anders würde es sich verhalten, wenn der Auftrag bereits im Dezember absehbar gewesen wäre. Dann wäre aus den tatsächlichen Gegebenheiten eine Vertragsverlängerung bereits zum Bilanzstichtag ableitbar und die Restlaufzeit würde zum 31.12.2012 drei Jahre betragen.

Die Restlaufzeit der Rückbauverpflichtung hinsichtlich des Mietvertrags 3 ist auf Grundlage von konkreten Anhaltspunkten zu bestimmen. Da innerhalb des nächsten Jahres ein Umzug nicht erfolgen kann, muss zumindest aufgrund der tatsächlichen Gegebenheiten von einer Restlaufzeit von einem Jahr ausgegangen werden. Allerdings erwartet die Y-GmbH einen Umzug zumindest nicht in den nächsten drei Jahren. Sofern hierfür konkrete Anhaltspunkte bzw. Nachweise wie z. B. fehlende finanzielle Spielräume vorliegen, kann auch eine Restlaufzeit von drei Jahren der Rückbauverpflichtung zugrunde gelegt werden.

Nach Schließung und Abdeckung einer Deponie besteht eine sog. Nachsorgeverpflichtung des Deponiebetreibers, d.h. auch nach Schließung der Anlage ist sicherzustellen, dass keine umweltschädigenden Gefahren oder Belastungen von der Anlage ausgehen. Festgestellte Umweltschäden sind vom Deponiebetreiber zu beseitigen. Für eine Nachsorgephase von 20 Jahren ist die Gesellschaft verpflichtet, bspw. bei Aufbrechen einer Deponie, bestimmte Arbeiten zu erbringen, um die Deponie wieder abzudichten.

Der Zeitpunkt des Aufbrechens der Deponie ist nicht bekannt. Insofern kann der Rückstellung auf der ersten Stufe keine erwartete Inanspruchnahme zugeordnet werden. Auf der zweiten Stufe wird der Bilanzieren-

> de auf Grund von allgemeinen Erfahrungswerten im Regelfall bestimmen können, wann mit einer Inanspruchnahme gerechnet werden kann. Bei der Verwendung eines vergangenheitsbezogenen Erfahrungswerts ist auf die individuellen Gegebenheiten des Einzelfalls abzustellen. So wird bspw. der Deponiebetreiber die Anzahl der Abdeckplanen bei der Verwendung von Erfahrungswerten berücksichtigen, da bei einer Abdeckung der Deponie mit zwei Planen ein Aufbrechen unwahrscheinlicher ist als bei einer Abdeckung der Deponie mit nur einer Plane. Eine erwartete Inanspruchnahme sollte daher auf der zweiten Stufe bestimmt werden können.

In den **IFRS** finden sich keine besonderen Regelungen für die Ermittlung der Restlaufzeit einer Rückstellung. Vielmehr muss der Fälligkeitszeitpunkt im Rahmen der Ermittlung des Barwerts geschätzt werden. Dabei sind Unsicherheiten bzgl. der Fälligkeit von Verpflichtungen im Anhang gem. IAS 37.85(b) zu beschreiben.

Abweichungen zwischen der Restlaufzeit einer Verpflichtung nach **HGB und IFRS** sind nicht denkbar, da die erwartete Inanspruchnahme (HGB) und der Fälligkeitszeitpunkt (IFRS) dieselbe Intention haben. Beide sollen den Zeitpunkt bestimmbar machen, an dem es zu einem Zahlungsabfluss kommt, und führen damit zur selben Restlaufzeit der Verpflichtung.

2.2.4.2 Abzinsung von Rückstellungen mit Restlaufzeiten unter einem Jahr

Gem. § 253 Abs. 2 S. 1 HGB sind Rückstellungen mit einer Restlaufzeit von mehr als einem Jahr abzuzinsen. Für solche Rückstellungen besteht somit eine **Abzinsungspflicht**. Im Umkehrschluss müssen Rückstellungen mit einer Restlaufzeit von bis zu einem Jahr nicht abgezinst werden. Allerdings besteht nach der herrschenden Meinung in der Literatur für solche kurzfristigen Rückstellungen ein **Abzinsungswahlrecht**.[247]

Bei einer Abzinsung von kurzfristigen Rückstellungen sollte der zu verwendende **Abzinsungszinssatz** grundsätzlich entsprechend den Anforderungen in der Rückstellungsabzinsungsverordnung (RückAbzinsV)[248] be-

---

[247] Ebenso IDW ERS HFA 34, Tz. 44; Fink/Kunath, DB 2010, S. 2347; Gelhausen/Fey/Kämpfer, Kap. I, Tz. 44 f. A. A. Zülch/Hoffmann, StuB 2009, S. 371; Petersen/Zwirner, BB 2010, S. 1653.

[248] Vgl. RückAbzinsV, BGBl. I. 2009, S. 3790 (auch abrufbar unter: http://www.gesetze-im-internet.de/r_ckabzinsv/index.html).

stimmt werden. Allerdings wird es auch nicht zu beanstanden sein, wenn der von der Deutschen Bundesbank ermittelte Abzinsungszinssatz für eine einjährige Restlaufzeit verwendet wird.[249]

Auch für **ursprünglich langfristige Rückstellungen**, die zu einem späteren Bilanzstichtag nur noch eine Restlaufzeit von bis zu einem Jahr aufweisen, besteht zu diesem Zeitpunkt ein Abzinsungswahlrecht, das sich aus der Verwendung des Begriffs »Restlaufzeit« in § 253 Abs. 2 S. 1 HGB ableitet.[250] Somit können für diese Rückstellungen – soweit dieses Abzinsungswahlrecht nicht in Anspruch genommen wird – bereits am letzten Bilanzstichtag vor der erwarteten Inanspruchnahme die Aufzinsungsbeträge für zwei Geschäftsjahre – für das laufende und für das folgende – erfasst werden. Die Rückstellung wäre dann bereits zu diesem Zeitpunkt mit ihrem nominalen Verpflichtungsbetrag anzusetzen. Der Zinsaufwand des Geschäftsjahres würde somit den Aufzinsungsaufwand für das abgelaufene Geschäftsjahr und den verbleibenden Aufwand bis zum Zeitpunkt der erwarteten Inanspruchnahme enthalten.

> Die Y-GmbH hat zum 31.12.2010 erstmalig eine Rückstellung mit einer Restlaufzeit von zwei Jahren und 9 Monaten bilanziert. Zum 31.12.2012 ist die Restlaufzeit durch Zeitablauf insoweit gesunken, dass sie nur noch 9 Monate beträgt.
>
> Für die Rückstellung besteht zum 31.12.2012 ein Abzinsungswahlrecht, da die Restlaufzeit nicht mehr als ein Jahr beträgt. Der Ansatz kann damit bereits zu diesem Zeitpunkt mit dem nominalen Verpflichtungsbetrag erfolgen. Der Betrag, der auf die Aufzinsung (für insgesamt 21 Monate) zurückzuführen ist, ist im Geschäftsjahr 2012 als Zinsaufwand zu erfassen (der Aufwand aus der Aufzinsung 2012 für 12 Monate und der noch ausstehende Aufwand aus der Aufzinsung für die 9 Monate des folgenden Geschäftsjahrs).

Aus Gründen der sachlichen Stetigkeit[251] kann allerdings auf eine Abzinsung der ursprünglich langfristigen Rückstellungen am letzten Bilanzstich-

---

[249] Vgl. IDW ERS HFA 34, Tz. 44.
[250] Vgl. IDW ERS HFA 34, Tz. 40; Fink/Kunath, DB 2010, S. 2347; Küting/Pfitzer/Weber, S. 330 f.; Gelhausen/Fey/Kämpfer, Kap. I, Tz. 45. A. A. Zülch/Hoffmann, StuB 2009, S. 371.
[251] Zur sachlichen Stetigkeit vgl. ADS[6], § 252 HGB, Tz. 107, bzw. IDW ERS HFA 38, Tz. 4.

tag vor der erwarteten Inanspruchnahme immer dann nicht verzichtet werden, wenn für ursprünglich kurzfristige Rückstellungen eine Abzinsung erfolgt. Das Abzinsungswahlrecht für kurzfristige Rückstellungen dient als Vereinfachung für den Bilanzierenden. Sofern allerdings für ursprünglich kurzfristige Rückstellungen eine Abzinsung erfolgt, kann für ursprünglich langfristige Rückstellungen am letzten Bilanzstichtag vor der erwarteten Inanspruchnahme nichts anderes gelten.

Im Gegensatz dazu kann der Bilanzierende – auch bei Verzicht auf eine Abzinsung von ursprünglich kurzfristigen Rückstellungen – ursprünglich langfristige Rückstellungen am letzten Bilanzstichtag vor der erwarteten Inanspruchnahme weiterhin mit dem Barwert ansetzen, da dies konzeptionell zu einer korrekten Verteilung des Aufzinsungsaufwands führt. Zu beachten ist allerdings, dass die Ausübung des Wahlrechts in zeitlicher Hinsicht stetig erfolgen muss. Abb. 3 fasst die Möglichkeiten des Bilanzierenden zusammen.

		Ursprünglich langfristige Rückstellungen am letzten Abschlussstichtag vor der erwarteten Inanspruchnahme (Restlaufzeit von bis zu einem Jahr)	
		Abzinsung	Keine Abzinsung
Ursprünglich kurzfristige Rückstellungen	Abzinsung	Zulässig	Unzulässig
	Keine Abzinsung	Zulässig	Zulässig

Abbildung 3 Möglichkeiten der Ausübung des Abzinsungswahlrechts für Rückstellungen[252]

Nach **IFRS** darf eine Abzinsung lediglich unterbleiben, wenn der Zinseffekt keine wesentliche Auswirkung hat.[253] Eine Erläuterung des Wesentlichkeitskriteriums fehlt im IAS 37. Allgemein wird die Auffassung vertreten, dass eine Abzinsung grds. ab einer Restlaufzeit von einem Jahr als wesentlich angesehen werden muss.[254] Ein solches starres Kriterium kann jedoch nicht als allgemeingültig angesehen werden. Vielmehr ist die Wesentlichkeit des Abzinsungseffekts vor dem Hintergrund der Größe der Rückstellung im

---

252 Abb. nach Haas/David/Skowronek, KoR 2011, S. 486.
253 Vgl. IAS 37.45.
254 Vgl. WP Handbuch[14], Abschn. N, Tz. 507, mit Verweis auf IFRS[2], Teil B, IAS 37, Tz. 109.

Vergleich zur Bilanzsumme und des Einflusses auf die Gewinn- und Verlustrechnung zu beurteilen.[255] Insofern kann auch nach IFRS für Rückstellungen mit einer Restlaufzeit von bis zu einem Jahr eine Abzinsungspflicht bestehen, auch wenn dies eher die Ausnahme sein wird.[256]

2.2.4.3 Zinssatz

2.2.4.3.1 Ganzjährige Restlaufzeiten

Rückstellungen mit einer Restlaufzeit von mehr als einem Jahr sind gem. § 253 Abs. 2 S. 1 HGB mit dem ihrer Restlaufzeit entsprechenden durchschnittlichen Marktzinssatz der vergangenen sieben Geschäftsjahre abzuzinsen. Die Ermittlung der Zinssätze erfolgt dabei gem. § 253 Abs. 2 S. 4 HGB durch die **Deutsche Bundesbank** nach Maßgabe der RückAbzinsV.[257] Durch die einheitliche Berechnung der Abzinsungszinssätze soll neben einer Verbesserung der Vergleichbarkeit von Jahresabschlüssen auch der bilanzpolitische Gestaltungsspielraum eingeschränkt werden.[258] Gem. § 7 RückAbzinsV werden monatlich die Abzinsungszinssätze für die ganzjährigen Laufzeiten von einem Jahr bis 50 Jahren auf der Internetseite der Deutschen Bundesbank unter www.bundesbank.de veröffentlicht[259] und sind grundsätzlich verpflichtend anzuwenden.[260] Für ganzjährige Restlaufzeiten von mehr als 50 Jahren kann aus Vereinfachungsgründen der Abzinsungszinssatz für Rückstellungen mit einer Restlaufzeit von 50 Jahren verwendet werden.[261] Eine grafische Darstellung für die Zinsentwicklung zu den Stichtagen 31.12.2009, 31.12.2010, 31.12.2011 und 30.6.2012 enthält Abb. 4. Zudem ist in Abb. 5 eine Entwicklung der Zinssätze für Restlaufzeiten von zwei, fünf und zehn Jahren dargestellt.

---

255 Vgl. Deloitte, iGAAP 2012, S. 711.
256 Vgl. IFRS², Teil B, IAS 37, Tz. 109.
257 Vgl. ausführlich zur Ermittlung der Zinssätze durch die Deutsche Bundesbank Stapf/Elgg, BB 2009, S. 2134 f.
258 Vgl. Begr. RegE BilMoG, BT-Drucks. 16/10067, S. 55, sowie Stapf/Elgg, BB 2009, S. 2134.
259 Mit Stand 30.9.2012 ist die Tabelle zu erreichen über: Statistiken/Geld- und Kapitalmärkte/Zinssätze und Renditen/ Abzinsungszinssätze unter Auswahl von »Tabellen«.
260 Vgl. Begr. RegE BilMoG, BT-Drucks. 16/10067, S. 54 f.
261 Vgl. IDW ERS HFA 34, Tz. 45.

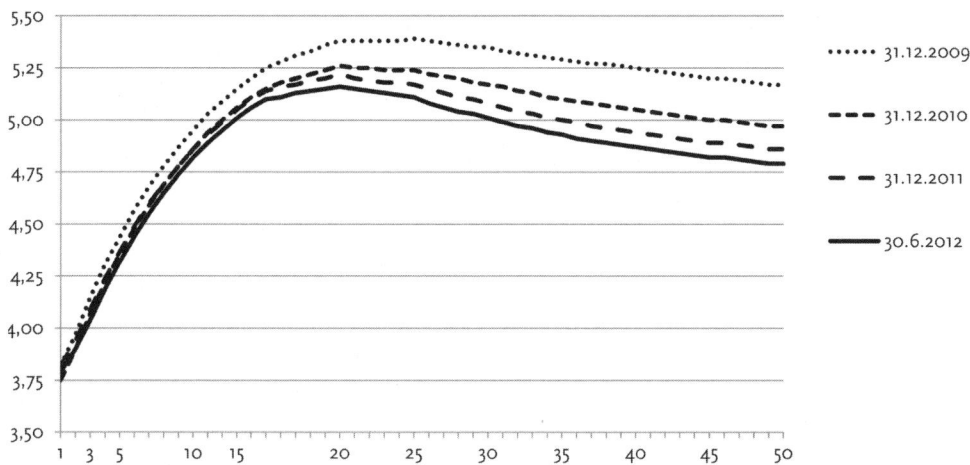

Abbildung 4 Grafische Darstellung der Zinssätze für ausgewählte Stichtage nach Restlaufzeiten

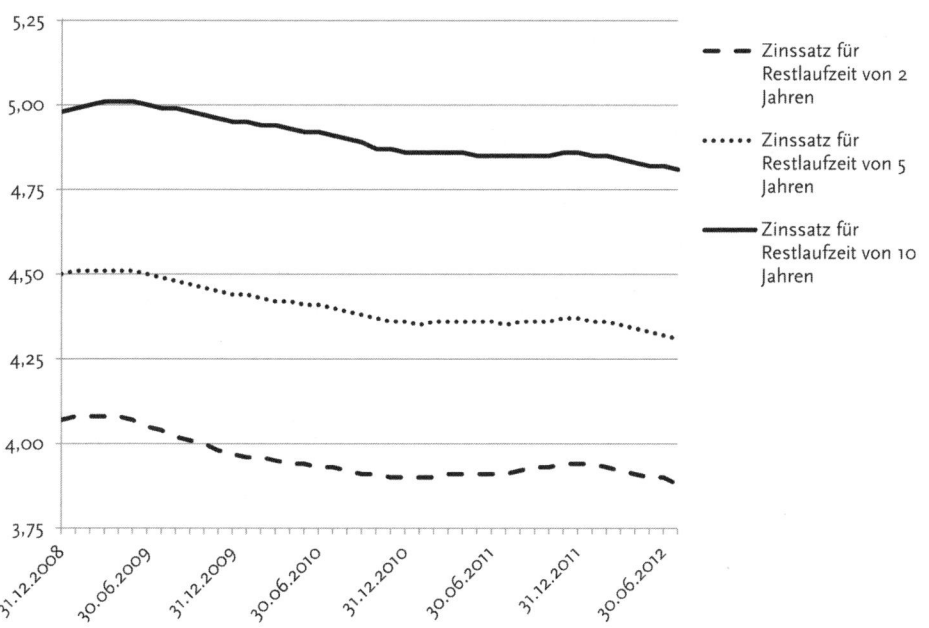

Abbildung 5 Grafische Darstellung der Entwicklung der Zinssätze für ausgewählte Restlaufzeiten

Unternehmensindividuelle Zinssätze dürfen bei der Abzinsung von Rückstellungen nicht verwendet werden. Sofern die von der Deutschen Bundesbank vorgegebenen Zinssätze dazu führen, dass der Jahresabschluss ein den tatsächlichen Verhältnissen entsprechendes Bild der Vermögens-, Finanz- und Ertragslage gem. § 264 Abs. 2 S. 1 HGB nicht vermittelt, sind zusätzliche Angaben im Anhang nach § 264 Abs. 2 S. 2 HGB erforderlich. Hierfür müsste jedoch eine erhebliche Abweichung von dem in § 264 Abs. 2 S. 1 HGB definierten Leitbild vorliegen.[262] Dies wird u. E. in den meisten Fällen nur schwer zu begründen sein. Sofern eine Anhangangabe dennoch notwendig sein sollte, muss diese alle Informationen enthalten, durch die sich der Abschlussadressat ein den tatsächlichen Verhältnissen entsprechendes Bild machen kann, wobei Zahlenangaben grundsätzlich erforderlich sein werden.[263]

Bei der Ermittlung der Zinssätze gilt grundsätzlich das **Stichtagsprinzip** gem. § 252 Abs. 1 Nr. 3 HGB. Somit müssen die Zinssätze zum Bilanzstichtag ermittelt werden. Allerdings können aus Gründen der Praktikabilität die Zinssätze bis zu drei Monate vor dem Bilanzstichtag erhoben werden, sofern Änderungen bis zum Bilanzstichtag nur unwesentliche Auswirkungen auf die Höhe der zu erfassenden Rückstellung im Jahresabschluss haben.[264] In diesen Fällen muss die Rückstellungsbewertung mit dem zum Jahresende gültigen Zinssatz überprüft werden. Grundsätzlich sollte dieses Vorgehen daher nur gewählt werden, wenn gewichtige Gründe für eine vorzeitige Ermittlung des Rückstellungsansatzes bestehen.

2.2.4.3.2 Unterjährige Restlaufzeiten

Unterjährige Restlaufzeiten liegen immer dann vor, wenn die Inanspruchnahme einer Rückstellung nicht genau zu einem Bilanzstichtag erwartet wird. Wie in Abschn. 2.2.4.3.1 ausgeführt, ist die Deutsche Bundesbank gem. § 7 RückAbzinsV lediglich verpflichtet, Abzinsungszinssätze für ganzjährige Laufzeiten von einem Jahr bis fünfzig Jahren zu ermitteln. Im Gesetzgebungsverfahren war relativ früh abzusehen, dass der Aufwand für eine taggenaue Ermittlung der Zinssätze durch die Deutsche Bundesbank nicht vertretbar sein würde. Allerdings blieb vom Gesetzgeber ungeregelt, in welcher Weise Abzinsungszinssätze für unterjährige Restlaufzeiten bestimmt werden müssen bzw. können.

---

262 Vgl. BeBiKo[8], § 264 HGB, Tz. 49.
263 Vgl. BeBiKo[8], § 264 HGB, Tz. 54 f.
264 Vgl. IDW ERS HFA 34, Tz. 6.

In der Literatur haben sich drei **Möglichkeiten** herausgebildet, die alle zur Ermittlung der Zinssätze herangezogen werden können.[265] Dabei ist zu beachten, dass aufgrund der sachlichen Stetigkeit nur eine Methode für die Ermittlung der unterjährigen Zinssätze für alle betroffenen Rückstellungen angewendet werden kann. Die drei Möglichkeiten sind die folgenden:

(1) Ermittlung des Zinssatzes anhand der linearen Interpolation ausgehend von den Zinssätzen für die nächstkürzere und nächstlängere Restlaufzeit.
(2) Verwendung des Zinssatzes für die ganzjährige Restlaufzeit, die am nächsten am Erfüllungszeitpunkt der zu bewertenden Verpflichtung liegt.
(3) Verwendung des Zinssatzes für die nächstkürzere ganzjährige Restlaufzeit, sofern eine normale Zinsstrukturkurve vorliegt.

Die dritte Methode basiert auf dem Vorsichtsprinzip gem. § 252 Abs. 1 Nr. 4 HGB. Bei Vorliegen einer normalen Zinsstrukturkurve steigen die Zinssätze mit der Restlaufzeit an. Insofern wird bei der Verwendung des Zinssatzes für die nächstkürzere Restlaufzeit ein geringerer Zinssatz der Abzinsung zugrunde gelegt, so dass der Barwert der Rückstellung steigt.

> Die Y-GmbH hat erstmals eine Rückstellung zu bilanzieren, deren Inanspruchnahme drei Jahre und neun Monate nach dem Bilanzstichtag erwartet wird.
>
> Folgende Zinssätze werden von der Deutschen Bundesbank am Bilanzstichtag veröffentlicht (nur ganzjährige Restlaufzeiten): 1 Jahr: 3,82%, 2 Jahre: 3,94%, 3 Jahre: 4,09%, 4 Jahre: 4,24%.
>
> Der zu verwendende Zinssatz ermittelt sich nach den drei Methoden wie folgt:
>
> (1) lineare Interpolation: 4,20% (Zinssatz aus 3- und 4-jähriger Restlaufzeit) berechnet aus: $\text{Zinssatz}_{3\,\text{Jahre}} + [(\text{Zinssatz}_{3\,\text{Jahre}} - \text{Zinssatz}_{4\,\text{Jahre}}) * (\text{Monate der unterjährigen Restlaufzeit/Monate eines Jahres})]$ bzw. $4,09\% + [(4,24\% - 4,09\%) * 9/12]$
>
> (2) Zinssatz am nächsten am Erfüllungszeitpunkt: 4,24% (Zinssatz für 4-jährige Restlaufzeit)

---

[265] Vgl. zu den einzelnen Alternativen ausführlich Haas/David/Skowronek, KoR 2011, S. 487; Fink/Kunath, DB 2010, S. 2348; Zülch/Hoffmann, StuB 2009, S. 372; IDW ERS HFA 34, Tz. 42.

> (3) Zinssatz für nächstkürzere Restlaufzeit: 4,09% (Zinssatz für 3-jährige Restlaufzeit)

Aufgrund der verschiedenen vertretbaren Varianten zur Bestimmung des Abzinsungszinssatzes ist darauf hinzuweisen, dass die gewählte Vorgehensweise in sachlicher und zeitlicher Hinsicht stetig erfolgen muss.[266]

2.2.4.3.3 Fremdwährungsverpflichtungen

Der Gesetzgeber hat aus Gründen der Vereinfachung in § 253 Abs. 2 S. 1 HGB die Währungskongruenz bei der Bestimmung der Zinssätze unberücksichtigt gelassen.[267] Die von der Deutschen Bundesbank ermittelten Zinssätze können daher grundsätzlich auch für die Abzinsung von Rückstellungen aus Verpflichtungen verwendet werden, die in fremder Währung zu erfüllen sind.[268] Allerdings hat der Bilanzierende die Möglichkeit, für die Abzinsung solcher Rückstellungen dann einen währungskongruenten Abzinsungszinssatz zu verwenden, wenn die Verwendung der Zinssätze der Deutschen Bundesbank zu keinem den tatsächlichen Verhältnissen entsprechenden Bild der Vermögens-, Finanz- und Ertragslage führt.[269] Eine Pflicht hierzu besteht allerdings nicht.[270] Die Möglichkeit der Abweichung von den Abzinsungszinssätzen der Deutschen Bundesbank ist auf Fremdwährungsverpflichtungen begrenzt und darf nicht auf andere Verpflichtungen ausgeweitet werden.[271]

Sofern der Zinssatz selbst ermittelt werden soll, ist auf Grundlage von währungskongruenten Zinssätzen ein Abzinsungszinssatz zu bestimmen. Der Zinssatz muss ebenfalls die Anforderungen des § 253 Abs. 2 S. 1 HGB erfüllen, d.h. der Bilanzierende muss einen durchschnittlichen Zinssatz der vergangenen sieben Jahre verwenden.[272]

---

266 Vgl. zur sachlichen und zeitlichen Stetigkeit ADS[6], § 252 HGB, Tz. 107, bzw. IDW RS HFA 38, Tz. 4.
267 Vgl. Begr. RegE BilMoG, BT-Drucks. 16/10067, S. 54.
268 Vgl. Begr. RegE BilMoG, BT-Drucks. 16/10067, S. 54.
269 Vgl. Begr. RegE BilMoG, BT-Drucks. 16/10067, S. 54, bzw. Drinhausen/Ramsauer, DB 2009, Beilage 5, S. 50f.
270 Vgl. IDW ERS HFA 34, Tz. 46. Damit weicht der HFA von den Ausführungen in der Begründung zum Regierungsentwurf ab, aus dem in solch einem Fall eine Pflicht zur Verwendung eines währungskongruenten Zinssatzes hervorgeht (vgl. Begr. RegE BilMoG, BT-Drucks. 16/10067, S. 54).
271 A.A. Fink/Kunath, DB 2010, S. 2348.
272 Vgl. IDW ERS HFA 34, Tz. 46, bzw. Gelhausen/Fey/Kämpfer, Kap. I, Tz. 49.

2.2.4.3.4 Drohverlustrückstellungen

Auch Drohverlustrückstellungen unterliegen einer Abzinsung, sofern die Restlaufzeit mehr als ein Jahr beträgt. Gem. § 253 Abs. 2 S. 1 HGB sind somit auch für Drohverlustrückstellungen die Zinssätze der Deutschen Bundesbank zu verwenden.[273]

Ausnahmen bestehen lediglich bei **drohenden Verlusten aus schwebenden Derivaten** wie z. B. Optionen oder Futures. Das Vorgehen ist in diesem Fall abhängig von der Ermittlung des drohenden Verlusts. Dieser ist grundsätzlich gem. § 255 Abs. 4 S. 1 oder 2 HGB mit dem negativen beizulegenden Zeitwert am Bilanzstichtag anzusetzen. Ermittelt sich der beizulegende Zeitwert anhand von Marktpreisen, ist in diesem Wert bereits ein Abzinsungseffekt berücksichtigt, so dass keine weitere Abzinsung erfolgen darf.[274] Das Gleiche gilt, wenn zwar keine Marktpreise vorliegen, der beizulegende Zeitwert jedoch über allgemein anerkannte Bewertungsmethoden ermittelt wird, deren wesentliche wertbestimmende Marktparameter aus Preisnotierungen eines aktiven Markts stammen.[275]

2.2.4.3.5 Zinssatz nach IFRS

Die Bestimmung des Abzinsungssatzes nach IFRS ist anders als nach HGB vom jeweiligen Bilanzierenden vorzunehmen. Dabei haben mehrere Faktoren Einfluss auf den Abzinsungssatz und führen grundsätzlich zu einer Abweichung von den Zinssätzen nach HGB.

Wie bereits in Abschn. 2.2.2.2 ausgeführt, muss die Bewertung von Rückstellungen gem. IAS 37.41 **vor Steuern** erfolgen. Damit einher geht die Pflicht in IAS 37.47, dass nur ein Abzinsungssatz vor Steuern für die Abzinsung verwendet werden darf.

Der Abzinsungssatz muss das für die **Schuld spezifische Risiko** enthalten, sofern die Risiken nicht bereits bei der Bewertung des Verpflichtungsbetrags berücksichtigt wurden. Eine doppelte Berücksichtigung des Risikos muss ausgeschlossen sein.[276]

Der **Einfluss des Risikos** ist grds. einfacher in den Zahlungsverpflichtungen zu berücksichtigen als im Abzinsungssatz. Dies liegt daran, dass ein durchschnittlicher Fremdkapitalzinssatz nicht als Abzinsungssatz für eine Rückstellung verwendet werden kann. Nach IAS 37.47 muss der Abzinsungssatz das spezifische Risiko der Schuld widerspiegeln, nicht aber das Unterneh-

---

273 Vgl. IDW RS HFA 4, Tz. 41.
274 Vgl. IDW RS HFA 4, Tz. 44; IDW ERS HFA 34, Tz. 47.
275 Vgl. IDW ERS HFA 34, Tz. 48.
276 Vgl. IAS 37.47.

mensrisiko. Beide werden auch nur in den wenigstens Fällen vergleichbar sein.[277] Sofern dennoch eine Anpassung des Abzinsungssatzes an das Risiko der Schuld erfolgen soll, wird dies in den meisten Fällen durch einen Abschlag vom risikofreien Abzinsungssatz vorzunehmen sein, da für einen risikospezifischen Zinssatz vergleichbare Marktwerte nicht vorliegen.[278]

Somit wird überwiegend ein **risikofreier Zinssatz** für die Rückstellungsbewertung verwendet werden. Dabei muss der Abzinsungssatz fristadäquat, d.h. entsprechend der Restlaufzeit der Verpflichtung sein.[279]

Die **Bestimmung des** fristadäquaten **risikofreien Zinssatzes** kann basierend auf den Zinssätzen einer Staatsanleihe in der entsprechenden Währung und Restlaufzeit erfolgen. Staatsanleihen sind jedoch dann kein geeigneter Maßstab, wenn im Rating des Landes ein drohendes Ausfallrisiko mit berücksichtigt wurde. In diesem Fall kann eine Staatsanleihe keine Approximation für einen risikolosen Zinssatz sein und der Bilanzierende muss auf Staatsanleihen anderer Länder mit einer vergleichbaren Währung zurückgreifen, wobei bei mehreren Ländern derselben Währung der Zinssatz des Landes gewählt werden muss, der am geringsten ist. Sofern ein Vergleichsland nicht bestimmt werden kann, kann der Preis für einen Credit Default Swap als Korrekturbetrag zum Zinssatz einer mit einem Ausfallrisiko belasteten Staatsanleihe ein geeignetes Hilfsmittel sein, den risikofreien Zinssatz zu bestimmen.[280]

Auch die **Inflation** ist ein Faktor, der bei der Bestimmung des Zinssatzes zu berücksichtigen ist. Dabei führt eine Einbeziehung von inflationsbedingten Preissteigerungen in die zukünftigen erwarteten Zahlungsverpflichtungen dazu, dass für die Abzinsung ein Nominalzinssatz verwendet werden muss. Werden Preissteigerungseffekte nicht berücksichtigt, so ist ein Realzinssatz Grundlage für die Abzinsung.[281]

Wird die **Verpflichtung durch Vermögenswerte gesichert**, kann die Rendite für diese Vermögenswerte nicht als Zinssatz für die Verpflichtung verwendet werden. Dies liegt daran, dass grundsätzlich kein Zusammenhang zwischen der Rendite solcher Vermögenswerte und den erwarteten Zahlungen einer Verpflichtung besteht, so dass die Rendite nicht die spezifischen Risiken der Verpflichtung widerspiegeln kann.[282]

---

277 Vgl. KPMG, Insights[9], Tz. 3.12.120.20.
278 Vgl. ADS International, Abschn. 18, Tz. 84.
279 Vgl. ADS International, Abschn. 18, Tz. 82.
280 Vgl. KPMG, Insights[9], Tz. 3.12.120.30.
281 Vgl. ADS International, Abschn. 18, Tz. 82; KPMG, Insights[9], Tz. 3.12.130.10.
282 Vgl. KPMG, Insights[9], Tz. 3.12.120.40.

Wie bereits ausgeführt wurde, ist ein **fristadäquater Abzinsungssatz** zu verwenden. Dies bedeutet, dass der Abzinsungssatz basierend auf der Restlaufzeit ermittelt werden muss.[283] Anders als nach HGB, wo keine Zinssätze für unterjährige Restlaufzeiten vorliegen, wird nach IFRS im Regelfall davon auszugehen sein, dass entsprechende Abzinsungssätze auf Basis von Staatsanleihen ermittelt werden können. Abb. 6 fasst die Faktoren zusammen, die den Zinssatz nach IFRS beeinflussen.

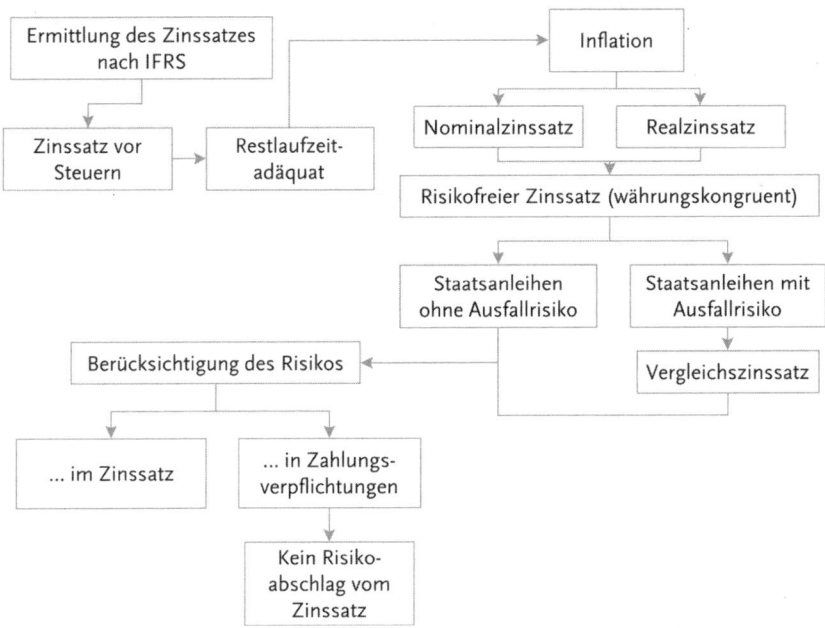

Abbildung 6 Zusammenfassung der den Zinssatz nach IFRS beeinflussenden Faktoren

2.2.4.4 Abzinsungszeitraum

2.2.4.4.1 Ganzjährige Restlaufzeiten

Nach § 253 Abs. 2 S. 1 HGB bestimmt die Restlaufzeit nicht nur den Zeitraum, über den Preis- und Kostenänderungen bei der Rückstellungsbewertung berücksichtigt werden müssen, sondern legt auch den Abzinsungszeitraum fest.[284] Bei einer ganzjährigen Restlaufzeit entspricht der Abzinsungszeitraum der ermittelten Restlaufzeit der Rückstellung. Der Abzin-

---

[283] Vgl. ADS International, Abschn. 18, Tz. 82.
[284] Vgl. IDW ERS HFA 34, Tz. 35.

sungszeitraum wird zur Ermittlung des Erfüllungsbetrags (Barwerts) der Rückstellung herangezogen.[285]

Bei der Ermittlung des Erfüllungsbetrags einer ursprünglich langfristigen Rückstellung mit einer ganzjährigen Restlaufzeit darf somit nicht bereits beim erstmaligen Ansatz der Rückstellung das am letzten Bilanzstichtag vor der Inanspruchnahme mögliche Abzinsungswahlrecht berücksichtigt werden.[286] Wie bereits in Abschn. 2.2.4.3.1 ausgeführt, müssen die restlaufzeitadäquaten Zinssätze der Abzinsung zugrunde gelegt werden. Zusammenfassend bedeutet dies, dass nur eine der drei nachfolgend vorgestellten Varianten für die Abzinsung von Rückstellungen mit ganzjährigen Restlaufzeiten (im Beispiel: Variante 3) dem Gesetzeswortlaut entspricht[287]:

Vorgehensweise:. Abzinsung einer Rückstellung mit einer Restlaufzeit von 3 Jahren		Würdigung
Abzinsungszeitraum	Abzinsungszinssatz	
Variante 1 ... über einen Abzinsungszeitraum von 2 Jahren	... mit dem Abzinsungszinssatz für eine 2-jährige Restlaufzeit.	Keine Verwendung eines restlaufzeitadäquaten Abzinsungszinssatzes, da die Restlaufzeit drei Jahre beträgt.
Variante 2 ... über einen Abzinsungszeitraum von 2 Jahren	... mit dem Abzinsungszinssatz für eine 3-jährige Restlaufzeit.	Bei der Ermittlung des Barwerts muss die gesamte Restlaufzeit berücksichtigt werden. Dies ist hier nicht der Fall (nur zwei Jahre; korrekt wären drei Jahre).
Variante 3 ... über einen Abzinsungszeitraum von 3 Jahren	... mit dem Abzinsungszinssatz für eine 3-jährige Restlaufzeit.	Ermittlung des Barwerts der Rückstellung über die volle Restlaufzeit mit dem restlaufzeitadäquaten Abzinsungszinssatz. Dies entspricht § 253 Abs. 2 S. 1 HGB.

---

285 Vgl. Beschlussempfehlung und Bericht des Rechtsausschusses, BT-Drucks. 16/12407, S. 85f.

286 A.A. Zwirner/Busch, BRZ/BC 2010, S. 411. Vgl. zum Abzinsungswahlrecht am letzten Bilanzstichtag vor der erwarteten Inanspruchnahme Abschn. 2.2.4.2.

287 Vgl. hierzu auch Haas/David/Skowronek, KoR 2011, S. 487.

2.2.4.4.2 Unterjährige Restlaufzeiten

Gem. § 253 Abs. 2 S. 1 HGB müssen Rückstellungen über die Restlaufzeit mit ihrem restlaufzeitadäquaten Zinssatz abgezinst werden. Für unterjährige Restlaufzeiten hat der Gesetzgeber allerdings ungeregelt gelassen, in welcher Weise der Zinssatz zu ermitteln ist. In Abschn. 2.2.4.3.2 wurden bereits verschiedene Möglichkeiten für die Ermittlung von Abzinsungszinssätzen für unterjährige Restlaufzeiten dargestellt. Zudem können auch für den Abzinsungszeitraum Vereinfachungen unterstellt werden.[288]

Vereinfachungen	Beschreibung
Variante 1	Abzinsung über die vollständige Restlaufzeit der Rückstellung
Variante 2	Abzinsung über die dem verwendeten Zinssatz zugrunde liegende Restlaufzeit
Variante 3	Abzinsung über den ganzjährigen Anteil der Restlaufzeit[289]

Variante 1 ist zu bevorzugen, da eine Abzinsung über die geschätzte Restlaufzeit der Rückstellung erfolgt.

Aufgrund der Vereinfachungsmöglichkeiten bei der Bestimmung des Abzinsungszinssatzes bei unterjährigen Restlaufzeiten werden allerdings nicht immer die Zinssätze verwendet, die der ermittelten Restlaufzeit zugrunde liegen. Insofern müssen in der Konsequenz auch Vereinfachungen für den Abzinsungszeitraum möglich sein. **Variante 2** kann daher als vertretbar angesehen werden, da i.S.v. § 253 Abs. 2 S. 1 HGB ein Abzinsungszeitraum gewählt wird, der zum verwendeten Zinssatz passt.

Variante 3 ist eine weitere Vereinfachung, die nur mit dem Vorsichtsprinzip gem. § 252 Abs. 1 Nr. 4 HGB begründet werden kann, da eine Abzinsung über einen verkürzten Abzinsungszeitraum zu einem leicht höheren Rückstellungswert führt.

> Die Y-GmbH hat erstmals eine Rückstellung zu bilanzieren, deren Inanspruchnahme drei Jahre und neun Monate nach dem Bilanzstichtag erwartet wird. Aus den in Abschn. 2.2.4.3.2 dargestellten Varianten für die Bestimmung des Abzinsungszinssatzes wählt das Unternehmen eine Variante aus. Daraus ergeben sich die nachfolgend dargestellten Konsequenzen für den Abzinsungszeitraum.

---

[288] Vgl. IDW ERS HFA 34, Tz. 35; Haas/David/Skowronek, KoR 2011, S. 487.
[289] Vgl. auch Kropp/Wirtz, DB 2011, S. 544.

(1) Die Y-GmbH ermittelt den Zinssatz durch lineare Interpolation: 4,20 % (Zinssatz für Restlaufzeit von 3 Jahren und 9 Monaten)

Abzinsungszeitraum: Die Abzinsung der Rückstellung kann über einen Zeitraum von 3 Jahren und 9 Monaten (Variante 1 und 2) oder über einen Zeitraum von 3 Jahren (Variante 3) erfolgen.

(2) Die Y-GmbH wählte als Zinssatz den Zinssatz, der am nächsten am Erfüllungszeitpunkt liegt: 4,24 % (Zinssatz für 4-jährige Restlaufzeit)

Abzinsungszeitraum: Die Abzinsung der Rückstellung kann über einen Zeitraum von 3 Jahren und 9 Monaten (Variante 1), über einen Zeitraum von 4 Jahren (Variante 2) oder über einen Zeitraum von 3 Jahren (Variante 3) erfolgen.

(3) Die Y-GmbH wählt als Zinssatz den Zinssatz für die nächstkürzere Restlaufzeit: 4,09 % (Zinssatz für 3-jährige Restlaufzeit)

Abzinsungszeitraum: Die Abzinsung der Rückstellung kann über einen Zeitraum von 3 Jahren und 9 Monaten (Variante 1) oder über einen Zeitraum von 3 Jahren (Variante 2 und 3) erfolgen.

Auch für die Bestimmung des Abzinsungszeitraums ist darauf hinzuweisen, dass die gewählte Vorgehensweise in sachlicher und zeitlicher Hinsicht stetig erfolgen muss.[290]

2.2.4.4.3 Abzinsungszeitraum nach IFRS

Wie in Abschn. 2.2.4.3.5 beschrieben, muss nach IFRS der fristadäquate Zinssatz der Abzinsung zugrunde gelegt werden. Dieser muss – abweichend zum HGB – auch für unterjährige Restlaufzeiten grds. bestimmt werden. Da damit keine von der Restlaufzeit abweichenden Zinssätze ermittelt werden dürfen, ergeben sich hinsichtlich des Abzinsungszeitraums keine Fragestellungen. Die Abzinsung ist somit über die tatsächliche Restlaufzeit der Verpflichtung vorzunehmen.

2.2.4.5 Berechnung der Aufzinsungsbeträge

Folge aus der Abzinsung von Rückstellung gem. § 253 Abs. 2 HGB ist, dass im Folgejahr eine **Aufzinsung der Rückstellung** erfasst werden muss.

---

[290] Vgl. zur sachlichen und zeitlichen Stetigkeit ADS[6], § 252 HGB, Tz. 107, bzw. IDW RS HFA 38, Tz. 4.

Dabei fehlen gesetzliche Regelungen zur Berechnung des Aufzinsungsaufwands und zum Zinssatz, welcher der Berechnung zugrunde zu legen ist. Der Logik der Abzinsung folgend sollte für jede Rückstellung, die im Vorjahr nicht mit dem nominalen Verpflichtungsbetrag in der Bilanz angesetzt wurde, ein Aufwand aus der Aufzinsung ausgewiesen werden, da die durch die Rückstellung nicht gebundenen finanziellen Mittel investiert werden konnten. Diesem Vorteil ist durch den Ausweis von Aufzinsungsaufwand Rechnung zu tragen.

Für die Ermittlung des Aufzinsungsaufwands können **Vereinfachungen** bei der Festlegung des Zinssatzes, der Veränderung des Verpflichtungsumfangs sowie bei dem Verbrauch von Rückstellungen vorgenommen werden. Die möglichen Vorgehensweisen beeinflussen dabei lediglich den Ausweis in der Gewinn- und Verlustrechnung, da sie zu einer unterschiedlichen Aufteilung zwischen Finanzergebnis und operativem Ergebnis führen. Insbesondere bei Sammelrückstellungen ist nur mit Hilfe solcher Vereinfachungen der Aufzinsungsaufwand zu ermitteln.

Die Berechnung des Aufzinsungsaufwands kann mit dem **Zinssatz** erfolgen, mit dem zum letzten Bilanzstichtag der nominale Verpflichtungsbetrag abgezinst wurde. Somit wird unterstellt, dass eine Änderung des Abzinsungszinssatzes erst zum Ende der Periode eintritt und der Zinssatz bis dahin konstant bleibt.[291]

Für die **Veränderung des Verpflichtungsumfangs** kann die Annahme getroffen werden, dass diese erst zum Ende der Berichtsperiode eintritt.[292] Unterjährig wird davon ausgegangen, dass der Verpflichtungsumfang sich im Vergleich zum Stand am letzten Bilanzstichtag nicht verändert hat. Begründet werden kann diese Vereinfachung mit dem Stichtagsprinzip gem. § 252 Abs. 1 Nr. 3 HGB, da eine Bewertung von Rückstellungen erst zum Bilanzstichtag erfolgen muss.

Hinsichtlich des Zeitpunkts von zweckentsprechenden **Inanspruchnahmen** von im Vorjahr bilanzierten Rückstellungen kann unterstellt werden, dass diese entweder zu Beginn, in der Mitte oder zum Ende der jeweiligen Periode erfolgt sind.[293] Gleiches gilt auch für Rückstellungen, bei denen teilweise oder vollständig der Grund weggefallen ist.[294] Durch die Aufstellung des Jahresabschlusses, der gem. § 242 Abs. 1 HGB erst zum Bilanzstichtag erfolgt, muss eine Rückstellung auch erst zu diesem Zeitpunkt be-

---

291 Vgl. IDW ERS HFA 34, Tz. 12.
292 Vgl. IDW ERS HFA 34, Tz. 12.
293 Vgl. IDW ERS HFA 34, Tz. 12.
294 Vgl. Haas/David/Skowronek, KoR 2011, S. 491 f.

wertet werden. So ist z. B. bei einer vollständigen Inanspruchnahme oder Auflösung einer Rückstellung im Laufe des Geschäftsjahrs zum Bilanzstichtag kein Bewertungsobjekt mehr vorhanden, auf das die Vorschriften des § 253 Abs. 2 HGB anzuwenden sind. Eine Aufzinsung ist somit nicht mehr durchführbar.

Aus den Vereinfachungen zu Inanspruchnahmen und Auflösungen ergeben sich die folgenden Möglichkeiten:

(1) Berechnung des Aufzinsungsaufwands **vor der Erfassung** von Inanspruchnahmen und Auflösungen (Annahme: Inanspruchnahmen/Auflösungen erfolgen erst **zum Ende der Periode**),

(2) Berechnung des Aufzinsungsaufwands **nach der Erfassung** von Inanspruchnahmen und Auflösungen (Annahme: Inanspruchnahmen/Auflösungen erfolgen **zum Anfang der Periode**),

(3) Berechnung des Aufzinsungsaufwands **bis zu** den jeweiligen Inanspruchnahmen und Auflösungen.

Zusätzlich kann von der Möglichkeit Gebrauch gemacht werden, auf eine Aufzinsung zu verzichten, wenn Rückstellungen innerhalb eines Geschäftsjahrs vollständig in Anspruch genommen oder aufgelöst wurden.

Die Y-GmbH hat drei Rückstellungen zum Bilanzstichtag des Vorjahrs (31.12.2011) bilanziert (Rückstellungen A, B und C). Im Laufe des Geschäftsjahrs sind Ereignisse eingetreten, die zu Inanspruchnahmen und Auflösungen der Rückstellungen geführt haben (vgl. Ausführungen in der Tabelle). Vereinfacht soll davon ausgegangen werden, dass der Abzinsungszinssatz einheitlich für alle Laufzeiten 5% beträgt (zum 31.12.2011 sowie zum 31.12.2012).

in TEUR	Rückstellungsansatz zum 31.12.2011	Nominaler Verpflichtungsbetrag	Restlaufzeit	Ereignisse in 2012
Rückstellung A	907	1.000	2 Jahre	Grund für Rückstellung fällt im März 2012 weg
Rückstellung B	381	400	1 Jahr	Vollständige Inanspruchnahme (400) im November 2012
Rückstellung C	2.160	2.500	3 Jahre	Inanspruchnahme von 40% des nominalen Verpflichtungsbetrags (1.000) im Oktober 2012

Die Y-GmbH möchte bei der Aufzinsung den Zinssatz verwenden, mit dem die Rückstellungen zum letzten Bilanzstichtag abgezinst wurden (hier: 5%). Zudem wird von Änderungen des Verpflichtungsumfangs erst zum Bilanzstichtag (31.12.2012) ausgegangen.

Möglichkeit (1):

	Berechnung der Aufzinsung vor der Erfassung von Inanspruchnahmen und Auflösungen	Vereinfachung bei vollständiger Inanspruchnahme oder Auflösung	
		ja	nein
Rückstellung A	TEUR 907 * 5% = TEUR 45	TEUR 0	TEUR 45
Rückstellung B	TEUR 381 * 5% = TEUR 19	TEUR 0	TEUR 19
Rückstellung C	TEUR 2.160 * 5% = TEUR 108	TEUR 108	TEUR 108
Summe	–	TEUR 108	TEUR 172

Möglichkeit (2):

	Berechnung der Aufzinsung nach der Erfassung von Inanspruchnahmen und Auflösungen	Vereinfachung bei vollständiger Inanspruchnahme oder Auflösung	
		ja	nein
Rückstellung A	TEUR 0 * 5% = TEUR 0	TEUR 0	TEUR 0
Rückstellung B	TEUR 0 * 5% = TEUR 0	TEUR 0	TEUR 0
Rückstellung C	TEUR 2160 * 60% = TEUR 1296 (= Rückstellung nach Inanspruchnahme) → TEUR 1296 * 5% = TEUR 65	TEUR 65	TEUR 65
Summe	–	TEUR 65	TEUR 65

Möglichkeit (3):

	Berechnung der Aufzinsung bis zu den jeweiligen Inanspruchnahmen und Auflösungen	Vereinfachung bei vollständiger Inanspruchnahme oder Auflösung	
		ja	nein
Rückstellung A	TEUR 907 * 5% * 3/12 = TEUR 11	TEUR 0	TEUR 11
Rückstellung B	TEUR 381 * 5% * 11/12 = TEUR 17	TEUR 0	TEUR 17

	Berechnung der Aufzinsung bis zu den jeweiligen Inanspruchnahmen und Auflösungen	Vereinfachung bei vollständiger Inanspruchnahme oder Auflösung	
		ja	nein
Rückstellung C	TEUR 2160 * 60% = TEUR 1296 (= Rückstellung nach Inanspruchnahme) → TEUR 1296 * 5% * 12/12 = TEUR 65; (TEUR 2160 − TEUR 1296) * 5% * 10/12 = TEUR 36; Summe: TEUR 101	TEUR 101	TEUR 101
Summe	−	TEUR 101	TEUR 129

Für die jeweiligen Vorgehensweisen ist zu beachten, dass diese in sachlicher und zeitlicher Hinsicht stetig angewendet werden müssen.[295]

IAS 37.60 regelt lediglich, dass bei der Abzinsung einer Rückstellung im Zeitablauf der Buchwert erhöht werden muss (sog. Aufzinsung). Genaue Ausführungen, in welcher Weise die Aufzinsung erfolgen muss, enthält IAS 37 nicht. Grundsätzlich wird davon auszugehen sein, dass eine Aufzinsung bis zur Inanspruchnahme erfolgen muss.

Auch nach IFRS muss es u.E. möglich sein, auf eine Aufzinsung zu verzichten, wenn eine Rückstellung im Geschäftsjahr aufgelöst oder vollständig in Anspruch genommen wurde. In diesem Fall besteht zum Bilanzstichtag keine Verpflichtung zur Bewertung, so dass eine Anwendung von IAS 37.60 nicht mehr notwendig ist.

2.2.4.6 Vereinfachungen bei der Sammelbewertung

Bei Sammelrückstellungen sind für die Ermittlung des Barwerts zwei vereinfachte **Vorgehensweisen** denkbar: die Methode gesondert zu betrachtender Teilperioden und die Gruppenbewertung. Beide Methoden dürfen auch für Tilgungsrückstellungen, d.h. für Rückstellungen, deren Inanspruchnahmen zu unterschiedlichen Zeitpunkten erwartet werden (z.B. Drohverlustrückstellung aus einem schwebenden Mietvertrag), angewendet werden. Eine einmal gewählte Methode ist im Zeitablauf stetig anzuwenden.

2.2.4.6.1 Methode gesondert zu betrachtender Teilperioden

Bei der Methode gesondert zu betrachtender Teilperioden wird der Zeitraum, in dem die Rückstellung in Anspruch genommen werden kann, in mehrere **Teilperioden** eingeteilt (z.B. Jahresscheiben).[296] Jeder dieser Teilpe-

---

[295] Vgl. zur sachlichen und zeitlichen Stetigkeit ADS[6], § 252 HGB, Tz. 107, bzw. IDW RS HFA 38, Tz. 4.

[296] Vgl. hierzu auch Gelhausen/Fey/Kämpfer, Kap. I, Tz. 56; Kropp/Wirtz, DB 2011, S. 544; Haas/David/Skowronek, KoR 2011, S. 491f.; IDW ERS HFA 34, Tz. 39.

rioden ist anschließend eine Restlaufzeit zuzuordnen. Die Teilperioden werden dabei regelmäßig ganzjährig sein, da Erfahrungswerte für Inanspruchnahmen aus der Vergangenheit meist nur für ganze Jahre vorliegen. Zudem ist eine Festlegung von Restlaufzeiten bei ganzjährigen Jahresscheiben vereinfacht möglich.

Nach Festlegung der einzelnen Teilperioden sind diesen die in diesen Zeiträumen erwarteten Inanspruchnahmen anhand von Erfahrungswerten der Vergangenheit zuzuordnen. Anschließend ist für die Teilperioden eine Restlaufzeit zu bestimmen. Für die Zeitpunkte der Inanspruchnahmen kann vereinfachend unterstellt werden, dass diese zu einem festen Zeitpunkt in den einzelnen Teilperioden anfallen (z. B. Jahresanfang, Jahresmitte oder Jahresende). Über die Restlaufzeiten erfolgt dann die Bestimmung der Abzinsungszinssätze für die einzelnen Teilperioden. Für Teilperioden mit einer Restlaufzeit von bis zu einem Jahr kann auf eine Abzinsung verzichtet werden, sofern Rückstellungen mit einer solchen Restlaufzeit auch ansonsten nicht abgezinst werden.[297] Sofern unterjährige Restlaufzeiten vorliegen, können die in Abschn. 2.2.4.3.2 bzw. 2.2.4.4.2 dargestellten Vereinfachungen für die Bestimmung des Zinssatzes und des Abzinsungszeitraums herangezogen werden.

Die Ermittlung der Barwerte erfolgt gesondert für jede zu betrachtende Teilperiode unter Anwendung des ermittelten Zinssatzes und des festgelegten Abzinsungszeitraums. Eine Zusammenfassung der einzelnen Schritte enthält Abb. 7.

Vorgehensweise: Methode gesondert zu betrachtender Teilperioden

1) Festlegung der Teilperioden über den Zeitraum, in dem Inanspruchnahmen möglich sind

2) Zuordnung der erwarteten Inanspruchnahmen aufgrund von Erfahrungswerten der Vergangenheit

3) Zuordnung von Restlaufzeiten für die einzelnen Teilperioden auf Basis der Zeitpunkte der erwarteten Inanspruchnahmen (Vereinfachungen möglich)

4) Entscheidung über Abzinsung von Restlaufzeiten von bis zu einem Jahr

5) Bestimmung des Abzinsungszinssatzes und des Abzinsungszeitraums für jede Teilperiode

6) Ermittlung der Barwerte der einzelnen Teilperioden

7) Addition der Barwerte (Summe entspricht dem Rückstellungsansatz in der Bilanz)

Abbildung 7 Vorgehensweise bei der Methode gesondert zu betrachtender Teilperioden

---
[297] Vgl. Abschn. 2.2.4.2.

Die Y-GmbH gewährt für ein Produkt einen Gewährleistungszeitraum von drei Jahren. Aufgrund von Erfahrungswerten der Vergangenheit wird in dem gesamten Zeitraum mit Gewährleistungsaufwendungen i. H. v. TEUR 120 gerechnet. Diese verteilen sich auf die einzelnen Jahre im Verhältnis 1:2:3. Die Abzinsungszinssätze in Abhängigkeit der Restlaufzeit betragen: 3% (1 Jahr), 4% (2 Jahre), 5% (3 Jahre).

1) Aufgrund der vorliegenden Erfahrungswerte der Vergangenheit wählt die Y-GmbH ganzjährige Teilperioden. Da der Gewährleistungszeitraum drei Jahre beträgt, liegen somit drei Teilperioden vor, die jeweils ein Jahr betragen.

2) Die Zuordnung der erwarteten Inanspruchnahmen zu den einzelnen Teilperioden erfolgt auf Basis von Erfahrungswerten (Verhältnis 1:2:3). Somit werden der Teilperiode 1 (0 bis 1 Jahr) Inanspruchnahmen von TEUR 20 zugeordnet, der Teilperiode 2 (1 bis 2 Jahre) TEUR 40 und der Teilperiode 3 (2 bis 3 Jahre) TEUR 60.

3) Den einzelnen Teilperioden werden anschließend Restlaufzeiten zugeordnet. Dabei geht die Y-GmbH vereinfacht davon aus, dass die Inanspruchnahmen jeweils zum Jahresende der Teilperiode anfallen.

4) Für Restlaufzeiten bis zu einem Jahr möchte die Y-GmbH auf eine Abzinsung verzichten. Somit muss Teilperiode 1 (Restlaufzeit 1 Jahr) nicht abgezinst werden.

5) Für die Teilperioden 2 und 3 müssen die Abzinsungszinssätze und die Abzinsungszeiträume bestimmt werden. Da ganzjährige Restlaufzeiten vorliegen, entsprechen die Restlaufzeiten dem Abzinsungszeitraum. Der Zinssatz beträgt für Restlaufzeiten von 2 Jahren 4% und für Restlaufzeiten von 3 Jahren 5%.

6) Die Ermittlung der Barwerte erfolgt für jede der Teilperioden einzeln:

- Teilperiode 1 (0 bis 1 Jahr): Inanspruchnahmen TEUR 20, keine Abzinsung → Barwert TEUR 20,0
- Teilperioden 2 (1 bis 2 Jahre): Inanspruchnahmen TEUR 40, Restlaufzeit 2 Jahre, Zinssatz 4% → Barwert: TEUR 37,0
- Teilperioden 3 (2 bis 3 Jahre): Inanspruchnahmen TEUR 60, Restlaufzeit 3 Jahre, Zinssatz 5% → Barwert: TEUR 51,8

7) Durch Aufsummieren der Barwerte für die einzelnen Teilperioden ergibt sich der Rückstellungsansatz in der Bilanz: TEUR 20,0 + TEUR 37,0 + TEUR 51,8 = **TEUR 108,8**.

2.2.4.6.2 Gruppenbewertung

Wie bereits in Abschn. 2.2.2.7 ausgeführt, kann eine Sammel- bzw. Gruppenbewertung bei Rückstellungen vorgenommen werden. Sofern die dort beschriebenen Voraussetzungen erfüllt sind, darf auch die Abzinsung von Rückstellungen nach der Gruppenbewertung erfolgen, d. h. für die Sammelrückstellung muss nur eine Restlaufzeit ermittelt werden.[298] Die Restlaufzeit ist damit eine durchschnittliche Restlaufzeit aller in die Sammelrückstellung einbezogenen Einzelrückstellungen und bestimmt den Zinssatz und den Abzinsungszeitraum für die Rückstellung. Der Barwert wird somit mit einem einheitlichen Zinssatz und über einen einheitlichen Abzinsungszeitraum ermittelt.

Die **Ermittlung der durchschnittlichen Restlaufzeit** müsste mathematisch korrekt auf Basis der Barwerte erfolgen (Ermittlung der Restlaufzeit anhand der Duration).[299] Dies erfordert allerdings, dass für die jeweiligen Inanspruchnahmen individuelle Barwerte ermittelt werden. Durch Aufsummieren dieser Barwerte wäre jedoch der Rückstellungsansatz bereits ermittelbar, so dass eine durchschnittliche Restlaufzeit nicht mehr benötigt wird. Ein solches Verfahren stellt somit keine Vereinfachung mehr dar.

Die durchschnittliche Restlaufzeit kann **vereinfacht** auch auf Basis der nominalen Verpflichtungsbeträge ermittelt werden. Dabei ist wie bei der Methode der gesondert zu betrachtenden Teilperioden der Zeitraum, in dem die Rückstellung in Anspruch genommen werden kann, in Teilperioden einzuteilen (Schritt 1). Anschließend sind den Teilperioden die in diesen Zeiträumen erwarteten Inanspruchnahmen aufgrund von Erfahrungswerten der Vergangenheit zuzuordnen (Schritt 2). Den Teilperioden müssen nun auf Basis der erwarteten Inanspruchnahmen Restlaufzeiten zugeordnet werden, wobei vereinfacht davon ausgegangen werden kann, dass diese zu festen Zeitpunkten (z. B. Jahresanfang, Jahresmitte oder Jahresende) anfallen (Schritt 3).

[298] Vgl. hierzu auch Drinhausen/Ramsauer, DB 2009, Beilage 5, S. 52; Gelhausen/Fey/Kämpfer, Kap. I, Tz. 55; Fink/Kunath, DB 2010 S. 2348; Haas/David/Skowronek, KoR 2011, S. 491f.
[299] So z. B. Kropp/Wirtz, DB 2011, S. 544.

Die Ermittlung der **durchschnittlichen Restlaufzeit** erfolgt durch Gewichtung der Inanspruchnahmen der einzelnen Teilperioden mit den jeweils zugeordneten Restlaufzeiten:

(Σ erwartete Inanspruchnahme in Teilperiode$_i$ * Restlaufzeit$_i$) / nominaler Verpflichtungsbetrag der Rückstellung

Die sich ergebende durchschnittliche Restlaufzeit bestimmt den für die Abzinsung zu verwendenden Zinssatz und den Abzinsungszeitraum. Durch die einheitliche Zuordnung der Restlaufzeit für die gesamte Rückstellung besteht bei einer durchschnittlichen Restlaufzeit von bis zu einem Jahr die Möglichkeit, auf die Abzinsung der Rückstellung zu verzichten, sofern Rückstellungen mit einer solchen Restlaufzeit auch ansonsten nicht abgezinst werden.[300] Bei unterjährigen Restlaufzeiten sind die in Abschn. 2.2.4.3.2 bzw. 2.2.4.4.2 dargestellten Vereinfachungen für die Bestimmung des Zinssatzes und des Abzinsungszeitraums heranzuziehen.

Der Barwert der Rückstellung ermittelt sich durch Abzinsung des nominalen Verpflichtungsbetrags der Rückstellung mit dem ermittelten Zinssatz über den Abzinsungszeitraum. Eine Zusammenfassung der einzelnen Schritte enthält Abb. 8.

Vorgehensweise: Methode der Gruppenbewertung

1) Festlegung der Teilperioden über den Zeitraum, in dem Inanspruchnahmen möglich sind
2) Zuordnung der erwarteten Inanspruchnahmen aufgrund von Erfahrungswerten der Vergangenheit
3) Zuordnung von Restlaufzeiten für die einzelnen Teilperioden auf Basis der Zeitpunkte der erwarteten Inanspruchnahmen (Vereinfachungen möglich)
4) Ermittlung der durchschnittlichen Restlaufzeit durch Gewichtung der nominalen Verpflichtungsbeträge
5) Entscheidung über Abzinsung von Restlaufzeiten von bis zu einem Jahr
6) Bestimmung des Abzinsungszinssatzes und des Abzinsungszeitraums für die durchschnittliche Restlaufzeit
7) Ermittlung des Barwerts der Rückstellung (Rückstellungsansatz in der Bilanz)

Abbildung 8 Vorgehensweise bei der Methode der Gruppenbewertung

[300] Vgl. Abschn. 2.2.4.2.

Die Y-GmbH möchte den Barwert der Rückstellung im Beispiel in Abschn. 2.2.4.6.1 anhand der Gruppenbewertung ermitteln. Die ersten drei Schritte (1 bis 3) bei der Gruppenbewertung stimmen mit denen bei der Methode der gesondert zu betrachtenden Teilperioden überein. Somit liegen als Ergebnis nach Schritt 3 folgende Teilperioden vor:

– Teilperiode 1 (0 bis 1 Jahr): Inanspruchnahmen TEUR 20, Restlaufzeit 1 Jahr

– Teilperioden 2 (1 bis 2 Jahre): Inanspruchnahmen TEUR 40, Restlaufzeit 2 Jahre

– Teilperioden 3 (2 bis 3 Jahre): Inanspruchnahmen TEUR 60, Restlaufzeit 3 Jahre

4) Für die Rückstellung ist eine durchschnittliche Restlaufzeit durch Gewichtung der nominalen Verpflichtungsbeträge zu bestimmen: TEUR 20 * 1 Jahr + TEUR 40 * 2 Jahre + TEUR 60 * 3 Jahre/TEUR 120 = 2,33 Jahre.

5) Da die durchschnittliche Restlaufzeit mehr als ein Jahr beträgt, kann auf eine Abzinsung nicht verzichtet werden.

6) Wie in Abschn. 2.2.4.3.2 dargestellt, verwendet die Y-GmbH bei unterjährigen Restlaufzeiten vereinfachend den Zinssatz für die ganzjährige Restlaufzeit, der am nächsten am Erfüllungszeitpunkt der zu bewertenden Verpflichtung liegt (hier: 2 Jahre). Der Abzinsungszinssatz beträgt somit 4%. Für den Abzinsungszeitraum wählt die Y-GmbH vereinfachend den Zeitraum, der dem verwendeten Zinssatz entspricht (2 Jahre).

7) Der Barwert der Rückstellung ermittelt sich somit über TEUR 120/ $(1 + 4\%)^{2 \text{ Jahre}}$ = **TEUR 111**.

2.2.4.6.3 Möglichkeiten nach IFRS

Wie in Abschn. 2.2.4.3.5 beschrieben, sind nach IFRS fristadäquate Zinssätze für die Abzinsung zu ermitteln. Sofern die Erfüllung einer Verpflichtung zu unterschiedlichen Zeitpunkten in der Zukunft erwartet wird, darf auch nach IFRS ein einheitlicher Zinssatz für eine solche Rückstellung verwendet werden. Ein solcher einheitlicher Zinssatz entspricht z. B. einem gewichteten Durchschnittszinssatz.[301] Dieser kann auch nach der Gruppenbe-

---

301 Vgl. ADS International, Abschn. 18, Tz. 82.

wertung auf Basis einer durchschnittlichen Restlaufzeit ermittelt werden. Aufgrund der fehlenden Regelungen in den IFRS halten wir ebenfalls die Methode gesondert zu betrachtender Teilperioden für vertretbar.

2.2.4.7 Rückstellungen für latente Steuern

Rückstellungen für latente Steuern sind bei kleinen Kapitalgesellschaften aufgrund der größenabhängigen Erleichterung des § 274a Nr. 5 HGB i.v.m. § 249 HGB möglich. Wie in Abschn. 3.5 dargestellt, müssen solche Rückstellungen nicht abgezinst werden; allerdings wäre eine Abzinsung nicht zu beanstanden.

Die Vorschriften für latente Steuern finden sich nach IFRS in IAS 12. Ein Ausweis erfolgt in einem gesonderten Posten in der Bilanz gem. IAS 1.54(o). Somit kennt IFRS keine Zuordnung der latenten Steuern zu den Rückstellungen. Eine Abzinsung von latenten Steuern ist nach IAS 12.53 explizit verboten.

2.2.5 Verteilungs- und Ansammlungsrückstellungen

Verpflichtungen können bereits bei der Anschaffung oder Herstellung bzw. aufgrund der Nutzung von Vermögensgegenständen entstehen. Beispiele hierfür sind Rückbauverpflichtungen, Entsorgungsverpflichtungen oder Rekultivierungsverpflichtungen. Solche Verpflichtungen werden entweder als **Verteilungs- oder als Ansammlungsrückstellungen** bezeichnet.[302]

In den IFRS ist die nach HGB verwendete Begrifflichkeit nicht zu finden. Die Einteilung erfolgt hier in sukzessiv verursachten Verpflichtungen und Entsorgungs-, Wiederherstellungs- und ähnlichen Verpflichtungen. **Sukzessiv verursachte Verpflichtungen** sind solche, die über einen längeren Zeitraum schrittweise verursacht werden. Beispiele hierfür sind Rekultivierungs- und Verfüllungsverpflichtungen, z.B. für Wiederauffüllung einer Kiesgrube.[303] Für **Entsorgungs-, Wiederherstellungs- und ähnliche Verpflichtungen** sind in IAS 16 und IFRIC 1 besondere Regelungen für die Bilanzierung enthalten. Eine Anwendung dieser Regelungen auf Verteilungsrück-

---

302 Vgl. Begr. RegE BilMoG, BT-Drucks. 16/10067, S. 38. Verteilungsrückstellungen werden in Anlehnung an die steuerliche Rechtsprechung auch als »echte« Ansammlungsrückstellungen bezeichnet und Ansammlungsrückstellungen als »unechte« Ansammlungsrückstellungen (vgl. BeBiKo[8], § 253 HGB, Tz. 164f.). Vgl. zur Begriffsabgrenzung auch Marx, BB 2012, S. 563.

303 Vgl. ADS International, Abschn. 18, Tz. 208, 210.

stellungen nach HGB steht dabei nicht im Einklang mit den handelsrechtlichen Rechnungslegungsgrundsätzen und darf nicht erfolgen.[304]

2.2.5.1 Verteilungsrückstellungen

2.2.5.1.1 Bilanzierung nach HGB

Verteilungsrückstellungen sind Verpflichtungen, die bereits im Zeitpunkt des die Verpflichtung auslösenden Ereignisses rechtlich entstehen, allerdings erst wirtschaftlich in der Zukunft verursacht werden.[305] So besteht z. B. bei Mietereinbauten in ein angemietetes Bürogebäude bereits zum Zeitpunkt des Abschlusses des Mietvertrags die Verpflichtung, diese bei Ende des Mietvertrags zurückzubauen. Notwendige Aufwendungen hierfür wären somit bereits zu diesem Zeitpunkt vollständig zurückzustellen. Wirtschaftlich sind allerdings die Aufwendungen für den Rückbau durch die gesamte Mietdauer verursacht. Für Verteilungsrückstellungen besteht somit das Wahlrecht, diese entweder sofort vollständig zurückzustellen oder über einen Zeitraum zu verteilen.[306] Der Zeitraum, die sog. **Verteilungsperiode**, beginnt mit der Entstehung der rechtlichen Verpflichtung (z. B. dem Einbau der Mietereinbauten) und endet mit der voraussichtlichen Fälligkeit bzw. dem anzunehmenden Erfüllungszeitpunkt. Bei Mietverträgen wird der Zeitraum grundsätzlich über die Mietvertragsdauer bestimmt. Hier gelten dieselben Anforderungen wie für die Bestimmung der Restlaufzeit von vertraglichen Verpflichtungen.[307]

> Die Y-GmbH hat auf fremdem Grund und Boden ein Gebäude errichtet mit der Verpflichtung, dieses nach 15 Jahren wieder abzureißen. Obwohl die Verpflichtung ab dem ersten Tag der Errichtung in vollem Umfang besteht, das Grundstück wieder in den ursprünglichen Zustand zu versetzen, kann die Abbruchverpflichtung über die Nutzungsdauer von 15 Jahren zu jeweils 1/15 pro Jahr verteilt werden.

Der **nominale Verpflichtungsbetrag** einer solchen Verteilungsrückstellung darf über die ermittelte Verteilungsperiode nach einem pauschalierten Ver-

---

[304] Vgl. Gelhausen/Fey/Kämpfer, Kap. I, Tz. 24; Begr. RegE BilMoG, BT-Drucks. 16/10067, S. 38. A.A. z. B. Lüdenbach, BB 2003, S. 835.
[305] Vgl. IDW ERS HFA 34, Tz. 18. Steuerlich sind gem. § 6 Abs. 1 Nr. 1 Nr. 3a B.D, S. 1 EStG »Rückstellungen für Verpflichtungen, für deren Entstehen im wirtschaftlichen Sinne der laufende Betrieb ursächlich ist, [...] zeitanteilig in gleichen Raten anzusammeln«.
[306] Vgl. BeBiKo[8], § 249 HGB, Tz. 35.
[307] Vgl. Abschn. 2.2.4.1 bzw. IDW ERS HFA 34, Tz. 36.

fahren erfasst werden.[308] Da die wirtschaftlichen Vorteile bei Verteilungsrückstellungen grundsätzlich gleichmäßig über die Verteilungsperiode anfallen, ist eine lineare Verteilung der Aufwendungen sachgerecht.[309] Sofern die wirtschaftlichen Vorteile ungleichmäßig über die Verteilungsperiode auftreten, ist die Verteilung entsprechend zu modifizieren.[310] Liegen keine wirtschaftlichen Vorteile in der Zukunft mehr vor, muss die Rückstellung sofort in vollständiger Höhe erfasst werden.[311]

> Wirtschaftliche Vorteile aus einem Mietobjekt liegen dann nicht mehr vor, wenn das Mietobjekt unplanmäßig nicht mehr genutzt wird, der Mietvertrag allerdings noch nicht beendet ist.

Auch Verteilungsrückstellungen unterliegen gem. § 253 Abs. 2 S. 1 HGB der **Abzinsungspflicht**. Für die Bilanzierung bei gleichmäßiger Verteilung haben sich in der Praxis zwei **Methoden** herausgebildet: das Barwertverfahren und das Gleichverteilungsverfahren.[312]

(1) **Barwertverfahren**[313]:

Beim Barwertverfahren wird der erwartete nominale Verpflichtungsbetrag über die Verteilungsperiode gleichmäßig verteilt. Die anteiligen jährlichen Verpflichtungsbeträge sind anschließend gem. § 253 Abs. 2 S. 1 HGB mit dem jeweiligen restlaufzeitadäquaten Zinssatz abzuzinsen. Bei Anwendung dieses Verfahrens ergibt sich somit ein im Zeitablauf steigender operativer Zuführungsaufwand. An der grundsätzlichen Vorgehensweise hat sich somit nach der Einführung des BilMoG nichts geändert.[314]

(2) **Gleichverteilungsverfahren**[315]:

Dieses – im Vergleich zum Barwertverfahren – komplexere Verfahren zeichnet sich durch eine »annuitätische« Verteilung des nominalen Verpflichtungsbetrags über die Verteilungsperiode aus, wobei die jährlich im operativen Ergebnis zu erfassenden Aufwendungen über die Berechnung einer »Annuität« ermittelt werden. Die Bezeichnung »Annuität« bedeutet

308 Vgl. BeBiKo[8], § 249 HGB, Tz. 35.
309 Vgl. IDW ERS HFA 34, Tz. 19.
310 Vgl. IDW ERS HFA 34, Tz. 19; a.A. BeBiKo[8], § 253 HGB, Tz. 164.
311 Vgl. IDW ERS HFA 34, Tz. 19.
312 Vgl. Melcher/David/Skowronek, KoR 2011, S. 387, bzw. IDW ERS HFA 34, Tz. 19.
313 Bei der Ansammlung von Pensionsverpflichtungen spricht man vom Anwartschaftsbarwertverfahren (Projected Unit Credit-Methode), vgl. IDW RS HFA 30, Tz. 61; BeBiKo[8], § 249 HGB, Tz. 198.
314 Vgl. Gelhausen/Fey/Kämpfer, Kap. I, Tz. 24.
315 Bei der Ansammlung von Pensionsverpflichtungen wird dieses Verfahren als Teilwertverfahren bezeichnet, vgl. IDW RS HFA 30, Tz. 61; BeBiKo[8], § 249 HGB, Tz. 198.

in diesem Zusammenhang, dass sich der operative Zuführungsaufwand (nahezu) gleichbleibend über die Verteilungsperiode verteilt. Durch die höheren Zuführungsbeträge in den ersten Jahren im Vergleich zum Barwertverfahren liegt der Rückstellungsansatz während der gesamten Laufzeit über dem Rückstellungsansatz bei Anwendung des Barwertverfahrens.[316] Zudem führt das Gleichverteilungsverfahren zu einer leichten Entlastung des operativen Aufwands zu Lasten des Zinsergebnisses. Aufgrund der gem. § 253 Abs. 2 S. 1 HGB notwendigen Verwendung eines restlaufzeitadäquaten Zinssatzes muss zu jedem Bilanzstichtag die Annuität überprüft bzw. angepasst werden.

Die Y-GmbH schließt einen Mietvertrag am 1.1.2012 über sechs Jahre ab. Die Rückbauverpflichtung der Mietereinbauten beläuft sich am Ende des Mietvertrags auf TEUR 600 (nominaler Verpflichtungsbetrag). Der restlaufzeitadäquate Abzinsungszinssatz beträgt konstant über die gesamte Verteilungsperiode 5%. Preis- und Kostenänderungen sollen vereinfachend nicht berücksichtigt werden.

Die Verteilungsperiode beträgt sechs Jahre. Für die Erfassung der Zuführungsbeträge bestehen – neben der Möglichkeit der Erfassung des vollständig abgezinsten nominalen Verpflichtungsbetrags im Aufwand – folgende weitere Optionen:

Barwertverfahren: Zuführung in 2012 im operativen Aufwand = (TEUR 600/ 6 Jahre)/$(1 + 5\%)^{5 \text{ Jahre}}$ = **TEUR 78,4**.

	2012	2013	2014	2015	2016	2017	Summe
Ratierlich verteilter nominaler Verpflichtungsbetrag	100,0	100,0	100,0	100,0	100,0	100,0	
Zuführungsaufwand (abgezinster ratierlich verteilter nominaler Verpflichtungsbetrag	78,4	82,3	86,4	90,7	95,2	100,0	533,0
Aufzinsungsaufwand		3,9	8,2	13,0	18,1	23,8	67,0
Gesamtaufwand der Periode	**78,4**	**86,2**	**94,6**	**103,7**	**113,3**	**123,8**	**600,0**
Rückstellungsansatz zum 31.12.xx	78,4	164,6	259,2	362,9	476,2	600,0	

---

316 Vgl. BeBiKo[8], § 249 HGB, Tz. 199.

Gleichverteilungsverfahren: Jährliche »Annuität« des nominalen Verpflichtungsbetrags = TEUR 600/ $(1 + 5\%)^{6\,\text{Jahre}}$ * Rentenbarwertfaktor (5%, 6 Jahre) = **TEUR 88,2** (mit Rentenbarwertfaktor: $[(1 + 5\%)^{6\,\text{Jahre}} * 5\%]/[(1 + 5\%)^{6\,\text{Jahre}} - 1])$

	2012	2013	2014	2015	2016	2017	Summe
Zuführungsaufwand (»annuitätische« Verteilung des gesamten nominalen Verpflichtungsbetrags)	88,2	88,2	88,2	88,2	88,2	88,2	529,2
Aufzinsungsaufwand		4,4	9,1	13,9	19,0	24,4	70,8
Gesamtaufwand der Periode	88,2	92,6	97,3	102,1	107,2	112,6	600,0
Rückstellungsansatz zum 31.12.xx	88,2	180,8	278,1	380,2	487,4	600,0	

Sofern sich eine **Verteilungsperiode** (z. B. durch die Verlängerung eines Mietvertrags) **verändert**, dürfen bereits in der Rückstellung erfasste Beträge u.E. nicht aufgelöst werden.[317] Rückstellungen dürfen nach § 249 Abs. 2 S. 2 HGB nur aufgelöst werden, soweit der Grund hierfür entfallen ist. Bei einer Verlängerung der Verteilungsperiode kommt eine Auflösung allerdings nicht in Betracht[318], da die Verpflichtung lediglich zu einem späteren Zeitpunkt erfüllt werden muss, der Grund aber noch nicht entfallen ist. Eine Auflösung darf somit nur erfolgen, wenn z. B. Rückbaumaßnahmen nicht mehr durchgeführt werden müssen.

Für Verteilungsrückstellungen ist somit der bereits angesammelte Teil des nominalen Verpflichtungsbetrags getrennt zu betrachten. Durch eine Verlängerung der Verteilungsperiode müssen zusätzliche Preis- und Kostenänderungen bei der Bewertung dieses Teilbetrags berücksichtigt werden. Zudem hat die Abzinsung über die neue Restlaufzeit zu erfolgen. Hieraus können z. B. ertragswirksame Auflösungen der Rückstellungen entstehen. Für den noch nicht erfassten Teil des nominalen Verpflichtungsbetrags gilt, dass »nur« dieser über die verbleibende Restlaufzeit zu verteilen ist. Für die Erfassung dieses Teilbetrags gelten ebenfalls die Möglichkeiten des Barwertverfahrens oder des Gleichverteilungsverfahrens.

---

[317] Auch steuerlich hat das FG Niedersachsen, vom 10.5.2012, NWB 2012, S. 2282, entsprechend entschieden.

[318] A.A. Oser, StuB 2012, S. 573, der eine ertragswirksame Auflösung für zulässig hält.

Die Y-GmbH verlängert kurz vor Ende des Mietvertrags im Jahr 2017 diesen um ein weiteres Jahr. Die Verteilung der Aufwendungen erfolgte bisher nach dem Barwertverfahren (vgl. das Beispiel in Abschn. 2.2.5.1.1). Somit wurden bis zum 31.12.2016 Aufwendungen i.H.v. TEUR 476,2 erfasst. Der Zinssatz beträgt weiterhin konstant 5%.

In 2017 ist im ersten Schritt der Aufzinsungsaufwand i.H.v. TEUR 23,8 zu erfassen. Somit nimmt die Rückstellung einen Wert von TEUR 500 an. Die Zuführung der verbleibenden TEUR 100 muss jetzt allerdings an die geänderten Verhältnisse angepasst und über einen Zeitraum von zwei Jahren verteilt werden (2017 und 2018). In 2017 erfolgt somit nur eine Zuführung i.H.v. TEUR 47,6 (Abzinsung des nominalen Verpflichtungsbetrags von TEUR 50 über ein Jahr). Die bereits angesammelte Rückstellung i.H.v. TEUR 500 muss neu bewertet werden. Durch die Verlängerung der Restlaufzeit erfolgt eine Abzinsung um ein weiteres Jahr, so dass die Rückstellung lediglich mit TEUR 476,2 in der Bilanz angesetzt werden darf. Der Differenzbetrag ist als Ertrag aus Schätzungsänderung im operativen Ergebnis zu erfassen.[319]

2.2.5.1.2 Bilanzierung von Entsorgungs-, Wiederherstellungs- und ähnlichen Verpflichtungen nach IFRS

Nach IFRS bestehen für Entsorgungs-, Wiederherstellungs- und ähnliche Verpflichtungen **besondere Regelungen**. Die Vorschriften gelten z.B. für Rückbau- oder Abbruchverpflichtungen aufgrund von vertraglichen Regelungen oder Sanierungsverpflichtungen hinsichtlich Umweltschäden, die durch die Produktion verursacht wurden. Ausgangspunkt ist die volle **Passivierungspflicht** gem. IAS 37.14 i.V.m. IAS 37.36 für Verpflichtungen, wenn die zugrunde liegenden Voraussetzungen für eine rechtliche und/oder faktische Verpflichtung erfüllt sind. Somit kann eine Verteilung der Aufwendungen – wie nach HGB möglich – nicht erfolgen.

Die **Bewertung** solcher Rückstellungen erfolgt nach den in Abschn. 2.2 dargestellten Grundsätzen, d.h. mit dem Barwert der künftigen Kosten zum Abriss, zur Entsorgung oder zur Wiederherstellung des Vermögenswerts. Sofern der genaue Zeitpunkt der Durchführung der Maßnahme nicht bekannt ist, darf auf die Rückstellung nicht verzichtet werden. Vielmehr muss der Bilanzierende den Zeitpunkt in diesem Fall schätzen und über eine An-

---

[319] Vgl. hierzu Abschn. 2.4.2.2.3.

gabe im Anhang gem. IAS 37.85(b) entsprechende Unsicherheiten beschreiben.[320]

Eine Abzinsung der Rückstellung darf nicht aufgrund von **Unsicherheiten** hinsichtlich des Durchführungszeitpunkts der Maßnahme unterbleiben. Eine solche Unsicherheit ist bei der Ermittlung der geschätzten Zahlungsabflüsse zu berücksichtigen. Hinsichtlich des Zeitpunkts der durchzuführenden Maßnahme sind objektive Nachweise erforderlich. Sofern die Verpflichtung nach der Nutzung des Vermögenswerts besteht, ist grundsätzlich vom Ende der Nutzungsdauer des Vermögenswerts auszugehen, es sei denn, es liegen Nachweise vor, aus denen bereits zum Bilanzstichtag ein anderer Zeitpunkt belegt werden kann.[321]

Bilanzierungstechnisch ist allerdings folgendes **Dilemma** zu lösen: Während durch die vollständige Erfassung der Rückstellung bereits bei Inbetriebnahme des entsprechenden Vermögenswerts zwar die Finanzlage richtig abgebildet ist, würde jedoch eine starke Verzerrung der Ertragslage erfolgen, wenn die gesamten Kosten der Entsorgung im ersten Jahr der Nutzung vollständig aufwandsmäßig erfasst würden. Gelöst wird dieses Dilemma über IAS 16. Bei der **erstmaligen Erfassung** solcher Rückstellungen gelten die zukünftigen Kosten der Entsorgungs-, Wiederherstellungs- und ähnlichen Verpflichtungen gem. IAS 16.16(c) als Bestandteil der Anschaffungs- und Herstellungskosten und sind somit bei den entsprechenden Vermögenswerten zu aktivieren. Die erstmalige Erfassung der Rückstellung erfolgt damit ergebnisneutral. Die aktivierten zukünftigen Aufwendungen werden anschließend mit den Anschaffungs- und Herstellungskosten des Vermögenswerts über dessen Nutzungsdauer abgeschrieben.

IAS 16.59 sieht eine entsprechende Behandlung für solche Verpflichtungen auch bei **Grundstücken** vor, wobei diese Beträge über den Zeitraum abgeschrieben werden müssen, in dem Erträge durch das Grundstück erzielt werden. Die Vorschrift stellt somit eine Ausnahme zum grds. Abschreibungsverbot von Grundstücken gem. IAS 16.58 dar.

Das Unternehmen A hat im laufenden Jahr eine Aufbereitungsanlage auf dem Grund und Boden des Unternehmens B errichtet, die aber nicht exklusiv für B genutzt wird. Unternehmen B nimmt als Grundlast

---

320 Vgl. ADS International, Abschn. 18, Tz. 116.
321 Vgl. zu den Ausführungen KPMG, Insights[9], Tz. 3.12.460-.470.

ca. 30% der Produktion ab; A nutzt die restliche Kapazität zur Aufbereitung von Produkten für andere Unternehmen. A hat sich allerdings verpflichtet, die Anlage nach Ende ihrer technischen Nutzbarkeit (15 Jahre) wieder zu entfernen und den Zustand vor Vertragsabschluss wieder herzustellen.

Unter IFRS ist gem. IAS 37.14 i.V.m. IAS 37.36 eine Rückstellung in voller Höhe (Barwert) anzusetzen, die nach einer bestmöglichen Schätzung alle Ausgaben umfasst, die zur Erfüllung der gegenwärtigen Verpflichtung erforderlich sind.

Buchungssatz im Jahr der Inbetriebnahme: per »Anlagevermögen« an »Rückstellung«.

Buchungssatz in Folgejahren: per »Abschreibung« an »Anlagevermögen«.

Vorschriften zur Bilanzierung von **Änderungen solcher Rückstellungen** finden sich im IFRIC 1 »Änderungen bestehender Rückstellungen für Entsorgungs-, Wiederherstellungs- und ähnliche Verpflichtungen«. Änderungen umfassen gem. IFRIC 1.3 Änderungen des geschätzten Verpflichtungsbetrags, Änderungen des Abzinsungssatzes sowie die Aufwendungen aus der Aufzinsung.

Bei Aufwendungen aus der Aufzinsung der Rückstellungen gelten keine Besonderheiten. Die Behandlung erfolgt entsprechend Abschn. 2.4.2.2.1.[322] Bei der Bilanzierung des Vermögenswerts nach dem **Anschaffungskostenmodell** erhöhen und vermindern Änderungen den Vermögenswert so lange, wie der Vermögenswert noch nicht das Ende seiner Nutzungsdauer erreicht hat.[323] Dabei werden Erhöhungen vor dem Ende der Nutzungsdauer grundsätzlich erfolgsneutral erfasst. Verminderungen des Buchwerts werden nur bis zu einem Buchwert des Vermögenswerts von null erfolgsneutral erfasst; weitere Beträge sind, ebenso wie Änderungen nach Ende der Nutzungsdauer, erfolgswirksam zu erfassen. Zu beachten ist, dass im Anschluss einer Erhöhung des Buchwerts geprüft werden muss, ob Anhaltspunkte für eine Wertminderung vorliegen, die gem. IAS 36 zu erfassen wäre. Änderungen des Vermögenswerts beeinflussen den zukünftigen Abschreibungsbetrag und sind über die verbleibende Nutzungsdauer abzuschreiben.[324]

---

[322] Vgl. IFRIC 1.8.
[323] Zum Vorgehen bei der Bilanzierung des Vermögenswerts nach dem Neubewertungsmodell vgl. IFRIC 1.6.
[324] Vgl. zu den Ausführungen IFRIC 1.5 und .7.

Die Vorschrift des IAS 16.16(c) regelt nur das Vorgehen beim erstmaligen Ansatz eines Vermögenswerts. Für **Verpflichtungen**, die erst **anschließend** durch Gesetze oder vertragliche Vereinbarungen **entstehen**, sehen die IFRS keine Regelung vor. Allerdings kann in diesen Fällen die Verpflichtung als nachträgliche Anschaffungs- bzw. Herstellungskosten des Vermögenswerts erfasst werden, sofern die Verpflichtung nicht sukzessive durch die Nutzung des Vermögenswerts entstanden ist.[325]

Bei einer **nachträglichen Aktivierung** der Kosten muss entsprechend IFRIC 1.6 anschließend geprüft werden, ob der erhöhte Buchwert ggf. wertgemindert ist. Sollte dies der Fall sein, ist ein Wertminderungsaufwand erfolgswirksam zu erfassen. Ansonsten müssen die zusätzlich aktivierten Aufwendungen über die Restnutzungsdauer des Vermögenswerts abgeschrieben werden.[326]

In der Regel führt die Bilanzierung nach IFRS zu einer Bilanzverlängerung gegenüber HGB. Insoweit sich die Beträge unterscheiden und zu temporären Differenzen führen, sind auch latente Steuern zu berücksichtigen, die sich aber aktivisch und passivisch (weitgehend) ausgleichen.[327]

2.2.5.2 Ansammlungsrückstellungen
2.2.5.2.1 Bilanzierung nach HGB

Ansammlungsrückstellungen, wie z. B. die notwendige Rekultivierung einer Kiesgrube, sind anders zu behandeln als Verteilungsrückstellungen. Die Verpflichtung erhöht sich in diesem Fall nicht nur wirtschaftlich, sondern tatsächlich in jedem Wirtschaftsjahr sukzessive. Die wirtschaftliche Verursachung der Verpflichtung ist dabei in dem Umfang in der Vergangenheit erfolgt, wie der Abbau fortgeschritten ist.[328] Eine Verteilung des zukünftig geschätzten nominalen Verpflichtungsbetrags bis zur erwarteten Inanspruchnahme ist somit nicht möglich, da das die Verpflichtung auslösende Ereignis in der Vergangenheit liegt (z. B. der Abbau von Kies).[329]

Auch bei Ansammlungsrückstellungen sind Preis- und Kostenänderungen bei der Bestimmung des nominalen Verpflichtungsbetrags mit zu berücksichtigen. Die Restlaufzeit einer solchen Rückstellung wird dabei von der erwarteten Durchführung der Rekultivierungsmaßnahme bestimmt.

---

325 Vgl. KPMG, Insights[9], 3.12.450.40.
326 Vgl. KPMG, Insights[9], 3.12.450.40.
327 Vgl. hierzu z. B. auch Wulf, KoR 2010, S. 342.
328 Vgl. BeBiKo[8], § 249 HGB, Tz. 35, 165, bzw. HdR[5], § 249 HGB, Tz. 115.
329 Vgl. ADS[6], § 253 HGB, Tz. 212.

Die Y-GmbH betreibt eine Deponie. Bei Stilllegung der Deponie muss eine aufgrund von gesetzlichen Regelungen vorgeschriebene Rekultivierung erfolgen. Mit einer Stilllegung wird in fünf Jahren (Anfang 2018) gerechnet. Bis zum 31.12.12 hat die Y-GmbH lediglich 30 % der Deponiefläche genutzt.

Die Kosten für die Anfang 2018 durchzuführende Rekultivierung der gesamten Fläche der Deponie belaufen sich auf TEUR 500. In diesem Betrag sind bereits Preis- und Kostensteigerungen über die nächsten fünf Jahre berücksichtigt. Der Abzinsungszinssatz für eine Rückstellung mit einer entsprechenden Restlaufzeit beträgt 4,5 %.

Am 31.12.2012 muss die Y-GmbH ermitteln, in welchem Maß die Verpflichtung der Vergangenheit zuzuordnen ist. Durch die Nutzung von 30 % der Fläche ist nur ein Anteil von 30 % der zukünftigen Rekultivierungsaufwendungen zurückzustellen.

Buchwert der Rückstellung (31.12.2012): TEUR 120 = (TEUR 500 * 30 %) / $(1 + 4,5\%)^{5\,Jahre}$

2.2.5.2.2 Bilanzierung nach IFRS

Auch nach IFRS sind für **sukzessiv verursachte Verpflichtungen** nur die Beträge zurückzustellen, die bis zum jeweiligen Bilanzstichtag verursacht wurden. Rückstellungen sind somit über den Zeitraum der Verursachung entsprechend der entstandenen Verpflichtung zu erfassen. Sofern der Zinseffekt wesentlich ist, muss eine Abzinsung erfolgen.[330] Dabei ist ein Zinssatz zu verwenden, der das für die Schuld spezifische Risiko widerspiegelt.[331]

Unterschiede zum Vorgehen nach HGB bestehen somit nicht. Allerdings müssen für die Bewertung nach HGB die von der Deutschen Bundesbank vorgegebenen Zinssätze für die Abzinsung verwendet werden. Nach IFRS sind im Gegensatz hierzu die aktuell am Markt beobachtbaren Zinssätze zu verwenden, die zudem die schuldspezifischen Risiken widerspiegeln müssen. Somit wird es grundsätzlich zu Bewertungsunterschieden kommen.[332]

---

330 Vgl. hierzu ADS International, Abschn. 18, Tz. 208 ff.
331 Vgl. Abschn. 2.2.4.3.5.
332 Vgl. zur Abzinsung Abschn. 2.2.4 und zur Ermittlung der Zinssätze Abschn. 2.2.4.3.

2.2.6 Synoptische Übersicht

Die folgende Übersicht zeigt wesentliche Unterschiede bei der Bewertung von sonstigen Rückstellungen nach HGB und nach IFRS und fasst die Darstellungen in Abschn. 2.2 zusammen.

	HGB	IFRS
Nominaler Verpflichtungsbetrag		
Schätzmaßstab	Notwendiger Erfüllungsbetrag nach vernünftiger kaufmännischer Beurteilung	Bestmögliche Schätzung bei vernünftiger Betrachtung unter Berücksichtigung von Risiken und Unsicherheiten
Preis- und Kostenänderungen	– Zu berücksichtigen – Keine wesentlichen Abweichungen zwischen HGB und IFRS	
Schätzungsänderungen	– In laufender Rechnung – Sofern Bilanzierungsfehler vorliegen, ist IDW RS HFA 6 zu beachten	– In laufender Rechnung gem. IAS 8.36 – Sofern Bilanzierungsfehler vorliegen, gem. IAS 8.42 rückwirkend zu korrigieren
Sammelrückstellungen	Vereinfachte Ermittlung des Verpflichtungsbetrags, sofern Voraussetzungen für Gruppenbewertung erfüllt sind	Erwartungswertmethode, sofern Voraussetzungen nach IAS 37.39 erfüllt sind
Erstattungsansprüche		
Aktivierbare Ansprüche	– Sofern Voraussetzungen mit an Sicherheit grenzender Wahrscheinlichkeit erfüllt sind – keine Saldierung in der GuV	– Sofern es so gut wie sicher ist, dass das Unternehmen eine Erstattung bei Erfüllung der Verpflichtung erhält (maximal in Höhe der Verpflichtung) – Saldierung in der GuV
Nicht aktivierbare Ansprüche	Bei Bewertung der Rückstellung zu berücksichtigen, sofern Voraussetzungen erfüllt sind	– Keine Berücksichtigung bei Bewertung der Rückstellung – Behandlung ggf. als Eventualforderung, sofern Voraussetzungen hierfür erfüllt sind

	HGB	IFRS
Abzinsung		
Restlaufzeit	– Keine Abweichungen zwischen HGB und IFRS – Ausführliche Hinweise zur Bestimmung der Restlaufzeit nach HGB im IDW ERS HFA 34	
Abzinsungspflicht	Rückstellungen mit Restlaufzeiten von mehr als einem Jahr	Rückstellungen, bei denen die Auswirkung des Zinseffekts wesentlich ist
Zinssatz	– Ermittlung erfolgt durch Deutsche Bundesbank – Vereinfachungen für unterjährige Restlaufzeiten – Besonderheiten bei Verpflichtungen in fremder Währung und Drohverlustrückstellungen	– Individuell zu ermittelnde Zinssätze: Zinssatz muss schuldspezifische Risiken widerspiegeln – Sofern Risiko in Zahlungsverpflichtungen abgebildet wird: Risikofreier Zinssatz
Abzinsungszeitraum	– Für ganzjährige Restlaufzeiten entspricht Restlaufzeit dem Abzinsungszeitraum – Vereinfachungen für unterjährige Restlaufzeiten	Abzinsung über tatsächliche Restlaufzeit
Berechnung der Aufzinsungsbeträge	Drei Möglichkeiten: vor bzw. nach der Erfassung von oder bis zu den jeweiligen Inanspruchnahmen/Auflösungen	– Grds. bis zu den jeweiligen Inanspruchnahmen/Auflösungen – Vereinfachungen möglich
Sammelrückstellungen	Vereinfachungen möglich wie z.B. Gruppenbewertung oder Methode der gesondert zu betrachtenden Teilperioden	
Rückstellungen für Latente Steuern	Abzinsungswahlrecht	– Keine Rückstellung, sondern gesonderter Posten – Abzinsung nicht erlaubt
Verteilungsrückstellungen	– Rückstellung in voller Höhe oder Verteilung – Bei Verteilung: Barwertverfahren oder Gleichverteilungsverfahren	– Erfolgsneutrale Erfassung in Anschaffungs- bzw. Herstellungskosten des Vermögenswerts – Besondere Regelungen für Änderungen der Rückstellung
Ansammlungsrückstellungen	– Rückstellung für bis zum Bilanzstichtag verursachte Beträge – Abzinsung mit Zinssatz der Deutschen Bundesbank	– Rückstellung für bis zum Bilanzstichtag verursachte Beträge – Abzinsung mit Zinssatz, der spezifisches Risiko der Schuld widerspiegelt bzw. risikofreier Zinssatz, falls Berücksichtigung von Risiko in Zahlungsverpflichtung

2.3 Auswirkungen der Ausübung des Beibehaltungswahlrechts auf die Jahresabschlüsse nach dem Übergang auf das BilMoG

2.3.1 Einführung

Um den Übergang auf das BilMoG zu vereinfachen, hat der Gesetzgeber in Art. 67 EGHGB den Bilanzierenden für bestimmte Bilanzposten **Wahlrechte** eingeräumt.[333] In Bezug auf sonstige Rückstellungen konnte zum Übergangszeitpunkt auf das BilMoG somit auf die Auflösung der folgenden Rückstellungen verzichtet werden:
– Art. 67 Abs. 1 S. 2 bis 4 EGHGB: Verbindlichkeitsrückstellungen, Drohverlustrückstellungen, nach dem BilMoG zulässige Aufwandsrückstellungen,
– Art. 67 Abs. 3 EGHGB: nach dem BilMoG nicht mehr zulässige Aufwandsrückstellungen.

Das in Art. 67 Abs. 1 S. 2 EGHGB genannte Wahlrecht ist ebenfalls auf Pensionsrückstellungen anzuwenden.

Durch die Ausübung des Beibehaltungswahlrechts ergeben sich bilanzielle Konsequenzen nicht nur auf den Übergangszeitpunkt, sondern auch auf die folgenden Jahresabschlüsse. Hierzu fehlen allerdings Regelungen im Gesetz oder Hinweise in der Gesetzesbegründung. Auch die IDW Stellungnahmen zur Rechnungslegung äußern sich hierzu nur vereinzelt. Aus diesem Grund wird nachfolgend ausführlich auf die Auswirkungen der Ausübung des Beibehaltungswahlrechts auf Jahresabschlüsse nach dem Übergang auf das BilMoG eingegangen.

2.3.2 Das Beibehaltungswahlrecht nach Art. 67 Abs. 1 S. 2 EGHGB

In Art. 67 Abs. 1 S. 2 EGHGB räumte der Gesetzgeber den Bilanzierenden das Wahlrecht ein, auf die Auflösung einer überdotierten Rückstellung zu verzichten, wenn die Überdotierung auf einer Bewertungsänderung durch das BilMoG beruht und der im Übergangszeitpunkt aufzulösende Betrag innerhalb der nächsten 15 Jahre erneut zugeführt werden muss. Die

---

[333] Zum Verteilungswahlrecht für Pensionsrückstellungen nach Art. 67 Abs. 1 S. 1 EGHGB vgl. das ausführliche Beispiel in Abschn. 5.3.1.

Ausübung dieses Wahlrechts war nur im Umstellungszeitpunkt auf das BilMoG möglich.[334]

Sofern der Bilanzierende das Beibehaltungswahlrecht zum Übergangszeitpunkt ausgeübt hat, gelten für die weitere Bilanzierung im Übergangszeitraum **besondere Vorschriften**. Der Übergangszeitraum endet dabei erst durch den Ansatz des nach den Bewertungsvorschriften des BilMoG ermittelten Rückstellungsbetrags in der Bilanz, spätestens jedoch zum 31.12.2024[335]. Die Regelungen im Übergangszeitraum für die Bilanzierung von Auflösungen und Zuführungen solcher Rückstellungen weichen dabei von den allgemeinen Regelungen für Rückstellungen ab. Nur für die Bilanzierung von **Inanspruchnahmen** gelten die allgemeinen Regelungen. Sofern Zahlungen aus einem Grund geleistet werden, für den bereits eine Rückstellung gebildet wurde, sind diese ergebnisneutral zu erfassen. Insofern kann sich – bei Vorliegen von Inanspruchnahmen oder teilweisen Auflösungen – eine beibehaltene Rückstellung im Übergangszeitraum auch vermindern.

Für die Vornahme von (teilweisen) **Auflösungen** beibehaltener Rückstellungen gelten im Übergangszeitraum besondere Regelungen. Die Regelung des § 249 Abs. 2 S. 2 HGB, dass Rückstellungen nur aufzulösen sind, wenn der Grund für die Rückstellungsbildung entfallen ist, gilt zwar auch für beibehaltene Rückstellungen. Allerdings gelten besondere Regelungen für die Auflösung solcher Rückstellungen der Höhe nach. Um zu prüfen, ob eine (teilweise) Auflösung einer beibehaltenen Rückstellung zu erfolgen hat, muss zu jedem Bilanzstichtag im Übergangszeitraum geprüft werden, ob bis zum 31.12.2024 der maximal erreichbare Rückstellungsbetrag den im Übergangszeitpunkt beibehaltenen Rückstellungsbetrag bzw. dessen fortgeschriebenen Wert noch erreicht.[336] Nur wenn der maximal erreichbare

---

334 Für eine ausführliche Darstellung vgl. Melcher/David/Skowronek, KoR 2011, S. 382 ff.

335 Das Datum unterliegt der Annahme, dass das Geschäftsjahr dem Kalenderjahr entspricht.

336 Ebenso BeBiKo[8], Art. 67 EGHGB, Tz. 11. A. A. Rimmelspacher/Fey, WPg 2012, S. 425, die fordern, den Überdeckungsbetrag im Übergangszeitraum nicht größer werden zu lassen. Diese Sichtweise verstößt u. E. gegen IDW RS HFA 28, Tz. 37, und gegen den Sinn und Zweck des Beibehaltungswahlrechts nach Art. 67 Abs. 1 S. 2 HGB. Das Beibehaltungswahlrecht ist eine Bewertungsmethode, die erlaubt, die Bewertungsvorschriften des HGB a. F. weiter anzuwenden. Ein Maximalüberdeckungsbetrag (definiert als Überdeckungsbetrag im Übergangszeitpunkt) hätte zur Folge, dass die Bewertungsvorschriften des HGB n. F. bei den beibehaltenen Rückstellungen Berücksichtigung finden würden, so dass die Rückstellungsbewertung nicht mehr nur nach HGB a. F., sondern in einem Mischansatz nach HGB n. F. und a. F. vorgenommen würden. An einer nachvollziehbaren handelsrechtlichen Begründung hierfür fehlt es allerdings.

Rückstellungsbetrag im Übergangszeitraum nicht mehr erreicht wird, ist die beibehaltene Rückstellung entsprechend aufzulösen.[337] Sofern eine Auflösung der beibehaltenen Rückstellung erfolgen muss, ist diese erfolgswirksam vorzunehmen.

> Unternehmen A hat zum Übergangszeitpunkt auf BilMoG eine Einzel-Rückstellung für einen Gewährleistungsfall beibehalten, die zum 31.12.2012 mit TEUR 1.000 bilanziert wurde. Im Geschäftsjahr 2013 werden erste Zahlungen für einen Gewährleistungsfall i. H. v. TEUR 200 geleistet. Zudem überprüft das Unternehmen zum Ende des Geschäftsjahrs 2013 die Schätzung für die Rückstellungshöhe und stellt fest, dass nur noch TEUR 200 im nächsten Jahr und TEUR 400 in drei Jahren zu erwarten sind.
>
> Die Zahlungen im Geschäftsjahr 2013 sind erfolgsneutral, d.h. rückstellungsmindernd, zu erfassen. Im Rahmen der Abschlussbuchungen zum 31.12.2013 beläuft sich die Rückstellung daher vorläufig auf TEUR 800 (TEUR 1.000 – TEUR 200). Durch die Neu-Einschätzung des zukünftigen Verpflichtungsbetrags stellt das Unternehmen fest, dass im Übergangszeitraum (bis spätestens 31.12.2024) nur noch ein Rückstellungsbetrag von TEUR 600 benötigt wird (TEUR 200 + TEUR 400). Insofern muss zum 31.12.2013 ein Teilbetrag i. H. v. TEUR 200 erfolgswirksam aufgelöst werden.

Ob ein **freiwilliger vorzeitiger Übergang** auf den nach den Bewertungsvorschriften des BilMoG ermittelten Rückstellungsbetrag möglich ist, ist im Gesetz nicht geregelt. Die Vorschrift des Art. 67 Abs. 1 S. 2 EGHGB ist eine besondere Bewertungsmethode für sonstige Rückstellungen. Nach dem Grundsatz der Methodenstetigkeit ist eine einmal gewählte Bewertungsmethode an den folgenden Bilanzstichtagen stetig fortzuführen. Eine andere Bewertungsmethode darf nur gewählt werden, wenn die Abweichung sachlich gerechtfertigt ist. Unter den vom Berufsstand als möglich angesehenen Ausnahmetatbeständen[338] ist für den vorliegenden Fall eine Abweichung lediglich mit der Begründung denkbar, dass mit der Bewertung der Vorschriften nach dem BilMoG ein besseres den tatsächlichen Verhältnissen entsprechendes Bild der Vermögenslage vermittelt wird. Da die Angabe des Über-

---

337 A.A. Rimmelspacher/Fey, S. 429.
338 Vgl. hierzu IDW RS HFA 38, Tz. 15.

deckungsbetrags allerdings im Anhang erfolgen muss, ist es fraglich, ob tatsächlich ein besseres Bild der Vermögenslage erreicht wird.[339]

Der Berufsstand hat im IDW RS HFA 28[340] allgemeine Ausführungen zu einem freiwilligen vorzeitigen Übergang aufgenommen. Insofern halten wir es für denkbar, einen vorzeitigen Übergang auf die nach den Vorschriften des BilMoG bewertete Rückstellung mit einer besseren Darstellung der Vermögenslage in der Bilanz zu begründen. Dies wird erstmals in dem Jahresabschluss möglich sein, der dem ersten Jahresabschluss nach BilMoG folgt.[341] Die Entscheidung zur Beibehaltung der Rückstellung war auf den Übergangszeitpunkt (z. B. 1.1.2010) zu treffen und konnte bis zum Bilanzstichtag (z. B. 31.12.2010) geändert werden, da eine endgültige Bilanzierung erst mit Aufstellung des Jahresabschlusses erfolgte. Insofern kann die Entscheidung zum Verzicht auf die Beibehaltung erst an den folgenden Bilanzstichtagen möglich sein. Allerdings ist zu beachten, dass eine Durchbrechung der Stetigkeit nur gemeinsam für alle beibehaltenen Rückstellungen möglich ist, da sich der Bilanzierende nur insgesamt gegen die Anwendung der Bewertungsmethode gem. Art. 67 Abs. 1 S. 2 EGHGB entscheiden kann. Der vorzeitige Übergang bei nur einigen ausgewählten beibehaltenen Rückstellungen ist daher nicht möglich.[342]

Auch für die Erfassung von **Zuführungen** liegen im Übergangszeitraum besondere Regelungen vor. So dürfen Zuführungen zu beibehaltenen Rückstellungen erst erfasst werden, wenn der in einer Nebenrechnung nach den Bewertungsvorschriften des BilMoG ermittelte Rückstellungsbetrag den in der Bilanz beibehaltenen und unter Berücksichtigung von Inanspruchnahmen fortgeschriebenen Rückstellungsbetrag übersteigt. Der Rückstellungsbetrag nach den Bewertungsvorschriften des BilMoG ist somit zu jedem Bilanzstichtag in einer Nebenrechnung zu ermitteln und mit dem bilanzierten Betrag zu vergleichen. Sobald der Betrag in der Nebenrechnung den bilanzierten Betrag übersteigt, endet der Übergangszeitraum und der Unterschiedsbetrag ist zu diesem Zeitpunkt erfolgswirksam zu erfassen.[343]

---

339 So z. B. Melcher/David/Skowronek, KoR 2011, S. 383. Diese zum damaligen Zeitpunkt vertretene strikte Ansicht wird aber im folgenden Absatz relativiert.
340 Vgl. IDW RS HFA 28.
341 Vgl. IDW RS HFA 28, Tz. 12; ebenso Rimmelspacher/Fey, WPg 2012, S. 427.
342 Zu den hierfür erforderlichen Anhangangaben vgl. Abschn. 2.3.5.
343 Vgl. IDW RS HFA 28, Tz. 40.

Ein Unternehmen hat eine Drohverlustrückstellung beibehalten, die sich zum 31.12.2012 auf TEUR 500 beläuft. Im Rahmen der Jahresabschlussbuchungen stellt das Unternehmen fest, dass sich aufgrund neuerer Erkenntnisse der Drohverlust auf TEUR 700 erhöht hat. Bewertet nach den geänderten Vorschriften des § 253 HGB (Preis- und Kostenänderungen sowie Abzinsung) ergibt sich ein Rückstellungsbetrag von TEUR 600.

Zum 31.12.2012 muss die Gesellschaft daher einen Betrag von TEUR 100 erfolgswirksam der Rückstellung zuführen.

Abwandlung I: Im Rahmen der Jahresabschlussbuchungen stellt das Unternehmen fest, dass sich aufgrund neuerer Erkenntnisse der Drohverlust nur auf TEUR 550 erhöht hat. Bewertet nach den geänderten Vorschriften des § 253 HGB ergibt sich ein Rückstellungsbetrag von TEUR 450. Im Übergangszeitraum (bis zum 31.12.2024) erreicht die Rückstellung durch die Aufzinsung den Betrag von TEUR 550.

Zum 31.12.2012 darf die Gesellschaft die Rückstellung weder zuführen noch auflösen. Die Rückstellung ist weiterhin mit TEUR 500 in der Bilanz auszuweisen.

Lediglich ein vorzeitiger Übergang auf die Rückstellungsbeträge nach BilMoG für alle beibehaltenen Rückstellungen ist möglich.

Abwandlung II: Im Rahmen der Jahresabschlussbuchungen stellt das Unternehmen fest, dass sich aufgrund neuerer Erkenntnisse der Drohverlust auf TEUR 400 vermindert hat. Bewertet nach den geänderten Vorschriften des § 253 HGB ergibt sich ein Rückstellungsbetrag von TEUR 350. Im Übergangszeitraum (bis zum 31.12.2024) erreicht die Rückstellung durch die Aufzinsung nur noch den Betrag von TEUR 400.

Zum 31.12.2012 muss die Gesellschaft die Rückstellung i. H. v. TEUR 100 auflösen. Die Rückstellung ist somit mit TEUR 400 in der Bilanz auszuweisen. Auch in diesem Fall ist ein vorzeitiger Übergang auf die Rückstellungsbeträge nach BilMoG für alle beibehaltenen Rückstellungen möglich.

Für die Ermittlung, ob Auflösungen oder Zuführungen von beibehaltenen Rückstellungen erfolgen müssen, kann hilfsweise das **Ermittlungsschema** in Abb. 9 verwendet werden.

Rückstellung	Ansatz in der Bilanz	Ermittlung der Anpassung nach Art. 67 EGHGB	
Ansatz 1.1.20xx	A	Rückstellung 31.12.20xx (vorl. Bilanzansatz)	C
Inanspruchnahmen 20xx	B	Verpflichtungsbetrag (Neu-Ermittlung zum 31.12.20xx)	F
Rückstellung 31.12.20xx (vor Prüfung Art. 67 EGHGB)	A-B = C	Rückstellung 31.12.20xx (nach BilMoG) [Wert für Prüfung Zuführung]	G = F / (1 + Zinssatz)^Restlaufzeit
Anpassung nach Art. 67 EGHGB (siehe rechts)	D ←	Max. bis zum 31.12.2024 erreichbarer Rückstellungsbetrag [Wert für Prüfung Auflösung]	H
Ansatz 31.12.20xx	C + D = E	Zuführung (+)	Max{G-C; 0}
		Auflösung (-)	Min{H-C; 0}

Abbildung 9 Ermittlungsschema zur Ermittlung von Auflösungen oder Zuführungen bei beibehaltenen Rückstellungen

2.3.3 Das Beibehaltungswahlrecht für Aufwandsrückstellungen

Durch das BilMoG wurde die Bilanzierung von Aufwandsrückstellungen stark eingeschränkt. So können gem. § 249 Abs. 1 S. 2 HGB Aufwandsrückstellungen nur noch für unterlassene Instandhaltungen, die im folgenden Geschäftsjahr innerhalb von drei Monaten nachgeholt werden, Abraumbeseitigungen, die im folgenden Geschäftsjahr nachgeholt werden, oder ohne rechtliche Verpflichtung gewährte Gewährleistungen bilanziert werden.[344]

Für nach Änderung des HGB durch das BilMoG nicht mehr erlaubte Aufwandsrückstellungen ist in Art. 67 Abs. 3 EGHGB allerdings für die bis zum Übergangszeitpunkt bilanzierten Rückstellungen ein **Beibehaltungswahlrecht** vorgesehen. Dieses ermöglichte dem Bilanzierenden, solche nach neuem Recht nicht mehr zulässigen Rückstellungen trotzdem beizubehalten. Der zusätzliche Hinweis im Gesetz, dass auch eine teilweise Beibehaltung möglich ist, war derart zu interpretieren, dass – im Gegensatz zur grundsätzlichen bilanzpostenbezogenen Ausübung der Beibehaltungswahlrechte – für Aufwandsrückstellungen eine sachverhaltsbezogene Beibehaltung möglich war.[345]

Auch beibehaltene Aufwandsrückstellungen müssen **nach dem Übergangszeitpunkt** in Anspruch genommen werden, sofern Zahlungen oder

[344] Vgl. Abschn. 2.1.4.
[345] Vgl. IDW RS HFA 28, Tz. 14.

Ausgaben für Sachverhalte geleistet werden, für die Rückstellungen beibehalten wurden. Zuführungen sind allerdings ab dem Übergangszeitpunkt nicht mehr möglich. Ebenso darf die **Ansammlung** einer beibehaltenen Aufwandsrückstellung nicht mehr fortgesetzt werden. Eine **Inanspruchnahme** hat grundsätzlich immer erst dann zu erfolgen, wenn die Rückstellung vollständig zweckentsprechend verbraucht wurde, und eine **Auflösung** ist dann vorzunehmen, wenn der Rückstellungsgrund (teilweise) weggefallen ist. Da beibehaltene Aufwandsrückstellungen somit auch weiterhin nach den Vorschriften des § 253 HGB a. F. zu bewerten sind, dürfen keine Preis- und Kostenänderungen berücksichtigt werden. Auch eine Abzinsung ist nicht vorzunehmen.[346]

> Ein Unternehmen hat eine Aufwandsrückstellung für Wartungskosten bis zum 31.12.2009 angesammelt. Die Wartung wird alle sieben Jahre durchgeführt. Nächster Wartungstermin ist Anfang 2014. Die Rückstellung betrug zum 31.12.2009 TEUR 150. Die Gesamtkosten der Wartung belaufen sich auf ca. TEUR 350. Bei einer Überprüfung der zukünftigen Wartungskosten zum 31.12.2012 stellt das Unternehmen fest, dass die Wartung um ca. 20 % teurer werden wird als geplant.
>
> Ab dem 31.12.2009 darf keine Zuführung mehr zu der beibehaltenen Aufwandsrückstellung erfolgen. Somit endet die Ansammlung zum 31.12.2009. Auch Preis- und Kostenänderungen sind bei der Bilanzierung von beibehaltenen Aufwandsrückstellungen nicht zu berücksichtigen, da die Bewertungsvorschriften des § 253 HGB n. F. nicht anwendbar sind. Da die Kosten der Wartung nicht unter den bilanzierten Rückstellungsbetrag von TEUR 150 gesunken sind, wird die Rückstellung auch weiterhin mit diesem Betrag in der Bilanz ausgewiesen.

Auch für beibehaltene Aufwandsrückstellungen kann ein **vorzeitiger Übergang** auf die Ansatz- und Bewertungsvorschriften des BilMoG in Betracht kommen. Der Übergang ist jedoch gleichbedeutend mit der Auflösung der Aufwandsrückstellung vor der zweckentsprechenden Inanspruchnahme bzw. dem Wegfall des Grunds für die Rückstellung. Gem. den allgemeinen Vorschriften zur Durchbrechung der Stetigkeit[347] ist davon auszugehen, dass die vorzeitige Auflösung von Aufwandsrückstellungen ein besseres den tatsächlichen Verhältnissen entsprechendes Bild der Vermögenslage vermit-

---
346 Vgl. hierzu auch insgesamt IDW RS HFA 28, Tz. 17.
347 Vgl. hierzu IDW RS HFA 38, Tz. 15.

telt. Dies entspricht den Ausführungen in der Regierungsbegründung, in der solche Rückstellungen als irreführend für die Darstellung der Vermögenslage bezeichnet werden, da diese wirtschaftlich den Charakter von Rücklagen haben.[348]

Bereits im Übergangszeitpunkt war eine sachverhaltsbezogene Beibehaltung von Aufwandsrückstellungen möglich, so dass es auch im Übergangszeitraum nicht beanstandet werden kann, wenn **sachverhaltsbezogen** eine **vorzeitige Auflösung** erfolgt.[349] Der Grundsatz der Stetigkeit für Ansatzwahlrechte wie z. B. Aufwandsrückstellungen galt nach HGB a. F. nicht.[350] Diese Rückstellungen konnten somit individuell aufgelöst werden.[351] Da beibehaltene Aufwandsrückstellungen auch weiterhin nach HGB a. F. bilanziert und bewertet werden, kann für diese somit auch nach Übergang auf das BilMoG nichts anderes gelten. Allerdings wird eine Auflösung erst in den Jahresabschlüssen möglich sein, die auf den erstmals nach BilMoG bilanzierten Jahresabschluss folgen.[352]

2.3.4 Ausweis

Für den Ausweis der Rückstellungen in der Bilanz ist zu beachten, dass das Beibehaltungswahlrecht für **Rückstellungen** nach Art. 67 Abs. 1 S. 2 EGHGB im Übergangszeitpunkt postenbezogen ausgeübt werden durfte. Insofern müssen die beibehaltenen Rückstellungen entweder in der Bilanz in einem gesonderten Posten oder im Anhang angegeben werden.

Für **Aufwandsrückstellungen** bestand keine Verpflichtung, das Beibehaltungswahlrecht postenbezogen auszuüben, so dass ein gesonderter Ausweis nicht erfolgen muss. Die beibehaltenen Aufwandsrückstellungen können daher weiterhin unter den »Sonstigen Rückstellungen« in der Bilanz ausgewiesen werden.

Wie bereits zuvor dargestellt, beendet die Erfassung von Zuführungen zu einer beibehaltenen Rückstellung den Übergangszeitraum für die jeweilige Rückstellung. Die Zuführungen sind dabei erfolgswirksam zu erfassen. Im Übergangszeitpunkt wurde auf eine Auflösung verzichtet, da in der Fortentwicklung der Rückstellung – ohne wertbegründende Schätzungsänderungen – von zukünftigen Zuführungen ausgegangen werden konnte. Diese

---

[348] Vgl. Begr. RegE BilMoG, BT-Drucks. 16/10067, S. 51.
[349] A.A. Rimmelspacher/Fey, WPg 2012, S. 427.
[350] Vgl. ADS⁶, § 249 HGB, Tz. 217.
[351] Vgl. auch die Hinweise in ADS⁶, § 249 HGB, Tz. 222.
[352] Vgl. IDW RS HFA 28, Tz. 36.

prognostizierten Zuführungen werden vornehmlich auf Aufwendungen aus der Aufzinsung entfallen, d.h. ihren Ursprung in der Abzinsung der Rückstellung haben. Insofern sind durch **Schätzungsänderungen** ausgelöste Zuführungen zum Ende des Übergangszeitraums u.E. primär im **operativen Ergebnis** zu erfassen. Ein Ausweis im außerordentlichen Ergebnis erfolgt nicht, da Art. 67 Abs. 7 EGHGB nicht mehr anwendbar ist.

Sofern eine **Verteilungsrückstellung** zum Übergangszeitpunkt beibehalten wurde, sind in die hypothetische Fortschreibung neben den zukünftigen Zuführungen aus der Aufzinsung auch die regulären zukünftigen Verteilungsbeträge mit einzubeziehen.[353] Da der Bewertungsunterschied zum Übergangszeitpunkt vornehmlich auf die Abzinsung zurückzuführen ist, sollte der Zuführungsbetrag am Ende des Übergangszeitraums bei einer Verteilungsrückstellung auch primär im operativen Ergebnis erfasst werden. Eine mögliche Differenz zum zuzuführenden jährlichen Verteilungsbetrag muss dann allerdings im Zinsaufwand erfasst werden. Es wird jedoch nicht beanstandet werden können, wenn aufgrund der fehlenden gesetzlichen Regelung eine anteilige Zuordnung des Zuführungsbetrags auf das operative Ergebnis und das Zinsergebnis erfolgt. Dabei ist der bilanzielle Zuführungsbetrag ins Verhältnis zu setzen zu dem in der Nebenrechnung ermittelten zuzuführenden Verteilungsbetrag sowie dem rückstellungserhöhenden Aufzinsungsbetrag.[354]

Da gem. Art. 67 Abs. 3 EGHGB bei beibehaltenen **Aufwandsrückstellungen** keine Erhöhungen mehr vorgenommen werden dürfen, kann der Fall einer Zuführung nicht mehr vorliegen.

Hinsichtlich des Ausweises von **Auflösungserträgen** von sonstigen Rückstellungen oder Aufwandsrückstellungen ist zu unterscheiden, ob der Grund weggefallen ist oder vorzeitig freiwillig auf die BilMoG-Vorschriften übergegangen werden soll. Bei den sonstigen Rückstellungen kommt hinzu, dass eine Auflösung auch durch Art. 67 Abs. 1 S. 2 EGHGB begründet sein könnte.

Auflösungen von Rückstellungen, bei denen der **Grund weggefallen** ist, sind nach den allgemeinen Grundsätzen im operativen Ertrag zu erfassen. Es handelt sich dabei um einen Sachverhalt, der nicht auf den Übergang auf das BilMoG zurückzuführen ist, so dass es an der Anwendbarkeit des Art. 67 Abs. 7 EGHGB fehlt.

---

353 Vgl. Begr. RegE BilMoG, BT-Drucks. 16/10067, S. 51.
354 Zu einem ausführlichen Beispiel vgl. Melcher/David/Skowronek, KoR 2011, S. 386 ff.

Sofern Auflösungen von beibehaltenen sonstigen Rückstellungen bzw. Aufwandsrückstellungen auf einen **freiwilligen Übergang** auf die Bilanzwerte nach BilMoG zurückzuführen sind und somit die Methodenstetigkeit durchbrochen wird, sieht der Berufsstand der Wirtschaftsprüfer einen Ausweis im außerordentlichen Ergebnis als erforderlich an.[355] Art. 67 Abs. 7 EGHGB schreibt den Ausweis im außerordentlichen Ergebnis von Erträgen und Aufwendungen allerdings nur dann vor, wenn diese auf die Anwendung des Art. 66 EGHGB oder des Art. 67 Abs. 1 bis 5 EGHGB zurückzuführen sind. Bei einer Durchbrechung der Stetigkeit ist dies jedoch nicht der Fall, so dass Art. 67 Abs. 7 EGHGB nicht anwendbar ist. Die Erfassung der Aufwendungen muss somit nach den allgemeinen Regelungen erfolgen, wonach die Aufwendungen erfolgswirksam im operativen Ertrag zu erfassen sind.[356]

Für beibehaltene sonstige Rückstellungen muss eine Auflösung auch erfolgen, wenn die hypothetische Fortführung der Rückstellung in der Nebenrechnung ergibt, dass der **beibehaltene Rückstellungsbetrag** bis zum 31.12.2024 **nicht mehr erreicht** wird. Die Auflösung der Rückstellung basiert in diesem Fall auf Art. 67 Abs. 1 S. 2 EGHGB, so dass Art. 67 Abs. 7 EGHGB für den Ausweis der Erträge grundsätzlich anwendbar ist. Allerdings kann Art. 67 Abs. 7 EGHGB nur für Beträge zur Anwendung kommen, die durch den Übergang auf die Bewertungsvorschriften des BilMoG beibehalten wurden. Somit kann bei einer Auflösung gem. Art. 67 Abs. 1 S. 2 EGHGB nur der Differenzbetrag des Überdeckungsbetrags gemeint sein, der sich durch die Auflösung vermindert. Der verbleibende Teil des Auflösungsbetrags wäre als Ertrag im ordentlichen Ergebnis zu erfassen. Diese theoretische Sichtweise führt allerdings dazu, dass eine aus diesem Grund vorzunehmende Aufteilung zu einem erheblichen Aufwand für den Bilanzierenden führen würde. Da die Auflösung der Rückstellung auch in diesem Fall auf einen teilweisen Wegfalls des Grunds und damit auch auf § 249 Abs. 2 S. 2 HGB zurückzuführen ist, kann u. E. auch der gesamte Auflösungsertrag im operativen Ergebnis erfasst werden.[357]

---

355 Vgl. IDW RS HFA 28, Tz. 27.
356 Vgl. IDW RS HFA 38, Tz. 16.
357 Ebenso Rimmelspacher/Fey, WPg 2012, S. 426.

2.3.5 Anhangangaben

Bei Ausübung des Beibehaltungswahlrechts für **Rückstellungen** muss der Bilanzierende zu jedem Bilanzstichtag gem. Art. 67 Abs. 1 S. 4 EGHGB die Summe des **Überdeckungsbetrags** für alle beibehaltenen Rückstellungen nach Art. 67 Abs. 1 S. 2 EGHGB im Anhang angeben. Die Summe des Überdeckungsbetrags entspricht dabei der Differenz zwischen der Summe der beibehaltenen Rückstellungen und der Summe dieser Rückstellungen, bewertet nach den Vorschriften des BilMoG. Eine Aufteilung des Überdeckungsbetrags, d.h. ob dieser auf Schätzungsänderungen beruht oder auf die Abzinsung zurückzuführen ist, muss nicht angegeben werden. Auch eine Angabe des Vorjahresbetrags ist nicht erforderlich.[358]

Wesentliche beibehaltene **Aufwandsrückstellungen** müssen im Rahmen der Angabe der angewendeten Bilanzierungs- und Bewertungsmethoden nach § 284 Abs. 2 Nr. 1 HGB erläutert werden.[359]

Für **wesentliche »Sonstige Rückstellungen«**, die vor dem Ende des Übergangszeitraums mit dem nach den Bewertungsvorschriften des BilMoG ermittelten Rückstellungsbetrags angesetzt werden (**Durchbrechung der Stetigkeit**), sind im Anhang gem. § 284 Abs. 2 Nr. 3 HGB die Abweichungen von den bisherigen Bewertungsmethoden anzugeben, zu begründen und die Einflüsse auf die Vermögens-, Finanz- und Ertragslage quantitativ darzustellen.[360] Dies gilt ebenso für Aufwandsrückstellungen, die vorzeitig freiwillig aufgelöst werden.

2.3.6 Zusammenfassung: Ausweisvorschriften und Anhangangaben

Abb. 10 fasst die Ausweisvorschriften und die Anhangangaben nach dem Übergang auf das BilMoG für beibehaltene Rückstellungen zusammen.

---

358 Vgl. BeBiKo[8], § 284 HGB, Tz. 21.
359 Vgl. IDW ERS HFA 34, Tz. 54.
360 Vgl. IDW RS HFA 38, Tz. 18 ff.

	Beibehaltene Rückstellungen (Art. 67 Abs. 1 S. 2 EGHGB)	Beibehaltene Aufwandsrückstellungen (Art. 67 Abs. 3 EGHGB)
Inanspruchnahmen	Erfolgsneutral	
Zuführungen	Erfolgswirksam (ordentliches Ergebnis)	Nicht möglich
Auflösungen		
Grund weggefallen	Erfolgswirksam (ordentliches Ergebnis)	
Freiwilliger vorzeitiger Übergang	Erfolgswirksam (ordentliches Ergebnis)	
	Nur für alle Rückstellungen gemeinsam möglich	Auch für einzelne Aufwandsrückstellungen möglich
Wegen Art. 67 Abs. 1 S. 2 EGHGB	Erfolgswirksam (ordentliches Ergebnis)	Nicht anwendbar
Anhangangaben		
Grundsätzlich	Überdeckungsbetrag nach Art. 67 Abs. 1 S. 4 EGHGB	Beschreibung nach § 284 Abs. 2 Nr. 1 HGB *(falls wesentlich)*
Freiwilliger vorzeitiger Übergang	Anhangangabe nach § 284 Abs. 1 Nr. 3 HGB: Angabe der Abweichung der Bewertungsmethode, Begründung der Abweichung und Quantifizierung der Auswirkungen auf die Vermögens-, Finanz- und Ertragslage *(falls wesentlich)*	

Abbildung 10 Zusammenfassung der Ausweisvorschriften und Anhangangaben nach Übergang auf das BilMoG für beibehaltene Rückstellungen

2.4 Ausweis

2.4.1. Bilanz

Der Ausweis von Rückstellungen ist nach HGB in § 266 Abs. 3 B. HGB vorgeschrieben. Dabei sind »Sonstige Rückstellungen« gesondert unter den »Rückstellungen« auszuweisen. Eine weitere Untergliederung muss nicht erfolgen.

Das Gesetz schreibt einen **gesonderten Ausweis** der »Sonstigen Rückstellungen« jedoch nicht für alle Gesellschaftsformen vor, so dass in bestimmten Fällen »Sonstige Rückstellungen« im Gliederungsposten »Rückstellungen« ausgewiesen werden können. Zudem bestehen für bestimmte Unternehmen Erleichterungen bei der Offenlegung. Für diese Unternehmen muss zwar bei der Aufstellung der Bilanz ein gesonderter Ausweis erfolgen, in der offenzulegenden Bilanz kann dieser aber vermieden werden, so dass zumindest dort nur ein Gliederungsposten »Rückstellungen« erscheint.

Abb. 11 fasst für die einzelnen Gesellschaftsformen den Ausweis von sonstigen Rückstellungen nach HGB zusammen.

Gesellschaftsform	Ausweis unter dem Bilanzposten „Rückstellungen" ohne Untergliederung	Gesonderter Ausweis der „sonstigen Rückstellungen" (§ 266 Abs. 3 B 3. HGB)	Erleichterung bei der Offenlegung (keine Untergliederung des Postens „Rückstellungen")
PerG (keine Erfüllung der Größenkriterien des § 1 PublG)		§ 247 Abs. 1 HGB: gesonderter Ausweis der Schulden sowie hinreichende Aufgliederung.	Nicht zu veröffentlichen.
Unternehmen, die gem. § 3 PublG vom PublG erfasst werden und die Größenkriterien des § 1 PublG erfüllen	Nein.	Ja. (§ 5 Abs. 1 S. 2 PublG)	Nein.
Kleine PerG nach § 264a/ Kapitalgesellschaften (Größenkriterien des § 276 HGB)	Ja. (266 Abs. 1 S. 3 HGB)	Möglich, aber nicht gefordert.	Keine Erleichterung notwendig.
Mittelgroße PerG nach § 264a/ Kapitalgesellschaften (Größenkriterien des § 276 HGB)	Nein.	Ja. (§ 266 Abs. 1 S. 2 HGB)	Ja. (§ 327 S. 1 Nr. 1 HGB)
Große PerG nach § 264a/ Kapitalgesellschaften (Größenkriterien des § 276 HGB)	Nein.	Ja. (§ 266 Abs. 1 S. 2 HGB)	Nein.

Abbildung 11 Zusammenfassung der Ausweisvorschriften zu den »Sonstigen Rückstellungen« nach HGB

Gem. § 265 Abs. 5 S. 1 HGB kann der Posten »Sonstige Rückstellungen« freiwillig in **einzelne Komponenten untergliedert** werden. Eine Aufgliederung unwesentlicher Rückstellungen ist allerdings nicht möglich, da durch die weitere Aufgliederung die Übersichtlichkeit des Jahresabschlusses nicht beeinträchtigt werden darf.[361]

Ebenfalls besteht gem. § 265 Abs. 7 HGB die Möglichkeit, **Posten in der Bilanz zusammenzufassen**, wenn die einzelnen Posten aus Beträgen bestehen, die für die Vermittlung eines den tatsächlichen Verhältnissen entsprechenden Bilds der Vermögenslage nicht erheblich sind. Gleiches gilt, wenn durch die Zusammenfassung die Klarheit der Darstellung vergrößert wird. In diesem Fall ist im Anhang ein gesonderter Ausweis der zusammengefassten Posten unter Angabe der Vorjahresbeträge notwendig. Ein Beispiel hierfür ist die Zusammenfassung der Posten »Steuerrückstellungen« und »Sonstige Rückstellungen« in der Bilanz zum Posten »Andere Rückstellungen«. Eine Rückkehr zur gesetzlichen Regelung ist im Folgejahr generell möglich, wobei die Vorjahresbeträge in der Bilanz ebenfalls aufgegliedert werden müssen.[362]

---

[361] Vgl. ADS⁶, § 265 HGB, Tz. 55, 59.
[362] Vgl. ADS⁶, § 265 HGB, Tz. 94.

Für Abschlüsse nach **IFRS** schreibt IAS 1.54(l) vor, dass Rückstellungen gesondert ausgewiesen werden müssen. Eine weitere Untergliederung ist abhängig von der Geschäftstätigkeit des Unternehmens und darf entweder in der Bilanz oder im Anhang erfolgen.[363] Der Detaillierungsgrad hängt dabei von der Größe, Art und Funktion der einbezogenen Beträge ab.[364] Heranzuziehen sind hierfür die Entscheidungskriterien des IAS 1.58. Für Rückstellungen ist somit die Beurteilung eines gesonderten Ausweises anhand der Kriterien Betrag, Art und Fälligkeitszeitpunkt vorzunehmen. IAS 1.78(d) gibt für Rückstellungen bspw. vor, dass eine Aufteilung zumindest in Rückstellungen für Leistungen an Arbeitnehmer und sonstige Rückstellungen erfolgen sollte.

Sofern die **Bilanz nach der Fristigkeit** aufgestellt wird, sind kurz- und langfristige Rückstellungen in getrennten Posten in der Bilanz auszuweisen.[365] Aus dem Gesamtposten Rückstellungen sind somit die Beträge zusammenzufassen, die voraussichtlich in bis zu zwölf Monaten nach dem Bilanzstichtag und die Beträge, die mehr als zwölf Monate nach dem Bilanzstichtag erfüllt werden.[366] Sofern die Bilanz nicht nach der Fristigkeit aufgestellt wird, sind entsprechende Aufgliederungen bzw. Angaben im Anhang erforderlich.

> Die Y-GmbH stellt ihre Bilanz nach der Fristigkeit auf. Für eine Rückstellung für Gewährleistungsverpflichtungen i. H. v. insgesamt TEUR 1.000 wird mit einer Inanspruchnahme von TEUR 400 in den nächsten zwölf Monaten gerechnet. In der IFRS-Bilanz ist die Rückstellung somit in zwei Posten auszuweisen: i. H. v. TEUR 400 in den Rückstellungen unter den kurzfristigen Schulden und i. H. v. TEUR 600 in den Rückstellungen unter den langfristigen Schulden.

2.4.2 Gewinn- und Verlustrechnung

Auswirkungen auf die Gewinn- und Verlustrechnung können sich aus den **folgenden Effekten** ergeben:
– Bildung oder Zuführung zu einer Rückstellung (Erhöhung des Verpflichtungsumfangs),

---

363 Vgl. IAS 1.77.
364 Vgl. IAS 1.78.
365 Vgl. IAS 1.60.
366 Vgl. IAS 1.61.

- Einflüsse aus der Abzinsung und
- Verminderung durch Auflösung einer Rückstellung (Verminderung des Verpflichtungsumfangs).

Inanspruchnahmen vermindern zwar auch eine Rückstellung, berühren jedoch nicht die Gewinn- und Verlustrechnung.

Im HGB ist zudem gem. **§ 277 Abs. 5 S. 1 HGB** ein gesonderter Ausweis der Erträge und Aufwendungen aus der Abzinsung in der Gewinn- und Verlustrechnung erforderlich.[367]

2.4.2.1 Erfassung von Zuführungen

Für die **erstmalige Erfassung von Rückstellungen** bzw. die Erfassung von Erhöhungen zu Rückstellungen sind zwei Methoden denkbar: die Bruttomethode und die Nettomethode. Ausgangspunkt für beide Methoden ist, wie in Abschn. 2.2.4.2 dargestellt, die in § 253 Abs. 2 S. 1 HGB geregelte Pflicht zur Abzinsung von Rückstellungen mit einer Restlaufzeit von mehr als einem Jahr.[368]

Bei der **Bruttomethode** erfolgt die erstmalige Erfassung bzw. die Erfassung weiterer Erhöhungen in Höhe des nominalen Verpflichtungsbetrags im operativen Aufwand. Anschließend wird die Rückstellung abgezinst. Der Unterschied zwischen nominalem Verpflichtungsbetrag und dem Barwert der Rückstellung wird rückstellungsmindernd im Finanzergebnis unter den »Sonstigen Zinsen und ähnlichen Erträgen« ausgewiesen.

Bei der **Nettomethode** wird der abgezinste nominale Verpflichtungsbetrag insgesamt im operativen Ergebnis erfasst. Eine Abzinsung erfolgt daher vor Erfassung der Rückstellung bzw. zukünftiger Erhöhungen außerhalb der Bilanz bzw. der Gewinn- und Verlustrechnung. Somit unterbleibt zu diesem Zeitpunkt ein Ausweis von Erträgen aus der Abzinsung im Finanzergebnis.

Zu beachten ist, dass eine Erfassung des Zuführungsbetrags dann nicht im operativen Ergebnis erfolgen darf, wenn die Verpflichtung dem Steuerergebnis oder dem außerordentlichen Ergebnis zuzuordnen ist. Die **Zuordnung** zu den jeweiligen **Posten der Gewinn- und Verlustrechnung** ist abhängig vom Grund für die Rückstellungsbildung. So sind bei Anwendung des Gesamtkostenverfahrens Zuführungen zu Rückstellungen im Zusammenhang mit der Produktion von für den Absatz vorgesehenen Erzeugnissen im

---

[367] Vgl. hierzu Abschn. 2.4.2.4.
[368] Vgl. zu beiden Methoden: Vgl. Weigl/Weber/Costa, BB 2009, S. 1064 f.; Fink/Kunath, DB 2010, S. 2348 f.; Gelhausen/Fey/Kämpfer, Kap. I, Tz. 61 ff.

Materialaufwand zu erfassen, Zuführungen zu Rückstellungen für personalbezogene Aufwendungen entsprechend im Personalaufwand. Eine Erhöhung des Verpflichtungsumfangs ist in dem entsprechenden Posten auszuweisen. Sofern Aufwendungen keinem Posten der Gewinn- und Verlustrechnung eindeutig zuordenbar sind, erfolgt eine Erfassung im sonstigen betrieblichen Aufwand.[369]

> Eine Rückstellung muss zum 31.12.2012 erstmals erfasst werden. Der nominale Verpflichtungsbetrag beläuft sich auf TEUR 1.000 und die Restlaufzeit beträgt 3 Jahre. Der vorgegebene Zinssatz durch die Deutsche Bundesbank für eine solche Restlaufzeit beläuft sich auf 4%. Der Barwert der Rückstellung beträgt demnach TEUR 889 [= 1.000 / (1 + 4%)$^{3 Jahre}$].

Die Auswirkungen der Brutto- und Nettomethode auf den Jahresabschluss bei erstmaliger Erfassung der Rückstellung sind Abb. 12 zu entnehmen.

Methoden	Bruttomethode	Nettomethode
Buchungssätze	Per operativer Aufwand an Rückstellung TEUR 1.000	Per operativer Aufwand an Rückstellung TEUR 889
	Per Rückstellung an Zinsertrag TEUR 111	
Bilanzausweis	Rückstellung TEUR 889	Rückstellung TEUR 889
GuV-Ausweis	Operativer Aufwand TEUR 1.000 Zinsertrag TEUR 111	Operativer Aufwand TEUR 889

Abbildung 12 Auswirkungen der Anwendung von Brutto- und Nettomethode

Eine Pflicht zur Anwendung einer der beiden Methoden findet sich im HGB nicht. Der Berufsstand der Wirtschaftsprüfer weist allerdings in verschiedenen Stellungnahmen darauf hin, dass eine Erfassung nach der Nettomethode erfolgen muss.[370] Begründet werden kann dies mit der realistischeren Abbildung der wirtschaftlichen Verhältnisse durch die Nettomethode, da auf den Ausweis eines Zinsertrags bei der erstmaligen Erfassung bzw. bei weiteren Erhöhungen verzichtet wird.[371] Problematisch bei der Bruttomethode ist insbesondere, dass der auszuweisende Zinsertrag gerade nicht

---

369 Vgl. ADS[6], § 275 HGB, Tz. 141.
370 Vgl. IDW ERS HFA 34, Tz. 11; IDW RS HFA 4, Tz. 43; IDW RS HFA 30, Tz. 59.
371 So war auch schon in der Vergangenheit ein Ausweis des Aufwands aus der Abzinsung von niedrig verzinslichen Aktiva im operativen Ergebnis anerkannt (vgl. ADS[6], § 275 HGB, Tz. 176b).

mit einer Kapitalüberlassung im Zusammenhang steht. Durch die nicht eindeutige Formulierung im Gesetz wird es dem Bilanzierenden jedoch nicht zu verwehren sein, die Bruttomethode anzuwenden, sofern mit einer Anhangangabe der ausgewiesene Zinsertrag erläutert wird.

Wie in Abschn. 2.2.4 bereits ausgeführt, sind Rückstellungen nach **IFRS** gem. IAS 37 mit dem Barwert der erwarteten Ausgaben anzusetzen, sofern der Zinseffekt wesentlich ist.[372] Der Ansatz erfolgt somit verpflichtend nach der Nettomethode. Eine Anwendung der Bruttomethode ist nicht möglich.

2.4.2.2 Einflüsse aus der Abzinsung

Rückstellungen sind auf Grund des Stichtagsprinzips nach § 252 Abs. 1 Nr. 3 HGB zu jedem Bilanzstichtag neu zu bewerten. Dies erfordert neben der Überprüfung der Restlaufzeit auch eine Anpassung des zum Bilanzstichtag anzuwendenden laufzeitadäquaten Abzinsungszinssatzes. Die **Beeinflussung der Rückstellungsentwicklung** durch die Abzinsung kann mehrere Ursachen haben. Folgende **Effekte** sind denkbar:

1) Rückstellungen, die bereits im Vorjahr bilanziert wurden, sind **aufzuzinsen**, da sich die Restlaufzeit im Zeitablauf jedes Jahr um ein Jahr vermindert.
2) Durch die Vorgabe der Zinssätze der Deutschen Bundesbank erfolgt eine Überprüfung und **Anpassung der Zinssätze** zu jedem Bilanzstichtag. Diese Änderung hat Auswirkungen auf den Barwert der Rückstellung.
3) Zu jedem Bilanzstichtag muss die **Restlaufzeit überprüft** werden. Bei einer Neueinschätzung der Restlaufzeit unterliegt die Barwertberechnung der Rückstellung zwei Einflüssen: der Änderung des Abzinsungszeitraums und der Änderung des Zinssatzes.

Ausgangspunkt der Betrachtung sind die berechneten Bilanzwerte für die Rückstellungen zum 31.12. des laufenden Jahres und 31.12. des Vorjahres. Dabei ist die Differenz zwischen beiden Beträgen verschiedenen Posten der Gewinn- und Verlustrechnung (operatives Ergebnis oder Finanzergebnis) zuzuordnen. Eine vereinfachte Zuordnung der Differenz kann nicht erfolgen, da sich diese auch aus gegenläufigen Effekten zusammensetzen kann.

---

[372] Vgl. auch die Definition des Barwerts in F.100(d) bzw. CF.4.55(d), sowie ADS International, Abschn. 18, Tz. 82.

2.4.2.2.1 Jährlicher Aufzinsungsaufwand

Die Effekte aus der Aufzinsung der Rückstellungen sind gem. **§ 277 Abs. 5 S. 1 HGB** im Finanzergebnis auszuweisen. Eine andere Ausweismöglichkeit besteht nicht. Zur Berechnung der Aufzinsungsbeträge vgl. Abschn. 2.2.4.5.

Auch nach **IFRS** sind die Aufwendungen aus der Aufzinsung gem. IAS 37.60 als Zinsaufwand auszuweisen. Die Zinsaufwendungen erfüllen allerdings nicht die Definition des IAS 23 für Fremdkapitalkosten.[373]

2.4.2.2.2 Effekte aus der Änderung des Abzinsungszinssatzes

Anders verhält es sich bei den Effekten aus der Änderung des Zinssatzes. Diese Effekte werden bei jeder Rückstellung vorzufinden sein, da im Zeitablauf die Restlaufzeit der Rückstellung jedes Jahr um ein Jahr sinkt und die Verwendung der laufzeitadäquaten Zinssätze der Deutschen Bundesbank zwingend vorgeschrieben ist. Die Zinssätze orientieren sich dabei nicht an der ursprünglichen Restlaufzeit, sondern an der sich jährlich vermindernden Restlaufzeit. Die Effekte aus der Änderung der Zinssätze können auch den Schätzungsänderungen zugeordnet werden, so dass die Möglichkeit der Erfassung entweder im **operativen Ergebnis oder** im **Finanzergebnis** besteht.[374] Allerdings ist dieses Wahlrecht einheitlich für alle Rückstellungen und im Zeitablauf stetig auszuüben.

> Die Rückstellung im Beispiel in Abschn. 2.4.2.1 wird von der Gesellschaft unter Anwendung der Nettomethode zum 31.12.2012 erstmalig erfasst. Zum 31.12.2013 hat die Rückstellung – durch den Zeitablauf – nur noch eine Restlaufzeit von 2 Jahren. Der Zinssatz der Deutschen Bundesbank für eine solche Restlaufzeit ist mit 3,5 % vorgegeben.
>
> Wie bereits in Abschn. 2.2.4.5 ausgeführt, kann die Rückstellung mit dem Zinssatz zu Beginn der Periode (4 %) aufgezinst werden. Insofern ergibt sich ein Bilanzansatz der Rückstellung vor Überprüfung des Zinssatzes und der Restlaufzeit von TEUR 925 [Ansatz der Rückstellung zum 31.12.2012 * (1 + Abzinsungszinssatz$_{31.12.2012}$) = TEUR 889 * (1 + 4 %)].
>
> Durch die Verminderung der Restlaufzeit im Zeitablauf, d.h. um ein Jahr, ist ein anderer Zinssatz für die Abzinsung zu verwenden (3,5 %). Insofern ist der Barwert der Rückstellung neu zu berechnen:

---

[373] Vgl. KPMG, Insights⁹, Tz. 3.12.840.10.
[374] Vgl. IDW ERS HFA 34, Tz. 51.

nominaler Verpflichtungsbetrag / (1 + Abzinsungszinssatz$_{31.12.2013}$)^{Restlaufzeit}
= TEUR 1.000 / (1 + 3,5%)$^{2\,\text{Jahre}}$ = TEUR 933.

Der Rückstellungsbetrag ist durch die Verminderung des Abzinsungszinssatzes zum 31.12.2013 daher um TEUR 8 zu erhöhen (TEUR 933 abzgl. TEUR 925). Für diesen Betrag besteht ein Ausweiswahlrecht zwischen operativem Aufwand und Zinsergebnis.

Nach **IFRS** müssen Zinssatzänderungen nicht jedes Jahr vorliegen. Gem. IAS 37.47 sind die jeweiligen Markterwartungen zum Bilanzstichtag bei der Bestimmung des Zinssatzes zu berücksichtigen. Die durch die Änderung der Zinssätze bedingten Barwertänderungen sind ergebniswirksam zu erfassen.[375] Dabei bestehen folgende **Möglichkeiten** zum Ausweis des Betrags, der sich aus der Änderung des Abzinsungssatzes ergibt[376]:
– Ausweis des Gesamtbetrags im Zinsaufwand bzw. -ertrag;
– Behandlung des Gesamtbetrags als Schätzungsänderung und Ausweis in der Kategorie der Gewinn- und Verlustrechnung, in der die Rückstellung ursprünglich gebildet wurde; oder
– Ausweis der Anpassung des risikofreien Zinssatzes im Zinsaufwand bzw. -ertrag und der Anpassung des Risikoabschlags als Schätzungsänderung in der Kategorie der Gewinn- und Verlustrechnung, in der die Rückstellung ursprünglich gebildet wurde.

Die gewählte Methode ist stetig anzuwenden und im Rahmen der Bilanzierungsmethoden oder der Angabe zum Aufzinsungsbetrag nach IAS 37.84(e) zu erläutern.

2.4.2.2.3 Effekte aus der Änderung der Restlaufzeit

Zu jedem Bilanzstichtag ist ebenfalls die **Restlaufzeit** zu überprüfen. Da die Restlaufzeit Grundlage für die Bestimmung des Abzinsungszeitraums ist, können sich hieraus zwei Effekte ergeben. Zum einen hat eine geänderte Restlaufzeit auch eine Änderung des Abzinsungszinssatzes zur Folge. Zudem wirkt sich eine Änderung auch auf den Abzinsungszeitraum und damit auf die Barwertermittlung der Rückstellung aus. Der Effekt aus der Änderung des Abzinsungszinssatzes ist entsprechend der durch den Zeitablauf bedingten Zinssatzänderung einheitlich entweder im operativen Ergebnis oder im Finanzergebnis zu erfassen.[377]

---

375 Vgl. ADS International, Abschn. 18, Tz. 90.
376 Vgl. ADS International, Abschn. 18, Tz. 91.
377 Vgl. IDW ERS HFA 34, Tz. 51.

Bei den Effekten aus der Änderung des Abzinsungszeitraums erfolgt ein **Ausweis** im operativen Ergebnis. Im Berufsstand wird die Meinung vertreten, dass entsprechende Effekte entweder im sonstigen betrieblichen Aufwand oder im sonstigen betrieblichen Ertrag zu erfassen sind.[378] U. E. wäre ein Ausweis der Aufwendungen auch in dem Posten der Gewinn- und Verlustrechnung denkbar, in dem die erstmalige Rückstellungszuführung erfasst wurde. Die Erträge sind allerdings aufgrund des Saldierungsverbots in § 246 Abs. 2 HGB in den sonstigen betrieblichen Erträgen zu erfassen.

Ein Ausweis dieser Effekte im Zinsergebnis ist nicht sachgerecht, da die Änderung der Restlaufzeit eine Schätzungsänderung ist und kein direkter Bezug zur Finanzierungskomponente einer Rückstellung vorliegt. Vielmehr wird durch die Verlängerung oder Verkürzung der Restlaufzeit der Zeitraum verändert, in dem die in den Rückstellungen gebundenen Finanzmittel Erträge erwirtschaften können. Die Erfassung solcher Effekte im Finanzergebnis würde daher zu einem nicht sachgerechten Ausweis führen, da eine Kapitalüberlassung bzw. die Existenz von Innenfinanzierungsmitteln in einem solchen Ausmaß nicht vorlag.[379]

Nach **IFRS** sind Änderungen des Abzinsungssatzes aufgrund einer Änderung der Restlaufzeit wie Änderungen des Abzinsungssatzes selbst zu behandeln.[380] Insofern gelten für diese Effekte die in Abschn. 2.4.2.2.2 beschriebenen Ausweismöglichkeiten. Effekte aus der Änderung des Abzinsungszeitraums aufgrund einer geänderten Restlaufzeit sind als Schätzungsänderungen zu behandeln und somit in dem Posten der Gewinn- und Verlustrechnung auszuweisen, in dem die Rückstellung ursprünglich gebildet wurde.

2.4.2.2.4 Vorgehen zur Bestimmung der einzelnen Effekte

Die Ermittlung der einzelnen Effekte muss aufgrund der unterschiedlichen Vorschriften zum Ausweis in folgenden Schritten erfolgen:
1) Ermittlung des Aufzinsungsaufwands,
2) Ermittlung des Zinssatzänderungseffekts unter Fortführung der Restlaufzeit bzw. unter Beachtung einer ggf. geänderten Restlaufzeit und
3) Ermittlung des Effekts aus einer geänderten Restlaufzeit. Eine ausführliche Darstellung enthält Abb. 13.

---

378 Vgl. IDW ERS HFA 34, Tz. 50.
379 Ebenso Gelhausen/Fey/Kämpfer, Kap. I, Tz. 62; Hoffmann/Lüdenbach, DStR 2008, S. 56.
380 Vgl. ADS International, Abschn. 18, Tz. 87.

Restlaufzeit sinkt um mehr als ein Jahr, bleibt konstant oder steigt (Neueinschätzung)	Restlaufzeit sinkt im Zeitablauf um 1 Jahr (keine Neueinschätzung)
1) Ermittlung des Aufzinsungsaufwands durch Verminderung der Restlaufzeit im Zeitablauf um ein Jahr (Aufwand):	
Bilanzansatz zum 31.12. des Vorjahrs * (1 + Abzinsungszinssatz zum 31.12. des Vorjahrs) = Zinsaufwand (entspricht Zuführung zur Rückstellung)	
2) Ermittlung des Zinssatzänderungseffekts (positiv = Aufwand; negativ = Ertrag):	
Nominaler Verpflichtungsbetrag zum 31.12. des laufenden Jahrs / (1 + Abzinsungszinssatz zum 31.12. des laufenden Jahrs unter Beachtung der neuen Restlaufzeit)$^{\text{fortgeführte Restlaufzeit}}$ abzgl. (Bilanzansatz zum 31.12. des Vorjahrs + zuvor berechneter Aufzinsungsaufwand)	
3) Ermittlung des Effekts aus einer Neueinschätzung der Restlaufzeit (positiv = Aufwand; negativ = Ertrag)	
Bilanzansatz zum 31.12. des laufenden Jahrs {*Nominaler Verpflichtungsbetrag zum 31.12. des laufenden Jahrs / (1 + Abzinsungszinssatz zum 31.12. des laufenden Jahrs unter Beachtung der neuen Restlaufzeit)*$^{\text{neue Restlaufzeit}}$} abzgl. (Rückstellung zum 31.12. des Vorjahrs + zuvor berechneter Aufzinsungsaufwand [Schritt 1] +/- Aufwand bzw. Ertrag aus der Zinssatzänderung [Schritt 2])	Nicht erforderlich.

Abbildung 13 Ermittlungsschritte für die Bestimmung der Effekte aus der Abzinsung nach HGB

Eine **Zusammenfassung der Schritte** ist möglich; allerdings muss hierbei beachtet werden, dass nur Schritte zusammengefasst werden können, deren Effekte im gleichen Posten der Gewinn- und Verlustrechnung ausgewiesen werden können bzw. müssen. Zudem ist das Saldierungsverbot gem. § 246 Abs. 2 S. 1 HGB zu berücksichtigen. So wäre z. B. eine Zusammenfassung von Schritt 1 und 2 dann möglich, wenn die Restlaufzeit im Zeitablauf sinkt, Zinssatzänderungseffekte im Zinsergebnis erfasst werden sollen und von einer steigenden Zinsstrukturkurve ausgegangen wird. In diesem Fall wird in den Schritten 1 und 2 jeweils ein Zinsaufwand berechnet, der im Zinsergebnis auszuweisen ist. Bleibt die Restlaufzeit konstant oder erhöht sich die Restlaufzeit, so wird im Normalfall auch der Zinssatz steigen, der für die Abzinsung herangezogen werden muss. In diesem Fall wird das Ergebnis aus Schritt 2 allerdings zu einem Zinsertrag führen, der aufgrund des Saldierungsverbots in § 246 Abs. 2 S. 1 HGB mit dem in Schritt 1 berechneten Zinsaufwand grundsätzlich nicht saldiert werden darf.

Auf Grundlage von Wesentlichkeitsüberlegungen halten wir es allerdings für vertretbar, dass **Vereinfachungen** vorgenommen werden können. Zum Beispiel wäre vorstellbar, dass – bei Ausweis der Zinssatzänderungseffekte im Finanzergebnis – die Schritte 1 und 2 grundsätzlich zusammen berechnet werden und bei einer Erhöhung der Restlaufzeit um mehrere Jahre für wesentliche Rückstellungen die saldierten Beträge gesondert auf Wesentlichkeit untersucht werden.

Nach **IFRS** wird eine Saldierung des Aufzinsungsaufwands mit einem ggf. vorliegenden Zinsertrag aus der Änderung des Abzinsungssatzes – trotz des Saldierungsverbots gem. IAS 1.32 – als möglich angesehen.[381]

Für die Rückstellung des Beispiels in Abschn. 2.4.2.1 muss zum 31.12.2013 die Restlaufzeit überprüft werden. Hierbei wird festgestellt, dass die ursprünglich im Zeitablauf gesunkene Restlaufzeit von zwei Jahren nicht mehr sachgerecht ist, sondern aufgrund neuerer Erkenntnisse von einer Restlaufzeit zum 31.12.2013 von fünf Jahren ausgegangen werden muss. Der Zinssatz der Deutschen Bundesbank für eine solche Restlaufzeit beträgt 5%.

Der Bilanzansatz zum 31.12.2013 beläuft sich daher auf TEUR 1.000 / $(1 + 5\%)^{5\ \text{Jahre}}$ = TEUR 783. Gegenüber dem Bilanzansatz zum 31.12.2012 von TEUR 889 ergibt sich somit eine Differenz von TEUR 106, die ertragswirksam zu erfassen ist. Allerdings entfällt diese Differenz auf unterschiedliche Effekte, die jeweils unterschiedliche Ausweiserfordernisse zur Folge haben. Insofern muss eine Aufteilung der Differenz auf diese Effekte erfolgen.

Im ersten Schritt ist die Aufzinsung zu erfassen. Die Berechnung erfolgt mit dem Abzinsungszinssatz zum Beginn der Periode, so dass sich ein vorläufiger Bilanzansatz der Rückstellung vor Überprüfung des Zinssatzes und der Restlaufzeit von TEUR 925 ergibt.[382] Somit muss im Zinsaufwand ein Aufzinsungsaufwand von TEUR 36 (TEUR 925 abzgl. TEUR 889) ausgewiesen werden.

Im zweiten Schritt sind die Restlaufzeit und der Abzinsungszinssatz zu überprüfen. Dabei wird festgestellt, dass neben dem Zinssatz auch die Restlaufzeit anzupassen ist. Da für beide Effekte unterschiedliche Ausweismöglichkeiten bestehen, sind beide gesondert zu berechnen:

---

[381] Vgl. ADS International, Abschn. 18, Tz. 92.
[382] Zur Berechnung vgl. das Beispiel in Abschn. 2.4.2.2.2.

Ermittlung des Zinssatzänderungseffekts: Durch die Erhöhung der Restlaufzeit muss der entsprechende Zinssatz von 5% verwendet werden. Der vorläufige Barwert der Rückstellung nach Zinssatzänderung beträgt somit TEUR 1.000 / (1 + 5%)$^{2\,\text{Jahre}}$ = TEUR 907. Der Effekt, der auf die Zinssatzänderung entfällt, berechnet sich dabei als Differenz zwischen dem hier berechneten Betrag und dem Bilanzansatz nach Aufzinsung. Im Beispiel ergibt sich ein negativer Betrag von TEUR 18 (TEUR 907 − TEUR 925), der als Ertrag entweder im operativen Ergebnis oder im Zinsergebnis (unter den »sonstigen Zinsen und ähnlichen Erträgen«) auszuweisen ist.

Ermittlung des Effekts aus einer Neueinschätzung der Restlaufzeit: Abschließend ist der Effekt aus der Änderung der Restlaufzeit zu berechnen. Von dem bereits zu Beginn des Beispiels ermittelten Bilanzansatz von TEUR 783 ist der fortentwickelte Bilanzansatz abzuziehen. Dieser beträgt TEUR 907 und setzt sich zusammen aus dem Bilanzansatz zum 31.12.2012 von TEUR 889 zzgl. dem Aufzinsungsaufwand von TEUR 36 abzgl. des Ertrags aus der Zinssatzänderung von TEUR 18. Die Restlaufzeitänderung führt daher zu einem Ertrag von TEUR 124, der im operativen Ergebnis zu erfassen ist.

Die Differenz zwischen den Bilanzansätzen zum 31.12.2012 und 31.12.2013 von TEUR −106 teilt sich daher wie folgt auf:

Aufzinsungsaufwand TEUR 36 (Zinsaufwand) − Zinssatzänderungseffekt TEUR 18 (Wahlrecht zwischen Zinsertrag und sonstiger betrieblicher Ertrag) − Effekt aus der Neueinschätzung der Restlaufzeit TEUR 124 (sonstiger betrieblicher Ertrag).

Zusammenfassung der einzelnen Effekte

Abb. 14 stellt zusammenfassend für dieses Beispiel die einzelnen Effekte in der Rückstellungsentwicklung grafisch dar.

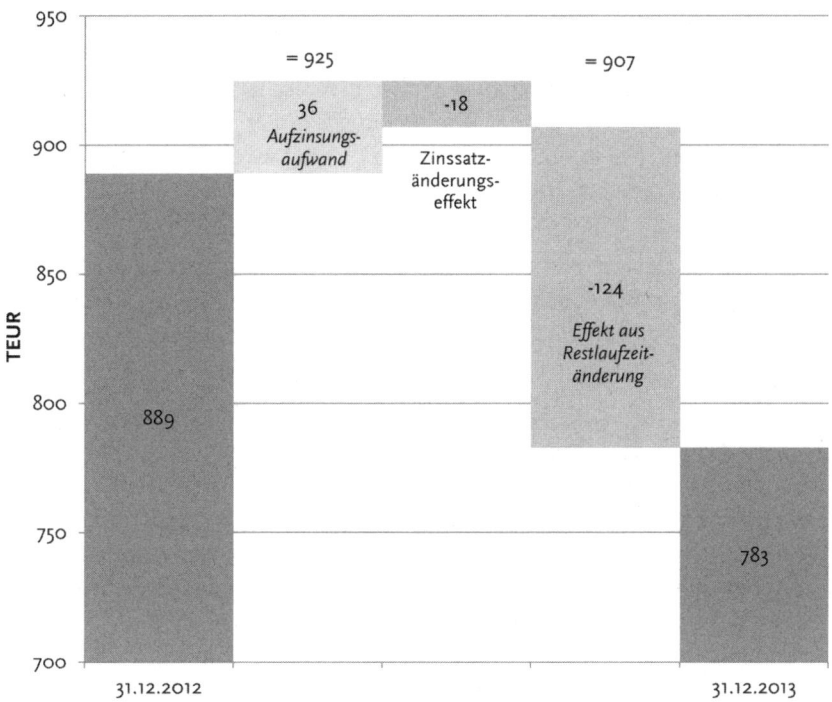

Abbildung 14 Darstellung der einzelnen Effekte der Rückstellungsentwicklung

2.4.2.3 Verminderungen oder Auflösungen von Rückstellungen

Wie bereits in Abschn. 2.1.1.3.5 ausgeführt, dürfen Rückstellungen gem. § 249 Abs. 2 S. 2 HGB nur aufgelöst werden, wenn der Grund für die Rückstellung entfallen ist. Dies gilt entsprechend, wenn die Rückstellung aufgrund neuer Erkenntnisse überhöht ist und daher – zumindest teilweise – nicht mehr benötigt wird.[383]

Verminderungen oder Auflösungen von Rückstellungen sind grundsätzlich im Posten **»sonstige betriebliche Erträge«** auszuweisen.[384] Ursache hierfür ist, dass eine Erfassung der Erträge in den jeweilgen Aufwandsposten gegen das Saldierungsverbot des § 246 Abs. 2 HGB verstoßen würde. Dies gilt allerdings nicht, wenn z.B. personalbezogene Rückstellungen nicht brutto fortentwickelt werden, sondern nur eine Differenzenbetrachtung erfolgt. Dies bedeutet, dass auf Basis der Berechnung der Rückstellung

---

383 Vgl. ADS⁶, § 253 HGB, Tz. 180, bzw. § 275 HGB, Tz. 76.
384 Vgl. ADS⁶, § 275 HGB, Tz. 76.

zum Bilanzstichtag Auflösungen notwendig sind, ohne dass eine detaillierte Fortschreibung der Rückstellung erfolgt. In diesem Fall sind die Erträge weiter zu untersuchen, um festzustellen, ob es sich um tatsächliche Erträge aufgrund einer Überdotierung der Rückstellung handelt oder ob aufgrund der abgekürzten Rückstellungsfortschreibung die Auflösung in dem jeweiligen Aufwandsposten zu erfassen ist, über den die Rückstellung gebildet wurde.

> Die von der Gesellschaft ermittelten Urlaubsrückstellungen zum 31.12. des Vorjahrs beliefen sich auf TEUR 1.000. Zum 31.12. des laufenden Jahrs werden die Urlaubsrückstellungen neu ermittelt und betragen nur noch TEUR 800. Eine Fortschreibung der Urlaubsrückstellung erfolgt nicht.
>
> Grundsätzlich ist davon auszugehen, dass die Urlaubsrückstellung des Vorjahrs im laufenden Jahr vollständig verbraucht wurde bzw. Urlaubsansprüche weiterhin ausstehen. Sofern eine Überdotierung der Rückstellung im Vorjahr nicht erkennbar ist, muss der Auflösungsbetrag im Personalaufwand erfasst werden. Eine Fortschreibung der Rückstellung hätte dazu geführt, dass Zahlungen des Gehalts bei Urlaub als Inanspruchnahme der Rückstellung zu buchen und die Neubildung über den Personalaufwand zu erfassen gewesen wären. Die Ertragsbuchung in den Personalaufwand korrigiert daher die im Personalaufwand enthaltenen Gehaltsbestandteile bei Urlaub.

Nach **IFRS** gelten bei Auflösung von Rückstellungen abweichende Regelungen für den Ausweis. Die Auflösung einer Rückstellung ist dabei immer als Schätzungsänderung anzusehen und in dem Posten zu erfassen, in dem die Rückstellung gebildet wurde.[385] In besonderen Fällen kann eine Erfassung im sonstigen betrieblichen Ertrag sinnvoll sein. Dies ist z.B. dann der Fall, wenn die Rückstellung über den sonstigen betrieblichen Aufwand gebildet wurde und die Erfassung des Ertrags aus der Auflösung in demselben Posten zu einer saldierten Größe führt, die einer Vergleichbarkeit von Abschlüssen entgegenstehen würde.[386]

Auflösungen von Rückstellungen sind nach IFRS gem. IAS 1.98(g) gesondert entweder in der Gewinn- oder Verlustrechnung auszuweisen oder im Anhang anzugeben, sofern sie wesentlich sind.[387] Bei wesentlichen Auf-

---
385 Vgl. KPMG, Insights⁹, Tz. 3.12.850.10.
386 Vgl. KPMG, Insights⁹, Tz. 4.1.150.30.
387 Vgl. KPMG, Insights⁹, Tz. 3.12.850.20.

lösungen sollten zudem Ausführungen zu den Ursachen im Anhang erfolgen. Ansonsten könnten Bilanzadressaten die Verlässlichkeit von Schätzungen des Managements in Frage stellen.

2.4.2.4 Gesonderter Ausweis der Erträge und Aufwendungen aus der Abzinsung

§ 277 Abs. 5 HGB S. 1 HGB regelt, dass Erträge aus der Abzinsung in der Gewinn- und Verlustrechnung gesondert unter dem Posten »Sonstige Zinsen und ähnliche Erträge« und Aufwendungen gesondert unter dem Posten »Zinsen und ähnliche Aufwendungen« auszuweisen sind.

Der Gesetzestext ist nicht eindeutig, welche Bilanzposten von der Vorschrift betroffen sind. Aus der Gesetzesbegründung geht jedoch eindeutig hervor, dass nur Erträge und Aufwendungen aus der Abzinsung von Rückstellungen von der Vorschrift erfasst werden sollen. Eine Einbeziehung von Erträgen und Aufwendungen aus Zinseffekten anderer Bilanzposten erfolgt somit nicht.[388]

Die erstmalige Erfassung von Rückstellungen bzw. die Erfassung späterer Erhöhungen muss wie in Abschn. 2.4.2.1 dargestellt nach der **Nettomethode** erfolgen, d.h. ohne den Ausweis von Zinsertrag oder Zinsaufwand. Dies bedeutet jedoch nicht, dass die Ausweisvorschrift ins Leere läuft. Vielmehr sind mit dem Wort »Abzinsung« alle Effekte aus der Abzinsung von Rückstellungen und somit auch die sich daran anschließenden Aufwendungen aus der Aufzinsung gemeint.[389] Diese sind Konsequenz der Abzinsung, denn die Fortentwicklung des Barwerts führt zu einer Fortführung des Abzinsungsbetrags als Korrekturposten zum nominalen Verpflichtungsbetrag, der entweder aufgelöst (Effekt der Aufzinsung) oder erhöht (Effekt der Abzinsung) wird, mit den jeweiligen Folgen für den Ausweis der Auflösungs- bzw. Zuführungsbeträge.

Durch die Gesetzesvorschrift ist zudem festgelegt, dass entsprechende Beträge im Finanzergebnis unter den in der Vorschrift benannten Posten auszuweisen sind. Wie bereits unter Abschn. 2.4.2.2 dargestellt, können jedoch unterschiedliche Effekte vorliegen, die auch zu einem Ausweis von Teilbeträgen im operativen Ergebnis führen können.

---

[388] Vgl. Beschlussempfehlung und Bericht des Rechtsausschusses, BT-Drucks. 16/12407, S. 87; IDW ERS HFA 34, Tz. 52; Gelhausen/Fey/Kämpfer, Kap. I, Tz. 58; Roß/Philippsen, DB 2010, S. 1254.

[389] Vgl. Begr. RegE BilMoG, BT-Drucks. 16/10067, S. 55.

Die Vorschrift fordert zudem den **gesonderten Ausweis** solcher Erträge und Aufwendungen in der **Gewinn- und Verlustrechnung**. Gesondert sind Beträge dann in der Gewinn- und Verlustrechnung ausgewiesen, wenn diese entweder in Form eines »Davon-Vermerks« aufgeführt werden oder eine weitere Untergliederung des Postens des Finanzergebnisses in einer Vorspalte erfolgt. Als dritte Möglichkeit kann in analoger Anwendung der Vorschrift des § 265 Abs. 7 Nr. 2 HGB eine Aufnahme der Angaben in den Anhang anstatt in der Gewinn- und Verlustrechnung erfolgen, da dadurch die Klarheit der Darstellung des Jahresabschlusses verbessert wird.[390]

Auch nach **IFRS** sind die Erträge und Aufwendungen aus der Abzinsung gesondert auszuweisen. Hier findet sich eine entsprechende Vorschrift in IAS 37.84(e). So ist für jede Rückstellung der Aufzinsungsbetrag anzugeben, d.h. die Erhöhung des abgezinsten Betrags im Zeitablauf. Die Angabe erfolgt zumeist als separate Spalte im Rückstellungsspiegel.[391]

2.4.3 Anhang

Im **HGB** finden sich nur wenige Vorschriften, die Anhangangaben zu sonstigen Rückstellungen betreffen. Zu beachten ist, dass über die nachfolgend beschriebenen Angaben hinaus Ergänzungen oder Erweiterungen auf freiwilliger Basis erfolgen können, sofern diese im sachlichen Zusammenhang mit dem Jahresabschluss stehen. Die freiwilligen Angaben sind dann ebenso prüfungs- und offenlegungspflichtig, dürfen allerdings die Klarheit und Übersichtlichkeit des Anhangs nicht beeinträchtigen.[392]

2.4.3.1 Angaben nach § 284 Abs. 2 Nr. 1 HGB

Gem. § 284 Abs. 2 Nr. 1 HGB sind u.a. die angewandten Bilanzierungs- und Bewertungsmethoden bzgl. der Posten in der Bilanz anzugeben. Hiervon sind auch die sonstigen Rückstellungen betroffen. Die Angabe ist für Unternehmen aller Größenklassen vorzunehmen, sofern eine Aufstellung nach § 264 ff. HGB erfolgt bzw. erfolgen muss.

---

390 Vgl. IDW ERS HFA 34, Tz. 52, sowie Gelhausen/Fey/ Kämpfer, Kap. I, Tz. 60. A.A. Roß/Philippsen, DB 2010, S. 1254.
391 Vgl. für einen beispielhaften Ausweis KPMG, IFS, S. 157.
392 Vgl. BeBiKo[8], § 284 HGB, Tz. 80f.

Im Rahmen der **Angabe zu den Bilanzierungsmethoden** sind lediglich Angaben zum Ansatz der jeweiligen Bilanzposten zu machen.[393] Bei sonstigen Rückstellungen bestehen seit der Änderung des HGB durch das BilMoG keine Ansatzwahlrechte mehr für sonstige Rückstellungen. Damit entfallen grundsätzlich Angaben zum Ansatz bei sonstigen Rückstellungen. Angaben sollten allerdings immer dann erfolgen, wenn wesentliche Sachverhalte auftreten, bei denen in der Literatur unterschiedliche Auffassungen zu finden sind, wann die Voraussetzungen für eine Bilanzierung erfüllt sind.[394] Eine Pflicht solcher Angaben kann aus dem Gesetz jedoch nicht abgeleitet werden.

Angaben zu den Bewertungsmethoden sind bei sonstigen Rückstellungen in allen Anhängen notwendig. Bezogen auf sonstige Rückstellungen handelt es sich um eine Beschreibung des planmäßigen Vorgehens bei der Ermittlung des Wertansatzes. Die Schätzung von Rückstellungen muss dabei stets nach vernünftiger kaufmännischer Beurteilung erfolgen.[395] Dabei kann die Bewertung von Rückstellungen neben der Einzelbewertung auch nach der Gruppenbewertung erfolgen. Zu beachten ist, dass Angaben grundsätzlich nur notwendig sind, wenn der Posten »Sonstige Rückstellungen« als wesentlich anzusehen ist oder Sachverhalte enthält, die eine Erläuterung aus Sicht des Abschlussadressaten erfordern.

Neben der Methode zur Bestimmung des Verpflichtungsbetrags muss die entsprechende Angabe auch Ausführungen zur Einbeziehung von Preis- und Kostenänderungen sowie zum Vorgehen bei der Abzinsung enthalten.

Sofern wesentliche sonstige Rückstellungen vorliegen, sind ggf. **weitere Angaben** zu den Bewertungsmethoden notwendig[396]:
– bei einer Restlaufzeit von einem Jahr oder weniger die Ausübung des Abzinsungswahlrechts (vgl. Abschn. 2.2.4.2),
– die der Ermittlung des Aufzinsungsaufwands zugrunde gelegten Annahmen (vgl. Abschn. 2.2.4.5),
– bei einer Bewertung von Pauschalrückstellungen unter Anwendung der Gruppenbewertung von Schulden gem. § 240 Abs. 4 HGB die Bewertungsparameter (vgl. Abschn. 2.2.4.6) sowie
– ob Effekte aus der Änderung des Abzinsungszinssatzes im operativen oder im Finanzergebnis ausgewiesen werden (vgl. Abschn. 2.4.2.2.2 und 2.4.2.2.3).

---

393 Vgl. ADS[6], § 284 HGB, Tz. 55 f.
394 Vgl. BeBiKo[8], § 284 HGB, Tz. 89 mit dem Verweis auf z. B. die Bilanzierung von künftigen Ausgleichsansprüchen von Handelsvertretern.
395 Vgl. BeBiKo[8], § 284 HGB, Tz. 131.
396 Vgl. IDW ERS HFA 34, Tz. 53.

Beispiele für eine Anhangangabe nach § 284 Abs. 2 Nr. 1 HGB finden sich nachfolgend:

Beispiel 1:

»Die anderen Rückstellungen berücksichtigen alle erkennbaren Risiken und ungewissen Verpflichtungen. Die Bewertung erfolgt jeweils in Höhe des Erfüllungsbetrags, der nach vernünftiger kaufmännischer Beurteilung erforderlich ist, um zukünftige Zahlungsverpflichtungen abzudecken. Zukünftige Preis- und Kostensteigerungen werden berücksichtigt, sofern ausreichende objektive Hinweise für deren Eintritt vorliegen. Rückstellungen mit einer Restlaufzeit von mehr als einem Jahr werden mit dem ihrer Restlaufzeit entsprechenden durchschnittlichen Marktzinssatz der vergangenen sieben Geschäftsjahre abgezinst.«[397]

Beispiel 2:

»Sonstige Rückstellungen werden in Höhe des nach vernünftiger kaufmännischer Beurteilung notwendigen Erfüllungsbetrags bewertet. Künftige Preis- und Kostensteigerungen im Zeitpunkt der Erfüllung der Verpflichtung werden berücksichtigt. Rückstellungen mit einer Restlaufzeit von mehr als einem Jahr werden mit dem ihrer Restlaufzeit entsprechenden und von der Deutschen Bundesbank veröffentlichten durchschnittlichen Marktzinssatz abgezinst.«[398]

2.4.3.2 Angaben nach § 284 Abs. 2 Nr. 3 HGB

Sofern die Bewertungsmethoden bei Rückstellungen geändert werden, sind Anhangangaben nach § 284 Abs. 2 Nr. 3 HGB erforderlich. Gem. § 252 Abs. 1 Nr. 6 HGB sind angewandte Bewertungsmethoden beizubehalten (Bewertungsstetigkeit). Auch Ansatzmethoden sind gem. § 246 Abs. 3 HGB beizubehalten. Durch die Änderungen des BilMoG wurden bestehende Ansatzwahlrechte bei Rückstellungen gestrichen, so dass Angaben zur Durchbrechung der Ansatzstetigkeit nur noch aus der Anwendung bzw. Aufgabe des Beibehaltungswahlrechts erfolgen können.

Eine **Durchbrechung der Bewertungsstetigkeit** ist gem. § 252 Abs. 2 HGB nur in begründeten Ausnahmefällen möglich. Diese Ausnahmefälle führt IDW RS HFA 38, Tz. 15, auf. Änderungen in der Bewertung lassen sich zu-

[397] Bayer AG, Jahresabschluss 2011, S. 8.
[398] Daimler AG, Jahresabschluss 2011, S. 9.

meist mit der Vermittlung eines besseren den tatsächlichen Verhältnissen entsprechenden Bildes der Vermögens-, Finanz- oder Ertragslage oder der Anpassung an konzerneinheitliche Bilanzierungsrichtlinien begründen. Dabei sind die Änderung, die Begründung für eine Änderung sowie die Auswirkungen auf die Vermögens-, Finanz- und Ertragslage gesondert im Anhang anzugeben. Vorjahreszahlen sind nicht anzupassen. Die jeweiligen Effekte aus der Änderung sind erfolgswirksam in der Gewinn- und Verlustrechnung zu erfassen.[399]

Für Kapitalgesellschaften, haftungsbeschränkte Personengesellschaften nach § 264a HGB sowie Gesellschaften, die den Jahresabschluss nach dem PublG aufstellen, sind Ausweismethoden nach § 265 Abs. 1 HGB stetig beizubehalten. Abweichungen sind im Anhang anzugeben und zu begründen. Sofern neue Gliederungspunkte aufgenommen werden, da diese entweder bisher nicht vorhanden waren oder ein zusammengefasster Ausweis nun getrennt erfolgen soll, ist dies keine Durchbrechung der Ausweisstetigkeit.[400]

2.4.3.3 Angaben nach § 285 Nr. 12 HGB

In § 285 HGB findet sich nur eine Vorschrift, die sich auf Anhangangaben zu »Sonstigen Rückstellungen« bezieht. Gem. § 285 Nr. 12 HGB sind nicht unerhebliche sonstige Rückstellungen zu erläutern, sofern diese nicht in der Bilanz unter dem Posten »Sonstige Rückstellungen« gesondert auszuweisen sind. Eine weitere Untergliederung eines Bilanzpostens erlaubt dabei § 265 Abs. 5 HGB. In vielen Fällen führt allerdings eine weitere Untergliederung zu einer unübersichtlicheren Bilanz, so dass eine gesonderte Erläuterung im Anhang vorzuziehen ist.

»Nicht unerheblich« sind sonstige Rückstellungen immer dann, wenn der Posten »Sonstige Rückstellungen« bezogen auf die gesamte Bilanz nicht von untergeordneter Bedeutung ist. Im zweiten Schritt ist dann festzustellen, ob die jeweilige einzelne Rückstellung bezogen auf die Summe der gesamten sonstigen Rückstellungen einen größeren Anteil umfasst. Zusätzlich kann ggf. mit einfließen, in welchem Maß die Rückstellungsbildung das Jahresergebnis belastet hat.[401]

Prozentsätze können für eine solche Beurteilung nicht vorgegeben werden, da eine Angabe abhängig ist vom jeweiligen Einzelfall. Sollte der Posten »Sonstige Rückstellungen« in der Bilanz eine entsprechende Größe

---

[399] Erläuterungen zu den notwendigen Anhangangaben finden sich in IDW RS HFA 38, Tz. 18 ff.
[400] Vgl. BeBiKo[8], § 265 HGB, Tz. 3.
[401] Vgl. BeBiKo[8], § 285 HGB, Tz. 261; ADS[6], § 285 HGB, Tz. 241.

haben und für Bilanzadressaten das Interesse bestehen, zu erfahren, welche Rückstellungen in diesem Posten enthalten sind, ist eine Angabe erforderlich. Aus dem gesamten Rückstellungsposten sollte dann anhand der Größe eine Auswahl der zu erläuternden Rückstellungen getroffen werden.

Die **Angabe** muss die Art der »nicht unerheblichen« Rückstellung umfassen sowie eine Aussage zur Größenzuordnung enthalten. Die Art der Rückstellung ist zumeist bereits aus der Bezeichnung der Rückstellung erkennbar. Ansonsten wären zusätzliche Erläuterungen zum Zweck der Rückstellung notwendig. Eine betragsmäßige Angabe der jeweiligen Rückstellung ist nicht erforderlich. Verbale Angaben in Form von größenmäßigen Kennzeichnungen sind ausreichend.[402] Aus den Erläuterungen sollte eine Abgrenzung der wesentlichen Rückstellungen von den anderen »nicht unerheblichen« Rückstellungen möglich sein.

> In den für das Berichtsjahr ausgewiesenen Sonstigen Rückstellungen sind Rückstellungen für Restrukturierungsmaßnahmen i. H. v. TEUR 780 (Vorjahr TEUR 420) enthalten.

Die Angabepflicht kann auch durch die Aufnahme eines **Rückstellungsspiegels** in den Anhang erfüllt werden, der tabellarisch nach den einzelnen Rückstellungsarten die Beträge aufgliedert.[403] Sofern der Zweck nicht bereits aus der Bezeichnung der Rückstellungsarten im Rückstellungsspiegel hervorgeht, sind die wesentlichen Rückstellungen entweder einzeln im Rückstellungsspiegel darzustellen oder im Anschluss zu erläutern.

Eine gesetzliche Vorgabe für die **Darstellung** eines Rückstellungsspiegels existiert nicht. Aufgrund der eingeführten Abzinsung von Rückstellungen sind bei der Verwendung eines Rückstellungsspiegels die Effekte aus der Abzinsung in einer gesonderten Spalte darzustellen. Dabei sollte der Aufzinsungsaufwand je nach Berechnungssystematik im Rückstellungsspiegel separat dargestellt werden. Sofern der Aufzinsungsaufwand vor bzw. bis zu Inanspruchnahmen und Auflösungen berechnet wird, sollte eine Darstellung der Effekte aus der Abzinsung auch vor diesen Beträgen erfolgen.[404] Eine Vorgabe für die Darstellung kann jedoch nicht gemacht werden. Entsprechende Möglichkeiten zur Darstellung enthält Abb. 15.

---

402 Vgl. hierzu insgesamt BeBiKo[8], § 285 HGB, Tz. 261; ADS[6], § 285 HGB, Tz. 242 f.
403 Vgl. IDW ERS HFA 34, Tz. 55.
404 Vgl. hierzu Abschn. 2.2.4.5.

Variante A: Berechnung der Aufzinsung vor bzw. bis zu Inanspruchnahmen und Auflösungen

Vortrag	Umglie-derung	**Aufzinsung**	**Inanspruch-nahme**	**Auflösung**	Zufüh-rung	Stand am Jahres-ende
(1.1.)						(31.12.)

Variante B: Berechnung der Aufzinsung nach Inaspruchnahmen und Aufläsungen

Vortrag	Umglie-derung	**Inanspruch-nahme**	**Auflösung**	**Aufzinsung**	Zufüh-rung	Stand am Jahres-ende
(1.1.)						(31.12.)

Abbildung 15 Mögliche Darstellungen eines Rückstellungsspiegels in Abhängigkeit von der Berechnung der Aufzinsungsbeträge

Die Angabe nach § 285 Nr. 12 HGB betrifft mittelgroße sowie große Kapitalgesellschaften bzw. Personengesellschaften nach § 264a HGB. Sofern entsprechende Gesellschaften gem. § 267 Abs. 1 HGB die Größenkriterien für kleine Kapitalgesellschaften erfüllen, kann gem. § 288 Abs. 1 HGB auf eine Anhangangabe nach § 285 Nr. 12 HGB verzichtet werden. Auch publizitätspflichtige Körperschaften müssen gem. § 5 Abs. 2 S. 2 PublG die Angabepflicht erfüllen.

Erleichterungen bestehen lediglich für mittelgroße Kapitalgesellschaften bzw. Personengesellschaften nach § 264a HGB. Gem. § 327 Nr. 2 HGB können deren gesetzliche Vertreter den Anhang ohne die Angabe nach § 285 Nr. 12 HGB zur Veröffentlichung zum elektronischen Bundesanzeiger einreichen.

2.4.3.4 Angaben nach § 277 Abs. 4 S. 3 HGB zu periodenfremden Aufwendungen und Erträgen

Gem. § 277 Abs. 4 S. 3 HGB sind Aufwendungen und Erträge, die einem anderen Geschäftsjahr zuzurechnen sind, gesondert im Anhang anzugeben, soweit die Beträge für die Beurteilung der Ertragslage nicht von untergeordneter Bedeutung sind. Unter periodenfremde Erträge fallen z. B. Erträge aus der Auflösung von Rückstellungen.

Die Anhangangabe muss den Betrag enthalten sowie die Art der Aufwendungen erläutern. In den meisten Fällen wird mit der Bezeichnung der Erträge bereits die **Erläuterungspflicht** erfüllt sein.[405] Die Grenze für das Kriterium »nicht von untergeordneter Bedeutung« liegt unterhalb der Wesent-

---

405 Vgl. ADS[6], § 277 HGB, Tz. 85, 88.

lichkeitsgrenze eines Jahresabschlusses.[406] Dabei wird eine Erläuterung der periodenfremden Erträge und Aufwendungen eher erforderlich sein als die der außerordentlichen Erträge und Aufwendungen gem. § 277 Abs. 4 S. 1 HGB, da periodenfremde Erträge und Aufwendungen nicht direkt in der Gewinn- und Verlustrechnung identifiziert werden können.[407]

Kapitalgesellschaften bzw. Personengesellschaften nach § 264a HGB, die gem. § 267 Abs. 1 HGB die Größenkriterien für kleine Kapitalgesellschaften erfüllen, sind von der Angabepflicht befreit. Dies ergibt sich aus § 276 Abs. S. 2 HGB.

2.4.3.5 Besonderheiten im Konzernabschluss

Bei einem **HGB-Konzernabschluss** finden sich die entsprechenden Vorschriften zu § 284 Abs. 2 Nr. 1 und Nr. 3 HGB in § 313 Abs. 1 S. 2 Nr. 1 und Nr. 3 HGB. Hier gelten insofern die Ausführungen in Abschn. 2.4.3.1 und 2.4.3.2.

Die Vorschrift in § 285 Nr. 12 HGB zur Erläuterung von »Sonstigen Rückstellungen« ist nicht in den §§ 313, 314 HGB enthalten, so dass entsprechende Angaben bei einem HGB-Konzernabschluss nicht erforderlich sind.

Sofern ein Unternehmen gem. § 315a Abs. 1 HGB einen **IFRS-Konzernabschluss** erstellen muss[408], sind die in den Abschnitten 2.4.3.1 bis 2.4.3.4 dargestellten Angaben nicht erforderlich.

2.4.3.6 Allgemeine Anhangangaben nach IFRS

2.4.3.6.1 Angaben zu den Bilanzierungs- und Bewertungsmethoden (IAS 1)

Nach IFRS sind die Anhangangaben zu Rückstellungen weitaus detaillierter geregelt als nach HGB. Gem. IAS 1.112(a) sind Angaben zu den **Grundlagen der Aufstellung** des Abschlusses und die jeweiligen Bilanzierungs- und Bewertungsmethoden anzugeben. Die Angabepflicht wird spezifiziert durch IAS 1.117 bis 1.124. Anzugeben sind die **Bewertungsgrundlagen** sowie die **Bilanzierungs- und Bewertungsmethoden**, die für das Verständnis des Abschlusses relevant sind. Eine Angabe von Bilanzierungs- und Bewertungsmethoden muss erfolgen, wenn sie für das Verständnis der Abschlussadressaten sinnvoll erscheint. Dies wird immer dann der Fall sein, wenn der Bilanzierende zwischen verschiedenen Methoden wählen kann.[409] Zudem

---

406 Vgl. BeBiKo[8], § 275 HGB, Tz. 225.
407 Vgl. ADS[6], § 277 HGB, Tz. 88.
408 Zum Kreis der Unternehmen, die einen IFRS-Konzernabschluss erstellen müssen vgl. BeBiKo[8], § 315a HGB, Tz. 1f.
409 Vgl. IAS 1.119.

sind gem. IAS 1.120 die Methoden anzugeben, deren Angabe Abschlussadressaten erwarten. Gleiches gilt für Methoden, die für die Tätigkeit des Unternehmens eine wichtige Rolle spielen, auch wenn die Beträge für das laufende Jahr und das Vorjahr nicht wesentlich sind.[410]

Angaben zu den Bewertungsgrundlagen bei Rückstellungen beziehen sich auf die Ermittlung der Bewertung der jeweilgen Verpflichtungstatbestände. Dabei dürfen gem. IAS 1.118 die Rückstellungsarten zu Gruppen zusammengefasst werden, sofern die Bewertungsgrundlagen sich entsprechen. Daher hat sich in der Praxis die Vorgehensweise herausgebildet, dass zunächst eine allgemeine Einführung zu den Bilanzierungs- und Bewertungsmethoden von Rückstellungen erfolgt. Anschließend gehen die Bilanzierenden auf Besonderheiten bei einzelnen Rückstellungsarten ein. So sind z. B. zu Gewährleistungsrückstellungen Ausführungen aufzunehmen, wann für einen entsprechenden Sachverhalt eine Rückstellung gebildet und wie diese berechnet wurde. Gleiches gilt z. B. auch für Drohverlustrückstellungen.

In Ergänzung zu den **Bilanzierungs- und Bewertungsmethoden** hat der Bilanzierende entweder an allgemeiner Stelle oder bei den jeweiligen Bilanzposten gem. IAS 1.122 kritische Ermessensentscheidungen darzustellen und gem. IAS 1.125 wesentliche Annahmen im Rahmen von Schätzungsunsicherheiten im Zusammenhang mit Bewertungen (z. B. angemessene Abzinsungssätze) anzugeben. Beide Angaben sollten im Abschnitt zur Erstellung des Abschlusses mit Überschrift getrennt voneinander allgemein dargestellt werden. Sofern ausführliche Erläuterungen an anderer Stelle im Anhang (z. B. bei den jeweiligen Bilanzierungs- und Bewertungsmethoden oder bei den Erläuterungen der Bilanzposten) erfolgen, ist die Aufnahme entsprechender Verweise zu empfehlen. Wiederholungen von Angaben werden damit weitestgehend vermieden.

Für Rückstellungen werden in fast allen Fällen **Schätzungsunsicherheiten** vorliegen, die gesondert zu erläutern sind. Da sich jedoch auch aus IAS 37 die Notwendigkeit für gesonderte Angaben zu Unsicherheiten bei der Ermittlung von Rückstellungen ergibt, sollten entsprechende Ausführungen zusammengefasst und an einer gemeinsamen Stelle im Anhang aufgenommen werden. Dies kann entweder bei den Ausführungen zu den Bilanzierungs- und Bewertungsmethoden von Rückstellungen erfolgen oder bei den notwendigen Angaben nach IAS 37 zum Bilanzposten Rückstellungen.

---

410 Vgl. IAS 1.121.

2.4.3.6.2 Angaben zu Änderungen der Bilanzierungs- und Bewertungsmethoden (IAS 8)

Wie in Abschn. 2.2.2.4 beschrieben, sind Rückstellungen gem. IAS 37.59 zu jedem Bilanzstichtag zu überprüfen und ggf. anzupassen. Die erforderlichen Angaben im Anhang für diese sog. **Schätzungsänderungen** ergeben sich dabei aus IAS 8.39-.40. Dabei sind neben dem Betrag der Änderung die Auswirkungen für die Berichtsperiode sowie für die zukünftigen Perioden anzugeben. Sofern eine Angabe für die zukünftigen Perioden nicht möglich ist, muss der Bilanzierende darauf hinweisen.

Bei Rückstellungen können neben Änderungen von rechnungslegungsbezogenen Schätzungen auch Änderungen von Rechnungslegungsmethoden auftreten.[411] Die Bilanzierungskonsequenzen ergeben sich dabei aus **IAS 8**. Bei einer Änderung der Bewertungsgrundlagen handelt es sich z. B. um die Änderung einer Bewertungsmethode. Sofern eine Zuordnung der Änderung nicht möglich ist, ist die Änderung gem. IAS 8.35 als Änderung einer rechnungslegungsbezogenen Schätzung zu behandeln.

Bilanzierungs- und Bewertungsmethoden sind gem. IAS 8.13 für ähnliche Geschäftsvorfälle grundsätzlich sachlich und zeitlich stetig anzuwenden. Änderungen können dann vorgenommen werden, wenn durch die neue Methode zuverlässigere und relevantere Informationen vermittelt werden.[412] Gem. IAS 8.19 sind solche Änderungen grundsätzlich rückwirkend zu erfassen, es sei denn, die Ermittlung der Auswirkungen auf die früheren Perioden ist nicht möglich.[413] Rückwirkend meint, dass die Eröffnungsbilanzwerte für die früheste dargestellte Periode sowie die dargestellten Vergleichsperioden anzupassen sind.[414]

Notwendige **Angaben** im Anhang für eine freiwillige Änderung einer Bilanzierungs- oder Bewertungsmethode ergeben sich aus IAS 8.29. Der Anhang muss danach eine Beschreibung der Art der Änderung, die Gründe für eine Vermittlung zuverlässiger und relevanterer Informationen durch die neuen Bilanzierungs- und Bewertungsmethoden sowie die jeweiligen Korrekturbeträge – einzeln für jeden betroffenen Posten und jede Periode – enthalten.[415]

---

411 Auf das Vorliegen von Fehlern wird nachfolgend nicht eingegangen. Fehler sind gem. IAS 8.42 grundsätzlich rückwirkend zu korrigieren. Sollten Fehler z. B. bei der Bewertung von Rückstellungen erfolgt sein, ergeben sich die erforderlichen Anhangangaben aus IAS 8.39.

412 Vgl. IAS 8.14(b).

413 Vgl. IAS 8.23. Für die Folgen bei einer nicht möglichen rückwirkenden Anpassung sei auf IAS 8.24-.27 verwiesen.

414 Vgl. IAS 8.22.

415 Vgl. hierzu IAS 8.29 sowie das Beispiel in KPMG, IFS, S. 27.

2.4.3.7 Anhangangaben nach IAS 37

2.4.3.7.1 Angaben zu bilanzierten Rückstellungen

In IAS 37 sind zusätzlich zu den allgemeinen Angaben weitere Erläuterungen im Anhang aufzunehmen.

Gem. IAS 37.84 sind für alle Gruppen von Rückstellungen die **Rückstellungsentwicklung** ausgehend vom Buchwert der Rückstellung zum Beginn der Periode darzustellen. Dies umfasst Zuführungen, Auflösungen, Inanspruchnahmen sowie die Erhöhung von Rückstellungen durch die Aufzinsung. Die Überleitung endet mit dem Buchwert zum Ende der Berichtsperiode. Die jeweiligen Posten sind brutto darzustellen. Eine Saldierung von Zuführungen und Auflösungen darf nicht erfolgen.[416] Die Angabe wird zumeist in Form eines Rückstellungsspiegels in den Anhang aufgenommen. Vorjahresangaben sind dabei nicht erforderlich.[417] Um eine Überleitung der Buchwerte korrekt darzustellen, können die zusätzlichen Posten »Währungsumrechnungen« und »Änderungen des Konsolidierungskreises« aufgenommen werden. Eine beispielhafte Darstellung (ohne Zahlen) kann Abb. 16 entnommen werden.

	Gewährleistungen	Restrukturierung	Sonstiges	Gesamt
Buchwert zum 1.1.xx				
Änderung des Konsolidierungskreises				
Währungsumrechnungen				
Zuführungen				
Inanspruchnahmen				
Auflösungen				
Aufzinsung				
Buchwert 31.12.xx				

Abbildung 16 Mögliche Darstellung der Angabe nach IAS 37.84 im Anhang

Die jeweilige **Aggregation zu Gruppen** ist abhängig von der Höhe, dem Rückstellungsgrund, den Unsicherheiten für die Beträge sowie dem Fälligkeitszeitpunkt. So sollten für sich genommen wesentliche bzw. für die Unternehmenstätigkeit entscheidende Rückstellungen gesondert dargestellt

---
416 Vgl. KPMG, Insights⁹, Tz. 3.12.790.20.
417 Vgl. KPMG, Insights⁹, Tz. 3.12.790.10.

werden. Für andere Rückstellungen empfiehlt sich eine Unterteilung in die Kategorien Rechtsstreitigkeiten, Gewährleistungen, Umweltschutzverpflichtungen, Drohverlustrückstellungen, Restrukturierungsrückstellungen und sonstige Rückstellungen.[418]

Für jede Gruppe von Rückstellungen ist anschließend gem. IAS 37.85(a) die **Art der Verpflichtung** kurz zu beschreiben. Die Ausführungen sind um Angaben zu den erwarteten Fälligkeitszeitpunkten der Verpflichtungen zu erweitern. In diesem Zusammenhang ist auf Unsicherheiten hinsichtlich des Betrags und/oder der Fälligkeit der zukünftig erwarteten Zahlungen einzugehen.[419] Die Erläuterungen dürfen dabei genereller Natur sein.[420] Spezifische Angaben zu möglichen späteren Fälligkeitszeitpunkten oder betragsmäßigen Angaben bei unsicheren erwarteten Verpflichtungsbeträgen sind nicht erforderlich. So wird es bei Rechtsstreitigkeiten im Regelfall ausreichend sein, wenn darauf hingewiesen wird, dass der zu zahlende Verpflichtungsbetrag vom Ausgang des Verfahrens abhängt.[421] Wie zu den allgemeinen Angaben unter Abschn. 2.4.3.6.1 ausgeführt, sind bereits nach IAS 1.125 Aussagen zu den Annahmen über die zukünftige Entwicklung sowie den Ursachen für Unsicherheiten vorzunehmen. Vergleichsinformationen sind immer dann anzugeben, wenn dies für das Verständnis der Abschlussadressaten erforderlich ist.

Die Erläuterungen sind gem. IAS 37.85(c) zu erweitern um **Angaben zu erwarteten Erstattungen** für bilanzierte Rückstellungen unter Angabe der bisher bilanzierten Höhe der Vermögenswerte. In vielen Fällen wird es sich bei erwarteten Erstattungen um Eventualforderungen handeln, für die eine Bilanzierung gem. IAS 37.31 grundsätzlich nicht möglich ist.

2.4.3.7.2 Eventualverbindlichkeiten und Eventualforderungen

Eventualverbindlichkeiten sind nach IAS 37.86 ebenfalls im Anhang anzugeben. Neben der Schätzung der finanziellen Auswirkungen sind auch hier Angaben zu den Unsicherheiten hinsichtlich des Betrags und der Fälligkeit sowie den möglichen Erstattungen vorzunehmen.

Sofern Rückstellungen und Eventualverbindlichkeiten die gleiche Ursache haben, muss die Darstellung im Anhang den Zusammenhang zwischen diesen beiden aufzeigen.[422]

---

418 Vgl. IAS 37.87 bzw. die Hinweise in KPMG, Insights⁹, Tz. 3.12.780.10.
419 Vgl. IAS 37.85(b).
420 Vgl. KPMG, Insights⁹, Tz. 3.12.800.10.
421 Vgl. KPMG, Insights⁹, Tz. 3.12.800.10.
422 Vgl. IAS 37.88.

Für **Eventualforderungen** sind zusätzliche Angaben im Anhang immer dann erforderlich, wenn ein Zufluss von wirtschaftlichem Nutzen wahrscheinlich ist. In diesem Fall ist die Art der Eventualforderungen kurz zu beschreiben und, sofern möglich, die geschätzten finanziellen Auswirkungen anzugeben. Ausführungen zu Wahrscheinlichkeiten sollten dabei nicht alleine Hoffnungen widerspiegeln und nicht in die Irre führen.[423]

2.4.3.7.3 Erleichterungsvorschriften

IAS 37 bietet zwei **Erleichterungsvorschriften**, die den Bilanzierenden einen Verzicht von entsprechenden Anhangangaben ermöglichen. Die Erleichterungsvorschriften betreffen dabei nur Anhangangaben nach IAS 37. Angaben, die von anderen Standards gefordert werden, dürfen nicht unterbleiben.[424]

Gem. IAS 37.91 kann auf erforderliche Angaben nach IAS 37.86 bis .89 verzichtet werden, wenn diese aus **Gründen der Praktikabilität** nicht gemacht werden können. Die Vorschrift dient als Erleichterung für quantitative Angaben, deren Ermittlung nur mit unvertretbarem Aufwand möglich ist. Die Tatsache des Verzichts ist im Anhang anzugeben. Bei Rückstellungen werden diese Fälle allerdings die Ausnahme sein.[425] Die Erleichterungsvorschrift erfasst nicht die Angabe zur Rückstellungsentwicklung nach IAS 37.84 sowie weiterführende Angaben inklusive der Unsicherheiten zu den bilanzierten Rückstellungen nach IAS 37.85.

Die weitaus häufiger vorzufindende Erleichterungsvorschrift enthält IAS 37.92. Ausgangspunkt ist die Beurteilung, ob eine vollständige Angabe von Informationen nach IAS 37.84 bis .89 die **Lage des Unternehmens** in einem Rechtsstreit mit anderen Parteien über den Gegenstand der Rückstellung, Eventualverbindlichkeit oder Eventualforderung ernsthaft **beeinträchtigen könnte**. In diesem Fall ist lediglich der allgemeine Charakter des Rechtsstreits darzustellen. Zusätzlich muss die Tatsache angegeben werden, dass bestimmte Angaben nicht gemacht wurden, und die Gründe für das Unterlassen von Angaben sind zu erläutern.

---

[423] Vgl. IAS 37.89-.90.
[424] Vgl. KPMG, Insights[9], Tz. 3.12.810.20.
[425] Vgl. ADS International, Abschn. 18, Tz. 287.

Ein Unternehmen befindet sich in einem Rechtsstreit mit einem Wettbewerber, der eine Patentverletzung unterstellt und Schadensersatz i. H. v. EUR 100 Mio. fordert. Bilanziert hat das Unternehmen die bestmögliche Schätzung für diese Verpflichtung, aber keine Angaben nach IAS 37.84 und .85 in den Anhang aufgenommen.

Folgende Angabe kann als ausreichend angesehen werden, wenn die Erleichterungsvorschrift des IAS 37.92 in Anspruch genommen werden soll[426]:

Unser Unternehmen befindet sich zurzeit in einem Rechtsstreit mit einem Wettbewerber, der Patentverletzungen unterstellt und Schadensersatz i. H. v. EUR 100 Mio. fordert. Die nach IAS 37 geforderten Anhangangaben erfolgen nicht, da damit gerechnet werden kann, dass entsprechende Angaben das Ergebnis des Rechtsstreits ernsthaft beeinträchtigen könnten. Die Geschäftsführung ist der Ansicht, dass die Klage abgewehrt werden kann.

2.4.3.8 Angabe zu wesentlichen Erträgen und Aufwendungen aus Bilanzierung oder Auflösung von Rückstellungen

Die Art und der Betrag wesentlicher Ertrags- und Aufwandsposten sind gem. IAS 1.97 gesondert in der Gesamtergebnisrechnung oder im Anhang anzugeben. Eine Angabepflicht ist dabei abhängig von der Höhe des Ertrags bzw. Aufwands und dem die Bilanzierung auslösenden Ereignis.

Eine Aufzählung von Sachverhalten, die zu einer gesonderten Angabe führen können, enthält IAS 1.98. Hierzu zählen u. a. Auflösungen von Rückstellungen. Die Angabe der Art und des Betrags von solchen Erträgen können als Maßstäbe für die Verlässlichkeit der Einschätzungen des Managements herangezogen werden und erfordern aus diesem Grund entsprechende Erläuterungen im Anhang.[427] Sofern aufgrund einer zu bilanzierenden Rückstellung oder der Erhöhung einer bereits bilanzierten Rückstellung wesentliche Beträge im Gewinn oder Verlust der Periode enthalten sind, sind auch diese gesondert darzustellen.

---

426 Vgl. IAS 37 App. D Example 3. Abhängig vom jeweiligen Sachverhalt können weitere Angaben erforderlich sein.
427 Vgl. KPMG, Insights[9], Tz. 3.12.850.20.

2.4.3.9 Anhangangaben nach IAS 10

Rückstellungssachverhalte können sich auch auf die **Anhangangaben nach IAS 10** zu den Ereignissen nach dem Bilanzstichtag auswirken. Gem. IAS 10.21 sind für wesentliche, nicht zu berücksichtigende Ereignisse nach dem Bilanzstichtag Erläuterungen notwendig, sofern deren Unterlassen die wirtschaftliche Entscheidung von Abschlussadressaten beeinflussen kann. Für jede bedeutende Art von nicht zu berücksichtigenden Ereignissen sind die Art des Ereignisses und die Schätzungen über die finanziellen Auswirkungen anzugeben. Sofern eine Schätzung nicht möglich ist, müssen die Ausführungen dies erkennen lassen.

Nicht zu berücksichtigende Ereignisse sind gem. IAS 10.3 Ereignisse, die zwischen dem Bilanzstichtag und dem Tag eintreten, an dem der Abschluss zur Veröffentlichung freigegeben wird, und die auf Sachverhalte zurückzuführen sind, die erst nach dem Bilanzstichtag eingetreten sind. Beispiele für solche Ereignisse enthält IAS 10.22.

> Typischerweise zu veröffentlichende Ereignisse nach dem Stichtag mit Rückstellungscharakter, die im Abschluss nicht zu berücksichtigen sind:[428]
> - Bekanntgabe eines detaillierten Plans oder Beginn einer umfangreichen Restrukturierung
> - Eingehen wesentlicher Verpflichtungen oder Eventualverbindlichkeiten
> - Rechtsstreitigkeiten, die aufgrund von Ereignissen entstehen, die erst nach dem Stichtag eingetreten sind

IAS 10.21 fordert eine **Wesentlichkeitsbetrachtung** bzgl. der **Art von Ereignissen**. Somit ist nicht nur jedes Ereignis für sich zu betrachten, sondern auch sämtliche artgleiche Ereignisse gemeinsam.[429] Dies bedeutet, dass z.B. viele einzelne Klagen aufgrund von Ereignissen nach dem Bilanzstichtag zwar zu jeweils unwesentlichen Rückstellungen führen, diese aber in Summe derart bedeutsam sein können, dass eine Angabe erforderlich ist.

Für die Angabe der **Art des Ereignisses** nach IAS 10.21(a) ist eine verbale verständliche Beschreibung des Sachverhalts erforderlich. Die **Schätzung der finanziellen Auswirkungen** nach IAS 10.21(b) muss – sofern diese möglich und für die Entscheidungsfindung der Abschlussadressaten erforderlich ist – Aussagen über die Auswirkungen auf die Vermögens-, Finanz- und

---

[428] Vgl. die Beispiele in IAS 10.22(e), (i) oder (j).
[429] Vgl. ADS International, Abschn. 10, Tz. 207.

Ertragslage enthalten. Sofern nur Bandbreiten von finanziellen Auswirkungen geschätzt werden können, ist eine entsprechende Angabe ausreichend, wobei eine Angabe über die entsprechenden Gründe hierfür nicht gefordert werden kann.[430] Somit wird im Regelfall eine Angabe über die geschätzten finanziellen Auswirkungen möglich und damit erforderlich sein.

2.4.4 Lagebericht

2.4.4.1 Anwendungsbereich und Grundsätze

Gem. § 264 Abs. 1 S. 1 HGB müssen **mittelgroße** und **große Kapitalgesellschaften** sowie haftungsbeschränkte Personengesellschaften nach § 264a HGB einen Lagebericht aufstellen. Gleiches gilt für Unternehmen, die nach dem PublG zur Aufstellung eines Jahresabschlusses verpflichtet sind.[431] **Kleine Kapitalgesellschaften** sind gem. § 264 Abs. 1 S. 4 1. HS HGB von der Aufstellung befreit. Ebenso enthält das HGB weitere Befreiungsvorschriften nach § 264 Abs. 3 HGB sowie § 264b HGB für bestimmte Gesellschaften.

Konzernabschlüsse nach HGB sind gem. § 290 Abs. 1 S. 1 HGB ebenfalls um einen **Konzernlagebericht** zu erweitern. Dies gilt ebenso für Unternehmen, die gem. § 315a HGB einen IFRS-Konzernabschluss aufstellen.

Die Vorschriften für den Lagebericht sind für Jahresabschlüsse in § 289 HGB und für HGB- und IFRS-Konzernabschlüsse in § 315 HGB geregelt. Hinsichtlich der Vorschriften zu Rückstellungen entsprechen sich diese fast vollständig, so dass sich die weiteren Ausführungen gleichermaßen auf Jahres- und Konzernabschlüsse beziehen. Die gem. § 342 HGB vom DRSC veröffentlichten Rechnungslegungsstandards (DRS) für Konzernlageberichte (DRS 5 und DRS 15)[432] sind ebenfalls auf Lageberichte für Jahresabschlüsse anwendbar, soweit es sich um Auslegungen der allgemeinen gesetzlichen Grundsätze zur Lageberichterstattung handelt.[433]

Vorab ist darauf hinzuweisen, dass zwar für den Lagebericht der Vollständigkeitsgrundsatz gilt, dieser allerdings vom **Grundsatz der Wesentlichkeit** beeinflusst wird. Somit erfolgt die Aufnahme von Informationen in den Lagebericht nach der quantitativen und qualitativen Bedeutung des Sachverhalts.[434]

---

430 Vgl. ADS International, Abschn. 10, Tz. 209 ff.
431 Vgl. IDW PS 350, Tz. 2, bzw. IDW PS 201, Tz. 12.
432 Nach der Verabschiedung des DRS 20 durch das Bundesministerium der Justiz wird dieser die beiden Rechnungslegungsstandards DRS 5 und DRS 15 ersetzen.
433 Vgl. IDW RH HFA 1.007, Tz. 2; WP Handbuch[14], Abschn. F, Tz. 1080.
434 Vgl. hierzu auch BeBiKo[8], § 289 HGB, Tz. 9 f.

Nachfolgend soll lediglich auf die wesentlichen Bestandteile eines Lageberichts eingegangen werden, in denen wesentliche Rückstellungen ggf. erläutert werden müssen.

2.4.4.2 Geschäftsverlauf und Lage der Gesellschaft

Im Lagebericht ist gem. § 289 Abs. 1 S. 1 HGB (bzw. § 315 Abs. 1 S. 1 HGB für den Konzernlagebericht) die **Lage der Gesellschaft** so darzustellen, dass ein den tatsächlichen Verhältnissen entsprechendes Bild vermittelt wird. Die Lage der Gesellschaft umfasst dabei die Vermögens-, Finanz- und Ertragslage der Gesellschaft, welche gleichermaßen darzustellen sind.[435] Dadurch werden zeitraumbezogene Informationen über die Entwicklung der Geschäftstätigkeit im abgelaufenen Geschäftsjahr vermittelt.[436]

Für die Darstellung der **Ertragslage** ist die Ergebnisentwicklung des Unternehmens anhand der Ergebnisstruktur und ihrer wesentlichen Quellen zu erläutern. Dabei sind für wesentliche Veränderungen die Gründe anzugeben und ungewöhnliche oder nicht wiederkehrende Ereignisse zu quantifizieren.[437] Sofern z. B. wesentliche Rückstellungen erfasst oder aufgelöst werden, können diese das Ergebnis wesentlich beeinflussen und sind zu erläutern. Zudem wird es sich in diesen Fällen meist um ungewöhnliche oder nicht wiederkehrende Ereignisse handeln, mit der Folge zusätzlicher Erläuterungen.

Bei den Ausführungen zur **Finanzlage** ist u. a. die Kapitalstruktur darzustellen, zu analysieren und zu beurteilen.[438] Dabei ist auf Rückstellungen immer dann einzugehen, wenn diese von wesentlicher Bedeutung für die Kapitalstruktur oder -ausstattung des Unternehmens sind.[439]

Die Darstellung der **Vermögenslage** umfasst eine Angabe und Erläuterung der Höhe und Zusammensetzung des Vermögens sowie wesentlicher Abweichungen gegenüber dem Vorjahr.[440] Sofern sich der Rückstellungsposten wesentlich erhöht oder vermindert hat, könnten – je nach Bedeutung des Abschlusspostens für das Unternehmen – Erläuterungen erforderlich sein.

---

[435] Vgl. hierzu auch BeBiKo[8], § 289 HGB, Tz. 16.
[436] Vgl. DRS 15, Tz. 45, bzw. DRS 20, Tz. 62.
[437] Vgl. DRS 15, Tz. 50, bzw. DRS 20, Tz. 66.
[438] Vgl. DRS 15, Tz. 62, bzw. DRS 20, Tz. 78.
[439] Vgl. DRS 15, Tz. 63.
[440] Vgl. DRS 15, Tz. 77, bzw. DRS 20, Tz. 99f.

2.4.4.3 Bericht über wesentliche Chancen und Risiken

Gem. § 289 Abs. 1 S. 4 HGB (bzw. § 315 Abs. 1 S. 5 HGB) sind zudem im Lagebericht Beurteilungen und Erläuterungen der voraussichtlichen Entwicklung mit ihren **wesentlichen Chancen und Risiken** vorzunehmen. Dabei ist auf Risiken einzugehen, die die Entscheidung der Abschlussadressaten des Lageberichts beeinflussen könnten.[441] Über Risiken, für die im Abschluss bereits eine Vorsorge getroffen wurde – z. B. durch eine Rückstellungsbildung –, ist nur zu berichten, sofern diese für die Gesamteinschätzung der Risikosituation des Konzerns von Bedeutung sind[442] oder Folgewirkungen aus Sachverhalten eintreten können, die Grundlage für die Rückstellungsbilanzierung waren.[443]

Im September 2012 hat das DRSC den Standardentwurf **DRS 20 »Konzernlagebericht«** veröffentlicht. Anwendbar ist der Standard gem. § 342 Abs. 2 HGB nach Veröffentlichung durch das Bundesministerium der Justiz. Der DRS 20 wird die bisherigen Standards DRS 15 »Lageberichterstattung« sowie DRS 5 »Risikoberichterstattung« nebst den diesbezüglichen branchenbezogenen Standards für Kredit- und Finanzdienstleistungsinstitute sowie Versicherungsunternehmen[444] ersetzen. Auch weiterhin wird die Bilanzierung von Rückstellungen grds. als Risikoabgrenzungsmaßnahme anerkannt.[445] Für Risiken, die die Zahlungsströme des Konzerns beeinflussen können, stellt eine bilanzielle Maßnahme (z. B. eine Rückstellungsbildung) keine Risikoabgrenzung dar. In diesen Fällen sind Erläuterungen vorzunehmen. Die angedachte Änderung, dass eine bilanzielle Vorsorge, wie z. B. die Bildung von Rückstellungen, nicht mehr als Maßnahme der Risikoabgrenzung anzusehen ist, wurde nicht in den finalen Standard aufgenommen.[446]

2.4.4.4 Nachtragsbericht

Ebenso können sich Rückstellungen im Rahmen des **Nachtragsberichts** auswirken. Gem. § 289 Abs. 2 Nr. 1 HGB (bzw. § 315 Abs. 2 Nr. 1 HGB) ist im Lagebericht auf Vorgänge von besonderer Bedeutung einzugehen, die nach dem Schluss des Geschäftsjahres eintreten (Nachtragsbericht). Dabei sind die Auswirkungen auf die **Vermögens-, Finanz- und Ertragslage** zu erläutern. Falls keine Vorgänge vorliegen, ist dies anzugeben. Von besonderer

---

441 Vgl. DRS 5, Tz. 10, bzw. DRS 20, Tz. 146.
442 Vgl. DRS 5, Tz. 22. Vgl. auch BeBiKo[8], § 289 HGB, Tz. 47 bzw. ADS[6], § 289 n. F. HGB, Tz. 20. Der DRS 20, Tz. 158. weist darauf hin, dass eine bilanzielle Vorsorge bei Zahlungsstromrisiken keine Risikoabgrenzungsmaßnahme darstellt.
443 Vgl. ADS[6], § 289 n. F. HGB, Tz. 20.
444 Vgl. DRS 5-10, sowie DRS 5-20.
445 Vgl. DRS 20, Tz. 158.
446 Vgl. hierzu die geplante Änderung im E-DRS 27, Tz. 160.

Bedeutung ist ein Vorgang immer dann, wenn sein Eintritt bereits vor Ablauf des Geschäftsjahres zu einer anderen Darstellung der Vermögens-, Finanz- und Ertragslage geführt hätte.[447] Aufzunehmen sind sowohl positive als auch negative Entwicklungen, die vom Anfang des neuen Geschäftsjahres bis zur Erteilung des Bestätigungsvermerks durch den Abschlussprüfer für das abgelaufene Geschäftsjahr eingetreten sind.[448] Eine Berichterstattungspflicht ergibt sich dabei auch auf noch nicht abgeschlossene Entwicklungen und Einflüsse, sofern die zuvor genannten Voraussetzungen erfüllt sind.[449]

Rückstellungssachverhalte, die in Abhängigkeit des Einflusses auf die Vermögens-, Finanz- und Ertragslage zu einer Angabepflicht führen können, sind z. B. Restrukturierungsentscheidungen, die nach dem Bilanzstichtag getroffen werden, oder Rechtsstreitigkeiten, die ihre Ursache in Handlungen nach dem Bilanzstichtag haben. Der Anwendungsbereich kann vielfältig sein und bedarf insofern einer individuellen Beurteilung des jeweiligen Sachverhalts.

2.4.5 Synoptische Übersicht

Die folgende Übersicht zeigt wesentliche Unterschiede bei den Ausweisvorschriften nach HGB und nach IFRS und fasst die Erläuterungen in Abschn. 2.4 zusammen.

	HGB	IFRS
Ausweis in der Bilanz	In Abhängigkeit der Rechtsform und der Größenklasse gesonderter Ausweis der sonstigen Rückstellungen notwendig.	Detaillierungsgrad abhängig von Größe, Art und Funktion der einbezogenen Beträge. Aufteilung entsprechend der Fristigkeit entweder in der Bilanz oder im Anhang.
Ausweis in der Gewinn- und Verlustrechnung bzw. Gesamtergebnisrechnung		
Methode der Erfassung von Rückstellungen	Nettomethode	Nettomethode

---

447 Vgl. hierzu insgesamt DRS 15, Tz. 81f., bzw. DRS 20, Tz. 114f.
448 Vgl. BeBiKo[8], § 289 HGB, Tz. 62ff.
449 Vgl. DRS 15, Tz. 82.

	HGB	IFRS
Einflüsse aus der Abzinsung		
– *Aufzinsungsaufwand*	Finanzergebnis	Finanzergebnis (keine Fremdkapitalkosten nach IAS 23)
– *Effekte aus der Änderung des Abzinsungszinssatzes (HGB) / Abzinsungssatzes (IFRS)*	Wahlrecht: operatives Ergebnis oder Finanzergebnis	Wahlrecht: – Finanzergebnis – Posten in der Gesamtergebnisrechnung, in der die Rückstellung gebildet wurde – Aufteilung des Betrags in Abhängigkeit des Anteils, der auf Änderung des risikofreien Zinssatzes entfällt
– *Effekte aus der Änderung der Restlaufzeit*	Operatives Ergebnis	Entsprechend: Effekte aus der Änderung des Abzinsungssatzes
Verminderung/Auflösung von Rückstellungen	Sonstiger betrieblicher Ertrag	Posten in der Gesamtergebnisrechnung, in der die Rückstellung gebildet wurde
Angabe der Erträge bzw. Aufwendungen aus der Abzinsung	Gesonderter Ausweis in der GuV bzw. im Anhang (§ 277 Abs. 5 S. 1 HGB)	Angabe im Anhang (IAS 37.84(e))
Angaben im Anhang und Lagebericht		
Bilanzierungs- und Bewertungsmethoden	Allgemeine Beschreibung (§ 284 Abs. 2 Nr. 1 HGB)	Allgemeine Beschreibung, Ermessensspielräume und Schätzungsunsicherheiten (IAS 1.117-.124)
Änderungen der Bilanzierungs- und Bewertungsmethoden	Beschreibung der Änderung, Begründung der Änderung und Angabe der Auswirkungen auf die Vermögens-, Finanz- und Ertragslage (§ 284 Abs. 2 Nr. 3 HGB)	– Änderung von Rechnungslegungsmethoden: retrospektive Anpassung, Anhangangaben nach IAS 8.29 – Schätzungsänderungen: prospektive Anpassung, Anhangangaben nach IAS 8.39-.40
Angabe und Beschreibung von sonstigen Rückstellungen	Für sonstige Rückstellung von »nicht unerheblichen Umfang« (§ 285 Nr. 12 HGB) Beschreibung der Risiken im Lagebericht, falls Rückstellung zu wesentlichen Zahlungsstromrisiken führt	– Darstellung der Rückstellungsentwicklung – Beschreibung der Art der Rückstellung, der Unsicherheit und möglicher Erstattungsansprüche (IAS 37.84-.85)

	HGB	IFRS
Periodenfremde Anwendungen und Erträge	– Erläuterung von Beträgen, die nicht von »untergeordneter Bedeutung sind« (§ 277 Abs. 4 S. 3 HGB) – Darstellung des Einflusses wesentlicher Erträge und Aufwendungen auf Vermögens-, Finanz- und Ertragslage im Lagebericht (§ 289 Abs. 1 S. 1 HGB)	Angabe von Art und Betrag wesentlicher Ertrags- und Aufwandsposten (IAS 1.97-.98)
Ereignisse nach dem Bilanzstichtag	– Darstellung und Angabe der Auswirkungen auf die Vermögens-, Finanz- und Ertragslage im Lagebericht (§ 289 Abs. 2 Nr. 1 HGB)	Darstellung und Angabe der finanziellen Auswirkungen (IAS 10.21)

2.5 Ausblick HGB

Der HFA hat im März 2012 den **IDW ERS HFA 34** veröffentlicht. Der Entwurf der Stellungnahme zur Rechnungslegung wurde vom Arbeitskreis »Bilanzrechtsmodernisierung« vorbereitet und behandelt in großen Teilen die Einflüsse der Änderungen des BilMoG auf die handelsrechtliche Bilanzierung von Verbindlichkeitsrückstellungen. Darüber hinaus werden auch Themen dargestellt, die in der Kommentarliteratur bisher weitgehend übereinstimmend diskutiert wurden. Die Ergebnisse des Entwurfs sind bereits in unseren Ausführungen enthalten, da sich diese mit dem Meinungsbild der letzten beiden Jahre zur Bilanzierung von Verbindlichkeitsrückstellungen nach BilMoG decken. Wir rechnen nach Ende der Kommentierungsfrist am 28.9.2012 mit nur wenigen Änderungen und einer endgültigen Verabschiedung bis Dezember 2012.

Nach der Änderung des Handelsgesetzbuchs durch das BilMoG erwarten wir in den nächsten zwei bis drei Jahren **keine wesentlichen Änderungen des Gesetzestextes**. Auch der Wille, einzelne geringfügige Änderungen vorzunehmen, ist zurzeit nicht erkennbar. Vielmehr gehen wir davon aus, dass der Gesetzgeber die Meinungsbildung in der Literatur in den nächsten Jahren abwarten wird und erst danach ggf. Anpassungen erfolgen werden.

3
Steuerrückstellungen

3.1 Ansatz nach HGB

3.1.1 Betriebliche Steuerschulden aus öffentlich-rechtlichem Verhältnis

Steuerrückstellungen fallen unter die Gruppe der Rückstellungen für ungewisse Verbindlichkeiten, und ergeben sich in der Regel aus einem **öffentlich-rechtlichen Verhältnis**.[450] Für alle bis zum Bilanzstichtag rechtlich oder wirtschaftlich entstandene Steuerschulden des Unternehmens sind Rückstellungen zu bilden, soweit die Beträge nicht bereits als Verbindlichkeiten ausgewiesen werden müssen.[451] Im Falle von Streitigkeit zu Teilbeträgen sind die unstrittigen Beträge – soweit veranlagt – unter den Verbindlichkeiten zu zeigen und nur die strittigen Teile als Rückstellungen auszuweisen.[452]

§ 249 Abs. 1 S. 1 HGB sieht eine Passivierungspflicht für alle **betrieblichen Steuerschulden** vor. Zu den Steuerschulden gehören auch steuerliche **Nebenleistungen** im Sinne § 3 Abs. 3 AO wie Zinsen (§ 233a AO), Verspätungszuschläge (§ 152 AO) und Säumniszuschläge (§ 240 AO), da diese das »Schicksal« der Hauptleistungen teilen.

> Ein Unternehmen führt einen langjährigen Rechtsstreit mit dem zuständigen Finanzamt. In der Angelegenheit wurde die Aussetzung der Vollziehung beantragt und gewährt. Kurz vor dem Bilanzstichtag hat das Finanzgericht nach einer Anhörung der Parteien durchblicken lassen, dass es beabsichtigt, ein für das Unternehmen abschlägiges Urteil zu fällen.

---

450 Vgl. Herzig, DB 1990, S. 1341 ff.
451 Vgl. Abschn. 2.1.1.2 zur Abgrenzung der Begriffe Rückstellungen und Verbindlichkeiten.
452 Vgl. Bo-HdR, § 253 HGB, Tz. 113.

Rückstellungen in der Praxis Winfried Melcher, Katrin David und Thomas Skowronek
Copyright © 2013 WILEY-VCH Verlag GmbH & Co. KGaA, Weinheim

Spätestens in diesem Zeitpunkt (je nach Beurteilung des voraussichtlichen Ausgangs des Gerichtsverfahrens durch den steuerlichen Berater) ist eine Rückstellung für die eigentliche Steuerzahlung sowie für die entsprechenden Zinsen nach § 233a AO anzusetzen. Zuvor war eine Rückstellungsbildung abhängig von den Erwartungen des Unternehmens über den Ausgang des Verfahrens.

Rückstellungen können insbesondere für die folgenden Steuerarten und weitere Sachverhalte angesetzt werden:

- Umsatzsteuer (auf Umsätze, Einfuhren und Eigenverbrauch/Änderungen des Vorsteuerabzugs)
- Körperschaftsteuer und Solidaritätszuschlag
- Gewerbesteuer
- Lohnsteuer (noch nicht abgeführte Steuern sowie Haftungsbeträge)
- Sonstige betrieblich veranlasste Steuern (Kraftfahrzeugsteuer, Grunderwerbsteuer, Grundsteuer, Hundesteuer, Jagdsteuer, Fischereisteuer, Mineralölsteuer, Energiesteuer, Schankerlaubnissteuer, Branntweinsteuer, Alkopopsteuer, Schaumweinsteuer, Kaffeesteuer, Getränkesteuer, Rennwett- und Lotteriesteuer, Vergnügungssteuer, Versicherungssteuer, Feuerschutzsteuer, sonstige Gemeindesteuern u. a.)
- Zinsen nach § 233a AO
- Kosten für anstehende Betriebsprüfung

Neben Verpflichtungen für reine Steuerzahlungen und Nebenleistungen können auch die in den abgelaufenen Geschäftsjahren wirtschaftlich verursachten Kosten für eine anstehende **Betriebsprüfung** zurückgestellt werden. Insbesondere von der Steuerverwaltung als Großbetriebe eingestufte Unternehmen, die theoretisch einer lückenlosen Prüfung unterliegen, können auch ohne Vorliegen einer **konkreten Anordnung** für eine Betriebsprüfung eine Rückstellung für ungewisse Verbindlichkeiten bilden.[453] Mit der Rückstellung werden die Sachkosten für den Prüfer sowie die Personal- und Sachkosten für die Ansprechpartner des Prüfers im Unternehmen abge-

---

[453] Vgl. FG Baden-Württemberg vom 14.10.2010, BB 2010, S. 3079 – kommentiert von Werner, DB 2011, S. 10 f.

deckt.[454] Die für einen Großbetrieb ergangene Entscheidung kann aber auch von anderen Betrieben angewendet werden, soweit steuerliche Bescheide (noch) unter dem **Vorbehalt der Nachprüfung** stehen.[455] Aufgrund von statistischen Überlegungen und Erfahrungen aus der Vergangenheit müssen auch für andere als Großbetriebe die Wahrscheinlichkeit einer Betriebsprüfung ermittelt und auf dieser Basis eine entsprechende Rückstellung gebildet werden.

3.1.2 Ansatz beim Steuerschuldner

Ansatzpflichtig ist grundsätzlich der **Steuerschuldner**. Daher hat z. B. eine Personengesellschaft ausschließlich die gesellschaftsbezogenen Gewerbesteuerschulden anzusetzen, während die Einkommensteuerschulden anteilig bei den jeweiligen Gesellschaftern berücksichtigt werden müssen.[456] Auch im Fall der Organschaft hat grundsätzlich der **Organträger** die entsprechenden Steuern für alle zum Organkreis gehörenden Gesellschaften anzusetzen.[457] Dies gilt auch für die Fälle, in denen der Organträger über sog. Steuerumlageverträge die Steuereffekte (Belastungen sowie Entlastungen) an die Organgesellschaften weiterreicht. Bei diesen Steuerumlagen handelt es sich nicht um primäre Steuern, sondern um Konzernumlagen, welche die wirtschaftliche Be- und Entlastung der Steuereffekte an die verursachenden Einheiten weiterleiten.

Ausnahmen vom Ansatz der Steuerschuld beim Organträger können daraus resultieren, wenn nach Kündigung der Organschaft oder nach einer gescheiterten Organschaft die Organgesellschaft selbst wieder Steuerschuldner wird. Des Weiteren muss ein Unternehmen auch für Dritt-Steuern Rückstellungen ansetzen, wenn es für diese als Steuerhaftender[458] (z. B. Lohnsteuer) in Anspruch genommen werden kann oder wenn es als Steuerentrichtungspflichtiger[459] eine Steuer für einen Dritten einbehalten und abführen wird.[460]

Außerbetriebliche Steuern, wie z. B. private Steuerschulden des Einzelkaufmanns oder eines Gesellschafters einer Personengesellschaft (z. B.

---

454 Vgl. Zwirner/Künkele, BRZ/BC 2009, S. 114.
455 Vgl. § 164 AO.
456 Vgl. § 246 Abs. 1 HGB.
457 Vgl. ADS⁶, § 253 HGB, Tz. 220; Herzig, DB 2012, S. 1343 ff.; Melcher/Murer, DB 2011, S. 2329 ff.
458 Vgl. § 37 Abs. 1 und § 69 ff. AO.
459 Vgl. § 43 S. 2 AO.
460 Vgl. Bo-HdR, § 266 HGB, Tz. 159.

Grundsteuer für das ausschließlich privat genutzte Einfamilienhaus oder Hundesteuer für den privaten Hund) sind beim Unternehmen bzw. der Gesellschaft grundsätzlich nicht rückstellungsfähig.

Allerdings kann für **Einzelunternehmen** und **Personenhandelsgesellschaften**, die nicht selbst einkommensteuerpflichtig sind, eine **fiktive** Einkommen- oder Körperschaftsteuer inklusive Solidaritätszuschlag angesetzt werden, um ein einer Kapitalgesellschaft vergleichbares Ergebnis auszuweisen. Diese fiktive Einkommen- oder Körperschaftsteuer ist allerdings unter entsprechend geänderter Bezeichnung (z. B. persönliche Einkommensteuern des Gesellschafters) auszuweisen.[461]

3.1.3 Ansatz von laufend und nicht laufend veranlagten Steuern

Unter den **Steuerrückstellungen** werden Schulden aus **laufend** veranlagten Steuern wie KSt, GewSt, USt, Grundsteuer bzw. weitere betriebliche Steuern, aber auch aus **nicht laufend veranlagten Steuern**, wie Stromsteuer oder Mineralölsteuer ausgewiesen. Auch konkret erwartete Nachzahlungen aus einer laufenden oder künftigen **Betriebsprüfung** (steuerliche Außenprüfung) sind als laufende Steuern zu berücksichtigen.[462]

Strittig ist, ob für das **allgemeine Risiko**, dass aufgrund einer Betriebsprüfung Nachzahlungen entstehen, eine Rückstellung gebildet werden muss.[463] Nach der in der Literatur vertretenen Auffassung sind Rückstellungen für Betriebsprüfungsrisiken nicht schon deshalb gerechtfertigt, weil erfahrungsgemäß bei einer Betriebsprüfung mit Steuernachforderungen zu rechnen ist. Es müssen also schon konkrete Sachverhalte vorliegen, die das Risiko von Steuernachzahlungen in sich bergen.[464] Der Ansatz einer Rückstellung für das Betriebsprüfungsrisiko ist auch nicht davon abhängig, ob eine Betriebsprüfung bereits begonnen hat oder angeordnet wurde, sondern kann auch bereits vorher gegeben sein.[465]

---

461 Vgl. WP Handbuch[14], Abschn. H, Tz. 70.
462 Vgl. BeBiKo[8], § 249 HGB, Tz. 100 (Betriebsprüfungsrisiko).
463 Zustimmend: vgl. ADS[6], § 253 HGB, Tz. 216, und BeBiKo[8], § 249 HGB, Tz. 100 (Betriebsprüfungsrisiko); ablehnend: vgl. Haufe-HGB[2], § 249 HGB, Tz. 218 mit Verweis auf BeBiKo[7], Tz. 100 (Betriebsprüfungsrisiko).
464 Vgl. BeBiKo[7], § 249 HGB, Tz. 100 (Betriebsprüfungsrisiko). Aus der geänderten 8. Aufl. des BeBiKo geht dies nicht mehr so klar hervor. Allerdings verweist auch diese Auflage weiterhin auf die Abweichung zu ADS, die auch ohne Vorliegen konkreterer Anhaltspunkte eine pauschale Rückstellung befürworten (vgl. ADS[6], § 253 HGB, Tz. 216).
465 Vgl. auch Abschn. 3.1.1.

3.2 Bewertung

Die **Höhe der Steuerrückstellungen** ergibt sich aus der Anwendung der jeweiligen Steuergesetze. Die ermittelten Bemessungsgrundlagen werden mit den aktuellen Steuersätzen bewertet, die zum Bilanzstichtag gültig sind. Dies sind in der Bundesrepublik Deutschland die Steuersätze, die aufgrund der Steuergesetze gelten, die durch Bundestag und Bundesrat beschlossen wurden. Auf die Unterzeichnung durch den Bundespräsidenten kommt es nur in Ausnahmefällen an.

Hinsichtlich der **Gewerbesteuer** entspricht die Rückstellung der auf der Grundlage des Gewerbeertrags ermittelten Abschlusszahlung. Soweit Geschäftsjahr (Bemessungszeitraum) und Kalenderjahr (Erhebungszeitraum) abweichen, kann der Steuerpflichtige bei der Bewertung der Rückstellung wählen, ob er das Geschäftsjahr oder das Kalenderjahr zugrunde legen will.[466]

Für die **Körperschaftsteuerrückstellung** ist Basis das zu versteuernde Einkommen, multipliziert mit dem aktuellen Körperschaftsteuersatz abzgl. etwaiger Vorauszahlungen bzw. Anrechnungen von Quellensteuern. Zusätzlich ist der Solidaritätszuschlag zu berücksichtigen.

3.3 Ausweis

Steuerverpflichtungen werden in der Praxis sowohl unter den **Steuerrückstellungen** als auch unter den **Verbindlichkeiten** ausgewiesen. Verpflichtungen, deren Beträge und Fälligkeit unzweifelhaft fest stehen und nicht bestritten werden, sind den Verbindlichkeiten zuzuordnen. Soweit die Beträge noch nicht genau feststehen und die Fälligkeit nicht genau bestimmt ist, werden die Verpflichtungen unter den Rückstellungen ausgewiesen. Gleiches gilt, wenn Beträge bestritten werden. Fraglich kann sein, ob eine Verpflichtung schon ausreichend konkretisiert ist.[467]

> **Ausweis als Verbindlichkeit** (Konkretisierung liegt vor):
>
> Unternehmen A hat eine Steuererklärung eingereicht; der Bescheid des Finanzamts lässt jedoch noch auf sich warten. Aus Sicht des Unternehmens ist die Verpflichtung konkretisiert, auch wenn das Finanzamt

---

[466] Vgl. BeBiKo[8], § 249 HGB, Tz. 100 (Gewerbesteuer).
[467] Vgl. ADS[6], § 253 HGB, Tz. 207.

noch nicht zugestimmt hat. Das Gleiche gilt, wenn Nachsteuern aufgrund einer steuerlichen Betriebsprüfung festgestellt wurden und das Unternehmen diese dem Grunde und der Höhe nach akzeptieren wird, der abschließende Bescheid allerdings noch nicht vorliegt. Entsprechendes gilt auch, wenn der abschließende Prüfungsbericht noch aussteht.

Ausweis als Rückstellung (Konkretisierung fehlt):

Unternehmen A geht davon aus, dass aufgrund der Betriebsprüfernotiz Mehrsteuern anfallen werden. Hinsichtlich der Höhe gibt es allerdings widersprüchliche Auffassungen. Dieser Sachverhalt ist unter den Steuerrückstellungen auszuweisen.

Werden steuerliche Verpflichtungen unter den Verbindlichkeiten ausgewiesen, müssen sie mit einem Vermerk »Davon aus Steuern« versehen werden[468], so dass die Steuerverbindlichkeiten ermittelt werden können und kein Informationsverlust gegenüber einem separaten Ausweis der Verpflichtungen unter den Steuerrückstellungen auftritt. Für kleine Kapitalgesellschaften i. S. v. § 267 Abs. 1 HGB kommt der Davon-Vermerk dann nicht zum Tragen, wenn sie von dem Wahlrecht in § 266 Abs. 1 S. 3 HGB Gebrauch machen und nur eine verkürzte Bilanz aufstellen.

Rückstellungen, die für die **Dokumentation und Aufbewahrung von betrieblichen Unterlagen** für steuerliche Zwecke gebildet werden müssen, sind nicht unter den Steuerrückstellungen bzw. Steuerverbindlichkeiten, sondern unter den **sonstigen Rückstellungen** auszuweisen.

3.4 Anhangangaben

Nach § 284 Abs. 2 Nr. 1 HGB ist bei der **Erläuterung der Bilanzierungs- und Bewertungsmethoden** im Anhang auch auf die Passivierung von Steuerrückstellungen einzugehen.

Die Steuerrückstellungen und die sonstigen Rückstellungen sind in Höhe des nach vernünftiger kaufmännischer Beurteilung notwendigen Erfüllungsbetrags angesetzt. Rückstellungen mit einer Laufzeit von mehr als einem Jahr werden mit dem ihrer Restlaufzeit entsprechenden durchschnittlichen Marktzinssatz der vergangenen sieben Geschäftsjahre abgezinst.

[468] Vgl. § 266 Abs. 3 C.8 HGB.

Nach § 284 Abs. 2 Nr. 3 HGB ist auf **Abweichungen von Bilanzierungs- und Bewertungsmethoden** einzugehen und deren Einfluss auf die Vermögens-, Finanz- und Ertragslage gesondert darzustellen. Dies gilt auch für Steuerrückstellungen.

> Im Vorjahr hatte Unternehmen B die größenabhängige Erleichterung des § 274a Nr. 5 HGB in Anspruch genommen und auf eine Abgrenzung latenter Steuern nach § 274 HGB verzichtet. Die passiven latenten Steuern wurden in Form einer Steuerrückstellung nach § 249 HGB abgegrenzt. Aufgrund einer neuen Konzernanweisung müssen alle Unternehmen des Konzerns nunmehr latente Steuern nach § 274 HGB ausweisen, auch wenn größenabhängige Erleichterungen möglich wären. Die Steuerrückstellung war insofern aufzulösen und latente Steuern nach § 274 HGB zu ermitteln. Soweit sich hieraus ein materieller Einfluss auf die Vermögens-, Finanz- und Ertragslage ergibt, ist dies gesondert darzustellen.[469]

3.5 Rückstellungen für latente Steuern

Latente Steuern sind zukünftige Ist-Steuern, die aufgrund der Steuerabgrenzung entweder nach dem Timing-Konzept[470] oder nach dem Temporary-Konzept[471] berücksichtigt werden müssen. Nach der Neukonzeption durch das BilMoG gem. § 274 HGB sind latente Steuern als »**Sonderposten eigener Art**«[472] unter den aktiven bzw. passiven latenten Steuern (§ 266 Abs. 2 D. HGB bzw. § 266 Abs. 3 E. HGB) anzusetzen und auszuweisen.[473]

---

469 Vgl. IDW RS HFA 38, Tz. 23 ff.
470 Timing Differenzen entstehen aufgrund von zeitlichen Unterschieden, die aus Ergebnisdifferenzen in der handelsrechtlichen Gewinn- und Verlustrechnung gegenüber der steuerlichen Gewinnermittlung resultieren und sich in der Zukunft umkehren und zu einer Steuerbe- oder -entlastung führen. Dem alten HGB i.d.F. vor BilMoG lag ausschließlich das Timing-Konzept zugrunde.
471 Temporäre Differenzen entstehen aufgrund von bilanziellen Unterschieden in der HGB- bzw. IFRS-Bilanz gegenüber der Steuerbilanz, die sich zukünftig umkehren und zu einer Steuerbe- oder -entlastung führen. Des Weiteren sind nach dem Temporary-Konzept auch latente Steuern auf Verlustvorträge anzusetzen, wenn diese in Zukunft steuerlich nutzbar sind. Dem neuen HGB i.d.F. nach BilMoG liegt in der Regel das Temporary-Konzept zugrunde. Vgl. auch Wolz, DB 2010, S. 2625.
472 Vgl. Begr. RegE BilMoG, BT-Drucks. 16/10067, S. 67.
473 Vgl. Begr. RegE BilMoG, BT-Drucks. 16/10067, S. 67.

Eine Rückstellungsbildung kommt daher für latente Steuern in der Regel nicht in Betracht.

Für **kleine Kapitalgesellschaften,** die zulässigerweise die größenabhängige Erleichterung des § 274a Nr. 5 HGB in Anspruch nehmen und eine Abgrenzung von latenten Steuern nach § 274 HGB nicht vornehmen, gilt eine Besonderheit[474]: Aufgrund der zukünftigen steuerlichen Belastung bei vorgezogenen handelsrechtlichen Erträgen muss nach dem **Timing-Konzept** bzw. nach den allgemeinen Grundsätzen für die Bilanzierung von Schulden für die auf den Erträgen lastenden Steuern eine Rückstellung nach § 249 Abs. 1 S. 1 HGB gebildet werden. Dies gilt auch für den Fall, wenn diese erst in späteren Veranlagungsjahren rechtlich entstehen.[475]

Das Gleiche gilt für haftungsbeschränkte **Personengesellschaften** i. S. v. § 264a HGB sowie für alle anderen Nicht-Kapitalgesellschaften hinsichtlich der gewerbesteuerlichen Effekte. Insofern ergeben sich für kleine Kapitalgesellschaften und Personengesellschaften keine großen Erleichterungen hinsichtlich der Ermittlung der Steuerrückstellungen; die Erleichterung liegt vielmehr in den nicht vorzunehmenden Anhangangaben nach § 285 Nr. 29 HGB i. V. m. § 288 Abs. 1 HGB.

Der **Ansatz von Rückstellungen** für latente Steuern nach § 249 HGB war jedoch nicht unumstritten. So plädierte u. a. Müller gegen einen Ansatz, während Kirsch/Hoffmann/Siegel eine Prüfung des Einzelfalls forderten.[476] Kanitz fasst diese Diskussion zusammen und verweist auch auf die Einlassung des Deutschen Steuerberaterverbandes hin, der eine Ergänzung des § 249 Abs. 2 HGB mit einem Verbot der Rückstellung passiver latenter Steuern forderte.[477]

Unseres Erachtens ist die Erfassung von Rückstellungen für latente Steuern nach § 249 HGB zwingend notwendig und gilt hinsichtlich der nachfolgenden Ausführungen für die folgenden Gesellschaftsformen:

---

474 Vgl. Gelhausen/Fey/Kämpfer, Kap. M, Tz. 53 ff. sowie und Kühne/Melcher/Wesemann, WPg 2009, S. 1006 ff. und 1061 ff. Andere Auffassung: vgl. Müller/Kreipl, DB 2011, S. 1706.

475 Vgl. IDW ERS HFA 27, Tz. 3 und 20 (zurückgezogen wegen wesentlicher Übereinstimmung mit DRS 18) und IDW RS HFA 7, Tz. 26. Dort wird recht allgemein der Ansatz einer Rückstellung für passive Steuerlatenzen gefordert, wenn zwischen den handelsrechtlichen und steuerrechtlichen Wertansätzen von Vermögensgegenständen und Schulden Differenzen bestehen, die bei einem Abbau künftig zu einer Steuerbelastung führen.

476 Vgl. Müller, DStR 2011, S. 1050 und Kirsch/Hoffmann/Siegel, DStR 2012, S. 1295.

477 Vgl. Kanitz, WPg 2011, S. 906 sowie Deutscher Steuerberaterverband e. V.: Vorschlag an das BMJ (http://www.dstv.de).

- kleine Kapitalgesellschaften und kleine haftungsbeschränkte Personenhandelsgesellschaften i.S.v. §264a HGB, die auf die Anwendung des § 274 HGB verzichten, sowie
- alle anderen Nicht-Kapitalgesellschaften.

Unternehmen, die zu einer der beiden Kategorien gehören, müssen passive latente Steuern nach den Regeln des § 249 HGB bilanzieren.[478] Insofern ist für diese Gesellschaften das Timing-Konzept weiterhin anwendbar.

Nach dem Timing-Konzept sind nur **zeitliche Differenzen** zu berücksichtigen, die sich im Zeitablauf (automatisch) umkehren. Hierzu gehören z.B. Differenzen, die aufgrund von unterschiedlichen Abschreibungsverfahren (HGB degressive Abschreibung, Steuerbilanz lineare Abschreibung) entstehen und sich im Zeitablauf automatisch wieder ausgleichen. Soweit Differenzen zwischen handels- und steuerrechtlichem Ansatz zu einer zukünftigen Steuerbelastung führen, wird durch diese Tatsache eine wirtschaftliche Belastung erzeugt.

Differenzen, die eine Entscheidung durch das zuständige Organ erfordern (z.B. Verkauf eines in der Handelsbilanz abgeschriebenen nicht bebauten Grundstücks, das in der Steuerbilanz zu höheren fortgeschriebenen Anschaffungskosten angesetzt wird), sind als **quasi-permanente Differenzen** so lange nicht zu berücksichtigen, wie auf absehbare Zeit nicht damit zu rechnen ist, dass eine steuerliche Belastung eintritt (z.B. Entscheidung zum Verkauf des o.g. Grundstücks). Ebenfalls nicht zu berücksichtigen sind sog. **permanente Differenzen**, wie sie z.B. durch nicht abzugsfähige Betriebsausgaben entstehen können.

Da die Regelungen der Rückstellungsbilanzierung Anwendung finden, darf bei einem Überhang von aktiven latenten Steuern **kein Ansatz eines Vermögenswerts** erfolgen, da dem Überhang die Vermögensgegenstandseigenschaft fehlt. Trotzdem sind auch die aktiven Steuern nach dem Timing-Konzept zu ermitteln und mit den passiven latenten Steuern zu verrechnen. Gleiches gilt für werthaltige aktive latente Steuern aus steuerlichen Verlustvorträgen.[479] Sofern die passiven latenten Steuern die aktiven übersteigen, ist nur der Differenzbetrag als passive latente Steuer zu zeigen. Im Ergebnis vermindern die aktiven latenten Steuern die passiven; ein aktiver Überhang wird im Fall des Rückstellungsansatzes nach § 249 Abs. 1 S. 1 HGB nicht angesetzt.

---

478 Vgl. die Ausführungen in IDW RS HFA 7, Tz. 26ff.
479 Vgl. IDW RS HFA 7, Tz. 27; ADS[6], § 274 HGB, Tz. 28.

Rückstellungen für latente Steuern müssen, trotz der Anwendbarkeit der allgemeinen Bewertungsvorschriften des § 253 HGB, nicht abgezinst werden. Dies kann in Analogie zu § 274 HGB geschlossen werden, da auch latente Steuern keiner **Abzinsung** unterliegen. Allerdings ist dies in der Praxis strittig, so dass auch die Meinung vertreten werden kann, dass Steuerrückstellungen wie normale Rückstellungen abgezinst werden müssen.[480] Beide Möglichkeiten lässt der HFA des IDW mittlerweile explizit zu.[481]

Der **Ausweis** der gebildeten latenten Steuern kann unter dem Posten »Sonstige Rückstellungen« (§ 266 Abs. 3 B.3. HGB) oder gesondert innerhalb der »Steuerrückstellungen« (§ 266 Abs. 3 B.2. HGB) erfolgen. Der HFA des IDW empfiehlt einen Ausweis nur unter den Steuerrückstellungen, während sich in der Praxis beide Ausweismöglichkeiten finden lassen. Ein Ausweis der Rückstellung unter dem Bilanzposten »Passive latente Steuern« (§ 266 Abs. 3 E. HGB) ist jedenfalls nicht möglich, da dies eine vollständige Anwendung des Temporary-Konzepts voraussetzen würde.

3.6 Besonderheiten nach IFRS

3.6.1 Aktuelle Regelungen

Während unter HGB der Ansatz von betrieblichen Steuerrückstellungen jedweder Art in § 249 HGB geregelt ist, widmen sich unter IFRS mehrere Standards diesen Sachverhalten. So ist IAS 12 *Ertragsteuern* ausschließlich auf die Bilanzierung von **Ertragsteuern** anzuwenden.[482] Andere öffentlich-rechtliche Abgaben, die nicht unter IAS 12 fallen, wie z. B. die **Umsatzsteuer**, **Zölle**, **Mineralölsteuer**, **Branntwein-** und **Sektsteuer**, sind nach IAS 37 *Rückstellungen, Eventualverbindlichkeiten und Eventualforderungen* zu bilanzieren.

Hinsichtlich des **Ansatzes** ergeben sich lediglich bei Rückstellungen für Steuerrisiken wesentliche **Unterschiede** zwischen HGB und IFRS. Nach IAS 12.12 sind die in IAS 12.5 definierten »tatsächlichen Ertragsteuern für die laufende und frühere Perioden [...] in dem Umfang, in dem sie noch nicht bezahlt sind, als Schuld anzusetzen«. Rückstellungen für nicht auf den Ertrag wirkende Steuern sind nach IAS 37.14 dann anzusetzen, wenn (a) aus einem Ereignis der Vergangenheit eine gegenwärtige Verpflichtung

---

480 Vgl. Wendhold/Wesemann, DB 2009, Beilage 5, S. 72 und Kühne/Melcher/Wesemann, WPg 2009, S. 1060.
481 Vgl. IDW RS HFA 7, Tz. 27.
482 Vgl. IAS 12.1.

(rechtlich oder faktisch) entstanden, (b) der Abfluss von Ressourcen mit wirtschaftlichem Nutzen zur Erfüllung dieser Verpflichtungen wahrscheinlich und (c) eine verlässliche Schätzung der Höhe der Verpflichtung möglich ist.[483]

Hinsichtlich der **Bewertung** muss für Ertragsteuern nach IAS 12.46 der Betrag angesetzt werden, der vom Unternehmen erwartet wird. Dabei muss der Steuersatz angewendet werden, der am Bilanzstichtag gilt oder in Kürze gelten wird (*substantively enacted*). Da IAS 12 keine weiteren spezifischen Regeln zur allgemeinen Bewertung (anders als zum anzuwendenden Steuersatz) aufweist, greift die Praxis über IAS 8 auf IAS 37 zurück. Damit wird als anzusetzender Betrag die bestmögliche Schätzung des Unternehmens i. S. v. IAS 37.36 ermittelt. In der Praxis wird dies auf unterschiedliche Art und Weise erreicht: Wird z. B. erwartet, dass es zwei Möglichkeiten gibt, so hat die Bewertung der wahrscheinlicheren Alternative (*most likely outcome method*) zu folgen; sind jedoch eine Reihe von möglichen Szenarien denkbar, so ist die Erwartungswertmethode (*expected value method*) anzuwenden.[484]

Regelungen zu **Rückstellungen für Ertragsteuerrisiken** (sog. *income tax exposures*) sind in IAS 12 nicht zu finden. Auch vom Anwendungsbereich des IAS 37 sind Ertragsteuern ausgenommen. Insofern bestehen unterschiedliche Möglichkeiten zur Abbildung von Ertragsteuerrisiken.

Eine Möglichkeit besteht in der **analogen Anwendung des IAS 12.46**. Ertragsteuerrisiken für frühere Perioden werden in diesem Fall mit dem Betrag bewertet, in dessen Höhe das bilanzierende Unternehmen Zahlungen an die Steuerbehörden erwartet (*amount expected to be paid*).[485] Dabei werden grundsätzlich alle Steuerrisiken berücksichtigt, unabhängig von der Einschätzung der Wahrscheinlichkeit, dass die Entscheidung nachteilig für das Unternehmen ausfallen könnte. Die Bestimmung der bestmöglichen Schätzung kann dabei durch analoge Anwendung der Methoden in IAS 37 erfolgen, d. h. entweder über den wahrscheinlichsten Wert oder – bei einer Vielzahl von Möglichkeiten – über den Erwartungswert.[486]

Zudem besteht allerdings auch die Möglichkeit, ein **zwei-stufiges Vorgehen** anzuwenden.[487] Hierbei werden in analoger Anwendung der Ansatzkriterien des IAS 37 nur Steuerrisiken betrachtet, bei denen mehr für als gegen

---

[483] Vgl. Abschn. 2.2.2.1.
[484] Vgl. KPMG, Insights[9], Tz. 3.13.580.40 i. V. m. Tz. 3.13.110.20.
[485] Vgl. KPMG, Insights[9], Tz. 3.13.580.40, bzw. Ernst & Young, International GAAP 2012, Abschn. 31, S. 1942 ff.
[486] Vgl. KPMG, Insights[9], Tz. 3.13.580.40 i. V. m. 3.12.110.20-30.
[487] Vgl. Ernst & Young, International GAAP 2012, Abschn. 31, S. 1943; ADS International, Abschn. 18, Tz. 207; Deloitte, iGAAP 2012, S. 758 ff.

eine Inanspruchnahme des Unternehmens durch die Steuerbehörden spricht. Anschließend erfolgt die Bewertung des Steuerrisikos entsprechend den Methoden im IAS 37.

Sofern eine Rückstellung für Steuerrisiken nicht angesetzt wird, verweist IAS 12.88 auf die Vorschriften des IAS 37 zu Eventualverbindlichkeiten. Insofern muss für nicht angesetzte Steuerrisiken untersucht werden, ob gem. IAS 37.10 die Definition einer Eventualverbindlichkeit erfüllt ist. Sofern dies bejaht wird, sind für solche **steuerbezogenen Eventualverbindlichkeiten** Angaben gem. IAS 37.86 f. in den Anhang aufzunehmen.

Latente Steuern sind wie nach HGB[488] nicht unter den Rückstellungen, sondern gem. IAS 1.54(o) als separate Posten auszuweisen.[489] In den IFRS gibt es keine Erleichterungen für kleine Kapitalgesellschaften wie nach § 274a HGB.

3.6.2 Ausblick

Das IASB hatte im März 2009 mit dem Exposure Draft ED/2009/2 »Income Tax« **neue Vorschriften** zur Bilanzierung von Ertragsteuern vorgeschlagen, die den IAS 12 ersetzen sollten[490] und die auch erstmals Regelungen zur Bilanzierung von unsicheren Steuerpositionen enthielten.[491] Allerdings stieß dieser Entwurf auf erhebliche Ablehnung durch Anwender, Prüfungsgesellschaften, Regulierer und die interessierte Öffentlichkeit. Der Entwurf wurde daher nach eingehender Analyse der an das IASB adressierten Stellungnahmen im Oktober 2009 von diesem zurückgezogen und eine grundlegende Überarbeitung des IAS 12 zu einem späteren Zeitpunkt in Aussicht gestellt. In der Zwischenzeit sind nur punktuelle »Reparaturen« an IAS 12 erfolgt.[492] Ein aktuell laufendes Projekt zur Bilanzierung von Ertragsteuern der EFRAG[493] sollte abgewartet werden, bevor das IASB das Thema Ertragsteuern wieder auf die Agenda setzen wird. Allerdings hat das IASB u.a.

---

[488] Vgl. § 266 Abs. 2 D. und Abs. 3 E. HGB. Ausnahme: Rückstellung für latente Steuern nach § 249 Abs. 1 S. 1 HGB (vgl. Abschn. 3.5).

[489] Vgl. zu Latenten Steuern nach IFRS z. B. Meyer/Loitz/Linder/Zerwas, S. 83 ff.

[490] Vgl. Simlacher/Schurbohm-Ebneth, KoR 2009, S. 389.

[491] Vgl. Benzel/Linzbach, KoR 2009, S. 402 und Benzel/Linzbach, IRZ 2010, S. 499.

[492] Vgl. Melcher, DB 2012, S. (M)1.

[493] Vgl. EFRAG Discussion Paper »Improving the Financial Reporting of Income Tax«, (einsehbar unter: http://www.efrag.org/Front/p177-2-272/Proactive-Financial-Reporting-for-Corporate-Income-Taxes.aspx) (Stand 30.9.2012).

wegen der Finanz- und Wirtschaftskrise zurzeit andere Prioritäten für seine Projekte gesetzt.[494]

3.7 Synoptische Übersicht

Die folgende Übersicht zeigt wesentliche Unterschiede für Steuerrückstellungen nach HGB und nach IFRS und fasst die Ausführungen im Abschnitt zusammen.

	HGB	IFRS
Ansatz und Ausweis von Steuerrückstellungen	Zukünftige Steuerzahlungen für erklärte, aber noch nicht beschiedene Steuern (KSt, GewSt, GrSt, usw.) sind als Rückstellungen (ggf. unter einem separaten Posten: Steuerrückstellungen) anzusetzen, soweit sie in Bezug auf Höhe und Fälligkeit unsicher sind. Sichere Steuerzahlungen sind als Steuerverbindlichkeiten auszuweisen.	Der Ansatz von Rückstellungen für Steuerrisiken für vergangene Perioden kann entweder gem. IAS 12.46 oder in analoger Anwendung gem. IAS 37 erfolgen. Laufende Steuerverbindlichkeiten bzw. Steuerforderungen sind nach IAS 12 i.V.m. IAS 1.54(n) als Steuerschulden bzw. Steuererstattungsansprüche anzusetzen.
Bewertung von Steuerrückstellungen	Zum Bilanzstichtag geltende Steuersätze.	Zum Bilanzstichtag geltende Steuersätze bzw. solche, die in Kürze gelten werden.
Latente Steuern (bei Kapitalgesellschaften)	Fallen generell nicht unter Rückstellungen, da sie gem. § 274 HGB als Sonderposten eigener Art anzusetzen sind. Ausnahme für kleine Kapitalgesellschaften (§ 274a HGB): keine aktiven und passiven latenten Steuern nach § 274 HGB, aber nach § 249 Abs. 1 HGB sind Rückstellungen für latente Steuern anzusetzen. Aktive latente Steuern mindern den Ansatz der passiven latenten Steuern.	Latente Steuerforderungen bzw. -verbindlichkeiten sind nach IAS 12 i.V.m. IAS 1.54(o) als Latente Steueransprüche bzw. Steuerschulden anzusetzen.

[494] Vgl. IASB work plan (einsehbar unter: www.ifrs.org/Current+Projects/IASB+Projects/IASB+Work+Plan.htm) (Stand 30.9.2012).

	HGB	IFRS
Latente Steuern (bei Personengesellschaften)	Beträge aus einem Überhang der passiven latenten Steuern über die aktiven latenten Steuern sind als Rückstellungen nach § 249 Abs. 1 HGB anzusetzen.	Ansatz wie bei Kapitalgesellschaften, da IFRS diesbezüglich keine Unterscheidungen vornimmt.

4
Pensionsrückstellungen

4.1 Allgemeines

4.1.1 Begriff und Begriffsabgrenzung nach HGB

Der deutsche Gesetzgeber verwendet im Zusammenhang mit Altersversorgungsverpflichtungen unterschiedliche Begriffe. Im Bilanzgliederungsschema findet sich in § 266 Abs. 3 B.I. HGB der Begriff der »**Rückstellungen für Pensionen und ähnliche Verpflichtungen**«. Während in § 253 Abs. 1 S. 3 HGB von Altersversorgungsverpflichtungen die Rede ist, wird in § 253 Abs. 2 S. 2 HGB von »**Altersversorgungsverpflichtungen oder vergleichbare langfristig fällige Verpflichtungen**« gesprochen und in Art. 28 Abs. 1 EGHGB wiederum von »**Pensionsverpflichtungen und (pensions-) ähnlichen Verpflichtungen**«. Kommt auch noch Deckungsvermögen ins Spiel, dann bezieht sich § 246 Abs. 2 S. 2 HGB wiederum auf »Altersversorgungsverpflichtungen oder vergleichbare langfristig fällige Verpflichtungen«.

Daher stellt sich die Frage, warum der Gesetzgeber die verschiedensten Begriffe gewählt hat bzw. was unter den jeweiligen Begriffen zu verstehen ist. Die in § 246 Abs. 2 S. 2 HGB sowie in § 253 Abs. 1 S. 3 HGB verwendeten Begriffe der »Altersversorgungsverpflichtungen« bzw. »vergleichbare langfristig fällige Verpflichtungen« werden im Gesetz nicht weiter erläutert.

Aus dem **Begriff** der Altersversorgung kann abgeleitet werden, dass es sich um Leistungen zur Versorgung eines Mitarbeiters nach dem Ausscheiden aus dem Berufsleben handeln muss. In der Regel sind diese Verpflichtungen langfristiger Natur. Dies spiegelt sich auch in der Wortwahl des Gesetzgebers wider, wenn von vergleichbare langfristig fällige Verpflichtungen die Rede ist. Somit ist zu klären, was unter langfristigen Verpflichtungen und was unter vergleichbaren Altersversorgungsverpflichtungen zu verstehen ist.

Das Kriterium der **Langfristigkeit** der Verpflichtungen ist jedoch nicht ausschlaggebend, ob eine solche Verpflichtung als Altersversorgungsverpflichtung bzw. vergleichbare langfristig fällige Verpflichtung zu klassifizieren ist. Es kommt vielmehr auf das Vorliegen des Versorgungscharakters an, um das Kriterium **vergleichbar** zu erfüllen. Vergleichbare langfristig fällige Verpflichtungen müssen damit der Versorgung des Mitarbeiters dienen, um unter den Begriff der Altersversorgungsverpflichtungen subsumiert werden zu können.

Der HFA hat zu dieser Begriffsabgrenzung ebenfalls Stellung genommen. In seiner IDW Stellungnahme zur Rechnungslegung: »Handelsrechtliche Bilanzierung von Altersversorgungsverpflichtungen« (IDW RS HFA 30) nennt er in Tz. 8 S. 1 einige Beispiele für langfristig fällige Verpflichtungen, die den Altersversorgungsverpflichtungen vergleichbar sind.

> Zu den Altersversorgungsverpflichtungen vergleichbare langfristig fällige Verpflichtungen gehören nach IDW RS HFA 30, Tz. 8:
> - Altersteilzeitverpflichtungen,
> - Verpflichtungen aus Lebensarbeitszeitkonten,
> - Jubiläen,
> - Beihilfen,
> - Vorruhestands-, Übergangs- und Sterbegelder.

Der nachfolgende S. 2 in IDW RS HFA 30, Tz. 8 stellt dies aber unter den Vorbehalt, dass die in S. 1 aufgezählten Verpflichtungsarten »nicht bereits Altersversorgungsverpflichtungen i. S. v. § 1 Abs. 1 S. 1 BetrAVG[495] sind«. Ein bekanntes Anwendungsbeispiel für den Ausweis unter den Pensionsrückstellungen sind z. B. Sterbegelder. Somit stellt die IDW Stellungnahme dem Bilanzierenden die Aufgabe, den arbeitsrechtlichen Altersversorgungsbegriff unter Berücksichtigung der Rechtsprechung des Bundesarbeitsgerichts näher zu untersuchen.

Nach § 1 Abs. 1 S. 1 BetrAVG liegt eine (betriebliche) Altersversorgung vor, wenn einem Arbeitnehmer mittelbar oder unmittelbar Leistungen der Alters-, Invaliditäts- oder Hinterbliebenenversorgung aus Anlass seines Arbeitsverhältnisses vom Arbeitgeber zugesagt werden.

Nach ständiger Rechtsprechung des Bundesarbeitsgerichts (BAG) repräsentieren Altersversorgungs- und Pensionsverpflichtungen »[...] ein Versprechen bzw. eine Zusage des Arbeitgebers, dem Arbeitnehmer [...] nach

---

[495] Gesetz zur Verbesserung der betrieblichen Altersversorgung (BetrAVG) – Betriebsrentengesetz zuletzt geändert durch Art. 4e des Gesetzes vom 21.12.2008 (BGBl. I S. 2940).

dessen Ausscheiden aus dem Beruf oder aus dem Erwerbsleben in der Regel wiederkehrende Leistungen zu gewähren, die seiner Versorgung dienen sollen«.[496] Der Versorgungsanspruch muss ferner von dem Eintritt eines biologischen Ereignisses des Mitarbeiters (z. B. Alter, Tod oder Invalidität[497]) abhängig sein und seine Ursache in dem Arbeitsverhältnis haben. Eine solche Versorgungsleistung kann auch aus Sachleistungen, Nutzungsleistungen oder zweckgebundenen Geldleistungen bestehen.[498]

Altersversorgungsleistungen stellen ein **zusätzliches Entgelt** des Arbeitnehmers aus dem Arbeitsverhältnis dar, das auch seine Betriebstreue abgelten soll.[499] Altersversorgungs- und Pensionsverpflichtungen umfassen somit Verpflichtungen, die einem Arbeitnehmer aus Anlass seiner Tätigkeit für das Unternehmen zugesagt worden sind. Sie stellen insofern ein nachträgliches Entgelt für die während der Betriebszugehörigkeit erbrachten Arbeitsleistungen dar.

In der herrschenden Literatur[500] sowie in der IDW Stellungnahme[501] wird von einer inhaltlichen Übereinstimmung von Altersversorgungsverpflichtungen und Pensionsverpflichtungen ausgegangen.

Hiervon abzugrenzen sind Verpflichtungen seitens des Unternehmens, die den Charakter von Abfindungen aufweisen. Die Würdigung, ob Vereinbarungen **Versorgungs- oder Abfindungscharakter** aufweisen, stellt die Praxis vor große Herausforderungen. Schließlich ist anhand der vertraglichen Vereinbarungen deren Ausgestaltung und Zwecksetzung zu analysieren, um daraus abzuleiten, ob Zahlungen aus Anlass der Tätigkeit für das Unternehmen zugesagt worden sind oder aus Anlass der Beendigung der Tätigkeit.

> Die Frage, ob es sich z. B. bei Vorruhestandsverpflichtungen oder Beihilfen um Altersversorgungsverpflichtungen oder vergleichbare langfristig fällige Verpflichtungen, Rückstellungen für Pensionen und ähnliche Verpflichtungen oder um sonstige Rückstellungen handelt, ist in der Literatur nicht unumstritten. Zur Diskussion, ob Vorruhestandsverpflichtungen Versorgungs- oder Abfindungscharakter aufweisen, vgl. Abschn. 5.1.10.5.

---

496 BAG 12.12.2006, 3 AZR 476/05, Rn. 43; BAG 16.3.2010, 3 AZR 594/09, Rn 24.
497 Zu Merkmalen und Ausgestaltung von Zusagen in Deutschland vgl. ausführlich Mühlberger/Schwinger, S. 149 ff.
498 Vgl. HFA-Verlautbarung, WPg 1994, S. 26.
499 Vgl. Gelhausen/Fey/Kämpfer, Kap. C, Tz.11.
500 Vgl. IDW RS HFA 30, Tz. 6; Gelhausen/Fey/Kämpfer, Kap. C, Tz. 12; ADS[6], § 249 HGB, Tz. 85 ff.
501 Vgl. IDW RS HFA 30.

Darüber hinaus kann zum einen eine Strukturierung der verschiedenen Begriffe auf Basis des Bilanzgliederungsschemas gem. § 266 HGB nach Bilanzposten erfolgen: »Rückstellungen für Pensionen und ähnliche Verpflichtungen« und »Sonstige Rückstellungen«. Zum anderen können die immer wiederkehrenden Begriffe wie Pensionen, pensionsähnliche Verpflichtungen und vergleichbare langfristig fällige Verpflichtungen oder Altersversorgungsverpflichtungen unter dem Oberbegriff der Altersversorgungszusagen subsumiert werden.

Ausgehend von den Bilanzposten Pensionsrückstellungen und Sonstige Rückstellungen lassen sich die verschiedenen **Altersversorgungsverpflichtungen** im HGB wie in Abb. 17 strukturieren.

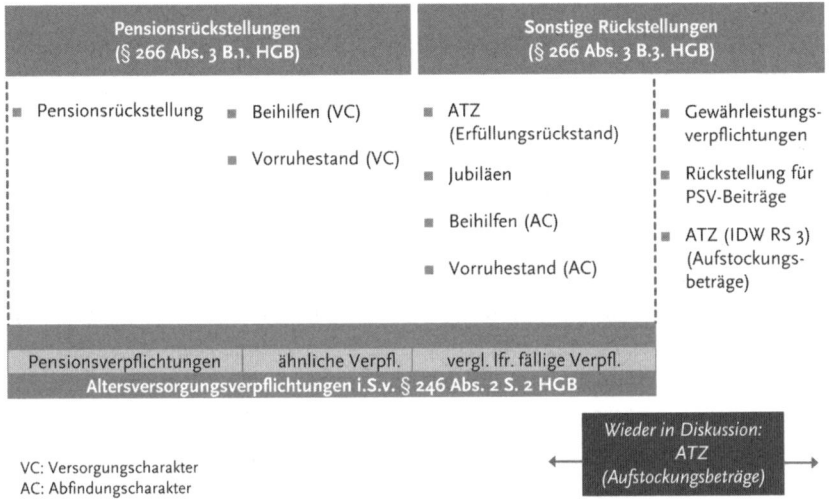

VC: Versorgungscharakter
AC: Abfindungscharakter

Abbildung 17 Darstellung der Altersversorgungsverpflichtungen nach HGB

4.1.2 Begriff und Begriffsabgrenzung nach IFRS

IAS 19 regelt die Bilanzierung von **Leistungen an Arbeitnehmer**. Die Regelungen erstrecken sich dabei auf folgende Arten:
- kurzfristig fällige Leistungen an Arbeitnehmer (*short-term employee benefits*),
- Leistungen nach Beendigung des Arbeitsverhältnisses (*post-employment benefits*),

- andere langfristig fällige Leistungen an Arbeitnehmer (*other long-term employee benefits*) und
- Leistungen aus Anlass der Beendigung des Arbeitsverhältnisses (*termination benefits*).[502]

Von dem Anwendungsbereich ausgeschlossen sind Leistungen an Arbeitnehmer, auf die IFRS 2 *Anteilsbasierte Vergütungen* Anwendung findet.[503]

Leistungen nach Beendigung des Arbeitsverhältnisses beinhalten nach IAS 19.24 u.a. Leistungen der betrieblichen Altersversorgung wie Renten und andere Leistungen nach Beendigung des Arbeitsverhältnisses wie Lebensversicherungen oder medizinische Versorgung. Unter den Begriff der medizinischen Versorgung nach IAS 19.5 fallen somit auch Beihilfen zu Krankenversicherungsbeiträgen bzw. Krankheitskosten für Rentner.[504]

IAS 19.25 unterteilt Leistungen nach Beendigung des Arbeitsverhältnisses in **leistungsorientierte** (*defined benefit plan*) und **beitragsorientierte** (*defined contribution plan*) **Versorgungspläne**. Maßgeblich für die bilanzielle Behandlung ist die Beurteilung, ob leistungs- oder beitragsorientierte Altersversorgungszusagen vorliegen. Diese Klassifizierung ist abhängig vom wirtschaftlichen Gehalt der jeweiligen Zusage und davon, ob und welche Risiken bzw. in welchem Umfang der Bilanzierende aus diesem Plan trägt. Dies schlägt sich auch im Aufbau des IAS 19 nieder, der in getrennten Abschnitten die Erfassung, die Bewertung und die Anhangangaben von leistungs- bzw. beitragsorientierten Altersversorgungszusagen regelt.

Entscheidend für eine Klassifizierung in leistungs- oder beitragsorientierte Altersversorgungszusagen ist dagegen nicht der Durchführungsweg, da die **formell rechtliche Ausgestaltung** von untergeordneter Bedeutung ist.[505] Hierin liegt ein wesentlicher Unterschied zum Handelsrecht, das die Bilanzierung davon abhängig macht, ob der Bilanzierende selbst die Verpflichtung gegenüber dem Arbeitnehmer erbringt oder ob er diese Verpflichtung auf einen externen Rechtsträger übertragen hat. Im Handelsrecht wird hierfür in unmittelbare und mittelbare Verpflichtungen unterschieden; eine solche Unterscheidung ist dem IAS 19 jedoch fremd.[506] Zur Abgrenzung von unmittelbaren und mittelbaren Verpflichtungen vgl. Abschn. 4.2.1.

---

502 Im Folgenden wird nur auf »Leistungen nach Beendigung des Arbeitsverhältnisses« eingegangen. Die Anwendungsfälle enthalten jedoch auch Beispiele, die unter die anderen Arten des IAS 19 zu subsumieren sind.

503 Vgl. IAS 19.1.
504 Vgl. BeBiKo^8, § 249 HGB, Tz. 291.
505 Vgl. IAS 19.3.
506 Vgl. IAS 19.24, 19.49.

4.2 Ansatz

4.2.1 Ansatz nach HGB

Die allgemeinen Vorschriften des HGB über die **Inventur** sind auch bei Altersversorgungsverpflichtungen oder vergleichbare langfristig fällige Verpflichtungen zu beachten, um eine vollständige Erfassung zu gewährleisten. Denn der Jahresabschluss hat nach § 246 Abs. 1 HGB »sämtliche [...] Schulden [...] zu enthalten«. Damit sind grundsätzlich alle Schulden in der Bilanz des Schuldners aufzunehmen. Der Bilanzierende ist verpflichtet, eine **Bestandsaufnahme** über die von ihm erteilten Altersversorgungszusagen zu machen und die Verpflichtungen zu dokumentieren.[507] Die Bestandsaufnahme erfolgt unabhängig davon, ob unmittelbare und/oder mittelbare Altersversorgungszusagen erteilt worden sind.[508]

Das Handelsrecht klassifiziert Altersversorgungsverpflichtungen in **unmittelbare Verpflichtungen** und in **mittelbare Verpflichtungen**, wobei diese wiederum, wie im folgenden Abschnitt dargestellt, in Alt- und Neuzusagen unterteilt werden.

4.2.1.1 Unmittelbare Verpflichtungen

Unmittelbare Versorgungszusagen, die vor dem 1.1.1987 erteilt wurden oder für die sich ein vor diesem Zeitpunkt erworbener Rechtsanspruch nach dem 31.12.1986 erhöht, werden als sog. **Altzusagen** bezeichnet. Unmittelbare Versorgungszusagen, die nach dem 1.1.1987 erteilt wurden, werden als **Neuzusagen** bezeichnet. Diese Unterscheidung ist aufgrund der in Art. 28 EGHGB getroffenen unterschiedlichen Bilanzierung von Alt- und Neuzusagen notwendig.

Pensionsverpflichtungen eines Unternehmens umfassen **Anwartschaften auf Pensionen** und **laufende Pensionen** aufgrund einer unmittelbaren Altersversorgungszusage. Die einzelne Verpflichtung kann auf Basis von:
- Einzelverträgen bzw. Einzelzusagen,
- Gesamtzusagen (Pensions- oder Versorgungsordnung),
- Betriebsvereinbarungen (§ 87 BetrVG),
- Tarifverträgen,
- Besoldungsordnungen,
- Gesetz (z. B. Beamtenversorgungsgesetz),

---

[507] Vgl. § 240 Abs. 1 HGB.
[508] Vgl. IDW RS HFA 30, Tz. 14.

- betrieblicher Übung oder infolge des Grundsatzes der Gleichbehandlung (§ 1 Abs. 1 S. 4 BetrAVG) sowie
- gerichtlicher Entscheidung

entstehen.[509]

Entscheidend ist, dass das Unternehmen ohne Zwischenschaltung eines anderen Rechtsträgers die Pensionsleistungen selbst gegenüber dem Arbeitnehmer erbringt.

Eine Rückstellungspflicht für Altersversorgungsverpflichtungen liegt nach § 249 Abs. 1 S. 1 HGB vor, wenn der Bilanzierende aus einer unmittelbaren Zusage (z. B. Direktzusage) rechtlich verpflichtet ist oder ein faktischer Leistungszwang besteht, weil sich der Bilanzierende auch ohne rechtliche Verpflichtung der Leistung nicht entziehen kann.[510] Sie stellen damit einen **Erfüllungsrückstand** seitens des Arbeitgebers dar.[511]

Wird eine Versorgungsleistung lediglich in Aussicht gestellt oder ist diese von einem künftigen Ereignis abhängig, welches der Arbeitgeber beeinflussen kann, besteht noch keine nach § 249 Abs. 1 S. 1 HGB **rückstellungspflichtige Anwartschaft**.[512]

> Nach § 249 Abs. 1 S. 1 HGB sind Rückstellungen für ungewisse Verbindlichkeiten zu bilden. Hierzu zählen auch laufende Pensionen und Anwartschaften auf Altersversorgungsleistungen sowie vergleichbare langfristig fällige Verpflichtungen (Neuzusagen).

Für unmittelbare Versorgungszusagen, die vor dem 1.1.1987 (Altzusagen) erteilt wurden, besteht indes nach Art. 28 Abs. 1 S. 1 EGHGB ein **Passivierungswahlrecht**. Diese langfristige Übergangsvorschrift endet erst mit dem Auslaufen der hiervon betroffenen Altzusagen.

Das o. g. Wahlrecht muss der Bilanzierende jedoch auf Grund der **Ansatzstetigkeit** in den Folgejahren einheitlich ausüben. Er kann sich nicht von Jahr zu Jahr entscheiden, ob er die zusätzlich vom Versorgungsberechtigten erdiente Erhöhung der Ansprüche aus Altzusagen passivieren möchte oder nicht. Entscheidet sich der Bilanzierende für eine Passivierung dieser zusätzlich erdienten Ansprüche, so ist der Bilanzierende für die Folgejahre an diese Entscheidung gebunden; d. h. in den Folgejahren ist auch grundsätzlich jede weitere Erhöhung der Ansprüche zu passivieren. Sich hieraus erge-

---

509 Vgl. ADS[6], § 249 HGB, Tz. 85; BeBiKo[8], § 249 HGB, Tz. 158.
510 Vgl. IDW RS HFA 30, Tz. 15.
511 Vgl. Abschn. 2.1.3.1.6.1.
512 Vgl. BeBiKo[8], § 249 HGB, Tz. 158; IDW RS HFA 30, Tz. 19.

bende notwendige Bewertungsänderungen, wie bspw. die Veränderung des notwendigen Erfüllungsbetrags nach § 253 Abs. 1 S. 2 HGB und/oder die Aufzinsung nach § 253 Abs. 2 HGB, sind in den Folgeabschlüssen entsprechend zu berücksichtigen.[513]

Hat der Bilanzierende in der Vergangenheit keine Passivierung der jährlich zusätzlich erdienten Ansprüche passiviert, kann er grundsätzlich an dieser Handhabung festhalten. Entscheidet sich der Bilanzierende nunmehr für eine Passivierung solcher Ansprüche, so liegt in diesem Fall eine **zulässige Durchbrechung** des Grundsatzes der Ansatzstetigkeit gem. § 246 Abs. 3 S. 2 HGB i. V. m. § 252 Abs. 2 HGB vor, da sie zu einer verbesserten Vermittlung eines den tatsächlichen Verhältnissen entsprechenden Bildes der Vermögens-, Finanz- und Ertragslage des Unternehmens beiträgt, da die Verbindlichkeiten direkt in der Bilanz ersichtlich sind.[514] Über diese Abweichung ist gem. § 284 Abs. 2 Nr. 3 HGB im **Anhang** bei der Darstellung der Bilanzierungs- und Bewertungsmethoden zu berichten.[515]

Einmal gebildete Pensionsrückstellungen dürfen gem. § 249 Abs. 2 S. 2 HGB nur insoweit aufgelöst werden, als der Grund für die Verpflichtung entfallen ist. Vgl. hierzu die allgemeinen Ausführungen in Abschn. 2.1.1.3.5. Daher darf der Bilanzierende, nachdem er sich einmal für den Ansatz von Altzusagen entschieden hat, nicht wieder das Wahlrecht im Sinne eines Nichtansatzes ausüben. Dies würde nämlich zu einer »verschlechterten« Darstellung der Vermögens-, Finanz- und Ertragslage führen.

4.2.1.2 Mittelbare und ähnliche Verpflichtungen

Kennzeichen mittelbarer Verpflichtungen ist der Durchführungsweg mittels Zwischenschaltung eines **externen Rechtsträgers**. Hierin liegt der Unterschied zu den unmittelbaren Verpflichtungen. Der Bilanzierende übernimmt nicht selbst die Leistung gegenüber dem Arbeitnehmer, sondern bedient sich zur Erfüllung der Versorgungsleistungen eines externen Rechtsträgers. Dieser ist zur Erbringung der Leistung verpflichtet und nicht der Bilanzierende selbst. Gleichwohl besteht eine sog. Subsidiärhaftung beim bilanzierenden Unternehmen. In dem Fall, in dem das Vermögen des externen Rechtsträgers zur Erfüllung der Verpflichtungen nicht ausreicht, erwirbt der Begünstigte einen unmittelbaren Anspruch gegenüber dem die mittelbare Zusage erklärenden Unternehmen.[516] Nach § 1 Abs. 1 S. 3

---

513 Vgl. IDW RS HFA 30, Tz. 79.
514 Vgl. IDW RS HFA 30, Tz. 79a; IDW RS HFA 38, Tz. 15.
515 Vgl. IDW RS HFA 38, Tz. 18.
516 Vgl. IDW RS HFA 30, Tz. 36.

BetrAVG steht der Arbeitgeber für die Erfüllung der von ihm zugesagten Leistungen auch dann ein, wenn die Durchführung nicht unmittelbar über ihn erfolgt.

Als externe Rechtsträger[517] kommen in Deutschland insbesondere in Betracht:
- Unterstützungskasse,
- Direktversicherung,
- Pensionsfonds und
- Pensionskasse.

Pensionsähnliche Verpflichtungen werden nicht durch das Gesetz definiert. Nach Auffassung des HFA[518] kann es sich bei den pensionsähnlichen Verpflichtungen nur um solche handeln, die nicht den Charakter einer Altersversorgungsverpflichtung aufweisen. Es muss sich inhaltlich um ähnliche Verpflichtungen wie bei der Altersversorgung handeln, ohne selbst den Begriff der Altersversorgung zu erfüllen. Beispiele für pensionsähnliche Verpflichtungen nennt der HFA jedoch nicht.[519]

> Für mittelbare Verpflichtungen aus einer Zusage für eine laufende Pension oder eine Anwartschaft auf eine Pension sowie für eine ähnliche unmittelbare oder mittelbare Verpflichtung braucht nach Art. 28 Abs. 1 S. 2 EGHGB eine Rückstellung in keinem Fall gebildet zu werden.

4.2.2 Ansatz nach IFRS

Die Vorschriften zum Ansatz bzw. zur Erfassung von Leistungen nach Beendigung von Arbeitsverhältnissen werden in **IAS 19** jeweils gesondert für leistungsorientierte und beitragsorientierte Altersversorgungspläne dargestellt. Dem Aufbau des Standards folgend, wird im folgenden Abschnitt zunächst die Erfassung beitragsorientierter und anschließend die Erfassung leistungsorientierter Verpflichtungen dargestellt.

4.2.2.1 Beitragsorientierte Altersversorgungsverpflichtungen

Wie beitragsorientierte Altersversorgungsverpflichtungen definiert sind, ergibt sich aus IAS 19.7 bzw. IAS 19.25. Danach hat sich der Arbeitgeber ge-

---
517 Zu den einzelnen Durchführungswegen vgl. ausführlich Mühlberger/Schwinger, S. 157ff.
518 Vgl. IDW RS HFA 30, Tz. 9.
519 Vgl. BeBiKo[8], § 249 HGB, Tz. 162f., 268.

genüber seinem Arbeitnehmer nur zur Zahlung fest vereinbarter Beiträge an einen externen Rechtsträger verpflichtet[520], wobei der Arbeitnehmer das **Risiko** trägt, dass die tatsächliche Versorgungsleistung hinter den erwarteten Leistungen zurückbleibt.[521] Der Arbeitnehmer trägt damit sämtliche **versicherungsmathematische Risiken**. Weiterhin darf der Arbeitgeber weder von einer guten noch schlechten Entwicklung des externen Rechtsträgers betroffen sein, d.h. er erhält keine Überschüsse aus einer positiven Entwicklung der angelegten Vermögenswerte zurückerstattet, noch ist er in der **Nachschusspflicht**, wenn die angelegten Vermögenswerte nicht ausreichen, um die Leistungen an den Arbeitnehmer zu erfüllen.

Der Ansatz beitragsorientierter Altersversorgungsverpflichtungen ist in IAS 19.43 ff. geregelt. Die Bilanzierung dieser Zusagen richtet sich nach den für diese Periode gezahlten Beiträgen.

> Aufwand der Periode = für die Periode zu entrichtende Beiträge

Der Aufwand der entrichteten Beiträge ist entsprechend im laufenden Personalaufwand zu erfassen. Zu einem Ansatz einer Schuld (Rückstellung oder Verbindlichkeit) kommt es nur dann, wenn die für diese Periode zu zahlenden Beiträge noch nicht entrichtet wurden.[522]

4.2.2.2 Leistungsorientierte Altersversorgungsverpflichtungen

Was unter leistungsorientierten Altersversorgungsverpflichtungen zu verstehen ist bzw. wie leistungsorientierte Altersversorgungsverpflichtungen charakterisiert sind, ergibt sich nach der Definition des IAS 19.7 aus der **Negativabgrenzung** zu den beitragsorientierten Altersversorgungsverpflichtungen. Danach gehören Altersversorgungsverpflichtungen, die nicht unter die Kriterien für beitragsorientierte Altersversorgungsverpflichtungen fallen, zu den leistungsorientierten Altersversorgungsverpflichtungen. In der Praxis kann die **Zuordnung im Einzelfall schwierig** sein und bedarf einer detaillierten Würdigung.

Kennzeichen solcher Vereinbarungen sind, dass der Arbeitgeber seinem Arbeitnehmer eine bestimmte Leistung zugesagt hat (bspw. Zahlung einer monatlichen Rente in bestimmter Höhe beginnend ab dem 65. Lebensjahr).[523] Der Arbeitgeber trägt dabei das **versicherungsmathematische Risi-**

---
520 Vgl. IAS 19.25(a).
521 Vgl. IAS 19.25(b).
522 Vgl. IAS 19.44.
523 Vgl. IAS 19.27(a).

ko, dass die tatsächlichen Kosten zur Erfüllung der erteilten Zusage höher sind als die erwarteten Kosten. Darüber hinaus trägt der Arbeitgeber auch das **Anlagerisiko**.[524] Im Unterschied zu den beitragsorientierten Altersversorgungsverpflichtungen, bei denen der Arbeitgeber sämtliche Risiken und Verpflichtungen aus der Zusage auf den Arbeitnehmer überträgt, übernimmt der Arbeitgeber sämtliche Risiken und Verpflichtungen aus leistungsorientierten Zusagen, insbesondere das **Finanzierungsrisiko**.

Der **Ansatz** leistungsorientierter Altersversorgungsverpflichtungen ist in IAS 19.54 ff. geregelt. Ausgangspunkt ist die *defined benefit obligation* (DBO), der **Barwert der leistungsorientierten Verpflichtung**. Sie repräsentiert die gegenüber dem Arbeitnehmer am Bilanzstichtag tatsächlich bestehende Verpflichtung. Danach entspricht die in der Bilanz anzusetzende Schuld bzw. der Vermögenswert der Summe aus:

	Barwert der leistungsorientierten Verpflichtung zum Bilanzstichtag
–	zum beizulegenden Zeitwert bewertetes Planvermögen
=	Finanzierungsstatus
+	noch nicht erfasste versicherungsmathematische Gewinne
–	noch nicht erfasste versicherungsmathematische Verluste
–	verfallbarer nachzuverrechnender Dienstzeitaufwand
+/–	Asset-Ceiling Anpassung
=	**Netto-Pensionsverpflichtung bzw. Netto-Vermögenswert (Bilanzwert)**

Sofern Planvermögen[525] vorliegt, ist zwingend eine Verrechnung mit den Pensionsverpflichtungen vorzunehmen.[526] Als Saldogröße ergibt sich der sog. **Finanzierungsstatus**, der die Über- bzw. Unterdotierung des Versorgungsplans am Stichtag wiedergibt. In der Regel wird der Barwert der Pensionsverpflichtungen den beizulegenden Zeitwert des Planvermögens übersteigen, so dass es zu einem **Netto-Passivausweis** kommt. Die Verrechnung kann jedoch auch zu dem Ansatz eines Vermögenswerts führen, wenn das zum beizulegenden Zeitwert bewertete Planvermögen den Barwert der Pensionsverpflichtungen übersteigt und somit ein Aktivüberhang entsteht.

---
524 Vgl. IAS 19.27(b).
525 Vgl. Abschn. 4.3.6.
526 Vgl. IAS 19.54 und .102.

Nach IAS 19.58 ff. ist der anzusetzende Vermögenswert allerdings auf einen Höchstbetrag begrenzt. Dieser Höchstbetrag definiert einen niedrigeren Betrag aus der nach IAS 19.54 zu ermittelnden Netto-Pensionsverbindlichkeit (Bilanzwert) und dem Barwert des wirtschaftlichen Nutzens, der die nicht erfassten versicherungsmathematischen Gewinne und Verluste sowie den noch nicht erfassten nachzuverrechnenden Dienstzeitaufwand umfasst.[527] Überschreitet der Bilanzwert nach IAS 19.54 diese Obergrenze, ist der niedrigere Wert als »gedeckeltes« Aktivum zu aktivieren.[528]

Nach IAS 19R setzt sich die **Netto-Pensionsverpflichtung** künftig (ab 1.1.2013) wie folgt zusammen:

Barwert der leistungsorientierten Verpflichtung zum Bilanzstichtag (DBO)
− zum beizulegenden Zeitwert bewertetes etwaiges Planvermögen
+/− Asset-Ceiling Anpassung
= Netto-Pensionsverpflichtung bzw. Netto-Vermögenswert (Bilanzwert)

Infolge der Abschaffung aller Glättungsmechanismen, die bislang eine zeitverzögerte Erfassung bestimmter Pensionsaufwandskomponenten zuließen[529], wird demzufolge künftig der Saldo aus dem Barwert der leistungsorientierten Verpflichtung und dem zum beizulegenden Zeitwert bewerteten Planvermögen ausgewiesen. Dies führt zu einer Erhöhung des Informationsgehalts des Abschlusses, da die tatsächlichen Pensionsverpflichtungen des Unternehmens in der Bilanz gezeigt werden. Ferner ist der tatsächliche Finanzierungsstatus für den Abschlussadressaten klar und transparent ersichtlich; zusätzlich wird die Vergleichbarkeit der Abschlüsse erhöht.

4.3 Bewertung von Pensionsrückstellungen

4.3.1 Bewertung nach HGB

4.3.1.1 Bewertungsvorschrift

Im Rahmen der Einführung des BilMoG[530] haben sich erhebliche Änderungen als auch Neuregelungen im deutschen Handelsrecht ergeben. Die

---

527 Zur detaillierten Beschreibung einer Begrenzung des Vermögenswerts bei Überdeckung des Plans vgl. Mühlberger/Schwinger, S. 75 ff.; Faßhauer, S. 162 ff., und IFRIC 14.

528 Vgl. Faßhauer, S. 164.
529 Vgl. Abschn. 4.3.2.2.
530 Vgl. Gesetz zur Modernisierung des Bilanzrechts (BilMoG) vom 25.5.2009, BGBl. I, S. 1102 ff.

geänderten Regelungen zur Bilanzierung von Pensionsrückstellungen stellt die Praxis weiter vor große Herausforderungen. Mit dem überarbeiteten § 253 HGB wurden insbesondere die Bewertungs- und Ausweisvorschriften für Pensionsrückstellungen geändert.

> Nach § 253 Abs. 1 S. 2 HGB sind »[...] Rückstellungen in Höhe des nach vernünftiger kaufmännischer Beurteilung notwendigen Erfüllungsbetrags anzusetzen«.

Pensionsrückstellungen sind – wie alle Rückstellungen – mit dem nach vernünftiger kaufmännischer Beurteilung notwendigen Erfüllungsbetrag anzusetzen. Das heißt, künftige Preis- und Kostensteigerungen sind in den nominalen Verpflichtungsbetrag einzubeziehen, insofern sie auf begründeten Erwartungen und hinreichend objektiven Hinweisen beruhen.[531]

Bei der Bewertung von Altersversorgungsverpflichtungen treten an die Stelle von künftigen Preis- und Kostensteigerungen zu berücksichtigende **Lohn- und Gehaltssteigerungen** sowie **Rententrends**.[532] Auch für diese Trendannahmen gilt, dass sie nur im nominalen Verpflichtungsbetrag zu berücksichtigen sind, wenn sie auf begründeten Erwartungen und hinreichend objektiven Hinweisen beruhen. Bei der Bestimmung des nominalen Verpflichtungsbetrags sind somit sämtliche Trendannahmen zu berücksichtigen, die sich auf die Höhe des nominalen Verpflichtungsbetrags auswirken können.[533]

Die **allgemeinen Bewertungsgrundsätze** gelten entsprechend für Pensionsverpflichtungen, bei denen bereits Zahlungen an die Ruheständler erfolgen (Leistungsphase). Die Bewertungsgrundsätze sind sowohl auf (un-)mittelbare Altersversorgungsverpflichtungen als auch auf den Altersversorgungsverpflichtungen vergleichbare langfristig fällige Verpflichtungen anzuwenden.[534]

4.3.1.2 Lohn-, Gehalts- und Rententrends

Im Rahmen der Bewertung der Altersversorgungsverpflichtungen hat der Bilanzierende jährlich die zugrunde liegenden Parameter zu schätzen. Dies stellt eine große Herausforderung dar, da künftige Rentenanpassungen und Einkommenssteigerungen geschätzt werden müssen. Dies erfordert eine

---
531 Ausführlicher vgl. Abschn. 2.2.2.2.
532 Vgl. IDW RS HFA 30, Tz. 51.
533 Vgl. IDW RS HFA 30, Tz. 53.
534 Vgl. IDW RS HFA 30, Tz. 50.

Zukunftsprognose, die gerade bei Pensionszusagen auf Grund ihres langfristigen Zeithorizontes mit hohen **Schätzungsunsicherheiten** behaftet ist. Während der Gesetzgeber die Verwendung des am Bilanzstichtag vorliegenden Abzinsungszinssatzes klar in § 253 Abs. 2 HGB geregelt hat[535], obliegt es dem Bilanzierenden, zu jedem Stichtag die Einkommens- und Rententrends zu schätzen.

> **Orientierungshilfe** für Lohn- und Gehaltssteigerungen können sein:[536]
> - unternehmensindividuelle Grundlagen wie bspw. Personalstatistiken, Personalkostenentwicklung der Vergangenheit, unternehmensinterne Mittelfristplanung
> - allgemeine branchenspezifische Einschätzungen
> - Verlautbarungen öffentlicher Stellen über die erwarteten Inflationsraten oder Angebots- und Nachfragestruktur auf dem Arbeitsmarkt

In der Regel basieren die zu bewertenden Verpflichtungen sowohl auf einer künftigen Einkommensentwicklung bis zum Eintritt des Leistungsfalls als auch auf künftigen, der Höhe nach noch nicht feststehenden Rentenanpassungen.[537] Künftige Einkommensentwicklungen und erforderliche Rentenanpassungen nach § 16 Abs. 1 und 2 BetrAVG hängen wesentlich von der Inflationsentwicklung ab.[538] Daher basiert die in Deutschland am häufigsten verwendete Methode auf einer Erhöhung der Rentenanpassung gem. der Entwicklung der Verbraucherpreise unter Verwendung eines entsprechenden Indexes.[539]

4.3.1.3 Abzinsungszinssatz

Neben der künftigen Berücksichtigung von Lohn-, Gehalts- und Rententrends wurde auch die Abzinsung der Pensionsrückstellungen geändert und erstmals im Gesetz kodifiziert. Nach der alten Rechtslage erfolgte eine Abzinsung größtenteils mit dem in § 6a Abs. 3 S. 3 EStG vorgeschriebenen Rechnungszinsfuß von 6%. Schätzungen zufolge haben ca. 90% der Unternehmen für die Abzinsung den steuerlichen Rechnungszinsfuß von 6%

---

535 Vgl. Abschn. 4.3.1.3.
536 Vgl. Gelhausen/Fey/Kämpfer, Kap. I, Tz. 73; Thurnes/Vavra/Geilenkothen, DB 2010, S. 2740.
537 Vgl. Thurnes/Vavra/Geilenkothen, DB 2010, S. 2740.
538 Vgl. Thurnes/Vavra/Geilenkothen, DB 2011, S. 2787.
539 Vgl. Thurnes/Vavra/Geilenkothen, DB 2011, S. 2789 (Fußnote 15).

zugrunde gelegt[540], obwohl die Literatur[541] eine Spanne von 3-6% für vertretbar gehalten hat. Nunmehr enthält § 253 Abs. 2 S. 1 HGB eine explizite Regelung zur Abzinsung (**Abzinsungsgebot**) und mit § 253 Abs. 2 S. 2 HGB eine Vereinfachungsmöglichkeit für die Abzinsung von Altersversorgungsverpflichtungen. Der nach § 253 Abs. 2 HGB zu verwendende Abzinsungszinssatz der Deutschen Bundesbank[542] liegt aktuell deutlich unterhalb des nach Steuerrecht zugrunde zu legenden Rechnungszinsfußes von 6%.

> Ein niedrigerer (höherer) Abzinsungszinssatz führt zu einer höheren (niedrigeren) Pensionsrückstellung. Die Auswirkungen aufgrund der Änderung des Abzinsungszinssatzes können mit folgender Faustformel überschlägig ermittelt werden: Eine Absenkung (Erhöhung) des Abzinsungszinssatzes um einen Prozentpunkt führt bei einem gemischten Bestand an Rentnern und Anwärtern zu einer Erhöhung (Minderung) der Verpflichtungen um ca. 12-16%.[543]

Im Unterschied zu den allgemeinen Bewertungsgrundsätzen für sonstige Rückstellungen[544] besteht für die Abzinsung von Pensionsrückstellungen eine Vereinfachungsmöglichkeit. Danach können Rückstellungen aus Altersversorgungsverpflichtungen oder vergleichbare langfristig fällige Verpflichtungen vereinfachend pauschal mit dem durchschnittlichen Marktzinssatz abgezinst werden, der sich bei einer angenommenen Restlaufzeit von 15 Jahren ergibt (sog. **Vereinfachungsregel**). Damit fallen nicht nur laufende Pensionen und Anwartschaften unter die Vereinfachungsregel des **§ 253 Abs. 2. S. 2 HGB**, sondern auch vergleichbare langfristig fällige Verpflichtungen wie Altersteilzeitvereinbarungen oder Verpflichtungen aus Lebensarbeitszeitkonten.[545] Diese Vereinfachung soll dem Bilanzierenden ermöglichen, auf die Ermittlung eines individuellen Abzinsungszinssatzes je nach Restlaufzeit der künftigen Zahlungen zu verzichten.[546] Nach dem

---

540 Vgl. Gassen/Pierk/Weil, DB 2011, S. 1062; vgl. auch Meier, BB 2009, S. 998; Höfer/Rhiel/Veit, DB 2009, S. 1607.
541 Vgl. IDW HFA 2/1988, FN-IDW 1988, S. 220; Coenenberg[22], S. 433; Baetge/Thiele/Kirsch, S. 437; WP Handbuch[13], Abschn. E, Tz. 173; ADS[6], § 253 HGB, Tz. 307f.
542 Vgl. Deutsche Bundesbank, Abzinsungszinssätze gem. § 253 Abs. 2 HGB, online abrufbar unter http://www.bundesbank.de/statistik/statistik_zinsen.php#abzinsung.
543 Vgl. Höfer/Früh/Neumeier, DB 2011, S. 2502.
544 Vgl. Abschn. 2.2.4.
545 Zur Begriffsabgrenzung vgl. Abschn. 4.1.1.
546 Vgl. IDW RS HFA 30, Tz. 56.

Grundsatz der Einzelbewertung des § 253 Abs. 1 Nr. 3 HGB wäre der Bilanzierende sonst grundsätzlich gezwungen, jede Verpflichtung einzeln zu bewerten[547] und jede einzelne Verpflichtung nach § 253 Abs. 2 S. 1 HGB mit ihrem laufzeitadäquaten Marktzinssatz abzuzinsen.[548] Mit der Regelung des § 253 Abs. 2 S. 2 HGB hat der Gesetzgeber somit eine »gesetzlich legitimierte Durchbrechung des Einzelbewertungsgrundsatzes«[549] geschaffen.

Auch in Fällen einer deutlich kürzeren oder längeren Restlaufzeit ist es zulässig, bei der Bestimmung des Abzinsungszinssatzes von einer **pauschalen Restlaufzeit** von 15 Jahren auszugehen.[550] Gleichzeitig empfiehlt der HFA jedoch, bei einer deutlich kürzeren oder längeren Restlaufzeit bei der Bestimmung des Abzinsungszinssatzes von der tatsächlichen Restlaufzeit auszugehen.

Deutlich kürzere Restlaufzeiten liegen in der Regel bei Verpflichtungen aus Altersteilzeitvereinbarungen vor. Typisch sind Vereinbarungen mit einer Laufzeit von nicht mehr als fünf bzw. sechs Jahren. Verglichen mit einer Restlaufzeit von 15 Jahren (§ 253 Abs. 2 S. 1 HGB) ergeben sich bei Altersteilzeitverpflichtungen wesentlich kürzere Restlaufzeiten.

Deutlich kürzere oder längere Restlaufzeiten können auch bei bereits geschlossenen Pensionszusagen vorliegen, nämlich dann, wenn zum einen Pensionsrückstellungen eine Laufzeit von weniger als 15 Jahren aufweisen, weil der Mitarbeiterbestand für diese Pensionszusage nur aus Pensionsempfängern besteht und unter diesem Plan keine neue Zusagen mehr an junge Mitarbeiter gewährt werden, oder zum anderen, wenn ein Plan ausschließlich aus Anwartschaften an jungen Mitarbeitern besteht, bei denen die Leistungsfälle in deutlich mehr als 15 Jahren eintreten werden.

Damit steht die Vereinfachungsregel i. S. d. § 253 Abs. 2 S. 2 HGB unter der Bedingung, dass der Jahresabschluss ein den tatsächlichen Verhältnissen entsprechendes Bild der Vermögens-, Finanz- und Ertragslage der Gesellschaft vermittelt. Dies wurde explizit in der Regierungsbegründung zum BilMoG[551] festgehalten. Wird bei der Bestimmung des Abzinsungszinssat-

---

547 Vgl. ADS[6], § 252 HGB, Tz. 48, 49.
548 Vgl. Gassen/Pierk/Weil, DB 2011, S. 1062.
549 Vgl. IDW RS HFA 30, Tz. 56.
550 Vgl. IDW RS HFA 30, Tz. 57.
551 Vgl. Begr. RegE BilMoG, BT Drucks. 16/10067, S. 55.

zes von einer pauschalen Restlaufzeit von 15 Jahren ausgegangen und wird damit die Lage der Gesellschaft nicht mehr zutreffend dargestellt, so geht der Gesetzgeber davon aus, dass diese Vereinfachungsregel auf der Grundlage des § 264 Abs. 2 S. 1 HGB keine Anwendung finden kann. In diesem Fall wird es auch nicht als ausreichend angesehen, zusätzliche Angaben im Anhang zu machen, da hierdurch eine unzutreffende Bilanzierung und Bewertung von Bilanzposten nicht geheilt werden kann.[552] In diesem Fall ist von der tatsächlichen Restlaufzeit auszugehen. In der Praxis führt dies zu einer Würdigung durch den Bilanzierenden, ob es durch die Anwendung der Vereinfachungsregel zu einer wesentlichen Beeinträchtigung der Vermögens-, Finanz- und Ertragslage der Gesellschaft kommt.

> Im Fall einer Altersteilzeitvereinbarung mit einer Laufzeit von sechs Jahren ist nicht zwingend auf eine Restlaufzeit von 15 Jahren abzustellen. Es wird empfohlen, die deutlich kürzere Restlaufzeit von sechs Jahren für die Abzinsung zugrunde zu legen. Insofern keine Beeinträchtigung der Vermögens-, Finanz- und Ertragslage der Gesellschaft vorliegt, kann von der Vereinfachungsregel Gebrauch gemacht werden. In diesem Fall wäre der Abzinsung eine Restlaufzeit von 15 Jahren zugrunde zu legen.
>
> Im Umkehrschluss bedeutet dies, dass eine Anwendung der Vereinfachungsregel nicht sachgerecht wäre, wenn der Einblick in die Vermögens-, Finanz- und Ertragslage dadurch in einem wesentlichen Umfang beeinträchtigt sein würde. In diesem Fall ist bei der Bestimmung des Abzinsungszinssatzes von der tatsächlichen Restlaufzeit von sechs Jahren auszugehen.

Bei **Nichtanwendung der Vereinfachungsregel** wird es auch als zulässig erachtet, Rückstellungen für Altersversorgungsverpflichtungen oder vergleichbare langfristig fällige Verpflichtungen mit einer Restlaufzeit von einem Jahr oder weniger abzuzinsen. Allerdings steht dies unter dem Vorbehalt, dass der zugrunde zu legende »[...] Abzinsungszinssatz in einer den Anforderungen der RückAbzinsV gleichwertigen Weise ermittelt [...]«[553] werden muss. Dies steht auch nicht im Widerspruch mit dem Gesetzeswortlaut des § 253 Abs. 2 HGB, da dieses ein explizites Abzinsungsgebot enthält und nicht ein explizites Abzinsungsverbot für Verpflichtungen mit einer Restlaufzeit von einem Jahr oder weniger. Der Gesetzgeber hat es somit

---

552 Vgl. Gelhausen/Fey/Kämpfer, Kap. I, Tz. 87.
553 IDW RS HFA 30, Tz. 58.

dem Bilanzierenden überlassen, ob er Verpflichtungen mit einer Restlaufzeit von einem Jahr oder weniger abzinsen möchte oder nicht.

Mit der Regelung des § 253 Abs. 2 HGB hat der Gesetzgeber die Ermittlung des Abzinsungszinssatzes normiert und die konkrete Ermittlung der Deutschen Bundesbank übertragen. In der RückAbzinsV wurde definiert, wie die Deutsche Bundesbank die Ermittlung der Abzinsungszinssätze vorzunehmen hat.[554]

4.3.1.4 Bewertungsmethode

Der Gesetzgeber hat offen gelassen, wie die Berechnung der Altersversorgungszusagen zu erfolgen hat bzw. welche Bewertungsmethode er für zulässig erachtet. Aus dem Gesetzeswortlaut ergibt sich lediglich, dass Pensionsrückstellungen in Höhe des nach vernünftiger kaufmännischer Beurteilung notwendigen Erfüllungsbetrags anzusetzen sind. Nur für wertpapiergebundene Altersversorgungszusagen[555] regelt das HGB explizit die Bewertungsmethode. Gleichwohl konkretisiert der HFA[556], dass unter Beachtung der Grundsätze ordnungsmäßiger Buchführung gewisse **Anforderungen** an das Bewertungsverfahren zu stellen sind. Zum einen sind die Regeln der Versicherungsmathematik anzuwenden, zum anderen sind laufende Rentenverpflichtungen sowie Altersversorgungsverpflichtungen gegenüber ausgeschiedenen Anwärtern mit ihrem Barwert anzusetzen. Als dritte Anforderung nennt der HFA, dass das gewählte Bewertungsverfahren den Pensionsaufwand verursachungsgerecht über den Zeitraum verteilen muss, in dem der Versorgungsberechtigte seine Gegenleistung erbringt.

Unter Berücksichtigung der o.g. Anforderungen an die Bewertungsmethode kommen für die Bewertung von Pensionsverpflichtungen aus zeitanteilig erdienten Anwartschaften sowohl die **PUC-Methode** i.S.d. IAS 19 als auch das **versicherungsmathematische Teilwertverfahren** in Betracht.[557] Während die PUC-Methode den Ansammlungsverfahren zuzuordnen ist, ist das Teilwertverfahren den Gleichverteilungsverfahren zuzuordnen. Ziel beider Verfahren ist die periodengerechte Verteilung des erwarteten Barwerts der Verpflichtung.[558] In seinen Ausführungen sieht der HFA[559] die PUC-Me-

---

554 Zur Verwendung der von der Deutschen Bundesbank auf Basis der RückAbzinsV ermittelten Abzinsungszinssätze und weiterer Ausführungen vgl. Abschn. 2.2.4.3.
555 Vgl. Abschn. 4.3.5.
556 Vgl. IDW RS HFA 30, Tz. 60.
557 Vgl. IDW RS HFA 30, Tz. 61.
558 Zur Gegenüberstellung beider Verfahren vgl. Mühlberger/Schwinger, S. 28; Faßhauer, S. 30 ff.; zur PUC-Methode vgl. Abschn. 4.3.2.3.
559 Vgl. IDW RS HFA 30, Tz. 61.

thode **stets als zulässig** an, macht jedoch Einschränkungen bzgl. der Verwendung des versicherungsmathematischen Teilwertverfahrens.

Da die Anwendung eines bestimmten Verfahrens zur Bewertung von Pensionsverpflichtungen nicht vorgeschrieben ist, muss sich der Bilanzierende im Sinne eines **Wahlrechts** für eine Methode entscheiden. Bei der Entscheidung, welche Bewertungsmethode am besten geeignet ist, sind auch vertragliche Besonderheiten der Zusagen zu berücksichtigen.

> Das steuerliche Teilwertverfahren zur Bewertung von Pensionsverpflichtungen in der Handelsbilanz ist nur dann zulässig, wenn es dem versicherungsmathematischen Teilwertverfahren entspricht und keine vertraglichen Besonderheiten[560] es gebieten, das Anwartschaftsbarwertverfahren anzuwenden.

In der Regel wird die Bewertung der Pensionsverpflichtungen auf Grund der Komplexität der Versorgungsregeln und der versicherungsmathematischen Zusammenhänge nicht vom Bilanzierenden selbst durchgeführt werden können, sondern durch einen externen Versicherungsmathematiker.

> Der Bilanzierende kann nicht darauf verzichten, neben einem versicherungsmathematischen Gutachten für steuerliche Zwecke ein gesondertes versicherungsmathematisches Gutachten für handelsrechtliche Zwecke einzuholen. Es ist zwingend erforderlich, die Berechnungen sowohl unter Berücksichtigung künftiger Preis- und Kostensteigerungen als auch mit einem gesetzeskonformen Abzinsungszinssatz durchzuführen.

Ist der Bilanzierende zusätzlich verpflichtet, nach IFRS zu bilanzieren, hat das **versicherungsmathematische Gutachten** auch die Grundsätze des IAS 19 zu beachten. In einer solchen Konstellation erhält der Bilanzierende bis zu drei versicherungsmathematische Gutachten, die sich im Wesentlichen auf dieselbe Grundgesamtheit an aktiven und ehemaligen Mitarbeitern beziehen.

---

560 Bzgl. vertraglicher Besonderheiten vgl. IDW RS HFA 30, Tz. 61.

4.3.2 Bewertung nach IFRS

Da die tatsächlichen Kosten eines leistungsorientierten Plans ungewiss sind und diese Ungewissheit in der Regel über einen langen Zeitraum besteht, ist es erforderlich, eine **versicherungsmathematische Bewertungsmethode** anzuwenden, die Leistungen den Dienstjahren der Arbeitnehmer zuzuordnen und darüber hinaus bestimmte versicherungsmathematische Annahmen zu treffen.[561]

Zu den **versicherungsmathematischen Annahmen** zählen u.a. der Abzinsungssatz, Gehalts- und Rententrends, Lebenserwartung, Invalidität oder Fluktuation, Kosten der medizinischen Versorgung und Anlageerträge des Planvermögens. Im Folgenden wird nur auf den Abzinsungssatz eingegangen. Gleichwohl werden die Änderungen in IAS 19R in Bezug auf den Ertrag aus dem Planvermögen dargestellt.

4.3.2.1 Abzinsungssatz und Ertrag aus dem Planvermögen

Für den heranzuziehenden Abzinsungssatz bestehen nach IAS 19.78 explizite Vorgaben. Der Standard selbst spricht in IAS 19.79 davon, dass der Abzinsungssatz eine versicherungsmathematische Annahme mit wesentlicher Auswirkung ist. IAS 19.78 definiert Anforderungen an ein **Schätzwertverfahren** für den Abzinsungssatz. Danach sind leistungsorientierte Altersversorgungsverpflichtungen mit einem Abzinsungssatz abzuzinsen, der sich auf der Grundlage von Renditen bestimmt, die am Bilanzstichtag für erstrangige, festverzinsliche Industrieanleihen am Markt erzielt werden. Wie dieser Abzinsungssatz bestimmt werden kann, lässt der Standard jedoch offen. In der Literatur werden mehrere Verfahren zur Bestimmung des Abzinsungssatzes diskutiert.[562]

Aus IAS 19.78 ergibt sich ein fundamentaler Unterschied im Vergleich zur Abzinsung nach HGB. Während nach § 253 Abs. 2 HGB die Verwendung des Abzinsungszinssatzes eindeutig geregelt ist und die Ermittlung durch die Deutsche Bundesbank erfolgt, besteht für die Bestimmung des Abzinsungssatzes nach IAS 19.78 ein erheblicher **bilanzpolitischer Spielraum**. Während nach HGB bilanzierte Altersversorgungszusagen in allen Abschlüssen mit einem einheitlichen Abzinsungszinssatz zum Bilanzstichtag abgezinst werden, sind in den einzelnen IFRS-Abschlüssen für die nach IAS 19 bilanzierten Altersversorgungszusagen aufgrund verschiede-

---

561 Vgl. IAS 19.63.
562 Vgl. Mühlberger/Schwinger, S. 39; May/Querner/Schmitz, DB 2005, S. 1236; Faßhauer, S. 131 ff.

ner Schätzwertverfahren unternehmensindividuelle Abzinsungssätze zu finden.

Hat der Bilanzierende im Vorjahr bspw. ein anderes Verfahren zur Schätzung seines Abzinsungssatzes verwandt, ist zu beurteilen, ob die **Schätzwertänderung** zu wesentlichen Auswirkungen im Abschluss des aktuellen Stichtages führt. Gegebenenfalls sind Anhangangaben nach IAS 8.39 und 8.40 erforderlich.

Aus dem geänderten **IAS 19R** ergeben sich für den Abzinsungssatz an sich keine Änderungen. Gleichwohl betrifft eine wesentliche Änderung die **künftige Verzinsung des Planvermögens**. Künftig wird nicht mehr auf den unternehmensindividuell festgelegten erwarteten Ertrag aus dem Planvermögen abgestellt, sondern es wird der gleiche Abzinsungssatz verwendet, mit dem die Abzinsung der DBO vorgenommen wird. Dies bedeutet, dass das Management der Verzinsung des Planvermögens nicht mehr eine Verzinsungserwartung nach Maßgabe der Zusammensetzung und Verteilung des Planvermögens zu Periodenbeginn zugrunde legen darf. Folglich entfällt mit dieser Änderung ein Ermessensspielraum hinsichtlich der Ermittlung des erwarteten Ertrags aus dem Planvermögen. Zukünftig ist somit sowohl bei der Abzinsung der Brutto-Pensionsverpflichtung (wie bisher) als auch der Verzinsung des Planvermögens auf den Abzinsungssatz, der sich für erstrangige, festverzinsliche Industrieanleihen ergibt, abzustellen.[563] Dieser Abzinsungssatz ist nunmehr typisierend auch für die Verzinsung des Planvermögens zugrunde zu legen.

Damit bestimmt sich zukünftig der Netto-Zinsaufwand oder -ertrag (sog. **Netto-Zinskomponente**) durch Multiplikation der **Netto-Pensionsverpflichtung**[564] (Brutto-Pensionsverpflichtung abzgl. des zum beizulegenden Zeitwert bewerteten Planvermögens) mit dem Abzinsungssatz zum Periodenbeginn.[565] Die Netto-Zinskomponente umfasst zukünftig somit den bisherigen Zinsaufwand aus der Abzinsung der Brutto-Pensionsverpflichtung[566] mit einem den Anforderungen gem. IAS 19.78 gerechten Abzinsungssatz und die erwarteten Erträge aus dem Planvermögen, die bislang jeweils eigenständige Komponenten des Pensionsaufwands darstellten. Zum Ausweis der Netto-Zinskomponente vgl. Abschn. 4.4.4.

---

563 Vgl. IAS 19R.123 und .83.
564 Vgl. IAS 19R.8.
565 Vgl. IAS 19R.123.
566 Vgl. IAS 19.7.

4.3.2.2 Versicherungsmathematische Gewinne und Verluste

Versicherungsmathematische Gewinne und Verluste ergeben sich aus den zu Periodenbeginn geschätzten versicherungsmathematischen Annahmen und der zum Periodenende tatsächlichen Entwicklung dieser Annahmen sowie den Auswirkungen der Änderungen der versicherungsmathematischen Annahmen.[567]

Die Erfassung versicherungsmathematischer Gewinne und Verluste ist in IAS 19.92 ff. geregelt. Danach hat der Bilanzierende noch bis zum 31.12.2012 die Möglichkeit, zwischen **drei Verfahren** zu wählen:
- Korridormethode (zeitverzögerte Erfassung im Gewinn oder Verlust),
- schnellere, systematische Methode (im Vergleich zur Korridormethode schnellere Erfassung im Gewinn oder Verlust) oder
- sofortige und vollständige Erfassung im sonstigen Ergebnis (*other comprehensive income*).

Mit der Entscheidung für eine bestimmte Erfassungsmöglichkeit ist der Bilanzierende in den Folgejahren auf Grund der **Bewertungsstetigkeit** weiter daran gebunden. Gleichzeitig soll die Vergleichbarkeit der Abschlüsse im Zeitablauf gewährleistet sein. Der Bilanzierende kann sich daher nicht Jahr für Jahr entscheiden, wie er versicherungsmathematische Gewinne und Verluste erfassen möchte. Bei Vorliegen mehrerer Pläne ist für alle Pläne einheitlich zu entscheiden, ob versicherungsmathematische Gewinne und Verluste erfolgswirksam im Gewinn oder Verlust oder im sonstigen Ergebnis erfasst werden sollen.[568] Entscheidet sich der Bilanzierende für einen **Wechsel der Erfassungsmöglichkeit**, weil er bspw. zu einer schnelleren Erfassung versicherungsmathematischer Gewinne und Verluste übergehen möchte (z. B. ein Wechsel von der Korridormethode zur schnelleren, systematischen Methode), so liegt in diesem Fall eine **Durchbrechung der Stetigkeit** vor. Für diese Änderung in der Bilanzierungsmethode sind die Vorschriften des IAS 8 zu beachten. Diese sehen eine **retrospektive Änderung** vor. Das heißt, die Bilanzierung ist so darzustellen, als ob versicherungsmathematische Gewinne und Verluste schon immer nach der neu gewählten Erfassungsmöglichkeit bilanziert worden wären. Der Standard weist in IAS 19.93 explizit darauf hin, dass nur ein Wechsel zu einer Methode, die eine schnellere Erfassung versicherungsmathematischer Gewinne und Verluste vorsieht, möglich ist. Der **Methodenwechsel** geht damit **nur in eine Richtung**. Ein Wechsel von der schnelleren, systematischen Methode zur Korridormethode ist damit ausgeschlossen.

---

567 Vgl. IAS 19.7.
568 Vgl. IAS 19.93A.

Nach der **Korridor-Methode** gem. **IAS 19.93** werden versicherungsmathematische Gewinne und Verluste nur dann als Ertrag oder Aufwand erfasst, wenn der Saldo der über die Vorperioden kumulierten, nicht erfassten versicherungsmathematischen Gewinne und Verluste 10 % des Barwerts der leistungsorientierten Verpflichtung oder 10 % des beizulegenden Zeitwerts des Planvermögens übersteigt. Die Prüfung auf Überschreiten dieser 10 %-Grenze erfolgt dabei zu Periodenbeginn.

Sofern sich ein den Korridor übersteigender Betrag noch nicht erfasster versicherungsmathematischer Gewinne und Verluste ergibt, ist dieser linear über die durchschnittliche Restdienstzeit der vom Plan erfassten aktiven Arbeitnehmer zu verteilen und im Gewinn oder Verlust zu erfassen. Für inaktive Arbeitnehmer (z. B. Rentner oder ausgeschiedene Arbeitnehmer mit unverfallbaren Anwartschaften) ist die durchschnittliche Restarbeitszeit nicht mehr anzusetzen. Solange der 10 %-Korridor in einem Jahr nicht überschritten wird, werden die kumulierten versicherungsmathematischen Gewinne und Verluste zunächst nur in einer Nebenrechnung geführt und keine erfolgswirksame Erfassung vorgenommen.

Nach **IAS 19.93A** besteht die Möglichkeit, versicherungsmathematische Gewinne und Verluste im Vergleich zur Korridormethode auch **schneller und systematischer** im Gewinn oder Verlust zu erfassen.

Als sog. dritte Option besteht für den Bilanzierenden die Möglichkeit, nach **IAS 19.93B** versicherungsmathematische Gewinne und Verluste **sofort und vollständig** im sonstigen Ergebnis zu erfassen. Auch hier werden versicherungsmathematische Gewinne und Verluste im Jahr ihrer Entstehung erfasst. Die Einstellung der Beträge erfolgt direkt in die Gewinnrücklagen; sie dürfen in den Folgejahren nicht in den Gewinn und Verlust umgegliedert (*recycled*) werden.[569]

Damit erfolgt bei den in IAS 19.93A und 19.93B genannten Möglichkeiten eine schnellere und vollumfänglichere Erfassung versicherungsmathematischer Gewinne und Verluste. Beiden Erfassungsmöglichkeiten ist gemeinsam, dass die erfassten Beträge die Volatilität im Gewinn oder Verlust bzw. im sonstigen Ergebnis beeinflussen und dadurch schwanken können. Im Gegensatz hierzu tritt bei Anwendung der Korridormethode infolge der zeitlich verzögerten Erfassung eine glättende Wirkung ein, die jedoch seit geraumer Zeit umstritten ist.

Die bedeutendste Änderung des IAS 19R besteht darin, dass künftig unerwartete Schwankungen der Pensionsverpflichtungen sowie etwaiger Plan-

---

[569] Vgl. IAS 19.93D.

vermögensbestände (sog. versicherungsmathematische Gewinne und Verluste) unmittelbar und in voller Höhe im sonstigen Ergebnis erfasst werden müssen.[570] Das **bisherige Wahlrecht** zwischen (a) schnellerer, systematischer Erfassung im Gewinn oder Verlust, (b) sofortiger erfolgsneutraler Erfassung im sonstigen Ergebnis und (c) der zeitverzögerten erfolgswirksamen Erfassung nach der Korridormethode wählen zu können, wird **abgeschafft**. Nach IAS 19R.120(c) ist nur noch die sofortige erfolgsneutrale Erfassung im sonstigen Ergebnis zulässig, d.h. die bisher als sog. dritte Option bezeichnete Methode. Durch die zukünftige Erfassung versicherungsmathematischer Gewinne und Verluste im sonstigen Ergebnis werden Volatilitäten im Gewinn oder Verlust vermieden. Laut den Änderungen zum IAS 1 (Amendments to IAS 1) *Darstellung von Posten des sonstigen Ergebnisses* dürfen im sonstigen Ergebnis erfasste versicherungsmathematische Gewinne und Verluste nicht in den Folgeperioden in den Gewinn oder Verlust umgegliedert werden (IAS 1.82A: *will not be reclassified*). Innerhalb des sonstigen Ergebnisses sind sie als nicht zu reklassifizierender Posten auszuweisen.

Versicherungsmathematische Gewinne und Verluste werden zukünftig in einer sog. **Neubewertungskomponente** erfasst. Zum Ausweis der Neubewertungskomponente, vgl. Abschn. 4.4.4.

Mit der Neustrukturierung der Komponenten des Netto-Pensionsaufwands (vgl. Abschn. 4.4.4) geht auch eine Anpassung der Definition der versicherungsmathematischen Gewinne und Verluste einher. Nach der bisherigen Definition in IAS 19.7 umfassen **versicherungsmathematische Gewinne und Verluste** Schätzungsunsicherheiten aus der Bewertung der Pensionsverpflichtung zum Periodenbeginn und zum Periodenende als auch aus dem Planvermögen infolge von Abweichungen zwischen der erwarteten und der tatsächlich eintretenden Rendite. Nach der neuen Definition in IAS 19R.8 wird der Begriff der versicherungsmathematischen Gewinne und Verluste nur noch im Zusammenhang mit der Bewertung der Pensionsverpflichtung verwendet. Differenzen aus der tatsächlichen Planvermögensrendite zum Periodenende und der im Gewinn oder Verlust erfassten typisierend angenommenen Planvermögensrendite zum Periodenbeginn fallen nicht mehr unter den Begriff der versicherungsmathematischen Gewinne und Verluste. Anstelle dessen werden diese nunmehr als eigenständige Schätzungsänderung in der Neubewertungskomponente erfasst.

---

570 Vgl. IAS 19R.63 und 120 i.V.m. 127(a)

4.3.2.3 Bewertungsmethode

Die PUC-Methode (Methode der laufenden Einmalprämien) ist die **einzig zulässige Methode** zur Bewertung leistungsorientierter Altersversorgungsverpflichtungen.[571] Die PUC-Methode wird auch als **Anwartschaftsbarwertverfahren** bezeichnet, weil die Leistungsbausteine linear pro-rata oder entsprechend der Planformel den Dienstjahren zugeordnet werden, in jedem Dienstjahr ein zusätzlicher Teil des endgültigen Leistungsanspruchs durch den Arbeitnehmer zusätzlich erdient wird (laufender Dienstzeitaufwand) und dieser Teil separat bewertet wird.[572] IAS 19.68 verlangt die Zuordnung der Leistungsbausteine auf laufende und frühere Perioden. Soweit Leistungsbausteine verfallbar sind oder aufgrund individueller Regelungen der Zusagen nicht eindeutig einzelnen Perioden zugeordnet werden können, ist nach IAS 19.69 und 19.70 zu verfahren.[573] Zur Veranschaulichung von IAS 19.69 und 19.70 sind nachfolgend zwei Sachverhalte genannt, die sich auf die Leistungsbausteine auswirken.

Fluktuation

Für die Zeit vor dem Erreichen der vertraglichen bzw. gesetzlichen Unverfallbarkeit muss das Unternehmen die Wahrscheinlichkeit schätzen, dass Mitarbeiter, denen eine Zusage gemacht wurde, kündigen und die Zusage verfällt (Fluktuation). Die Leistungsbausteine wirken sich damit nicht voll aus, sondern werden um die geschätzte Fluktuation vermindert.

Individuelle Nichtberücksichtigung von Altersgrenzen

Ein Versorgungsplan sieht vor, dass die Zugehörigkeit zum Unternehmen vor dem Erreichen des 25. Lebensjahrs für die Altersrente nicht berücksichtigt wird. Diesen Jahren vor dem 25. Lebensjahr werden trotz geleisteter Arbeit keine Leistungsbausteine zugeordnet.

Der nach der PUC-Methode ermittelte Betrag stellt den Barwert der leistungsorientierten Verpflichtung (DBO) dar. Dieser spiegelt den Betrag der Verpflichtung wider, den sich der Arbeitnehmer durch seine Arbeitsleistung in der Vergangenheit und im laufenden Geschäftsjahr zum Bilanzstichtag erdient hat. Der Barwert der leistungsorientierten Verpflichtung erhöht sich jährlich um den Betrag, der dem in der Periode zusätzlich erdienten Teilbetrag entspricht (**Dienstzeitaufwand**), als auch um den Betrag, der auf die Aufzinsung der leistungsorientierten Verpflichtung entfällt (**Zinsaufwand**).[574]

571 Vgl. IAS 19.64.
572 Vgl. IAS 19.65.
573 Vgl. Mühlberger/Schwinger, S. 34.
574 Vgl. IAS 19.7; zur Ermittlung der DBO nach der PUC-Methode vgl. Mühlberger/Schwinger, S. 32.

4.3.3 Synoptische Übersicht: Ansatz und Bewertung

Abb. 18 zeigt wesentliche Unterschiede für Ansatz- und Bewertungsvorschriften nach HGB und nach IFRS für Pensionsrückstellungen und fasst die Ausführungen in Abschn. 4.2 und 4.3 zusammen.

	HGB	IAS 19	IAS 19R
Ansatz	Unmittelbare Verpflichtungen (Neuzusagen) Wahlrecht: Unmittelbare Altzusagen und mittelbare Zusagen	Leistungsorientierte Verpflichtungen	
Bewertungsvorschrift	§ 253 Abs. 1 HGB	IAS 19.64	
Bewertungsparameter			
Lohn-, Gehalts- und Rententrends	Vollständig zu berücksichtigen	Vollständig zu berücksichtigen	
Zinssatz	§ 253 Abs. 2 S. 2 HGB Abzinsungszinssatz auf der Basis einer fiktiven Restdienstzeit von 15 Jahren oder auf Basis der tatsächlichen Restdienstzeit	IAS 19.78: marktbasiert; Rendite erstrangiger, festverzinslicher Industrieanleihen	
	Ermittlung auf Basis der RückAbzinsV	IAS 19 gibt keine Methode zur Ermittlung vor (Schätzwertverfahren)	
	Stichtagsprinzip (Glättung über sieben Jahre gem. RückAbzinsV)	Stichtagsprinzip	
Versicherungsmathematische Gewinne und Verluste	Sofortige erfolgswirksame Erfassung	Korridormethode	Sofortige und vollständige Erfassung im sonstigen Ergebnis
		Schnellere, systematische Erfassung im Gewinn oder Verlust	
		Sofortige und vollständige Erfassung im sonstigen Ergebnis	
Bewertungsmethode	Anwartschaftsbarwertverfahren (PUC-Methode) Versicherungsmathematisches Teilwertverfahren	Anwartschaftsbarwertverfahren (PUC-Methode)	

Abbildung 18 Synoptische Übersicht zum Ansatz und zur Bewertung von Pensionsrückstellungen

4.3.4 Deckungsvermögen

4.3.4.1 Handelsrechtliche Voraussetzungen

Dienen Vermögensgegenstände ausschließlich der Erfüllung von Schulden aus Altersversorgungsverpflichtungen oder vergleichbaren langfristig fälligen Verpflichtungen und sind diese Vermögensgegenstände dem Zugriff aller übrigen Gläubiger entzogen (§ 246 Abs. 2 S. 2 HS 1 HGB), so sind diese Vermögensgegenstände (Deckungsvermögen) mit den Schulden aus Altersversorgungsverpflichtungen oder vergleichbaren langfristig fälligen Verpflichtungen zu verrechnen (Nettoausweis). Das Gleiche gilt für die zugehörigen Aufwendungen und Erträge (§ 246 Abs. 2 S. 2 HS 2 HGB).

Aus der Definition des § 246 Abs. 2 HGB lassen sich die in Abb. 19 dargestellten **Anforderungen** an Deckungsvermögen ableiten, die im Nachfolgenden weiter untersucht werden.

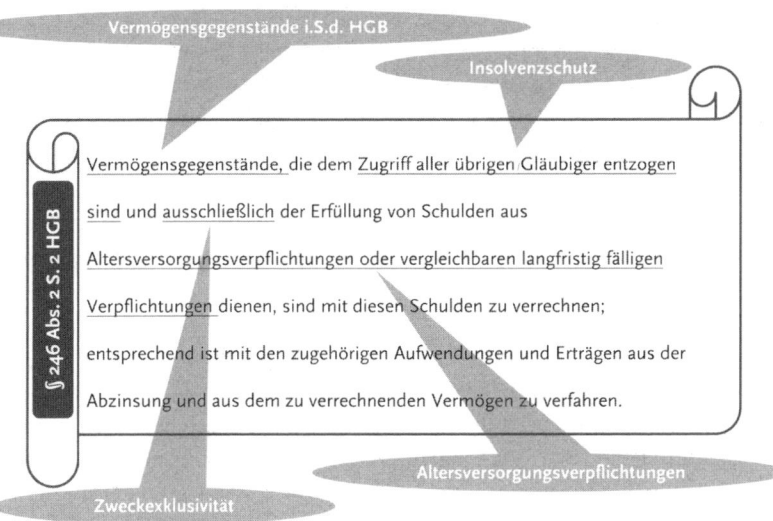

Abbildung 19 Handelsrechtliche Definition von Deckungsvermögen

4.3.4.1.1 Vermögensgegenstände nach § 246 Abs. 1 HGB

Die Vorschrift des § 246 Abs. 2 S. 2 HS 1 HGB setzt voraus, dass für die zu verrechnenden Vermögensgegenstände die **Vermögensgegenstandseigenschaften** des HGB vorliegen. Nach ADS[575] zählen zu den möglichen Bestimmungskriterien die selbstständige Verkehrsfähigkeit[576], Entgeltlichkeit, Bilanzierbarkeit, Einlagefähigkeit und Einzelbewertbarkeit.

Nach § 246 Abs. 1 S. 1 HGB hat der Jahresabschluss **sämtliche Vermögensgegenstände** zu enthalten, soweit nicht durch das Gesetz etwas anderes bestimmt wird. Somit sind Vermögensgegenstände, die sich im wirtschaftlichen Eigentum des Bilanzierenden befinden, dem Grunde nach als Vermögensgegenstände im Jahresabschluss anzusetzen. Juristischer Eigentümer kann aber auch ein Dritter sein, was in der Regel in der Praxis häufig bei Vermögensauslagerungen im Rahmen eines doppelseitigen Treuhandverhältnisses (CTA-Modelle[577]) vorkommt.

4.3.4.1.2 Schulden aus Altersversorgungsverpflichtungen und vergleichbaren langfristig fälligen Verpflichtungen

§ 246 Abs. 2 S. 2 HGB beschränkt die Saldierungsvorschrift auf Vermögensgegenstände, die zur Erfüllung von Schulden aus Altersversorgungsverpflichtungen oder vergleichbaren langfristig fälligen Verpflichtungen dienen und die dem Zugriff aller übrigen Gläubiger entzogen sind. Was unter Altersversorgungsverpflichtungen oder vergleichbaren langfristig fälligen Verpflichtungen zu verstehen ist, wurde bereits in Abschn. 4.1.1 diskutiert.

4.3.4.1.3 Schutz der Vermögensgegenstände vor dem Zugriff aller übrigen Gläubiger (Insolvenzschutz)

Eine weitere Anforderung an das Vorliegen von Deckungsvermögen ist der **Schutz** dieser Vermögensgegenstände **vor** dem **Zugriff aller übrigen Gläubiger**. Nach der Begründung zum Regierungsentwurf des BilMoG[578] ist das Kriterium »dem Zugriff aller übrigen Gläubiger entzogen« erfüllt, wenn Vermögensgegenstände vor dem Zugriff durch die Gläubiger des Bilanzierenden im Wege der Einzelvollstreckung oder Insolvenz geschützt sind. Ob und wann dies der Fall ist, ist in jedem Einzelfall gesondert festzustellen.

---

[575] Vgl. ADS[6], § 246 HGB, Tz. 15 ff.
[576] Das heißt die Vermögensgegenstände müssen einzeln veräußerbar und verwertbar sein.
[577] Zu CTA-Konstruktionen vgl. im Einzelnen Mühlberger/Schwinger, S. 163 f.; Faßhauer, S. 49 f., S. 142 f.
[578] Vgl. Begr. RegE, BT-Drs. 16/10067, S. 48.

Insolvenzsicherheit ist bei **Aussonderungsrechten** (§ 47 InsO) stets gegeben.[579] Im Wege der Aussonderung kann der Berechtigte die Herausgabe der betroffenen Vermögensgegenstände verlangen. Damit gehören diese Vermögensgegenstände nicht zur Insolvenzmasse, über die der Insolvenzverwalter verfügen kann. Bei den in Deutschland gängigen Durchführungswegen mittels Direktversicherung, Pensionskasse oder Pensionsfonds stellt sich die Frage der Aussonderung grundsätzlich nicht, da das ausgelagerte Vermögen im Sicherungsvermögen gehalten wird, der externe Rechtsträger wirtschaftlicher und juristischer Eigentümer ist und der Insolvenzverwalter keinen Herausgabeanspruch besitzt.[580] Gleiches gilt auch für den Fall der Unterstützungskasse.

Insolvenzschutz ist auch gegeben, wenn ein wirtschaftlich vergleichbarer Schutz des Versorgungsberechtigten erreicht wird. Dafür ist regelmäßig ein **Absonderungsrecht** (§ 49 InsO) ausreichend.[581] Bei der Absonderung hat der Berechtigte einen Anspruch gegen den Insolvenzverwalter vor allen anderen Gläubigern auf Befriedigung aus dem Erlös, den der Insolvenzverwalter aus der Verwertung hierfür erlöst hat. Die Vermögensgegenstände gehören somit grundsätzlich zur Insolvenzmasse, allerdings hat der Berechtigte ein Vorzugsrecht.

Insolvenzschutz durch Absonderungsrecht:

- **Rückdeckungsversicherungen** werden üblicherweise wirksam an Arbeitnehmer verpfändet.[582]
- Bei Verpfändung von **Wertpapieren** müssen auch die Zins-, Dividenden- oder sonstigen Erträge aus diesen Wertpapieren an den Versorgungsberechtigten verpfändet sein.[583]
- **Doppelseitige Treuhand** (CTA-Modelle) mit einem echten Vertrag zu Gunsten Dritter i. S. d. § 328 BGB, durch den im Sicherungsfall den Versorgungsberechtigten ein eigenes Forderungsrecht aus ihren Versorgungsansprüchen gegenüber dem Treuhänder eingeräumt wird (Verwaltungs- und Sicherungstreuhand).[584]

Auf Grund der Vielzahl und der Komplexität der Treuhand- und Verpfändungsmodelle ist eine rechtliche Beurteilung auf Insolvenzsicherheit in jedem Einzelfall erforderlich. Auch ist bisher keine höchstrichterliche

---

579 Vgl. IDW RS HFA 30, Tz. 23.
580 Vgl. Mühlberger/Schwinger, S. 48.
581 Vgl. IDW RS HFA 30, Tz. 23.
582 Vgl. IDW RS HFA 30, Tz. 24.
583 Vgl. IDW RS HFA 30, Tz. 25.
584 Vgl. IDW RS HFA 30, Tz. 24.

Rechtsprechung zu den unterschiedlichen CTA-Modellen ergangen, so dass die Bewährung der einzelnen rechtlichen Konstruktionen noch aussteht.[585] Daher sollte bei der Ausgestaltung von CTA-Modellen immer juristischer Sachverstand eingebunden werden.

4.3.4.1.4 Zweckexklusivität der Vermögensgegenstände

Im Handelsrecht müssen insbesondere die Vermögensgegenstände des Deckungsvermögens jederzeit zur Verwertung zwecks Erfüllung der Altersversorgungsverpflichtungen gegenüber Mitarbeitern zur Verfügung stehen. **Ziel** dieser Zweckexklusivität ist somit, dass nicht nur im Falle der Insolvenz des Unternehmens das Deckungsvermögen geeignet sein muss, zur Erfüllung der Schulden zur Verfügung zu stehen.

In der Begründung des Rechtsausschusses heißt es: »Das ist nur dann der Fall, wenn die Vermögensgegenstände jederzeit zur Erfüllung der Schulden verwertet werden können. Dies ist bspw. bei Vermögensgegenständen des Anlagevermögens, die zum Betrieb des Unternehmens notwendig sind, grundsätzlich nicht der Fall«.[586] Durch die Betriebsnotwendigkeit dienen diese Vermögensgegenstände gerade nicht mehr ausschließlich der Erfüllung der Altersversorgungsverpflichtungen, sondern auch einem weiteren **Zweck**, nämlich dem laufenden Betrieb des Unternehmens. Damit stehen die in dem Deckungsvermögen gebundenen Mittel nicht ausschließlich und jederzeit zur Zahlung oder Finanzierung der Altersversorgungsverpflichtungen an die Mitarbeiter zur freien Verfügung.[587] Da betriebsnotwendiges Vermögen nicht frei veräußert werden kann[588] und somit Verfügungsbeschränkungen unterliegt, die der jederzeitigen Erfüllung der Altersversorgungsverpflichtungen entgegenstehen, ist dieser Tatbestand ebenfalls sorgfältig im Rahmen der Prüfung der Voraussetzungen, ob handelsrechtlich Deckungsvermögen vorliegt, zu würdigen.

> Unternehmen A hat Wohngebäude errichten lassen und vermietet diese zu günstigen Mietkonditionen vorzugsweise an Arbeitnehmer des A. Da es sich hierbei nicht um betriebsnotwendiges Vermögen handelt, können diese bebauten Grundstücke als Deckungsvermögen verwendet werden.

---

585 Vgl. Berenz, DB 2006, S. 2127.
586 Beschlussempfehlung und Bericht des Rechtsausschusses BT-Drucks. 16/12407, S. 110; IDW RS HFA 30, Tz. 28, 29.

587 Vgl. Gelhausen/Fey/Kämpfer, Kap. C, Tz. 44, 46; Beschlussempfehlung und Bericht des Rechtsausschusses, BT-Drucks. 16/12407, S. 84 f.
588 Vgl. IDW RS HFA 30, Tz. 29.

4.3.4.2 Rechtsfolgen des § 246 Abs. 2 S. 2 HGB

4.3.4.2.1 Umfang der Saldierung

Grundsätzlich besteht im Handelsrecht ein Saldierungsverbot. Nach § 246 Abs. 2 S. 1 HGB dürfen Posten der Aktivseite nicht mit Posten der Passivseite, und Aufwendungen nicht mit Erträgen verrechnet werden.

Mit der Regelung des § 246 Abs. 2 S. 2 HGB hat der Gesetzgeber eine **Ausnahme vom** allgemeinen **Saldierungsverbot** geschaffen. Nach § 246 Abs. 2 S. 2 HS 1 HGB ist Deckungsvermögen mit den entsprechenden Schulden zu verrechnen. Das Gleiche gilt für die zugehörigen Aufwendungen und Erträge (§ 246 Abs. 2 S. 2 HS 2 HGB). Für den Bilanzierenden besteht somit ein explizites Saldierungsgebot von Deckungsvermögen und Altersversorgungsverpflichtungen sowie von zugehörigen Aufwendungen und Erträgen.

Vor der Saldierung von Deckungsvermögen und Altersversorgungsverpflichtungen sind jedoch die entsprechenden Vermögensgegenstände und Schulden unter Berücksichtigung des § 253 HGB einzeln zu bewerten (§ 252 Abs. 1 Nr. 3 HGB).[589] Erst danach greift die Saldierungsvorschrift.

Bei Vorliegen sämtlicher Voraussetzungen, dass Vermögensgegenstände als Deckungsvermögen[590] angesehen werden können, werden infolge der Verrechnung mit den Altersversorgungsverpflichtungen bestimmte Vermögensgegenstände nicht mehr bzw. nur noch teilweise auf der Aktivseite ausgewiesen.

Zur Saldierung in der Gewinn- und Verlustrechnung verweisen wir auf unsere Ausführungen zum Ausweis in der Gewinn- und Verlustrechnung in Abschn. 4.4.3 und das Beispiel zu den wertpapiergebundenen Altersversorgungszusagen in Abschn. 5.3.3.

4.3.4.2.2 Bewertung der Vermögensgegenstände zum beizulegenden Zeitwert

Das Deckungsvermögen ist nach § 253 Abs. 1 S. 4 HGB mit dem beizulegenden Zeitwert zu bewerten und mit den entsprechenden Schulden zu verrechnen.

Die **Zeitwertbewertung** ist der Qualifizierung als Deckungsvermögen nachgelagert, d.h. die Zeitwertbewertung erfolgt ausschließlich für Zwecke der Verrechnung. Dies ergibt sich aus dem Wortlaut des § 253 Abs. 1 S. 4 HGB, wonach nach § 246 Abs. 2 S. 2 HGB zu verrechnende Vermögensgegenstände mit ihrem beizulegenden Zeitwert zu bewerten sind.

---

589 Vgl. Gelhausen/Fey/Kämpfer, Kap. C, Tz. 49.
590 Vgl. Abschn. 4.3.4.1.

Was als beizulegender Zeitwert im handelsrechtlichen Sinne zu verstehen ist, ergibt sich aus § 255 Abs. 4 HGB (sog. **3-Stufen Konzeption**). Der beizulegende Zeitwert bestimmt sich nach § 255 Abs. 4 S. 1 HGB zunächst nach dem Marktpreis (1. Stufe). Lässt sich ein solcher nicht ermitteln, weil kein aktiver Markt existiert, ist nach § 255 Abs. 4 S. 2 HGB der beizulegende Zeitwert anhand allgemein anerkannter Bewertungsmethoden zu ermitteln (2. Stufe). Lässt sich der beizulegende Zeitwert weder auf der 1. Stufe noch auf der 2. Stufe verlässlich oder gar nicht ermitteln, sind nach § 255 Abs. 4 S. 3 HGB die fortgeführten Anschaffungs- oder Herstellungskosten als beizulegender Zeitwert heranzuziehen (3. Stufe).

Ein **aktiver Markt** (1. Stufe) liegt vor, wenn der Marktpreis eines Vermögensgegenstands »[…] an einer Börse, von einem Händler, von einem Broker, von einer Branchengruppe, von einem Preisberechnungsservice oder einer Aufsichtsbehörde leicht und regelmäßig erhältlich ist und auf aktuellen und regelmäßig auftretenden Markttransaktionen zwischen unabhängigen Dritten beruht […]«.[591]

Allgemein anerkannte Bewertungsmethoden (2. Stufe) dienen dazu, den beizulegenden Zeitwert angemessen an den Marktpreis anzunähern, wie er sich am Bewertungsstichtag zwischen unabhängigen Geschäftspartnern bei Vorliegen normaler Geschäftsbedingungen ergeben hätte. In der Praxis allgemein anerkannte Bewertungsmethoden sind Discounted Cash Flow- und Optionspreismodelle.[592]

Die **Bestimmung des beizulegenden Zeitwerts** auf der letzten Hierarchiestufe (3. Stufe) wird notwendig, wenn sich der beizulegende Zeitwert auf den Stufen 1 und 2 nicht verlässlich oder gar nicht bestimmen lässt. Dies ist z. B. in der Regel bei Rückdeckungsversicherungen der Fall.[593]

4.3.4.2.3 Ausschüttungssperre im Zusammenhang mit Deckungsvermögen

Übersteigen die Zeitwerte der zu verrechnenden Vermögensgegenstände ihre Anschaffungskosten, so schreibt **§ 268 Abs. 8 S. 3 HGB** vor, dass der Betrag, der die Anschaffungskosten übersteigt, abzgl. der hierfür gebildeten passiven latenten Steuern nicht ausgeschüttet werden darf.

Hintergrund ist, dass es infolge der Zeitwertbewertung zu einem handelsrechtlichen Ausweis nicht realisierter Erträge kommen kann.[594] Das Anschaffungskostenprinzip (§ 253 Abs. 1 S. 1 HGB), das Realisationsprinzip

---

[591] Begr. RegE BilMoG, BT-Drucks. 16/10067, S. 61; IDW RS BFA 2, Tz. 39 f.
[592] Vgl. IDW RS BFA 2, Tz. 43 f.
[593] Vgl. ausführlich Abschn. 4.3.5.2.3.
[594] Vgl. Beispiel in Abschn. 5.3.2.

(§ 252 Abs. 1 Nr. 4 HGB) sowie das Niederstwertprinzip (§ 253 Abs. 3 HGB) werden durch die Regelung der Zeitwertbewertung des § 253 Abs. 1 S. 4 HGB – soweit die Zeitwerte über den Anschaffungskosten liegen – verdrängt.[595] Um zum Schutze der Gläubiger eine **Ausschüttung unrealisierter Erträge zu vermeiden,** hat der Gesetzgeber in § 268 Abs. 8 HGB eine Ausschüttungssperre eingeführt.[596]

4.3.5 Wertpapiergebundene Altersversorgungszusagen

4.3.5.1 Handelsrechtliche Voraussetzungen und Rechtsfolgen

Nach § 253 Abs. 1 S. 3 HGB sind Rückstellungen für Altersversorgungszusagen, deren Höhe sich ausschließlich nach dem beizulegenden Zeitwert von Wertpapieren i. S. d. § 266 Abs. 2 A.III.5. HGB bestimmt, mit dem beizulegenden Zeitwert dieser Wertpapiere anzusetzen, soweit dieser einen garantierten Mindestbetrag übersteigt. Das heißt, dem Arbeitnehmer wurde eine Altersversorgungszusage erteilt, die explizit an die Wertentwicklung von Wertpapieren anknüpft. Gleichzeitig hat der Arbeitnehmer einen Versorgungsanspruch in Höhe des Zeitwerts der Wertpapiere gegenüber dem Arbeitgeber. In der Praxis werden häufig auch solche Zusagen erteilt, die einen Mindestbetrag garantieren.

Anforderungen an wertpapiergebundene Altersversorgungszusagen:
- Vorliegen von Altersversorgungsverpflichtungen,
- Wertpapiere i. S. d. § 266 Abs. 2 A.III.5. HGB,
- Höhe der Verpflichtungen wird ausschließlich durch beizulegende Zeitwerte der Wertpapiere bestimmt,
- bei Zusagen mit Mindestgarantie: Regelung des § 253 Abs. 1 S. 3 HGB wird ausgehebelt, da Ansatz auf den Mindestbetrag beschränkt ist.

Bei Zusagen mit einer **Mindestgarantie** korrespondieren die Wertansätze der Wertpapiere und der betreffenden Altersversorgungsverpflichtung so lange, wie der beizulegende Zeitwert der Wertpapiere eine zugesagte Mindestleistung übersteigt.[597] Unterschreitet der beizulegende Zeitwert der

---

[595] Vgl. Küting/Pfitzer/Weber, S. 356; Gelhausen/Fey/Kämpfer, Kap. C, Tz. 88.
[596] Vgl. Begr. RegE BilMoG, BT-Drucks. 16/10067, S. 64.
[597] Vgl. IDW RS HFA 30, Tz. 71.

Wertpapiere die zugesagte Leistung, ist die Rückstellung in Höhe der zugesagten Mindestleistung anzusetzen; die Rückstellung darf den Erfüllungsbetrag der Verpflichtung jedoch nicht unterschreiten. Die zugesagte Mindestleistung bzw. der garantierte Mindestbetrag stellt den nominalen Verpflichtungsbetrag der Garantieleistungen dar, der nach § 253 Abs. 2 HGB entsprechend abzuzinsen ist.[598]

> **Beizulegender Zeitwert der Wertpapiere (TEUR 100) < Mindestverpflichtung (TEUR 120)**
>
> Unternehmen A hat wertpapiergebundene Altersversorgungszusagen von mindestens TEUR 120 erteilt. Zum Stichtag beträgt der beizulegende Zeitwert der Wertpapiere TEUR 100 und liegt damit unter der Mindestverpflichtung i. H. v. TEUR 120.
>
> Die Wertpapiere werden zum beizulegenden Zeitwert von TEUR 100 in der Bilanz angesetzt. Die Bilanzierung der Altersversorgungsverpflichtungen erfolgt in Höhe der Mindestverpflichtung von TEUR 120. Es gelten die allgemeinen Bewertungsvorschriften zum nominalen Verpflichtungsbetrag, zur Abzinsung, etc.

Soweit die wertpapiergebundenen Altersversorgungszusagen mit Deckungsvermögen verrechnet werden können, da bspw. die Wertpapiere verpfändet wurden und somit die Wertpapiere dem Zugriff der Gläubiger entzogen sind und ausschließlich der Erfüllung der Altersversorgungsverpflichtungen dienen, sind diese ebenso mit dem beizulegenden Zeitwert zu bewerten und mit den Altersversorgungsverpflichtungen zu verrechnen.[599]

> **Beizulegender Zeitwert der Wertpapiere (TEUR 100) > Mindestverpflichtung (TEUR 90)**
>
> Unternehmen A hat wertpapiergebundene Altersversorgungszusagen von mindestens TEUR 90 erteilt. Zum Stichtag beträgt der beizulegende Zeitwert der Wertpapiere TEUR 100 und liegt insoweit über der Mindestverpflichtung von TEUR 90.
>
> Die Bilanzierung der Altersversorgungsverpflichtung richtet sich ausschließlich nach dem beizulegenden Zeitwert der Wertpapiere. Die Rückstellung ist mit TEUR 100 anzusetzen. Da die Wertpapiere mit

---

[598] Vgl. IDW RS HFA 30, Tz. 71.

[599] Zu den Rechtsfolgen bei Vorliegen von Deckungsvermögen vgl. Abschn. 4.3.4.2.

> TEUR 100 bewertet werden und die Voraussetzungen an Deckungsvermögen i.S.v. § 246 Abs. 2 S. 2 HGB erfüllen, kommt es infolge der Saldierung zu einem Ausweis von »Null« in der Bilanz.
>
> In diesem Fall ist bemerkenswert, dass die Anschaffungskosten jeweils dem Zeitwert der Wertpapiere entsprechen, wobei die Erträge fiktiv sofort wieder angelegt werden und damit zu weiteren Anschaffungskosten umgewidmet werden.[600]

Der Gesetzgeber hat in § 253 Abs. 1 S. 3 HGB explizit auf § 266 Abs. 2 A.III.5. HGB verwiesen. Allerdings richtet sich dieser Verweis allein auf den Wertpapierbegriff und nicht auf eine erforderliche Zugehörigkeit der Wertpapiere zum Anlagevermögen. Auf einen Ausweis im Anlagevermögen kommt es nicht an. Demnach ist es unerheblich, ob der Bilanzierende die betreffenden Wertpapiere selbst im Bestand hält oder nicht.[601]

Wertpapiere i.S.d. § 266 Abs. 2 A.III.5. HGB können u.a. sein: Aktien, Pfandbriefe, Kommunalobligationen, Industrie- bzw. Bankobligationen, Investmentanteile, Anteile an offenen Immobilienfonds, Genussscheine, Wandelschuldverschreibungen, Optionsscheine, Gewinnschuldverschreibungen und Wertrechte.[602] Nicht um Wertpapiere handelt es sich dagegen bei GmbH-Geschäftsanteilen, da diese nicht verbrieft sind.[603]

> Dem Arbeitnehmer wurde eine **fondsgebundene Direktzusage** erteilt. Die Vereinbarung regelt, dass im bestimmten Versorgungsfall wie Alter, Invalidität oder Tod der Arbeitnehmer Anspruch auf das in diesem Zeitpunkt in seinem Depot befindliche Vermögen hat. Er hat jedoch mindestens einen Anspruch auf die tatsächlich gezahlten Beträge. Der Arbeitnehmer verzichtet bspw. jährlich auf seine variable Vergütung, die anstelle dessen in das für ihn eingereichte Depot eingezahlt wird. Diese Beträge werden in Wertpapiere, z.B. in Wandelschuldverschreibungen investiert.
>
> Lösung:
>
> - Bei der fondsgebundenen Direktzusage handelt es sich um Altersversorgungsverpflichtungen.

---

600 Vgl. Abschn. 4.3.5.2.3.
601 Vgl. IDW RS HFA 30, Tz. 72.
602 Vgl. § 2 Abs. 1 WpHG.
603 Vgl. IDW RS HFA 30, Tz. 73; ADS[6], § 266 HGB, Tz. 84.

- Wandelschuldverschreibungen sind Wertpapiere i.S.d. § 266 Abs. 2 A.III.5. HGB.
- Der beizulegende Zeitwert des Depots bestimmt die Höhe der Altersversorgungsverpflichtungen.
- Die Zusage enthält eine Mindestgarantie. Die tatsächlich eingezahlten Beträge sind als Maßstab für die Höhe der anzusetzenden Altersversorgungsverpflichtung heranzuziehen, wenn die Wertentwicklung des Depots unterhalb des eingezahlten Kapitals liegt.

Zur Ausschüttungssperre im Zusammenhang mit wertpapiergebundenen Altersversorgungszusagen vgl. das Beispiel in Abschn. 5.3.3.

4.3.5.2 Sonderfall: Leistungskongruente Rückdeckungsversicherungen

4.3.5.2.1 Kennzeichen und Ausgestaltung einer Rückdeckungsversicherung

In der Praxis sind Rückdeckungsversicherungen weit verbreitet. »Als Rückdeckung unmittelbarer Versorgungszusagen, die über Pensionsrückstellungen in der Bilanz des Unternehmens »finanziert« werden, aber auch als Rückdeckung von Unterstützungskassen-Zusagen.«[604] Die Rückdeckung kann sich dabei auf die vollständige Zusage, nur einen Teil oder nur auf eine Komponente (z.B. auf die Alters- oder Invalidenrente) erstrecken.

Die **Gründe** für den Abschluss von Rückdeckungsversicherungen sind unterschiedlich:[605]
- Risikoabsicherung biologischer Risiken (Invalidität, Todesfall),
- Ausfinanzierung der Versorgungsverpflichtung durch externe Mittelanlage,
- Mittelabflussverlagerung von der Rentenbezugszeit in die aktive Dienstzeit oder
- Insolvenzschutz, insofern Verpfändung an den Versorgungsberechtigten erfolgt ist.

In der Regel schließt der Arbeitgeber eine Versicherung auf das Leben oder die Erwerbs- bzw. Berufsunfähigkeit des Arbeitnehmers ab und führt die entsprechenden Versicherungsprämien an eine Versicherungsgesellschaft ab. Charakteristisch ist diesen Vereinbarungen, dass nur dem Arbeitgeber die Ansprüche aus der Rückdeckungsversicherung zustehen und der versorgungsberechtigte Arbeitnehmer nur versicherte Person, nicht aber der Be-

604 Peters, DB 2001, S. 12.
605 Vgl. Peters, DB 2001, S. 12, und Höfer, DB 2010, S. 2076.

zugsberechtigte ist. Dieser hat weiterhin einen Anspruch gegenüber seinem Arbeitgeber. In der Praxis wird häufig der Anspruch aus der Rückdeckungsversicherung an den versorgungsberechtigten Arbeitnehmer verpfändet, um eine Insolvenzsicherung zu erreichen.

4.3.5.2.2 Anforderungen an das Vorliegen einer leistungskongruenten Rückdeckungsversicherung

Mit Einführung des BilMoG haben sich auch Änderungen bzw. Neuregelungen bei der Bilanzierung von Ansprüchen aus Rückdeckungsversicherungen ergeben. Im Zuge der Einführung des BilMoG hat der HFA in IDW RS HFA 30 in Tz. 74 erstmals klargestellt, dass Ansprüche aus Rückdeckungsversicherungen als **wertpapiergebundene Altersversorgungszusagen** Deckungsvermögen i.S.v. § 246 Abs. 2 S. 2 HGB darstellen können und entsprechend mit den zugehörigen Altersversorgungsverpflichtungen saldiert werden können. Hieraus hat sich eine grundlegende Änderung in der Bilanzierung von Ansprüchen aus Rückdeckungsversicherungen ergeben. Vor dem BilMoG war eine Saldierung des Anspruchs aus der Rückdeckungsversicherung mit der Pensionsrückstellung nicht zulässig; es erfolgte eine getrennte Bilanzierung.

Leistungskongruent rückgedeckte Versorgungszusagen sind gem. IDW RS HFA 30, Tz. 74 nach § 253 Abs. 1 S. 3 HGB mit dem **beizulegenden Zeitwert** des Rückdeckungsversicherungsanspruchs zu bewerten, obwohl Ansprüche aus einer Rückdeckungsversicherung formal keine Wertpapiere des Anlagevermögens i.S.v. § 266 Abs. 2 A.III. 5. HGB sind.[606] Ob eine Saldierung des Rückdeckungsversicherungsanspruchs als Deckungsvermögen mit der Versorgungsverpflichtung nach § 246 Abs. 2 S. 2 HGB vorzunehmen ist, ist getrennt und gesondert zu würdigen.[607] Eine Rückdeckungsversicherung ist als leistungskongruent zu bezeichnen, wenn die aus ihr erfolgenden Zahlungen sowohl hinsichtlich der Höhe als auch der Zeitpunkte deckungsgleich sind mit den Zahlungen an den Versorgungsberechtigten.[608] Das heißt, die vom Bilanzierenden zugesagten und zu zahlenden Versorgungsleistungen richten sich ausschließlich nach den Leistungen der Versicherungsgesellschaft, bei der der Bilanzierende eine Rückdeckungsversicherung abgeschlossen hat.

---

606 Vgl. Höfer/Rhiel/Veit, DB 2009, S. 1605f.
607 Einzelheiten hierzu sind in IDW RS HFA 30, Tz. 24 beschrieben.
608 Vgl. IDW RS HFA 30, Tz 74.

Besonders zu untersuchen ist, ob und unter welchen Bedingungen vor dem Hintergrund der **Rentenanpassungspflicht** des § 16 BetrAVG oder von vertraglich fixierten periodischen Rentenanpassungen von einer kongruenten Rückdeckungsversicherung ausgegangen werden kann. Nach § 16 Abs. 1 BetrAVG hat der Arbeitgeber alle drei Jahre eine Anpassung der laufenden Leistungen der betrieblichen Altersversorgung zu prüfen. Nach § 16 Abs. 2 BetrAVG gilt die Verpflichtung nach Abs. 1 als erfüllt, wenn die Anpassung nicht geringer ist als der Anstieg des Verbraucherpreisindexes für Deutschland oder der Nettolöhne vergleichbarer Arbeitnehmergruppen des Unternehmens im Prüfungszeitraum. Für Zusagen, die nach dem 31.12.1998 erteilt wurden, entfällt die Verpflichtung nach Abs. 1, wenn der Arbeitgeber sich verpflichtet, die laufenden Renten jährlich um mindestens 1% anzupassen.[609]

Nur die jährliche Anpassung der laufenden Leistungen der betrieblichen Altersversorgung in Höhe eines festen Prozentsatzes ist überhaupt durch Versicherungstarife versicherbar bzw. garantiert abdeckbar, wobei eine derartige Vertragsgestaltung bislang in der Praxis nur selten vorliegt. Insoweit sind die betreffenden Rückdeckungsversicherungen in den meisten Fällen nicht deckungsgleich hinsichtlich der Höhe der an die Versorgungsberechtigten zu leistenden Zahlungen, die die Rentenanpassung nach den gesetzlichen Vorschriften umfassen.

Nachfolgend sind zwei **Extremfälle** skizziert.

> Der Altersversorgungsvertrag knüpft nicht an die Versicherungsleistung an und der Versicherungstarif bietet keine hoch wahrscheinliche Finanzierung der Rentenanpassungsverpflichtung auf Grund von § 16 BetrAVG oder auf Grund einer vertraglichen Grundlage. In diesem Beispiel ist **keine Leistungskongruenz** gegeben. Es darf nicht saldiert werden.
>
> Der Altersversorgungsvertrag knüpft an die Versicherungsleistung an und die Zusage an den Begünstigten fällt nicht unter den Geltungsbereich des BetrAVG (bspw. bei Zusagen an Gesellschafter-Geschäftsführer). In diesem Beispiel ist **Leistungskongruenz** gegeben. Es muss saldiert werden.

In der Praxis sind daher Verträge zu Rückdeckungsversicherungen detailliert zu analysieren, ob eine Leistungskongruenz vorliegt.

---

[609] Vgl. § 16 Abs. 3 i. V. m. § 30c Abs. 1 BetrAVG.

4.3.5.2.3 Anschaffungskosten und Zeitwert einer Rückdeckungsversicherung

Vermögensgegenstände sind gem. § 253 Abs. 1 S. 1 HGB höchstens mit ihren Anschaffungs- oder Herstellungskosten zu bewerten. Die Ansprüche aus Rückdeckungsversicherungen sind beim Bilanzierenden zu aktivieren, wenn der Arbeitgeber durch Abschluss einer solchen Versicherung und der Bezahlung der vereinbarten Beiträge in jedem Fall einen Anspruch auf Leistungen gegenüber dem Versicherer erwirbt. Bei kapitalbildenden Versicherungen ist dies in der Regel der Fall.[610]

Im ersten Schritt sind die **Anschaffungskosten** zu bestimmen. Denkbar wäre, die handelsrechtlichen Anschaffungskosten unter Berücksichtigung der durch den Versicherungsnehmer gezahlten Beiträge zu bemessen. Die Beiträge enthalten eine Sparkomponente, die den Anschaffungskosten zuzurechnen ist, sowie eine Risikoprämie und einen Verwaltungskostenanteil, die beide nicht zu den handelsrechtlichen Anschaffungskosten zählen und entsprechend Aufwand darstellen.[611] Zudem sind auch die garantierten Zinsen und ein vorhandenes Guthaben aus Beitragsrückerstattungen (sog. bereits unwiderruflich zugeteilte Überschussguthaben) zu den Anschaffungskosten zu zählen. Dem liegt die Fiktion einer periodischen Ausschüttung der Überschussbeteiligung mit sofortiger Wiederanlage zugrunde.

Da dem Versicherungsnehmer in der Regel eine Trennung von Sparbeiträgen, Risikoprämien und Verwaltungskostenanteilen innerhalb seiner Beiträge nicht möglich ist, wird regelmäßig aus Praktikabilitätsgründen für die Bemessung der handelsrechtlichen Anschaffungskosten auf das von der Versicherung periodisch übermittelte **geschäftsplanmäßige Deckungskapital** abgestellt.

Aus Sicht des Versicherungsunternehmens ist das geschäftsplanmäßige Deckungskapital der Betrag, den das Versicherungsunternehmen in Höhe des Barwerts der künftigen Verpflichtungen aus dem jeweiligen Vertrag abzgl. des Barwerts der künftig eingehenden Nettobeiträge passivieren muss (Deckungsrückstellung).[612]

Das geschäftsplanmäßige Deckungskapital umfasst die unmittelbar aufgewendeten **Sparanteile** der Versicherungsprämien (Sparbeiträge) als auch die jährlich nachschüssig angesammelten vertraglich **garantierten Zinsbeträge** sowie ein bereits **unwiderruflich zugeteiltes Überschussguthaben**. Zu den

---

610 Vgl. Thierer, DB 2011, S. 189.
611 Vgl. Thierer, DB 2011, S. 190.
612 Vgl. BFH vom 10.6.2009, BStBl. II 2010, S. 32 ff.;
FG Schleswig-Holstein, BB 2008, S. 1671 f.

Anschaffungskosten gehören damit nicht nur die aufgewendeten Sparbeiträge, sondern auch deren Verzinsung, die vertraglich garantiert wurde und daher entsprechende Zinsansprüche des Versicherungsnehmers begründet.[613]

Das vom Versicherungsunternehmen nachgewiesene Deckungskapital ist damit Bewertungsgrundlage und Bewertungsmaßstab für den Rückdeckungsanspruch des Versicherungsnehmers zu den handelsrechtlichen Anschaffungskosten.[614]

Im zweiten Schritt ist der beizulegende Zeitwert einer Rückdeckungsversicherung zu bestimmen. Die Bestimmung des beizulegenden Zeitwerts bestimmt sich nach dem abgestuften Verfahren des § 255 Abs. 4 HGB, das in Abschn. 4.3.4.2.2 vorgestellt wurde.

Auf Grund der Tatsache, dass für den **beizulegenden Zeitwert** eines Rückdeckungsversicherungsanspruchs **kein aktiver Markt** (1. Stufe) bzw. regelmäßig **keine oder keine verlässliche Schätzung** anhand anerkannter Bewertungsmethoden (2. Stufe) möglich ist, kann in diesen Fällen aus Vereinfachungsgründen und mangels anderweitiger Informationen das von der Versicherung periodisch übermittelte Deckungskapital zzgl. eines vorhandenen Guthabens aus der Beitragsrückerstattung (unwiderruflich zugeteilte Überschussbeteiligung) herangezogen werden. Der beizulegende Zeitwert eines Rückdeckungsversicherungsanspruchs entspricht dann den Anschaffungskosten dieser Rückdeckungsversicherung.[615]

> Aus der vorstehenden Analyse resultiert eine **vereinfachende Sichtweise** zur Bestimmung des beizulegenden Zeitwerts bei einer leistungskongruenten Rückdeckungsversicherung:
>
> fortgeführte Anschaffungskosten gem. § 253 Abs. 4 HGB
> = beizulegender Zeitwert i.S.d. § 255 Abs. 4 S. 4 HGB
> = sog. »steuerlicher Aktivwert«
> = geschäftsplanmäßiges Deckungskapital des Versicherungsvertrags zzgl. etwaig vorhandener Guthaben aus Beitragsrückerstattung (unwiderruflich zugeteilte Überschussbeteiligung)

---

613 Vgl. WP Handbuch[14], Abschn. E, Tz. 233; Thierer, DB 2011, S. 190.

614 Vgl. Winnefeld, Kap. E, Tz. 1635; Thierer, DB 2011, S. 191; FG Schleswig-Holstein vom 25.6.2008, BB 2008, S. 1671.

615 Vgl. IDW RS HFA 30, Tz. 68; Thierer, DB 2011, S. 191.

4.3.5.2.4 Auswirkungen auf die Ausschüttungssperre nach § 268 Abs. 8 S. 3 HGB

Anschaffungskosten i. S. d. § 268 Abs. 8 S. 3 i. V. m. S. 1 HGB sind nach dem Wortlaut des Gesetzgebers die **ursprünglichen bzw. historischen Anschaffungskosten**.[616] Aus dem Gesetzeszusammenhang wird unter Berücksichtigung des § 255 Abs. 1 HGB, aber auch von § 253 Abs. 1 S. 1 HGB deutlich, dass das Gesetz mit Anschaffungskosten auf die historischen und nicht auf die fortgeführten Anschaffungskosten abstellt. Die Ausführungen in der Gesetzesbegründung sprechen ebenfalls eher für diese Sicht.[617]

Bei einer Rückdeckungsversicherung erfolgt jedoch keine Unterscheidung von historischen und fortgeführten Anschaffungskosten. Die ursprünglichen Anschaffungskosten in Form der aufgewendeten Sparbeiträge erhöhen sich jährlich um die zu aktivierenden garantierten Zinsbeträge sowie um die in dem Jahr erfolgte unwiderrufliche Zuteilung von Überschussanteilen. Damit fallen periodisch zusätzliche Anschaffungskosten in dieser Höhe an. Insofern liegen **keine fortgeführten Anschaffungskosten** im Sinne einer Folgebewertung analog zu Vermögensgegenständen des Anlagevermögens bzw. des Umlaufvermögens vor (gemildertes bzw. strenges Niederstwertprinzip), sondern (fiktive) Zuerwerbe und damit originäre Anschaffungskosten.

Im Rahmen der Ermittlung des gesperrten Betrags ist das vom Versicherer mitgeteilte geschäftsplanmäßige Deckungskapital, das dem Zeitwert entspricht, den historischen Anschaffungskosten gegenüberzustellen. Da sich beide Werte entsprechen, ergibt sich bei diesen Rückdeckungsversicherungen **kein Sperrbetrag** i. S. v. § 268 Abs. 8 S. 3 i. V. m. S. 1 HGB.

4.3.6 Planvermögen: Voraussetzungen nach IAS 19 im Vergleich zum Handelsrecht

Aus der Definition des IAS 19.7 lassen sich die in Abb. 20 dargestellten Anforderungen an Planvermögen ableiten. Analysiert man die Abb. 20, kommt man zu dem Schluss, dass sich die Anforderungen an Planvermögen den Anforderungen an Deckungsvermögen ähneln. So setzt auch IAS 19.7 **Insolvenzfestigkeit** und **Zweckexklusivität** für das Vorliegen von Plan-

---

[616] Vgl. IDW RS HFA 30, Tz. 69; BeBiKo[8], § 285 HGB, Tz. 433; Gelhausen/Fey/Kämpfer, Kap. N, Tz. 28, 30; Küting/Lorson/Eichenlaub/Toebe, GmbHR 2011, S. 5.
[617] Vgl. Hasenburg/Hausen, DB 2009, Beilage 5, S. 44.

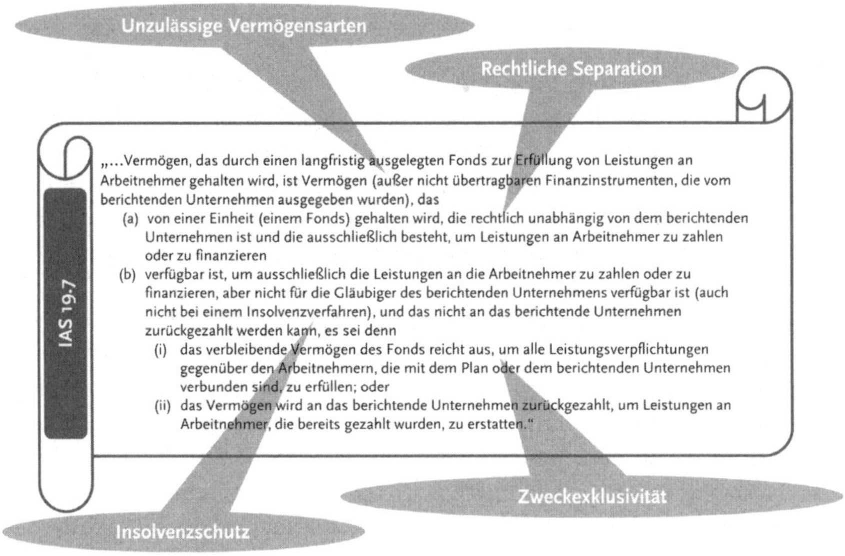

Abbildung 20 Definition von Planvermögen

vermögen voraus. IAS 19.7 stellt dabei in seiner Definition darauf ab, dass die Gläubiger bei einer Insolvenz Zugriff auf die Vermögenswerte und – bei Vorliegen von qualifizierten Versicherungsverträgen nach IAS 19.104 (bspw. in Form einer Rückdeckungsversicherung) – Zugriff auf die Erlöse aus diesen Versicherungsverträgen haben. Analog gelten diese Anforderungen somit auch für qualifizierte Versicherungsverträge.

Zu den Kriterien Insolvenzfestigkeit[618] und Zweckexklusivität[619] verweisen wir auf unsere Ausführungen zu den handelsrechtlichen Voraussetzungen für das Vorliegen von Deckungsvermögen.

Im Vergleich zu den handelsrechtlichen Anforderungen besteht eine **weitere Voraussetzung** für das Vorliegen von Planvermögen nach IAS 19.7. Neben dem Kriterium der Insolvenzfestigkeit und Zweckexklusivität kommt die rechtliche Separation hinzu. Kennzeichen der rechtlichen Separation sind zum einen die rechtliche Unabhängigkeit des Fonds[620] und zum anderen die Übertragung der Vermögenswerte an den Fonds zur freien Verfügung[621].

Aufgrund des Kriteriums der **rechtlichen Separation** ist es erforderlich, dass die zum Planvermögen zählenden Vermögenswerte rechtlich von dem

---

618 Vgl. Abschn. 4.3.4.1.3.
619 Vgl. Abschn. 4.3.4.1.4.
620 Vgl. IDW RS HFA 2, Tz. 73.
621 Vgl. IDW RS HFA 2, Tz. 74.

Unternehmen, das die Versorgungsverpflichtungen bilanziell zu erfassen hat, separiert werden. Zur Auslegung dieser Anforderung ist auch IDW ERS HFA 2 n. F., Tz. 73 f. zu beachten.

Im Rahmen einer sog. **Treuhandvereinbarung** wird zu diesem Zweck bspw. einem neu gegründeten eingetragenen Verein (e. V.) oder einer GmbH die Stellung eines Treuhänders (Fonds) eingeräumt. Zur Umsetzung der rechtlichen Separation sehen die Regelungen im Treuhandvertrag regelmäßig eine treuhänderische Übertragung zur (teilweisen) Ausfinanzierung auf den Treuhänder vor. Darunter ist die Widmung von Vermögenswerten und ihren Früchten und Surrogaten zum Zweck der (anteiligen) Erfüllung von Versorgungsansprüchen zu verstehen.

Ferner können regelmäßig nur solche Vermögenswerte auf den Treuhänder übertragen werden, deren Übertragung mit den Regelungen in den von der Gesellschaft aufgestellten **Anlagerichtlinien** vereinbar ist. Die Gesellschaft entscheidet nach freiem Ermessen über den Umfang der Vermögenswerte, die sie auf den Treuhänder überträgt. Dieses rechtlich vom Treuhänder gehaltene Vermögen stellt das »Treuhandvermögen« i. S. d. Treuhandvereinbarung dar.

Des weiteren ist für das Kriterium der rechtlichen Separation dem Wortlaut von IAS 19.7 nach auch erforderlich, dass die **rechtliche Einheit**, auf die das Vermögen übertragen wird, ausschließlich dazu existiert (IAS 19.7: *exists solely*), Leistungen an Arbeitnehmer zu zahlen oder zu finanzieren. Dafür ist erforderlich, dass die Satzung des Vereins, der die Treuhänderstellung wahrnimmt, den Vereinszweck in dem genannten Sinne einschränkt, und dass die Handlungen der Organe des Vereins auf diese Zwecksetzung verpflichtet werden.[622]

In der Praxis sind derartige Treuhandvereinbarungen gerade im Hinblick auf die Gestaltung der Anlagerichtlinien kritisch zu hinterfragen, da je nach Gestaltung eine Qualifikation der übertragenen Vermögenswerte als Planvermögen angenommen oder nicht angenommen werden kann.

Indikatoren, die **einer Qualifizierung** der übertragenen Vermögenswerte als Planvermögen **entgegenstehen** können, sind:

- wenn die übertragende Gesellschaft mittels der Anlagerichtlinie eine Weisungsmöglichkeit gegenüber dem Treuhänder für dessen Vermögensanlageentscheidungen erhält.

---

[622] Vgl. IDW RS HFA 2, Tz. 74.

- wenn die übertragende Gesellschaft weitreichende Möglichkeiten zur Änderung der Anlagerichtlinie hat.

Indikatoren, die **für eine Qualifizierung** der übertragenen Vermögenswerte als Planvermögen sprechen:

- wenn dem Treuhänder durch eine Anlagerichtlinie ausschließlich allgemeine Grundsätze für die Vermögensanlage vorgegeben werden, soweit diese für die Bildung von Planvermögen geeignet sind.
- wenn die Regelungen zu Änderungen der Anlagerichtlinie so ausgestaltet sind, dass bei einer Änderung immer die Planvermögenseigenschaft gewahrt bleibt, bspw. durch ein Einklangerfordernis mit den in der Präambel definierten Vertragszwecken wie Sicherung der Versorgungsverpflichtungen und Generierung von Planvermögen.
- wenn Verträge explizit auf unbestimmte Zeit geschlossen werden und keine Partei eine Möglichkeit hat, durch einseitige Kündigung die Zweckexklusivität abzuändern, es sei denn, die Regelungen zur Kündigung des Treuhandvertrags sehen eine gleichwertige Sicherung vor.

4.3.7 Vergleich von Deckungsvermögen und Planvermögen

Aus den in Abschn. 4.3.4 und Abschn. 4.3.6 dargestellten Anforderungen an Deckungs- und Planvermögen ergibt sich die Übersicht in Abb. 21.

	HGB „Deckungsvermögen" (§ 246 Abs. 2 S. 2 HGB)	IFRS „Planvermögen" (IAS 19.7)
Saldierungskriterien	■ Insolvenzgeschützt ■ Zweckexklusivität	■ Rechtliche Separation ■ Insolvenzgeschützt ■ Zweckexklusivität
Saldierungsumfang	■ Altersversorgungs- oder vergleichbare lfr. fällige Verpflichtungen i.S.d. HGB ■ Vermögensgegenstände i.S.d. HGB	■ Defined Benefit Obligation (DBO) i.S.v. IAS 19 ■ Vermögenswerte i.S.d. IFRS
Quellen	→ IDW RS HFA 30, Tz. 6 ff., 22 ff.	→ IDW RS HFA 2, Tz. 71 ff.

Abbildung 21 Vergleich von Deckungsvermögen mit Planvermögen

Die Voraussetzungen für das Vorliegen von Deckungsvermögen sind nicht vollständig deckungsgleich mit den Anforderungen nach IAS 19.7 an Planvermögen. Insbesondere ist für handelsrechtliches Deckungsvermögen keine vom Bilanzierenden rechtlich unabhängige Einheit erforderlich, die ausschließlich besteht, um Altersversorgungsleistungen oder vergleichbare langfristig fällige Leistungen zu finanzieren. Ferner besteht handelsrechtlich kein Ausschluss von konzerninternen (verpfändeten) Rückdeckungsversicherungen vom Verrechnungsgebot.[623]

Obwohl grundsätzlich die Auslegung der Regelungen des § 246 Abs. 2 S. 2 HGB ausschließlich nach handelsrechtlichen Grundsätzen zu erfolgen hat, erscheint es sachgerecht, die nach IFRS anerkannte Interpretation für handelsrechtliche Zwecke ebenfalls als Auslegungshilfe heranzuziehen.[624] Auch der HFA geht in IDW RS HFA 30, Tz. 31 davon aus, dass im Rahmen einer Treuhandvereinbarung auf einen Treuhänder übertragene Vermögensgegenstände bei Anerkennung als Planvermögen gem. IAS 19.7 handelsrechtlich regelmäßig Deckungsvermögen i. S. v. § 246 Abs. 2 S. 2 HGB darstellen, es sei denn, dem Treuhänder wurde betriebsnotwendiges Vermögen übertragen. Als Faustformel kann festgehalten werden:

> Die Qualifikation von Planvermögen gem. IAS 19.7 führt regelmäßig dazu, dass auch die Anforderungen an Deckungsvermögen nach § 246 Abs. 2 S. 2 HGB erfüllt sind, es sei denn, es handelt sich um betriebsnotwendiges Vermögen.
>
> Das Vorliegen der Voraussetzungen an Deckungsvermögen nach § 246 Abs. 2 S. 2 HGB führt nicht zwangsläufig dazu, dass auch Planvermögen nach IAS 19.7 vorliegt.

In der Praxis werden sich daher die CTA-Konstruktionen an der weiteren Fassung der Definition von Planvermögen nach IAS 19 orientieren, soweit dies nicht schädlich für handelsrechtliches Deckungsvermögen ist.

Aus dem geänderten IAS 19R ergeben sich keine Änderungen bzgl. der Voraussetzungen, ob Planvermögen vorliegt.

---

623 Vgl. IDW RS HFA 30, Tz. 30.
624 Vgl. Gelhausen/Fey/Kämpfer, Kap. C, Tz. 9.

4.3.8 (Un)zulässige Vermögensarten

§ 246 Abs. 2 S. 2 HGB lässt offen, welche Vermögensgegenstände unter diese Vorschrift fallen. Darüber hinaus lässt der Gesetzgeber weiter offen, welche Vermögensarten von auszulagernden Vermögensgegenständen grundsätzlich in Frage kommen können. Welche Arten hinsichtlich Anlage- oder Verwendungsform von Vermögensgegenständen in Frage kommen, steht in der Disposition des Bilanzierenden. Es wird lediglich gefordert, dass die Vermögensgegenstände dazu dienen sollen, die Schulden aus den Altersversorgungsverpflichtungen zu finanzieren und abzusichern.[625]

4.3.8.1 Eigene Anteile

Handelsrechtlich kommen nur solche Vermögensgegenstände als Deckungsvermögen in Betracht, die im Fall der Insolvenz auch ein eigenes Schuldendeckungspotenzial aufweisen.[626] Bei eigenen Anteilen (z. B. Aktien des eigenen Unternehmens) ist dies regelmäßig nicht der Fall. Denn im Fall der Insolvenz leisten diese Anteile aufgrund des Wertverlustes keinen Beitrag mehr zur Sicherung der Erfüllung der Schulden aus den Altersversorgungsverpflichtungen.[627] Die Zwecksetzung würde damit ins Leere gehen. Darüber hinaus steht außer Frage, dass im Fall der Insolvenz die Anforderungen an das Kriterium Insolvenzschutz dann auch nicht mehr erfüllt sein können.[628] Der HFA[629] kommt zum Schluss, dass das Vorliegen der Voraussetzungen insbesondere dann sorgfältig zu prüfen ist, wenn ein wesentlicher Teil der auszulagernden Vermögenswerte in den vom Unternehmen generierten Finanzinstrumenten oder aus sonstigen vom Unternehmen genutzten Vermögenswerten besteht. Im Umkehrschluss würde dies bedeuten, dass eigene Anteile nur in geringem Umfang als Planvermögen gem. IAS 19.7 zulässig sein werden. Dies bedarf einer besonderen kritischen Überprüfung durch den Bilanzierenden und einer detaillierten Abstimmung mit seinem Abschlussprüfer.

4.3.8.2 Darlehen des Fonds an den Bilanzierenden

Grundsätzlich können auch Darlehen des Fonds an den Bilanzierenden als Plan- bzw. Deckungsvermögen in Betracht kommen. **Voraussetzung** ist aber, dass die Forderungen des Bilanzierenden bzw. dass Darlehen des

---

625 Vgl. IDW RS HFA 30, Tz. 31.
626 Vgl. Gelhausen/Fey/Kämpfer, Kap. C, Tz. 41.
627 Vgl. Bertram/Johannleweling/Roß/Weiser, WPg 2011, S. 60.
628 Vgl. Mühlberger/Schwinger, S. 50.
629 Vgl. IDW RS HFA 2, Tz. 72.

Fonds an den Bilanzierenden zu marktüblichen Bedingungen und unter Gewährung von Sicherheiten gewährt worden sind. Ausgeschlossen sind noch nicht geleistete Beiträge i. S. d. IAS 19.103 oder nicht übertragbare Finanzinstrumente, die vom Unternehmen emittiert und vom Fonds gehalten werden aufgrund eines Abtretungsverbots oder sonstiger Verfügungsbeschränkungen.[630]

4.3.8.3 Übertragung von nicht finanziellen Vermögenswerten auf den Fonds mit anschließender Nutzungsüberlassung an das Unternehmen

In der Praxis finden sich ferner Vertragsgestaltungen, nach denen auch nicht finanzielle Vermögenswerte wie bspw. Sachanlagevermögen oder Immobilien auf den Fonds übertragen werden können. Regelmäßig wird sich der Bilanzierende jedoch die Nutzung durch **Pacht-, Miet- oder Leasing-Verträge** vertraglich vorbehalten. Für die Beurteilung, ob es sich in solchen Fällen um Planvermögen handelt, ist entscheidend, ob »sie gem. IAS 19.7 als zur Zahlung oder Finanzierung von Leistungen an die berechtigten Mitarbeiter verfügbar anzusehen sind«[631] und ob über den Erwerb der Planvermögenswerte und deren Nutzungsüberlassung satzungskonform entschieden wurde und das Planvermögen weiterveräußert werden kann.[632] Dem HFA kommt dem Kriterium der Weiterveräußerung besondere Bedeutung zu. Planvermögen liegt danach nur dann vor, wenn die Vermögenswerte vom Fonds weiterveräußert werden können.

Unerheblich für die Qualifikation als Planvermögen ist, ob die Nutzungsüberlassung eines nicht-finanziellen Vermögensgegenstands zu einem Finance-Lease oder einem Operating-Lease führt. Die Klassifikation entscheidet sich nach den allgemeinen Vorschriften zur Klassifikation von Leasingverhältnissen nach IAS 17 *Leasingverhältnisse*.

Insoweit ein **Finance-Lease** gegeben ist, kann die Forderung des Fonds gegen den Bilanzierenden selbst Planvermögen sein.[633] Allerdings muss die Forderung weiter veräußerbar und frei verfügbar für den Fonds sein. Folglich dürfen keine Abtretungsverbote oder andere Einschränkungen bestehen, die verhindern, dass der Fonds seine Leasingforderung weiterveräußert. Eine weitere und somit doppelte Weiterveräußerungsanforderung ist zudem bezogen auf den Leasinggegenstand zu stellen, da der HFA die Weiterveräußerbarkeit auch auf den Leasinggegenstand ausdehnt.[634] Dies er

---

630 Vgl. hierzu ausführlich IDW RS HFA 2, Tz. 76 ff.
631 IDW RS HFA 2, Tz. 84.
632 Vgl. IDW RS HFA 2, Tz. 84.
633 Vgl. IDW RS HFA 2, Tz. 85.
634 Vgl. IDW RS HFA 2, Tz. 86.

gibt sich daraus, dass die Forderung nach IAS 17.36 i.V.m. IAS 17.4 neben den Mindestleasingzahlungen auch einen nicht garantierten Restwert umfasst und der Wert dieses Restwerts nur durch Veräußerung des Leasinggegenstands realisiert werden kann.

Im Fall eines **Operating-Lease** wird der Leasinggegenstand selbst auf das Vorliegen der Voraussetzungen an Planvermögen überprüft werden müssen.[635]

4.3.8.4 Betriebsnotwendiges Anlagevermögen

Für das Vorliegen von Deckungsvermögen kommt der HFA in IDW RS HFA 30, Tz. 28 f. zu dem Schluss, dass betriebsnotwendiges Anlagevermögen, das durch den Bilanzierenden selbst genutzt wird, nicht als Deckungsvermögen in Frage kommen kann, wenn es nicht jederzeit frei veräußert werden kann, ohne dass die eigentliche Unternehmensaufgabe hiervon berührt wird und daher nicht der Zwecksetzung, nämlich die Erfüllung der Schulden aus den Altersversorgungsverpflichtungen zu finanzieren und abzusichern, dient.[636]

Die Abb. 22 stellt einzelne Vermögensarten im Hinblick auf ihre Qualifikation als Deckungs- bzw. Planvermögen dar.

■ Derivate	Unzulässig
■ Eigene Anteile	Unzulässig
■ Produktionsanlagen	Unzulässig
■ Belastetes Grundstück	Unzulässig
■ Unbelastetes Grundstück	Zulässig*
■ Lizenzen	Zulässig*
■ Eigengenutztes Bürogebäude	Zulässig*
■ Fremdgenutzte Immobilie	Zulässig*

* Annahme: Weiterveräußerbar/marktgängig

Allenfalls Bewertungsimplikationen

Abbildung 22 Übersicht (un)zulässiger Vermögensarten

---

635 Vgl. IDW RS HFA 2, Tz. 85.
636 Vgl. Abschn. 4.3.4.1.4.

4.4 Ausweis

4.4.1 Ausweis in der Bilanz nach HGB

Altersversorgungsverpflichtungen sind nach dem Bilanzgliederungsschema des § 266 Abs. 3 B.1. HGB unter den **Pensionsrückstellungen** auszuweisen. In Abschn. 4.1.1 wurde dargelegt, was unter Altersversorgungsverpflichtungen bzw. den Altersversorgungsverpflichtungen vergleichbare langfristig fällige Verpflichtungen zu subsumieren ist und wie diese zueinander abzugrenzen sind. Wenn der Bilanzierende zu dem Schluss kommt, dass den Altersversorgungsverpflichtungen vergleichbare langfristig fällige Verpflichtungen mit Abfindungscharakter vorliegen, sind solche Verpflichtungen nach § 266 Abs. 3 B.3. HGB als »Sonstige Rückstellungen« in der Bilanz auszuweisen.[637]

Im Fall der Verrechnung von Deckungsvermögen mit den Altersversorgungsverpflichtungen ist Folgendes zu beachten: Übersteigt der beizulegende Zeitwert der Vermögensgegenstände die zu verrechnenden Schulden, ist nach § 246 Abs. 2 S. 3 i.V.m. § 266 Abs. 2 E. HGB der übersteigende Betrag in einem gesonderten Aktivposten »**Aktiver Unterschiedsbetrag aus der Vermögensverrechnung**« auszuweisen. Es handelt sich jedoch nicht um einen Vermögensgegenstand im handelsrechtlichen Sinne, sondern um einen Verrechnungsposten eigener Art, da er nicht realisierte Erträge aus der Zeitwertbewertung nach § 253 Abs. 1 S. 4 HGB enthält und somit kein Schuldendeckungspotenzial verkörpert bzw. nicht selbstständig verwertbar ist.[638]

Die Begründung des Rechtsausschusses unterstreicht den Verrechnungscharakter dieses gesonderten Postens wie folgt: »Um die Eigenschaft des Postens als Verrechnungsposten deutlich zu machen, wird die Gliederung der Bilanz um den Posten »E. Aktiver Unterschiedsbetrag aus der Vermögensverrechnung« ergänzt.«[639] Die Schaffung des gesonderten Postens dient zudem der Verbesserung der Informationsfunktion des handelsrechtlichen Jahresabschlusses. Ein Ausweis des Aktivüberhangs innerhalb eines anderen Bilanzpostens, bspw. der sonstigen Vermögensgegenstände, d.h. in einem wenig transparenten Sammelposten, liefe dem Anliegen der Stärkung

---

[637] Zum Ausweis der sonstigen Rückstellungen vgl. Abschn. 2.4.

[638] Vgl. Beschlussempfehlung und Bericht des Rechtsausschusses, BT-Drucks. 16/12407, S. 85; ADS[6], § 246 HGB, Tz. 26; Gelhausen/Fey/Kämpfer, Kap. C, Tz. 74.

[639] Beschlussempfehlung und Bericht des Rechtsausschusses, BT-Drucks. 16/12407, S. 85.

der Informationsfunktion des Jahresabschlusses zuwider und ist daher nicht zulässig. Ein weiterer »Grund für die Einführung eines gesonderten Postens liegt darin, dass der Begriff des Vermögensgegenstands i. S. d. Einzelbewertung für die Saldogröße nicht erfüllt sein kann.«[640] Daneben stellt § 246 Abs. 2 S. 3 HGB und damit der Ausweis des Aktivüberhangs in einem gesonderten Posten eine im Zuge des BilMoG geschaffene gesetzliche Spezialvorschrift dar.

> Altersversorgungsverpflichtungen mit einem Erfüllungsbetrag von TEUR 100 wurden mit Wertpapieren, die als Deckungsvermögen zu qualifizieren sind und deren beizulegender Zeitwert TEUR 120 beträgt, verrechnet. Der die Verpflichtungen übersteigende Betrag von TEUR 20 wird gesondert auf der Aktivseite als »Aktiver Unterschiedsbetrag aus der Vermögensverrechnung« ausgewiesen.

Ein nach der Verrechnung verbleibender **passiver Überhang** ist dagegen unter dem Bilanzposten »Rückstellungen für Pensionen und ähnliche Verpflichtungen« (§ 266 Abs. 3 B.1. HGB) auszuweisen.[641]

> Altersversorgungsverpflichtungen mit einem Erfüllungsbetrag von TEUR 100 wurden mit Wertpapieren, die als Deckungsvermögen zu qualifizieren sind und deren beizulegender Zeitwert TEUR 95 beträgt, verrechnet. Ein nach der Verrechnung verbleibender passiver Überhang von TEUR 5 wird auf der Passivseite als »Rückstellungen für Pensionen und ähnliche Verpflichtungen« ausgewiesen.

4.4.2 Ausweis in der Bilanz nach IFRS

Die Vorschriften des IAS 19 oder IAS 1 enthalten **keine speziellen Vorschriften**, unter welchen Bilanzposten Planvermögen oder Pensionsrückstellungen auszuweisen sind. Die in der Bilanz anzusetzende Netto-Pensionsverpflichtung[642] bestimmt sich nach IAS 19.54 und wird auf der Passivseite unter den Schulden bzw. unter den Pensionsrückstellungen ausgewiesen. Ergibt sich aus IAS 19.54 ein Netto-Vermögenswert, so ist ein so genannter

---

640 Hasenburg/Hausen, DB 2009, Beilage 5, S. 44.
641 Vgl. IDW RS HFA 30, Tz. 84.
642 Vgl. Abschn. 4.2.2.2.

Asset-Ceiling-Test[643] durchzuführen, um den ansatzfähigen Höchstbetrag festzustellen.

IAS 19.118 weist darauf hin, dass der Standard keine Regelungen enthält, nach denen eine Aufgliederung in kurzfristige und langfristige Aktiva und Passiva erfolgen muss. Allerdings gibt IAS 1 Hinweise in Bezug auf die Unterscheidung, wann ein Sachverhalt kurzfristiger oder langfristiger Natur ist.[644]

Nach dem geänderten IAS 19R resultiert die anzusetzende Netto-Pensionsverpflichtung bzw. der Netto-Vermögenswert aus IAS 19R.63.[645] Demnach ermittelt sich die Netto-Pensionsverpflichtung aus dem Saldo des Barwerts der Leistungsverpflichtung und dem Planvermögen unter Berücksichtigung der Effekte aus dem Asset-Ceiling-Test. Nachdem im Rahmen der Neufassung des IAS 19 sämtliche Glättungsmechanismen abgeschafft wurden, entsprechen sich nunmehr tatsächlich bestehende und bilanzierte Pensionsverpflichtungen.[646]

4.4.3 Ausweis in der Gewinn- und Verlustrechnung nach HGB

Der Gesetzgeber hat mit den Regelungen der §§ 277 Abs. 5 S. 1 HGB und 246 Abs. 2 S. 2 HS 2 HGB den Ausweis in der Gewinn-und Verlustrechnung klar geregelt.

Nach § 277 Abs. 5 S. 1 HGB sind grundsätzlich Erträge aus der Abzinsung von Rückstellungen gesondert unter dem Posten »**Zinsen und ähnliche Erträge**« auszuweisen, Aufwendungen aus der Aufzinsung sind gesondert unter dem Posten »**Zinsen und ähnliche Aufwendungen**« auszuweisen, d. h. innerhalb des Zins- und Finanzergebnisses.[647]

§ 246 Abs. 2 S. 2 HS 2 HGB schreibt eindeutig – als Ausnahme vom grundsätzlichen Saldierungsverbot des § 246 Abs. 2 S. 1 HGB – die Saldierung von Aufwendungen und Erträgen aus der Auf- und Abzinsung der Pensionsrückstellung und aus dem zu verrechnenden Deckungsvermögen im Finanzergebnis vor. Nur im (Konzern-)Anhang sind die verrechneten Aufwendungen und Erträge gem. § 285 Nr. 25 HS 1 HGB bzw. § 314 Abs. 1 Nr. 17 HGB brutto anzugeben.[648]

Der in der betreffenden Periode anfallende Dienstzeitaufwand, d. h. die zusätzlich erdiente Altersversorgungsanwartschaft, sowie Effekte aus geänderten Annahmen zu Lohn-, Gehalts- und Rententrends sowie zu den bio-

---

643 Vgl. Abschn. 4.2.2.2.
644 Vgl. hierzu ausführlicher Abschn. 2.4.1.
645 Vgl. Abschn. 4.2.2.2.
646 Vgl. Abschn. 4.2.2.2.

647 Für detaillierte Ausführungen vgl. Abschn. 2.4.2.4.
648 Vgl. auch IDW RS HFA 30, Tz. 85.

metrischen Annahmen sind nach IDW RS HFA 30, Tz. 88, weiterhin als **Personalaufwand** im operativen Ergebnis zu erfassen.

Für die Ergebniswirkungen aus einer Änderung des Abzinsungszinssatzes, aus laufenden Erträgen sowie Erfolgsauswirkungen aus Zeitwertänderungen besteht nach IDW RS HFA 30, Tz. 87f. ein **Ausweiswahlrecht**. Allerdings kann das Ausweiswahlrecht unter Berücksichtigung des Grundsatzes der Stetigkeit nur einheitlich für alle diese drei Komponenten ausgeübt werden. Entscheidet sich der Bilanzierende folglich für einen Ausweis der Effekte aus der Zeitwertänderung des Deckungsvermögens innerhalb des Finanzergebnisses, sind ebenso die Ergebniswirkungen aus einer Änderung des Abzinsungszinssatzes und die laufenden Erträge bzw. Verluste aus dem Deckungsvermögen im Finanzergebnis auszuweisen.

Das bedeutet, dass Vermögenserträge, die grundsätzlich im Finanzergebnis auszuweisen sind, zwingend mit den Zinsaufwendungen verrechnet werden müssen. Für die übrigen Vermögenserträge, die anderen Ergebniskomponenten zuzuordnen sind, besteht dagegen ein Ausweiswahlrecht.[649] Damit werden bspw. die laufenden Erträge aus dem Deckungsvermögen unbeschadet ihrer sonst vorgeschriebenen Erfassung mit in den Saldierungsbereich des § 246 Abs. 2 S. 2 HS 2 HGB einbezogen und nicht mehr unter den sonstigen betrieblichen Erträgen unsaldiert ausgewiesen.

Das Schaubild in Abb. 23 zeigt zusammenfassend den Ausweis in der Gewinn- und Verlustrechnung.

Auswirkungen auf	
operatives Ergebnis (Personalaufwand)	**Finanzergebnis**
• Dienstzeitaufwand der Periode • Änderung der Lohn-, Gehalts- oder Rententrends und der biometrischen Bewertungsparameter • Änderung des Bestands an Versorgungsberechtigten • Rückstellungsveränderungen i.Z.m. Unternehmensumstrukturierungen oder Änderungen von Versorgungszusagen	• Auf-/ Abzinsung der Rückstellungen
Ausweiswahlrecht	
• Ergebniswirkungen aus einer Änderung des Abzinsungszinssatzes, Zeitwertänderungen des Deckungsvermögens und laufende Erträge des Deckungsvermögens	

Abbildung 23 Ausweis in der Gewinn- und Verlustrechnung[650]

---

[649] Vgl. Lucius/Thurnes, BB 2010, S. 3016; Gelhausen/Fey/Kämpfer, Kap. C, Tz. 86.
[650] Vgl. IDW RS HFA 30, Tz. 87, 88.

Über die Ausübung des Ausweiswahlrechts ist im Rahmen der Beschreibung der Bilanzierungs- und Bewertungsmethoden gem. § 284 Abs. 2 Nr. 1 HGB im Anhang zu berichten.

4.4.4 Ausweis in der Gesamtergebnisrechnung nach IFRS

Die Vorschriften des IAS 19 oder IAS 1 enthalten **keine speziellen Vorschriften** zum Ausweis beitrags- und leistungsorientierter Pläne. Lediglich IAS 19.61 regelt die Zusammensetzung des **Netto-Pensionsaufwands**, der im Gewinn oder Verlust auszuweisen ist. Danach setzt sich der Pensionsaufwand, bestehend aus bis zu sieben Komponenten, wie folgt zusammen:
- laufender Dienstzeitaufwand,
- Zinsaufwand,
- erwartete Erträge des Planvermögens,
- Amortisationsbetrag für versicherungsmathematische Gewinne und Verluste,
- Amortisationsbetrag des nachzuverrechnenden Dienstzeitaufwands,
- Effekte aus Plankürzungen und Planabgeltungen sowie
- Effekte aus der Anwendung der Vermögenswertobergrenze nach IAS 19.58(b) (*Asset Ceiling*).

Nach IAS 19.120A(g) hat der Bilanzierende anzugeben, in welchen Posten im Gewinn oder Verlust die Komponenten des Netto-Pensionsaufwands enthalten sind. IAS 19.119 lässt dem Bilanzierenden einen Spielraum, ob er die Komponenten zusammen in einem Posten oder getrennt ausweisen möchte. Bei Wahl des Gesamtkostenverfahrens besteht somit die Möglichkeit, alle Komponenten des Netto-Pensionsaufwands – einschließlich Zinsaufwand – in den Personalaufwendungen (operativer Aufwand) zusammen auszuweisen oder den Zinsaufwand getrennt von den anderen Komponenten nicht im Personalaufwand, sondern im Finanzergebnis auszuweisen. Für die erwarteten Erträge aus einem etwaigen Planvermögen gilt IAS 19.119 entsprechend.

Der jährliche Aufwand aus den Beiträgen für beitragsorientierte Pläne ist im operativen Ergebnis im Pensionsaufwand auszuweisen.

Im Rahmen der Änderungen des neuen **IAS 19R** hat der IASB neben der neuen Netto-Zinskomponente[651] auch die anderen Komponenten des Pensionsaufwands neu strukturiert. Nach dem bisherigen IAS 19 waren bis zu

---

[651] Vgl. Abschn. 4.3.2.1.

sieben Komponenten möglich.[652] Nach dem geänderten IAS 19R.120(a) und (b) wird es nur noch zwei im Gewinn oder Verlust zu erfassende Komponenten geben. Während die Netto-Zinskomponente und die Dienstzeitkomponente Bestandteil im Gewinn oder Verlust[653] der Periode sind, werden die Effekte der Neubewertungskomponente im sonstigen Ergebnis[654] ausgewiesen. Die neue Netto-Zinskomponente darf wie bisher wahlweise unter Beachtung der Stetigkeit im operativen Ergebnis oder im Finanzergebnis ausgewiesen werden.[655]

Die **Dienstzeitkomponente** besteht aus dem (1) Dienstzeitaufwand der Periode, (2) dem nachzuverrechnenden Dienstzeitaufwand sowie (3) dem Ergebnis aus Planabgeltungen.[656] Während nach dem aktuellen IAS 19 der nachzuverrechnende Dienstzeitaufwand nur für den unverfallbaren nachzuverrechnenden Dienstzeitaufwand in voller Höhe vorzunehmen ist, nimmt IAS 19R keine Differenzierung in unverfallbaren und verfallbaren nachzuverrechnenden Dienstzeitaufwand mehr vor. Damit ist der sich aus einer rückwirkenden Planänderung ergebende nachzuverrechnende Dienstzeitaufwand ungeachtet etwaiger Unverfallbarkeitsregelungen stets in voller Höhe im Gewinn oder Verlust zu erfassen.[657] Für den Ausweis der Dienstzeitkomponente im Gewinn oder Verlust besteht keine explizite Regelung im Standard; der Ausweis kann wie bisher im operativen Ergebnis erfolgen.[658]

Die **Neubewertungskomponente** umfasst drei Bewertungseffekte: (1) versicherungsmathematische Gewinne und Verluste aus der Bewertung der Brutto-Pensionsverpflichtung, (2) Differenz aus der tatsächlichen Planvermögensrendite zum Periodenende (*return on plan assets*) und der typisierten Planvermögensrendite zum Periodenbeginn (*interest income on plan assets*) sowie (3) Effekte aus der betragsmäßigen Begrenzung des Netto-Vermögenswerts (sog. *Asset Ceiling*), soweit diese nicht in der Netto-Zinskomponente zu erfassen sind.[659]

Der nachfolgenden Abb. 24 können die bisherigen und zukünftigen Komponenten des Netto-Pensionsaufwands entnommen werden. Gleichzeitig gibt die Abb. eine Übersicht im Hinblick auf den zukünftigen Ausweis der neuen Komponenten in der Gesamtergebnisrechnung.

---

652 Vgl. IAS 19.61.
653 Vgl. IAS 19R.120 i.V.m .134.
654 Vgl. IAS 19R.120(c).
655 Vgl. Faßhauer/Böckem, WPg 2011, S. 1006; KPMG, Insights⁹, Tz. 4.4.1130.10; Pawelzik, PiR 2011, S. 215 f.
656 Vgl. IAS 19R.8.
657 Vgl. IAS 19R.120(a) i.V.m. .103.
658 Vgl. Pawelzik, PiR 2011, S. 215 f.
659 Vgl. IAS 19R.127.

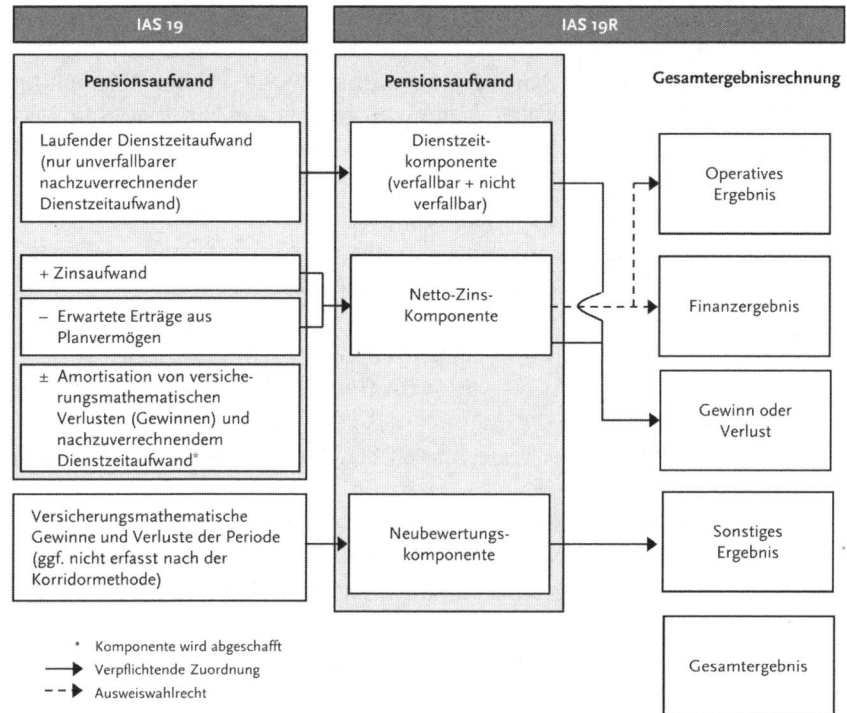

Abbildung 24 Darstellung des Pensionsaufwands in der Gesamtergebnisrechnung[660]

4.4.5 Anhangangaben nach HGB

Zusätzlich zu den nach § 284 Abs. 2 Nr. 1 HGB im Anhang darzustellenden **Bilanzierungs- und Bewertungsmethoden** zu den sonstigen Rückstellungen[661] sind nach § 285 Nr. 24 HGB zusätzliche Angaben zu den Pensionsrückstellungen zu machen. Kapitalgesellschaften und haftungsbeschränkte Personenhandelsgesellschaften i. S. v. § 264a Abs. 1 HGB haben danach zu den Rückstellungen für Pensionen und ähnliche Verpflichtungen

- das angewandte versicherungsmathematische Berechnungsverfahren sowie
- die grundlegenden Annahmen der Berechnung, wie Abzinsungszinssatz, erwartete Lohn- und Gehaltssteigerungen sowie Rentendynamik und zugrunde gelegte Sterbetafeln im Anhang anzugeben.

[660] Vgl. Faßhauer/Böckem, WPg 2011, S. 1006.
[661] Vgl. insbesondere Abschn. 2.4.3.1.

Die Anhangangabe zum **Abzinsungszinssatz** umfasst auch die Methodik seiner Ermittlung sowie die Angabe, ob die Vereinfachungsregelung des § 253 Abs. 2 S. 2 HGB in Anspruch genommen wurde.[662] Bei Anwendung der Vereinfachungsregel sollte hierauf im Anhang explizit verwiesen werden, da grundsätzlich nach § 253 Abs. 2. S. 1 HGB die Abzinsung mit einem restlaufzeitadäquaten Marktzinssatz, der sich bei einer angenommenen pauschalen Restlaufzeit von 15 Jahren ergibt, zu erfolgen hat.

Im Fall des Vorliegens der Voraussetzungen zur Verrechnung von Vermögensgegenständen und Schulden nach **§ 246 Abs. 2 S. 2 HGB** sind gem. § 285 Nr. 25 HGB im Anhang anzugeben:
- die Anschaffungskosten (§ 255 Abs. 1 HGB),
- der beizulegende Zeitwert der verrechneten Vermögensgegenstände (§ 255 Abs. 4 HGB),
- der Erfüllungsbetrag der verrechneten Schulden (§ 253 Abs. 1 S. 2 HGB) sowie
- die verrechneten Aufwendungen und Erträge (Bruttoausweis).

Ferner ist die getroffene Entscheidung zur Ausübung des **Ausweiswahlrechts** der einzelnen Ergebniskomponenten[663] im Rahmen der Bilanzierungs- und Bewertungsmethoden nach § 284 Abs. 2 Nr. 1 HGB anzugeben.

Da § 285 Nr. 20 a) HGB für die Bestimmung des beizulegenden Zeitwerts der verrechneten Vermögensgegenstände analog anzuwenden ist, hat der Bilanzierende entsprechende Angaben im Anhang zu machen, wenn die Bestimmung des beizulegenden Zeitwerts mit Hilfe anerkannter Bewertungsmethoden nach § 255 Abs. 4 S. 2 HGB (2. Stufe) erfolgt ist.

Entsprechende Angaben ergeben sich für den Konzernanhang aus § 314 Abs. 1 Nr. 17 HGB.

Darüber hinaus können folgende Anhangangaben im Zusammenhang mit Pensionsrückstellungen oder Deckungsvermögen relevant sein:[664]
- § 285 Nr. 28 HGB im Zusammenhang mit der Ausschüttungssperre des § 268 Abs. 8 S. 3 i.V.m. S. 1 HGB in Höhe des die Altersversorgungsverpflichtungen übersteigenden Betrags des Deckungsvermögens nach Berücksichtigung latenter Steuern
- § 285 Nr. 9 b) S. 3 HGB in Bezug auf gebildete und nicht gebildete Pensionsrückstellungen für frühere Organmitglieder
- § 285 Nr. 29 HGB für latente Steuern

---

662 Vgl. IDW RS HFA 30, Tz. 89.
663 Vgl. Abschn. 4.4.3.
664 Vgl. IDW RS HFA 30, Tz. 95.

4.4.6 Anhangangaben nach IFRS

Nach IAS 19.46 ist für beitragsorientierte Pläne der im Geschäftsjahr erfasste Aufwand im Anhang anzugeben. Für leistungsorientierte Pläne sieht IAS 19.120A **umfangreiche Anhangangaben** vor.[665]

Weitere Angabepflichten könnten sich im Zusammenhang mit den Angaben über Beziehungen zu nahestehenden Unternehmen und Personen (**IAS 24**) ergeben, sofern für Mitglieder des Managements in Schlüsselpositionen Altersversorgungspläne vorliegen.

Der geänderte **IAS 19R** fordert umfangreichere Anhangangaben[666] als bisher und sieht zudem ein neuartiges prinzipienbasiertes Anhangkonzept vor. Unternehmen müssen künftig Entscheidungen über den Detaillierungsgrad der Angaben treffen und etwaige Schwerpunkte setzen. Ziel des neuen Konzeptes ist es, den Adressaten weitreichende Einblicke in die Risikostruktur, etwaige Risikokonzentrationen und das Risikomanagement gewähren.[667] Hiermit wird das Ziel verfolgt, den Abschlussadressaten die künftige Liquiditätsbelastung des Unternehmens aus den Pensionsplänen aufzuzeigen. So müssen Unternehmen künftig bspw. erstmals Angaben über die Finanzierungsstrategie zu ihren Pensionsplänen machen und die Finanzierungsrisiken ihrer Pläne nicht nur beschreiben, sondern auch quantifizieren; u.a. wird dazu künftig eine Sensitivitätsanalyse gefordert, die zeigt, in welchem Umfang die DBO bei isolierter Änderung wesentlicher Bewertungsannahmen schwanken. Auch muss künftig die durchschnittliche Restlaufzeit der Pensionsverpflichtungen angegeben werden.

4.5 Ausblick

Mit Einführung des BilMoG zum 1.1.2010 wurde die Bilanzierung der Altersversorgungsverpflichtungen grundlegend überarbeitet. Nach der expliziten Regelung zur Abzinsung von Altersversorgungsverpflichtungen, der Einführung einer Vorschrift zur Verrechnung von Altersversorgungsverpflichtungen mit den diese Verpflichtungen finanzierenden Vermögensgegenstände sowie der Bewertung dieser Vermögensgegenstände zum beizu-

---

[665] Vgl. ausführliche Erläuterungen zu den Anhangangaben Mühlberger/Schwinger, S. 92, und Faßhauer, S. 167ff.
[666] Vgl. im Einzelnen IAS 19R.135ff.; zu den zukünftig geforderten Überleitungsrechnungen vgl. Neumeier, S. 147f.
[667] Vgl. Faßhauer/Böckem, WPg 2011, S. 1009f.

legenden Zeitwert sind in naher Zukunft nicht mit weiteren grundlegenden Gesetzesänderungen zur Bilanzierung von Altersversorgungsverpflichtungen zu rechnen. Zudem hat das IDW in seiner Stellungnahme (IDW RS HFA 30) »Handelsrechtliche Bilanzierung von Altersversorgungsverpflichtungen« weitere Fragestellungen diskutiert und präzisiert. Mit den Änderungen durch das BilMoG wurde zwar die handelsrechtliche Bilanzierung von Altersversorgungsverpflichtungen der Bilanzierung nach IAS 19 angenähert, gleichwohl bestehen noch einige fundamentale Unterschiede.

Konzeptionelle Änderungen werden sich allerdings zukünftig in der Bilanzierung nach **IAS 19R** ergeben. Das IASB hat am 16.6.2011 Änderungen des IAS 19 *Leistungen an Arbeitnehmer* veröffentlicht. Die Änderungen des IAS 19 betreffen überwiegend leistungsorientierte Altersversorgungspläne, die unter den Leistungen nach Beendigung des Arbeitsverhältnisses subsumiert werden.

Die Änderungen bei Leistungen nach Beendigung des Arbeitsverhältnisses führen zu einer transparenteren und vergleichbareren Abbildung betrieblicher Versorgungswerke in IFRS-Abschlüssen als bislang, da insbesondere durch die Abschaffung aller Glättungsmechanismen die Netto-Pensionsverpflichtungen vollständig in der Bilanz ersichtlich sind.[668] Beim Übergang auf die sofortige Erfassung der versicherungsmathematischen Gewinne und Verluste im sonstigen Ergebnis, insb. bei vorheriger Anwendung der Korridor-Methode, kann hierdurch die Eigenkapitalvolatilität stärker schwanken als vorher. Zudem kann es durch Abschaffung aller Glättungsmechanismen auch zu einer stärkeren Volatilität des Gesamtergebnisses kommen.

Darüber hinaus ergeben sich aus IAS 19R auch Änderungen bzgl. Leistungen an Arbeitnehmer aus Anlass der Beendigung des Arbeitsverhältnisses (*termination benefits*). Das IASB hat mit IAS 19R die Abgrenzung von Abfindungsleistungen zum Entgelt für die Erbringung zukünftiger Arbeitsleistungen präzisiert.

In IAS 19R.162 nennt das IASB zwei Indikatoren, mit denen beurteilt werden kann, ob Leistungen an Arbeitnehmer als Gegenleistung für künftige Arbeitsleistung gezahlt werden und daher nicht Leistungen an Arbeitnehmer aus Anlass der Beendigung des Arbeitsverhältnisses darstellen können.

Diese Präzisierung wird insbesondere in Deutschland erhebliche Auswirkungen auf die **Bilanzierung von Aufstockungsbeträgen** im Rahmen von Al-

---

668 Vgl. IAS 19R.BC 70.

tersteilzeitvereinbarungen haben. Bislang werden die Aufstockungsbeträge als Leistungen aus Anlass der Beendigung von Arbeitsverhältnissen bilanziert. Folglich werden die Aufstockungsbeträge vollständig in dem Zeitpunkt im Gewinn oder Verlust erfasst, in dem der Arbeitnehmer ein Angebot auf eine Altersteilzeitvereinbarung erhalten hat und das Unternehmen sich dieser Verpflichtung nicht mehr entziehen kann. Zu einer ratierlichen Verteilung kam es jedoch nicht, da nach herrschender Meinung die Aufstockungsbeträge Abfindungscharakter besitzen.[669]

Nach IAS 19R.162(a) handelt es sich bei den Aufstockungsleistungen nicht mehr um Leistungen aus Anlass der Beendigung des Arbeitsverhältnisses (*termination benefits*), sondern um **andere langfristig fällige Leistungen an Arbeitnehmer** (*other long-term employee benefits*), da sie nicht aus Anlass der Beendigung des Arbeitsverhältnisses gewährt werden, sondern von der Erbringung zukünftiger Arbeitsleistungen abhängen. Folglich kommt es nunmehr beim klassischen Blockmodell zu einer ratierlichen Ansammlung der Aufstockungsbeträge über die Aktivphase, da der Arbeitgeber zunehmend in Erfüllungsrückstand gerät.

Auch das IFRS Interpretations Committee hat hierzu im Januar 2012 endgültig Stellung genommen und entschieden, dass es sich bei den Aufstockungsbeträgen um andere langfristig fällige Leistungen an Arbeitnehmer handelt.[670] Durch diese Klarstellung werden die Ausführungen in IDW RS HFA 3 in Bezug auf die bilanzielle Behandlung nach IFRS obsolet. Hierauf hat nunmehr auch der HFA reagiert und einen entsprechenden Entwurf einer Neufassung der IDW Stellungnahme zur Rechnungslegung »Handelsrechtliche Bilanzierung von Verpflichtungen aus Altersteilzeitregelungen (**IDW ERS HFA 3 n. F.**)« verabschiedet. Im Unterschied zu der bisherigen Regelung, wonach Aufstockungsleistungen stets als Abfindungsverpflichtungen des Arbeitgebers angesehen wurden, ist für die Klassifizierung von Aufstockungsleistungen im Handelsrecht künftig differenziert vorzugehen. Der Entwurf der Neufassung sieht vor, im Rahmen der Einstufung der Aufstockungsbeträge danach zu unterscheiden, ob sie den Charakter einer Abfindung oder einer zusätzlichen Entlohnung aufweisen.[671] Sofern der Vereinbarung Entlohnungscharakter zugrunde liegt und keine ausdrückliche Vereinbarung über den Zeitraum besteht, in dem die zusätzliche Ent-

---

669 Vgl. IDW RS HFA 3, Tz. 5, 8, 9.
670 Das hierzu ergangene IFRIC Update (Januar 2012) kann unter http://media.ifrs.org/IFRICUpdateJan12.pdf abgerufen werden.
671 Vgl. IDW RS HFA 3 n. F., Tz. 6, 10.

lohnung in Form der Aufstockungsbeträge erdient wird, kann künftig davon ausgegangen werden, dass dieser Zeitraum mit dem Inkrafttreten der Altersteilzeitvereinbarung beginnt und mit dem Ende der Beschäftigungsphase der Altersteilzeit endet.[672] Mit den vorgeschlagenen Änderungen reagiert der HFA auf die geänderten Rahmenbedingungen, den demografischen Wandel und den z. T. veränderten wirtschaftlichen Gehalt von Altersteilzeitvereinbarungen.

Nach IAS 19R.172 ist der Standard für Geschäftsjahre, die am oder nach dem 1.1.2013 beginnen, anzuwenden. Eine vorzeitige Anwendung des Standards ist möglich. Die Übernahme der Änderungen des IAS 19 in europäisches Recht (*endorsement*) erfolgte am 6.6.2012. Die Erstanwendung des IAS 19R erfolgt nach den Grundsätzen der Übergangsvorschrift des IAS 19R.173 unter Berücksichtigung des IAS 8 infolge der retrospektiven Anwendung. Auf Grund der retrospektiven Anwendung des IAS 19R sind in 2013 Anpassungsbuchungen vorzunehmen, um die Posten in der Bilanz und in der Gesamtergebnisrechnung retrospektiv so darzustellen, als ob IAS 19R stets, insb. in der Vergleichsperiode, die am 1.1.2012 beginnt, angewandt worden wäre. Bei Altersteilzeitvereinbarungen wird dies regelmäßig dazu führen, dass ein Teil des Aufwands aus der bisherigen Bildung der Rückstellung für Aufstockungsbeträge im Rahmen des Übergangs auf IAS 19R aufgelöst und noch einmal über den verbleibenden Zeitraum der aktiven Phase des Blockmodells erneut im Gewinn oder Verlust zu erfassen ist.

---

[672] Vgl. IDW RS HFA 3 n. F., Tz. 21.

5
Anwendungsbeispiele für Ansatz, Bewertung und Ausweis

Ein Buch zu Rückstellungen in der Praxis kommt nicht ohne konkrete Beispiele aus. Während in den übrigen Kapiteln die Beispiele insbesondere auf Teilaspekte wie Ansatz, Bewertung oder Ausweis zielen, wurden für dieses Kapitel Beispiele aus der Prüfungs- und Beratungspraxis der Autoren ausgewählt, die, ausgehend von einem konkreten Sachverhalt, die entsprechenden Analyse- und Beurteilungswege festhalten, die alle Aspekte zur Bilanzierung von Rückstellungen, also zum Ansatz, zur Bewertung und zum Ausweis enthalten. Dabei haben wir uns bewusst gegen ein sog. ABC der Rückstellungen entschieden, welches anhand von Stichworten und Kurzbeschreibungen möglichst viele Aspekte zur Rückstellungsbilanzierung skizziert. Vielmehr bieten wir eine umfassende Analyse von ausgewählten Themen an, die auch Besonderheiten umfasst. Durch die Darstellung der bilanzrechtlichen Beurteilung wenden wir nicht nur die in den Kapiteln 1 bis 4 beschriebenen Grundsätze an, sondern ermöglichen dem Leser, den Lösungsweg auch auf andere Bilanzierungsfragen bei Rückstellungen zu übertragen.

Im Folgenden wird daher jeweils zunächst der Sachverhalt dargestellt und eine Lösung in fast allen Fällen nach HGB und nach IFRS ermittelt. Die Reihenfolge der Rechnungslegungsnormen hängt dabei von der Komplexität der jeweiligen Vorschriften ab. Soweit die Änderung einzelner Aspekte zu unterschiedlichen Ansätzen bzw. Rückstellungshöhen führt, wurden Varianten gebildet, um die Unterschiede anschaulich darzustellen. Wenn möglich, wurden die konkreten Sachverhalte aus der Praxis vereinfachend dargestellt, um die wesentlichen Aussagen herauszuarbeiten. Auf eine Darstellung von latenten Steuern wurde daher verzichtet, auch wenn temporäre Differenzen zwischen den Bilanzwerten im HGB- bzw. IFRS-Abschluss und den Steuerbilanzwerten vorliegen.

Rückstellungen in der Praxis Winfried Melcher, Katrin David und Thomas Skowronek
Copyright © 2013 WILEY-VCH Verlag GmbH & Co. KGaA, Weinheim

5.1 Sonstige Rückstellungen

5.1.1 Abbruchkosten

Sachverhalt

Das Werk eines Automobilzulieferers stellt am 20.1.2013 die Produktion ein. Das Werk soll innerhalb der nächsten beiden Jahre komplett demontiert werden, einzelne Vermögensgegenstände sollen veräußert werden. Ein Beschluss der Gesellschaft, die Gebäude abzubrechen, existiert (noch) nicht.

Die Abbruchkosten werden auf EUR 27,6 Mio. geschätzt, davon entfallen EUR 9,4 Mio. auf Gebäude und EUR 18,2 Mio. auf die Demontage der Maschinen, damit sie veräußert oder zum Schrottwert verkauft werden können. Die Restbuchwerte sind voraussichtlich niedriger als die geschätzten Abbruchkosten bzw. andere Schließungskosten. Es ist nicht geplant, Gebäude bzw. Grund und Boden zu veräußern. Es ist auch nicht geplant, ein neues Gebäude zu errichten.

Des Weiteren stellt der Automobilzulieferer einen Betrag von EUR 11,0 Mio. für Personalkosten sowie Energiekosten (Strom, Heizung) und Sicherheitsdienst etc. zurück, die im Zusammenhang mit dem Abbruch innerhalb der nächsten zwei Jahre anfallen werden.

Frage
Sind diese Kosten als Rückstellungen im handelsrechtlichen Jahresabschluss zu erfassen, auch wenn dafür keine Außenverpflichtung besteht?

Lösung
Eine Rückstellung für ungewisse Verbindlichkeiten ist gem. § 249 Abs. 1 S. 1 HGB zu bilden, sofern
- eine sichere oder wahrscheinliche Außenverpflichtung be- oder entsteht (auch faktische Außenverpflichtungen),
- die rechtlich oder wirtschaftlich verursacht und
- mit deren tatsächlicher Inanspruchnahme ernsthaft zu rechnen ist.

Dementsprechend muss deren Bestehen, Entstehen oder deren Höhe ungewiss sein.

Eine Außenverpflichtung ist nicht erkennbar. Für Innenverpflichtungen darf eine Rückstellung nur für unterlassene Instandhaltungen nach § 249

Abs. 1 S. 2 Nr. 1 HGB gebildet werden. Eine solche Verpflichtung liegt jedoch nicht vor. Laut § 249 Abs. 2 S. 1 HGB dürfen für andere Zwecke als die nach § 249 Abs. 1 HGB keine Rückstellungen gebildet werden.

Abbruch- oder Entfernungsverpflichtungen entstehen regelmäßig aufgrund öffentlich-rechtlicher Verpflichtungen oder aus vertraglichen Vereinbarungen. Die Rückstellungsbildung erfolgt in Form einer ratierlichen Ansammlung über die Laufzeit der zugrunde liegenden Verträge (z. B. Mietvertrag für Grundstück und Gebäude).[673] Der nominale Verpflichtungsbetrag bestimmt sich nach den im Erfüllungszeitpunkt zugrunde liegenden Preis- und Kostensteigerungen. Da solche Verpflichtungen in der Regel langfristig sind, ist eine Abzinsung der Rückstellung geboten.[674]

Da sowohl die Gebäude als auch die Maschinen Restbuchwerte aufweisen, ist zu überprüfen, ob außerplanmäßige Abschreibungen vorzunehmen sind.

Hinweis
Sofern von einer Stilllegung ausgegangen wird, sind die Anlagen, soweit nicht eine Veräußerung möglich ist, auf den Schrottwert abzuschreiben. Eventuelle Demontagekosten sind dabei ebenfalls zu berücksichtigen.[675] Das heißt allerdings nicht, dass eine Rückstellung angesetzt werden darf, wenn der Schrottwert die Demontagekosten nicht deckt, da dies eine Innenverpflichtung darstellt.

5.1.2 Ansammlungs- und Verteilungsrückstellungen

Sachverhalt

Die Geschäftsführung der Müllentsorgungs-GmbH möchte wissen, in welcher Weise sich die folgenden Verpflichtungen auf die Bilanzierung zum 31.12.2012 und die kommenden Jahre auswirken:

1) Verpflichtung zur Rekultivierung einer Mülldeponie:

Die GmbH betreibt seit Anfang 2012 eine Mülldeponie, die aufgrund des geschätzten Müllaufkommens für die nächsten sechs Jahre genutzt werden kann. Anschließend, d.h. kurz nach dem 31.12.2017, muss eine Rekultivierung erfolgen.

---

[673] Zu Ansammlungs- und Verteilungsrückstellungen vgl. Abschn. 2.2.5.
[674] Vgl. HdR⁵, § 249 HGB, Tz. 350; BeBiKo⁸, § 249 HGB, Tz. 100 (Abbruchkosten); Haufe-HGB², § 249 HGB, Tz. 190, 232.
[675] Vgl. ADS⁶, § 252 HGB, Tz. 36.

Die erwarteten Kosten der Rekultivierung zu Preisverhältnissen zum 31.12.2012 belaufen sich auf TEUR 200. Zum 31.12.2012 beträgt der Verfüllungsgrad der Deponie 25%. In den nächsten fünf Jahren wird damit gerechnet, dass die Nutzung der Deponie um jeweils weitere 15%-Punkte steigen wird, so dass die Deponie zum 31.12.2017 vollständig verfüllt sein wird.

2) Verpflichtung zum Rückbau der Lagerhalle auf einem angemieteten Grundstück:

Die GmbH hat seit dem 1.1.2012 ein Grundstück angemietet und auf diesem Anfang Januar eine Lagerhalle bauen lassen. Der Mietvertrag hat eine Dauer von sechs Jahren und endet zum 31.12.2017. Eine Mietverlängerungsoption ist vertraglich nicht geregelt.

Der Mietvertrag sieht vor, dass die GmbH die Lagerhalle am Ende des Mietvertrags wieder zurückbauen muss. Zu Preisverhältnissen zum 31.12.2012 rechnet die GmbH mit Rückbaukosten von insgesamt TEUR 100.

Frage
In welcher Höhe sind Rückstellungen zum 31.12.2012 zu bilanzieren? Welche bilanziellen Auswirkungen ergeben sich in den kommenden Jahren, wenn zum 31.12.2012 die vorliegenden Zinssätze für die jeweiligen Restlaufzeiten als Projektion für die Zukunft verwendet werden können?

Folgende Daten liegen dem Unternehmen zum 31.12.2012 vor:

Erwartungen über Preis- und Kostensteigerungen (konstant für die nächsten Jahre)	
HGB und IFRS (Rekultivierung)	Jeweils 2,0% p.a.
HGB und IFRS (Rückbau)	Jeweils 2,5% p.a.
Zinssätze zum 31.12.2012	
IFRS	4,50%
HGB[676]	
Restlaufzeit = 1 Jahr	3,77%
Restlaufzeit = 2 Jahre	3,87%
Restlaufzeit = 3 Jahre	4,01%
Restlaufzeit = 4 Jahre	4,16%
Restlaufzeit = 5 Jahre	4,30%

[676] Als Zinssätze wurden die zum 31.8.2012 von der Deutschen Bundesbank veröffentlichten Zinssätze verwendet (vgl. http://www.bundesbank.de).

Die GmbH möchte die Möglichkeit in Anspruch nehmen, Verpflichtungsbeträge über einen ggf. vorhandenen Zeitraum zu verteilen. Zudem sollen ursprünglich langfristige Rückstellungen auch am letzten Bilanzstichtag vor der erwarteten Inanspruchnahme abgezinst werden.

Lösung

<u>Zu 1) Verpflichtung zur Rekultivierung der Mülldeponie</u>

HGB

Verpflichtungen, die sich sukzessive über einen Zeitraum erhöhen, können entsprechend der wirtschaftlichen Verursachung in der Bilanz erfasst werden.[677] Im vorliegenden Sachverhalt wurde die Mülldeponie seit Anfang 2012 genutzt. Bis zum 31.12.2012 werden 25 % der Fläche von der GmbH verwendet. Vereinfacht kann davon ausgegangen werden, dass sich die Rekultivierungskosten entsprechend der genutzten Fläche erhöhen. Dies bedeutet, dass zum 31.12.2012 insgesamt 25 % der Rekultivierungskosten wirtschaftlich verursacht sind und damit zurückgestellt werden müssen. Für diesen Anteil ist somit eine Rückstellung zu erfassen.

Im ersten Schritt ist der nominale Verpflichtungsbetrag zu bestimmen. Dieser ermittelt sich über die zu Preisverhältnissen zum 31.12.2012 geschätzten Rekultivierungskosten multipliziert mit der erwarteten Preissteigerungsrate (für solche Verpflichtungen) von 2 % p.a. über die verbleibenden fünf Jahre.

Ermittlung des nominalen Verpflichtungsbetrags

Erwartete Rekultivierungskosten * $(1 + \text{Preissteigerung}_{\text{Restlaufzeit}})^{\text{Restlaufzeit}}$
= TEUR 200 * $(1 + 2\%)^{5 \text{ Jahre}}$ = TEUR 220,8

Anschließend sind die Rekultivierungskosten zu bestimmen, die bis zum 31.12.2012 wirtschaftlich verursacht wurden. Bis zum 31.12.2012 ist lediglich eine Fläche von 25 % in der Nutzung, so dass auch lediglich für diesen Anteil eine Rückstellung bilanziert werden darf.

Anteil des zum 31.12.2012 wirtschaftlich verursachten nominalen Verpflichtungsbetrags

Nominaler Verpflichtungsbetrag * Anteil der Nutzung bis zum 31.12.2012 = TEUR 220,8 * 25 % = TEUR 55,2

---

677 Vgl. zur Bilanzierung von Ansammlungsrückstellungen Abschn. 2.2.5.2.

Um den Rückstellungswert in der Bilanz zu erhalten, muss der zum 31.12.2012 wirtschaftlich verursachte nominale Verpflichtungsbetrag gem. § 253 Abs. 2 S. 1 HGB abgezinst werden.

Buchwert der Rückstellung zum 31.12.2012

Wirtschaftlich verursachter nominaler Verpflichtungsbetrag / $(1 + \text{Abzinsungszinssatz}_{\text{Restlaufzeit}})^{\text{Restlaufzeit}}$ = TEUR 55,2 / $(1 + 4,3\%)^{5 \text{ Jahre}}$ = TEUR 44,7

IFRS

Der nominale Verpflichtungsbetrag ist entsprechend dem Vorgehen nach HGB zu ermitteln. Auch nach IFRS ist nur der Anteil der Verpflichtung zurückzustellen, der bis zum Bilanzstichtag wirtschaftlich verursacht wurde. Insofern entspricht der zum 31.12.2012 zu bilanzierende wirtschaftlich verursachte nominale Verpflichtungsbetrag nach IFRS dem Betrag nach HGB. Allerdings ist nach IFRS ein von HGB ggf. abweichender Zinssatz zu verwenden.[678] Für das Beispiel wird nach IFRS von einem Abzinsungssatz gem. IAS 37.47 von 4,50 % ausgegangen.

Buchwert der Rückstellung zum 31.12.2012

Wirtschaftlich verursachter nominaler Verpflichtungsbetrag / $(1 + \text{Abzinsungssatz})^{\text{Restlaufzeit}}$ = TEUR 55,20 / $(1 + 4,50\%)^{5 \text{ Jahre}}$ = TEUR 44,3

<u>Zusammenfassung und weitere Entwicklung</u>

Abb. 25 fasst die Entwicklung der Rückstellung in den nächsten Jahren zusammen. Dabei wird davon ausgegangen, dass die erwarteten Kosten der Rekultivierung ebenso konstant bleiben wie die Erwartungen über die Preis- und Kostensteigerungen sowie der verwendete Abzinsungssatz nach IFRS. Die Zinssätze nach HGB zum 31.12.2012 werden als Projektion für die Zinssätze an den kommenden Bilanzstichtagen verwendet.

<u>Zu 2) Verpflichtung zum Rückbau der Lagerhalle auf einem angemieteten Grundstück</u>

HGB

Verpflichtungen, die bereits im Zeitpunkt des die Verpflichtung auslösenden Ereignisses rechtlich entstehen, allerdings erst wirtschaftlich in der Zukunft verursacht werden, können entweder sofort in voller Höhe zurückgestellt oder über den Zeitraum der wirtschaftlichen Verursachung verteilt

---

[678] Vgl. hierzu auch die weiteren Erläuterungen in Abschn. 2.2.5.2.2.

	2012	2013	2014	2015	2016	2017	Summe
Wirtschaftlich verursachter nominaler Verpflichtungsbetrag	55,2	33,1	33,1	33,1	33,1	33,1	220,8
HGB							
Zuführungsaufwand (abgezinster wirtschaftlich verursachter nominaler Verpflichtungsbetrag)	44,7	28,1	29,5	30,7	31,9	33,1	198,0
Aufzinsungsaufwand		1,9	3,1	4,4	5,5	6,8	21,7
Zinssatzänderungseffekt		0,3	0,3	0,2	0,3	0,0	1,1
Gesamtaufwand der Periode	**44,7**	**30,3**	**32,9**	**35,3**	**37,7**	**39,9**	**220,8**
Rückstellungsansatz zum 31.12.xx	44,7	75,0	107,9	143,2	180,9	220,8	
IFRS							
Zuführungsaufwand (abgezinster wirtschaftlich verursachter nominaler Verpflichtungsbetrag)	44,3	27,8	29,0	30,3	31,7	33,1	196,2
Aufzinsungsaufwand		2,0	3,3	4,8	6,4	8,1	24,6
Gesamtaufwand der Periode	**44,3**	**29,8**	**32,3**	**35,1**	**38,1**	**41,2**	**220,8**
Rückstellungsansatz zum 31.12.xx	44,3	74,1	106,4	141,5	179,6	220,8	

Abbildung 25 Rückstellungsentwicklung für die Rekultivierungsverpflichtung nach HGB und IFRS für die Geschäftsjahre 2012 bis 2017

werden (sog. Verteilungsrückstellungen).[679] Im vorliegenden Sachverhalt entsteht bereits aufgrund der vertraglichen Regelungen mit dem Bau der Lagerhalle eine Rückbauverpflichtung zum Ende des Mietvertrags. Die GmbH möchte die erwarteten Aufwendungen für den Rückbau der Lagerhalle entsprechend der wirtschaftlichen Verursachung über den Zeitraum der Nutzung verteilen.

Vorab ist der nominale Verpflichtungsbetrag zu ermitteln. Dieser bestimmt sich über die zu Preisverhältnissen zum 31.12.2012 geschätzten Rückbaukosten multipliziert mit der erwarteten Preissteigerungsrate für eine solche Verpflichtung von 2,5 % p. a. über die verbleibenden fünf Jahre.

Ermittlung des nominalen Verpflichtungsbetrags

Erwartete Rückbaukosten $* (1 + \text{Preissteigerung}_{\text{Restlaufzeit}})^{\text{Restlaufzeit}}$
= TEUR 100 $* (1 + 2,5\%)^{5 \text{ Jahre}}$ = TEUR 113,1

Anschließend ist die Verteilungsperiode zu ermitteln. Wie im Sachverhalt ausgeführt ist eine Mietverlängerungsoption vertraglich nicht geregelt.

[679] Vgl. zur Bilanzierung von Verteilungsrückstellungen Abschn. 2.2.5.1.

Ebenso kann aus den rechtlichen oder tatsächlichen Gegebenheiten nicht geschlossen werden, dass der Vertrag verlängert wird.[680] Für die Rückbauverpflichtungen ergibt sich demnach eine Verteilungsperiode von sechs Jahren (Vertragslaufzeit).

Nach der Festlegung der Verteilungsperiode ist die Verteilung des nominalen Verpflichtungsbetrags auf die einzelnen Jahre vorzunehmen. Da die wirtschaftlichen Vorteile gleichmäßig über die sechs Jahre der Nutzung anfallen, kann eine Verteilung des Verpflichtungsbetrags linear über die Verteilungsperiode erfolgen.

Ermittlung des anteiligen nominalen Verpflichtungsbetrags (gleichmäßige Verteilung)

Erwarteter nominaler Verpflichtungsbetrag/Verteilungsperiode = TEUR 113,1 / 6 Jahre = TEUR 18,85

Die Rückbauverpflichtung ist gem. § 253 Abs. 2 S. 1 HGB abzuzinsen. Hierfür bestehen zwei Methoden: das Barwertverfahren und das Gleichverteilungsverfahren.[681]

Barwertverfahren

Für **2012** ist der anteilige nominale Verpflichtungsbetrag abzuzinsen. Die Restlaufzeit des anteiligen Verpflichtungsbetrags für 2012 beträgt zum 31.12.2012 noch fünf Jahre. Für die Abzinsung ist somit der Zinssatz zu verwenden, den die Deutsche Bundesbank für Rückstellungen mit einer entsprechenden Restlaufzeit veröffentlicht hat (4,30 %). Der abgezinste nominale Verpflichtungsbetrag (Erfüllungsbetrag) ist in 2012 aufwandswirksam zuzuführen und entspricht dem Buchwert der Rückstellung zum 31.12.2012.

Zuführungsbetrag zur Rückstellung zum 31.12.2012

anteiliger nominaler Verpflichtungsbetrag / $(1 + \text{Abzinsungszinssatz}_{\text{Restlaufzeit}})^{\text{Restlaufzeit}}$ = TEUR $18,85 / (1 + 4,30\%)^{5 \text{ Jahre}}$ = TEUR 15,3

In **2013** sind für die Fortführung des Barwertverfahrens drei Schritte erforderlich. Im ersten Schritt ist der Buchwert der Rückstellung zum 31.12. des Vorjahrs (31.12.2012) aufzuzinsen. Hierfür kann der Zinssatz verwendet werden, der der Abzinsung zugrunde gelegen hat (4,30 %). Der Aufzinsungsaufwand ist gem. § 277 Abs. 5 S. 1 HGB über das Finanzergebnis zu erfassen und erhöht den Buchwert der Rückstellung.

680 Vgl. hierzu Abschn. 2.2.5.1 mit Verweis auf die Ausführungen in Abschn. 2.2.4.1.
681 Vgl. ausführlich Abschn. 2.2.5.1.

Ermittlung des Aufzinsungsaufwands für 2013

Buchwert der Rückstellung zum 31.12.2012 * Zinssatz$_{\text{verwendet im Vorjahr}}$ = TEUR 15,3 * 4,30 % = TEUR 0,6

Zudem ist der anteilige Zuführungsbetrag für 2013 zu ermitteln. Zum 31.12.2013 beträgt die Restlaufzeit nur noch vier Jahre, so dass ein neuer Abzinsungszinssatz zu verwenden ist (4,16 %).

Zuführungsbetrag zur Rückstellung für 2013

Anteiliger nominaler Verpflichtungsbetrag / (1 + Abzinsungszinssatz$_{\text{Restlaufzeit}}$)^{Restlaufzeit} = TEUR 18,85 / (1 + 4,16 %)$^{4 \text{ Jahre}}$ = TEUR 16,0

Abschließend ist der Zinssatzänderungseffekt zu berechnen. Vereinfacht kann hierfür die Rückstellung neu ermittelt und mit dem bisher in der Rückstellung erfassten Betrag verglichen werden. Der Differenzbetrag entspricht dem Zinssatzänderungseffekt.

Ermittlung des Zinssatzänderungseffekts für 2013

[anteiliger nominaler Verpflichtungsbetrag für 2012 und 2013 / (1 + Zinssatz$_{4 \text{ Jahre}}$)$^{4 \text{ Jahre}}$] − [Rückstellung zum 31.12.2012 + Aufzinsungsaufwand 2013 + Zuführungsbetrag 2013]

= [2 * TEUR 18,85 / (1 + 4,16 %)$^{5 \text{ Jahre}}$] − [TEUR 15,3 + TEUR 0,6 + TEUR 16,0] = TEUR 32,0 − TEUR 31,9 = TEUR 0,1

Abb. 26 enthält eine Zusammenfassung der bei Anwendung des Barwertverfahrens über die Verteilungsperiode zu erfassenden Beträge:

	2012	2013	2014	2015	2016	2017	Summe
Ratierlich verteilter nominaler Verpflichtungsbetrag	18,85	18,85	18,85	18,85	18,85	18,85	113,1
Zuführungsaufwand (abgezinster ratierlich verteilter nominaler Verpflichtungsbetrag)	15,3	16,0	16,8	17,5	18,2	18,9	102,7
Aufzinsungsaufwand		0,6	1,3	2,0	2,7	3,4	10,0
Zinssatzänderungseffekt		0,1	0,1	0,1	0,1	0,0	0,4
Gesamtaufwand der Periode	**15,3**	**16,7**	**18,2**	**19,6**	**21,0**	**22,3**	**113,1**
Rückstellungsansatz zum 31.12.xx	15,3	32,0	50,2	69,8	90,8	113,1	

Abbildung 26 Entwicklung der Rückstellung und der Aufwandsbeträge für die Rückbauverpflichtung bei Anwendung des Barwertverfahrens (HGB)

Gleichverteilungsverfahren

Beim Gleichverteilungsverfahren erfolgt eine »annuitätische« Verteilung des gesamten nominalen Verpflichtungsbetrags über die Verteilungsperiode.[682] Dabei ist durch die sich entsprechend der Restlaufzeit verändernden Zinssätze die »annuitätische« Verteilung jährlich zu überprüfen. Abweichungen sind als Zinssatzänderungseffekt zu erfassen. Auch der Aufzinsungsaufwand ist auf Basis der Rückstellung des Vorjahrs jährlich zu ermitteln. Dabei kann auch hier der Zinssatz verwendet werden, der im Vorjahr für die Berechnung der Rückstellung anwendbar war.

Da zum 31.12.2012 erstmals die Rückstellung zu erfassen ist, muss für 2012 lediglich der Zuführungsbetrag ermittelt werden.

Zuführungsbetrag zur Rückstellung zum 31.12.2012

[Nominaler Verpflichtungsbetrag / $(1 + \text{Zinssatz}_{\text{Restlaufzeit}})^{\text{Verteilungsperiode}}$] * Rentenbarwertfaktor($\text{Zinssatz}_{\text{Restlaufzeit}}$, Verteilungsperiode)

→ mit Rentenbarwertfaktor($\text{Zinssatz}_{\text{Restlaufzeit}}$, Verteilungsperiode) = [$(1 + \text{Zinssatz}_{\text{Restlaufzeit}})^{\text{Verteilungsperiode}} * \text{Zinssatz}_{\text{Restlaufzeit}}$] / [$(1 + \text{Zinssatz}_{\text{Restlaufzeit}})^{\text{Verteilungsperiode}} - 1$]

= [TEUR 113,1 / $(1 + 4{,}30\,\%)^{6\text{ Jahre}}$] * { [$(1 + 4{,}30\,\%)^{6\text{ Jahre}} * 4{,}30\,\%$] / [$(1 + 4{,}30\,\%)^{6\text{ Jahre}} - 1$] } = TEUR 16,9

Für 2013 sind auch für das Gleichverteilungsverfahren drei Schritte erforderlich. Entsprechend dem Barwertverfahren ist die Rückstellung zum 31.12. des Vorjahrs (31.12.2012) aufzuzinsen. Der Aufzinsungsaufwand ist im Finanzergebnis zu erfassen und erhöht den Buchwert der Rückstellung.

Ermittlung des Aufzinsungsaufwands für 2013

Buchwert der Rückstellung zum 31.12.2012 * $\text{Zinssatz}_{\text{verwendet im Vorjahr}}$ = TEUR 16,9 * 4,30 % = TEUR 0,7

Zudem ist der Zuführungsbetrag für 2013 zu ermitteln. Da die Restlaufzeit zum 31.12.2013 nur noch vier Jahre beträgt, muss ein (angenommener) restlaufzeitadäquater Abzinsungszinssatz von 4,16 % verwendet werden.

---

[682] Der Begriff »Gleichverteilungsverfahren« wurde verwendet, um auf die gleichmäßige Verteilung des operativen Aufwands über die Verteilungsperiode hinzuweisen. Dabei führt die Anwendung der restlaufzeitadäquaten Zinssätze nur zu einer geringfügigen Abweichung vom »gleichmäßigen« Verteilungsbetrag.

Der Zuführungsbetrag ist somit entsprechend dem Vorgehen in 2012 zu ermitteln. Da sich die Verteilungsperiode nicht verändert hat, ist weiterhin ein Zeitraum von sechs Jahren in die Berechnung mit einzubeziehen.

Zuführungsbetrag zur Rückstellung für 2013

[TEUR 113,1/$(1 + 4,16\%)^{6 \text{ Jahre}}$] * {[$(1 + 4,16\%)^{6 \text{ Jahre}}$ * 4,30%] /[$(1 + 4,16\%)^{6 \text{ Jahre}} - 1$] } = TEUR 17,0

Anschließend ist der Zinssatzänderungseffekt zu berechnen. Vereinfacht kann auch hier die Rückstellung neu ermittelt und mit den bisher in der Rückstellung erfassten Beträgen verglichen werden. Ein Differenzbetrag entfällt auf den Zinssatzänderungseffekt.

Ermittlung des Zinssatzänderungseffekts für 2013

Nominaler Verpflichtungsbetrag * {[$(1 + \text{Zinssatz}_{\text{Restlaufzeit}})^{\text{Restlaufzeit}} - 1$]/ [$(1 + \text{Zinssatz}_{\text{Restlaufzeit}})^{\text{Verteilungsperiode}} - 1$]} − [Rückstellung zum 31.12.2012 + Zuführungsbetrag 2013 + Aufzinsungsaufwand 2013]

= TEUR 113,1 * {[$(1 + 4,16\%)^{4 \text{ Jahre}} - 1$]/[$(1 + 4,16\%)^{6 \text{ Jahre}} - 1$] } − [TEUR 16,9 + TEUR 17,0 + TEUR 0,7] = TEUR 34,7 − TEUR 34,6 = TEUR 0,1

Abb. 27 enthält eine Zusammenfassung der bei Anwendung des Gleichverteilungsverfahrens über die Verteilungsperiode zu erfassenden Beträge:

	2012	2013	2014	2015	2016	2017	Summe
Zuführungsaufwand („annuitätische" Verteilung des gesamten nominalen Verpflichtungsbetrags)	16,9	17,0	17,0	17,1	17,2	17,2	102,4
Aufzinsungsaufwand		0,7	1,4	2,2	2,8	3,4	10,5
Zinssatzänderungseffekt		0,1	0,1	0,0	0,0	0,0	0,2
Gesamtaufwand der Periode	**16,9**	**17,8**	**18,5**	**19,3**	**20,0**	**20,6**	**113,1**
Rückstellungsansatz zum 31.12.xx	16,9	34,7	53,2	72,5	92,5	113,1	

Abbildung 27 Entwicklung der Rückstellung und der Aufwandsbeträge für die Rückbauverpflichtung bei Anwendung des Gleichverteilungsverfahrens (HGB)

IFRS

Anders als nach HGB sind nach IFRS Rückbauverpflichtungen nicht über den Zeitraum der wirtschaftlichen Nutzung zu verteilen.[683] Der gesamte abgezinste nominale Verpflichtungsbetrag ist vielmehr bei Entstehung der Verpflichtung zu erfassen. In den folgenden Jahren erfolgt lediglich noch eine Aufzinsung der Rückstellung. Der Aufzinsungsaufwand ist dabei gem. IAS 37.60 im Finanzergebnis zu erfassen.

Die Kosten für den Rückbau gelten gem. IAS 16.16(c) als Bestandteil der Anschaffungs- bzw. Herstellungskosten des Vermögenswerts, für den die Rückbauverpflichtung besteht, und müssen gem. IAS 16.15 im erstmaligen Ansatz des Vermögenswerts berücksichtigt werden. Demnach hat die erstmalige Erfassung der Rückbauverpflichtung bereits bei Entstehung der Verpflichtung zu erfolgen. Im vorliegenden Beispiel kann davon ausgegangen werden, dass die Lagerhalle Anfang Januar 2012 fertiggestellt wurde und die Verpflichtung mit dem Zeitpunkt der Fertigstellung entstanden ist. Der nominale Verpflichtungsbetrag der Rückbauverpflichtung ist somit bereits Anfang Januar 2012 zu ermitteln.

Ermittlung des nominalen Verpflichtungsbetrags (Januar 2012)[684]

$$\text{Erwartete Rückbaukosten} * (1 + \text{Preissteigerung})^{\text{Laufzeit}} = \text{TEUR } 100 * (1 + 2{,}5\%)^{5 \text{ Jahre}} = \text{TEUR } 113{,}1$$

Anschließend ist der nominale Verpflichtungsbetrag über die erwartete Restlaufzeit abzuzinsen. Der so abgezinste Betrag entspricht der Rückstellung Anfang Januar 2012, deren Gegenbuchung zu einer Erhöhung der Anschaffungs- bzw. Herstellungskosten der Lagerhalle führt.

Ermittlung des abgezinsten nominalen Verpflichtungsbetrags (Januar 2012)

$$\text{Nominaler Verpflichtungsbetrag} / (1 + \text{Abzinsungssatz})^{\text{Restlaufzeit}} = \text{TEUR } 113{,}1 / (1 + 4{,}50\%)^{6 \text{ Jahre}} = \text{TEUR } 86{,}9$$

Durch die bilanzielle Erfassung im Januar 2012 ist bereits für den Jahresabschluss 2012 die Rückstellung für die Rückbauverpflichtung aufzuzinsen. Der Aufzinsungsaufwand ist im Finanzergebnis zu erfassen und erhöht den Buchwert der Rückstellung.

---

683 Vgl. zur Bilanzierung nach IFRS Abschn. 2.2.5.1.2.
684 Zu beachten ist, dass die Kosten für die Rückbauverpflichtung lediglich für Preise zum 31.12.2012 vorliegen. Insofern erfolgt eine Aufzinsung der Rückbaukosten lediglich über fünf Jahre.

Ermittlung des Aufzinsungsaufwands für 2012

Buchwert der Rückstellung im Januar 2012 * Zinssatz = TEUR 86,9 * 4,50 % = TEUR 3,9

Die in den Anschaffungs- und Herstellungskosten aktivierten Aufwendungen für den Rückbau müssen ab Entstehung der Verpflichtung über die Nutzungsdauer des Vermögenswerts abgeschrieben werden. Aufgrund des begrenzten Nutzungszeitraums wird die Lagerhalle über sechs Jahre abgeschrieben. Somit erhöht der Anteil der Rückbauverpflichtung in den Anschaffungs- bzw. Herstellungskosten des Vermögenswerts den Abschreibungsaufwand des Jahrs 2012.

Erhöhung des Abschreibungsaufwands für 2012

Erfasste Rückbauverpflichtung in den Anschaffungs- bzw. Herstellungskosten/Nutzungsdauer = TEUR 86,9/6 Jahre = TEUR 14,5

Die folgende Abb. 28 enthält eine Zusammenfassung der über den Zeitraum von sechs Jahren zu erfassenden Beträge:

	Januar 2012	31.12. 2012	31.12. 2013	31.12. 2014	31.12. 2015	31.12. 2016	31.12. 2017	Summe
Nominaler Verpflichtungsbetrag	113,1							
Aktivseite								
Anteiliger Abschreibungsbetrag		14,5	14,5	14,5	14,5	14,5	14,4	86,9
Anteilige Anschaffungs- und Herstellungskosten für Rückbauverpflichtung	86,9	72,4	57,9	43,4	28,9	14,4	0,0	
Passivseite								
Aufzinsungsaufwand		3,9	4,1	4,2	4,4	4,7	4,9	26,2
Rückstellung für Rückbauverpflichtung	86,9	90,8	94,9	99,1	103,5	108,2	113,1	
Gesamtaufwand der Periode		18,4	18,6	18,7	18,9	19,2	19,3	113,1

Abbildung 28 Entwicklung der anteiligen Anschaffungs- bzw. Herstellungskosten, der Rückstellung und der Aufwandsbeträge der Rückbauverpflichtungen (IFRS)

5.1.3 Aufbewahrungsrückstellung

Sachverhalt

Gem. § 257 Abs. 1 i.V.m. § 257 Abs. 4 HGB ist jeder Kaufmann verpflichtet, bestimmte Unterlagen (Handelsbücher, Inventare, Eröffnungsbilanzen, Jahresabschlüsse und Lageberichte, Konzernabschlüsse, Konzernlageberichte sowie die zum Verständnis erforderlichen Arbeitsanweisungen und sonstige Organisationsunterlagen, Kopien von abgesandten Handelsbriefen und empfangene Handelsbriefe im Original und Buchungsbelege) über einen Zeitraum von sechs bzw. zehn Jahren aufzubewahren.

Für Jahresabschlüsse und Buchungsbelege gilt eine Aufbewahrungsfrist von zehn Jahren. Handelsbriefe und ähnliche Unterlagen sind dagegen nur sechs Jahre aufzubewahren.[685]

Infolge des BFH-Urteils vom 19.8.2002[686] zur Frage, ob für die Aufbewahrungsverpflichtungen nach Steuerrecht eine Rückstellung angesetzt werden muss, wurde in der Literatur klargestellt, dass für derartige Verpflichtungen auch nach HGB mittels einer Rückstellung Vorsorge zu treffen ist.[687] In seinem Urteil vom 18.1.2011[688] entschied der BFH über die Bewertung der Rückstellung für die Aufbewahrung von Geschäftsunterlagen.[689]

Frage
Ist auch nach IFRS eine derartige Rückstellung zu bilden?

Lösung

Ansatz
Eine Rückstellung wird definiert als Verbindlichkeit mit unsicherem zeitlichen Eintritt oder unsicherer Höhe (IAS 37.10). Sie ist passivierungspflichtig, wenn die folgenden drei Bedingungen kumulativ zutreffen (IAS 37.14):
(a) Das Unternehmen hat eine gegenwärtige (rechtliche oder faktische) Verpflichtung als Folge früherer Ereignisse.

---

[685] Vgl. BeBiKo[8], § 257 HGB, Tz. 25.
[686] Vgl. BFH-Urteil vom 19.8.2002, BStBl II 2003, S. 131.
[687] Vgl. Roß/Drögemüller, WPg 2003, S. 219; Endert/Sepetauz, DStR 2011, S. 2060.
[688] Vgl. BFH-Urteil vom 18.1.2011, BStBl II 2011, S. 496.
[689] Vgl. auch IDW RH HFA 1.009, Tz. 4.

(b) Es ist wahrscheinlich, dass ein Abfluss von Ressourcen notwendig ist, um die Verpflichtung zu begleichen.
(c) Es ist eine zuverlässige Schätzung des Betrags möglich, der zur Erfüllung der Verpflichtung benötigt wird.

IAS 37.14 verlangt das Vorliegen einer rechtlichen oder faktischen Verpflichtung aufgrund vergangener Ereignisse. Durch die Geschäftstätigkeit des Kaufmanns wird grundsätzlich eine solche rechtliche Verpflichtung i. S. d. § 257 HGB begründet. IAS 37.18 f. präzisiert das Erfordernis eines vergangenen Ereignisses dahingehend, dass die Verpflichtung unabhängig von der künftigen Geschäftstätigkeit des Unternehmens bestehen muss. Verpflichtungen im Zusammenhang mit Aufwendungen der künftigen Geschäftstätigkeit dürfen nicht zurückgestellt werden.

Die Aufbewahrung von Unterlagen durch Unternehmen erfolgt zum einen, um eine entsprechende Dokumentation der Vergangenheit für die künftige Geschäftstätigkeit zu besitzen (Eigeninteresse), zum anderen, um der gesetzlichen Verpflichtung nach § 257 HGB zu genügen (öffentlich-rechtliche Verpflichtung). Der BFH wägt in seinem oben erwähnten Urteil vom 19.8.2002 eigenbetriebliche Interessen und öffentlich-rechtliche Verpflichtung gegeneinander ab. Er kommt zum Ergebnis, dass bei der Aufbewahrung größerer Mengen von Geschäftsunterlagen für einen relativ langen Zeitraum das eigenbetriebliche Interesse gegenüber der öffentlich-rechtlichen Verpflichtung zurücktritt und daher eine Rückstellung zu bilden ist.

Im Anschluss an diese BFH-Rechtsprechung hat sich in der handelsrechtlichen Literatur nunmehr die Auffassung durchgesetzt, dass bzgl. der Aufbewahrung von Unterlagen bei gleichlaufenden eigenbetrieblichen Interessen und öffentlich-rechtlichen Verpflichtungen eine Rückstellung für die Außenverpflichtung zu bilden ist.[690] Diese handelsrechtliche Auffassung bezieht sich dabei allein auf die Rückstellung für Aufbewahrungsverpflichtungen und soll keine Schlüsse auf andere öffentlich-rechtliche Verpflichtungen zulassen.[691]

Auch nach IFRS ist im Umfang der gesetzlichen Verpflichtung zur Aufbewahrung von Unterlagen eine Rückstellung zu bilden (IAS 37.14). Der Umstand, dass mit der Aufbewahrung der Geschäftsunterlagen im Sinne einer Mehrfachverursachung des Aufwands für die Aufbewahrung auch ein gewisses zukunftsbezogenes Eigeninteresse verbunden sein kann (z. B. im

---

690 Vgl. Roß/Drögemüller, WPg 2003, S. 221.
691 Vgl. Roß/Drögemüller, WPg 2003, S. 224.

Hinblick auf Informationen über Kunden für die Anbahnung künftiger Geschäfte), steht der zwingenden Rückstellungsbildung nicht entgegen, da die öffentlich-rechtliche Verpflichtung im Vordergrund steht und der künftige Nutzen im Hinblick auf das Eigeninteresse regelmäßig nicht bestimmbar ist.[692]

Da im Regelfall auch die beiden anderen Kriterien aus IAS 37.14 (Wahrscheinlichkeit des Mittelabflusses und zuverlässige Schätzbarkeit des Verpflichtungsbetrags) erfüllt sein werden, muss eine Rückstellung aufgrund der gesetzlichen Aufbewahrungspflicht gebildet werden. Für Aufbewahrungskosten im Hinblick auf den künftigen Geschäftsbetrieb, die über die gesetzliche Aufbewahrungspflicht hinausgehen, kann hingegen keine Rückstellung gebildet werden (IAS 37.18 ff.).

Im Ergebnis ist sowohl nach HGB als auch für IFRS-Zwecke eine Rückstellung für die Aufbewahrung von Geschäftsunterlagen anzusetzen.

Bewertung

Nachdem der Ansatz einer Rückstellung dem Grunde nach geklärt wurde, ist zu untersuchen, in welcher Höhe die Rückstellung gebildet werden muss.

Der zurückgestellte Betrag muss die bestmögliche Schätzung der zur Erfüllung der gegenwärtigen Verpflichtung am Bilanzstichtag erforderlichen Ausgaben darstellen (IAS 37.36). Im Rahmen der Bewertung der Rückstellung sind nur diejenigen Unterlagen zu berücksichtigen, die bis zum jeweiligen Bilanzstichtag entstanden sind. Im Fall einer wesentlichen Auswirkung von Zinseffekten ist die Rückstellung in Höhe des Barwerts der erwarteten Ausgaben anzusetzen (IAS 37.45).

Je nach Art der Unterlagen und der Aufbewahrung können unterschiedliche Kostenarten zu berücksichtigen sein. Bei Aufbewahrung in Papierform kommt z. B. die Berücksichtigung von Raum- und Personalkosten in Betracht. Bei elektronischer Aufbewahrung können auch Kosten der Ermöglichung einer Lesbarmachung der Daten mit Hilfe von im laufenden Geschäftsbetrieb nicht mehr genutzter Hard- oder Software zu berücksichtigen sein.[693] Zurückzustellen sind die durch die gesetzliche Aufbewahrungspflicht zusätzlich entstehenden, unvermeidbaren Einzel- und Gemeinkosten. Dagegen sind aus eigenbetrieblichen Interessen entstehende höhere

---

[692] Vgl. ADS International, Abschn. 18, Tz. 140.
[693] Vgl. ADS International, Abschn. 18, Tz. 142.

Aufwendungen, z. B. für einen schnellen und komfortablen Zugriff im laufenden Geschäftsbetrieb, nicht rückstellungsfähig.[694]

Kosten der Aufbewahrung	rückstellungsfähig
Raumkosten (z. B. Mietzahlungen, Abschreibungen, Heizkosten)	✔
Personalkosten	✔
Regalkosten (z. B. Anschaffung und Abschreibung)	✔
Kosten der Lesbarmachung im Fall elektronischer Digitalisierung	✔
Energiekosten (z. B. Strom für den Betrieb des eigenen Servers)	✔
Abschreibungen des Servers	✔

Aufgrund der gesetzlichen Aufbewahrungsfristen von sechs bzw. zehn Jahren liegen jeweils langfristige Rückstellungen vor. Die Aufbewahrungsfrist bestimmt den Zeitraum, für den die einzelnen Kostenarten anfallen sowie den Zeitraum, der der Abzinsung der Rückstellung zugrunde zu legen ist. Bei der Rückstellungsbildung ist für die jeweiligen Geschäftsunterlagen zu berücksichtigen, wann diese entstanden sind und wie lange sie unter Beachtung der gesetzlichen Aufbewahrungsfrist noch aufbewahrt werden müssen. Es darf nicht unterstellt werden, dass alle am Bilanzstichtag vorhandenen Geschäftsunterlagen generell noch sechs bzw. zehn Jahre aufzubewahren sind.

Vielmehr ist im Rahmen der Rückstellungsbewertung dem Umstand Rechnung zu tragen, dass ausgehend vom Bilanzstichtag in jedem Folgejahr für einen Teil der aufzubewahrenden Unterlagen die gesetzliche Aufbewahrungsfrist abläuft. Dieser Teil darf nicht (mehr) in die Rückstellungsbewertung einfließen. Dass die in jedem künftigen Jahr ausgesonderten Geschäftsunterlagen durch neue Unterlagen ersetzt werden, darf bei der Rückstellungsbemessung keine Berücksichtigung finden, da es sich um Unterlagen und Aufbewahrungskosten aus dem künftigen Geschäftsbetrieb handelt.

Im Ergebnis ist die Verpflichtung zur Aufbewahrung von Geschäftsunterlagen mit ihren Vollkosten zu bewerten. Damit ergibt sich kein Unterschied zum Vollkostenansatz nach HGB.[695]

---

694 Vgl. ADS International, Abschn. 18, Tz. 125.
695 Vgl. auch Hoffmann, PiR 2007, S. 148.

Ergänzung zum Sachverhalt

Die Aufbewahrung erfolgt extern bei der A-GmbH. Die jährlichen Mietzahlungen für die Archivierung eines Jahrgangs betragen TEUR 35. Gem. der letzten Mieterhöhung durch die A-GmbH betragen die Kosten ab 2012 TEUR 36. Die X-AG macht von dem Abzinsungswahlrecht[696] für Rückstellungen mit einer Restlaufzeit von bis zu einem Jahr Gebrauch. Bilanzstichtag der X-AG ist der 31.12.2012.

Frage
Wie erfolgt die Abzinsung der Rückstellung gem. § 253 Abs. 2 S. 1 HGB?

Hinweis
Die Abzinsungszinssätze betragen zum 31.12.2012[697]:

Restlaufzeit	Abzinsungszinssatz
1 Jahr	3,82 %
2 Jahre	3,94 %
3 Jahre	4,09 %
4 Jahre	4,24 %
5 Jahre	4,37 %
6 Jahre	4,49 %

Lösung
Gem. § 253 Abs. 2 S. 1 HGB sind auch Rückstellungen für die Aufbewahrung von Geschäftsunterlagen mit einer Restlaufzeit von mehr als einem Jahr mit dem ihrer Restlaufzeit entsprechenden durchschnittlichen Marktzinssatz der vergangenen sieben Geschäftsjahre abzuzinsen.[698]

Die Abzinsung der Rückstellung hat anhand der jeweiligen Restlaufzeiten der einzelnen Jahresscheiben zu erfolgen.[699] An folgendem Beispiel soll dies illustriert werden.

---

696 Zum Abzinsungswahlrecht für Rückstellungen mit einer Restlaufzeit von bis zu einem Jahr vgl. Abschn. 2.2.4.2.

697 Verwendet wurden die im Dezember 2011 von der Deutschen Bundesbank veröffentlichten Zinssätze für die jeweiligen Restlaufzeiten.

698 Vgl. auch IDW RH HFA 1.009, Tz. 9.

699 Zu den einzelnen Varianten in der Vorgehensweise bei der Abzinsung vgl. Abschn. 2.2.4; vgl. auch IDW ERS HFA 34, Tz. 39; zur Diskussion, welche Methode zur Abzinsung zu wählen ist, vgl. auch Endert/Sepetauz, DStR 2011, S. 2062.

Die Rückstellung vor Abzinsung von insgesamt TEUR 741 setzt sich zum Bilanzstichtag wie folgt zusammen (in TEUR):[700]

Jahr der Aufbewahrung	Jahr der erwarteten Inanspruchnahme					
	2013	2014	2015	2016	2017	2018
2007	35					
2008	35	35				
2009	35	35	35			
2010	35	35	35	35		
2011	35	35	35	35	35	
2012	36	36	36	36	36	36
Summe	211	176	141	106	71	36

Die jeweiligen erwarteten Inanspruchnahmen der Jahresscheiben sind anschließend mit den restlaufzeitadäquaten Abzinsungszinssätzen der jeweiligen Jahresscheiben abzuzinsen. Aus diesem Vorgehen ergibt sich der in nachfolgender Tabelle ermittelte Ansatz für die Rückstellung zum 31.12.2012 (in TEUR):

Abzinsungswahlrecht des § 253 Abs. 2 S. 1 HGB	Abzinsung von Rückstellungen mit Restlaufzeiten von bis zu einem Jahr					
Jahresscheibe (Jahr der erwarteten Inanspruchnahmen)	Jahr 1 (2013)	Jahr 2 (2014)	Jahr 3 (2015)	Jahr 4 (2016)	Jahr 5 (2017)	Jahr 6 (2018)
Erwartete Inanspruchnahmen	211	176	141	106	71	36
Restlaufzeit	1 Jahr	2 Jahre	3 Jahre	4 Jahre	5 Jahre	6 Jahre
Restlaufzeitadäquater Abzinsungszinssatz	3,82 %	3,94 %	4,09 %	4,24 %	4,37 %	4,49 %
Barwert der Jahresscheibe	203,2	162,9	125,0	89,8	57,3	27,7
Rückstellung zum 31.12.2012			665,9			

---

[700] A.A. Petersen/Künkele/Zwirner, S. 210, Tz. 551, die bei der Bewertung der Rückstellung von einer durchschnittlichen Aufbewahrung über einen Zeitraum von 5,5 Jahren bei einer Aufbewahrungsfrist von 10 Jahren ausgehen. Vgl. auch BFH-Urteil vom 18.1.2011, BStBl II 2011, S. 496.

5.1.4 Aufwandsrückstellungen (unterlassene Instandhaltung)

Sachverhalt

Das Dach der Lagerhalle der X-GmbH ist seit Längerem undicht. Seit einem starken Regen Anfang Dezember 2012 tropfen aber größere Wassermengen in die Halle. Die Begehung des Daches durch den Dachdecker ergab, dass einige Bestandteile der Dachkonstruktion von Korrosion betroffen sind und ausgetauscht werden müssen. Die Gewährleistungsfrist lief vor 5 Jahren ab. Der Kostenvoranschlag der Dachdeckerfirma D für die Reparaturarbeiten am Dach beläuft sich auf EUR 50.000. Bilanzstichtag ist der 31.12.2012.

Variante 1: Auf Grund der bevorstehenden Weihnachtsferien beginnt D erst im Januar 2013 mit seinen Arbeiten.

Variante 2: Auf Grund der schlechten Witterungsbedingungen im Winter 2013 beginnt D mit den Arbeiten erst im April 2013.

Frage
Buchhalter B fragt sich, ob bzw. wie er diesen Geschäftsvorfall im Rahmen der Aufstellung des Jahresabschlusses zum 31.12.2012 zu behandeln hat.

Lösung
HGB
Nach § 249 Abs. 1 S. 2 HGB sind für im Geschäftsjahr unterlassene Aufwendungen für Instandhaltung, die innerhalb der ersten drei Monate des folgenden Geschäftsjahrs nachgeholt werden, Rückstellungen zu bilden. Unter diese Rückstellungen fallen ausschließlich reine Innenverpflichtungen.[701] Unterlassene Instandhaltung tritt hauptsächlich bei abnutzbaren Sachanlagen auf, kann aber auch immaterielle Vermögensgegenstände betreffen.[702]

Vorab ist zu analysieren, ob die o.g. Dacharbeiten Instandhaltungsmaßnahmen i.S.d. § 249 Abs. 1 S. 2 HGB darstellen. Instandhaltungen umfassen regelmäßig wiederkehrende Instandsetzungsmaßnahmen sowie Wartungs- und Inspektionsarbeiten an Vermögensgegenständen des Anlagevermögens.[703]

---

[701] Vgl. Abschn. 2.1.4.1.1.
[702] Vgl. BeBiKo[8], § 249 HGB, Tz. 103.
[703] Vgl. ADS[6], § 249 HGB, Tz. 168; BeBiKo[8], § 249 HGB, Tz. 101.

ADS[704] konkretisieren die Anforderungen an das Vorliegen von Instandhaltungen und nehmen gleichzeitig eine begriffliche Abgrenzung vor:

Instandhaltung	Kennzeichen der Maßnahme
Instandsetzung	Maßnahmen der Verschleißbeseitigung, um somit den ursprünglichen Zustand des Vermögensgegenstands wieder herzustellen
Wartung	Maßnahmen der vorbeugenden Verschleißhemmung
Inspektion	Regelmäßige Feststellung des Grades der Leistungsfähigkeit bzw. des eingetretenen technischen Verschleißes von Anlagen

Neben dem Vorliegen einer Instandhaltungsmaßnahme müssen folgende Voraussetzungen vorliegen, um eine Rückstellung i. S. v. § 249 Abs. 1 S. 2 HGB bilden zu können:
- es müssen unterlassene Aufwendungen vorliegen,
- es muss sich um im Geschäftsjahr unterlassene Aufwendungen handeln und
- eine Nachholung erfolgt innerhalb der nächsten drei Monate nach dem Bilanzstichtag.[705]

Variante 1:
Buchhalter B hat den Geschäftsvorfall im Jahresabschluss zum 31.12.2012 zu berücksichtigen. Es ist eine Rückstellung nach § 249 Abs. 1 S. 2 HGB anzusetzen, da
- es sich um eine Instandhaltungsmaßnahme handelt (die Korrosionsschäden infolge der vorhergehenden Benutzung und Alters werden beseitigt),
- die kurz vor Jahresende nicht mehr durchgeführt werden konnte und somit im Geschäftsjahr unterlassen worden ist und
- die im Januar 2013 und damit innerhalb von drei Monaten nachgeholt wird.

Die Rückstellung ist zum Erfüllungsbetrag (§ 253 Abs. 1 HGB) anzusetzen. Als Grundlage hierfür kann der Kostenvoranschlag des Dachdeckermeisters mit einem Betrag von EUR 50.000 herangezogen werden. Eine Abzinsung (§ 253 Abs. 2 HGB) der Rückstellung ist auf Grund der kurzen Restlaufzeit nicht erforderlich.

Hinweis
Insofern die Reparaturarbeiten zu aktivierungspflichtigen Herstellkosten der Lagerhalle führen würden, scheidet der Ansatz einer Rückstellung aus.[706]

704 Vgl. ADS[6], § 249 HGB, Tz. 168.
705 Vgl. ADS[6], § 249 HGB, Tz. 171.
706 Vgl. BeBiKo[8], § 249 HGB, Tz. 24.

Variante 2:
In diesem Fall besteht ein Passivierungsverbot. Buchhalter B darf den Geschäftsvorfall nicht im Jahresabschluss 2012 berücksichtigen, da sie außerhalb der vom Gesetz vorgesehenen Dreimonatsfrist nachgeholt werden, gleichwohl alle anderen Anforderungen jedoch erfüllt sind. Die Kosten für die Reparatur des Daches sind laufender Aufwand in der Periode, in der sie anfallen.

IFRS
Da es an einer Verpflichtung gegenüber einem Dritten, einer sog. Außenverpflichtung, mangelt[707], kann nach IFRS keine Rückstellung für Instandhaltungsmaßnahmen, die in den ersten drei Monaten des folgenden Geschäftsjahrs nachgeholt werden, angesetzt werden.[708]

5.1.5 Beibehaltungswahlrecht: Konsequenzen an den nachfolgenden Bilanzstichtagen

Sachverhalt[709]

Die Y-GmbH hat eine Rückstellung für eine zukünftige Zahlungsverpflichtung angesetzt, die dem Grunde nach verursacht wurde, jedoch der Höhe und Fälligkeit nach ungewiss ist. Auf der Basis der Bewertungsvorschriften des HGB a. F. wurde die Rückstellung zum 31.12.2009 mit TEUR 1.000 bilanziert.

Zum 31.12.2009 geht die Gesellschaft von einer Restlaufzeit der Rückstellung von sieben Jahren aus. Der nominale Verpflichtungsbetrag zum Ende der Restlaufzeit, d.h. zum 31.12.2016, wurde zum 1.1.2010 (Übergangszeitpunkt auf das BilMoG) auf TEUR 1.100 geschätzt. Der restlaufzeitadäquate Abzinsungszinssatz betrug zu diesem Zeitpunkt 4,60%[710] und wird für die folgenden Bilanzstichtage als konstant angenommen. Die Gesellschaft machte im Übergangszeitpunkt auf BilMoG von dem Beibehaltungswahlrecht nach Art. 67 Abs. 1 S. 2 EGHGB Gebrauch.

---

707 Zu den Ansatzkriterien einer Rückstellung nach IFRS vgl. Abschn. 2.1.2.2.1.
708 Vgl. Abschn. 2.1.1.1.
709 In Anlehnung an Melcher/David/Skowronek, KoR 2011, S. 384 ff.
710 Der Abzinsungszinssatz entspricht dem im Dezember 2011 von der Deutschen Bundesbank veröffentlichten Zinssatz für eine Restlaufzeit von sieben Jahren.

Frage

Nach zwei Jahren, d.h. zum 31.12.2012, wird aufgrund besserer Erkenntnisse der nominale Verpflichtungsbetrag im Zeitpunkt der voraussichtlichen Inanspruchnahme neu geschätzt.[711] Inanspruchnahmen haben sich seit dem Übergang auf das BilMoG und bis zum 31.12.2012 nicht ergeben. Folgende Varianten werden nachfolgend behandelt:

Schätzung des nominalen Verpflichtungsbetrags zum 31.12.2016 am 31.12.2012	
Variante 1	TEUR 1.500
Variante 2	TEUR 1.000
Variante 3	TEUR 700

Mit welchem Betrag ist die Rückstellung zum 31.12.2012 in der Bilanz anzusetzen? Dabei wird die Y-GmbH die Rückstellung – sofern möglich – beibehalten und nicht vorzeitig auf den Rückstellungsbetrag nach BilMoG übergehen.

Lösung

<u>Rückstellungsansatz beim Übergang auf das BilMoG (1.1.2010) sowie in den Jahresabschlüssen 2010 und 2011</u>

Der zum 31.12.2009 bilanzierte Rückstellungsbetrag i. H. v. TEUR 1.000 konnte im Übergangszeitpunkt auf das BilMoG (1.1.2010) beibehalten werden, da der nach den Vorschriften des BilMoG bewertete Rückstellungsbetrag mit TEUR 802,9 unter dem beibehaltenen Rückstellungsbetrag lag. Der nach den Bewertungsvorschriften des BilMoG ermittelte Rückstellungsbetrag ergibt sich dabei nach der folgenden Formel:

Berechnung des Barwerts der Rückstellung zum 31.12.2009

Nominaler Verpflichtungsbetrag der Rückstellung / $(1 + \text{Abzinsungszinssatz}_{\text{Restlaufzeit}})^{\text{Abzinsungszeitraum}}$

$= \text{TEUR } 1.100 / (1 + 4{,}60\%)^{7 \text{ Jahre}} = \text{TEUR } 802{,}9$

---

[711] Im Beispiel wird aus konzeptionellen Gründen lediglich eine Veränderung im nominalen Verpflichtungsbetrag betrachtet. Auswirkungen auf die Rückstellungsbewertung können sich ebenso aus einer Neueinschätzung der Restlaufzeit oder der Anwendung eines geänderten, von der Bundesbank veröffentlichten Abzinsungszinssatzes ergeben.

In den jeweiligen Jahresabschlüssen zum 31.12.2010 und 31.12.2011 war der beibehaltene Rückstellungsbetrag i. H. v. TEUR 1.000 mit dem in einer Nebenrechnung ermittelten Rückstellungsbetrag nach den Bewertungsvorschriften des BilMoG zu vergleichen. Da der in der Nebenrechnung nach BilMoG berechnete Rückstellungsbetrag jeweils unter dem bilanzierten Rückstellungsbetrag lag, durfte keine Zuführung vorgenommen werden. Die Rückstellung war somit zum 31.12.2010 und 31.12.2011 weiterhin mit TEUR 1.000 in der Bilanz auszuweisen. Zu beachten ist, dass gem. Art. 67 Abs. 1 S. 4 EGHGB die entsprechenden Unterschiedsbeträge im Anhang anzugeben waren.

Jahresabschluss	Nebenrechnung (nach BilMoG)	Beibehaltene Rückstellung (Bilanz)	Unterschiedsbetrag (Anhang)
31.12.2010	TEUR 839,9	TEUR 1.000	TEUR 160,1
31.12.2011	TEUR 878,5	TEUR 1.000	TEUR 121,5

Jahresabschluss zum 31.12.2012

Zum 31.12.2012 ist das in Abschn. 2.3.2 vorgestellte Schema für die Ermittlung der Anpassung nach Art. 67 EGHGB anzuwenden. Bei der Berechnung des Rückstellungsbetrags nach den Bewertungsvorschriften des BilMoG ist zu beachten, dass zum 31.12.2012 nur noch mit einer Restlaufzeit von vier Jahren, d. h. weiterhin bis zum 31.12.2016, gerechnet wird (Verminderung der Restlaufzeit im Zeitablauf). Für den Abzinsungszinssatz ist, wie im Sachverhalt beschrieben, auch weiterhin von 4,60 % auszugehen. Zuführungen sind dabei immer dann vorzunehmen, wenn der ermittelte Rückstellungsbetrag den bilanzierten Rückstellungsbetrag übersteigt. Auflösungen sind erforderlich, wenn der bis zum 31.12.2024 (Art. 67 Abs. 1 S. 2 EGHGB) maximal erreichbare Rückstellungsbetrag den bilanzierten beibehaltenen Rückstellungsbetrag nicht mehr erreicht. Eine Übersicht der Berechnungsschritte in Anwendung des in Abschn. 2.3.2 dargestellten Ermittlungsschemas enthält Abb. 29.

In **Variante 1** übersteigt der in der Nebenrechnung ermittelte Rückstellungsbetrag den zum 31.12.2012 bilanzierten Rückstellungsbetrag, so dass eine Zuführung von TEUR 253 erfolgswirksam im ordentlichen Ergebnis zu erfassen ist. Die Rückstellung ist somit zum 31.12.2012 nicht mehr als beibehaltene Rückstellung zu klassifizieren, da der Bilanzansatz entsprechend den Bewertungsvorschriften des BilMoG ermittelt wurde.

Bei **Variante 2** liegt der in der Nebenrechnung ermittelte Rückstellungsbetrag weiterhin unter dem bilanzierten und damit unter dem beibehaltenen

Rückstellungsbetrag. Eine Auflösung darf somit nicht erfolgen, da der bis zum 31.12.2024 maximal erreichbare Rückstellungsbetrag nicht unter dem bilanzierten Rückstellungsbetrag liegt.

in TEUR	Variante 1 (nominaler Verpflichtungs- betrag: 1.500)	Variante 2 (nominaler Verpflichtungs- betrag: 1.000)	Variante 3 (nominaler Verpflichtungs- betrag: 700)
Rückstellung (vorläufig) zum 31.12.2012 [C]	1.000,0	1.000,0	1.000,0
Verpflichtungsbetrag zum 31.12.2016 (Neu-Ermittlung zum 31.12.2012) [F]	1.500,0	1.000,0	700,0
Rückstellung 31.12.2012 (Bewertung nach BilMoG) [G]	1.253,0	835,4	584,8
Maximal bis zum 31.12.2024 (hier: erreichbarer Rückstellungsbetrag [H]	1.500,0	1.000,0	700,0
Zuführung (Max{G-C; 0 })	Max{253,0;0} = **253,0**	Max{−164,6;0} = **0**	Max{−415,2;0} = **0**
Auflösung (Min{H-C; 0})	Min{500,0;0} = **0**	Min{0;0} = **0**	Min {−300,0;0} = **−300,0**

Abbildung 29 Ermittlungsschema zur Berechnung der Auflösungen und Zuführungen bei beibehaltenen Rückstellungen

In **Variante 3** darf ebenfalls keine Zuführung erfasst werden, da wie bei Variante 2 der in der Nebenrechnung ermittelte Rückstellungsbetrag unter dem bilanzierten Rückstellungsbetrag liegt. Allerdings unterschreitet auch der im Übergangszeitraum bis zum 31.12.2024 (hier: bis zum 31.12.2016) maximal erreichbare Rückstellungsbetrag den bilanzierten Rückstellungsbetrag um TEUR 300, so dass die Rückstellung in dieser Höhe aufzulösen ist. Der Auflösungsbetrag ist erfolgswirksam zu erfassen, entweder vollständig im ordentlichen Ergebnis (TEUR 300) oder entsprechend den Ausführungen in Abschn. 2.3.4 anteilig im operativen und außerordentlichen Ergebnis. Entscheidet sich der Bilanzierende für eine Aufteilung, müssten TEUR 6,3 im außerordentlichen Ergebnis erfasst werden (Verminderung des Unterschiedsbetrags im Anhang von TEUR 121,5 auf TEUR 115,2). Der verbleibende Auflösungsbetrag von TEUR 293,7 wäre dann im ordentlichen Ergebnis zu erfassen.

Im Jahresabschluss zum 31.12.2012 ergeben sich somit folgende Auswirkungen auf die Bilanz, die Gewinn- und Verlustrechnung und die Anhangangabe nach Art. 67 Abs. 1 S. 4 EGHGB:

in TEUR	Bilanzansatz	Nebenrechnung (nach BilMoG)	Effekt in der GuV	Unterschiedsbetrag (Anhang)
Variante 1	1.253,0	–	Aufwand: 253,0	–
Variante 2	1.000,0	835,4	–	164,6
Variante 3	700,0	584,8	Ertrag: 300,0	115,2

Abb. 30 stellt die Ergebnisse in Abhängigkeit der einzelnen Varianten grafisch dar.

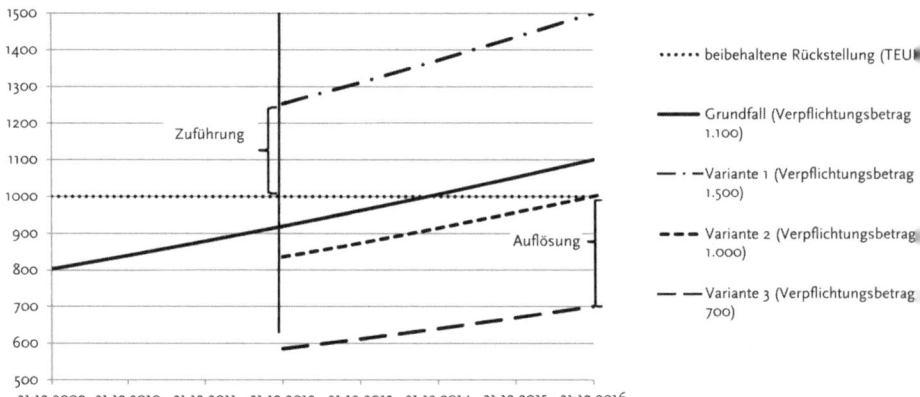

Abbildung 30 Grafische Darstellung der Ergebnisse in Abhängigkeit der einzelnen Varianten

Durch das Beibehaltungswahlrecht kann die Rückstellung nach altem Recht i. H. v. TEUR 1.000 weiter in der Bilanz ausgewiesen werden. Erst wenn der Betrag in der Nebenrechnung [Rückstellung (Verpflichtungsbetrag TEUR 1.100)] TEUR 1.000 übersteigt (Schnittpunkt der Kurve im Jahr 2014), erfolgen wieder Zuführungen, die den Bilanzansatz erhöhen. Die Berücksichtigung einer Schätzungsänderung im Jahr 2012 führt zu einer Verschiebung der Kurven und damit zu einer Veränderung der Schnittpunkte, mit den oben beschriebenen Konsequenzen.

5.1.6 Drohverlustrückstellungen

5.1.6.1 Rückstellungen für schwebende Rohstoffbeschaffungsgeschäfte

Sachverhalt

Die Y-GmbH benötigt sog. Coils (Stahlblechrollen) für die Herstellung von Endprodukten. Die Bestellung erfolgt ca. drei bis sechs Monate im Voraus. Bestellungen werden aus zwei Gründen ausgelöst:
1) Sofern ein Auftrag eingegangen ist, wird für die Angebotsermittlung der Coil-Bedarf ermittelt. Der Einkaufspreis fließt dabei in die Angebotskalkulation mit ein.
2) Zudem muss ein Grundbedarf an Coils vorrätig gehalten werden, um kurzfristige Aufträge bedienen zu können. Diesen Einkäufen werden im Zeitraum bis zur Lieferung ggf. eingehende Aufträge zugeordnet, sofern der Absatzpreis ausreichend ist. Ansonsten wird auf kurzfristige Bestellungen gewartet, da hierfür grds. höhere Absatzpreise erzielt werden können.

Zum 31.12.2012 liegen für folgende Bestellungen noch keine Lieferungen vor:

a) *Bestellung am 21.10.2012 in Höhe von EUR 50.000 für EUR 10,00 pro m² aufgrund eines Großauftrags der Firma Schneider:*
Die Lieferung der Coils soll am 3.3.2013 erfolgen. Die Auftragsbearbeitung beginnt am 10.4.2013. Der Auftrag ist mit einem positiven Deckungsbeitrag kalkuliert. Auch bei einer Nachkalkulation zum 31.12.2012 wird weiterhin von einem positiven Deckungsbeitrag ausgegangen. Allerdings müssen die Coils nicht zwingend für den Auftrag verwendet werden, sondern es kann auch auf Lagerbestände zurückgegriffen werden. Die Bewertung der Vorratsbestände erfolgt nach der Durchschnittsmethode.

b) *Bestellung zum 30.10.2012 in Höhe von EUR 37.800 für EUR 10,50 pro m² für den Lagerbedarf:*
Die Lieferung der Coils soll am 22.4.2013 erfolgen. Bestellungen, für die ein Teil der Menge verwendet werden kann, liegen noch nicht vor. Allerdings sind in der Vergangenheit jeweils ausreichende Aufträge eingegangen. Die kurzfristig eingehenden Bestellungen werden mit der Menge bearbeitet, die zum Stichtag in den Vorräten ausgewiesen wird. Eine Weiterveräußerung am Markt für z. B. nicht benö-

> tigte Coils ist nicht geplant, da die Y-GmbH nicht von Überbeständen ausgeht.
>
> Zum 31.12.2012 sinkt der Marktpreis für die Beschaffung von Coils auf EUR 8,50 pro m².

Frage

Sind Rückstellungen für die beiden Beschaffungsgeschäfte nach HGB bzw. IFRS zum 31.12.2012 zu bilanzieren? In welcher Höhe müsste die Rückstellung ggf. angesetzt werden?

Lösung

HGB

Schwebendes Geschäft

Im ersten Schritt ist zu prüfen, ob ein schwebendes Geschäft gem. § 249 Abs. 1 S. 1 HGB vorliegt. Der Schwebezustand eines abgeschlossenen Vertrags, der auf einen Leistungsaustausch gerichtet ist, beginnt grundsätzlich mit dem rechtswirksamen Abschluss.[712] Dabei darf eine Bilanzierung schwebender Geschäfte immer dann unterbleiben, soweit sich diese Rechte und Pflichten gleichwertig gegenüberstehen.[713]

Im vorliegenden Sachverhalt liegt ein schwebendes Geschäfts vor, da bereits Verträge über den Einkauf der Coils abgeschlossen wurden, insofern ein rechtswirksamer Vertrag besteht, dessen Erfüllung in der Zukunft durch Erhalt der Coils von dem Vertragspartner und Zahlung des Betrags durch die GmbH erfolgt. Durch Abschluss des Vertrags hat der Schwebezustand begonnen, der erst durch den Leistungsaustausch endet. Somit muss eine Bewertung dieses schwebenden Geschäfts erfolgen. Dabei ist zu prüfen, ob ein Verpflichtungsüberschuss zum 31.12.2012 vorliegt.

Schwebendes Beschaffungsgeschäft[714]

Bei der Bewertung schwebender Geschäfte wird zwischen Absatz- und Beschaffungsgeschäften unterschieden. Im vorliegenden Sachverhalt liegt aufgrund der Zuordnung der Coils zu den Vorräten ein Beschaffungsgeschäft über einen zur Produktion benötigten Rohstoff vor.

---

712 Vgl. IDW RS HFA 4, Tz. 2, 7.
713 Vgl. ADS⁶, § 249 HGB, Tz. 135.
714 Vgl. zu Drohverlustrückstellungen bei Beschaffungsgeschäften auch Abschn. 2.1.3.1.5.1.

Verpflichtungsüberschuss

Vorab ist zu prüfen, ob das schwebende Beschaffungsgeschäft über bilanzierungsfähige oder nicht bilanzierungsfähige Vermögensgegenstände abgeschlossen wurde. Im hier vorliegenden Sachverhalt handelt es sich um bilanzierungsfähige Vermögensgegenstände, da Coils als Rohstoffe, die zu unfertigen bzw. fertigen Erzeugnissen weiterverarbeitet werden, nach der Anschaffung unter den Vorräten bilanziert werden. Für die weitere Beurteilung ist zudem zu beachten, dass keine Coils zu Handelszwecken erworben werden, sondern in den Produktionsprozess mit eingehen sollen.

Bei einem schwebenden Beschaffungsgeschäft liegt dann ein Verpflichtungsüberschuss vor, wenn der Wert der Gegenleistung den zu zahlenden Betrag für die Beschaffung der Vermögensgegenstände (meistens ein Geldbetrag) nicht erreicht.[715] Dies folgt aus dem Imparitätsprinzip.[716] Schwebende Geschäfte sind zudem zum Bilanzstichtag nach § 252 Abs. 1 Nr. 3 HGB grundsätzlich einzeln zu bewerten.[717]

Das Vorliegen eines Verpflichtungsüberschusses bedeutet, dass die Vermögensgegenstände zum Bilanzstichtag nach den zu diesem Tag gegebenen Verhältnissen hätten günstiger erworben werden können.[718] Bei schwebenden Beschaffungsgeschäften über bilanzierungsfähige Vermögensgegenstände besteht in diesen Fällen für die Vermögensgegenstände nach erfolgter Lieferung voraussichtlich eine Pflicht zur Abschreibung.[719] Die sich daraus ergebende Drohverlustrückstellung stellt insofern eine vorweggenommene außerplanmäßige Abschreibung dieser Vermögensgegenstände dar.

Bei Vermögensgegenständen des Umlaufvermögens besteht immer dann eine Pflicht zur Passivierung von Drohverlustrückstellungen, wenn der aus einem Börsen- oder Marktpreis abgeleitete beizulegende Zeitwert der Vermögensgegenstände unter den zukünftigen Anschaffungskosten, d.h. dem Wert der zu zahlenden Gegenleistung, liegt.[720] Dabei ist es grundsätzlich unerheblich, ob die bestellte Ware ohne konkreten Auftrag weiterverarbeitet werden soll, für einen speziellen Auftrag angeschafft wurde oder zunächst nur der Lagerergänzung dient.[721]

Die Coils für beide Bestellungen müssten nach Erwerb auf eine Abschreibung hin überprüft werden. Da die Coils dem Umlaufvermögen zuzuord-

---

715 Vgl. IDW RS HFA 4, Tz. 39.
716 Vgl. § 252 Abs. 1 Nr. 4 HGB.
717 Zur Ausnahme vom Einzelbewertungsgrundsatz vgl. das Beispiel in Abschn. 5.1.6.2.
718 Vgl. ADS[6], § 253 HGB, Tz. 247.
719 Vgl. IDW RS HFA 4, Tz. 30.
720 Vgl. IDW RS HFA 4, Tz. 31.
721 Vgl. BeBiKo[8], § 249 HGB, Tz. 70; ADS[6], § 249 HGB, Tz. 153.

nen sind, greift § 253 Abs. 4 HGB, der einen Vergleich mit dem Börsen- oder Marktpreis (beschaffungsseitig) fordert. Der Börsen- oder Marktpreis ist zum 31.12.2012 auf EUR 8,50 pro m² gesunken, so dass ein Verpflichtungsüberschuss vorliegt. Aufgrund der Nutzung der Coils für die Produktion (keine Überbestände) ermittelt sich in diesem Fall der Börsen- oder Marktpreis durch Vergleich mit dem Beschaffungsmarkt.[722] Dieses Ergebnis überrascht insofern nicht, da ein vergleichbarer Dritter seine bereits auf Lager befindlichen Coils nach § 253 Abs. 4 HGB hätte abschreiben müssen.

<u>Prüfung der Ausnahme vom Niederstwertprinzip</u>
Eine Drohverlustrückstellung kann allerdings vermieden werden, wenn Gründe vorliegen, die zu einer Vermeidung der Abschreibung nach § 253 Abs. 4 HGB führen würden, sofern sich die Coils bereits zum Bilanzstichtag im Bestand befinden würden. Insofern gelten die gleichen Grundsätze auch für schwebende Beschaffungsgeschäfte.

Abschreibungen auf Vermögensgegenstände des Umlaufvermögens dürfen immer dann unterbleiben, wenn auf Grund tatsächlicher oder rechtlicher Gegebenheiten eine Verlustentstehung ausgeschlossen ist.[723] Dies wird als erfüllt angesehen, wenn bindende Abnahmeverpflichtungen eines Dritten zu einem Preis vorliegen, der ausreicht, den Wertansatz der am Bilanzstichtag noch vorhandenen Waren einschließlich noch anfallender Kosten zu decken.[724] Ebenso kann auch auf eine Abschreibung verzichtet werden, wenn es sich um Material handelt, das zur Erfüllung eines bestimmten Auftrags eingekauft wurde (Auftragsmaterial) und seine Deckung in dem für diesen Auftrag vereinbarten Preis finden wird.[725]

Eine bindende Abnahmeverpflichtung für beide Bestellungen besteht im vorliegenden Sachverhalt nicht. Dies wird grundsätzlich nur bei Handelswaren der Fall sein, d.h. Waren, die ohne wesentliche Be- oder Verarbeitung weiterverkauft werden. Allerdings kann es sich bei Coils, die direkt für Aufträge erworben werden, um Auftragsmaterialien handeln. Dies ist immer dann der Fall, wenn Materialien soweit spezifiziert werden können, dass sie nur für den vorab bestimmten Auftrag verwendet werden können. Zwar sind die Coils aufgrund eines bestimmten Großauftrags bestellt worden, sie müssen jedoch nicht für diesen Auftrag verwendet werden. Dies verdeutlicht auch die Bewertung der Vorratsbestände nach der Durchschnitts-

---

[722] Vgl. ADS⁶, § 253 HGB, Tz. 488.
[723] Vgl. ADS⁶, § 253 HGB, Tz. 538.
[724] Vgl. ADS⁶, § 253 HGB, Tz. 538.
[725] Vgl. ADS⁶, § 253 HGB, Tz. 540; BeBiKo⁸, § 253 HGB, Tz. 622.

methode. Somit greift die Ausnahme vom Niederstwertprinzip nicht; auf eine Abschreibung darf daher nicht verzichtet werden.

Ergebnis

Die Y-GmbH hat zum 31.12.2012 eine Drohverlustrückstellung für beide schwebenden Beschaffungsgeschäfte zu bilden. Der Verpflichtungsüberschuss ermittelt sich dabei als Differenzbetrag zwischen dem Beschaffungspreis zum Bilanzstichtag und den Bestellpreisen.

Nominaler Verpflichtungsbetrag der Rückstellung zum 31.12.2012

(Preis Bestellung 1 − Stichtagspreis) * Menge + (Preis Bestellung 2 − Stichtagspreis) * Menge
= (EUR 10,00 − EUR 8,50) * 5.000 m² + (EUR 10,50 − EUR 8,50) * 3.600 m² = EUR 7.500 + EUR 7.200 = EUR 14.700

Eine Abzinsung der Rückstellung kann gem. § 253 Abs. 2 S. 1 HGB unterbleiben, da die Restlaufzeit der Rückstellung weniger als ein Jahr beträgt.

Buchwert der Rückstellung zum 31.12.2012

EUR 14.700

IFRS

Gem. IAS 37.66 sind Verpflichtungen aus gegenwärtigen belastenden Verträgen (*onerous contracts*) als Rückstellungen anzusetzen und zu bewerten. Unter einem belastenden Vertrag ist dabei ein Vertrag zu verstehen, bei dem die unvermeidbaren Kosten zur Erfüllung der vertraglichen Verpflichtungen höher sind als der erwartete wirtschaftliche Nutzen.[726]

Die unvermeidbaren Kosten ergeben sich gem. IAS 37.68 als Mindestbelastung, der bei Ausstieg aus dem Vertrag anfallen würde. Die Mindestbelastung ermittelt sich aus dem niedrigeren Betrag aus den Erfüllungskosten und den bei Nichterfüllung des Vertrags zu leistenden Entschädigungszahlungen. Erfüllungskosten sind dabei der Unterschiedsbetrag zwischen dem Barwert der erwarteten Zahlungszuflüsse aus dem Absatzgeschäft für das Endprodukt[727] und den zukünftigen Ausgaben im Rahmen der Vertragserfüllung. Die Verlustantizipation ist somit streng absatzmarktorientiert vorzunehmen.[728] Sofern die Stornierung von Verträgen ohne Entschädigungs-

---

[726] Vgl. IAS 37.10; ADS International, Abschn. 18, Tz. 143.
[727] Vgl. KPMG, Insights⁹, Tz. 3.12.670.10.
[728] Vgl. ADS International, Abschn. 18, Tz. 145.

zahlungen möglich ist, handelt es sich gem. IAS 37.67 nicht um belastende Verträge.

Bei belastenden Verträgen kann es sich sowohl um Beschaffungs- als auch um Absatzgeschäfte handeln. Für die Ermittlung des Drohverlustes bei Beschaffungsgeschäften ist vorab zu prüfen, ob die Vermögenswerte in einen Absatzvertrag einbezogen werden, da in diesem Fall das künftige Ergebnis aus dem verarbeiteten Produkt in die Betrachtung mit einzubeziehen ist.[729] Für die Bestellung für den konkreten Auftrag mit der Firma Schneider liegt der erwartete künftige Nutzen des Endprodukts über den zukünftigen Ausgaben, auch unter Berücksichtigung der gegenüber den am Stichtag höheren Bezugskosten der Coils. Dies bestätigt die zum 31.12.2012 erfolgte Nachkalkulation. Somit liegt für diese Bestellung kein belastender Vertrag vor, so dass eine Rückstellung nicht gebildet werden darf.

Für die Lagerbedarfs-Bestellung muss geprüft werden, ob es sich um Überbestände handelt oder um Coils, die für zukünftige Aufträge verwendet werden sollen. Handelt es sich um Überbestände, können diesen keine zukünftigen Erlöse aus Aufträgen zugeordnet werden. Insofern muss der Nettoveräußerungswert (als Marktpreis am Bilanzstichtag) mit dem Beschaffungspreis verglichen werden.[730] Sofern der Nettoveräußerungswert unter dem Beschaffungspreis liegt, ist eine Rückstellung zu bilden, da für diese Fälle der Nettoveräußerungswert den erwarteten künftigen Nutzen und der Einkaufspreis die unvermeidbaren Kosten des Vertrags darstellen.

Im vorliegenden Sachverhalt handelt es sich allerdings nicht um Überbestände, sondern um Bestände, die bei zukünftigen Aufträgen verarbeitet werden sollen. In der Vergangenheit sind jeweils entsprechend viele Aufträge eingegangen. Die GmbH hat insofern zum Bilanzstichtag nachzuweisen, dass die Endprodukte auch bei kurzfristigen Bestellungen weiterhin ohne Verlust veräußert werden können. Zudem muss aufgrund der Marktsituation und aufgrund von Erfahrungswerten nachgewiesen werden, dass entsprechende Aufträge eingehen werden, für die die bestellten Coils verwendet werden können.

Ergebnis
Die Y-GmbH hat zum 31.12.2012 für beide Beschaffungsgeschäfte keine Rückstellungen für belastende Verträge zu bilden.

---

[729] Vgl. KPMG, Insights[9], Tz. 3.12.670.20–.30.
[730] Entsprechendes gilt für Handelswaren, die nicht verarbeitet, sondern lediglich für den Weiterverkauf erworben werden.

5.1.6.2 Zusammenfassung von Verträgen

Sachverhalt

Die X-AG ist in der IT-Branche tätig und bietet Hard- und Software sowie Dienstleistungen für Unternehmen an, die ihre IT outsourcen wollen. Sie hat vor 8 Jahren mit der A-GmbH einen IT-Vertrag (Altvertrag) geschlossen. Dieser läuft am 31.12.2014 aus. Aus der aktuellen Planungsrechnung ergibt sich für die kommenden beiden Jahre ein Drohverlust i. H. v. TEUR 500 (jeweils TEUR 250 p. a.). Dieser resultiert aus gestiegenen Kosten, die nicht an die A-GmbH weiterbelastet werden können. Bilanzstichtag der X-AG ist der 31.12.2012 bzw. 31.12.2013. Die X-AG ist verpflichtet, einen Abschluss nach HGB aufzustellen, und stellt freiwillig einen IFRS-Abschluss auf. Aus Vereinfachungsgründen wird für das Beispiel auf eine Abzinsung der Rückstellung verzichtet.

Variante 1:

Der bestehende Vertrag (Altvertrag) endet regulär am 31.12.2014. In 2012 hat eine Ausschreibung stattgefunden. Die X-AG hat erneut die Ausschreibung gewonnen und erbringt für die nächsten 10 Jahre IT-Dienstleistungen für die A-GmbH. Der neue Vertrag (Neuvertrag) sieht bessere Konditionen für die X-AG vor und führt zu einem positiven Deckungsbeitrag. Bilanzbuchhalter B ist der Auffassung, dass zum 31.12.2012 keine Rückstellung angesetzt werden muss. Aus seiner Sicht ergibt sich insgesamt kein Drohverlust, da beide Verträge zusammen betrachtet werden müssten.

Variante 2:

Die X-AG und die A-GmbH verhandeln im Januar 2013 eine mögliche Vertragsverlängerung des bestehenden IT-Vertrags (Altvertrag). Da der bestehende Vertrag zu einem Verpflichtungsüberschuss führt, möchte die X-AG bessere Konditionen aushandeln. Die X-AG und die A-GmbH einigen sich nach zähen Verhandlungen noch während der Aufstellung der Bilanz zum 31.12.2012 wie folgt:

- Der zwischen der X-AG und der A-GmbH bestehende IT-Vertrag (Altvertrag) wird durch einen Neuvertrag ersetzt, der für weitere sieben Jahre die gleichen Konditionen beginnend ab 1.1.2014 vorsieht (Neuvertrag A). Das Auftragsvolumen beträgt EUR 15 Mio. p. a.
- Gleichzeitig beauftragt die A-GmbH die X-AG mit der Erbringung von IT-Dienstleistungen gegenüber der B-GmbH – einem Tochterunter-

nehmen der A-GmbH – beginnend ab 1.6.2013 für siebeneinhalb Jahre (Neuvertrag B) zu deutlich besseren Konditionen als Neuvertrag A. Das jährliche Auftragsvolumen beträgt EUR 8 Mio. mit einem jährlichen Deckungsbeitrag von TEUR 300.

Während Neuvertrag A weiterhin zu einem Verlust führt – die Kalkulation ergibt einen Verlust von TEUR 1.750 für sieben Jahre (7 Jahre * TEUR 250 p. a.) –, ist Neuvertrag B profitabel. Die Kalkulation ergibt über die siebeneinhalb Jahre einen positiven Deckungsbeitrag von TEUR 2.250 (7,5 Jahre * TEUR 300). Bilanzbuchhalter B möchte zum 31.12.2013 keine Drohverlustrückstellung ansetzen, da er die Neuverträge A und B zusammen betrachtet.

Gleichzeitig möchte er die zum 31.12.2012 angesetzte Rückstellung von TEUR 500 zum 31.12.2013 nicht auf TEUR 250 fortschreiben, sondern vollständig auflösen, da durch die beiden mit der A-GmbH neu abgeschlossenen Verträge A und B ein ausreichender Deckungsbeitrag für den Altvertrag erwirtschaftet wird.

Frage
Ist die Sichtweise des Bilanzbuchhalters B richtig?

Lösung
HGB
Variante 1

Aus dem Altvertrag ergibt sich aus Sicht des 31.12.2012 für die beiden kommenden Jahre ein drohender Verlust von TEUR 500. Nach § 249 Abs. 1 S. 1 HGB sind hierfür Rückstellungen zu bilden, wenn ernsthaft mit einem Verpflichtungsüberschuss zu rechnen ist.[731] Aus dem bereits bestehenden Altvertrag ergibt sich unzweifelhaft ein Verpflichtungsüberschuss in Höhe von TEUR 500, für den eine entsprechende Rückstellung anzusetzen ist.

Es stellt sich allerdings die Frage, ob beide IT-Verträge (Alt- und Neuvertrag) bei der Beurteilung, eine Rückstellung für drohende Verluste anzusetzen, zusammen betrachtet werden können oder nicht. Nach Auffassung des HFA sind bei der Ermittlung des Saldierungsbereichs auch durch das schwebende Geschäft verursachte konkrete wirtschaftliche Vorteile zu be-

---

[731] Vgl. IDW RS HFA 4, Tz. 15; zum Ansatz und Bewertung einer Rückstellung für drohende Verluste i. S. d. § 249 Abs. 1 S. HGB vgl. Abschn. 2.1.3 sowie 5.1.6.1.

rücksichtigen, insofern sie dem Grunde und der Höhe nach bestimmbar sind.[732] Mehrere Verträge oder Rechtsverhältnisse sind für die bilanzielle Beurteilung zu einem einzigen schwebenden Geschäft zusammenzufassen, wenn ein unmittelbarer rechtlicher oder wirtschaftlicher Zusammenhang besteht. Dies kann in der Regel der Fall sein, wenn bspw. Verträge gemeinsam verhandelt werden. Im Hinblick auf das Imparitäts- und das Realisationsprinzip ist im Zweifel einer restriktiven Auslegung der Vorzug zu geben. Die Voraussetzungen sind somit sehr eng auszulegen und müssen nachgewiesen werden.[733] Ein rechtlicher bzw. wirtschaftlicher Zusammenhang ist insb. bei Koppelungs- und Deckungsgeschäften zu bejahen. Auch Kozikowski/Schubert fordern einen strikten Kausalitätszusammenhang, d.h. die Folgehandlungen müssen kausal auf dem Vertragsschluss beruhen.[734]

Beide Verträge (Alt- und Neuvertrag) sind für sich genommen voneinander unabhängig. Der in 2012 geschlossene Neuvertrag steht nicht in einem unmittelbaren Zusammenhang zu dem vor acht Jahren geschlossenen Altvertrag, da er durch eine eigene Ausschreibung gewonnen wurde. Es liegen somit keine Folgehandlungen vor. Auch wurden beide Verträge nicht einheitlich verhandelt, d.h. bei Abschluss des Altvertrags stand nicht schon bereits der Abschluss des Neuvertrags fest. Der Neuvertrag wurde erst mit Gewinn der Ausschreibung geschlossen. Dies führt dazu, dass beide Verträge einzeln betrachtet werden müssen.

Zum 31.12.2012 ist somit eine Rückstellung für drohende Verluste für den Altvertrag i.H.v. TEUR 500 anzusetzen. Daher kann der Sichtweise des Bilanzbuchhalters, beide Verträge (Alt- und Neuvertrag) zusammen zu betrachten, nicht gefolgt werden.

<u>Variante 2</u>
31.12.2012:
Es ist eine Rückstellung für drohende Verluste i.H.v. TEUR 500 anzusetzen.[735]

31.12.2013:
Da kein rechtlicher oder wirtschaftlicher Zusammenhang zwischen dem bereits bestehenden Altvertrag und den neu geschlossenen Verträgen (Neuvertrag A und B) besteht, darf zum 31.12.2013 die Rückstellung nicht vollständig aufgelöst werden.[736] Die zum 31.12.2012 bilanzierte Rückstellung ist

---

732 Vgl. IDW RS HFA 4, Tz. 25.
733 Vgl. IDW RS HFA 4, Tz. 26.
734 Vgl. BeBiKo[8], § 249 HGB, Tz. 64.
735 Zur Begründung, vgl. Variante 1. Der Vertragsabschluss in der Bilanzaufstellungsphase ist als wertbegründendes Ereignis anzusehen.
736 Zur Begründung, vgl. Variante 1.

entsprechend fortzuentwickeln und eine Inanspruchnahme für 2013 i. H. v. TEUR 250 zu buchen. Damit dotiert die Rückstellung für drohende Verluste aus dem Altvertrag zum 31.12.2013 auf TEUR 250.

Für die beiden Anfang 2013 geschlossenen Neuverträge A und B gilt Folgendes:
- beide Verträge wurden gleichzeitig abgeschlossen,
- sie betreffen identische Leistungen, das Erbringen von IT-Dienstleistungen,
- Neuvertrag B wurde zusätzlich zu Neuvertrag A abgeschlossen,
- Neuvertrag A mit Verlust wurde nur abgeschlossen, weil Neuvertrag B profitabel ist.

Beide Verträge können somit zu einer wirtschaftlichen Einheit zusammengefasst werden. Als wirtschaftliche Einheit resultiert aus beiden Verträgen kein Verlust, da der positive Deckungsbeitrag aus Neuvertrag B mit TEUR 2.250 den Verlust aus Neuvertrag A mit TEUR 1.750 vollständig deckt. Zum 31.12.2013 ist damit für den Neuvertrag A keine Rückstellung anzusetzen.

IFRS
Variante 1
Es ist zu untersuchen, ob zumindest nach IFRS eine Zusammenfassung beider Verträge zu einer wirtschaftlichen Einheit möglich ist. Zusammenfassungen sind angesichts des Wortlauts von IAS 37.68, der nur auf den einzelnen belastenden Vertrag abstellt, nur in Ausnahmefällen möglich.[737] Ist ein enger wirtschaftlicher Zusammenhang zwischen mehreren Verträgen gegeben, so kann eine Zusammenfassung dieser Verträge mit dem Grundsatz der wirtschaftlichen Betrachtungsweise (*substance over form*) argumentiert werden.[738] Durch Zusammenfassung mehrerer Verträge können auch indirekte Vorteile bei der Beurteilung, ob ein Vertrag belastend ist, berücksichtigt werden.[739]

Daher ist auch nach IFRS eine zusammenfassende Betrachtung von Alt- und Neuvertrag nicht sachgerecht, da beide Verträge unabhängig voneinander verhandelt worden sind und somit nicht in einem rechtlichen oder wirtschaftlichen Zusammenhang stehen. Zum 31.12.2012 ist daher eine Rückstellung für drohende Verluste i. H. v. TEUR 500 anzusetzen. Im Ergebnis ergibt sich keine andere Lösung als nach HGB.

---

[737] Vgl. ADS International, Abschn. 18, Tz. 147.
[738] Vgl. ADS International, Abschn. 18, Tz. 147; KPMG, Insights⁹, Tz. 4.2.30.10; PriceWaterhouseCoopers, Manual of Accounting IFRS 2012, Tz. 9.141.
[739] Vgl. ADS International, Abschn. 18, Tz. 147.

Variante 2

31.12.2012:
Auch nach IFRS ist eine Rückstellung für drohende Verluste für den Altvertrag i. H. v. TEUR 500 anzusetzen.[740]

31.12.2013:
Analog zur Lösung nach HGB ist die bereits im Vorjahr gebildete Rückstellung nach einer Fortschreibung zum 31.12.2013 mit TEUR 250 zu bewerten.

Ein wirtschaftlicher Zusammenhang zwischen Neuvertrag A und B ist auch nach IFRS herzustellen. Im vorliegenden Fall liegt ein solcher wirtschaftlicher Zusammenhang vor, da beide Verträge zeitgleich verhandelt wurden [741] und Neuvertrag B ohne Neuvertrag A nicht abgeschlossen worden wäre[742]. Zudem ist zu berücksichtigen, dass die X-AG »bei isolierter Betrachtung [einen] belastenden Vertrag bewusst eingegangen ist, um einen bestimmten, nur indirekt mit diesem Vertrag verbundenen Vermögensvorteil (z. B. einen weiteren gewinnbringenden Vertrag mit demselben Vertragspartner, der zeitgleich oder zeitnah geschlossen wurde[743]) zu erlangen«.[744]

Zum 31.12.2013 ist damit keine Rückstellung für die drohenden Verluste aus Neuvertrag A anzusetzen. Im Ergebnis entspricht dies der Lösung nach HGB.

5.1.7 Garantie/Gewährleistungen

Sachverhalt[745]

Die Y-AG schätzt die zukünftigen Gewährleistungsverpflichtungen für das abgelaufene Geschäftsjahr mit Hilfe von Erfahrungswerten auf 10 % der Umsatzerlöse. Der Gewährleistungszeitraum beträgt insgesamt drei Jahre. Die Gewährleistungsaufwendungen haben sich in der Vergangenheit gleichmäßig auf die einzelnen Jahre verteilt (Verhältnis 1:1:1). Bilanzstichtag der Y-AG ist der 31.12.2012.

---

740 Zur Begründung vgl. Lösung nach HGB für Variante 1.
741 Vgl. KPMG, Insights⁹, Tz. 4.2.30.20: »the transactions are entered into at the same time«.
742 Vgl. KPMG, Insights⁹, Tz. 4.2.30.20: »the occurrence of one transaction is dependent on the other transaction occurring«.
743 Vgl. KPMG, Insights⁹, Tz. 4.2.30.20: »one of the transactions, considered on its own, does not make commercial sense, but they do, when considered together«.
744 ADS International, Abschn. 18, Tz. 147.
745 In Anlehnung an Haas/David/Skowronek, KoR 2011, S. 488 ff.

Die Umsatzerlöse betrugen in den vergangenen Jahren EUR 5,4 Mio. in 2010 und EUR 6,0 Mio. in 2011. Für das abgelaufene Geschäftsjahr 2012 belaufen sich die Umsatzerlöse auf EUR 7,2 Mio.

Die Gesellschaft ermittelt die durchschnittliche Restlaufzeit der Rückstellung anhand der Gruppenbewertung[746] auf Basis der nominalen Verpflichtungsbeträge.

Frage
Wie ist die Rückstellung für Gewährleistungen nach HGB zu bilanzieren?

Hinweis
Die Abzinsungszinssätze betragen zum 31.12.2012[747]:

Restlaufzeit	Abzinsungszinssatz
1 Jahr	3,82 %
2 Jahre	3,94 %
3 Jahre	4,09 %

Lösung
Die Zuführung zur Rückstellung zum 31.12.2012 für den Umsatz des Jahrs 2012 beträgt EUR 7,2 Mio. * 10 % = TEUR 720, mit dessen Inanspruchnahme i. H. v. jeweils TEUR 240 in den kommenden drei Jahren gerechnet wird. Der nominale Verpflichtungsbetrag der Rückstellung beläuft sich somit zum 31.12.2012 auf EUR 1,3 Mio.

Die Rückstellung vor Abzinsung zum Bilanzstichtag setzt sich wie folgt zusammen:

Jahr des Umsatzes	Jahr der erwarteten Inanspruchnahme			Summe
	2013	2014	2015	
2010	180			180
2011	200	200		400
2012	240	240	240	720
Summe	**620**	**440**	**240**	**1.300**

[746] Zur Gruppenbewertung vgl. Abschn. 2.2.4.6.2.
[747] Verwendet wurden die im Dezember 2011 von der Deutschen Bundesbank veröffentlichten Zinssätze für die jeweiligen Restlaufzeiten.

Die Voraussetzungen für eine Gruppenbewertung liegen im Beispiel vor, da eine Vielzahl von gleichartigen und in etwa gleichwertigen Verpflichtungen i. S. d. § 240 Abs. 4 HGB in einer Rückstellung zusammengefasst werden.

Zur Ermittlung der durchschnittlichen Restlaufzeit auf Basis der nominalen Verpflichtungsbeträge ist die gesamte Rückstellung in Jahresscheiben einzuteilen und mit den jeweiligen Restlaufzeiten zu gewichten. Den Jahresscheiben werden auf Grund von historischen Erfahrungswerten die in diesen Zeiträumen erwarteten Inanspruchnahmen zugeordnet. Vereinfachend wird davon ausgegangen, dass die Inanspruchnahmen jeweils zum Jahresende anfallen. So beträgt z. B. die Restlaufzeit für die erwarteten Inanspruchnahmen in 2013 genau ein Jahr.

Ermittlung der durchschnittlichen Restlaufzeit (durch Gewichtung der nominalen Verpflichtungsbeträge)

(Σ erwartete Inanspruchnahme in Teilperiode$_i$ * Restlaufzeit$_i$) / nominaler Verpflichtungsbetrag der Rückstellung

= (TEUR 620 * 1 Jahr + TEUR 440 * 2 Jahre + TEUR 240 * 3 Jahre) / TEUR 1.300 = 1,71 Jahre

Der erwartete durchschnittliche Erfüllungszeitpunkt der Rückstellung liegt bei 1,71 Jahren. Da dieser mehr als ein Jahr beträgt, besteht kein Abzinsungswahlrecht. Eine Abzinsung gem. § 253 Abs. 2 S. 1 HGB ist verpflichtend vorzunehmen. Die Ermittlung des Rückstellungsbarwerts hat dabei über folgende Berechnung zu erfolgen:

Berechnung des Barwerts der Rückstellung zum 31.12.2012

Nominaler Verpflichtungsbetrag der Rückstellung / (1 + Abzinsungszinssatz)^{Abzinsungszeitraum}

Da für die Rückstellung eine unterjährige durchschnittliche Restlaufzeit ermittelt wurde, bestehen verschiedene Varianten für die Bestimmung des Abzinsungszinssatzes und des Abzinsungszeitraums, die in Kombination die in der folgenden Übersicht dargestellten Rückstellungsbarwerte ergeben (in TEUR):

Abzinsungszinssatz	Abzinsungszeitraum		
	Variante A: Vollständige Restlaufzeit	*Variante B:* Restlaufzeit des verwendeten Abzinsungszinssatzes	*Variante C:* Ganzjähriger Anteil der Restlaufzeit
Variante 1: Lineare Interpolation[748]	3,90%/ 1,71 Jahre; Barwert: 1.218	3,90%/ 1,71 Jahre; Barwert: 1.218	3,90%/ 1 Jahr; Barwert: 1.251
Variante 2: Am nächsten Erfüllungszeitpunkt liegender ganzjähriger Abzinsungszinssatz	3,94%/ 1,71 Jahre; Barwert: 1.217	3,94%/ 2 Jahre; Barwert: 1.203	3,94%/ 1 Jahr; Barwert: 1.251
Variante 3: Nächstkürzerer ganzjähriger Abzinsungszinssatz bei normaler Zinsstrukturkurve	3,82%/ 1,71 Jahre; Barwert: 1.219	3,82%/ 1 Jahr; Barwert: 1.252	3,82%/ 1 Jahr; Barwert: 1.252

Aus der obigen Übersicht kann folgende Schlussfolgerung gezogen werden:

Variante	Beurteilung
Varianten A und 1/B	Die Wahl der Variante zur Bestimmung des Abzinsungszinssatzes hat nur geringe Auswirkungen auf die Ermittlung des Rückstellungsbarwerts. Es ergeben sich keine wesentlichen Abweichungen.
Varianten C und 3/B	Diese Varianten führen zu einem höheren Rückstellungsansatz. Auf Grund des Vorsichtsprinzips dürfte die Wahl dieser Varianten ebenfalls nicht zu beanstanden sein.
Variante 2/B	In dieser Variante ergibt sich der geringste Rückstellungsbarwert. Dieser liegt allerdings nur geringfügig unter dem Barwert der Varianten A bzw. 1/B. Auch die Verwendung dieses Barwerts sollte bei einem nicht wesentlichen Einfluss auf die Vermögens-, Finanz- und Ertragslage sachgerecht sein.

Fortsetzung des Sachverhalts

Die Y-AG möchte die durchschnittliche Restlaufzeit der Rückstellung anhand der Methode der gesondert zu betrachtenden Teilperioden[749] ermitteln.

748 Der Zinssatz auf Basis der linearen Interpolation ermittelt sich wie folgt: 3,82% + (3,94% − 3,82%) * 0,71 = 3,90%.

749 Vgl. Abschn. 2.2.4.6.1.

Bei der Methode der gesondert zu betrachtenden Teilperioden ist die Rückstellung in mehrere Jahresscheiben aufzuteilen. Da die Gesellschaft auf Grund von historischen Erfahrungswerten die Verteilung der Gewährleistungsaufwendungen auf ganze Jahre schätzen kann, wählt sie ganzjährige Jahresscheiben. Den einzelnen Jahresscheiben werden die in den entsprechenden Zeiträumen erwarteten Inanspruchnahmen (innerhalb eines Jahres, von ein bis zwei Jahren und von zwei bis drei Jahren) zugeordnet, wobei davon ausgegangen wird, dass diese jeweils zum Jahresende anfallen.

Jeder dieser Jahresscheiben ist anschließend eine Restlaufzeit zuzuordnen. Da der Vorstand der Y-AG davon ausgeht, dass die erwarteten Inanspruchnahmen jeweils zum Jahresende anfallen, liegen nur ganzjährige Restlaufzeiten vor. Vor Bestimmung der restlaufzeitadäquaten Abzinsungszinssätze ist zu prüfen, ob die Gesellschaft das Abzinsungswahlrecht für Restlaufzeiten von bis zu einem Jahr in Anspruch nehmen möchte. Im Folgenden werden beide Varianten dargestellt. Die jeweiligen erwarteten Inanspruchnahmen der Jahresscheiben sind anschließend mit den restlaufzeitadäquaten Abzinsungszinssätzen der jeweiligen Jahresscheiben abzuzinsen.

Aus diesem Vorgehen ergeben sich die in der nachfolgenden Tabelle ermittelten Ansätze für die Rückstellung zum 31.12.2012 (in TEUR):

Abzinsungswahlrecht des § 253 Abs. 2 S. 1 HGB	Abzinsung von Rückstellungen mit Restlaufzeiten von bis zu einem Jahr			Keine Abzinsung von Rückstellungen mit Restlaufzeiten von bis zu einem Jahr		
Jahresscheibe (Jahr der erwarteten Inanspruchnahme)	Jahr 1 (2013)	Jahr 2 (2014)	Jahr 3 (2015)	Jahr 1 (2013)	Jahr 2 (2014)	Jahr 3 (2015)
Erwartete Inanspruchnahmen	620	440	240	620	440	240
Restlaufzeiten	1 Jahr	2 Jahre	3 Jahre	1 Jahr	2 Jahre	3 Jahre
Restlaufzeitadäquate Abzinsungszinssätze	3,82 %	3,94 %	4,09 %	---[750]	3,94 %	4,09 %
Barwerte der Jahresscheiben	597	407	213	620	407	213
Rückstellung zum 31.12.2012	1.217			1.240		

[750] Keine Abzinsung für die Jahresscheibe 1, da vom Abzinsungswahlrecht kein Gebrauch gemacht wird.

5.1.8 Handelsvertreter (Ausgleichszahlung)

Sachverhalt

Die T-AG vertreibt ihre Produkte über 10 Handelsvertreter, die für eine bestimmte Vertriebsregion das ausschließliche Vertriebsrecht haben. Die Gesellschaft plant drei Verträge mit Handelsvertretern zu beenden. Die Handelsvertreter erhalten ihre Kündigung im November 2012. Das Vertragsende und damit die Beendigung des Vertrags mit den drei Handelsvertretern ist der 31.12.2013. Bilanzstichtag ist der 31.12.2012.

Hinweis

Aufgrund der gesetzlichen Regelung in § 89b HGB hat der Handelsvertreter unter Umständen einen Ausgleichsanspruch. Voraussetzung hierfür ist u.a., dass der Handelsvertreter Geschäftsverbindungen zu neuen Kunden geworben hat, aus denen das Unternehmen auch nach Beendigung des Vertragsverhältnisses mit dem Handelsvertreter erhebliche Vorteile erzielt. Des Weiteren setzt ein Ausgleichsanspruch voraus, dass der Handelsvertreter infolge der Beendigung des Vertragsverhältnisses Ansprüche auf Provision verliert, die er bei Fortsetzung des Vertragsverhältnisses aus bereits abgeschlossenen oder künftig zustande kommenden Geschäften mit den von ihm geworbenen Kunden hätte.

Fragen

1. Ist bei der tatsächlichen Beendigung der Verträge mit Handelsvertretern eine Rückstellung zu bilden?
2. Ist bereits vor der tatsächlichen Beendigung der Verträge mit Handelsvertretern eine Rückstellung zu bilden?

Lösung

Zu Frage 1: Ist bei der tatsächlichen Beendigung der Verträge mit Handelsvertretern eine Rückstellung zu bilden?

HGB

Bei Beendigung eines Vertragsverhältnisses mit einem Handelsvertreter ist eine Rückstellung für ungewisse Verbindlichkeiten zu bilden, sofern die Voraussetzungen nach § 89b HGB i.V.m. § 249 Abs. 1 S. 1 HGB erfüllt sind.

Bereits der Wortlaut von § 89b Abs. 1 S. 1 HGB – »nach Beendigung des Vertragsverhältnisses« – legt den Schluss nahe, dass der Ausgleichsanspruch rechtlich erst nach Ablauf des Vertrags und nicht bereits mit dem auslösenden Ereignis für die Beendigung (hier: die Kündigung) entsteht.[751] Auch der Münchener Kommentar äußert sich entsprechend: »Erste Voraussetzung für den Ausgleichsanspruch ist die rechtliche Beendigung des Vertragsverhältnisses. Dabei ist es unerheblich, aus welchem Grund der Vertrag beendet worden ist.« [752] Die Kündigung ist also nur der Grund für die spätere Beendigung des Vertrags, der Anspruch entsteht aber erst mit dem Ende des Vertrags.

Auch wirtschaftlich lässt sich diese Sichtweise vertreten, da der Vergütungsanspruch für die Überlassung des Kundenstamms, den der Handelsvertreter geschaffen hat, an den Unternehmer gewährt wird. Der Kundenstamm ist erst nach dem Ende des Vertrags nicht mehr für den Handelsvertreter nutzbar, bis zur Beendigung des Vertragsverhältnisses erhält der Handelsvertreter laufende Provisionszahlungen von dem Unternehmen. Der Ansatz eines Vergütungsanspruchs ist damit auch wirtschaftlich erst dann begründet, wenn der Handelsvertreter diese Rechtsposition aufgibt und aus dem Kundenstamm keine Fruchtziehung mehr möglich ist.[753]

Die Rückstellungsbildung setzt eine Außenverpflichtung voraus, die rechtlich wirksam entstanden oder wirtschaftlich verursacht ist. Darüber hinaus muss eine wirtschaftliche Belastung wahrscheinlich sein. Des Weiteren dürfen die in Zusammenhang mit der Verpflichtung zu leistenden Ausgaben keine künftigen Anschaffungs- oder Herstellungskosten darstellen. Da die Voraussetzungen bei Beendigung des Vertragsverhältnisses erfüllt sind, ist zu diesem Zeitpunkt, d.h. zum 31.12.2013, eine Rückstellung zu bilden.

Die Höhe bemisst sich dabei nach dem nominalen Verpflichtungsbetrag. Der entsprechende nominale Verpflichtungsbetrag wäre abzuzinsen, wenn die Laufzeit für einen Teil der Rückstellung über ein Jahr beträgt.

IFRS
IAS 37 definiert eine Rückstellung als Verbindlichkeit mit unsicherem zeitlichen Eintritt oder unsicherer Höhe (IAS 37.10).

---

751 Vgl. Ebenroth/Boujong/Joost/Strohn, § 89b HGB, Tz. 15 m.w.N.
752 MünchKomm. HGB[3], § 89b HGB, Tz. 28.
753 Vgl. auch ADS[6], § 246 HGB, Tz. 180.

Diese ist dann passivierungspflichtig, wenn die folgenden drei Bedingungen kumulativ erfüllt sind (IAS 37.14):
(a) Das Unternehmen hat eine gegenwärtige (rechtliche oder faktische) Verpflichtung als Folge früherer Ereignisse.
(b) Es ist wahrscheinlich, dass ein Abfluss von Ressourcen notwendig ist, um die Verpflichtung zu begleichen.
(c) Es ist eine zuverlässige Schätzung des Betrags möglich, der zur Erfüllung der Verpflichtung benötigt wird.

Da der Ausgleichsanspruch nach § 89b HGB unzweifelhaft besteht und die Höhe sich im Zweifel gem. § 89b Abs. 2 HGB bestimmen lässt, sind die Voraussetzungen für einen Ansatz der Rückstellung erst im Jahresabschluss zum 31.12.2013 gegeben.

Die Höhe bemisst sich nach dem Barwert der künftig erwarteten Ausgaben. Diese stellen auch keinen gesonderten Vermögenswert dar.[754]

Zu Frage 2: Ist bereits vor der tatsächlichen Beendigung der Verträge mit Handelsvertretern eine Rückstellung zu bilden?

HGB
Für künftige Ausgleichszahlungen an einen Handelsvertreter sind keine Rückstellungen für ungewisse Verbindlichkeiten zu bilanzieren, da die Voraussetzungen hierfür mangels Vertragsbeendigung nicht erfüllt sind. »Die allgemeinen Ansatzgrundsätze setzen für die Bildung einer Rückstellung nach § 249 Abs. 1 S. 1 HGB voraus, dass die Zahlungsverpflichtung im abgelaufenen Geschäftsjahr verursacht ist. Wegen der Erfolgsabhängigkeit des Ausgleichsanspruchs ist die Schuld des Unternehmens zudem wirtschaftlich eng mit den möglichen Vorteilen nach Beendigung des Vertragsverhältnisses verknüpft und deshalb nicht wesentlich in den abgelaufenen Geschäftsjahren verursacht. Mit der Ausgleichszahlung werden Vorteile des Unternehmens abgegolten, die erst nach der Vertragsbeendigung aus den vom Handelsvertreter angebahnten Geschäftsbeziehungen erwartet werden.«[755] Zum 31.12.2012 ist keine Rückstellung für Ausgleichszahlungen anzusetzen.

IFRS
Der Ansatz einer Rückstellung setzt u.a. voraus, dass ein Ereignis der Vergangenheit eine gegenwärtige rechtliche oder faktische Verpflichtung

---

754 Vgl. IAS 37.53 ff.
755 BeBiKo[8], § 249 HGB, Tz. 100 (Handelsvertreter). Vgl. auch Winnefeld, Kap. M, Tz. 1.135.

begründet (IAS 37.14(a)). Da eine rechtliche Verpflichtung erst mit der tatsächlichen Beendigung des Vertragsverhältnisses entsteht (und Anhaltspunkte für eine faktische Verpflichtung nicht erkennbar sind), sind die Voraussetzungen für die Bildung einer Rückstellung für künftige Ausgleichszahlungen an Handelsvertreter nicht gegeben. Auch nach IFRS kommt der Ansatz einer Rückstellung zum Bilanzstichtag 31.12.2012 nicht in Frage.

5.1.9 Hauptuntersuchungs-Rückstellungen (Verpflichtungen aus Leasingverträgen)

Sachverhalt

Die X-GmbH erbringt Beförderungsleistungen, die sie sowohl mit eigenen als auch geleasten Schienenfahrzeugen durchführt. Bilanzstichtag ist der 31.12. Die Leasingverträge enthalten unterschiedliche Regelungen zu notwendigen Hauptuntersuchungen. Es handelt sich hierbei nicht um Routine-Reparaturarbeiten. Diese Regelungen sind in den nachfolgenden 4 Varianten beschrieben.

Frage

Wie erfolgt die bilanzielle Behandlung des Sachverhalts bzw. welche Auswirkungen ergeben sich auf die Bilanz und Gewinn- und Verlustrechnung?

Variante 1

Die X-GmbH erbringt die Beförderungsleistungen mittels geleaster Schienenfahrzeuge. Für das Schienenfahrzeug A wurde am 1.1.2008 ein Leasingvertrag mit einer Laufzeit von 10 Jahren geschlossen. Da die Laufzeit des Leasingvertrags nicht den überwiegenden Teil der wirtschaftlichen Nutzungsdauer umfasst und das Schienenfahrzeug am 31.12.2017 an den Leasinggeber zurückgegeben werden muss, ist der Vertrag als Operate Lease zu klassifizieren. Der Leasingvertrag sieht vor, dass der Leasingnehmer alle sieben Jahre die Schienenfahrzeuge auf eigene Kosten zu warten und instand zu halten hat. Zum Zeitpunkt des Leasingbeginns verfügt das Schienenfahrzeug A über eine neue Hauptuntersuchung. Die nächste Hauptuntersuchung ist in 2015 fällig. Ferner ist vertraglich geregelt, dass die letzte Hauptuntersuchung vor Rückgabe der Schienenfahrzeuge nicht älter als vier Jahre entfernt liegen darf.

> Da vor Vertragsende die letzte Hauptuntersuchung in 2015 stattfindet und daher innerhalb der letzten vier Jahre vor der Fahrzeugrückgabe liegt, hat der Leasingnehmer auf eigene Kosten keine weitere Hauptuntersuchung nach 2015 durchzuführen. Die erwarteten Kosten für die Hauptuntersuchung in 2015 liegen bei TEUR 700.

Lösung

Sowohl IAS 36.14 als auch § 249 HGB stellen für eine Rückstellungsbildung auf das Vorliegen einer Außenverpflichtung ab. Diese ist durch die Festschreibung der Pflicht des Leasingnehmers zur Durchführung bzw. Kostentragung der regelmäßigen Hauptuntersuchungen gegeben. Unabhängig von den vereinbarten Zahlungskonditionen ist sowohl nach HGB als auch nach IFRS eine wirtschaftliche Betrachtungsweise zugrunde zu legen. Vereinbarte Zahlungszeitpunkte allein sind für den Zeitpunkt der Aufwandserfassung daher nicht entscheidend.

HGB

Gem. § 249 Abs. 1 S. 1 HGB sind Rückstellungen für ungewisse Verbindlichkeiten zu bilden, wenn so gut wie sicher eine Verpflichtung gegenüber einem Dritten besteht, diese Verpflichtung wirtschaftlich bzw. rechtlich entstanden ist und mit einer Inanspruchnahme ernsthaft zu rechnen ist.

Im vorliegenden Fall hat sich die X-GmbH vertraglich verpflichtet, eine Hauptuntersuchung für das Schienenfahrzeug A durchzuführen bzw. deren Kosten zu tragen. In der damit verbundenen Verpflichtung des Leasingnehmers, das Schienenfahrzeug am Ende der Grundmietzeit in einem betriebsbereiten Zustand zurückzugeben, ist ein Erfüllungsrückstand zu sehen und somit eine Außenverpflichtung gegeben. Da die Verpflichtung auf einem Vertrag beruht und mit hoher Wahrscheinlichkeit mit einer Inanspruchnahme zu rechnen ist, sind auch diese Ansatzkriterien erfüllt. Damit ist eine Verbindlichkeitsrückstellung nach § 249 Abs. 1 S. 1 HGB zu bilden.

Mit Beginn des Leasingvertrags ist daher eine Rückstellung dem Grunde nach anzusetzen und über die nächsten sieben Jahre bis zur Hauptuntersuchung ratierlich i. H. v. jeweils TEUR 100 anzusammeln, so dass im Jahr vor der Hauptuntersuchung (am Bilanzstichtag 31.12.14) die Rückstellung TEUR 700 beträgt. In den Jahren 2015 bis 2017 erfolgt keine erneute Rückstellungszuführung, da keine Verpflichtung zur Durchführung einer weiteren Hauptuntersuchung vor Rückgabe des Schienenfahrzeugs besteht.

Die nachstehende Tabelle zeigt die Entwicklung der Rückstellung zum jeweiligen Bilanzstichtag (in TEUR):

31.12.20XX	2008	2009	2010	2011	2012	2013	2014	2015	2016	2017
Rückstellung	100	200	300	400	500	600	700	0	0	0
Materialaufwand	–100	–100	–100	–100	–100	–100	–100	0	0	0
Bank								–700		

Die Buchungssätze (in TEUR) in den jeweiligen Jahren sind:

Per Materialaufwand 100   an Rückstellung 100

1.1.2015: Durchführung der Hauptuntersuchung, Buchung der Inanspruchnahme der Rückstellung von TEUR 700 und der Überweisung an den Dienstleister

Per Rückstellung 700   an Bank 700

Mit der Einführung des BilMoG wurde die Anwendung des Komponentenansatzes nach IAS 16 in den Fällen, in denen physisch separierbare Komponenten ausgetauscht werden, auch für die Handelsbilanz für zulässig erachtet.[756] In den Fällen, in denen die wesentlich separierbaren Komponenten Großreparaturen bzw. Inspektionen oder Generalüberholungen[757] betreffen, wurde von einer komponentenweisen Abschreibung Abstand genommen.[758]

IFRS
Die IFRS enthalten keine klaren Regelungen zur Bilanzierung derartiger Nebenvereinbarungen operativer Leasingverträge. Für die Erfassung der Hauptuntersuchungen können sowohl die Anwendung des Komponentenansatzes (*Component Approach*)[759] in Analogie zu IAS 16 als auch der Ansatz einer Rückstellung (*Liability Approach*) in Frage kommen. Im Folgenden werden beide Bilanzierungsmöglichkeiten dargestellt.

a) Component Approach
Zu Beginn des Leasingverhältnisses ist eine Komponente in Höhe des geschätzten Zeitwerts der Kosten für die Hauptuntersuchung der ersten sieben Jahre als »*leasehold improvement*« zu aktivieren. Da die X-GmbH die

756 Vgl. Abschn. 2.1.4.1.4.
757 Vgl. KPMG, Insights⁹, Tz. 3.2.250.10 und 3.2.250.40 sowie Abschn. 2.1.4.1.4.
758 Vgl. IDW RH HFA 1.016, Tz. 6f.

759 Zum Komponentenansatz, vgl. KPMG, Insights⁹, Tz. 3.2.230ff. bzw. 3.2.250.40 bzgl. der Möglichkeit für Großreparaturen ebenfalls eine Komponente zu bilden.

Schienenfahrzeuge in den ersten sieben Jahren ohne Pflicht zur Durchführung einer Hauptuntersuchung nutzen kann, sind die Kosten der ersten Hauptuntersuchung in den Mindestleasingzahlungen der X-GmbH an den Leasinggeber enthalten.[760] Damit die Aktivierung der Komponente »Hauptuntersuchung« (TEUR 700) erfolgsneutral erfolgt, ist gleichzeitig in korrespondierender Höhe eine Rückstellung (TEUR 700) anzusetzen. Diese Rückstellung wird dann zur Deckung der Kosten der nächsten Hauptuntersuchung Anfang 2015 in Anspruch genommen. Die Komponente wird über die Grundmietzeit des Leasingvertrags von 10 Jahren abgeschrieben, so dass es zu einer Linearisierung des mit der Hauptuntersuchung verbundenen Aufwands über die Grundmietzeit kommt.[761]

b) Component Approach – Alternative

Alternativ könnte auch eine Rückstellung bis zum Zeitpunkt der ersten Hauptuntersuchung in 2015 pro Jahr i. H. v. 1/10 der Kosten aufgebaut werden. In 2015 werden die Kosten der durchgeführten Hauptuntersuchung die bis zu diesem Zeitpunkt angesammelte Rückstellung übersteigen. Der Unterschiedsbetrag von TEUR 210 aus den tatsächlichen Kosten (TEUR 700) und der Rückstellung (TEUR 490) ist als »*leasehold improvement*« zu aktivieren und über die verbleibende Laufzeit von drei Jahren erfolgswirksam abzuschreiben. Somit kommt es auch in dieser Alternative zu einer Linearisierung des mit der Hauptuntersuchung verbundenen Aufwands über die Grundmietzeit.[762]

c) Liability Approach

Beim Liability Approach werden die erwarteten Kosten einer Hauptuntersuchung in Form einer Rückstellung berücksichtigt. Dabei ist zu beachten, dass die Rückstellungsbildung nach IAS 37.14 nur in Frage kommt, wenn ein verpflichtendes Ereignis in der Vergangenheit vorliegt, eine Außenverpflichtung besteht, es wahrscheinlich ist, dass es zu einem Abfluss von Ressourcen kommen wird und die Höhe der Verpflichtung verlässlich bestimmbar ist.

Anknüpfungspunkt ist auch hier die vertragliche Verpflichtung der X-GmbH, das Schienenfahrzeug in einem betriebsbereiten Zustand am Ende der Vertragslaufzeit zurückzugeben und damit die Kosten der Hauptuntersuchung selbst zu tragen. Da sich die X-GmbH vertraglich hierzu verpflichtet hat, es zu einem Abfluss von Ressourcen kommen wird und die

---

[760] Vgl. IAS 17.4, KPMG, Insights[9], Tz. 3.12.620.10 ff.
[761] Vgl. IAS 16.14.
[762] Vgl. KPMG, Insights[9], Tz. 3.12.620.20, 3.2.230 ff.

Kosten der Hauptuntersuchung verlässlich geschätzt werden können, ist auch nach IFRS eine Rückstellung für die Hauptuntersuchung anzusetzen.

Mit Beginn des Leasingvertrags ist daher eine Rückstellung dem Grunde nach anzusetzen und über die nächsten sieben Jahre bis zur Hauptuntersuchung ratierlich i. H. v. jeweils TEUR 100 anzusammeln, so dass im Jahr vor der Hauptuntersuchung (am Bilanzstichtag 31.12.14) die Rückstellung TEUR 700 beträgt. In den Jahren 2015 bis 2017 erfolgt keine erneute Rückstellungszuführung, da keine Verpflichtung zur Durchführung einer weiteren Hauptuntersuchung vor Rückgabe des Fahrzeugs besteht. Es ergibt sich kein Unterschied zur handelsrechtlichen Bilanzierung.

Vergleich der Bilanzierungsmöglichkeiten

Im Vergleich zum Komponentenansatz kommt es bei dem Liability Approach nicht zu einer Linearisierung des mit dem Leasingvertrag in Zusammenhang stehenden Aufwands, da durch die Zuführungen zur Rückstellung in den ersten sieben Jahren die erwarteten Kosten der Hauptuntersuchung die Ertragslage stärker belasten als in den drei verbliebenen Jahren.

Die Auswirkungen in der Bilanz sowie in der Gewinn- und Verlustrechnung in den jeweiligen Jahren sind den nachfolgenden Tabellen zu entnehmen. Vereinfachend wird auf eine Abzinsung der Rückstellung verzichtet.

31.12.20XX	2008	2009	2010	2011	2012	2013	2014	2015	2016	2017
Component Approach										
Komponente	630	560	490	420	350	280	210	140	70	0
Rückstellung	700	700	700	700	700	700	700	0	0	0
Bank							−700			
Component Approach – Alternative										
Komponente	420	350	280	210	140	70	0	0	0	0
Rückstellung	70	140	210	280	350	420	490	0	0	0
Leasehold Improvement	0	0	0	0	0	0	0	140	70	0
Bank							−700			
Liability Approach										
Rückstellung	100	200	300	400	500	600	700	0	0	0
Bank							−700			

Tabelle: Darstellung in der Bilanz (in TEUR)

Geschäftsjahr	2008	2009	2010	2011	2012	2013	2014	2015	2016	2017
Component Approach										
Abschreibung	−70	−70	−70	−70	−70	−70	−70	−70	−70	−70
Component Approach – Alternative										
Materialaufwand	−70	−70	−70	−70	−70	−70	−70			
Abschreibung Leasehold Improvment								−70	−70	−70
Liability Approach										
Materialaufwand	−100	−100	−100	−100	−100	−100	−100			

Tabelle: Darstellung in der Gewinn- und Verlustrechnung (in TEUR)

Die jeweiligen Buchungssätze (in TEUR) in den jeweiligen Jahren sind wie folgt:

a) Component Approach
1.1.2008: Erfolgsneutrale Aktivierung der Komponente und Passivierung einer Rückstellung i. H. v. TEUR 700

Per Komponente 700   an Rückstellung 700

31.12.2008 bis 31.12.2017: Jährliche Abschreibung der Komponente

Per Abschreibung 70   an Komponente 70

1.1.2015: Durchführung der Hauptuntersuchung, Buchung der Inanspruchnahme der Rückstellung von TEUR 700 und der Überweisung an den Dienstleister

Per Rückstellung 700   an Bank 700

b) Component Approach-Alternative
31.12.2008 bis 31.12.2014: Jährliche Zuführung zur Rückstellung

Per Materialaufwand 70   an Rückstellung 70

1.1.2015: Durchführung der Hauptuntersuchung, Buchung der Inanspruchnahme der Rückstellung von TEUR 490 und Ansatz eines *Leasehold Improvements* von TEUR 210 und Überweisung an den Dienstleister

> Per Rückstellung 490
> Per Leasehold Improvement 210   an Bank 700

31.12.2015 bis 31.12.2017: Jährliche Abschreibung des *Leasehold Improvement*

> Per Abschreibung 70   an Leasehold Improvement 70

c) Liability Approach

31.12.2008 bis 31.12.2014: Jährliche Zuführung zur Rückstellung

> Per Materialaufwand 100   an Rückstellung 100

1.1.2015: Durchführung der Hauptuntersuchung, Buchung der Inanspruchnahme der Rückstellung von TEUR 700 und der Überweisung an den Dienstleister

> Per Rückstellung 700   an Bank 700

> **Variante 2**
>
> Wie Variante 1 mit dem Unterschied, dass für das Schienenfahrzeug B der Leasingvertrag innerhalb eines Wartungsintervalls endet und bei Rückgabe des Schienenfahrzeugs B eine Einmalzahlung i. H. v. TEUR 350 für die nach dem Vertragsende liegende fällige Hauptuntersuchung an den Leasinggeber zu zahlen ist. Am Bilanzstichtag (31.12.2012) hat der Leasingvertrag noch eine Laufzeit von drei Jahren und das Schienenfahrzeug muss am 31.12.2015 an den Leasinggeber zurückgegeben werden. Die letzte Hauptuntersuchung fand Ende 2009 statt und ist daher nach sieben Jahren Ende 2016 erneut fällig.

Lösung

In Abwandlung zur Variante 1 endet der Leasingvertrag innerhalb eines Wartungsintervalls, und bei Rückgabe des Schienenfahrzeugs B hat die X-GmbH eine Einmalzahlung i. H. v. TEUR 350 für die nach dem Vertragsende liegende fällige Hauptuntersuchung an den Leasinggeber zu zahlen. In der damit verbundenen Verpflichtung der X-GmbH, Zahlungen an den Leasinggeber zu leisten, ist ein Erfüllungsrückstand zu sehen, der sowohl nach HGB als auch nach IFRS zwingend zu einem Ansatz einer Rückstellung führt.

Zum Bilanzstichtag (31.12.2012) beträgt die Rückstellung bereits TEUR 150 (3 Jahre * TEUR 50 p.a.). Die Buchung zum Bilanzstichtag (und in den Vorjahren) ist wie folgt (in TEUR):

> Per Materialaufwand 50 an Rückstellung 50

In den nachfolgenden Jahren (31.12.2013 bis 31.12.2015) sind ratierlich TEUR 50 zur Rückstellung zuzuführen.

Mit Rückgabe des Fahrzeuges zum 31.12.2015 ist die Zahlung an den Leasinggeber fällig. Die entsprechende Buchung lautet dann wie folgt (in TEUR):

> Per Rückstellung 350 an Bank 350

Variante 3

Die X-GmbH erbringt die Beförderungsleistungen mittels geleaster Schienenfahrzeuge. Die Laufzeit des Leasingvertrags beträgt zehn Jahre. Der Leasingvertrag ist als Operate Lease zu klassifizieren. Der Leasingvertrag regelt, dass für die anfallende Durchführung der Hauptuntersuchung monatlich eine Rücklage auf ein separates Konto zu zahlen ist. Dieses hat den Charakter eines Mietkautionskontos.

Lösung

HGB

Werden Kautionen geleistet, sind diese nach überwiegender Meinung nicht als Teil der flüssigen Mittel, sondern als sonstiger Vermögensgegenstand auszuweisen.[763] Ergibt sich eine übliche Laufzeit von mehr als einem Jahr, ist ein langfristiger Charakter der Forderung anzunehmen. Es erfolgt daher ein Ausweis als Ausleihung im Finanzanlagevermögen.[764]

Da die gesamte Vereinbarung in Summe zu betrachten ist, gilt dies auch für jene Raten, die kurz vor Verwendung der Kaution geleistet werden. Eine Verkürzung der Restlaufzeit auf unter ein Jahr führt nicht zu einer Ausweisänderung. Zur Vermittlung dieser Information an den Bilanzleser fordert § 268 Abs. 4 HGB lediglich eine gesonderte Angabe von Beträgen, die eine Restlaufzeit von mehr als einem Jahr aufweisen.

---

[763] Vgl. ADS⁶, § 266 HGB, Tz. 134.
[764] Vgl. ADS⁶, § 266 HGB, Tz. 90.

IFRS

Die Unterscheidung zwischen kurz- und langfristigen Vermögenswerten wird in IFRS Abschlüssen anhand der Dauer eines üblichen Geschäftszyklus des Unternehmens getroffen. Forderungen sind in jenen Fällen als kurzfristig anzusehen, in denen sie üblicherweise innerhalb eines Geschäftszyklus umgeschlagen werden (IAS 1.62(a)), oder eine Realisierung innerhalb von 12 Monaten nach dem Bilanzstichtag erwartet wird (IAS 1.62(c)). Lässt sich die Dauer eines üblichen Geschäftszyklus nicht zweifelsfrei bestimmen, ist grundsätzlich von einem Zeitraum von 12 Monaten auszugehen (IAS 1.68).

Für den vorliegenden Sachverhalt bedeutet dies, dass die üblicherweise mehrere Jahre gebundenen Rücklagen als langfristig anzusehen sind. Im Gegensatz zum HGB sind jedoch jene Beträge, die voraussichtlich innerhalb eines Jahrs nach dem Bilanzstichtag in Anspruch genommen werden, als kurzfristige Vermögenswerte auszuweisen. Eine Verkürzung der Restlaufzeit durch Zeitablauf von über einem Jahr (langfristig) auf bis zu einem Jahr (kurzfristig) macht somit eine Ausweisänderung erforderlich.

Ergänzend erfordert auch IAS 1.61 eine Zusatzangabe zu jedem einzelnen Bilanzposten, aus der hervorgeht, welcher Teil des ausgewiesenen Betrags voraussichtlich erst nach mehr als 12 Monaten realisiert werden kann. Diese Angabe entspricht inhaltlich § 268 Abs. 4 HGB.

> *Variante 4*
> Die X-GmbH erbringt die Beförderungsleistungen mittels eigener Schienenfahrzeuge.

Lösung
Mangels fehlender Außenverpflichtung ist weder nach HGB noch nach IFRS eine Rückstellung zu bilden.

5.1.10 Personalrückstellungen

5.1.10.1 Urlaubsrückstellungen

> *Sachverhalt 1*
> Die X-GmbH möchte zum Bilanzstichtag ihre Rückstellung für noch nicht genommenen Urlaub ihrer Mitarbeiter ermitteln. Sie beschäftigt 250 Mitarbeiter, davon haben insgesamt nur 135 Mitarbeiter ihren voll-

ständigen Jahresurlaub für das Kalenderjahr 2012 genommen. Die verbleibenden Mitarbeiter werden ihren nicht genommenen Urlaub auf das Jahr 2013 vortragen. Bilanzstichtag ist der 31.12.2012.

Frage

Wie ist die Urlaubsrückstellung zum 31.12.2012 nach HGB und IFRS zu ermitteln? Welche Vergütungsbestandteile bzw. wie viele Arbeitstage sind hierbei zu berücksichtigen?

Lösung

HGB

Ansatz

Soweit Mitarbeiter am Bilanzstichtag ihren Urlaubsanspruch für das Jahr 2012 nicht vollständig genommen haben, ist eine Rückstellung anzusetzen (§ 249 Abs. 1 S. 1 HGB).

Bewertung

Die Bewertung der Rückstellung für Urlaubsverpflichtungen richtet sich nach den allgemeinen Bewertungsgrundsätzen des § 253 Abs. 1 S. 2 HGB (Erfüllungsbetrag).

Die Bewertung basiert auf der Annahme, dass der Arbeitnehmer eine Vorleistung erbracht hat und sich der Arbeitgeber in einem Erfüllungsrückstand befindet. Hierfür sind seitens des Arbeitgebers in Zukunft Entgelte zu entrichten, denen keine Leistungen des Arbeitnehmers entgegenstehen, da der Arbeitnehmer bereits im abgelaufenen Geschäftsjahr vorgeleistet hat.

Der Rückstellungsbetrag ergibt sich aus der Division des Jahresarbeitsentgelts durch die durchschnittlichen Jahresarbeitstage, multipliziert mit der Anzahl der rückständigen Urlaubstage.

Zusammensetzung des Jahresarbeitsentgelts[765]

Bruttoarbeitsentgelt einschließlich Weihnachtsgeld bzw. 13. Gehalt
Arbeitgeberanteil zur Sozialversicherung auf das Bruttoarbeitsentgelt
Fest zugesagte Sondervergütungen (z.B. Bonus, Tantiemen) [766]
Periodisierte Anteile von Aufwendungen, die erst später gezahlt werden (z.B. Zuführung zu Pensions- oder Jubiläumsrückstellungen)
Urlaubsgeld
Zukünftige Lohn- und Gehaltssteigerungen
Anteilige Gemeinkosten

---

[765] Vgl. BeBiKo[8], § 249 HGB, Tz. 100 (Urlaub).
[766] A.A. HdR[5], § 249 HGB, Tz. 350 (26: Urlaubsverpflichtungen).

Die Bewertung der Rückstellung für ausstehende Urlaubsverpflichtungen erfolgt nach der herrschenden Meinung auf der Basis der tatsächlichen Arbeitstage, d.h. den regulären Arbeitstagen abzgl. des Urlaubsanspruchs und zu erwartender Ausfallzeiten (insbesondere wegen Krankheit).[767]

Die regulären Arbeitstage lassen sich wie folgt bestimmen:

	Tage
Tage im Jahr	365
abzgl. Wochenenden	−104
abzgl. Feiertage*	− 9
abzgl. Urlaubstage	− 30
abzgl. erwartete Krankheitstage	− 2
Reguläre Arbeitstage	220

*abhängig vom Bundesland (Berlin mit 9 Feiertagen, Bayern mit 13 Feiertagen)

Eine andere Auffassung vertritt der Bundesfinanzhof, der Urlaubsrückstellungen nicht als Verpflichtung zur Freizeitgewährung im Folgejahr, sondern als Geldschuld sieht, deren Höhe sich danach bestimmt, welches Urlaubsentgelt der Arbeitgeber hätte aufwenden müssen, wenn er seine Zahlungsverpflichtung bereits am Bilanzstichtag erfüllt hätte. Auf dieser Basis werden die maximal möglichen Arbeitstage angesetzt.[768]

Die maximal möglichen Arbeitstage gem. dem BFH errechnen sich wie folgt:

	Tage
Tage im Jahr	365
abzgl. Wochenenden	−104
Reguläre Arbeitstage	261

Diese Auffassung des BFH wird jedoch nach herrschender Meinung nicht geteilt.[769] Der Ansatz der Rückstellung für Urlaubsverpflichtungen auf der Basis von 220 Arbeitstagen ist insofern sachgerecht.

---

[767] Vgl. BeBiKo[8], § 249 HGB, Tz. 100 (Urlaub); ADS[6], § 253 HGB, Tz. 264.
[768] Vgl. BFH-Urteil vom 10.3.1993, BStBl. II 1993, S. 446.
[769] Vgl. Müller, DB 1993, S. 1583; BeBiKo[8], § 249 HGB, Tz. 100 (Urlaub); ADS[6], § 253 HGB, Tz. 264.

IFRS

Ansatz und Bewertung von Urlaubsrückstellungen richten sich nach den Regeln des IAS 19. Danach werden Urlaubsrückstellungen regelmäßig als kurzfristig fällige Leistungen (*short-term employee benefits*) klassifiziert.[770]

Nach IAS 19.14 sind die erwarteten Kosten ansammelbarer Ansprüche auf vergütete Leistungen mit dem zusätzlichen Betrag zu bewerten, der auf Grund der zum Bilanzstichtag angesammelten, nicht genutzten Ansprüche voraussichtlich zu zahlen ist. Der Ansatz erfolgt zum Erfüllungsbetrag.

In IAS 19 ist nicht ausdrücklich geregelt, welche Bestandteile bei der Ermittlung des Erfüllungsbetrags zu berücksichtigen sind. Neben aperiodisch anfallenden Entgeltbestandteilen (z. B. Gratifikationen) sind auch sonstige Nebenverpflichtungen des Arbeitgebers (z. B. feste, leistungsunabhängige Sonderzahlungen, Weihnachtsgeld, Urlaubsgeld, Pensionen) mit in die Bewertung einzubeziehen, da sie der Abgeltung der Arbeitsleistung des Arbeitnehmers dienen.[771] Zukünftige Lohn- und Gehaltssteigerungen sind grundsätzlich einzubeziehen. Anteilige Gemeinkosten sind bei der Rückstellungsbewertung jedoch nicht zu berücksichtigen.

Im Vergleich zu HGB ergibt sich folgende Gegenüberstellung:

Berücksichtigung der Bestandteile des Jahresarbeitsentgelts im Verpflichtungsbetrag[772]	IFRS	HGB
Bruttoarbeitsentgelt einschließlich Weihnachtsgeld bzw. 13. Gehalt	✔	✔
Arbeitgeberanteil zur Sozialversicherung auf das Bruttoarbeitsentgelt	✔	✔
Fest zugesagte Sondervergütungen (z. B. Bonus, Tantiemen)	✔	✔
Periodisierte Anteile von Aufwendungen, die erst später gezahlt werden (z. B. Zuführung zu Pensions- oder Jubiläumsrückstellungen)	✔	✔
Urlaubsgeld	✔	✔
Zukünftige Lohn- und Gehaltssteigerungen	✔	✔
Anteilige Gemeinkosten		✔

Bei der Berücksichtigung der regulären Arbeitstage ergibt sich kein Unterschied zum Handelsrecht, so dass auch nach IFRS 220 Arbeitstage bei der Bewertung der Rückstellung zu Grunde zu legen sind.

Hinweis in Bezug auf IAS 19R:

Urlaubsrückstellungen wurden bislang grundsätzlich als kurzfristig fällige Leistungen klassifiziert. Nach dem geänderten IAS 19R kann es zu einer

---

[770] Vgl. IAS 19.8(a).
[771] Vgl. IFRS², IAS 19, Tz. 44.
[772] Vgl. BeBiKo⁸, § 249 HGB, Tz. 100 (Urlaub); IFRS², IAS 19, Tz. 44.

anderen Klassifikation kommen, da die Definition der kurzfristig fälligen Leistungen modifiziert wurde. Nach dem IAS 19 in der geltenden Fassung waren Leistungen an Arbeitnehmer als kurzfristig zu klassifizieren, da der noch nicht genommene Urlaub im Folgejahr genommen werden konnte (IAS 19.8(b): *due to be settled*).

Ferner kann es nach dem geänderten IAS 19R zu einem Ausweis als andere langfristige Leistungen an Arbeitnehmer kommen, wenn davon auszugehen ist, dass nicht alle Mitarbeiter ihren nicht genommenen Urlaub im Folgejahr nehmen werden (IAS 19R.9: *expected to be settled*). Zu beachten ist hierbei, dass nicht genommener Urlaub nicht beliebig vorgetragen werden kann.

Sachverhalt 2

In der Y-GmbH erhalten die Arbeitnehmer aufgrund tariflicher Regelungen für geleistete Nachtarbeit bei Überschreiten einer bestimmten Stundenanzahl zusätzliche Urlaubstage. Dieser Zusatzurlaub bemisst sich nach der im vorangegangenen Kalenderjahr erbrachten Arbeitsleistung. Der Anspruch auf Zusatzurlaub entsteht erst mit Beginn des auf die Arbeitsleistung folgenden Urlaubsjahrs. Bei der Y-GmbH erhalten 10 Mitarbeiter auf Grund ihrer Nachtarbeit in 2012 jeweils 4 zusätzliche Urlaubstage in 2013.

Frage

Ist eine Rückstellung nach § 249 Abs. 1 S. 1 HGB für diese zusätzlichen Urlaubstage am 31.12.2012 zu bilanzieren?

Lösung

Eine (ungewisse) Verbindlichkeit ist dann zu passivieren, wenn sie am Bilanzstichtag rechtlich wirksam entstanden ist oder wirtschaftlich verursacht ist und damit eine wirtschaftliche Belastung darstellt. Fallen diese Zeitpunkte auseinander, ist bilanzrechtlich der frühere Zeitpunkt entscheidend.[773]

Eine Verpflichtung ist dann rechtlich entstanden, wenn alle Tatbestandsmerkmale erfüllt sind, die es dem Gläubiger ermöglichen, die Verpflichtung gegenüber dem Bilanzierenden geltend zu machen.[774] Gem. der tariflichen Vereinbarung entsteht die Verpflichtung des Zusatzurlaubs rechtlich erst mit Beginn des auf die Arbeitsleistung folgenden Urlaubsjahrs, d.h. am 1.1.2013.

Die wirtschaftliche Verursachung ist jedoch nicht durch formale Kriterien eindeutig bestimmbar, sondern unter Abwägung des jeweiligen Einzelfalls

---

[773] Vgl. BeBiKo[8], § 249 HGB, Tz. 34.
[774] Vgl. ADS[6], § 249 HGB, Tz. 64.

zu beurteilen.[775] Auf die wirtschaftliche Verursachung kommt es an, wenn die Verpflichtung rechtlich noch nicht entstanden ist. Nach ständiger Rechtsprechung des BFH ist eine Verpflichtung wirtschaftlich verursacht, wenn die wirtschaftlich wesentlichen Tatbestandsmerkmale erfüllt sind.[776] Die wirtschaftliche Verursachung von zusätzlichem Urlaub im Folgejahr liegt in der Arbeitsleistung des Arbeitnehmers im abgelaufenen Jahr.

Liegt die wirtschaftliche Verursachung vor der rechtlichen Entstehung, ist die Rückstellung zum Zeitpunkt der wirtschaftlichen Verursachung anzusetzen, da das zum Bilanzstichtag vorhandene Vermögen mit der Verpflichtung belastet ist und daher eine Aufwandserfassung erfolgen muss. Eine rechtliche Verpflichtung braucht dann noch nicht vorzuliegen.[777]

Zum Bilanzstichtag ist der Y-GmbH auch bekannt, welche Arbeitnehmer zum 1.1.2013 noch im Anstellungsverhältnis sein werden, bzw. erlangt diese Information spätestens im Wertaufhellungszeitraum nach dem Stichtag, so dass auch die hinreichende Wahrscheinlichkeit der Inanspruchnahme einer Rückstellung beurteilt werden kann. Denn die am 1.1.2013 beschäftigten Arbeitnehmer haben auch einen Anspruch auf zusätzlichen Urlaub im Falle einer Kündigung nach dem Stichtag. Die wirtschaftliche Belastung im Folgejahr ist daher durch die Arbeitsleistung der Arbeitnehmer in 2012 begründet, und zum 31.12.2012 ist eine Rückstellung für ungewisse Verbindlichkeiten gem. § 249 Abs. 1 S. 1 HGB zu passivieren.

Die Bewertung der Rückstellung für die zusätzlichen vier Urlaubstage der 10 Arbeitnehmer der Y-GmbH richtet sich nach den allgemeinen Bewertungsgrundsätzen des § 253 Abs. 1 S. 2 HGB (vgl. Sachverhalt 1).

Sachverhalt 3

Die Z-GmbH hat Rückstellungen für entstandene, aber noch nicht gewährte Urlaubsansprüche von Arbeitnehmern gebildet. Gem. § 7 Abs. 3 BUrlG (Bundesurlaubsgesetz) verfällt nicht in Anspruch genommener und zulässig in das Folgejahr übertragener Urlaub grundsätzlich spätestens nach Ablauf des dritten Monats des Folgejahrs, d.h. mit Ablauf des 31.3. des Folgejahrs.

Abweichend hiervon hat die Z-GmbH für Urlaubsansprüche langzeiterkrankter Arbeitnehmer, die für mehr als 12 Monate erkrankt waren und

---

[775] Vgl. ADS[6], § 249 HGB, Tz. 65.
[776] Vgl. BeBiKo[8], § 249 HGB, Tz. 36; ADS[6], § 249 HGB, Tz. 66.
[777] Vgl. ADS[6], § 249 HGB, Tz. 69.

entsprechend dem Vorrang der krankheitsbedingten Arbeitsunfähigkeit vor Urlaubsgewährung keinen Urlaub in Anspruch genommen haben, Rückstellungen gebildet. Die zugrunde liegenden Ansprüche entfallen nicht nach drei Monaten nach Ablauf des Urlaubsjahrs, sondern – entsprechend der allgemeinen Verjährungsfrist – erst drei Jahre nach Ablauf des Urlaubsjahrs.

Hintergrund hierfür ist die Entscheidung des Europäischen Gerichtshofs (EuGH) vom 20.1.2009[778], in der dieser festgestellt hat, dass § 7 Abs. 3 BUrlG in Übereinstimmung mit der Richtlinie 2003/88/EG dahingehend ausgelegt werden muss, dass Urlaubsbestände langzeiterkrankter Arbeitnehmer von der Regelung nicht erfasst werden, d.h. nicht innerhalb von drei Monaten nach Ablauf des Urlaubsjahrs verfallen.

In seinem Urteil vom 22.11.2011[779] hat der EuGH nunmehr entschieden, dass eine tarifvertragliche Bestimmung, nach der Urlaubsansprüche langzeiterkrankter Arbeitnehmer nach Ablauf von 15 Monaten nach Ablauf des jeweiligen Urlaubsjahrs verfallen, nicht gegen die Richtlinie 2003/88/EG verstößt.

Frage
Im Rahmen der Rückstellungsbildung für nicht in Anspruch genommenen Urlaub stellt sich nunmehr die Frage, ob Urlaubsansprüche langzeiterkrankter Arbeitnehmer grundsätzlich 15 Monate nach Ablauf des Urlaubsjahrs verfallen, oder ob dies nur für den Fall angenommen werden kann, in dem eine entsprechende tarifliche Regelung dies vorsieht.

Ferner stellt sich die Frage, wo die zeitliche Grenze des Übertragungszeitraums im Fall einer anderslautenden tariflichen Regelung anzusetzen ist.

Lösung
Die Entscheidung des EuGH vom 22.11.2011 hat einen Verfall von Urlaubsansprüchen langzeiterkrankter Arbeitnehmer 15 Monate nach Ablauf des Urlaubsjahrs (also zum 31.3. des übernächsten Jahrs) nur aufgrund einer entsprechenden tarifvertraglichen Regelung für zulässig erklärt. Ein genereller Verfall von Urlaubsansprüchen 15 Monate nach Ablauf des Urlaubsjahrs kann aus dem Urteil nicht abgeleitet werden.

Der EuGH hat in seiner Entscheidung vom 22.11.2011 nicht zur Frage Stellung genommen, bis zu welcher zeitlichen Grenze tarifvertragliche Re-

---
778 Vgl. EuGH vom 20.1.2009, DB 2009, S. 234.
779 Vgl. EuGH vom 22.11.2011, NJW 2012, S. 290.

gelungen, die nach einer bestimmten Frist den Verfall von Urlaubsansprüchen langzeiterkrankter Arbeitnehmer anordnen, zulässig sind. Allerdings führt der EuGH aus, dass das Recht, Urlaubsansprüche wahrzunehmen, nicht grenzenlos besteht, da der mit dem Urlaubsanspruch verfolgte Erholungszweck nicht zeitlich unbegrenzt erreicht werden kann.

Im Geltungsbereich der für die Parteien eines Arbeitsvertrags anwendbaren Tarifverträge, die für die Urlaubsansprüche langzeiterkrankter Arbeitnehmer eine Begrenzung des Übertragungszeitraums auf 15 Monate oder mehr vorsehen, brauchen keine über den dort vorgesehenen Übertragungszeitraum hinausgehenden Rückstellungen gebildet werden.

Soweit Rückstellungen für darüber hinausgehende Zeiträume gebildet worden sind, können diese aufgelöst werden. Im Übrigen ist wie bisher davon auszugehen, dass Urlaubsansprüche bis an die Grenze der Regelverjährung, d.h. für einen Zeitraum von drei Jahren bestehen können.[780]

Hinweis
Im Anschluss an die EuGH-Entscheidung vom 22.11.2011 hat das Landesarbeitsgericht Baden-Württemberg mit Urteil vom 21.12.2011[781] entschieden, dass Urlaubsansprüche langzeiterkrankter Arbeitnehmer auch dann 15 Monate nach Ablauf des entsprechenden Urlaubsjahrs verfallen, wenn auf das Arbeitsverhältnis – anders als in dem vom EuGH entschiedenen Fall – keine entsprechenden tariflichen Regelungen Anwendung finden.

Fraglich ist zudem, ob unter Bezugnahme auf das Urteil des LAG Baden-Württemberg sowie auf entsprechende Stimmen in der juristischen Literatur[782] derzeit tatsächlich davon ausgegangen werden kann, dass § 7 Abs. 3 BUrlG im Lichte der EuGH-Entscheidung vom 22.11.2011 dahingehend auszulegen ist, dass Urlaubsansprüche dauerkranker Arbeitnehmer generell 15 Monate nach Ablauf des jeweiligen Urlaubsjahrs verfallen. Eine solche Auslegung ist aus einer Reihe von Gründen dogmatisch nicht unproblematisch, worauf auch im Schrifttum kritisch hingewiesen wird.

Eine abschließende Entscheidung des Bundesarbeitsgerichts hierzu steht noch aus.

---

[780] Vgl. Eppinger/Frik, DB 2012, S. 134.
[781] Vgl. LAG Baden-Württemberg vom 21.12.2011, BB 2012, S. 1355.
[782] Vgl. Bayreuther, DB 2011, S. 2848f.; Gelhaar, NJW 2012, S. 271f.

5.1.10.2 Einmalzahlungen

Sachverhalt

Der Arbeitgeberverband AGV und die Gewerkschaft GW schließen in 2012 einen Tarifvertrag ab, der zum 1.1.2013 in Kraft tritt und eine Laufzeit von 12 Monaten hat. Der Tarifvertrag sieht für alle betroffenen Beschäftigten am 30.6.2013 eine tariflich vereinbarte Einmalzahlung von EUR 500 vor.

Frage

Hat die Z-GmbH, die Mitglied im Arbeitgeberverband AGV ist, eine Rückstellung für die Einmalzahlung nach HGB und IFRS zu bilden und, wenn ja, zu welchem Zeitpunkt?

Lösung

Die vereinbarte Einmalzahlung ist Teil der Vergütung für die Arbeitsleistung ab Inkrafttreten des neuen Tarifvertrags. Sie wird wirtschaftlich anstelle einer höheren prozentualen Gehaltsanpassung gewährt.

HGB

Nach § 249 Abs. 1 S. 1 HGB sind Rückstellungen für ungewisse Verbindlichkeiten zu bilden. Die Gesellschaft befindet sich hinsichtlich der ab Inkrafttreten des Tarifvertrags geleisteten und noch nicht durch Zahlung vergüteten Arbeitsleistung des Arbeitnehmers im Erfüllungsrückstand. Sie kann sich der Verpflichtung zwar im Einzelfall (durch Kündigung) entziehen, in der Gesamtbetrachtung vor dem Hintergrund der Unternehmensfortführung jedoch nicht. Es ist somit über den Zeitraum vom 1.1.2013 bis 30.6.2013 ratierlich eine Rückstellung zu bilden. Die erwartete Fluktuation ist je nach Vertragsgestaltung mit einzubeziehen. Da die Z-GmbH nach dem 30.6.2013 keinen Anspruch auf Gegenleistung mehr hat, kommt eine Verteilung über die gesamte Laufzeit des Tarifvertrags (12 Monate) nicht in Betracht.

IFRS

Nach IFRS fallen alle Leistungen an Arbeitnehmer in den Anwendungsbereich des IAS 19. Gem. IAS 19.10 sind Leistungen im Austausch für die Arbeitsleistung, die während der Berichtsperiode geleistet, aber nicht vergütet wurden, als Schuld (*short-term employee benefits*) zu erfassen. Die Einmalzahlung ist Gegenleistung für die zwischen Inkrafttreten des Tarifvertrags (1.1.2013) und dem 30.6.2012 erbrachte Arbeitsleistung. Der Aufwand ist daher ebenfalls über diesen Zeitraum zu verteilen. Die erwartete Fluktuation ist je nach Vertragsgestaltung ebenfalls mit einzubeziehen.

5.1.10.3 Verpflichtungen aus Altersteilzeitverträgen

Sachverhalt

Ein Unternehmen bietet seinen Mitarbeitern unterschiedliche Altersteilzeitprogramme an. Der Arbeitnehmer hat die Wahl zwischen dem

- Blockmodell (Variante A) und dem
- Kontinuitätsmodell (Variante B).

Im Blockmodell arbeitet der Arbeitnehmer zunächst drei Jahre zu 100 % der Regelarbeitszeit (aktive Phase); danach schließt sich eine dreijährige Passivphase an, während der der Mitarbeiter nicht mehr für das Unternehmen tätig ist. Während der sechs Jahre erhält der Arbeitnehmer 50 % seines bisherigen Gehalts (EUR 500) zzgl. eines Aufstockungsbetrags von 30 % (EUR 150).

Im Kontinuitätsmodell arbeitet der Arbeitnehmer während der letzten sechs Jahre vor seiner Pensionierung nur zu 50 % der Regelarbeitszeit; er erhält 50 % seines bisherigen Gehalts (EUR 500) zzgl. eines Aufstockungsbetrags von 30 % (EUR 150).

In beiden Varianten ist Beginn der Altersteilzeitregelung jeweils der 1.1.2011. Vereinfachend wird auf eine Ab- bzw. Aufzinsung der Rückstellung verzichtet.

Fragen
1. Ergeben sich Änderungen hinsichtlich der Erfassung von Aufstockungsbeträgen bei Altersteilzeitprogrammen beim Übergang von IAS 19 auf IAS 19R?
2. Wie wirken sich die Änderungen des IAS 19R im Zeitpunkt des Übergangs aus?
3. Ist eine dritte Bilanz nach IAS 1 erforderlich?
4. Wie wirken sich die Änderungen des IAS 19R auf die Erfassungen von Aufstockungsbeträgen für potenzielle bzw. zukünftige Altersteilzeitvereinbarungen aus?
5. Ändert sich mit dem IDW ERS HFA 3 n. F. die handelsrechtliche Bilanzierung?

Lösung

Zu Frage 1: Ergeben sich Änderungen hinsichtlich der Erfassung von Aufstockungsbeträgen bei Altersteilzeitprogrammen beim Übergang von IAS 19 auf IAS 19R?

Bisherige Vorgehensweise nach IAS 19

Nach der aktuell geltenden Regelung und ständiger Auslegung haben Aufstockungsbeträge im Wesentlichen Abfindungscharakter und sind nach IAS 19 als *termination benefits* zu klassifizieren. Bei Abschluss der ATZ-Vereinbarungen ist derzeit der Barwert der Aufstockungsbeträge zurückzustellen.[783]

In der Variante A (Blockmodell) wird die Gesamtarbeitszeit des Arbeitnehmers um 50% reduziert; die Entlohnung wird demgegenüber in geringerem Umfang reduziert (um 35%). Der Sachverhalt kann als Beendigung des Arbeitsvertrags (100% Arbeitszeit; 100% Entlohnung) und als Neuabschluss eines Arbeitsvertrags zu den genannten Konditionen interpretiert werden. Der 30%-ige Gehaltsaufschlag bezogen auf die reduzierte Arbeitszeit resp. Aufstockungsbetrag hat in diesem Fall Abfindungscharakter: Der Mitarbeiter wird durch die Zahlung zumindest teilweise für die Gehaltseinbußen beim Übergang auf die Altersteilzeit abgefunden und gleichzeitig zum Übergang auf die neuen Konditionen motiviert.

Der über die gesamte Altersteilzeitphase in mehreren Tranchen zu zahlende Aufstockungsbetrag ist auf Grund seines Abfindungscharakters eine eigenständige Verpflichtung, die nach den Regeln für ungewisse Verbindlichkeiten zu passivieren und zu bewerten ist. Die für den Aufstockungsbetrag zu bildende Rückstellung ist nicht ratierlich anzusammeln. Eine Ansammlungsrückstellung wäre nur dann sachgerecht, wenn ein Erfüllungsrückstand im Rahmen eines Dauerschuldverhältnisses anzunehmen wäre. Da jedoch hinsichtlich des Aufstockungsbetrags kein Dauerschuldverhältnis vorliegt, sondern von einem Abfindungscharakter auszugehen ist, kann auch ein sich erst im Zeitablauf erhöhender Erfüllungsrückstand nicht entstehen. Mit dem (wirtschaftlichen) Entstehen der Verpflichtung ist deshalb eine Rückstellung für ungewisse Verbindlichkeiten in vollem Umfang zu bilden.

---

[783] Vgl. auch IDW RS HFA 3, Tz. 9. A.A. Oser/Doleczik, DB 1997, S. 2186f.; Oser/Doleczik, DB 2000, S. 8f.

Der Personalaufwand und die Entwicklung der Rückstellung für einen Mitarbeiter (getrennt nach Erfüllungsrückstand und Aufstockungsbeträge) in den einzelnen Jahren können der nachfolgenden Übersicht (in EUR) entnommen werden:

IAS 19	Aktive Phase			Passive Phase		
	2011	2012	2013	2014	2015	2016
Erfüllungsrückstand	500	1.000	1.500	1.000	500	0
Aufstockungsbeträge	750	600	450	300	150	0
Rückstellung gesamt	1.250	1.600	1.950	1.300	650	0
Personalaufwand	1.900	1.000	1.000	0	0	0

Über die Vertragslaufzeit werden somit Personalaufwendungen i. H. v. EUR 3.900 (6 * EUR 650) erfasst. Der in 2011 erfasste Personalaufwand beträgt EUR 1.900 (Aufstockungsbeträge EUR 900 + Gehalt EUR 500 + Erfüllungsrückstand EUR 500). Die Differenz zwischen Personalaufwand (EUR 900) und Rückstellung (EUR 750) betrifft den bereits in der ersten Periode gezahlten Aufstockungsbetrag von EUR 150. Der Aufstockungsbetrag wird als Einmalbetrag zum 1.1.2011 erfasst und beginnend in 2011 sowie in den Folgejahren verbraucht. Für den Erfüllungsrückstand von EUR 1.500 (3 * EUR 500) erfolgt eine ratierliche Ansammlung über die Aktivphase und eine entsprechende Inanspruchnahme in der Passivphase.

Die jeweiligen Buchungssätze (in EUR) in den jeweiligen Jahren sind wie folgt:

1.1.2011: Bildung der Rückstellung für Aufstockungsbeträge

| Per Personalaufwand 900 | an Rückstellung für Aufstockungsbeträge 900 |

31.12.2011 bis 31.12.2013: Buchung der laufenden Gehaltszahlungen, Zuführung zur Rückstellung für Erfüllungsrückstand und Inanspruchnahme der Rückstellung für Aufstockungsbeträge

Per Personalaufwand 500	an Bank 500
Per Personalaufwand 500	an Rückstellung für Erfüllungsrückstand 500
Per Rückstellung für Aufstockungsbeträge 150	an Bank 150

31.12.2014 bis 31.12.2016:

| Per Rückstellung für Erfüllungsrückstand 500 | an Bank 500 |
| Per Rückstellung für Aufstockungsbeträge 150 | an Bank 150 |

In der Variante B (Kontinuitätsmodell) wird die Wochenarbeitszeit des Arbeitnehmers um 50% reduziert; einher geht die Reduktion der Entlohnung um 35%. Der 30%-ige Aufstockungsbetrag bezogen auf die reduzierte Arbeitszeit wird auch in diesem Fall nach IAS 19 als Abfindungsleistung (*termination benefit*) klassifiziert. Die Aufstockungsbeträge werden wie in Variante A vollständig in 2011 zurückgestellt.

Der Personalaufwand und die Entwicklung der Rückstellung für einen Mitarbeiter (getrennt nach Erfüllungsrückstand und Aufstockungsbeträge) stellen sich in den einzelnen Jahren wie folgt dar (in EUR):

IAS 19	2011	2012	2013	2014	2015	2016
Erfüllungsrückstand	0	0	0	0	0	0
Aufstockungsbeträge	750	600	450	300	150	0
Rückstellung gesamt	750	600	450	300	150	0
Personalaufwand	1.400	500	500	500	500	500

Über die Vertragslaufzeit werden Personalaufwendungen i. H. v. EUR 3.900 erfasst. Davon werden EUR 900 (6 * EUR 150) für die Aufstockungsbeträge sofort in 2011 erfasst und beginnend in 2011 in den Folgejahren verbraucht. Der in 2011 zu erfassende Personalaufwand beträgt EUR 1.400 (Aufstockungsbeträge EUR 900 + Gehalt EUR 500). Ein Erfüllungsrückstand entsteht in dieser Variante nicht.

Die jeweiligen Buchungssätze (in EUR) in den jeweiligen Jahren sind wie folgt:

1.1.2011: Bildung der Rückstellung für Aufstockungsbeträge

| Per Personalaufwand 900 | an Rückstellung für Aufstockungsbeträge 900 |

31.12.2011 bis 31.12.2016: Buchung der laufenden Gehaltszahlungen und Inanspruchnahme der Rückstellung für Aufstockungsbeträge

| Per Personalaufwand 500 | an Bank 500 |
| Per Rückstellung für Aufstockungsbeträge 150 | an Bank 150 |

Vorgehensweise nach IAS 19R

Das IASB hat am 16.6.2011 Änderungen des IAS 19 *Leistungen an Arbeitnehmer* (IAS 19R) veröffentlicht und die Abgrenzung von Abfindungsleistungen zu Entgelten für Erbringung zukünftiger Arbeitnehmerleistungen präzisiert. Nach IAS 19R.162(a) handelt es sich bei den Aufstockungsleistungen regelmäßig nicht mehr um Leistungen aus Anlass der Beendigung des Arbeitsverhältnisses (*termination benefits*), sondern um andere langfristig fällige Leistungen an Arbeitnehmer (*other long-term employee benefits*), da sie nicht aus Anlass der Beendigung des Arbeitsverhältnisses gewährt werden, sondern von der Erbringung zukünftiger Arbeitsleistungen abhängen.

In der Variante A (Blockmodell) sind die Aufstockungsbeträge von EUR 450 (3 * EUR 150) während der Aktivphase ratierlich anzusammeln, da dem Mitarbeiter dieser zusätzliche Betrag nicht aus Anlass der Beendigung des Arbeitsverhältnisses gewährt wird. Denn gerade im Rahmen seiner Aktivphase erbringt der Mitarbeiter noch Arbeitsleistungen. Demzufolge ist künftig auch für Aufstockungsbeträge, die in der Passivphase gewährt werden, in der Aktivphase eine Rückstellung für den resultierenden Erfüllungsrückstand ratierlich anzusammeln. Somit kommt es zukünftig[784] zum Gleichlauf der bilanziellen Behandlung der Aufstockungsbeträge und des Erfüllungsrückstandes.

Der Personalaufwand und die Entwicklung der Rückstellung für einen Mitarbeiter (getrennt nach Erfüllungsrückstand und Aufstockungsbeträge) stellen sich in den einzelnen Jahren wie folgt dar (in EUR):

IAS 19R	Aktive Phase			Passive Phase		
	2011	2012	2013	2014	2015	2016
Erfüllungsrückstand	500	1.000	1.500	1.000	500	0
Aufstockungsbeträge	150	300	450	300	150	0
Rückstellung gesamt	650	1.300	1.950	1.300	650	0
Personalaufwand	1.300	1.300	1.300	0	0	0

Auch unter Anwendung des IAS 19R werden über die Vertragslaufzeit Personalaufwendungen i. H. v. insgesamt EUR 3.900 erfasst. Die Aufstockungsbeträge für die passive Phase i. H. v. EUR 450 (3 * EUR 150) werden ratierlich über die Aktivphase angesammelt. Für den Erfüllungsrückstand von EUR 1.500 (3 * EUR 500) erfolgt ebenfalls eine ratierliche Ansammlung über die Aktivphase. Der in 2011 zu erfassende Personalaufwand beträgt somit EUR 1.300 (Aufstockungsbeträge EUR 150 + gezahlte Vergütung EUR 650 + Erfüllungsrückstand EUR 500).

---

[784] IAS 19R ist für Geschäftsjahre, die am oder nach dem 1.1.2013 beginnen, anzuwenden.

Die Buchungssätze (in EUR) in den jeweiligen Jahren sind wie folgt:
31.12.2011 bis 31.12.2013: Buchung der laufenden Gehaltszahlungen, Zuführung zur Rückstellung für Erfüllungsrückstand und Aufstockungsbeträge

Per Personalaufwand 650	an Bank 650
Per Personalaufwand 500	an Rückstellung für Erfüllungsrückstand 500
Per Personalaufwand 150	an Rückstellung für Aufstockungsbeträge 150

31.12.2014 bis 31.12.2016:

Per Rückstellung für Erfüllungsrückstand 500	an Bank 500
Per Rückstellung für Aufstockungsbeträge 150	an Bank 150

Im Kontinuitätsmodell (Variante B) wird keine Rückstellung mehr für den Aufstockungsbetrag gebildet. Stattdessen werden nach IAS 19R die periodischen Zahlungen an den Arbeitnehmer i. H. v. EUR 650 als Personalaufwand erfasst, insgesamt also EUR 3.900 über den 6-Jahreszeitraum.

<u>Zu Frage 2</u>: Wie wirken sich die Änderungen des IAS 19R im Zeitpunkt des Übergangs aus?

Die Erstanwendung des IAS 19R ist ein *change in accounting policy*, der nach den Grundsätzen der Übergangsvorschrift des IAS 19R.173(a) i. V. m. IAS 8 retrospektiv abzubilden ist. Nach IAS 19R.172 ist der Standard für Geschäftsjahre, die am oder nach dem 1.1.2013 beginnen, anzuwenden. Eine vorzeitige Anwendung des Standards ist jedoch möglich. Auf Grund der retrospektiven Anwendung des neuen IAS 19 sind in 2013 Anpassungsbuchungen vorzunehmen, um die Posten in der Bilanz und in der Gewinn- und Verlustrechnung retrospektiv so darzustellen, als ob IAS 19R immer schon, insb. in der Vergleichsperiode, die am 1.1.2012 beginnt, angewandt worden wäre.

In beiden Varianten werden über die Vertragslaufzeit Personalaufwendungen von EUR 3.900 erfasst. Davon werden in Variante A (Blockmodell) nach IAS 19 bereits EUR 1.900 zum 31.12.2011 erfasst, während nach IAS 19R nur EUR 1.300 erfasst werden müssen, d. h. das Vorjahresergebnis ist um EUR 600 (EUR 1.900 − EUR 1.300) niedriger. Infolge der vollständigen Erfassung der Aufstockungsbeträge nach IAS 19 in 2011 ist die Rückstellung für die Aufstockungsbeträge zum 31.12.2012 gegenüber einer Bilanzierung nach IAS 19R um EUR 300 (EUR 600 − EUR 300) entsprechend höher.

Der Buchungssatz für die Anpassung der Vorjahreszahlen in Variante A lautet somit (in EUR):

Per Rückstellung für Aufstockungsbeträge 300 und Personalaufwand 300	an Retained Earnings 600

In <u>Variante B</u> (Kontinuitätsmodell) kommt es im Vergleich von IAS 19 und IAS 19R zu gar keiner Rückstellungsbildung mehr. Die Gehaltszahlungen werden im jeweiligen Jahr als Personalaufwand erfasst. Zum 31.12.2012 besteht nach IAS 19 eine Rückstellung für die Aufstockungsbeträge von EUR 600, die bei Anwendung von IAS 19R nicht gebildet worden wäre. Damit ist diese Rückstellung im Übergangszeitpunkt auf IAS 19R vollständig aufzulösen, und das Ergebnis für 2012 ist um EUR 150 (EUR 650 – EUR 500) zu niedrig und entsprechend anzupassen.

Damit ist der in Vorjahren zu viel erfasste Personalaufwand von EUR 750 (EUR 1.400 – EUR 650) wie folgt in den Vorjahreszahlen anzupassen (in EUR):

Per Rückstellung für Aufstockungsbeträge 600 und Personalaufwand EUR 150	an Retained Earnings 750

Zu Frage 3: Ist eine dritte Bilanz nach IAS 1 erforderlich?

Der *change in accounting policy* i.S.d. IAS 8.14(a) führt zu einer notwendigen Anpassung des Vorjahres (IAS 8.19(a)), da IAS 8.22 grundsätzlich eine rückwirkende Anwendung vorsieht. Die rückwirkenden Änderungen umfassen damit sowohl die Vorjahresauswirkungen zum 31.12.2012 als auch den Abschluss zum 1.1.2012 (=Beginn der frühesten Vergleichsperiode) gem. IAS 1.10, .39. Zum vollständigen Abschluss gehört daher eine dritte Bilanz.

Fraglich ist, ob stets eine dritte Bilanz erforderlich ist, um die rückwirkende Änderung darzustellen. In den IFRS sind hierzu keine einschlägigen Regelungen enthalten. In der Literatur wird gefordert, dass die Aufstellung einer dritten Bilanz aufgrund von allgemeinen Wesentlichkeitsüberlegungen erfolgen soll.[785] Danach ist die Darstellung einer dritten Bilanz erforderlich, wenn eine wesentliche Auswirkung in der Bilanz der frühesten Vergleichsperiode (hier also zum 1.1.2012) besteht bzw. wenn dem Bilanzleser

---

[785] Vgl. KPMG, Insights[9], Tz. 2.8.80.20 und Tz. 2.1.35.30 hinsichtlich der Anforderungen des IAS 1.10, .39.

zusätzliche Informationen gegeben werden, die nicht schon aus den vorangegangenen Abschlüssen ersichtlich gewesen wären.

> Zu Frage 4: Wie wirken sich die Änderungen des IAS 19R auf die Erfassungen von Aufstockungsbeträgen für potenzielle bzw. zukünftige Altersteilzeitvereinbarungen aus?

Bisherige Vorgehensweise
Sieht der Tarifvertrag oder eine Betriebsvereinbarung für den Fall, dass eine bestimmte Anzahl potenzieller Anspruchsberechtigter die Altersteilzeitregelungen in Anspruch genommen hat, eine Ablehnungsmöglichkeit des Arbeitgebers vor, ist die Passivierung der Verpflichtungen auf die Zahl der Anspruchsberechtigten begrenzt, für die der Arbeitgeber keine Ablehnungsmöglichkeit hat (sog. Deckelung). Dies gilt jedoch nur insoweit, als der Arbeitgeber den Kreis der Begünstigten nicht freiwillig ausweitet und somit kein unentziehbares Wahlrecht der Anspruchsberechtigten vorliegt bzw. keine nachweisbare Verpflichtung des Arbeitgebers.[786]

Neben den bereits am Bilanzstichtag bestehenden Altersteilzeitvereinbarungen (vgl. Frage 1) sind daher unter Berücksichtigung der Deckelung auch die voraussichtlich in der Zukunft entstehenden Verpflichtungen zur Zahlung von Aufstockungsbeträgen als Rückstellung (*liability*) nach IAS 19.133(b) zu erfassen.

Die Deckelung ist in der Regel so ausgestaltet, dass ein Anspruch auf Altersteilzeit ausgeschlossen ist, wenn und solange bereits ein bestimmter Prozentsatz der Beschäftigten (z.B. 4 oder 5%) von der Altersteilzeit Gebrauch macht und/oder ein bestimmter Prozentsatz der Beschäftigten eines Jahrgangs (z.B. 70% des Jahrgangs der 60-Jährigen) sich in Altersteilzeit befindet.

Vorgehensweise nach IAS 19R
Aktuelle Tarifvereinbarungen sehen weiterhin eine sog. Deckelung vor (vgl. bspw. Tarifvertrag zum flexiblen Übergang in die Rente (TV FlexÜ) der Metall- und Elektroindustrie, Baden-Württemberg). Da es sich nach IAS 19R regelmäßig nicht mehr um Leistungen aus Anlass der Beendigung eines Arbeitsverhältnisses, sondern um andere langfristig fällige Leistungen an Arbeitnehmer handelt, sind die voraussichtlich in der Zukunft entstehenden Verpflichtungen zur Zahlung von Aufstockungsbeträgen nicht mehr als Rückstellung (*liability*) anzusetzen. Es kommt erst zu einem Ansatz von Erfüllungsrückständen (Variante A), wenn der Mitarbeiter eine Altersteilzeit-

[786] Vgl. IDW RS HFA 3, Tz. 10.

vereinbarung eingegangen ist und somit auch Arbeitsleistungen in der Aktivphase erbringt. Zum 31.12.2012 nach IAS 19 gebildete Rückstellungen für voraussichtlich zukünftige Altersteilzeitvereinbarungen sind somit beim Übergang auf IAS 19R aufzulösen.

Zu Frage 5: Ändert sich mit dem IDW ERS HFA 3 n. F. die handelsrechtliche Bilanzierung?

Mit der Verabschiedung des Entwurfs einer Neufassung der IDW Stellungnahme zur Rechnungslegung »Handelsrechtliche Bilanzierung von Verpflichtungen aus Altersteilzeitregelungen (IDW ERS HFA 3 n. F.)« hat der HFA Vorschläge unterbreitet, die handelsrechtliche Bilanzierung zu ändern.

Im Unterschied zu der bisherigen Regelung, wonach Aufstockungsleistungen stets als Abfindungsverpflichtungen des Arbeitgebers angesehen wurden, ist für die Klassifizierung von Aufstockungsleistungen künftig differenziert vorzugehen. Der Entwurf der Neufassung sieht vor, im Rahmen der Einstufung der Aufstockungsbeträge danach zu unterscheiden, ob sie den Charakter einer Abfindung oder einer zusätzlichen Entlohnung aufweisen.[787]

Sofern der Vereinbarung Entlohnungscharakter zugrunde liegt und keine ausdrückliche Vereinbarung über den Zeitraum besteht, in dem die zusätzliche Entlohnung in Form der Aufstockungsbeträge erdient wird, kann künftig davon ausgegangen werden, dass dieser Zeitraum mit dem Inkrafttreten der Altersteilzeitvereinbarung beginnt und mit dem Ende der Beschäftigungsphase der Altersteilzeit endet.[788]

Zusammenfassend ergibt sich folgende bilanzielle Behandlung der Aufstockungsbeträge nach HGB im Vergleich mit IFRS:

Charakter der Aufstockungsbeträge	Bilanzielle Behandlung		
	IDW RS HFA 3: HGB und IAS 19	IDW ERS HFA 3 n. F.: nur HGB	IAS 19R
Abfindung	Vollständige Erfassung mit Abschluss der Vereinbarung	Vollständige Erfassung mit Abschluss der Vereinbarung	Siehe Fußnote[789]

787 Vgl. IDW ERS HFA 3 n. F., Tz. 6, 10.
788 Vgl. IDW ERS HFA 3 n. F., Tz. 21.
789 Nach IAS 19R.162(a) stellen Aufstockungsleistungen keine Leistungen aus Anlass der Beendigung des Arbeitsverhältnisses dar, da sie nicht aus Anlass der Beendigung des Arbeitsverhältnisses gewährt werden, sondern von der Erbringung zukünftiger Arbeitsleistungen abhängen. Das hierzu ergangene IFRIC Update kann unter http://media.ifrs.org/IFRICUpdate-Jan12.pdf abgerufen werden.

Charakter der Aufstockungsbeträge	Bilanzielle Behandlung		
	IDW RS HFA 3: HGB und IAS 19	IDW ERS HFA 3 n. F.: nur HGB	IAS 19R
Entlohnung	./.	Erfüllungsrückstand: ratierliche Ansammlung über Aktivphase	Erfüllungsrückstand: ratierliche Ansammlung über Aktivphase

Bezogen auf den obigen Sachverhalt ergibt sich folgendes Bild für die Bilanzierung nach HGB:

Charakter der Aufstockungsbeträge	Bilanzielle Behandlung nach HGB
Abfindung	Die Bilanzierung der Aufstockungsbeträge ändert sich nicht. Es ergibt sich ein Unterschied zwischen HGB und IFRS in den einzelnen Perioden. Nach HGB wird der Aufwand sofort und damit in früheren Perioden als nach IAS 19R erfasst.
Entlohnung	Abweichende Bilanzierung zur bisherigen Regelung. Es ergibt sich kein Unterschied zur Lösung nach IAS 19R.

5.1.10.4 Beihilfen

Sachverhalt

Pensionär P erhält von seinem Arbeitgeber eine monatliche Rente von EUR 1.500. Zusätzlich bekommt er eine Beihilfeleistung für Krankheitskosten von monatlich EUR 270.

Frage

Sind die im Rahmen der Versorgungszusagen bestehenden Verpflichtungen zur Zahlung von Beihilfen zu Krankheitskosten als Altersversorgungsverpflichtungen zu qualifizieren und als Rückstellungen für Pensionen und ähnliche Verpflichtungen oder als sonstige Rückstellungen zu bilanzieren?

Lösung

Nach § 1 Abs. 1 S. 1 BetrAVG liegt eine (betriebliche) Altersversorgung vor, wenn einem Arbeitnehmer Leistungen der Alters-, Invaliditäts- oder Hinterbliebenenversorgung aus Anlass seines Arbeitsverhältnisses vom Arbeitgeber zugesagt werden.

Nach ständiger Rechtsprechung des BAG gehören zu den Merkmalen einer (betrieblichen) Altersversorgung das Versprechen einer Leistung zum Zweck der Versorgung, ein den Versorgungsanspruch auslösendes Ereignis wie Alter, Invalidität oder Tod[790] sowie die Zusage an einen Arbeitnehmer durch einen Arbeitgeber aus Anlass des Arbeitsverhältnisses.

Das BAG hat sich mit Urteil vom 16.3.2010[791] mit dem Begriff der Altersversorgung beschäftigt und ist zu dem Schluss gekommen, dass der Leistungsbegriff des Betriebsrentengesetzes nicht nur Geldleistungen umfasst, sondern auch Sach- und Nutzungsleistungen, insbesondere Deputate, selbst wenn derartige Leistungen auch den aktiven Arbeitnehmern gewährt werden.[792] Somit könnten auch Beihilfeleistungen unter den Leistungsbegriff des BetrAVG subsumiert werden. Nach den Ausführungen des BAG[793] ist das leistungsauslösende Ereignis Alter, Invalidität oder Tod. Krankheit wird dagegen nicht aufgeführt. Dies wiederum könnte dafür sprechen, dass es sich bei Beihilfen nicht um Altersversorgungsverpflichtungen handelt. Hierzu ist jedoch festzuhalten, dass die versicherungsmathematische Bewertung der Beihilfeleistungen immer nur die Leistungen für den Zeitraum ab dem Rentenbeginn umfasst, wobei für jeden Berechtigten pauschal ein jährlicher Durchschnittskostensatz für Beihilfeleistungen angesetzt wird. Somit werden keine Wahrscheinlichkeiten für Krankheitsfälle verwendet, sondern jeder Berechtigte erhält in der Bewertung eine »lebenslängliche Zusatzrente« in Höhe des Durchschnittskostensatzes. Bei der Bewertung wird ferner davon ausgegangen, dass das biologische Ereignis Alter und nicht Krankheit die Beihilfeleistungen auslöst.

Dem Pensionär P kann es letztendlich egal sein, ob er eine um EUR 270 höhere Rente bekommt oder anstelle dessen eine Beihilfe für Krankheitskosten. Seine Versorgungsbezüge betragen in Summe EUR 1.770.

Auch Ellrott/Rhiel[794] zählen die Beihilfen zu Krankheitskosten zu den vorgenannten zweckgebundenen Geldleistungen. Der HFA behandelt ebenfalls die Besonderheiten der Krankheitskostenentwicklung, so dass hieraus ersichtlich wird, dass Krankheitskosten aus Sicht des HFA, sofern sie Versorgungscharakter haben, zu den Altersversorgungsverpflichtungen zählen.[795] Zudem stellt der HFA[796] klar, dass zwischen Altersversorgungsver-

---

[790] Betrifft die Versorgung der Hinterbliebenen des Mitarbeiters.
[791] Vgl. BAG 16.3.2010, 3 AZR 594/09, Rn. 24.
[792] Vgl. BAG 12.12.2006, 3 AZR 476/05, Rn. 43; BAGE 120, S. 330. Gleiche Auffassung HFA-Verlautbarung, WPG 1994, S. 26.
[793] Vgl. BAG 16.3.2010, 3 AZR 594/09, Rn. 23.
[794] Vgl. BeBiKo[8], § 249 HGB, Tz. 152.
[795] Vgl. HFA-Verlautbarung, WPg 1994, S. 27.
[796] Vgl. IDW RS HFA 30, Tz. 6.

pflichtungen und Pensionsverpflichtungen eine inhaltliche Übereinstimmung besteht.

Dementsprechend gehören Beihilfen zu Krankheitskosten als Altersversorgungsverpflichtungen zu den Pensionsverpflichtungen, die als ungewisse Verbindlichkeiten gem. § 249 Abs. 1 S. 1 HGB zu passivieren und dabei nach § 253 Abs. 1 und 2 HGB zu bewerten sowie nach § 266 Abs. 3 B.I. HGB unter den Rückstellungen für Pensionen und ähnliche Verpflichtungen (oder in einem gesonderten Posten) auszuweisen sind.[797]

Hiervon abzugrenzen sind jedoch Beihilfen für Krankheitskosten, die aktiven Arbeitnehmern gewährt werden. Für diese Beihilfen scheidet der Ansatz einer Rückstellung aus.

5.1.10.5 Vorruhestand

Sachverhalt

Die X-GmbH hat in den vergangenen Jahren die Vorruhestandsverpflichtungen als Pensionen und ähnliche Verpflichtungen in ihrer HGB-Bilanz ausgewiesen.

Frage

Können Vorruhestandsverpflichtungen mit Einführung des BilMoG weiterhin als Pensionen und ähnliche Verpflichtungen ausgewiesen werden?

Lösung

Der Gesetzgeber verwendet im Zusammenhang mit Altersversorgungsverpflichtungen unterschiedliche Begriffe. In den §§ 246 Abs. 2 S. 2 und 253 Abs. 2 S. 2 HGB kommt der Begriff »Altersversorgungsverpflichtungen oder vergleichbare langfristig fällige Verpflichtungen« zur Anwendung. In § 266 Abs. 3 B.I. HGB wird hingegen die Bezeichnung »Rückstellungen für Pensionen und ähnliche Verpflichtungen« verwendet.

Die Frage, ob es sich bei Vorruhestandsverpflichtungen um Altersversorgungsverpflichtungen oder vergleichbare langfristig fällige Verpflichtungen, Rückstellungen für Pensionen und ähnliche Verpflichtungen oder um sonstige Rückstellungen im Rahmen des § 249 Abs. 1 S. 1 HGB handelt, ist in der Literatur nicht unumstritten.

Zunächst ist festzuhalten, dass mit dem BilMoG keine Änderung der für diesen Fall einschlägigen Ausweisregelungen einhergegangen ist. Gleich-

---

[797] Vgl. auch Zwirner, WPg 2012, S. 200.

wohl wurden in der Literatur und in den zum BilMoG ergangenen Stellungnahmen des IDW Ausweisfragen und Begrifflichkeiten diskutiert.

Der HFA[798] führt in seiner Stellungnahme aus, dass zwischen Altersversorgungsverpflichtungen (§§ 246 Abs. 2 S. 2, 253 Abs. 2 S. 2 HGB) und Pensionsverpflichtungen (§ 266 Abs. 3 B.1. HGB) eine inhaltliche Übereinstimmung besteht.[799]

Versorgungscharakter

Altersversorgungs- und Pensionsverpflichtungen repräsentieren »[...] ein Versprechen bzw. eine Zusage des Arbeitgebers, dem Arbeitnehmer [...] nach dessen Ausscheiden aus dem Beruf oder aus dem Erwerbsleben in der Regel wiederkehrende Leistungen zu gewähren, die seiner Versorgung dienen sollen. Der Versorgungsanspruch muss ferner von dem Eintritt eines biologischen Ereignisses des Mitarbeiters (z.B. Alter, Tod, Invalidität) abhängig sein und seine Ursache in dem Arbeitsverhältnis haben. Altersversorgungsleistungen stellen ein zusätzliches Entgelt des Arbeitnehmers aus dem Arbeitsverhältnis dar, das auch seine Betriebstreue abgelten soll.«[800]

Altersversorgungs- und Pensionsverpflichtungen umfassen somit Verpflichtungen, die einem Arbeitnehmer aus Anlass seiner Tätigkeit für das Unternehmen zugesagt worden sind. Sie stellen insofern ein nachträgliches Entgelt für die während der Betriebszugehörigkeit erbrachten Arbeitsleistungen dar. Ob die Vorruhestandsverpflichtungen aus Anlass der Tätigkeit für das Unternehmen zugesagt worden sind, hängt von der tatsächlichen Ausgestaltung der Vereinbarung und der Zwecksetzung ab.

Vorruhestandsverpflichtungen stellen regelmäßig Vereinbarungen zur vorzeitigen Beendigung eines Arbeitsverhältnisses dar. Sie werden grundsätzlich gewährt, um älteren Arbeitnehmern einen Anreiz zu gewähren, in derartige Vereinbarungen einzuwilligen und ähnlich wie bei Altersteilzeitvereinbarungen einen gleitenden Übergang in den Ruhestand zu ermöglichen und die Versorgung dieser Arbeitnehmer bis zum Empfang von Rentenzahlungen sicherzustellen. Eine derartige Zwecksetzung bzw. Ausgestaltung von Vorruhestandsvereinbarungen wäre dem Charakter von Altersversorgungsvereinbarungen angenähert. Dies könnte dafür sprechen, Vorruhestandsverpflichtungen dem Bereich der den Altersversorgungs- und Pensionsverpflichtungen ähnlichen Verpflichtungen zuzuordnen, da ein Versorgungscharakter gegeben wäre.

798 Vgl. IDW RS HFA 30, Tz. 6.
799 Diese Auffassung vertreten auch Gelhausen/Fey/Kämpfer, Kap. C, Tz. 12.
800 Gelhausen/Fey/Kämpfer, Kap. C, Tz. 11.

Als mit den Altersversorgungsverpflichtungen vergleichbare langfristig fällige Verpflichtungen werden Altersteilzeitverpflichtungen sowie Verpflichtungen aus Lebensarbeitszeitkonten genannt; hierunter sind auch Vorruhestandsgelder zu subsumieren.[801] Die vom Gesetzgeber genannten Beispiele für Verpflichtungen, die denen aus Altersversorgungszusagen ähneln, zeichnen sich dadurch aus, dass der Leistungsfall in der Regel nach Beendigung der aktiven Beschäftigungsphase eines Mitarbeiters eintritt und die Zahlungen seiner Versorgung bis zum Bezug der Altersrente dienen (Versorgungscharakter).[802] Diese Auffassung vertreten auch Küting/Pfitzer/Weber. Sie führen aus, dass Vorruhestandsleistungen im Zusammenhang mit der Pensionierung bzw. unmittelbar vor der Pensionierung gewährt werden und aus diesem Grund den ähnlichen Verpflichtungen zuzuordnen sind.[803]

Ausschlaggebend für eine mögliche Zuordnung von Vorruhestandsverpflichtungen in den Bereich der den Altersversorgungsverpflichtungen vergleichbaren Verpflichtungen ist die Tatsache, dass die zugesagten Zahlungen tatsächlich der Versorgung der Arbeitnehmer dienen müssen.

Abfindungscharakter

In Abhängigkeit von der konkreten Zwecksetzung und Ausgestaltung einer Vorruhestandsvereinbarung kann allerdings auch der Abfindungscharakter überwiegen. Mit einer Vorruhestandsvereinbarung wird das Arbeitsverhältnis vor Erreichen des Rentenalters beendet. In diesem Punkt unterscheiden sich Vorruhestandsvereinbarungen von Altersteilzeitregelungen, bei denen das Arbeitsverhältnis auch in der Passivphase aufrechterhalten wird. In der Praxis dienen Vorruhestandsvereinbarungen häufig als Alternative zu Aufhebungsverträgen, Altersteilzeitregelungen oder Kündigungen, weshalb der Abfindungscharakter der Vorruhestandszahlungen den Gedanken der Versorgung verdrängen kann. Vorruhestandsgeld wird in diesem Fall nicht für die in dem Unternehmen in der Vergangenheit erbrachten Dienstleistungen, sondern für das vorzeitige Verlassen des Unternehmens gezahlt. Diese Auffassung vertritt auch der HFA: »Ziel des Vorruhestandsgeldes ist es – anders als bei betrieblichen Pensionen – den Arbeitnehmer zum vorzeitigen Ausscheiden aus dem Unternehmen zu bewegen.«[804]

Zusammenfassend lässt sich somit festhalten, dass der Ausweis von Vorruhestandsverpflichtungen als Rückstellungen für Pensionen und ähnliche Verpflichtungen oder als sonstige Rückstellungen von der konkreten Zweck-

---

801 Vgl. IDW RS HFA 30, Tz. 8.
802 Vgl. Gelhausen/Fey/Kämpfer, Kap. C, Tz. 14.
803 Vgl. HdR⁵, § 249 HGB, Tz. 608.

804 HFA, WPg 1984, S. 332. Vgl. auch BeBiKo⁸, § 249 HGB, Tz. 154, der sich ebenfalls dieser Sichtweise anschließt.

setzung und Ausgestaltung der jeweiligen Vorruhestandsvereinbarung abhängt. Die Abgrenzung zwischen Versorgungsleistungen und Abfindungszahlungen kann im Einzelfall fließend sein.[805]

Aus diesem Grund ist der wirtschaftliche Gehalt der im jeweiligen Einzelfall vorliegenden Vorruhestandsvereinbarung zu analysieren. Überwiegt der Vorsorgecharakter, ist der Ausweis der Verpflichtungen unter dem Bilanzposten »Rückstellungen für Pensionen und ähnliche Verpflichtungen« (§ 266 Abs. 3 B.1. HGB) nicht zu beanstanden. Überwiegt der Abfindungscharakter der Vereinbarung, erfolgt der Ausweis unter den »Sonstigen Rückstellungen«.

5.1.10.6 Lebensarbeitszeitkonten

Sachverhalt

Die Z-AG hat mit ihren Mitarbeitern eine Betriebsvereinbarung zur Umwandlung von Bezügen und Freizeitansprüchen zum Aufbau von Wertguthaben für bezahlte Freistellungen (sog. Lebensarbeitszeitkonten) geschlossen. Die Z-AG richtet für die aus der Umwandlung finanzierten Beiträge für jeden Mitarbeiter ein persönliches Lebensarbeitszeitkonto ein. Die Wertguthaben werden mit einem Mindestzinssatz verzinst.

Das Guthaben dient zur Finanzierung einer bezahlten vollständigen oder teilweisen Freistellung von der Arbeitsleistung bis zum Bezug einer Altersrente aus der gesetzlichen Rentenversicherung (zur Lebensarbeitszeitverkürzung), zur Verkürzung der Arbeitsphase von Altersteilzeit im Blockmodell oder zur Finanzierung einer Freistellung bei Pflege- und Elternzeit.

Die gesetzliche Insolvenzsicherungspflicht zur Erfüllung der Leistungen aus dem Wertguthaben erfolgt über die Einrichtung und Durchführung einer doppelstöckigen Treuhand (Vermögens- und Sicherungstreuhand).

Frage
Wie sind Lebensarbeitszeitkonten zu bilanzieren (HGB und IFRS)?

Lösung
HGB
Ansatz
Rückstellungen für ungewisse Verbindlichkeiten sind anzusetzen, wenn

---

[805] Vgl. Gelhausen/Fey/Kämpfer, Kap. C, Tz.15.

(a) rechtlich oder wirtschaftlich verursachte Außenverpflichtungen des Unternehmens sicher oder wahrscheinlich bestehen und
(b) mit der Inanspruchnahme durch den Berechtigten zu rechnen ist und
(c) weder eine Aktivierungspflicht hinsichtlich der künftigen Ausgaben noch ein Passivierungsverbot besteht.

Zwischen dem Arbeitgeber und Arbeitnehmer wurde eine freiwillige Betriebsvereinbarung über Lebensarbeitszeitkonten[806] geschlossen. Dies soll dem Arbeitnehmer ermöglichen, vorzeitig in den Ruhestand zu gehen und damit eine Freistellung von der Arbeitsleistung bis zum unmittelbaren Bezug der Rente aus der gesetzlichen Rentenversicherung zu erhalten.

Wird das Entgelt nicht kongruent zur Leistung ausbezahlt, besteht insofern eine rechtlich verursachte Außenverpflichtung des Arbeitgebers gegenüber dem Arbeitnehmer. Vereinbarungen zwischen Arbeitnehmer und Arbeitgeber darüber, dass Entgeltbestandteile nicht zeitkongruent zur Erbringung der Arbeitsleistung ausbezahlt werden, sondern erst zu einem späteren Zeitpunkt, führen dazu, dass der Arbeitgeber mit der Erfüllung seiner Entgeltverpflichtung in Rückstand gerät (Erfüllungsrückstand).[807]

Mit einer Inanspruchnahme durch den Arbeitnehmer ist sicher zu rechnen. Das Merkmal ist damit erfüllt.

Da weder ein Passivierungsverbot besteht noch eine Aktivierungspflicht hinsichtlich der künftigen Ausgaben, ist eine Rückstellung für ungewisse Verbindlichkeiten nach § 249 Abs. 1 S. 1 Nr. 1 1. Alt. HGB anzusetzen.

Bewertung
Rückstellungen sind gem. § 253 Abs. 1 S. 2 HGB in Höhe des nach vernünftiger kaufmännischer Beurteilung notwendigen Erfüllungsbetrags anzusetzen. Dieser setzt sich zusammen aus:
- vom Arbeitnehmer in das Arbeitszeitkonto eingebrachte Lohn- und Gehaltsbestandteile und
- vom Arbeitgeber zugesagte feste (garantierte) Verzinsung der Guthaben.

Gem. IDW RS HFA 30, Tz. 8 sind die Regelungen für wertpapiergebundene Versorgungszusagen auch anwendbar auf mit Altersversorgungsverpflichtungen vergleichbare langfristig fällige Verpflichtungen, insbesondere auf Verpflichtungen des Bilanzierenden aus Zeitwertkonten.[808] Diese sind abweichend zu den allgemeinen Grundsätzen (§ 253 Abs. 1 S. 2 HGB) nach

---

806 Zu detaillierten Ausführungen zu Arbeitszeitkonten vgl.
  Ries, WPg, 2010, S. 811 ff.
807 Vgl. IFRS², IAS 19, Tz. 163.
808 Vgl. auch Ries, WPg, 2010, S. 818, 820.

§ 253 Abs. 1 S. 3 HGB zu bewerten. Die handelsrechtliche Rückstellungshöhe bestimmt sich dann nach dem Zeitwert der Wertpapiere, mit denen die Lebensarbeitszeitkonten unterlegt sind, soweit er einen garantierten Mindestbetrag übersteigt. Das heißt, die Wertansätze der Wertpapiere und der betreffenden Versorgungsverpflichtungen korrespondieren so lange, wie der beizulegende Zeitwert der Wertpapiere eine zugesagte Mindestleistung übersteigt. Der garantierte Mindestbetrag ist als Erfüllungsbetrag der Garantieleistungen anzusehen.[809]

Die Erfüllung der Verpflichtungen aus den Lebensarbeitszeitkonten erfolgt mittels einer doppelstöckigen Treuhandkonstruktion (CTA). Annahmegemäß erfüllt diese Konstruktion die Anforderungen an das Vorliegen von Deckungsvermögen nach § 246 Abs. 2 HGB. Deckungsvermögen ist nach § 253 Abs. 1 S. 4 HGB mit dem beizulegenden Zeitwert zu bewerten. Soweit sich der gedeckte Verpflichtungsumfang ausschließlich nach dem beizulegenden Zeitwert richtet, sind sowohl die Rückstellung für Wertkonten als auch die dazugehörigen Vermögensgegenstände mit diesem Wert anzusetzen.[810]

Erfüllen Vermögensgegenstände die Voraussetzungen des § 246 Abs. 2 S. 2 HGB, sind diese nicht mehr auf der Aktivseite der Bilanz auszuweisen, sondern zwingend mit den Verpflichtungen, deren Ausfinanzierung sie dienen, zu saldieren.

Anhang
Im Anhang sind gem. § 285 Nr. 25 HGB die Anschaffungskosten und der beizulegende Zeitwert der verrechneten Vermögensgegenstände sowie der Erfüllungsbetrag der verrechneten Schulden aus den Wertkonten anzugeben. Unter den Voraussetzungen des § 246 Abs. 2 S. 2 HGB sind auch Aufwendungen und Erträge im Zusammenhang mit dem Deckungsvermögen und den dazugehörigen Verpflichtungen aus Wertkonten zu saldieren. Die saldierten Aufwendungen und Erträge sind im Anhang gesondert anzugeben (§ 285 Nr. 25 HGB).[811]

IFRS
Ansatz
Aus der Betriebsvereinbarung ergibt sich der Zweck der Lebensarbeitszeitkonten: Grundsätzlich wird den Mitarbeitern eine vorzeitige Freistellung von der Arbeitsleistung bis zum Bezug der Altersrente aus der gesetzlichen

---
[809] Vgl. zur Bilanzierung von wertpapiergebundenen Altersversorgungszusagen Abschn. 4.3.5.
[810] Vgl. § 253 Abs. 1 S. 3 HGB.
[811] Vgl. auch Abschn. 4.4.5.

Rentenversicherung gewährt; d.h. bei diesem Modell kehrt der Arbeitnehmer nach Ablauf der Freistellung nicht mehr an seinen Arbeitsplatz zurück, sondern geht nahtlos in den gesetzlichen Ruhestand über. Daher liegen Leistungen an Arbeitnehmer vor, die gem. IAS 19.7 vom Unternehmen nach Beendigung des Arbeitsverhältnisses zu zahlen sind. Sie stellen somit analog zu Altersteilzeitvereinbarungen *post-employment benefits* dar. Dieser Einschätzung steht § 7 SGB IV auf Grund der aus bilanzieller Sicht maßgeblichen wirtschaftlichen Betrachtungsweise nicht entgegen, auch wenn nach § 7 SGB IV das Arbeitsverhältnis rechtlich während der Vorruhestandsfreistellung fortbesteht.

Bei den geregelten Ausnahmen (z.B. befristete Pflegezeit für nahe Angehörige) würden demzufolge eher *other long-term employee benefits* vorliegen[812], da nach einer gewissen Freistellungsphase der Mitarbeiter wieder an seinen Arbeitsplatz zurückkehrt.

Bewertung

Aufgrund der Mindestverzinsungszusage des Arbeitgebers liegt im Sachverhalt ein leistungsorientierter Plan vor und die DBO ist zu ermitteln. Es stellt sich die Frage, ob die Ermittlung des Barwerts der leistungsorientierten Verpflichtung unter Zugrundelegung der *projected unit credit method* erfolgt oder in Analogie zum HGB die Verpflichtung zum beizulegenden Zeitwert des Wertguthabens bewertet wird.

Für Letzteres spricht, dass die Höhe der Leistungen an die Arbeitnehmer (Gewährung der bezahlten Freistellung) von der Rendite des Investmentfonds abhängt und somit vom beizulegenden Zeitwert der Wertguthaben. Dabei ist aber zu beachten, dass durch die gesetzliche Verpflichtung zur Garantie des eingebrachten Kapitals eine Mindestverpflichtung des Arbeitgebers in Höhe des auf den Bilanzstichtag abgezinsten Nominalbetrags des eingebrachten Kapitals besteht. Für die Zulässigkeit der Bewertung der Verpflichtung zum beizulegendem Zeitwert der Wertguthaben spricht außerdem, dass die Methode der Fair-Value-Bewertung im vorliegenden Fall nicht im grundsätzlichen Widerspruch zur versicherungsmathematischen Bewertung der DBO nach der *projected unit credit method* nach IAS 19 steht.

Beiden Verfahren ist gemeinsam, dass sie die Cashflows bestimmten Zeiträumen zuordnen und auf den Bewertungsstichtag abzinsen. Diese erwarteten künftigen Cashflows können im Rahmen der Bewertung des Planvermögens bzw. der Bewertung der DBO als gesonderte *unit* angesehen werden (vgl. *projected unit credit method*). Aus der Tatsache, dass sowohl bei der

---

812 Vgl. IAS 19.126 ff.

Fair-Value-Bewertung als auch bei der DBO-Bewertung gesonderte *units* betrachtet werden, ergibt sich eine methodische Entsprechung.

Sowohl die Fair-Value-Bewertung des Planvermögens als auch die *projected unit credit method* operieren mit einem Abzinsungssatz (bei Planvermögen jedenfalls dann, wenn kein Marktwert verfügbar ist). Diese Abzinsungssätze sind grundsätzlich unterschiedlich, da nach IAS 19.78 die Abzinsung der Verpflichtung auf der Grundlage von Renditen zu erfolgen hat, die am Bilanzstichtag für erstrangige, festverzinsliche Industrieanleihen am Markt erzielt werden.

Dagegen hat der Abzinsungssatz nach IAS 19.102 zur Bewertung des Planvermögens u.a. Risiken, die mit dem Planvermögen verbunden sind, zu berücksichtigen. Diese Risikoanpassung fehlt im Modell der *projected unit credit method*, vgl. IAS 19.79. Andererseits besteht auch für die Bewertung der DBO die Absicht des IASB, einen verlässlichen Indikator für die mit der Verpflichtung verbundenen Risiken als Abzinsungssatz zu nehmen.[813] Wenn jedoch nach beiden Methoden (Fair-Value-Bewertung und DBO-Bewertung) letztlich die mit dem Bewertungsobjekt verbundenen Risiken abgebildet werden sollen, kann dann, wenn sich die Höhe der Verpflichtung auf Grund der Verträge nach der Höhe des Vermögens richtet, auch der Abzinsungssatz für die Bewertung des Vermögens als verlässlicher Indikator für die Risiken der Verpflichtung angesehen werden.

Daher kann nach unserer Auffassung für die Bewertung der DBO statt des Barwerts der Verpflichtung nach der *projected unit credit method* auch der Zeitwert des Wertguthabens angesetzt werden. Auf Grund der durch den Arbeitgeber garantierten Mindestverzinsung ist die Verpflichtung mindestens in Höhe des garantierten Betrags zu bewerten.

Von dem Vorliegen von Planvermögen kann bei einer doppelstöckigen Treuhand ausgegangen werden. Das nach IAS 19.102 ff. bewertete Planvermögen ist somit von der leistungsorientierten Verpflichtung nach IAS 19.54(d) abzuziehen.

---

[813] Vgl. IAS 19.BC31 S. 1.

5.1.11 Prüfungskosten/Jahresabschlusskosten

Sachverhalt

Die X-GmbH erfüllt die Größenkriterien des § 267 Abs. 3 HGB. Im Rahmen der Aufstellung des Jahresabschlusses kommt die Frage auf, ob Rückstellungen für interne Jahresabschlusskosten zu bilanzieren sind. Der Leiter Finanzen/Rechnungswesen geht davon aus, dass ca. 100 Überstunden für die Mitarbeiter in der Buchhaltung und zwei Zeitarbeitskräfte für einen Monat zusätzlich anfallen werden.

Frage

Sind Rückstellungen für interne Jahresabschlusskosten nach HGB und IFRS zu bilanzieren?

Lösung

HGB

Ansatz

Sofern eine gesetzliche Prüfungspflicht besteht, handelt es sich immer um eine Rückstellung für ungewisse Verbindlichkeiten gem. § 249 Abs. 1 S. 1 HGB, deren Bildung verpflichtend ist[814], selbst wenn die Bestellung des Abschlussprüfers erst nach dem Bilanzstichtag erfolgt.

Bei einer freiwilligen Prüfung des Jahresabschlusses führt die Bestellung zur Prüfung des Jahresabschlusses zu einer ungewissen Verbindlichkeit, wenn die Bestellung vor dem Bilanzstichtag erfolgt ist.

Bewertung

Die Bewertung der Rückstellung erfolgt nach den Grundsätzen des § 253 Abs. 1 S. 2 HGB, d.h. in Höhe des nach vernünftiger kaufmännischer Beurteilung notwendigen Erfüllungsbetrags. Dies schließt auch die voraussichtlich zukünftigen Preis- und Kostensteigerungen mit ein, insofern sie auf begründeten Erwartungen und hinreichend objektiven Hinweisen beruhen. Der nominale Verpflichtungsbetrag muss dabei sämtliche anfallenden internen Aufwendungen umfassen, d.h. der Ansatz erfolgt zu Vollkosten.[815] Dazu gehören bspw. durch die Prüfung direkt verursachte interne Einzelkosten oder die an Dritte für die gleiche Leistung zu bezahlenden Beträge[816], nicht jedoch allgemeine Verwaltungskosten.

---

814 Vgl. ADS[6], § 249 HGB, Tz. 49.
815 Vgl. IDW RS HFA 4, Tz. 35.
816 Vgl. IDW RH HFA 1.009, Tz. 8.

Eine Abzinsung nach § 253 Abs. 2 HGB ist regelmäßig nicht erforderlich, da Aufstellung und Prüfung eines Jahresabschlusses innerhalb eines Jahres nach dem Bilanzstichtag erfolgen. Der Bilanzierende kann allerdings von dem Abzinsungswahlrecht für kurzfristige Rückstellungen Gebrauch machen.[817]

IFRS
Ansatz
IAS 37 definiert eine Rückstellung als Verbindlichkeit mit unsicherem zeitlichen Eintritt oder unsicherer Höhe (IAS 37.10). Diese ist dann passivierungspflichtig, wenn die folgenden drei Bedingungen kumulativ erfüllt sind (IAS 37.14):
(a) Das Unternehmen hat eine gegenwärtige (rechtliche oder faktische) Verpflichtung als Folge früherer Ereignisse.
(b) Es ist wahrscheinlich, dass ein Abfluss von Ressourcen notwendig ist, um die Verpflichtung zu begleichen.
(c) Es ist eine zuverlässige Schätzung des Betrags möglich, der zur Erfüllung der Verpflichtung benötigt wird.

IAS 37.14 verlangt das Vorliegen einer rechtlichen oder faktischen Verpflichtung aufgrund vergangener Ereignisse. IAS 37.18-19 präzisieren das Erfordernis eines vergangenen Ereignisses dahingehend, dass die Verpflichtung unabhängig von der künftigen Geschäftstätigkeit des Unternehmens bestehen muss.

Sofern der Bilanzierende aufgrund gesetzlicher Regelungen zur Aufstellung, Prüfung und Veröffentlichung von Konzernabschlüssen verpflichtet ist, handelt es sich um eine öffentlich-rechtliche Verpflichtung. Diese Verpflichtung entsteht mit Ablauf der Periode, für die der Abschluss aufgestellt wird. Nach IFRS ist im Umfang dieser öffentlich-rechtlichen Verpflichtung eine Rückstellung zu bilden (IAS 37.14).

Die Aufstellung, Prüfung und Veröffentlichung des Jahresabschlusses bzw. Konzernabschlusses wird auch zum Abfluss ökonomischer Ressourcen führen. Die Möglichkeit einer zuverlässigen Schätzung der zu erwartenden Beträge ist regelmäßig gegeben. Daher ist eine Rückstellung für die Kosten der Aufstellung, Prüfung und Veröffentlichung des Jahres- bzw. Konzernabschlusses zu bilden.[818]

Bewertung
Bei der Bewertung ist insbesondere zu klären, inwieweit auch interne Jahresabschlusskosten einzubeziehen sind. Der zurückgestellte Betrag muss

---
817 Vgl. Abschn. 2.2.4.2.
818 Vgl. ADS International, Abschn. 18, Tz. 121 f.

die bestmögliche Schätzung der zur Erfüllung der gegenwärtigen Verpflichtung am Bilanzstichtag erforderlichen Ausgaben darstellen (IAS 37.36). Im Fall einer wesentlichen Auswirkung von Zinseffekten ist die Rückstellung in Höhe des Barwerts der erwarteten Ausgaben anzusetzen (IAS 37.45).

Das bedeutet, dass für die Bewertung der Rückstellung zunächst alle voraussichtlich anfallenden externen Kosten anzusetzen sind, sofern sie die gesetzliche Verpflichtung betreffen. Zusätzliche freiwillige Aufwendungen, die über eine gesetzliche Verpflichtung hinausgehen, z.B. weitere Veröffentlichungen oder die zusätzliche Aufstellung freiwilliger Abschlüsse sind nicht erfasst.

Für die Einbeziehung interner Kosten sind gesonderte Überlegungen anzustellen. Nach herrschender Meinung sind neben Einzel- auch Gemeinkosten in die Rückstellung einzubeziehen, sofern sie der Verpflichtung zurechenbar sind. Hierbei ist es notwendig, dass die Kosten zusätzlich aufgrund der öffentlich-rechtlichen Verpflichtung entstehen. Allgemeine Verwaltungskosten können wie unter HGB nicht berücksichtigt werden. In Betracht kommen danach z.B. Kosten für Personalressourcen, die nur wegen der Aufstellungspflicht vorgehalten werden müssen, z.B. Kosten für Teilzeitkräfte oder gesondert vergütete abschlussbezogene Überstunden.[819] Die Prüfung, ob diese Aufwendungen tatsächlich zusätzlich anfallen, ist sehr sorgfältig vorzunehmen. Interne Kosten sind (anders als nach HGB) nur in der Höhe anzusetzen, in der sie über die allgemeinen Verwaltungskosten hinaus für die Aufstellung der Abschlüsse und zur Unterstützung der Prüfung entstehen.

5.1.12 Rechtsstreitigkeiten/Prozesskosten

Sachverhalt

Fall 1

Die Z-GmbH vertreibt Pharmaprodukte. Ihr droht im Dezember 2012 eine Klage des A wegen Schadensersatz infolge einer Patentverletzung. Für die drohenden Prozesskosten hat die Z-GmbH zum 31.12.2012 (Bilanzstichtag) eine Rückstellung i.H.v. EUR 1,0 Mio. gebildet (Anwalts- und Gerichtskosten EUR 0,2 Mio. sowie Schadensersatzzahlungen EUR 0,8 Mio.). Einen Anwalt hat die Z-GmbH noch nicht beauftragt. Die Ge-

---

[819] Vgl. ADS International, Abschn. 18, Tz. 66f., 125; KPMG, Insights[9], Tz. 3.12.180ff.

schäftsführung der Z-GmbH rechnet mit einer hohen Wahrscheinlichkeit damit, dass EUR 0,8 Mio. auch an A gezahlt werden müssen.

Fall 2

Die Y-GmbH produziert und vertreibt Bohrmaschinen im Profibereich exklusiv im Fachhandel. Die Bohrmaschinen werden nicht im Baumarkt verkauft und sind somit für Privatpersonen nicht erhältlich. B ist selbstständiger Dachdeckermeister und hat für diese Zwecke Bohrmaschinen der Y-GmbH erworben. Gleichzeitig hat B als Privatperson eine Vielzahl dieser Bohrmaschinen unzulässigerweise bei eBay versteigert. Daraufhin hat die Y-GmbH den B auf Schadensersatz und künftige Unterlassung verklagt. Die Y-GmbH hat einen Anwalt beauftragt, der bereits in 2012 tätig geworden ist und für seine anwaltliche Beratung ein Honorar von TEUR 50 abgerechnet hat. Die Rechnung ist am 2.1.2013 bei der Y-GmbH eingegangen. Die Kosten für die anwaltliche Beratung für 2013 schätzt die Y-GmbH auf TEUR 100. Die Rechnung der Gerichtskasse i. H. v. TEUR 5 wurde zum Stichtag bereits beglichen.

Frage
Sind zum 31.12.2012 Rückstellungen anzusetzen (HGB und IFRS)?

Lösung
Die bilanzielle Behandlung von Prozesskosten ist von der Eingruppierung der Prozesse in Aktiv- und Passivprozesse abhängig.

Aktivprozesse	Die Y-GmbH ist Kläger, d.h. sie verklagt B (Fall 2).
Passivprozess	Die Z-GmbH ist Beklagte im Prozess, d.h. sie wird von A verklagt (Fall 1).

Grundsätzlich sind alle Kosten, die im Zusammenhang mit einem Prozess (Prozessvorbereitung bzw. -durchführung) entstehen, mit in die Rückstellungen einzubeziehen. Dazu gehören regelmäßig:

- Gerichtskosten,
- Anwaltskosten,
- Kosten der Sachverständigen, Gutachter, Zeugen,
- Fahrtkosten,
- Kosten für die Beschaffung von Beweismaterial und
- Prozesszinsen.[820]

---

[820] Vgl. ADS International, Abschn. 18, Tz. 168; BeBiKo[8], § 249 HGB, Tz. 100 (Prozesskosten); Haufe-HGB[2], § 249 HGB, Tz. 288.

Bei Aktivprozessen beschränkt sich die Rückstellungsbildung auf die Kosten bereits eingeleiteter Verfahren, da der Gegner es bei für ihn aussichtsloser Lage nicht auf einen Prozess ankommen lassen würde.[821] Bei Passivprozessen sind die Prozesskosten und die wahrscheinlichen Schadensersatz- oder Sanktionsverpflichtungen zu passivieren.[822]

Bei Vorliegen einer Rechtsschutzversicherung scheidet die Bildung einer Rückstellung insoweit aus, wie die Kosten durch diese Rechtsschutzversicherung gedeckt sind.[823]

Fall 1

HGB

Da der Z-GmbH eine Klage droht, liegt ein Passivprozess vor. Eine Rückstellung für ungewisse Verbindlichkeiten ist gem. § 249 Abs. 1 S. 1 HGB zu bilden, sofern

- eine sichere oder wahrscheinliche (auch faktische) Außenverpflichtung be- oder entsteht,
- die rechtlich oder wirtschaftlich verursacht und
- mit deren tatsächlicher Inanspruchnahme ernsthaft zu rechnen ist.

Dementsprechend muss deren Bestehen, Entstehen oder deren Höhe ungewiss sein.

Die Z-GmbH hat zum 31.12.2012 eine Rückstellung i. H. v. EUR 1,0 Mio. anzusetzen, da die vorstehend genannten Ansatzkriterien sämtlich erfüllt sind:

- In Bezug auf die Schadensersatzzahlung rechnet die Geschäftsführung der Z-GmbH ernsthaft mit einer Inanspruchnahme.
- Die wirtschaftliche Verursachung resultiert aus der Patentrechtsverletzung im Geschäftsjahr.
- Es besteht eine mögliche Verpflichtung zur Zahlung von Schadensersatz gegenüber A.

Es stellt sich die Frage, ob die in 2013 anfallenden Anwaltskosten ebenfalls zu berücksichtigen sind. Nach § 253 Abs. 1 S. 2 HGB erfolgt der Ansatz einer Rückstellung in Höhe des nach vernünftiger kaufmännischer Beurteilung notwendigen Erfüllungsbetrags.[824] Da nach HGB die Bewertung einer Verpflichtung auf Basis des Vollkostenansatzes erfolgt, d.h. zu Einzel- und

---

[821] Vgl. ADS International, Abschn. 18, Tz. 169; Hoffmann, PiR 2011, S. 180.
[822] Vgl. ADS International, Abschn. 18, Tz. 168; WP Handbuch[14], Abschn. E, Tz. 202; Haufe-HGB[2], § 249 HGB, Tz. 288.
[823] Vgl. HdR[5], § 249 HGB, Tz. 350 (21).
[824] Zum Erfüllungsbetrag vgl. Abschn. 2.2.2.

notwendigen Gemeinkosten, sind die zukünftigen unvermeidbaren Anwaltskosten ebenfalls mit in die Bewertung einzubeziehen.[825]

Nach § 253 Abs. 2 S. 1 HGB sind langfristige Rückstellungen abzuzinsen. Im Rahmen der Bestimmung der voraussichtlichen Restlaufzeit ist für Zwecke der Abzinsung der Erfüllungszeitpunkt zu schätzen. Die Rückstellung ist dann über ihre voraussichtliche Restlaufzeit entsprechend abzuzinsen.

Hinweis
Wenn bei vernünftiger kaufmännischer Beurteilung davon auszugehen ist, dass der Prozess in die nächsthöhere Instanz geht, ist dies bei der Bemessung der Rückstellungshöhe mit zu berücksichtigen.[826]

IFRS
Eine Rückstellung ist zu bilden, wenn die drei folgenden Ansatzkriterien des IAS 37.14 erfüllt sind:
(a) Das Unternehmen hat eine gegenwärtige (rechtliche oder faktische) Verpflichtung als Folge früherer Ereignisse.
(b) Es ist wahrscheinlich, dass ein Abfluss von Ressourcen notwendig ist, um die Verpflichtung zu begleichen.
(c) Es ist eine zuverlässige Schätzung des Betrags möglich, der zur Erfüllung der Verpflichtung benötigt wird.

Die Z-GmbH hat zum 31.12.2012 eine Rückstellung i. H. v. EUR 1,0 Mio. anzusetzen.

Bzgl. der Schadensersatzzahlung von EUR 0,8 Mio. liegt eine gegenwärtige Verpflichtung als Folge der Patentrechtsverletzung vor. Da die Geschäftsführung die Wahrscheinlichkeit, Schadensersatz i. H. v. voraussichtlich EUR 0,8 Mio. zu zahlen, als sehr hoch einschätzt und eine Schätzung möglich ist, sind die Ansatzkriterien des IAS 37.14 erfüllt und eine Rückstellung ist zum 31.12.2012 anzusetzen.

Fraglich ist, ob die Anwaltskosten ebenfalls zurückzustellen sind. Der Standard lässt offen, welche Kosten im Rahmen der Bewertung einer Rückstellung zu berücksichtigen sind. U. E. sind die zurechenbaren Vollkosten bei der Bewertung einer Rückstellung zu berücksichtigen.[827] Dazu zählen solche Kosten, die durch die Verpflichtung zusätzlich erst entstehen und somit unvermeidbar sind.[828] Dies ist bei den Anwaltskosten der Fall. Da die

---

825 Vgl. Abschn. 2.2.2.2.
826 BeBiKo[8], § 249 HGB, Tz. 100 (Prozesskosten).
827 Vgl. Abschn. 2.2.2.2 und KPMG, Insights[9], Tz. 3.12.180.20.
828 Vgl. hierzu insgesamt ADS International, Abschn. 18, Tz. 66 f. bzw. WP Handbuch[14], Abschn. N, Tz. 505.

Anwaltskosten lediglich durch den bevorstehenden Prozess erst entstehen, mit hoher Wahrscheinlichkeit zu zahlen sind und auch verlässlich geschätzt werden können, sind diese i. H. v. EUR 0,2 Mio. bei der Bewertung der Rückstellung zu berücksichtigen.[829]

Hinweise
Für den Fall, dass eine Schadensersatzzahlung als nicht hoch wahrscheinlich eingeschätzt wird und es damit nicht zu einem Ansatz einer Rückstellung kommt, sind die Ansatzkriterien des IAS 37.14 für die zukünftigen Anwaltskosten eigenständig zu prüfen. Die Anwaltskosten können dann nicht mehr im Rahmen der zurechenbaren Vollkosten mit in die Bewertung der Rückstellung einfließen. Für die Z-GmbH würde in diesem Fall keine gesetzliche oder vertragliche Verpflichtung vorliegen, da sie bislang noch keinen Anwalt beauftragt hat. Hieraus folgt, dass in diesem Fall die zukünftigen Anwaltskosten nicht zurückzustellen wären.

Wenn die Voraussetzungen des IAS 37 nicht vorliegen, ist zu prüfen, ob eine Eventualschuld vorliegt. Darüber hinaus kann von der Schutzklausel in IAS 37.92[830] Gebrauch gemacht werden.

Fall 2
Die Klage ist neben einer Zahlung auf Schadensersatz auf das künftige Unterlassen der Verkäufe bei eBay gerichtet. Da die Y-GmbH Kläger ist, liegt ein Aktivprozess vor.

HGB
Da bei Aktivprozessen nur die Kosten bereits eingeleiteter Verfahren anzusetzen sind, ist eine Rückstellung i. H. v. TEUR 50 für die bereits erhaltene anwaltliche Beratung anzusetzen. Die zukünftigen Anwaltskosten für 2013 sind dagegen nicht zu berücksichtigen.

IFRS
Es ergibt sich kein Unterschied zur Lösung nach HGB.

---

829 Vgl. KPMG, Insights[9], Tz. 3.12.180.50.
830 Vgl. zu den Erleichterungsvorschriften Abschn. 2.4.3.7.3.

Zusammenfassung:

	Aktivprozesse	Passivprozesse
Ansatz		
HGB/IFRS	Am Bilanzstichtag drohende und anhängige Prozesse	
Bewertung		
HGB/IFRS	Kosten für bereits erhaltene, aber noch nicht abgerechnete Leistungen (bspw. Anwalts- oder Gerichtskosten) sind zu passivieren.[831]	Unvermeidbare Prozess- und Anwaltskosten sowie die wahrscheinlichen Schadensersatz- oder Sanktionsverpflichtungen sind zu passivieren.[832]

5.1.13 Restrukturierungsrückstellung

Ausgangssituation

Im Rahmen eines Effizienzsteigerungsprogramms hat die C-GmbH (Anlagenbauer) diverse Restrukturierungsmaßnahmen beschlossen:
- Abfindungszahlungen an leitende und nicht leitende Mitarbeiter
- Ausgliederung von Mitarbeitern in eine Transfergesellschaft
- Verlagerung des Produktionsstandorts 1
- Schließung des Produktionsstandorts 2

Mit der Umsetzung der Maßnahmen soll am 1.3.2013 begonnen werden. Bilanzstichtag ist der 31.12.2012.

5.1.13.1 Ansatz einer Restrukturierungsrückstellung

Ergänzung der Ausgangssituation

Im Rahmen eines Effizienzsteigerungsprogramms hat die C-GmbH diverse Restrukturierungsmaßnahmen beschlossen. Diese Maßnahmen betreffen auch Abfindungszahlungen an vier leitende und 16 nicht leitende Angestellte der C-GmbH.

---

[831] ADS International, Abschn. 18, Tz. 169.
[832] ADS International, Abschn. 18, Tz. 168.

Alternative 1:

Zwischen der C-GmbH und dem Betriebsrat der C-GmbH wurden am 16.12.2012 ein Sozialplan und ein Interessenausgleich geschlossen, der die betroffenen Abteilungen (Einkauf, Vertrieb und Produktion) und die ungefähre Mitarbeiterzahl (16 Mitarbeiter) umfasst. Von dieser Betriebsvereinbarung ausgeschlossen sind jedoch die leitenden Angestellten. Eine Kommunikation an die betroffenen 20 Mitarbeiter hat noch nicht stattgefunden. Dies soll erst im Januar 2013 erfolgen.

Alternative 2:

Der zwischen der C-GmbH und dem Betriebsrat der C-GmbH vereinbarte Sozialplan und Interessenausgleich werden erst am 2.1.2013 geschlossen.

Frage
Besteht eine Ansatzpflicht für eine Restrukturierungsrückstellung zum 31.12.2012 sowohl nach HGB als auch nach IFRS?

Lösung

Alternative 1

IFRS

IAS 37 beinhaltet die generellen Voraussetzungen zum Ansatz und Regeln zur Bewertung der Rückstellung für Restrukturierungsmaßnahmen. Hiervon grundsätzlich ausgenommen sind Rückstellungen, die entsprechend IAS 37.1(c) von einem anderen Standard abgedeckt werden. Gem. IAS 37.5(d) sind derartige Rückstellungen z. B. Rückstellungen, die aus Leistungen an Arbeitnehmer resultieren und deren Behandlung in IAS 19 geregelt ist. Daher ist zu prüfen, ob und inwieweit die aus dem vereinbarten Sozialplan hervorgehenden Verpflichtungen unter die Regelungen des IAS 19 fallen.

Abb. 31 zeigt ein Prüfschema, nach dem eine Einordnung von Restrukturierungsmaßnahmen vorgenommen werden kann.

Abfindungen *(termination benefits)* i. S. d. IAS 19.132 ff. liegen bei Leistungen aus Anlass der Beendigung des Arbeitsverhältnisses vor, sofern die Verpflichtung durch die Beendigung des Arbeitsverhältnisses begründet ist. Gem. IAS 19.133 fallen hierunter entweder Leistungen aufgrund der vorzeitigen Beendigung des Arbeitsverhältnisses oder Leistungen bei einem An-

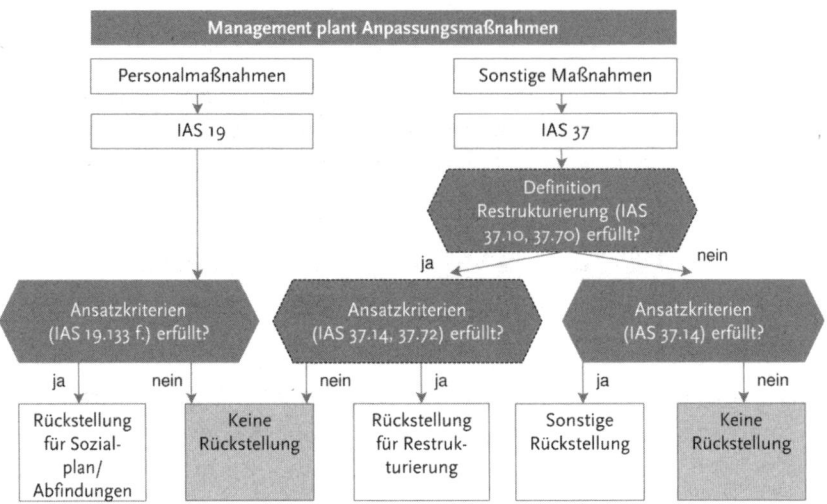

Abbildung 31 Prüfungsschema im Zusammenhang mit Restrukturierungen[833]

gebot zur Förderung eines freiwilligen vorzeitigen Ausscheidens. Hierzu gehören gem. IAS 19.135 ebenfalls Verpflichtungen, aufgrund gesetzlicher Verpflichtungen oder vertraglicher Vereinbarungen mit den Arbeitnehmern oder ihren Vertretern, Zahlungen an die betroffenen Arbeitnehmer bei Beendigung ihrer Arbeitsverhältnisse zu gewähren. Da mit den Leistungen aus Anlass der Beendigung des Arbeitsverhältnisses kein künftiger wirtschaftlicher Nutzen für ein Unternehmen verbunden ist, werden sie gem. IAS 19.137 sofort als Aufwand erfasst und sind im Falle einer verzögerten Auszahlung als Rückstellungen auszuweisen.

Die für den Ansatz entsprechender Rückstellungen notwendigen Voraussetzungen sind in IAS 19.133 und .134 formuliert. Demnach muss
- ein formaler Plan in ausreichender Detaillierung (Standort, Funktion, ungefähre Anzahl der Mitarbeiter, Leistungen, zu denen sich das Unternehmen verpflichtet, Zeitpunkt der Umsetzung) vorliegen, und
- das Unternehmen muss nachweisbar zu diesem Plan verpflichtet sein (*demonstrably committed*), ohne eine realistische Möglichkeit zu haben, sich dieser Verpflichtung zu entziehen (*without realistic possibility of withdrawal*).[834]

---

833 Vgl. Theile, PiR 2007, S. 300.
834 Vgl. KPMG, Insights[9], Tz. 4.4.1060.20.

Mit Abschluss eines Sozialplans und eines Interessenausgleichs sind die Voraussetzungen an einen Plan i. S. v. IAS 19.134 erfüllt, da die betroffenen Abteilungen und die ungefähre Mitarbeiterzahl bekannt sind. Die Betriebsvereinbarung regelt ferner den Zeitpunkt des Beginns der Maßnahmen.

Eine als ausreichend anzusehende Kommunikation liegt ebenfalls vor, da Betriebsvereinbarungen zum Sozialplan und Interessenausgleich mit dem Betriebsrat geschlossen worden sind und der Betriebsrat die Arbeitnehmer vertritt. Die noch ausstehenden Gespräche mit den tatsächlich betroffenen Mitarbeitern hindern das Vorliegen der Voraussetzungen nicht, dass die C-GmbH sich zu diesem Plan nachweislich verpflichtet hat, Abfindungszahlungen zu leisten, und sich dieser Verpflichtung nicht mehr entziehen kann. Damit hat die C-GmbH die notwendige Erwartungshaltung (*valid expectation*) bei den Mitarbeitern zum Bilanzstichtag geschaffen.[835]

Die C-GmbH hat zum 31.12.2012 eine Rückstellung für Abfindungen für ihre 16 nicht leitenden Angestellten anzusetzen.

Da die leitenden Angestellten nicht unter die Betriebsvereinbarungen zum Sozialplan und Interessenausgleich fallen und somit der Betriebsrat ihre Interessen nicht vertritt, sind die Anforderungen an einen Plan nicht erfüllt. Ferner hat sich die C-GmbH nicht zu diesem Plan nachweislich verpflichtet, vier leitende Angestellte zu entlassen und abzufinden, da eine Kommunikation mit diesen noch nicht erfolgt ist. Somit kann sich die C-GmbH jederzeit ihrer Verpflichtung entziehen.

Die C-GmbH hat zum 31.12.2012 keine Rückstellung für Abfindungen für ihre vier leitenden Angestellten zu bilanzieren. Insofern jedoch im Dezember 2012 Gespräche mit diesen Angestellten geführt wurden und somit bereits zu diesem Zeitpunkt die Voraussetzungen des IAS 19.134 erfüllt sind, ist eine Rückstellung für Abfindungen zum 31.12.2012 anzusetzen, da sich die C-GmbH zum Bilanzstichtag ihrer Verpflichtung zur Zahlung der Abfindungen nicht mehr entziehen kann.

<u>Ansatz einer Rückstellung für Abfindungen im Lichte des IAS 19R</u>

Während der IAS 19 in der aktuell geltenden Fassung bei den Ansatzkriterien auf das Kriterium abstellt, dass das Unternehmen *nachweislich zur Zahlung verpflichtet ist*, steht im geänderten IAS 19R das Ansatzkriterium der *Unentziehbarkeit* im Mittelpunkt.

---

[835] Vgl. IAS 37.75; IAS 19.BC 91; KPMG, Insights⁹, Tz. 3.12.250.10, 4.4.1060.50.

Nach IAS 19R.166 liegt Unentziehbarkeit nur vor, wenn
- entweder der betroffene Arbeitnehmer das Angebot zur Beendigung des Arbeitsverhältnisses angenommen hat (z. B. Unterzeichnung eines Aufhebungsvertrags) oder
- das Unternehmen das Angebot aufgrund bestehender Vorgaben[836] nicht mehr zurückziehen kann.

Darüber hinaus liegt Unentziehbarkeit vor, wenn
- ein detaillierter Plan bereits an die betroffenen Arbeitnehmer kommuniziert wurde.[837]

Zahlungen für Abfindungen sind zukünftig dann zu erfassen, wenn das Unternehmen das Angebot, Abfindungen zu zahlen, nicht mehr zurückziehen kann[838] und wenn das Unternehmen Kosten für eine Restrukturierung erfasst, die in den Anwendungsbereich des IAS 37 fällt und die Zahlung von Abfindungen aus Anlass der Beendigung des Arbeitsverhältnisses beinhaltet.[839] Der frühere der beiden Zeitpunkte ist dabei maßgeblich.

Durch diese Konkretisierung kann es ab dem 1.1.2013 zu einem späteren Ansatz einer Rückstellung für Abfindungen kommen.[840] Insofern Abfindungen im Rahmen einer Restrukturierung gezahlt werden, ändert sich der Zeitpunkt des Ansatzes nicht.

Bezogen auf das obige Beispiel ist zum 31.12.2012 eine Rückstellung für Abfindungszahlungen für die nicht leitenden Angestellten anzusetzen, da sie im Zusammenhang mit einer Restrukturierung stehen.[841]

HGB

Eine Rückstellung für ungewisse Verbindlichkeiten ist gem. § 249 Abs. 1 S. 1 HGB zu bilden, sofern
- eine sichere oder wahrscheinliche Außenverpflichtung be- oder entsteht (auch faktische Außenverpflichtungen),
- die rechtlich oder wirtschaftlich verursacht und
- mit deren tatsächlicher Inanspruchnahme ernsthaft zu rechnen ist.

Dementsprechend muss deren Bestehen, Entstehen oder deren Höhe ungewiss sein.

Für Sozialplanverpflichtungen geht die Kommentarliteratur mehrheitlich davon aus, dass für Leistungen auf Grund eines Sozialplans gem. §§ 111, 112

---

[836] IAS 19R.166 nennt juristische, regulatorische oder vertragliche Vorgaben als Beispiel.
[837] Vgl. IAS 19R.167.
[838] IAS 19R.165(a): when the entity can no longer withdraw the offer of those benefits.
[839] Vgl. IAS 19R.165.
[840] Vgl. auch Scharr/Feige/Baier, KoR 2012, S. 15.
[841] Vgl. IAS 19R.165(b).

BetrVG Restrukturierungsrückstellungen zwingend zu bilden sind, sofern Beschlüsse der zuständigen Organe vorliegen und eine Unterrichtung des Betriebsrats vor dem Bilanzstichtag erfolgt ist.[842] Rückstellungen können in Ausnahmefällen bereits vor der Aufstellung von Sozialplänen angesetzt werden, wenn zum Bilanzstichtag ernsthaft mit der Betriebseinschränkung und bestimmten Abfindungszahlungen zu rechnen ist.[843] Allerdings muss auch in diesen Fällen bis zur Aufstellung der Bilanz eine Kommunikation mit dem Betriebsrat oder den betroffenen Mitarbeitern erfolgen, da es ansonsten an einer Außenverpflichtung fehlt. Sofern ein Beschluss vor dem Bilanzstichtag vorliegt, es jedoch an einer Kommunikation bis zur Aufstellung der Bilanz fehlt, liegt lediglich eine Innenverpflichtung vor, die jederzeit widerrufen werden kann. Somit kann es sich in diesen Fällen auch nur um eine Aufwandsrückstellung handeln, die nach HGB nicht mehr zulässig ist.

Im vorliegenden Fall wurde zwischen Betriebsrat und der C-GmbH eine Betriebsvereinbarung zum Sozialplan und zum Interessenausgleich vor dem Bilanzstichtag (16.12.2012) geschlossen. Somit ist zum 31.12.2012 eine Rückstellung anzusetzen. Analog zur Beurteilung nach IFRS gilt dies allerdings insoweit nur für die nicht leitenden Angestellten. Sofern bis zur Bilanzaufstellung noch keine Kommunikation mit den betroffenen leitenden Angestellten stattgefunden hat, ist für diese zum 31.12.2012 noch keine Rückstellung anzusetzen.

Alternative 2

IFRS

Erfolgt die Kommunikation an den Betriebsrat bzw. erfolgt der Abschluss der Betriebsvereinbarungen erst nach dem Bilanzstichtag, kann in der Aufstellungsphase keine Rückstellung zum Bilanzstichtag gebildet werden, auch wenn die Geschäftsführung ihren Beschluss zur Restrukturierung selbst bereits vor dem Bilanzstichtag getroffen hat. Angabepflichten gem. IAS 10.20 f. – insbesondere IAS 10.22(e) – sind jedoch zu berücksichtigen.[844]

Die Vereinbarung zum Sozialplan bzw. Interessenausgleich wurde nach dem Bilanzstichtag am 2.1.2013 geschlossen. Damit ist zum 31.12.2012 keine Rückstellung in der Bilanz anzusetzen, da mangels Kommunikation an den Betriebsrat bzw. an die betroffenen Mitarbeiter sich die C-GmbH der

---

842 Vgl. WP Handbuch[14], Abschn. E, Tz. 204; BeBiKo[8], § 249 HGB, Tz. 100 (Sozialplan); ADS[6], § 249 HGB, Tz. 133.

843 Vgl. WP Handbuch[14], Abschn. E, Tz. 204; ADS[6], § 249 HGB, Tz. 133, und § 253 HGB, Tz. 266.

844 Vgl. IAS 37.IE, Example 5A; Deloitte, iGAAP 2012, S. 701 f.; Ernst & Young, International GAAP 2012, Abschn. 29, S. 1718; PriceWaterhouseCoopers, Manual of Accounting IFRS 2012, Tz. 21.135 ff.

Verpflichtung noch entziehen kann und keine notwendige Erwartungshaltung (*valid expectation*) bei diesen Mitarbeitern geschaffen worden ist. Das Entstehen der Erwartungshaltung während der Aufstellungsphase kann nicht werterhellend zur Erfüllung des Vorliegens einer Ansatzvoraussetzung zum Bilanzstichtag herangezogen werden. Eine faktische Verpflichtung ist daher nicht begründet worden.

<u>Ansatz einer Rückstellung für Abfindungen im Lichte des IAS 19R</u>
Es ergibt sich keine Änderung in der Lösung.

HGB

Nach HGB ist eine Rückstellung bereits dann zu bilden, wenn vor dem Bilanzstichtag ein entsprechender Beschluss gefasst wurde bzw. die wirtschaftliche Notwendigkeit bestand, die Betriebsänderung durchzuführen, und die Information an den Betriebsrat erst bis zum Zeitpunkt der Bilanzaufstellung erfolgte.[845]

Die Vereinbarung zum Sozialplan bzw. Interessenausgleich wurde nach dem Bilanzstichtag am 2.1.2013 geschlossen. Durch die zeitliche Nähe zum Bilanzstichtag stellt sich die Frage, ob nicht bereits am 31.12.2012 der Beschluss durch die C-GmbH gefasst worden war und lediglich der Abschluss der Betriebsvereinbarung am 2.1.2013 erfolgte. In der Praxis sollte in solchen Fällen auf die interne Meinungsbildung der Geschäftsführung abgestellt werden. Das heißt, es ist zu beurteilen, wann die Geschäftsführung den Beschluss gefasst hat bzw. wann sie erstmalig den Betriebsrat über ihr Vorhaben informiert hat.

Da die Meinungsbildung der Geschäftsführung der C-GmbH bereits vor dem 31.12.2012 abgeschlossen war und zum Bilanzstichtag nur noch die formelle Umsetzung durch Abschluss einer Vereinbarung zum Sozialplan bzw. Interessenausgleich ausstehend war und dieser Beschluss am 2.1.2013 konkretisiert wurde, spricht nichts dagegen, zum 31.12.2012 eine Rückstellung für die nicht leitenden Angestellten anzusetzen. Den leitenden Angestellten muss für eine Rückstellungsbildung zusätzlich der Beschluss bis zur Bilanzaufstellung kommuniziert werden.

---

[845] Vgl. Winnefeld, Kap. D, Tz. 1082 (Sozialplanverpflichtungen in Sozialplänen). Weitergehend BeBiKo[8], § 249 HGB, Tz. 100 (Sozialplan), die bereits eine Rückstellungsbildung für möglich halten, wenn z. B. eine Betriebsänderung vor dem Bilanzstichtag beschlossen wurde, aber bis zum Zeitpunkt der Bilanzaufstellung eine Kommunikation mit dem Betriebsrat oder den betroffenen Mitarbeitern nicht erfolgt ist. Unseres Erachtens fehlt es in diesen Fällen allerdings an einer Außenverpflichtung.

5.1.13.2 Verlagerung der Produktion 1 und Schließung der Produktion 2

Ergänzung der Ausgangssituation

Im Rahmen eines Effizienzsteigerungsprogramms hat die C-GmbH diverse Restrukturierungsmaßnahmen eingeleitet. Diese Maßnahmen betreffen auch die Standortverlegung der Produktion 1 und die Schließung des Produktionsstandorts 2.

<u>Alternative 1</u>

Die Beschlussfassung zur Standortverlagerung bzw. zur -schließung erfolgt ebenfalls am 16.12.2012.

<u>Alternative 2</u>

Die Beschlussfassung zur Standortverlagerung bzw. zur -schließung erfolgt erst am 2.1.2013.

Frage

Stellt der Beschluss zur Restrukturierung ein *triggering event* nach IAS 36 dar? Sind Wertminderungen zum 31.12.2012 zu berücksichtigen? Wie erfolgt die bilanzielle Behandlung nach HGB?

Lösung
IFRS

Es ist zu prüfen, ob ein Impairment auf einzelne Vermögenswerte des Anlagevermögens vorzunehmen ist. Zum 31.12.2012 muss daher eine Einschätzung erfolgen, ob durch die geplante Restrukturierung ein *triggering event* nach IAS 36.12(f) vorliegt.[846] Dafür sind potenzielle Auswirkungen durch die Restrukturierungsmaßnahmen abzuschätzen. Da die Maßnahmen die Verlagerung des Produktionsstandorts 1 und die vollständige Schließung des Produktionsstandorts 2 vorsehen, kann ein *triggering event* vorliegen. Damit ist ein Impairment Test gem. IAS 36.9 vorzunehmen.

Das *triggering event* muss zum Bilanzstichtag vorliegen. In Alternative 1 erfolgt der Beschluss zum Standortwechsel 1 bzw. zur Schließung des Standorts 2 am 16.12.2012. Damit sind die durch den Standortwechsel bzw. mit der Schließung des Standorts nicht mehr nutzbaren Vermögenswerte gem. IAS 36 abzuwerten.

---

846 Vgl. KPMG, Insights⁹, Tz. 3.12.350.10 und 3.10.120.50

In Alternative 2 erfolgt der Beschluss erst nach dem Bilanzstichtag. Insofern die Geschäftsführung den Beschluss zur Schließung bzw. Standortverlagerung erst am 2.1.2013 getroffen hat, liegt kein *triggering event* i. S. d. IAS 36 vor und eine Abwertung ist nicht vorzunehmen.[847] Allerdings kann eine Angabepflicht nach IAS 10.20 als *non-adjusting event* erforderlich werden.

Hinweis
Daneben ist zu würdigen, ob eine Klassifizierung als *assets held for sale* nach IFRS 5 vorzunehmen ist. Eine notwendige Voraussetzung zur Reklassifizierung von langfristigen Vermögenswerten bzw. Veräußerungsgruppen ist die tatsächliche Verkaufsabsicht der Geschäftsführung (IFRS 5.8).[848]

HGB
Von der C-GmbH ist zu untersuchen, ob in ihrer HGB-Bilanz Vermögensgegenstände des Anlage- und des Umlaufvermögens außerplanmäßig abzuschreiben sind. Folgende Aspekte wie bspw. das Alter der Maschinen, der technischen Anlagen und des Fuhrparks oder deren zukünftige Nutzung an einem anderen Produktionsstandort der C-GmbH oder auch die bestehende Absicht zur Veräußerung einzelner Maschinen und technischer Anlagen können dabei eine Rolle spielen.

Bei Vermögensgegenständen des Anlagevermögens sind neben der planmäßigen Abschreibung gem. § 253 Abs. 3 S. 1 bei Vorliegen einer voraussichtlich dauernden Wertminderung zusätzlich außerplanmäßige Abschreibungen vorzunehmen. Die außerplanmäßigen Abschreibungen erfolgen dabei auf den niedrigeren beizulegenden Wert (gemildertes Niederstwertprinzip).[849]

Vermögensgegenstände des Umlaufvermögens sind mit ihrem niedrigeren beizulegenden Wert anzusetzen, der aus dem Börsen- oder Marktpreis am Bilanzstichtag abgeleitet werden kann (strenges Niederstwertprinzip).[850] Insofern dieser nicht feststellbar ist, ist auf den Wert, der den Vermögensgegenständen beizulegen ist, abzuschreiben.

---

847 Vgl. Deloitte, iGAAP 2012, S. 574 f. (mit Verweis auf Beispiel 5.2.3.4).
848 Für weitere Ausführungen hierzu vgl. KPMG, Insights[9], Tz. 5.4.30.10 ff.
849 Vgl. § 253 Abs. 3 S. 3 HGB.
850 Vgl. § 253 Abs. 4 S. 1 HGB.

5.1.13.3 Berücksichtigung von Transfergesellschaften

Ergänzung der Ausgangssituation

Mit Unterzeichnung des Sozialplans bzw. Interessenausgleichs am 16.12.2012 (vgl. Alternative 1 in 5.1.13.1) hat sich die C-GmbH verpflichtet, auch die Kosten für die Transfergesellschaft zu übernehmen. Im Zuge der Restrukturierungsmaßnahmen wurde eine Transfergesellschaft gegründet, in die die Mitarbeiter auf freiwilliger Basis wechseln können. Die Transfermaßnahmen werden jedoch von einem externen Unternehmen X durchgeführt. Die entstehenden Kosten wie Lohnfortzahlung, Beiträge zur Sozialversicherung und Kosten für Qualifizierungsmaßnahmen belastet die X an die C-GmbH weiter.

Die C-GmbH hat die Abfindungszahlungen für die einzelnen Mitarbeiter zum 31.12.2012 zurückgestellt, nicht jedoch die Kosten für die Transfergesellschaft. Vielmehr möchte die C-GmbH die Kosten der Transfergesellschaft über die 2-jährige Laufzeit der Transfergesellschaft verteilen.

Frage
Ist die Verteilung der Kosten der Transfergesellschaft über die Laufzeit der Transfergesellschaft korrekt (HGB und IFRS)?

Lösung
IFRS
Die Verpflichtungen aus der Schließung des Produktionsstandorts 2 führen gem. IAS 19.133(a) zu Leistungen bei Beendigung des Arbeitsverhältnisses vor dem Zeitpunkt der regulären Pensionierung. Hierzu gehören gem. IAS 19.135 auch zu leistende Lohnfortzahlungen, da aufgrund der Freisetzung der Mitarbeiter kein weiterer wirtschaftlicher Nutzen für das Unternehmen entsteht.

Da die Transfergesellschaft die Mitarbeiter der C-GmbH mit dem Ziel aufnimmt, diese in Zukunft nicht mehr im Unternehmen der C-GmbH zu beschäftigen, entsteht nach ihrem Übergang in die Transfergesellschaft kein weiterer wirtschaftlicher Nutzen für die C-GmbH. Aufgrund dieser Voraussetzung sind auch die weiteren Aufwendungen, die im Rahmen der Transfergesellschaft entstehen (so z.B. Aufwendungen für Fortbildungs- bzw. Qualifizierungsmaßnahmen), als Leistungen aus Anlass der Beendigung des Arbeitsverhältnisses anzusehen, da dem Unternehmen keine künftigen Nutzenzuflüsse gegenüberstehen.

Aufgrund der Erfüllung der Ansatzkriterien hat die C-GmbH bereits zum 31.12.2012 eine Rückstellung hinsichtlich der erwarteten Kosten im Rahmen der Transfergesellschaft zu bilden. Bei der Bewertung ist zu beachten, dass die Aufwendungen abzuzinsen sind.

Insofern es Ziel der Transfergesellschaft ist, die Mitarbeiter bei der C-GmbH weiter zu beschäftigen, liegen keine Abfindungsverpflichtungen bzw. keine Leistungen bei Beendigung des Arbeitsverhältnisses gem. IAS 19 vor, da die Maßnahmen der Transfergesellschaft zu einem zukünftigen Nutzen für die C-GmbH führen.

HGB

Zum 31.12.2012 ist eine Rückstellung für die Abfindungszahlungen anzusetzen.[851] Fraglich ist, ob die an die C-GmbH weiterbelasteten Aufwendungen der Transfergesellschaft mit in die Rückstellung einzubeziehen sind.

Die Aufwendungen der Transfergesellschaft können grundsätzlich als Teil des Sozialplans angesehen werden, »da sie insbesondere gem. § 112 Abs. 1 BetrVG einen Ausgleich bzw. Milderung für die wirtschaftlichen Nachteile aus der Betriebsänderung schaffen«.[852]

Insofern ergibt sich nach HGB keine andere Lösung als nach IFRS. Nach HGB besteht eine Abzinsungspflicht allerdings nur, sofern die Fälligkeit mehr als 12 Monate nach Abschluss des Bilanzstichtags liegt.[853]

5.1.13.4 Umzugs- bzw. Pendelkosten

Ergänzung der Ausgangssituation

Im Rahmen der Betriebsvereinbarung zum Sozialplan werden einem Teil der von der Standortschließung bzw. -verlagerung betroffenen Mitarbeiter folgende Pakete angeboten. Beide Pakete sind mit der Bedingung versehen, dass die Mitarbeiter in den nächsten 24 Monaten im Unternehmen verbleiben müssen. Bei einem vorzeitigen Ausscheiden ist der Mitarbeiter zur anteiligen Rückzahlung verpflichtet.

Mitarbeiter, die direkt an den neuen Produktionsstandort umziehen, erhalten (Umzugsmodel):
- einen Umzugskostenzuschuss bis zu EUR 5.000,
- die Erstattung von Maklergebühren bis zu EUR 3.000,

---

[851] Zur Herleitung des Ansatzes einer Rückstellung vgl. Lösung zur Alternative 1 in Abschn. 5.1.13.1.

[852] BeBiKo[8], § 249 HGB, Tz. 100 (Sozialplan). Vgl. auch Winnefeld, Kap. D, Tz. 1082 (Sozialplanverpflichtungen in Sozialplänen).

[853] Vgl. zur Abzinsung Abschn. 2.2.4.

> - die Erstattung der Kosten der Wohnungssuche und
> - die Erstattung der Kosten für die Inanspruchnahme eines Relocationservices.
>
> Mitarbeiter, die nicht direkt an den neuen Produktionsstandort umziehen, sondern vorerst pendeln möchten, erhalten folgendes Paket (Pendelmodel):
> - eine Pendlerpauschale für 1 Jahr,
> - eine Bahncard (2. Klasse) für 1 Jahr sowie
> - eine Pauschale zur Abgeltung von Mehraufwendungen.

Frage
Sind die Kosten im Rahmen der Rückstellungsbewertung zu berücksichtigen?

Lösung

IFRS

Nach IFRS sind Rückstellungen für Umzugskosten der Mitarbeiter (IAS 37.81: *relocating staff*) bzw. Fahrtkosten der Mitarbeiter, die anfallen, um an den neuen Produktionsstandort zu kommen, im Rahmen der Restrukturierung nicht anzusetzen, da diese im Zusammenhang mit der Fortführung des Unternehmens stehen. Die im Sozialplan aufgeführten Posten werden den Mitarbeitern gewährt, damit sie in der C-GmbH verbleiben. Die Aufwendungen sind als Aufwandsrückstellungen anzusehen, da sie die zukünftige Geschäftstätigkeit der C-GmbH betreffen und ihre wirtschaftliche Verursachung in den kommenden Perioden liegt.

Der C-GmbH entsteht weiterhin durch die Gewährung der finanziellen Unterstützungen der Mitarbeiter ein Rückzahlungsanspruch, sollte der Mitarbeiter innerhalb von 24 Monaten kündigen. Die Aufwendungen sind somit als laufender Personalaufwand anzusehen, deren Gegenleistung (Arbeitsleistung) erst in den kommenden Perioden zu erbringen ist.

HGB

Es ergibt sich kein Unterschied in der bilanziellen Behandlung zu IFRS. Aufwandsrückstellungen sind nach HGB nicht anzusetzen.

5.1.13.5 Aufwendungen im Zusammenhang mit einer Restrukturierung

Nach IAS 37.80 dürfen Restrukturierungsrückstellungen nur direkt im Zusammenhang mit einer Restrukturierung stehende Ausgaben enthalten, die zwangsweise im Zuge der Restrukturierung entstehen und nicht mit laufenden Aktivitäten bzw. künftigen Aktivitäten des Unternehmens im Zusammenhang stehen.

In folgender Übersicht sind typische Beispiele für Aufwendungen im Zusammenhang mit Restrukturierungssachverhalten zusammengefasst:[854]

Art der Aufwendungen	Rückstellung HGB	IFRS
Abfindungszahlungen an Mitarbeiter	✔	✔
Lohn- und Gehaltsfortzahlungen für freigestellte Mitarbeiter	✔	✔
Abbruchkosten (z. B. Demontage einer Fabrikhalle)	✔	✔
Anpassung bzw. Überprüfung von Rückbauverpflichtungen für nicht mehr nutzbare Objekte	✔	✔
Kosten im Zusammenhang mit der vorzeitigen Beendigung von Dauerschuldverhältnissen (z. B. Leasingverträge)	✔	✔
Kosten aus Operating-Lease-Verhältnissen für Vermögenswerte ab Beendigung der Nutzung bis zum Ende der unkündbaren Grundmietzeit	✔	✔
Kosten für arbeitsrechtliche Beratung	✔	✔
Beratungskosten für z. B. Sanierungsgutachten, Sozialplan und Interessenausgleich	✔	✔
Leasingraten für geleaste Vermögenswerte, die bis zur Beendigung der Nutzung anfallen	–	–
Kosten für die (Um)Schulung verbleibender Mitarbeiter*	–	–
Kosten der Versetzung weiterbeschäftigter Mitarbeiter (z. B. Umzugskosten, Pendlerpauschalen)*	–	–
Zusätzliche Einmalzahlungen an Mitarbeiter (z. B. Halteprämien)*	–	–
Verwaltungs- und Marketingkosten*	–	–
Investitionen in neue Systeme und Vertriebsnetze*	–	–
Kosten der Verlagerung von weiter zu nutzenden Vermögenswerten (z. B. Verlagerung des Maschinenparks)*	–	–
Kosten für die Anwerbung neuen Personals*	–	–
Bis zum Tag einer Restrukturierung entstehende, identifizierbare künftige betriebliche Verluste (ggf. Erfassung im Zusammenhang mit belastenden Verträgen/Drohverlustrückstellung)	–	–
Beratungsgebühren für die Neuausrichtung des Unternehmens nach der Restrukturierung*	–	–
Infolge einer restrukturierungsbedingten Produktionsumstellung vorübergehend anfallende höhere Ausschussquoten*	–	–
Wertminderungen/ außerplanmäßige Abschreibungen von Vermögenswerten/Vermögensgegenständen	–	–
Erträge bzw. Verluste aus dem erwarteten Abgang von Vermögenswerten*	–	–

* Diese Ausgaben entstehen im Rahmen der zukünftigen Geschäftstätigkeit und stellen zum Bilanzstichtag keine Restrukturierungsverpflichtung dar.

[854] Vgl. ADS International, Abschn. 18, Tz. 204; IAS 37.81 ff.; KPMG, Insights[9], Tz. 3.12.330.20; Ernst & Young, International GAAP 2012, Abschn. 29, 5.2.4; BeBiKo[8], § 249 HGB, Tz. 100 (Sozialplan). Vgl. auch Abschn. 2.1.2.2.2.

5.1.13.6 Ausweis von Restrukturierungsaufwendungen

Ergänzung der Ausgangssituation

Die C-GmbH wendet das Gesamtkostenverfahren an.

Frage

Wo werden Restrukturierungsaufwendungen in der Gewinn- und Verlustrechnung bzw. in der Gesamtergebnisrechnung ausgewiesen?

Lösung

HGB

Der Ausweis der Leistungen aus einem Sozialplan und Abfindungszahlungen an ausscheidende Mitarbeiter kann sowohl unter den Personalaufwendungen als auch unter den sonstigen betrieblichen Aufwendungen erfolgen.[855] Ist die Abfindungszahlung durch das Dienstverhältnis begründet, kann der Ausweis unter den Personalaufwendungen erfolgen.[856] Hat die Abfindungszahlung nicht ihren Ursprung im Dienstverhältnis oder soll »ein lästiger Arbeitnehmer zum Ausscheiden veranlasst werden«, ist der Ausweis unter den sonstigen betrieblichen Aufwendungen vorzuziehen.[857]

IFRS

Nach IAS 1.99 hat ein Unternehmen den im Gewinn oder Verlust erfassten Aufwand entweder nach der Art der Aufwendungen oder nach der Funktion innerhalb des Unternehmens aufzugliedern. Insofern eine dargestellte Aufwandsart einen materiellen Geschäftsvorfall enthält, kann es auch angemessen sein, diesen separat innerhalb der Aufwandsart darzustellen.[858]

Eine solche Darstellung könnte bei Restrukturierungsaufwendungen vereinfacht wie folgt aussehen:

Gesamtergebnisrechnung 2012	TEUR	TEUR
1. Umsatzerlöse		4.650
2. Materialaufwand		2.836
3. Personalaufwand		
Restrukturierungsaufwand	320	
Übriger Personalaufwand	550	870

[855] Vgl. BeBiKo[8], § 275 HGB, Tz. 131.
[856] Vgl. ADS[6], § 275 HGB, Tz. 109.
[857] BeBiKo[8], § 275 HGB, Tz. 131.
[858] Vgl. KPMG, Insights[9], Tz. 4.1.82.30.

Wenn die Restrukturierungsaufwendungen auch anderen Posten wie z. B. Materialaufwand zuzuordnen sind, können diese Posten entsprechend – wie beispielhaft anhand des Personalaufwands gezeigt – dargestellt werden. Eine weitere Darstellungsmöglichkeit ist die folgende[859]:

Gesamtergebnisrechnung 2012	TEUR	TEUR
1. Umsatzerlöse		4.650
2. Materialaufwand		2.836
3. Personalaufwand		870
4. Sonstige betriebliche Erträge		217
5. Sonstige betriebliche Aufwendungen		659
6. Betriebliches Ergebnis		502
Betriebliches Ergebnis vor Restrukturierung	822	
Restrukturierungsaufwendungen	320	
Betriebliches Ergebnis	502	

Hierbei wird das »Betriebliche Ergebnis« zunächst im Rahmen der Gesamtergebnisrechnung dargestellt und dann zusätzlich hinsichtlich der Restrukturierungsaufwendungen ergänzt.

5.1.14 Sanierung/Beseitigung von Altlasten

Sachverhalt

Die X-AG betreibt ihr Unternehmen auf einem Gelände, von dem im Berichtsjahr bekannt wurde, dass dort in der Vergangenheit giftige Abfälle vergraben bzw. gelagert wurden. Die X-AG hat ein Gutachten eingeholt, in dem der Gutachter die Kosten zur Beseitigung dieser Altlasten auf TEUR 3.250 schätzt. Bilanzstichtag ist der 31.12.2012.

Frage
Ist eine Rückstellung zum Bilanzstichtag anzusetzen (HGB und IFRS)?

Lösung
»Altlasten sind Verunreinigungen eines Grundstücks oder eines Gebäudes mit Schadstoffen, deren Ursache in früheren Jahren gelegt wurde und von denen aus heutiger Sicht eine Gefährdung der Umwelt ausgeht.«[860]

---

[859] Vgl. KPMG, Insights[9], Tz. 4.1.130.30-.35.
[860] HdR[5], § 249 HGB, Tz. 98.

HGB

Eine Rückstellung für ungewisse Verbindlichkeiten ist gem. § 249 Abs. 1 S. 1 HGB zu bilden, sofern
- eine sichere oder wahrscheinliche Außenverpflichtung be- oder entsteht (auch faktische Außenverpflichtungen),
- die rechtlich oder wirtschaftlich verursacht und
- mit deren tatsächlicher Inanspruchnahme ernsthaft zu rechnen ist.

Dementsprechend muss deren Bestehen, Entstehen oder deren Höhe ungewiss sein.

Die Bildung einer Verbindlichkeitsrückstellung setzt zunächst das Bestehen einer Verpflichtung des Unternehmens gegenüber einem Dritten (Außenverpflichtung) voraus.[861] Die Verpflichtung kann dabei rechtlich oder in einem faktischen Leistungszwang begründet sein.[862] Die rechtliche Begründung einer Verpflichtung kann sich wiederum entweder aus dem Zivilrecht oder aus dem öffentlichen Recht ergeben.[863]

Anhaltspunkte für eine vertragliche Verpflichtung ergeben sich aus dem Sachverhalt nicht. Daher ist zu prüfen, ob eine öffentlich-rechtliche Verpflichtung vorliegt. Öffentlich-rechtliche Verpflichtungen basieren dabei auf der Grundlage des allgemeinen Polizei- und Ordnungsrechts durch Erlass entsprechender Verfügungen zur Beseitigung. Zivilrechtliche Verpflichtungen entstehen regelmäßig aus dem Nachbarschafts-, Delikt- oder Umweltrecht.[864]

Im vorliegenden Fall liegt eine Altlast i.S.d. BBodSchG[865] vor. Damit ist eine öffentlich-rechtliche Verpflichtung aus dem Umweltrecht gegeben.

Die wirtschaftliche Verursachung der Aufwendungen zur Sanierung einer Altlast ist zweifelsfrei; sie resultieren aus der unternehmerischen Tätigkeit in der Vergangenheit und sind somit bereits vor dem Bilanzstichtag wirtschaftlich verursacht.[866]

---

[861] Vgl. ADS[6], § 249 HGB, Tz. 43.
[862] Vgl. BeBiKo[8], § 249 HGB Tz. 29.
[863] Vgl. BeBiKo[8], § 249 HGB Tz. 100 (Altlastensanierung); ADS[6], § 249 HGB, Tz. 130.
[864] Vgl. ADS[6], § 249 HGB, Tz. 130; BeBiKo[8], § 249 HGB, Tz. 100 (Altlastensanierung); HdR[5], § 249 HGB, Tz. 99.
[865] Vgl. BBodSchG vom 17.3.1998 (BGBl. I S. 502), zuletzt geändert durch Art. 5 Abs. 30 des Gesetzes vom 24.2.2012 (BGBl. I S. 212).
[866] Vgl. ADS[6], § 249 HGB, Tz. 131, BeBiKo[8], § 249 HGB Tz. 100 (Altlastensanierung); HdR[5], § 249 HGB, Tz. 101.

> **Exkurs**
> Auch bei einem asbestverseuchten Gebäude liegt die wirtschaftliche Verursachung in der Vergangenheit. Die zukünftige Nutzung spielt keine Rolle, da feststeht, dass das Gebäude saniert werden muss. Eine Rückstellungsbildung scheidet dagegen grds. aus, wenn die Absicht besteht, dass das Gebäude abgerissen wird.[867] Ausnahmen ergeben sich u.E., wenn die Abrisskosten aufgrund der Asbestverseuchung über vergleichbaren Abrisskosten eines nicht asbestverseuchten Gebäudes liegen. Eine Rückstellung ist dann allerdings auf die Mehrkosten begrenzt.

Für den Ansatz einer Rückstellung ist weiter zu klären, ob ernsthaft mit der Inanspruchnahme zu rechnen ist.[868] Es gilt bereits als ausreichend, wenn die Altlast bekannt ist und ein Erwerber die Kontamination kaufpreismindernd berücksichtigen würde.[869] Es kommt mithin nicht darauf an, ob die relevante Behörde bereits Kenntnis davon hat. Somit ist nicht erforderlich, dass die Inanspruchnahme wahrscheinlicher ist als die Nichtinanspruchnahme. Der Ansatz einer Rückstellung ist bereits dann geboten, wenn stichhaltige Gründe dafür sprechen, dass mit einer Inanspruchnahme ernsthaft gerechnet wird.[870] Der BFH und die Finanzverwaltung verlangen jedoch, dass die Altlast der zuständigen Behörde bekannt ist bzw. eine Benachrichtigung unmittelbar bevorsteht.

Da die Sanierungsmaßnahmen nicht zu einer Aktivierung eines Vermögensgegenstands führen, ist auch das Kriterium erfüllt, dass Rückstellungen nicht für aktivierbare Vermögensgegenstände angesetzt werden dürfen.

Die Kriterien zur Passivierung einer Rückstellung für ungewisse Verbindlichkeiten sind damit erfüllt. Die X-AG hat zum 31.12.2012 eine Rückstellung für die Beseitigung der Altlasten zu bilden. Ausgangspunkt für die Rückstellungshöhe ist der nominale Verpflichtungsbetrag i.H.v. TEUR 3.250. Eine Abzinsung der Rückstellung kann unterbleiben, wenn die Maßnahmen zur Bodendekontaminierung in 2013 durchgeführt werden sollen. In diesem Fall wäre die Rückstellung mit TEUR 3.250 in der Bilanz anzusetzen.

---

[867] Vgl. HdR⁵, § 249 HGB, Tz. 102.
[868] Vgl. BeBiKo⁸, § 249 HGB, Tz. 42f.
[869] Vgl. BeBiKo⁸, § 249 HGB, Tz. 100 (Altlastensanierung).
[870] Vgl. BeBiKo⁸, § 249 HGB, Tz. 100 (Altlastensanierung); ADS⁶, § 249 HGB, Tz. 75.

Hinweise

Vorübergehende Wertminderung
Soweit die Wertminderung durch die Sanierungsmaßnahmen beseitigt wird, liegt nur eine vorübergehende Wertminderung vor. Infolge des Vorrangs der Bildung einer Rückstellung vor einer außerplanmäßigen Abschreibung nach § 253 Abs. 3. S. 3 HGB ist in Höhe des Erfüllungsbetrags eine Rückstellung zur Beseitigung der Altlasten zu passivieren.[871]

Dauerhafte Wertminderung
Liegt eine dauerhafte Wertminderung des Grundstücks vor, weil die Sanierungsmaßnahmen nicht zu einer Wertsteigerung des belasteten Grund und Bodens führen werden, ist (»wenn z. B. lediglich Verpflichtungen zur Gefahrenabwehr bestehen oder wenn die Sanierung nicht zu einer Wiederherstellung bis zur Höhe des ursprünglichen Buchwerts führt«) zusätzlich zur Bildung einer Rückstellung eine außerplanmäßige Abschreibung auf den niedrigeren beizulegenden Wert des Grund und Bodens zu erfassen.[872]

IFRS
Eine Rückstellung wird definiert als Verbindlichkeit mit unsicherem zeitlichen Eintritt oder unsicherer Höhe (IAS 37.10). Sie ist passivierungspflichtig, wenn die folgenden drei Bedingungen kumulativ zutreffen (IAS 37.14):
(a) Das Unternehmen hat eine gegenwärtige (rechtliche oder faktische) Verpflichtung als Folge früherer Ereignisse.
(b) Es ist wahrscheinlich, dass ein Abfluss von Ressourcen notwendig ist, um die Verpflichtung zu begleichen.
(c) Es ist eine zuverlässige Schätzung des Betrags möglich, der zur Erfüllung der Verpflichtung benötigt wird.

IAS 37.14 verlangt das Vorliegen einer rechtlichen oder faktischen Verpflichtung aufgrund vergangener Ereignisse.

Im Vergleich zu HGB werden in diesem Fall Abweichungen lediglich in der Beurteilung der Wahrscheinlichkeit des Abflusses von Ressourcen auftreten, da eine Verpflichtung aus einem Ereignis der Vergangenheit entweder übereinstimmend vorliegt oder nicht. Allerdings muss nach IAS 37.23 die Wahrscheinlichkeit für den Abfluss von Ressourcen bei mehr als 50% (*more likely than not*) liegen, d.h., es müssen mehr Gründe dafür als dagegen sprechen. Andere Gründe für eine Abweichung können nicht auftreten.

---

[871] Vgl. ADS[6], § 253 HGB, Tz. 479; BeBiKo[8], § 249 HGB, Tz. 100 (Altlastensanierung).

[872] ADS[6], § 253 HGB, Tz. 479 und § 249 HGB, Tz. 132.

Sofern eine Rückstellung für ungewisse Verbindlichkeiten in einem HGB-Abschluss nicht angesetzt wird, folgt hieraus, dass die Wahrscheinlichkeit für den Abfluss von Ressourcen geringer als 50% ist und somit auch eine Rückstellungsbildung nach IFRS unterbleibt. In der Konsequenz wird es daher keine Fälle geben, in denen aufgrund des Wahrscheinlichkeitskriteriums nach HGB eine Rückstellung nicht angesetzt wird und nach IFRS eine Rückstellung bilanziert werden muss.

Da im vorliegenden Sachverhalt die X-AG bereits einen Gutachter beauftragt hat und eine Dekontaminierung des Areals durchführen möchte, ist zum 31.12.2012 eine Rückstellung für die Beseitigung von Altlasten i. H. v. TEUR 3.250 (IAS 37.35: *best estimate*) anzusetzen. Eine Abzinsung erfolgt auch nach IFRS nicht, da es sich um eine kurzfristig durchzuführende Maßnahme handelt.

5.1.15 Umweltschutzverpflichtungen (Anpassungsverpflichtungen)

Sachverhalt[873]

Am 15.9.2012 wird ein neues Gesetz verabschiedet, das niedrigere Emissionswerte für bestimmte genehmigungspflichtige Anlagen festlegt. Die Y-GmbH betreibt eine solche Anlage und überschreitet momentan die aktuell geltenden Grenzwerte nicht. Nach der neuen Regelung würde die Y-GmbH jedoch die Grenzwerte überschreiten. Nach der TA-Luft müsste die Y-GmbH ihre Filteranlagen optimieren. Die Kosten hierfür werden auf TEUR 200 geschätzt. Bilanzstichtag ist der 31.12.2012.

Variante 1:

Das Gesetz sieht eine Übergangsfrist bis zum 30.6.2013 vor.

Variante 2:

Das Gesetz sieht keine Übergangsfrist vor.

Frage
Ist zum Bilanzstichtag eine Rückstellung zu bilden (HGB und IFRS)?

---

[873] In Anlehnung an IAS 37.IE, Ex. 6. Vgl. auch Wulf, PiR 2012, S. 80, und Haufe-IFRS[10], § 21, Tz. 21 f.

Lösung
HGB
Eine Rückstellung für ungewisse Verbindlichkeiten ist gem. § 249 Abs. 1 S. 1 HGB zu bilden, sofern
- eine sichere oder wahrscheinliche Außenverpflichtung be- oder entsteht (auch faktische Außenverpflichtungen),
- die rechtlich oder wirtschaftlich verursacht und
- mit deren tatsächlicher Inanspruchnahme ernsthaft zu rechnen ist.

Dementsprechend muss deren Bestehen, Entstehen oder deren Höhe ungewiss sein.

Anpassungsverpflichtungen sind Verpflichtungen, die sich aus § 5 des Bundes-Immissionsschutzgesetzes und den zugehörigen Verordnungen wie bspw. der Großfeuerungsanlagen-Verordnung, der Störfall-Verordnung oder der TA-Luft ergeben. Danach können Betreiber sog. genehmigungspflichtiger Anlagen bspw. bei Nichteinhaltung bestimmter Grenzwerte zur Nachrüstung verpflichtet werden, damit zukünftig die Grenzwerte eingehalten werden.[874]

Bei Anpassungsverpflichtungen für genehmigungspflichtige Anlagen liegt eine hinreichende Konkretisierung erst vor, wenn die Grenzwerte überschritten sind und damit eine Nachrüstung erforderlich ist.[875] Anpassungsverpflichtungen sind somit im Zeitpunkt ihres rechtlichen Entstehens (mit Inkrafttreten der Regelung) zurückzustellen, da die Verpflichtung zur Anpassung durch die gesetzliche Regelung hinreichend konkretisiert ist.[876]

Müssen Nachrüstungen erst vorgenommen werden, wenn Analysen das Erfordernis einer Nachrüstung feststellen, liegt eine rechtliche Entstehung für die Aufwendungen erst vor, wenn die Analyse zeigt, dass eine Nachrüstung erforderlich ist.[877]

Sollte der Gesetzgeber eine Übergangsfrist für die Durchführung der Anpassungsmaßnahmen einräumen, ist die Rückstellung erst mit Ablauf der Übergangsfrist zu bilden, da erst zu diesem Zeitpunkt die rechtliche Entstehung vorliegt und erst dann sämtliche, die Anpassungsverpflichtung auslösenden Tatbestandsmerkmale erfüllt sind.[878]

---

[874] Vgl. BeBiKo[8], § 249 HGB, Tz. 100 (Anpassungsverpflichtungen); HdR[5], § 249 HGB, Tz. 105; Haufe-HGB[2], § 249 HGB, Tz. 200.
[875] HdR[5], § 249 HGB, Tz. 105.
[876] Vgl. BeBiKo[8], § 249 HGB, Tz. 100 (Anpassungsverpflichtungen).
[877] HdR[5], § 249 HGB, Tz. 107.
[878] Vgl. ADS[6], § 249 HGB, Tz. 64; HdR[5], § 249 HGB, Tz. 108; Wulf, PiR 2012, S. 81. A.A. BeBiKo[8], § 249 HGB, Tz. 100 (Anpassungsverpflichtungen), für den die Anpassungsfrist unerheblich ist.

Da die Anpassungsverpflichtungen immer im Zusammenhang mit dem zukünftigen Betrieb der Anlage stehen, ist die Verpflichtung im abgelaufenen Geschäftsjahr nicht wirtschaftlich verursacht.[879]

Variante 1
Zum 31.12.2012 ist die Y-GmbH noch nicht rechtlich verpflichtet, die Anpassungsmaßnahmen durchzuführen. Rechtlich verpflichtet ist sie erst mit Ablauf der Übergangsfrist zum 30.6.2012. Zum 31.12.2012 ist daher keine Rückstellung zu bilden.

Variante 2
Da keine expliziten Übergangsregelungen bestehen, liegt eine rechtliche Verpflichtung der Y-GmbH vor. Im Jahresabschluss zum 31.12.2012 ist eine Rückstellung i. H. v. TEUR 200 anzusetzen.

Hinweise
Wurde eine Frist zur Umrüstung versäumt und ist infolgedessen mit einen Bußgeld zu rechnen, ist hierfür zusätzlich eine Rückstellung anzusetzen.[880]

Eine Rückstellung ist nicht zu bilden, wenn die Aufwendungen zu aktivierungspflichtigen Herstellungskosten führen. Nach- oder Umrüstungen von Anlagen stellen allerdings regelmäßig Erhaltungsaufwand dar, da lediglich die Funktionsfähigkeit aufrechterhalten bzw. wiederhergestellt wird. Selbst wenn die Maßnahmen Neues, bisher nicht Vorhandenes an den Anlagen schaffen, liegt in den meisten Fällen keine wesentliche Erweiterung oder Verbesserung nach § 255 Abs. 2 HGB vor und demnach auch keine Verbesserung der Nutzungsmöglichkeit.[881]

IFRS
Eine Rückstellung wird definiert als Verbindlichkeit mit unsicherem zeitlichen Eintritt oder unsicherer Höhe (IAS 37.10). Sie ist passivierungspflichtig, wenn die folgenden drei Bedingungen kumulativ zutreffen (IAS 37.14):
(a) Das Unternehmen hat eine gegenwärtige (rechtliche oder faktische) Verpflichtung als Folge früherer Ereignisse.
(b) Es ist wahrscheinlich, dass ein Abfluss von Ressourcen notwendig ist, um die Verpflichtung zu begleichen.

---

879 Vgl. BeBiKo[8], § 249 HGB, Tz. 100 (Anpassungsverpflichtungen); HdR[5], § 249 HGB, Tz. 107. Zur Diskussion der wirtschaftlichen Verursachung vgl. Haufe-IFRS[10], § 21, Tz. 78 f.; Wulf, PiR 2012, S. 80 f.

880 Vgl. BeBiKo[8], § 249 HGB, Tz. 100 (Anpassungsverpflichtungen); Wulf, PiR 2012, S. 81.

881 Vgl. HdR[5], § 249 HGB, Tz. 106.

(c) Es ist eine zuverlässige Schätzung des Betrags möglich, der zur Erfüllung der Verpflichtung benötigt wird.

IAS 37.14 verlangt das Vorliegen einer rechtlichen oder faktischen Verpflichtung aufgrund vergangener Ereignisse. Zum 31.12.2012 ist bei beiden Varianten unabhängig von Übergangsvorschriften mangels eines verpflichtenden Ereignisses in der Vergangenheit keine Rückstellung zu bilden, da die Anpassungsmaßnahmen in Zusammenhang mit dem zukünftigen Betrieb der Anlagen stehen.[882] Nach IAS 37.19 kann sich die Y-GmbH der öffentlich-rechtlichen Verpflichtung bspw. durch Verkauf der Anlage noch entziehen.

Hinweis
Auch nach IFRS ist bei Versäumnis der Frist eine Rückstellung für das Bußgeld zu bilden.

5.2 Steuerrückstellungen

5.2.1 Rückstellung für Steuerrisiken

Sachverhalt

Die Süd GmbH vertreibt europaweit regionale Produkte. Die letzte Betriebsprüfung hat im vergangenen Jahr für den Zeitraum 2008 bis 2010 stattgefunden (endgültiges Ergebnis bzw. Steuerbescheid liegt seit Ende 2011 vor). In der Vergangenheit wurden alle drei bis vier Jahre Betriebsprüfungen durchgeführt. Eine Prüfungsanordnung für den Folgezeitraum (2011-2013) liegt zum 31.12.2012 naturgemäß nicht vor.

Im Rahmen der Erstellung des Jahresabschlusses zum 31.12.2012 analysiert die Steuerabteilung Sachverhalte des letzten Jahres. Folgende Risiken wurden dabei entdeckt[883]:

1) Für eine in 2012 vorgenommene Bilanzierung in der Steuerbilanz (Sachverhalt I) besteht ein von der Steuerabteilung geschätztes Risiko von 15%, dass die Finanzverwaltung diese steuerlich nicht anerkennt. In diesem Fall wären EUR 50.000 Steuern zusätzlich zu zahlen.

---

882 Vgl. IAS 37.18; Haufe-IFRS[10], § 21, Tz. 21.
883 Um die Lösung auf die Bilanzierungsfragen zu beschränken, werden die steuerlichen Sachverhalte nur abstrakt dargestellt.

2) Für eine in 2012 vorgenommene Bilanzierung in der Steuerbilanz (Sachverhalt II) besteht ein von der Steuerabteilung geschätztes Risiko von 75%, dass die Finanzverwaltung diese steuerlich nicht anerkennt. Mit einer Wahrscheinlichkeit von 30% wären in diesem Fall EUR 100.000, mit einer Wahrscheinlichkeit von 70% EUR 125.000 zu zahlen.

3) Bei der letzten Betriebsprüfung waren aufgrund kleinerer Feststellungen Mehrsteuern in Höhe von insgesamt EUR 25.000 zu zahlen.

Mit der nächsten Betriebsprüfung wird im Jahr 2014 für die Jahre 2011-2013 gerechnet. Die endgültigen Ergebnisse bzw. der Steuerbescheid wird für Dezember 2014 erwartet. Nach § 233a Abs. 2 AO beginnt für steuerliche Verpflichtungen eine Verzinsung erst 15 Monate nach Ablauf des Kalenderjahrs. Der Zinssatz beträgt gem. § 238 AO 0,5% pro Monat bzw. 6% p.a.

Der von der Deutschen Bundesbank gem. RückAbzinsV veröffentlichte Abzinsungszinssatz für Rückstellungen mit einer Restlaufzeit von zwei Jahren beträgt 3,87%. Der Abzinsungssatz nach IFRS für eine solche Verpflichtung beläuft sich auf 4,30%.[884]

Frage
In welcher Höhe muss eine Rückstellung für Steuerrisiken zum 31.12.2012 nach HGB und IFRS bilanziert werden?

Lösung
HGB
Steuerrückstellungen gehören zu den Verbindlichkeitsrückstellungen und müssen die für diese Rückstellungen geltenden Ansatzvoraussetzungen erfüllen. Der Ansatz einer Verbindlichkeitsrückstellung ist immer dann erforderlich, wenn eine Außenverpflichtung besteht, die rechtlich oder wirtschaftlich bereits vor dem Bilanzstichtag entstanden und mit dessen Inanspruchnahme ernsthaft zu rechnen ist.[885]

Im vorliegenden Sachverhalt ist im ersten Schritt zu prüfen, ob mit dem Entstehen der Verpflichtung gegenüber der Steuerbehörde (Außenverpflichtung) ernsthaft gerechnet werden kann. Dies ist im vorliegenden Sachver-

---
884 Vgl. IAS 37.47.
885 Vgl. hierzu ausführlich Abschn. 2.1.2.

halt I fraglich, da die Wahrscheinlichkeit für das Entstehen einer Verpflichtung nur 15% beträgt. Da das Risiko aufgrund der objektiven Gegebenheiten (relativ geringe Wahrscheinlichkeit) nicht als konkret begründet angesehen werden kann, darf der Ansatz einer Rückstellung nicht erfolgen.[886]

Anders verhält es sich für den Sachverhalt II, da aufgrund der hohen Wahrscheinlichkeit des Entstehens der Verpflichtung diese bereits ausreichend konkretisiert ist. Die Verpflichtung ist dem Geschäftsjahr 2012 wirtschaftlich zuzurechnen. Auch mit der Inanspruchnahme hat die Gesellschaft ernsthaft zu rechnen. Fraglich ist allerdings, in welcher Höhe eine Rückstellung erfasst werden muss.

Eine Rückstellung ist gem. § 253 Abs. 1 S. 2 HGB mit dem nach vernünftiger kaufmännischer Beurteilung notwendigen Erfüllungsbetrag zu bilanzieren. Da die Höhe der Rückstellung ungewiss ist und zwei mögliche zukünftige Werte vorliegen, ist der wahrscheinlichste Betrag Ausgangspunkt für die Bestimmung des Schätzwerts. Dieser beläuft sich auf EUR 125.000. Da dieser Betrag auch das maximale Risiko darstellt, ist eine Anpassung des Betrags aufgrund des Vorsichtsprinzips nicht mehr notwendig.[887]

Die Bildung einer Rückstellung für das allgemeine Risiko bei der Betriebsprüfung in Höhe von EUR 25.000 ist umstritten.[888] Eine Rückstellung kann nicht dadurch gerechtfertigt werden, dass in der Vergangenheit in entsprechender Höhe Feststellungen erfolgten. Aufgrund der fehlenden Beschreibung von konkreten Sachverhalten müsste daher eine Rückstellung abgelehnt werden.

Zusammenfassend ist somit lediglich für den Sachverhalt II eine Rückstellung zu bilden. Die Höhe der Rückstellung beläuft sich vorerst auf EUR 125.000. Allerdings ist der nominale Verpflichtungsbetrag um eventuell zu zahlende Zinsen zu erhöhen. Mit einem Bescheid für die Betriebsprüfung ist Ende 2014 zu rechnen, so dass eine Verzinsung des Betrags für 9 Monate erfolgen muss.[889] Somit erhöht sich der nominale Verpflichtungsbetrag um EUR 5.625 (EUR 125.000 * 6% * 9/12). Anschließend muss die Rückstellung gem. § 253 Abs. 2 S. 1 HGB mit dem Abzinsungszinssatz der Deutschen Bundesbank abgezinst werden. Da die Rückstellung eine Restlaufzeit von zwei Jahren hat, beläuft sich der zu verwendende Abzinsungszinssatz auf 3,87%.

---

886 Vgl. BeBiKo[8], § 249 HGB, Tz. 100 (Betriebsprüfungsrisiko).
887 Vgl. hierzu Abschnitt 2.2.2.1.
888 Vgl. die Ausführungen in Abschnitt 3.1.3.
889 Die ersten 15 Monate sind gem. § 233a Abs. 2 AO zinsfrei.

Buchwert der Rückstellung zum 31.12.2012

(Nominaler Verpflichtungsbetrag + Zinsbetrag) / (1 + Abzinsungszinssatz$_{\text{Restlaufzeit}}$)^{Restlaufzeit}

= (EUR 125.000 + EUR 5.625) / (1 + 3,87 %)$^{2\,\text{Jahre}}$ = EUR 121.073

IFRS

Für die Bilanzierung von Steuerrisiken bestehen nach IFRS zwei Möglichkeiten.[890] So kann die Süd GmbH **direkt IAS 12 anwenden**. In diesem Fall müsste gem. IAS 12.46 ein Ansatz der Rückstellung in Höhe der erwarteten Zahlungen an die Steuerbehörden erfolgen. Unabhängig von der Einschätzung der Wahrscheinlichkeit sind dabei alle Steuerrisiken zu berücksichtigen. Allerdings ist auch nach IFRS eine Rückstellungsbildung nur möglich, wenn konkrete Sachverhalte vorliegen, so dass das allgemeine Risiko nicht berücksichtigt werden darf. Die Bestimmung der bestmöglichen Schätzung kann analog gem. IAS 37 nach dem wahrscheinlichsten Wert erfolgen. Die Rückstellung setzt sich insofern aus dem Betrag für den Sachverhalt I in Höhe von EUR 50.000 und dem Betrag für den Sachverhalt II in Höhe von EUR 125.000 zusammen.

Auch Zinsen für mögliche Steuernachzahlungen sind nach IFRS zu erfassen. Aufgrund der Zinsfreistellung für die ersten 15 Monate sind auf den Betrag von EUR 175.000 insgesamt Zinsen von EUR 7.875 (EUR 175.000 * 6 % * 9/12) zu berücksichtigen.

Sofern Steuerzahlungen erst in der Zukunft geleistet werden, müssen die Beträge mit dem Barwert angesetzt und somit abgezinst werden.[891]

Buchwert der Rückstellung zum 31.12.2012

(Nominaler Verpflichtungsbetrag + Zinsbetrag) / (1 + Abzinsungssatz)^{Restlaufzeit}

= (EUR 125.000 + EUR 50.000 + EUR 7.875) / (1 + 4,30 %)$^{2\,\text{Jahre}}$
= EUR 168.107

Ebenso besteht die Möglichkeit, ein **zweistufiges Vorgehen** bei der Ermittlung der Rückstellung für Steuerrisiken anzuwenden. Hierbei werden in analoger Anwendung der Ansatzkriterien des IAS 37 nur Steuerrisiken betrachtet, bei denen mehr für als gegen eine Inanspruchnahme des Unternehmens durch die Steuerbehörden spricht. Im vorliegenden Sachverhalt würde daher nur der Sachverhalt II die Voraussetzungen für eine bilanzielle

---

[890] Vgl. hierzu ausführlich die Ausführungen in Abschnitt 3.6.1.

[891] Vgl. KPMG, Insights^9, Tz. 3.13.15.40.

Berücksichtigung erfüllen. Die Bewertung der Rückstellung erfolgt auch in diesem Fall über den Betrag der bestmöglichen Schätzung. Dieser ist im vorliegenden Sachverhalt der wahrscheinlichste Betrag in Höhe von EUR 125.000. Die Zinsen für mögliche Steuernachzahlungen belaufen sich für diesen Betrag auf EUR 5.625.

Buchwert der Rückstellung zum 31.12.2012

(Nominaler Verpflichtungsbetrag + Zinsbetrag) / (1 + Abzinsungssatz)^{Restlaufzeit}
= (EUR 125.000 + EUR 5.625) / (1 + 4,30 %)$^{2 \text{ Jahre}}$ = EUR 120.076

Zu beachten ist in diesem Fall, dass für den Sachverhalt I keine bilanzielle Berücksichtigung erfolgt. Damit greift IAS 12.88, der für steuerbezogene Eventualverbindlichkeiten die Anwendung der Vorschriften des IAS 37 vorsieht.

Für den Sachverhalt I sind die Voraussetzungen für eine Eventualverbindlichkeit erfüllt, da gem. IAS 37.10 eine Inanspruchnahme zumindest möglich ist. Insofern hat die Süd GmbH gem. IAS 37.86 entsprechende Erläuterungen in den Anhang aufzunehmen, soweit nicht die Erleichterungsvorschrift des IAS 37.92 anwendbar ist.

5.2.2 Rückstellung für latente Steuern nach § 249 HGB

Sachverhalt

Die Meier GmbH produziert für einen regionalen Markt Fruchtsäfte. Hinsichtlich der Größenkriterien erfüllt die GmbH die Kriterien für eine kleine Kapitalgesellschaft gem. § 267 Abs. 1 HGB.

Die Geschäftsführung hat beschlossen, auf die Anwendung des § 274 HGB zu verzichten. Diese Möglichkeit ergibt sich für kleine Kapitalgesellschaften aus § 274a Nr. 5 HGB.

Der Geschäftsführung ist bewusst, dass sie dennoch überprüfen muss, ob ggf. eine Rückstellung für latente Steuern gem. § 249 HGB zu bilanzieren ist. Hierfür liegt eine Liste der Unterschiede zwischen den handelsrechtlichen und den steuerlichen Wertansätzen zum 31.12.2012 vor (vgl. Abb. 32).

Zudem bestehen zum 31.12.2012 Verlustvorträge i. H. v. EUR 40.000. Der Steuersatz der Meier GmbH beträgt vereinfacht 30 %.

Bilanzposten	Ansatz in der Handelsbilanz (HB)	Ansatz in der Steuerbilanz (StB)	Differenz (HB abzgl. StB)	Bemerkung
Aktivposten				
Grundstück für Verwaltungs- und Produktionsgebäude	220.000	200.000	20.000	Unterschied aus der Übertragung einer § 6b EStG-Rücklage
Mostmaschine	200.000	160.000	40.000	Unterschiedliche Abschreibungsmethoden
Roh-, Hilfs- und Betriebsstoffe	200.000	170.000	30.000	Unterschiedliche Bewertungsmethoden
Passivposten				
Drohverlustrückstellung	10.000	0	10.000	Ansatzverbot in StB

Abbildung 32 Unterschiede zwischen den handelsrechtlichen und steuerlichen Wertansätzen zum 31.12.2012 (Beträge in EUR)

Frage

In welcher Höhe muss eine Rückstellung für latente Steuern nach § 249 HGB zum 31.12.2012 bilanziert werden?

Lösung

Auf Grundlage der vorliegenden Liste sind die jeweiligen Unterschiede zu analysieren. Dabei ist bei einem Verzicht auf § 274 HGB weiterhin das Timing-Konzept für die Steuerabgrenzung anzuwenden.[892]

Die Bewertungsunterschiede für das **Grundstück** dürfen dann nicht weiter berücksichtigt werden, wenn für die Meier GmbH eine Veräußerung des Grundstücks nicht abzusehen ist. Bei einer solchen Differenz handelt es sich um eine sog. quasi-permanente Differenz, da sich der Bilanzunterschied auf absehbare Zeit nicht umkehren und damit eine steuerliche Belastung vorerst nicht eintreten wird.

Für die **Mostmaschine** konnte die Meier GmbH steuerlich die degressive Abschreibung wählen. Handelsrechtlich wird die Maschine linear abgeschrieben. Bei der Differenz handelt es sich um eine sog. temporäre Differenz, da sich die Bewertungsunterschiede im Zeitablauf abbauen.

Das Gleiche gilt für das **Vorratsvermögen**. Die Meier GmbH bewertet die Vorräte in der Handelsbilanz nach der Durchschnittsmethode. Steuerlich wird die Lifo-Methode angewendet, so dass bei steigenden Preisen der steuerliche Bilanzansatz unter dem handelsrechtlichen Ansatz liegt. Handels-

---

[892] Vgl. hierzu auch Abschn. 3.5.

rechtlich führt der höher bewertete Vorratsbestand zukünftig zu höheren steuerlichen Gewinnen, da der handelsrechtliche Materialaufwand bei Verbrauch der Vorräte über dem steuerlichen Materialaufwand liegt.[893] Da grundsätzlich von einem Abgang des Vorratsvermögens kurzfristig auszugehen ist, ist auch diese Differenz eine sog. temporäre Differenz.[894]

Die **Drohverlustrückstellung** wurde für einen negativen Langfristvertrag über insgesamt noch drei Jahre gebildet. Auch diese Unterschiede gelten als temporäre Differenz, da sich im Zeitablauf der entsprechende Bilanzunterschied auflösen wird.

Steuerliche Verlustvorträge sind bei der Ermittlung der Rückstellung für latente Steuern dann zu berücksichtigen, wenn zukünftig insgesamt eine Steuerbelastung aus temporären Differenzen erwartet wird.[895] Grund hierfür ist, dass durch die Verlustvorträge eine Vermögensbelastung durch zukünftige Steuerzahlungen vermindert wird.[896]

Steuerliche Verlustvorträge können lediglich zu einer Verminderung der Rückstellung führen. Ein Überhang darf nicht als Vermögenswert angesetzt werden. Eine Berücksichtigung von Verlustvorträgen erfordert jedoch, dass eine Überprüfung der Werthaltigkeit erfolgt. Hierbei wird grundsätzlich eine Planungsrechnung vorzulegen sein. Eine Berücksichtigung darf unabhängig vom Realisationszeitpunkt der Verlustvorträge erfolgen, sofern die Verlustvorträge unbeschränkt vortragfähig sind.[897] Für den vorliegenden Sachverhalt kann davon ausgegangen werden, dass die steuerlichen Verlustvorträge unbeschränkt vortragsfähig und werthaltig sind.

Auf Grundlage der Liste der Bilanzunterschiede kann die Rückstellung für latente Steuern wie folgt ermittelt werden:

Bilanzposten	Ansatz in der Handelsbilanz (HB)	Ansatz in der Steuerbilanz (StB)	Zukünftig erwartete Steuerentlastung	Zukünftig erwartete Steuerbelastung
Aktivposten				
Grundstück für Verwaltungs- und Produktionsgebäude	220.000	200.000		quasi-permanent
Mostmaschine	200.000	160.000		40.000
Roh-, Hilfs- und Betriebsstoffe	200.000	170.000		30.000

893 Vgl. Kanitz, WPg 2011, S. 905.
894 A.A. Kanitz, WPg 2011, S. 905.
895 Vgl. ADS⁶, § 274 HGB, Tz. 26 ff.
896 Vgl. IDW RS HFA 7, Tz. 27; ADS⁶, § 274 HGB, Tz. 28.
897 Vgl. DRS 18, Tz. 21.

Bilanzposten	Ansatz in der Handelsbilanz (HB)	Ansatz in der Steuerbilanz (StB)	Zukünftig erwartete Steuerentlastung	Zukünftig erwartete Steuerbelastung
Passivposten				
Drohverlustrückstellung	10.000	0	10.000	
Summe der Differenzen			10.000	70.000
Anzuwendender Steuersatz		30%		
Umrechnung in steuerliche Werte			3.000	21.000

Aus den erwarteten zukünftigen Steuerbelastungen und Steuerentlastungen kann die Rückstellung für latente Steuern nach § 249 HGB wie folgt ermittelt werden:

Ermittlung der Rückstellung für latente Steuern nach § 249 HGB (in EUR)	
Zukünftig erwartete Steuerbelastung aus Einzeleffekten	21.000
Zukünftige erwartete Steuerentlastung aus Einzeleffekten	− 3.000
Verrechnung der werthaltigen steuerlichen Verlustvorträge (40.000 * 30% Steuersatz = 12.000)	−12.000
Erwartete zukünftige Steuer-Gesamtbelastung (= Rückstellung)	**6.000**

Die Meier GmbH hat somit zum 31.12.2012 eine Rückstellung für latente Steuern gem. § 249 HGB i. H. v. EUR 6.000 zu bilanzieren. Eine Abzinsung der Rückstellung ist dabei nicht erforderlich.[898] Der Ausweis der Rückstellung kann entweder unter dem Bilanzposten »Steuerrückstellungen« oder unter dem Posten »Sonstige Rückstellungen« erfolgen.[899]

5.3 Pensionsrückstellungen

5.3.1 Übergangsvorschrift des Art. 67 Abs. 1 S. 1 EGHGB

Mit Art. 67 Abs. 1 S. 1 EGHGB wurde eine spezielle Übergangsvorschrift nur für Pensionsrückstellungen geschaffen. Diese Vorschrift sieht ein sog. Verteilungswahlrecht vor.

Art. 67 Abs. 1 S. 1 EGHGB: »Soweit auf Grund der geänderten Bewertung der laufenden Pensionen oder Anwartschaften auf Pensionen eine Zufüh-

---

[898] Vgl. IDW RS HFA 7, Tz. 27.
[899] Vgl. IDW RS HFA 7, Tz. 28, der einen Ausweis unter den Steuerrückstellungen empfiehlt.

rung zu den Rückstellungen erforderlich ist, ist dieser Betrag bis spätestens zum 31.12.2024 in jedem Geschäftsjahr zu mindestens einem Fünfzehntel anzusammeln.«

Sachverhalt

1.1.2010:
Unternehmen B weist zum 31.12.2009 eine Pensionsrückstellung i. H. v. TEUR 100 aus. Per 1.1.2010 wird im Rahmen der BilMoG-Umstellung ein Rückstellungsbetrag nach BilMoG i. H. v. TEUR 115 ermittelt. Der Bilanzierende möchte von dem Verteilungswahlrecht Gebrauch machen.

Frage
Wie erfolgt die Bilanzierung nach Art. 67 Abs. 1 S. 1 EGHGB?

Lösung
In nachfolgender Übersicht sind drei von vielen möglichen Verteilungsplänen abgebildet, die der Bilanzierende für die Inanspruchnahme des Verteilungswahlrechtes frei wählen kann. Das Gesetz schreibt lediglich vor, dass jährlich mindestens ein Fünfzehntel des zu verteilenden Betrags erfasst werden muss. Darüber hinausgehende Beträge können beliebig gewählt werden. Ferner regelt die Vorschrift zum Verteilungswahlrecht, dass der Übergangszeitraum bis auf den 31.12.2024 begrenzt ist. Eine Verteilung über einen kürzeren Zeitraum ist jedoch jederzeit möglich, da ein schnellerer Übergang auf die nach BilMoG ermittelten Werte wünschenswert ist.

Nebenrechnung	Unterschiedsbetrag in TEUR															
1.1.2010	15															
Mögliche Verteilungspläne																
Jahr (20xx)	10	11	12	13	14	15	16	17	18	19	20	21	22	23	24	Σ
Divisor	15	14	13	12	11	10	9	8	7	6	5	4	3	2	1	
Variante 1	1	1	1	1	1	1	1	1	1	1	1	1	1	1	1	**15**
Variante 2	2	2	2	2	2	2	2	1								**15**
Variante 3	5	4	3	2	1											**15**

Die Übergangsvorschrift erfordert weiterhin, dass nicht nur der Unterschiedsbetrag im Zeitpunkt des Übergangs auf BilMoG ermittelt werden muss, sondern auch, dass dieser innerhalb des Verteilungszeitraums fortgeführt werden muss. In der Praxis erfolgt dies in der Regel durch eine Nebenrechnung.

Der zum 1.1.2010 ermittelte Unterschiedsbetrag beträgt TEUR 15 und ergibt sich aus dem Vergleich der nach dem HGB a.F. ermittelten Pensionsrückstellung zum 31.12.2009 mit TEUR 100 und den nach den neuen Vorschriften ermittelten Pensionsrückstellungen zum 1.1.2010 mit TEUR 115. Der Unterschiedsbetrag kann wie in der Übersicht (Varianten 1 bis 3) dargestellt, über 15 Jahre gleichmäßig verteilt werden oder aber über einen deutlich kürzeren Zeitraum mit einem jährlich zu verteilenden Betrag von TEUR 2. Denkbar wäre aber auch, die Differenz sofort in einem Jahr oder geometrisch-degressiv über fünf Jahre zu verteilen (Variante 3). In der Praxis haben viele Mandanten sich dazu entschieden, den Unterschiedsbetrag über 15 Jahre gleichmäßig zu verteilen.

Sachverhalt

31.12.2010:

Für Unternehmen B, das eine Pensionsrückstellung von TEUR 100 zum 31.12.2009 auswies, wird per 31.12.2010 ein Rückstellungsbetrag nach BilMoG i.H.v. TEUR 128 ermittelt, wobei auf den Dienstzeitaufwand TEUR 5 entfallen, auf den Zinsaufwand TEUR 5 und auf versicherungsmathematische Verluste TEUR 3. In der Periode wurden TEUR 0 an Rentner ausgezahlt. Einen etwaigen Differenzbetrag will B über 15 Jahre verteilen.

Aus den im Sachverhalt dargestellten Informationen entwickelt sich die Pensionsrückstellung in der Bilanz wie folgt. Aus der Darstellung ergibt sich ebenfalls der in der Gewinn- und Verlustrechnung zu erfassende Pensionsaufwand.

Bilanz/GuV	TEUR
Pensionsrückstellung zum 1.1.2010	100
Inanspruchnahme	0
Personalaufwand:	
Dienstzeitaufwand	5
versicherungsmathematische Verluste	3
Finanzaufwand	5
a.o. Aufwand	1
Pensionsrückstellung zum 31.12.2010	114

Ausgehend vom Eröffnungsbilanzwert zum 1.1.2010 mit einer Rückstellung von TEUR 100 erhöht sich die Rückstellung zum 31.12.2010 auf TEUR 114. Ursächlich hierfür sind der Dienstzeitaufwand mit TEUR 5, der Zinsaufwand mit TEUR 5 sowie versicherungsmathematische Verluste i. H. v. TEUR 3 (Summe Pensionsaufwand: TEUR 13). Zusätzlich erhöht sich die Rückstellung um TEUR 1 aus der Inanspruchnahme des Verteilungswahlrechts. In 2010 werden TEUR 1, d. h. ein Fünfzehntel von TEUR 15 zugeführt. Die Zuführung erfolgt gem. Art. 67 Abs. 7 EGHGB über den außerordentlichen Aufwand.

Gleichzeitig muss die BilMoG-Rückstellung und der Unterschiedsbetrag in der Nebenrechnung fortgeführt werden. Die Fortschreibung in der Nebenrechnung entwickelt sich wie folgt:

Nebenrechnung	Rückstellungsbetrag nach BilMoG in TEUR	Unterschiedsbetrag in TEUR
1.1.2010	115	15
Inanspruchnahme	0	− 1
Zuführung	13	0
31.12.2010	128	14 (→ Anhang)

Die BilMoG-Rückstellung erhöht sich in der Nebenrechnung ebenfalls um TEUR 13 und beträgt zum 31.12.2010 TEUR 128. Durch die Zuführung von einem Fünfzehntel verringert sich der Unterschiedsbetrag um TEUR 1 auf TEUR 14. Der zum 31.12.2010 verbleibende Unterschiedsbetrag ist im Anhang anzugeben.

Fortentwicklung des vorhergehenden Sachverhalts

2.1.2011:

Unternehmen B trennt sich im neuen Jahr am 2.1.2011 von seinem Geschäftsführer G, auf den 50% der Pensionsverpflichtungen des Unternehmens entfallen. Als Ausgleich seines Versorgungsanspruchs wird G mit dem Ausscheiden eine Einmalzahlung von TEUR 70 ausgezahlt.

Die entsprechenden Buchungssätze lauten:

Buchungssatz	TEUR		TEUR
Pensionsrückstellung	57	Personalaufwand	57
Personalaufwand	70	Bank	70

Mit Ausscheiden des Geschäftsführers G verringert sich sowohl die bilanzierte Rückstellung als auch die in der Nebenrechnung fortgeführte BilMoG-Rückstellung bzw. der entsprechende Unterschiedsbetrag. Die BilMoG-Rückstellung halbiert sich auf TEUR 64, der Unterschiedsbetrag auf TEUR 7. Bei gleichmäßiger Verteilung bzw. Verteilung von mindestens einem Fünfzehntel ergibt sich ein neuer jährlich zu verteilender Betrag von TEUR 0,5. Zum 2.1.2011 steht noch eine Verteilung über 14 Jahre aus.

Nebenrechnung	Rückstellungsbetrag nach BilMoG in TEUR	Unterschiedsbetrag in TEUR
1.1.2011	128	14
Davon 50% abgehend	−64	−7
Rest per 2.1.2011	64	7 → auf 14 Jahre = 0,5

In der Bilanz ergibt sich folgendes Bild:

Bilanzkonto: Pensionsrückstellungen	TEUR
Pensionsrückstellung zum 1.1.2011	114
Auflösung (50%)	−57
Pensionsrückstellung zum 2.1.2011	57

Die gebuchte Pensionsrückstellung beträgt nach Buchung des Geschäftsvorfalls nur noch TEUR 57.

Sachverhalt

31.12.2011:

Für Unternehmen B wird per 31.12.2011 ein Rückstellungsbetrag nach BilMoG i. H. v. TEUR 70,5 ermittelt, wobei auf den Dienstzeitaufwand TEUR 2,5 entfallen, auf den Zinsaufwand TEUR 2,5 und auf versicherungsmathematische Verluste TEUR 1,5. In der Periode wurden keine Renten gezahlt.

Damit entwickelt sich die Pensionsrückstellung in 2011 wie folgt. Aus der Darstellung ergibt sich ebenfalls der in der Gewinn- und Verlustrechnung zu erfassende Pensionsaufwand.

Bilanz/ GuV	TEUR
Pensionsrückstellung zum 1.1.2011	114,0
Auflösung (2.1.2011)	−57,0
Inanspruchnahme	0,0
Personalaufwand:	
Dienstzeitaufwand	2,5
versicherungsmathematische Verluste	1,5
Finanzaufwand	2,5
a.o. Aufwand	0,5
Pensionsrückstellung zum 31.12.2011	64,0

Ausgehend vom Eröffnungsbilanzwert zum 1.1.2011 mit einer Rückstellung von TEUR 114 verringert sich die Rückstellung zum Jahresende auf TEUR 64. Ursächlich hierfür ist zum einen das Ausscheiden des G (TEUR −57) und der Dienstzeitaufwand mit TEUR 2,5, der Zinsaufwand mit TEUR 2,5 sowie versicherungsmathematische Verluste i.H.v. TEUR 0,5 (Summe Pensionsaufwand: TEUR 6,5). Rückstellungserhöhend wirkt sich die Inanspruchnahme des Verteilungswahlrechtes aus. In 2011 werden TEUR 0,5, d.h. ein Fünfzehntel von TEUR 7 zugeführt. Die Zuführung erfolgt gem. Art. 67 Abs. 7 EGHGB über den außerordentlichen Aufwand.

Gleichzeitig muss die BilMoG-Rückstellung und der Unterschiedsbetrag in der Nebenrechnung fortgeführt werden. Die Fortschreibung in der Nebenrechnung entwickelt sich wie folgt:

Nebenrechnung	Rückstellungsbetrag nach BilMoG in TEUR	Unterschiedsbetrag TEUR
1.1.2011	128,0	14,0
Auflösung	−64,0	−7,0
Inanspruchnahme	0,0	−0,5
Zuführung	6,5	0,0
31.12.2011	70,5	6,5 (→ Anhang)

Der zum 31.12.2011 verbleibende Unterschiedsbetrag ist im Anhang anzugeben. In den darauffolgenden Jahren ist anlog zu verfahren.

Sachverhalt (Fortentwicklung des vorhergehenden Beispiels bis 2024)
31.12.2024:

Für Unternehmen B wird per 31.12.2024 ein Rückstellungsbetrag nach BilMoG i. H. v. TEUR 87 ermittelt, wobei für das Jahr 2024 auf den Dienstzeitaufwand TEUR 2,5 entfallen, auf den Zinsaufwand TEUR 2,5 und auf versicherungsmathematische Verluste TEUR 1,5. In der Periode wurden keine Renten gezahlt.

Die Entwicklung der Rückstellung in der Bilanz und der Pensionsaufwand in der Gewinn- und Verlustrechnung stellen sich in 2024 wie folgt dar:

Bilanz/GuV	TEUR
Pensionsrückstellung zum 1.1.2024	80,0
Inanspruchnahme	0,0
Personalaufwand:	
Dienstzeitaufwand	2,5
versicherungsmathematische Verluste	1,5
Finanzaufwand	2,5
a. o. Aufwand	0,5
Pensionsrückstellung zum 31.12.2024	87,0

Die Fortschreibung in der BilMoG-Nebenrechnung endet zum 31.12.2024 mit dem Ende des Verteilungszeitraums.

Nebenrechnung	Rückstellungsbetrag nach BilMoG in TEUR	Unterschiedsbetrag TEUR
1.1.2024	80,5	0,5
Inanspruchnahme	0,0	−0,5
Zuführung	6,5	0,0
31.12.2024	87,0	0,0

Zum 31.12.2024 entspricht der bilanzierte Rückstellungsbetrag dem in der Nebenrechnung fortgeführten BilMoG-Rückstellungsbetrag.

5.3.2 Deckungsvermögen und Ausschüttungssperre

Sachverhalt

Die X-GmbH hat ihren Mitarbeitern Altersversorgungszusagen erteilt. Zum 31.12.2012 (Bilanzstichtag) weist sie daher in ihrer Bilanz Pensionsrückstellungen i. H. v. TEUR 100 aus, die nach versicherungsmathematischen Grundsätzen ermittelt worden sind. Zur Deckung der Rückstellungen hat die X-GmbH drei Varianten untersucht. Alle Varianten sollen ausschließlich zur Sicherung der Erfüllung der Altersversorgungsverpflichtungen dienen.

Variante 1

Die Deckung der Pensionsrückstellungen erfolgt durch verpfändete, festverzinsliche R-Wertpapiere. Die Anschaffungskosten der Wertpapiere betragen TEUR 70. Der Kurswert der Wertpapiere am Bilanzstichtag beträgt TEUR 90.

Variante 2

Die Deckung der Pensionsrückstellungen erfolgt durch verpfändete, festverzinsliche A-Wertpapiere. Die Anschaffungskosten der Wertpapiere betragen TEUR 70. Der Kurswert der Wertpapiere am Bilanzstichtag beträgt TEUR 120.

Variante 3

Die Deckung der Versorgungsleistungen erfolgt durch individuelle Rückdeckungsversicherungen. Den Berechtigten wurde dabei ein Pfandrecht an der jeweiligen Rückdeckungspolice eingeräumt. Die Anschaffungskosten betragen TEUR 100; das vom Rückdeckungsversicherer übermittelte geschäftsplanmäßige Deckungskapital beträgt zum Bilanzstichtag TEUR 100 und der steuerliche Aktivwert TEUR 100.

Hinweis: kein Anwendungsfall des § 253 Abs. 1 S. 3 HGB (Altersversorgungsverpflichtungen richten sich nicht nach dem beizulegenden Wert der zur Deckung verwendeten Wertpapiere).

Frage
Wie erfolgt die bilanzielle Behandlung zum 31.12.2012?

Lösung
Dienen Vermögensgegenstände ausschließlich der Erfüllung von Schulden aus Altersversorgungsverpflichtungen oder aus anderen vergleichbaren langfristig fälligen Verpflichtungen und sind diese Vermögensgegenstände dem Zugriff aller übrigen Gläubiger entzogen (§ 246 Abs. 2 S. 2 HS 1 HGB), so sind diese Vermögensgegenstände (Deckungsvermögen) mit den Schulden aus Altersversorgungsverpflichtungen oder mit vergleichbaren langfristig fälligen Verpflichtungen zu verrechnen (Nettoausweis).

Die den Mitarbeitern erteilten Versorgungszusagen stellen Altersversorgungsverpflichtungen dar. Sowohl die Wertpapiere als auch die Rückdeckungsversicherung dienen ausschließlich der Erfüllung der Altersversorgungsverpflichtungen, so dass Zweckexklusivität gegeben ist. Insolvenzschutz liegt aufgrund einer wirksamen Verpfändung sowohl bei den Wertpapieren als auch bei der Rückdeckungsversicherung vor.

Damit erfüllen sowohl die Wertpapiere als auch die Rückdeckungsversicherung die Anforderungen an Deckungsvermögen.[900] Daher kann zum 31.12.2012 ein Nettoausweis in der Bilanz erfolgen.

Das Deckungsvermögen ist nach § 253 Abs. 1 S. 4 HGB mit dem beizulegenden Zeitwert zu bewerten. Die Zeitwertbewertung ist der Qualifizierung als Deckungsvermögen nachgelagert, d.h. die Zeitwertbewertung erfolgt ausschließlich für Zwecke der Verrechnung.

Variante 1 (R-Wertpapiere)
Die R-Wertpapiere sind zum Bilanzstichtag mit dem beizulegenden Zeitwert, d.h. ihrem Kurswert von TEUR 90 zu bewerten. Die Saldierung der Wertpapiere mit den Pensionsrückstellungen von TEUR 100 ergibt einen passiven Saldo nach Verrechnung von TEUR 10. Der passive Überhang ist unter dem Bilanzposten »Rückstellungen für Pensionen und ähnliche Verpflichtungen« (§ 266 Abs. 3 B.1. HGB) auszuweisen.

Variante 2 (A-Wertpapiere)
Zum Bilanzstichtag sind die A-Wertpapiere mit ihrem beizulegenden Zeitwert, d.h. dem Kurswert von TEUR 120 zu bewerten. Die Saldierung der Wertpapiere mit den Pensionsrückstellungen von TEUR 100 ergibt einen aktiven Saldo nach Verrechnung von TEUR 20. Der aktive Überhang ist –

---

900 Zu den Voraussetzungen für das Vorliegen von Deckungsvermögen vgl. Abschn. 4.3.4.1.

nach Berücksichtigung von latenten Steuern – unter dem Bilanzposten »Aktiver Unterschiedsbetrag aus der Vermögensverrechnung« (§ 266 Abs. 2 E. HGB) auszuweisen.

Variante 3 (Rückdeckungsversicherung)

In Abschn. 4.3.5.2.3 wurden die Unterschiede zwischen Anschaffungskosten und beizulegendem Zeitwert einer Rückdeckungsversicherung detailliert dargestellt. Als Ergebnis wurde festgehalten, dass der beizulegende Zeitwert eines Rückdeckungsversicherungsanspruchs regelmäßig nicht oder nicht verlässlich ermittelt werden kann und daher in diesen Fällen ebenso das von der Versicherung periodisch übermittelte Deckungskapital zzgl. eines vorhandenen Guthabens aus der Beitragsrückerstattung (unwiderruflich zugeteilte Überschussbeteiligung) oder der steuerliche Aktivwert mangels anderweitiger Informationen aus Vereinfachungsgründen herangezogen werden kann. Der beizulegende Zeitwert eines Rückdeckungsversicherungsanspruchs entspricht dann – aufgrund der fiktiven Ertragsausschüttung mit anschließender Wiederanlage – den Anschaffungskosten einer Rückdeckungsversicherung. Im vorliegenden Fall sind die Anschaffungskosten damit gleich dem beizulegenden Zeitwert. Daher kommt es zu einem Ausweis von Null (nach Saldierung beizulegender Zeitwert TEUR 100 minus Anschaffungskosten TEUR 100) in der Bilanz.

Die nachfolgende Tabelle zeigt für die drei oben geschilderten Varianten den Ausweis in der Bilanz vor Saldierung und nach Saldierung.

Bilanz zum 31.12.2012	R-Wertpapiere in TEUR	A-Wertpapiere in TEUR	Rückdeckungsversicherung in TEUR
Vor Saldierung			
Pensionsrückstellung	–100	–100	–100
Buchwerte Deckungsvermögen	70	70	100
Beizulegender Zeitwert	90	120	100
Nach Saldierung			
Pensionsrückstellung	–100	–100	–100
Deckungsvermögen	90	120	100
Saldo nach Verrechnung	–10	+20	0

Übersteigen die Zeitwerte der zu verrechnenden Vermögensgegenstände ihre Anschaffungskosten (wie bei Varianten 1 und 2 in der vorstehenden Tabelle), so schreibt § 268 Abs. 8 S. 3 HGB vor, dass der Betrag, der die

Anschaffungskosten übersteigt, abzgl. einer hierfür gebildeten passiven latenten Steuer nicht ausgeschüttet werden darf.

Hintergrund ist, dass es infolge der Zeitwertbewertung zu einem handelsrechtlichen Ausweis nicht realisierter Erträge kommen kann. Dies ist im Fall der beiden Wertpapiere gegeben. Die Zeitwertbewertung führt dazu, dass die Wertpapiere nicht mehr mit TEUR 70 in der Bilanz ausgewiesen (Anschaffungskostenprinzip) werden, sondern zu dem höheren Zeitwert von TEUR 90 bzw. TEUR 120. Dadurch kommt es zu nicht realisierten Erträgen i. H. v. TEUR 20 und TEUR 50. Um zum Zwecke des Gläubigerschutzes eine Ausschüttung solcher Erträge zu vermeiden, wurde die Ausschüttungssperre eingeführt.

Im Fall des Rückdeckungsversicherungsanspruchs geht die Ausschüttungssperre ins Leere, da der beizulegende Zeitwert den Anschaffungskosten entspricht. Dies wird mit der folgenden Tabelle illustriert. Aus Vereinfachungsgründen wird auf die Berücksichtigung latenter Steuern verzichtet.

Ausschüttungssperre zum 31.12.2012	R-Wertpapiere in TEUR	A-Wertpapiere in TEUR	Rückdeckungsversicherung in TEUR
Beizulegender Zeitwert	90	120	100
Anschaffungskosten	70	70	100
Ausschüttungsgesperrter Betrag	**20**	**50**	**0**

5.3.3 Wertpapiergebundene Altersversorgungszusagen

In Anlehnung an das vorangegangene Beispiel sollen im Folgenden wertpapiergebundene Altersversorgungszusagen betrachtet werden.

Sachverhalt

Die Y-GmbH hat ihren Mitarbeitern Altersversorgungszusagen erteilt. Zum 31.12.2012 (Bilanzstichtag) weist sie daher in ihrer Bilanz Pensionsrückstellungen i. H. v. TEUR 190 aus, die nach versicherungsmathematischen Grundsätzen ermittelt worden sind. Das versicherungsmathematische Gutachten weist einen Zinsaufwand von TEUR 5, einen Dienstzeitaufwand von TEUR 3 und Auswirkungen der Gehalts- und Rentenerhöhung von TEUR 1 aus. Die Zinssatzänderung hat einen Effekt von TEUR 2.

Zur Deckung der Pensionsrückstellungen hat die Y-GmbH zwei konkrete Möglichkeiten untersucht. Beide Alternativen werden ausschließlich zur Sicherung der Erfüllung der Altersversorgungsverpflichtungen gehalten.

Alternative 1

Die Deckung für einen Teil der Pensionsrückstellungen i. H. v. TEUR 100 erfolgt durch verpfändete Wertpapiere. Die Y-GmbH hat hierfür ihren Mitarbeitern jeweils ein Depot eingerichtet, in das die Beträge eingezahlt werden. Die Wertentwicklung dieser Wertpapiere bestimmt die Höhe der Versorgungszusage. Die Anschaffungskosten der Wertpapiere betragen TEUR 90. Der Kurswert am Bilanzstichtag beträgt TEUR 110.

Alternative 2

Die Deckung der restlichen Versorgungsleistungen i. H. v. TEUR 90 erfolgt durch Rückdeckungsversicherungen. Die Zahlungen aus der Rückdeckungsversicherung sind sowohl hinsichtlich Höhe als auch Zeitpunkt deckungsgleich mit den Zahlungen an die jeweiligen Versorgungsberechtigten. Den Berechtigten wurde ein Pfandrecht an den jeweiligen Rückdeckungspolicen eingeräumt. Die Anschaffungskosten betragen TEUR 100; das vom Rückdeckungsversicherer übermittelte geschäftsplanmäßige Deckungskapital beträgt zum Bilanzstichtag TEUR 100 und der steuerliche Aktivwert TEUR 100.

Fragen
1. Wie erfolgt die bilanzielle Behandlung für beide Alternativen zum 31.12.2012?
2. Welche Besonderheiten ergeben sich hieraus bei der Saldierung in der Gewinn- und Verlustrechnung für Alternative 2?

Lösung

Alternative 1

Nach § 253 Abs. 1 S. 3 HGB sind Rückstellungen für Altersversorgungszusagen, deren Höhe sich ausschließlich nach dem beizulegenden Zeitwert von Wertpapieren i. S. d. § 266 Abs. 2 A.III.5. HGB bestimmt, mit dem beizulegenden Zeitwert dieser Wertpapiere anzusetzen, soweit dieser einen garantierten Mindestbetrag übersteigt. Im vorliegenden Fall wurde den Mitarbeitern eine Altersversorgungszusage gewährt, deren Höhe auf dem Wert der Wertpapiere basiert. Bei dieser Zusage handelt es sich um Altersversorgungsverpflichtungen, die ausschließlich der Erfüllung der Altersversorgungsverpflichtungen dient und entsprechend verpfändet wurde. Zweckexklusivität und Insolvenzschutz sind somit gegeben. Die Wertpapiere qualifizieren als Deckungsvermögen und sind nach § 253 Abs. 1 S. 4 HGB mit dem beizulegenden Zeitwert zu bewerten.

Die Bilanzierung der Altersversorgungsverpflichtung richtet sich in diesem Fall ausschließlich nach dem beizulegenden Zeitwert der Wertpapiere. Dieser beträgt am Bilanzstichtag TEUR 110. Die Wertpapiere werden mit TEUR 110 bewertet und erfüllen gleichzeitig die Voraussetzungen an Deckungsvermögen. Die Altersversorgungsverpflichtungen sind als Rückstellung ebenfalls mit TEUR 110 anzusetzen, die Rückstellung ist daher entsprechend um TEUR 20 zu erhöhen. Gleichzeitig kommt es infolge der Saldierungsvorschrift des § 246 Abs. 2 S. 2 HGB zu einem Ausweis von »Null« in der Bilanz.

Hinweis
Obwohl mit der Anpassung der Rückstellung auf den höheren Zeitwert von TEUR 110 der korrespondierenden Wertpapiere eine erfolgswirksame Erhöhung (nicht realisierter Ertrag) verbunden ist, geht die Ausschüttungssperre des § 268 Abs. 8 S. 3 i.V.m. S. 1 HGB in diesem Fall ins Leere. Die durch die Zeitwertbewertung der Wertpapiere entstehenden noch nicht realisierten Gewinne von TEUR 20 werden gleichzeitig der Rückstellung zugeführt.

Alternative 2
Leistungskongruente Rückdeckungsversicherungen[901] sind wie wertpapiergebundene Altersversorgungszusagen zu behandeln. Das heißt, die Höhe des beizulegenden Zeitwerts dieser Rückdeckungsversicherungen bestimmt die Höhe der anzusetzenden Altersversorgungsverpflichtungen. Wie bei Alternative 1 liegt ein wirksamer Insolvenzschutz durch Verpfändung der Rückdeckungsversicherungen vor. Zweckexklusivität ist ebenfalls gegeben. Damit sind auch bei den Rückdeckungsversicherungen die Anforderungen erfüllt, die an Deckungsvermögen gestellt werden.

Die Bilanzierung der Altersversorgungsverpflichtungen richtet sich hierbei ausschließlich nach dem beizulegenden Zeitwert der Rückdeckungsversicherungen.[902] Dieser beträgt am Bilanzstichtag TEUR 100. Die Rück-

---

901 Vgl. IDW RS HFA 30, Tz. 74. Im Detail vgl. Abschn. 4.3.5.2.
902 Zur Bestimmung des beizulegenden Zeitwerts einer Rückdeckungsversicherung vgl. Abschn. 4.3.5.2.3.

deckungsversicherungen werden mit TEUR 100 bewertet und erfüllen gleichzeitig die Voraussetzungen als Deckungsvermögen. Die Altersversorgungsverpflichtungen sind als Rückstellung weiterhin mit TEUR 100 anzusetzen. Gleichzeitig kommt es infolge der Saldierungsvorschrift des § 246 Abs. 2 S. 2 HGB zu einem Ausweis von »Null« in der Bilanz.

Die nachfolgende Tabelle zeigt für beide Alternativen den Ausweis in der Bilanz vor Saldierung und nach Saldierung.

Bilanz zum 31.12.2012	Wertpapiere in TEUR	Rückdeckungsversicherung in TEUR
Vor Saldierung		
Pensionsrückstellung	−90	−100
Buchwerte Deckungsvermögen	90	100
Beizulegender Zeitwert	110	100
Nach Saldierung		
Pensionsrückstellung	−110	−100
Deckungsvermögen	110	100
Saldo nach Verrechnung	0	0

Die Saldierungsvorschrift des § 246 Abs. 2 S. 2 HS 2 HGB bezieht sich auch auf die Effekte in der Gewinn- und Verlustrechnung. Der Dienstzeitaufwand mit TEUR 3 und die Effekte aus der Änderung der Lohn-, Gehalts- oder Rententrends mit TEUR −1 sind dementsprechend im Personalaufwand[903] auszuweisen.

Die Effekte aus der Auf- und Abzinsung der Rückstellungen sind im Finanzergebnis auszuweisen.[904] Es ergibt sich ein Zinsaufwand i. H. v. TEUR 5.

Im Anhang sind die verrechneten Aufwendungen und Erträge gem. § 285 Nr. 25 HGB als Bruttoausweis anzugeben. Der Bruttoausweis könnte wie folgt dargestellt werden: Die Summe der nach § 246 Abs. 2 S. 2 HS 2 HGB verrechneten Aufwendungen und Erträge beträgt TEUR +5. Die in diesem Betrag enthaltenen Effekte sind Zinsaufwendungen aus der Auf- und Abzinsung der Pensionsrückstellung mit TEUR −5, Ergebniswirkungen aus der Änderung des Zinssatzes mit TEUR +2 und Zeitwertänderungen der Rückdeckungsversicherung mit TEUR +5 sowie laufende Erträge aus der Rückdeckungsversicherung mit TEUR +3.

Für die Ergebniswirkungen aus der Änderung des Zinssatzes mit TEUR +2, der Zeitwertänderung der Rückdeckungsversicherung mit

---
903 Vgl. IDW RS HFA 30, Tz. 88.
904 Vgl. IDW RS HFA 30, Tz. 86.

TEUR +5 und der laufenden Erträge aus der Rückdeckungsversicherung mit TEUR +3 hat der Bilanzierende ein Ausweiswahlrecht.[905] Er kann diese Effekte entweder im Personalaufwand oder im Finanzergebnis ausweisen. An den einmal gewählten Ausweis ist das bilanzierende Unternehmen dann in den Folgejahren auf Grund des Stetigkeitsgrundsatzes gebunden.

Über die Ausübung des Ausweiswahlrechtes ist im Anhang bei den Bilanzierungs- und Bewertungsmethoden gem. § 284 Abs. 2 Nr. 1 zu berichten.[906]

---

[905] Vgl. IDW RS HFA 30, Tz. 87. Im Detail vgl. Abschn. 4.4.3.
[906] Vgl. Abschn. 2.4.3.1.

6
Schlussbetrachtungen und Ausblick

Das BilMoG hat in 2009 weitreichende Änderungen bzgl. der Ansatz- und Bewertungsvorschriften zu den Rückstellungen gebracht. Damit wurde im weitesten Sinne auch eine Annäherung an die IFRS erreicht, auch wenn im Detail immer noch Unterschiede zwischen HGB- und IFRS-Regelungen existieren. Der Gesetzgeber in Deutschland hat diese Unterschiede bewusst in Kauf genommen, um seiner Meinung nach in begründeten Ausnahmefällen bestimmte Aufwandsrückstellungen (unterlassene Instandhaltung, die innerhalb von drei Monaten nach Geschäftsjahresende nachgeholt werden sowie für im Geschäftsjahr unterlassene Aufwendungen für Abraumbeseitigung, die im folgenden Geschäftsjahr nachgeholt werden) zuzulassen und hinsichtlich der Bewertung (vorgegebene Prozentsätze zur Abzinsung) vergleichbarere Abschlüsse der Unternehmen sowohl im Zeit- als auch im Betriebsvergleich zu erreichen. Damit ist die Entwicklung der Modernisierung des HGB abgeschlossen und eine baldige (erneute) Änderung des HGB nicht zu erwarten. Allerdings bemüht sich die Literatur, die noch bestehenden Gesetzeslücken und -unstimmigkeiten zu lösen. Auch hierzu soll das vorliegende Buch seinen Beitrag leisten.

Ebenfalls spannend verläuft die Entwicklung im internationalen Bereich. Seit Juni 2005, als ein erster Entwurf zur Änderung des IAS 37 *Rückstellungen, Eventualverbindlichkeiten und Eventualforderungen* veröffentlicht wurde[907], versucht das IASB, die Regelungen zur Bilanzierung von Schulden zu verschärfen.[908] Da bereits der erste Entwurf auf breite Ablehnung stieß, hatte das IASB im Februar 2010 einen zweiten, grundlegend überarbeiteten Entwurf[909] vorgelegt.[910] Nach den Vorstellungen des IASB sollten in Zukunft mehr unsichere Schulden in der Bilanz erfasst werden als nach

---

[907] Vgl. Kühne/Nerlich, BB 2005, S. 1839.
[908] Vgl. Beyhs/Barth/Hausen, KoR 2010, S. 395.
[909] Vgl. ED/2010/1 Measurement of Liabilities in IAS 37.
[910] Vgl. Kühne/Laubach, WPg 2010, S. 862, und Fischer, PiR 2010, S. 53.

den bisherigen Regelungen. Auch die Wahrscheinlichkeitsbeurteilung, die bisher als Ansatzkriterium vorausgesetzt wird, sollte entfallen. Des Weiteren sollte künftig die Bewertung mit dem *expected cash-flow approach* durchgeführt werden, der gegenüber der bisherigen Methode der bestmöglichen Schätzung (*best estimate*) formeller, aber auch systematischer ist.[911] Nach dieser Methode müssen die künftigen Ressourcenabflüsse auf den Bilanzstichtag abgezinst, die unterschiedlichen Szenarien mit Wahrscheinlichkeiten gewichtet und die Erwartungswerte der einzelnen Barwerte zu einem Erwartungswert zusammengefasst werden. Dieses Verfahren ist nicht nur komplex, sondern ermöglicht den Bilanzierenden auch an vielen Stellen, den Wert der Rückstellung zu »gestalten«.

Das Projekt wurde allerdings gestoppt, da das IASB aufgrund anderer Prioritäten u. a. wegen der andauernden Finanz- und Wirtschaftskrise sein Arbeitsprogramm im Juli 2011 neu geordnet hat. Da die Wiederaufnahme an diesem Projekt seit 2010 von Quartal zu Quartal verschoben wurde und sogar zurzeit (im September 2012) gar nicht mehr auf dem direkten Work Plan des IASB[912] erscheint, ist der Zeitpunkt einer Veröffentlichung eines finalen Standards oder eines weiteren Entwurfs (*re-exposure*) zurzeit ungewiss. Diesen Veränderungen kann somit erst in einer Folgeausgabe dieses Buches Rechnung getragen werden.

---

911 Vgl. Beyhs/Barth/Hausen, KoR 2010, S. 404.
912 Vgl. IASB work plan (einsehbar unter: www.ifrs.org/Current+Projects/IASB+Projects/IASB+Work+Plan.htm.; (Stand: 30.9.2012)

Zu den Autoren

WP/StB Prof. Dr. Winfried Melcher ist Partner in der fachlichen Grundsatzabteilung der KPMG AG, WPG in Berlin, und Honorarprofessor für das Fachgebiet Wirtschaftsprüfung an der Universität Rostock.

WP Dipl.-Kffr. Katrin David ist Senior Managerin im Bereich Audit Corporate der KPMG AG, WPG in Berlin, und betreut deutschlandweit verschiedene Mandate. Sie war bis zum 30.9.2012 Mitarbeiterin der fachlichen Grundsatzabteilung.

WP/StB Dipl.-Kfm. Thomas Skowronek ist Manager im Bereich Audit Corporate der KPMG AG, WPG in Berlin, und betreut ein Sonderprojekt in der Audit Function zur Weiterentwicklung der Abschlussprüfung. Auch er war bis zum 30.9.2012 Mitarbeiter der fachlichen Grundsatzabteilung.

Rückstellungen in der Praxis Winfried Melcher, Katrin David und Thomas Skowronek
Copyright © 2013 WILEY-VCH Verlag GmbH & Co. KGaA, Weinheim

Literaturverzeichnis

Abgabenordnung (AO): in der Fassung der Bekanntmachung vom 1. Oktober 2002 (BGBl. I S. 3866; 2003 I S. 61), zuletzt geändert durch Artikel 9 des Gesetzes vom 21. Juli 2012 (BGBl. I S. 1566).

ADS[6]: Adler, H./Düring, W./Schmaltz, K. (Hrsg.): Rechnungslegung und Prüfung der Unternehmen, 6. Auflage, Stuttgart 2011.

ADS International: Adler, H./Düring, W./Schmaltz, K. (Hrsg.): Rechnungslegung nach internationalen Standards, Stuttgart 2002 ff. (Loseblattausgabe).

Baetge, J./Kirsch, H. (Hrsg.): BilMoG und 7. WPO Novelle – Aktuelle Herausforderungen an Bilanzierung und Prüfung, 1. Auflage, Düsseldorf 2008.

Baetge, J./Thiele, S./Kirsch, H.: Bilanzen, 9. Auflage, Düsseldorf 2007.

Baumbach, A./Hueck, A.: GmbHG-Gesetz betreffend die Gesellschaften mit beschränkter Haftung, 19. Auflage, München 2010.

Bayer AG, Jahresabschluss 2011, (abrufbar unter: http://www.investor.bayer.de/berichte/jahresabschluesse-bayer-ag, eingesehen am: 30. September 2012).

Bayreuther, F.: »Übertragung von Urlaub bei längerer Arbeitsunfähigkeit nach dem KHS-Urteil des EuGH«, in: DB 50/2011, S. 2848-2849.

BeBiKo[7]: Beck'scher Bilanz-Kommentar, Handels- und Steuerbilanz / hrsg. von Ellrott u.a., 7. Auflage, München 2010.

BeBiKo[8]: Beck'scher Bilanz-Kommentar, Handels- und Steuerbilanz / hrsg. von Ellrott u.a., 8. Auflage, München 2012.

Benzel, U./Linzbach, M.: »Neue Vorschriften für die Bilanzierung von Steuerrisikorückstellungen – Der Exposure Draft ED/2009/2 des IASB«, in: KoR 7-8/2009, S. 400-408.

Benzel, U./Linzbach, M.: »Bilanzierung und Offenlegung von Ertragsteuerrisiken – Quo vadis? Unsichere Steuerpositionen in der Rechnungslegung nach IFRS, US-GAAP und HGB«, in: IRZ 11/2010, S. 499-503.

Berenz, C.: »Contractual Trust Arrangements (CTA) und die gesetzliche Insolvenzsicherung der betrieblichen Altersversorgung durch den PSVaG«, in: DB 39/2006, S. 2125-2127.

Bertram, K./Johannleweling, A./Roß, N./Weiser, F.: »Handelsrechtliche Bilanzierung von Altersversorgungsverpflichtungen nach IDW RS HFA 30«, in: WPg 2/2011, S. 57-69.

Beyhs, O./Barth, D./Hausen, R.: »Neue Regelungen zur Bilanzierung von Schulden nach IAS 37«, in: KoR 7-8/2010, S. 395-404.

BFH-Beschluss vom 3.2.1969-GrS 2/68, BStBl. II 1969, S. 291-294.

BFH-Urteil vom 17.7.1980, IV R 10/76, BStBl. II 1981, S. 669-672.

BFH-Urteil vom 12.12.1991, IV R 28/91, BStBl. II 1992, S. 600-604.

BFH-Urteil vom 8.7.1992, XI R 50/89, BStBl. II 1992, S. 910-912.

BFH-Urteil vom 2.10.1992, III R 54/91, BStBl. II 1993, S. 153-154.

BFH-Urteil vom 10.3.1993, I R 70/91, BStBl. II 1993, S. 446.

BFH-Urteil vom 19.10.1993, VIII R 14/92, BStBl. II 1993, S. 891-894.

BFH-Urteil vom 8.2.1995, I R 72/94, BStBl. II 1995, S. 412.
BFH-Urteil vom 6.12.1995, I R 14/95, BStBl. II 1996, S. 406-409.
BFH-Urteil vom 23.6.1997-GrS 2/93, BStBl. II 1997, S. 735-737.
BFH-Urteil vom 28.3.2000, VIII R 13/99, BStBl. II 2000, S. 612-614.
BFH-Urteil vom 19.8.2002, VIII R 30/01, BStBl. II 2003, S. 131.
BFH-Urteil vom 10.6.2009, I R 67/08, BStBl. II 2010, S. 32-34.
BFH-Urteil vom 16.12.2009, I R 102/08, BStBl. II 2011, S. 566.
BFH-Urteil vom 18.1.2011, X R 14/09, BStBl. II 2011, S. 496.
BFH-anhängiges Verfahren, Aktenzeichen: IV R 26/11.
BMF-Schreiben vom 12.10.2009: »Steuerliche Gewinnermittlung nach BilMoG«, in: StuB 5/2011, S. 163-170.
Bo-HdR: Bonner Handbuch der Rechnungslegung/hrsg. von Hofbauer, A. u. a., Bonn 1992 ff. (Loseblattausgabe).
BT-Drucksache 16/10067 (RegE BilMoG), Gesetzentwurf der Bundesregierung, Entwurf eines Gesetzes zur Modernisierung des Bilanzrechts (Bilanzrechtsmodernisierungsgesetz – BilMoG) vom 30. Juli 2008.
BT-Drucksache 16/12407, Beschlussempfehlung und Bericht des Rechtsausschusses zu dem Gesetzesentwurf der Bundesregierung (Bilanzrechtsmodernisierungsgesetz – BilMoG) vom 24. März 2009.
Bundesarbeitsgericht: Urteil vom 12.12.2006, 3 AZR 476/05, BAGE 120, S. 330-344.
Bundesarbeitsgericht: Urteil vom 16.3.2010, 3 AZR 594/09, BAGE 133, S. 289-307.
Bundes-Bodenschutzgesetz (BBodSchG) vom 17. März 1998 (BGBl. I S. 502), zuletzt geändert durch Artikel 5 Absatz 30 des Gesetzes vom 24. Februar 2012 (BGBl. I S. 212).
Bürgerliches Gesetzbuch (BGB): in der Fassung der Bekanntmachung vom 2. Januar 2002 (BGBl. I S. 42, 2909; 2003 I S. 738), zuletzt geändert durch Artikel 1 des Gesetzes vom 10. Mai 2012 (BGBl. I S. 1084).
Coenenberg[22]: Coenenberg, A.G./Haller, A./Schultze, W. (Hrsg.): Jahresabschluss und Jahresabschlussanalyse, 22. Auflage, Stuttgart 2012.
Daimler AG, Jahresabschluss 2011, (abrufbar unter: http://www.daimler.com/Projects/c2c/channel/documents/2125322_Daimler_2011_Jahresabschluss__Einzelabschluss__AG.pdf, eingesehen am: 30. September 2012).
Deloitte & Touche GmbH (Hrsg.): iGAAP 2012 – A guide to IFRS reporting, 5. Auflage, London 2011.
Deutsche Bundesbank: Abzinsungszinssätze, (abrufbar unter: http://www.bundesbank.de/Navigation/DE/Statistiken/Geld_und_Kapitalmaerkte/Zinssaetze_und_Renditen/Abzinsungssaetze/Tabellen/tabellen.html, eingesehen am 30. September 2012).
Deutscher Steuerberaterverband e. V. (Hrsg.): Forderung des DStV: kein Ausweis latenter Steuern bei den Rückstellungen, (abrufbar unter: http://www.dstv.de/interessenvertretung/steuern/steuern-aktuell-archiv/tb-98-11-latente-steuern, eingesehen am 30. September 2012).
Drinhausen, A./Ramsauer, J.: »Zur Umsetzung der HGB-Modernisierung durch das BilMoG: Ansatz und Bewertung von Rückstellungen«, in: DB 23/2009, S. 46-53.
DRSC (Hrsg.): DRS 5 Risikoberichterstattung, Verabschiedung der geänderten Fassung durch den DSR am 5. Januar 2010. Bekanntmachung durch das Bundesministerium der Justiz am 18. Februar 2010.
DRSC (Hrsg.): DRS 15 Lageberichterstattung, Verabschiedung der Neufassung dieses Standards durch den DSR am 5. Januar 2010. Bekanntmachung durch das Bundesministerium der Justiz am 18. Februar 2010.
DRSC (Hrsg.): DRS 18 Latente Steuern, Verabschiedung durch den DSR am 8. Juni

2010. Bekanntmachung durch das Bundesministerium der Justiz am 3. September 2010.

DRSC (Hrsg.): DRS 5-10 Risikoberichterstattung von Kredit- und Finanzdienstleistungsinstituten, Verabschiedung der geänderten Fassung durch den DSR am 5. Januar 2010. Bekanntmachung durch das Bundesministerium der Justiz am 18. Februar 2010.

DRSC (Hrsg.): DRS 5-20 Risikoberichterstattung von Versicherungsunternehmen, Verabschiedung der geänderten Fassung durch den DSR am 5. Januar 2010. Bekanntmachung durch das Bundesministerium der Justiz am 18. Februar 2010.

DRSC (Hrsg.): DRS 20 Konzernlagebericht, Verabschiedung durch den DSR am 14. September 2012. Bekanntmachung durch das Bundesministerium der Justiz steht noch aus (Stand: 30. September 2012).

DRSC (Hrsg.): E-DRS 27 Konzernlagebericht, (abrufbar unter: http://www.drsc.de/docs/press_releases/2011/111214_LB_E-DRS27_website2.pdf, eingesehen am 30. September 2012).

Duden (Hrsg.): Die deutsche Rechtschreibung, Band I, 25. Auflage, Mannheim 2009.

Ebenroth, C. T./Boujong, K./Joost, D./Strohn, L.: Handelsgesetzbuch (HGB), 2. Auflage, München 2008.

EFRAG Discussion Paper »Improving the Financial Reporting of Income Tax«, (einsehbar unter: http://www.efrag.org/Front/p177-2-272/Proactive–Financial-Reporting-for-Corporate-Income-Taxes.aspx, eingesehen am: 30. September 2012).

Einkommensteuergesetz (EStG): in der Fassung der Bekanntmachung vom 8. Oktober 2009 (BGBl. I S. 3366, 3862), zuletzt geändert durch Artikel 3 des Gesetzes vom 8. Mai 2012 (BGBl. I S. 1030).

Einkommensteuer-Richtlinien 2008 (EStR): Vom 16. Dezember 2005 (BStBl I Sondernummer 1/2005, S. 3), geändert durch Verwaltungsvorschrift vom 18. Dezember 2008 (BStBl I S. 1017).

Endert, V./Sepetauz, K.: »Zweifelsfragen bei der Bilanzierung von Rückstellungen für die Aufbewahrung von Geschäftsunterlagen«, in: DStR 43/2011, S. 2060-2063.

Engel-Ciric, D.: »Bildung und Bewertung sonstiger Rückstellungen nach BilMoG: Praxisleitfaden«, in: BRZ/BC 8/2009, S. 362-366.

Eppinger, C./Frik, R.: »Bilanzierung von Urlaubsrückstellungen – Geltendmachung akkumulierter Ansprüche langzeiterkrankter Arbeitnehmer zeitlich begrenzt«, in: DB 3/2012, S. 132-134.

Ernst & Young (Hrsg.): International GAAP 2012 – Generally Accepted Accounting Practice under International Financial Reporting Standards, 7. Auflage, New York 2012.

EuGH-Urteil vom 20.1.2009, C-350/06, »Abgeltung des bei Vertragsende wegen Krankheit nicht genommenen Erholungsurlaubs«, in: DB 5/2009, S. 234-236.

EuGH-Urteil vom 22.11.2011, C-214/10, »Wirksamkeit einer tariflichen Verfallklausel für Urlaubsansprüche langzeiterkrankter Arbeitnehmer«, in: NJW 5/2012, S. 290-293.

Faßhauer, J.: Rechnungslegung nach IFRS über betriebliche Pensionssysteme – Konzeptionelle Fragen, Berichterstattungspraxis europäischer Unternehmen und empirische Untersuchung der Wertrelevanz bei deutschen Unternehmen, Düsseldorf 2010.

Faßhauer, J./Böckem, H.: »IAS 19R (rev. 2011) Employee Benefits – Konzeptioneller Befreiungsschlag und neue Herausforderungen«, in: WPg 21/2011, S. 1003-1012.

Fey, G.: »Rückstellungen für ungewisse Verbindlichkeiten aufgrund der Verordnungen zur Abfallbewältigung«, in: DB 47/1992, S. 2353-2360.

FG Baden-Württemberg: »Rückstellung für die Kosten einer zukünftigen Betriebsprüfung bei einem Großbetrieb zulässig«, in: BB 50/2010, S. 3079-3081.

FG Niedersachsen: »Keine Rückstellung für eine freiwillige Prüfung des Jahresabschlusses«, in: GmbH-Stpr. 1/2012, S. 21.

FG Niedersachsen: »Bilanzierung – Rückstellung bei Gebäuden auf fremdem Grund und Boden bzw. bei Mietereinbauten«, in: NWB 28/2012, S. 2282.

FG Schleswig-Holstein: »Bewertung einer Rückdeckungsversicherung für eine Versorgungsverpflichtung«, in: BB 31/2008, S. 1671-1672.

Fink, C./Kunath, O.: »Bilanzpolitisches Potenzial bei der Rückstellungsbildung und -bewertung nach neuem Handelsrecht«, in: DB 43/2010, S. 2345-2352.

Fischer, D.T.: »Der Standardentwurf Measurement of Liabilities in IAS 37«, in: PiR 2/2010, S. 53-55.

Gassen, J./Pierk, J./Weil, M.: »Pensionsrückstellungen nach dem BilMoG – Erste empirische Evidenz«, in: DB 19/2011, S. 1061-1067.

Gelhaar, D.: »Das BAG, der EuGH und der Urlaub oder: Schultz-Hoff – auf die »Nuancen« kommt es an!«, in: NJW 5/2012, S. 271-274.

Gelhausen, H.F./Fey, G./Kämpfer, G.: Rechnungslegung und Prüfung nach dem Bilanzrechtsmodernisierungsgesetz, Düsseldorf 2009.

Gesetz zur Modernisierung des Bilanzrechts (Bilanzrechtsmodernisierungsgesetz – BilMoG) vom 25. Mai 2009, in: Bundesgesetzblatt I, 2009.

Gesetz zur Verbesserung der betrieblichen Altersversorgung (BetrAVG): Betriebsrentengesetz vom 19. Dezember 1974 (BGBl. I S. 3610), zuletzt geändert durch Artikel 4e des Gesetzes vom 21. Dezember 2008 (BGBl. I S. 2940).

Gesetz über den Wertpapierhandel (WpHG): Wertpapierhandelsgesetz in der Fassung der Bekanntmachung vom 9. September 1998 (BGBl. I S. 2708), zuletzt geändert durch Artikel 2 des Gesetzes vom 26. Juni 2012 (BGBl. I S. 1375).

Haas, S./David, K./Skowronek, T.: »Aktuelle Anwendungsfragen bei der Abzinsung von sonstigen Rückstellungen nach BilMoG«, in: KoR 10/2011, S. 483-492.

Hasenburg, C./Hausen, R.: »Zur Umsetzung der HGB-Modernisierung durch das BilMoG: Bilanzierung von Altersversorgungsverpflichtungen (insbesondere aus Pensionszusagen) und vergleichbaren langfristig fälligen Verpflichtungen unter Einbeziehung der Verrechnung mit Planvermögen«, in: DB 23/2009, Beilage 5, S. 38-46.

Haufe-HGB^2: Haufe-HGB-Kommentar / hrsg. von Bertram, K./Brinkmann, R./Kessler, H./Müller, S., 2. Auflage, Freiburg 2010.

Haufe-IFRS^{10}: Haufe-IFRS-Kommentar / hrsg. von Lüdenbach/Hoffmann, 10. Auflage, Freiburg 2012.

Hayn, S./Waldersee, G./Benzel, U.: Steuerbilanz im Vergleich – Synoptische Darstellung von Handels- und Steuerbilanzrecht, Stuttgart 2009.

HdR^5: Küting, K./Pfitzer, N./Weber, C.-P. (Hrsg.): Handbuch der Rechnungslegung – Kommentar zur Bilanzierung und Prüfung, 5. Auflage, Stuttgart 2011.

Henselmann, K.: »Ungewisse Verpflichtungen nach IFRS – Fallstudie zur Bildung von Rückstellungen nach IAS 16, 18, 37«, in: KoR 4/2007, S. 232-239.

Herzig, N.: »Rückstellungen wegen öffentlich-rechtlicher Verpflichtungen, insbesondere Umweltschutz«, in: DB 27-28/1990, S. 1341-1354.

Herzig, N.: »Erfahrungen mit dem BilMoG aus steuerlicher Sicht«, in: DB 24/2012, S. 1343-1351.

HFA-Verlautbarung: »Zur Übernahme von Versorgungsverpflichtungen nach FAS 106 in einen nach handelsrechtlichen Grundsätzen aufzustellenden Konzernabschluss«, in: WPg, 1/1994, S. 26-27.

HFA-Verlautbarung: »Zur Bilanzierung von Rückstellungen für Jubiläumszuwendungen«, in: WPg 1/1994, S. 27-32.

Hoffmann, W.D.: »Rückstellungen für die Aufbewahrung von Geschäftsunterlagen«, in: PiR 5/2007, S. 145-148.

Hoffmann, W.D.: »Rückstellungen für Prozesskosten«, in: PiR 6/2011, S. 180.

Hoffmann, W.D./Lüdenbach, N.: »Inhaltliche Schwerpunkte des BilMoG-Regierungsentwurfs«, in: DStR 30/2008, Beihefter, S. 49-68.

Hommel, M./Rößler, B.: »Komponentenansatz des IDW RH HFA 1.016 – eine GoB-konforme Konkretisierung der planmäßigen Abschreibungen?«, in: BB 47/2009, S. 2526-2530.

Höfer, R.: »Sind rückgedeckte Versorgungszusagen handels- und steuerbilanziell eine Bewertungseinheit?«, in: DB 38/2010, S. 2076-2078.

Höfer, R./Früh, H./Neumeier, G.: »Bewertungsparameter für Versorgungszusagen im internationalen und deutschen Jahresabschluss 2011/2012«, in: DB 45/2011, S. 2501-2503.

Höfer, R./Rhiel, R./Veit, A.: »Die Rechnungslegung für betriebliche Altersversorgung im Bilanzrechtsmodernisierungsgesetz«, in: DB 31/2009, S. 1605-1612.

IASB (Hrsg.): International Financial Reporting Standards (IFRS) 2012, 6. Auflage, Weinheim 2012.

IASB (Hrsg.): International Financial Reporting Standards – Consolidated without early application – Official pronouncements applicable on 1 January 2012 - Does not include IFRSs with an effective date after 1 January 2012, London 2012.

IASB (Hrsg.): IFRIC Update Januar 2012, London 2012, (abrufbar unter: http://media.ifrs.org/IFRICUpdate-Jan12.pdf, eingesehen am 30. September 2012).

IASB (Hrsg.): ED/2010/1: Measurement of Liabilities in IAS 37 – Proposed Amendments to IAS 37, (abrufbar unter: http://www.ifrs.org/Current-Projects/IASB-Projects/Liabilities/EDJan10/Documents/EDIAS37LiabilitiesO110.pdf, eingesehen am 30. September 2012).

IASB (Hrsg.): IASB work plan (abrufbar unter: www.ifrs.org/Current+Projects/IASB+Projects/IASB+Work+Plan.htm, eingesehen am: 30. September 2012).

IDW (Hrsg.): »IDW: HFA zur bilanziellen Behandlung von Leistungsverpflichtungen aus Vorruhestandsregelungen«, in: WPg 12/1984, S. 331-332.

IDW (Hrsg.): Wirtschaftsgesetze, 28. aktualisierte Auflage, Rechtsstand: 1. Januar 2012, Düsseldorf 2012.

IDW (Hrsg.): IDW PS 201: Rechnungslegungs- und Prüfungsgrundsätze für die Abschlussprüfung, in: WPg Supplement 2/2008, S. 21-26; FN-IDW 4/2008, S. 172-177, sowie WPg Supplement 4/2009, S. 1-13; FN-IDW 11/2009, S. 533-545.

IDW (Hrsg.): IDW PS 350: Prüfung des Lageberichts, in: WPg 20/2006, S. 1293-1297; FN-IDW 10/2006, S. 610-616, sowie WPg Supplement 4/2009, S. 1-13; FN-IDW 11/2009, S. 533-545.

IDW (Hrsg.): IDW PS 400: Grundsätze für die ordnungsmäßige Erteilung von Bestätigungsvermerken bei Abschlussprüfungen, in: WPg Supplement 4/2010, S. 25-53; FN-IDW 12/2010, S. 537-565.

IDW (Hrsg.): IDW RH HFA 1.007: Lageberichterstattung nach § 289 Abs. 1 und 3 HGB bzw. § 315 Abs. 1 HGB in der Fassung des Bilanzrechtsreformgesetzes, in: WPg 22/2005, S. 1234-1235; FN-IDW 11/2005, S. 746-748.

IDW (Hrsg.): IDW RH HFA 1.009: Rückstellungen für die Aufbewahrung von Geschäftsunterlagen sowie für die Aufstellung, Prüfung und Offenlegung von Abschlüssen und Lageberichten nach § 249 Abs. 1 HGB, in: WPg Supplement 3/2010, S. 108-109; FN-IDW 8/2010, S. 354-355.

IDW (Hrsg.): IDW RH HFA 1.016: Handelsrechtliche Zulässigkeit einer komponentenweisen planmäßigen Abschreibung von Sachanlagen, in: WPg Supplement 3/2009, S. 39-40; FN-IDW 7/2009, S. 362-363.

IDW (Hrsg.): IDW RS BFA 2: Bilanzierung von Finanzinstrumenten des Handelsbestands bei Kreditinstituten, in: FN-IDW 4/2010, S. 154-166; WPg Supplement 2/2010, S. 62-74.

IDW (Hrsg.): IDW RS HFA 2: Einzelfragen zur Anwendung von IFRS, in: FN-IDW 7/2012, S. 380-405.

IDW (Hrsg.): IDW RS HFA 3: Bilanzierung von Verpflichtungen aus Altersteilzeitregelungen nach IAS und nach handelsrechtlichen Vorschriften, in: FN-IDW 12/1998, S. 594-597; WPg 23-24/1998, S. 1063-1065.

IDW (Hrsg.): IDW ERS HFA 3 n. F.: Handelsrechtliche Bilanzierung von Verpflichtungen aus Altersteilzeitregelungen, in: FN-IDW 8/2012, S. 423-428 (abrufbar unter: http://www.idw.de/idw/portal/d302224, eingesehen am 30. September 2012).

IDW (Hrsg.): IDW RS HFA 4: Zweifelsfragen zum Ansatz und zur Bewertung von Drohverlustrückstellungen, in: WPg Supplement 3/2010, S. 51-57; FN-IDW 7/2010, S. 298-304.

IDW (Hrsg.): IDW RS HFA 6: Änderung von Jahres- und Konzernabschlüssen, in: WPg Supplement 2/2007, S. 77-83; FN-IDW 5/2007, S. 265-271.

IDW (Hrsg.): IDW RS HFA 7: Handelsrechtliche Rechnungslegung bei Personenhandelsgesellschaften, in: WPg Supplement 1/2012, S. 73-83; FN-IDW 3/2012, S. 189-200.

IDW (Hrsg.): IDW ERS HFA 27 (aufgehoben am 9.9.2010): Einzelfragen zur Bilanzierung latenter Steuern nach den Vorschriften des HGB in der Fassung des Bilanzrechtsmodernisierungsgesetzes, in: WPg 20/2010, S. 998-999.

IDW (Hrsg.): IDW RS HFA 28: Übergangsregelungen des Bilanzrechtsmodernisierungsgesetzes, in: WPg Supplement 1/2010, S. 39-54; FN-IDW 12/2009, S. 642-657, sowie WPg Supplement 4/2010, S. 54; FN-IDW 10/2010, S. 451.

IDW (Hrsg): IDW RS HFA 30: Handelsrechtliche Bilanzierung von Altersversorgungsverpflichtungen, in: FN-IDW 8/2011, S. 545-560; WPg Supplement 3/2011, S. 44-59.

IDW (Hrsg.): IDW ERS HFA 34: Einzelfragen zur handelsrechtlichen Bilanzierung von Verbindlichkeitsrückstellungen, in: WPg Supplement 2/2012, S. 59-67; FN-IDW 5/2012, S. 313-321.

IDW (Hrsg.): IDW RS HFA 38: Ansatz- und Bewertungsstetigkeit im handelsrechtlichen Jahresabschluss, in: FN-IDW 8/2011, S. 560-563; WPg Supplement 3/2011, S. 74-77.

IDW (Hrsg.): Stellungnahme HFA 2/1988: Pensionsverpflichtungen im Jahresabschluss, in: FN-IDW 7/1988, S. 219-221; WPg 13/1988, S. 403-405.

IFRS[2]: Baetge, J./Wollmert, P./Kirsch, H./Oser, P./Bischof, S. (Hrsg.): Rechnungslegung nach IFRS, 2. Auflage, Stuttgart 2012 ff. (Loseblattausgabe).

IFRS-Handbuch[5]: IFRS-Handbuch / hrsg. von Heuser/Theile, 5. Auflage, Köln 2012.

Kanitz, F. Graf v.: »Die Bedeutung der Rückstellungspflicht nach § 249 Abs. 1 Satz 1 HGB für den Ausweis passiver latenter Steuern – eine Bestandsaufnahme«, in: WPg 19/2011, S. 895-907.

Kessler, H./Leinen, M./Strickmann, M. (Hrsg.).: Handbuch Bilanzrechtsmodernisierungsgesetz, 2. Auflage, Freiburg 2010.

Kirchhof, J.: »Die Bilanzierung von Restrukturierungsrückstellungen nach IFRS«, in: WPg 11/2005, S. 589-601.

Kirsch, H.J./Hoffmann, T./Siegel, D.: »Diskussion der Bilanzierung latenter Steuern nach § 249 Abs. 1 Satz 1 HGB«, in: DStR 26/2012, S. 1290-1295.

KPMG (Hrsg.), IFS: Illustrative Financial Statements, London 2011.

KPMG (Hrsg.), Insights[9]: Insights into IFRS 2012/2013: KPMG's practical guide to International Financial Reporting Standards, 9. Auflage, London 2012.

Kropp, M./Wirtz, H.: »Problembereiche bei der Abzinsung von Rückstellungen«, in: DB 10/2011, S. 541-545.

Kühne, M./Laubach, W.: »Weitere Vorschläge des IASB zur Neufassung der Rückstellungsbildung: Änderungen bei der Bewertung von Schulden«, in: WPg 17/2010, S. 862-866.

Kühne, E./Melcher, W./Wesemann, M.: »Latente Steuern nach BilMoG – Grundlagen und Zweifelsfragen (Teil 1 und Teil 2)«, in: WPg 20/2009, S. 1005-1014, und WPg 21/2009, S. 1057-1065.

Kühne, M./Nerlich, C.: »Vorschläge für eine geänderte Rückstellungsbilanzierung nach IAS 37: Darstellung und kritische Würdigung«, in: BB 34/2005, S. 1839-1844.

Künkele, K. P./Zwirner, C.: »Komponentenansatz (component approach): Handelsrechtlicher Ersatz für weggefallene Aufwandsrückstellungen?«, in: BRZ/BC 10/2009, S. 442-444.

Künkele, K. P./Zwirner, C.: »Component Approach in der IFRS- und HGB-Rechnungslegung«, in: IRZ 1/2010, S. 9-11.

Küting, K./Kaiser, T.: »Aufstellung oder Feststellung: Wann endet der Wertaufhellungszeitraum? – Implikationen für die Anwendung des Wertaufhellungsprinzips bei Berichtigung, Änderung und Nichtigkeit des handelsrechtlichen Jahresabschlusses«, in: WPg 13/2000, S. 577-596.

Küting, K./Kessler, H./Cassel, J./Metz, C.: »Die bilanzielle Würdigung bestandsunsicherer Schadensersatzverpflichtungen nach IFRS und HGB«, in: WPg 7/2010, S. 315-329.

Küting, K./Lorson, P./Eichenlaub, R./Toebe, M.: »Die Ausschüttungssperre im neuen deutschen Bilanzrecht nach § 268 Abs. 8 HGB«, in: GmbHR 1/2011, S. 1-10.

Küting, K./Pfitzer, N./Weber, C.: Das neue deutsche Bilanzrecht: Handbuch zur Anwendung des Bilanzrechtsmodernisierungsgesetzes, 2. Auflage, Stuttgart 2009.

Landesarbeitsgericht Baden-Württemberg, »Untergang von Urlaubsansprüchen im ruhenden Arbeitsverhältnis«, in: BB 21/2012, S. 1355.

Linder, T. A.: »Großreperaturen i. S. des § 249 Abs. 2 HGB a. F. – doch ein Anwendungsfall des Komponentenansatzes nach IDW RH HFA 1.016?«, in: DStR 26/2011, S. 1238-1243.

Lucius, F./Thurnes, G.: »Bilanzierung von Altersversorgungsverpflichtungen in der Handelsbilanz nach IDW RS HFA 30 – Update zu BB 2010, 235«, in: BB 49/2010, S. 3014-3016.

Lüdenbach, N.: »Aktive Abgrenzung und Verbindlichkeitsrückstellung bei signing fees«, in: StuB 18/2011, S. 716-717.

Lüdenbach, N.: »Rückbauverpflichtungen nach internationaler Rechnungslegung und deutschem Bilanzrecht: Praktische Unterschiede und kritischer Rechtsvergleich«, in: BB 16/2003, S. 835-841.

Marx, F.: »Unschärfe bei der Abbildung von Ansammlungsrückstellungen nach EStG, HGB und IFRS«, in: BB 9/2012, S. 563-567.

Marx, F. J./Berg, T.: »Rückstellungen für Dokumentationsverpflichtungen nach HGB, IFRS und EStG«, in: DB 4/2006, S. 169-174.

May, G./Querner, I./Schmitz, U.: »Entwicklung von Zinskurven für Zwecke der Bilanzierung nach IFRS/US-GAAP«, in: DB 23/2005, S. 1229-1237.

Meier, K.: »Bilanzierung betrieblicher Versorgungsverpflichtungen nach dem BilMoG«, in: BB 19/2009, S. 998-1002.

Melcher, W.: »EFRAG belebt Diskussion zu IAS 12: Punktuelle Reparaturen oder Konzeptwechsel?«, in: DB 7/2012, S. (M)1.

Melcher, W./David, K./Skowronek, T.: »Überdotierte Rückstellungen im Zeitpunkt des Übergangs auf das BilMoG – Fallstudie zu den Konsequenzen aus der Ausübung des Beibehaltungswahlrechts«, in: KoR 7-8/2011, S. 382-389.

Melcher, W./Murer, A.: »Bilanzierung von latenten Steuern bei Organschaften nach dem BilMoG im Fall von Steuerumlageverträgen«, in: DB 42/2011, S. 2329-2337.

Meurer, I.: »Angeschaffte und abgeschaffte Drohverlustrückstellungen«, in: BB 20/2011, S. 1259-1263.

Meyer, M./Loitz, R./Linder, R./Zerwas, P.: Latente Steuern: Bewertung, Bilanzierung, Beratung, 2. Auflage, Wiesbaden 2010.

Moxter, A.: »Künftige Verluste in der Handels- und Steuerbilanz«, in: DStR 14/1998, S. 509-515.

Moxter, A.: »Unterschiede im Wertaufhellungsverständnis zwischen den handelsrechtlichen GoB und den IAS/IFRS«, in: BB 48/2003, S. 2559-2564.

Moxter, A.: Festschrift zum 65. Geburtstag von Professor Dr. Dr. h. c. Karl-Heinz Forster, Düsseldorf 1992.

Mühlberger, M./Schwinger, R.: Betriebliche Altersversorgung nach IFRS: Bilanzierung und Bewertung von Employee Benefits, 2. Auflage, München 2011.

Müller, U.: »Bilanzierung von Urlaubsrückstellungen«, in: DB 32/1993, S. 1581-1583.

Müller, J.: »Rückstellungen für passive Steuerlatenzen gemäß § 249 Abs. 1 Satz 1 HGB«, in: DStR 22/2011, S. 1046-1050.

Müller, S./Kreipl, M.: »Passive latente Steuern und kleine Kapitalgesellschaften«, in: DB 31/2011, S. 1701-1706.

MünchKomm. HGB³: Münchner Kommentar zum Handelsgesetzbuch / hrsg. von Schmidt, 3. Auflage, München 2010.

Neumeier, G.: »Bilanzierung von Pensions- und ähnlichen Verpflichtungen gem. IAS 19«, in: PiR 5/2012, S. 145-149.

OLG München vom 11.1.2011: »Haftung für beim Kunden explodierende Sektflasche«, in: MDR 9/2011, S. 540.

Oser, P.: »Sonstige Rückstellungen nach BilMoG«, in: StuB 15/2012, S. 571-579.

Oser, P./Doleczik, G.: »Rückstellungen für Altersteilzeitarbeitsverhältnisse in Handels- und Steuerbilanz«, in: DB 44/1997, S. 2185-2189.

Oser, P./Doleczik, G.: »Bilanzierung von Altersteilzeitregelungen – Kritische Anmerkungen zum BMF-Schreiben vom 11.11.1999«, in: DB 1/2000, S. 6-9.

Oser, P./Roß, N.: »Rückstellungen aufgrund der Pflicht zur Rücknahme und Entsorgung von sog. Elektroschrott beim Hersteller – Bilanzierung nach HGB, IFRS und US-GAAP«, in: WPg 19/2005, S. 1069-1077.

Pawelzik, K.: »Bilanzierung von Verpflichtungen gegenüber Arbeitnehmern«, in: PiR 8/2011, S. 213-218.

Peters, H.: »Rückdeckungsversicherung – ein zeitloses Instrument zur Refinanzierung betrieblicher Versorgungslasten?«, in: DB 24/2001, Beilage 5, S. 12-16.

Petersen, K./Zwirner, C.: »FAQ BilMoG«, in: BB 27/2010, S. 1651-1657.

Petersen, C./Künkele, K. P./Zwirner, C.: Rückstellungen in der Bilanzierungspraxis – Ansatz, Ausweis und Bewertung in Handels- und Steuerrecht, 1. Auflage, Köln 2011.

Prinz zu Hohenlohe, F./Adrian, G.: »Angeschaffte Drohverlustrückstellung«, in: BB 26/2011, S. 1646-1647.

PriceWaterhouseCoopers (Hrsg.): Manual of Accounting IFRS 2012, London 2011.

Ries, N.: »Die Bilanzierung von Arbeitszeitkonten nach dem Bilanzrechtsmodernisierungsgesetz (BilMoG)«, in: WPg 16/2010, S. 811-824.

Rimmelspacher, D./Fey, G.: »Einzelfragen zur Folgebilanzierung von Rückstellungen nach den Übergangsregelungen des BilMoG«, in: WPg 8/2012, S. 421-430.

Roß, N./Drögemüller, S.: »Rückstellungspflicht aufgrund gesetzlicher Aufbewahrungspflichten?«, in: WPg 5/2003, S. 219-224.

Roß, N./Philippsen, K.: »Zum Sonderausweis der Erträge und der Aufwendungen aus der Diskontierung«, in: DB 23/2010, S. 1252-1254.

Rätke, B.: »Rückstellungn für ungewisse Verbindlichkeiten: Das Kriterium der wirtschaftlichen Verursachung vor dem Bilanzstichtag«, in: StuB 12/2008, S. 477-479.

Rückstellungsabzinsungsverordnung (RückAbzinsV): Verordnung über die Ermittlung und Bekanntgabe der Sätze zur Abzinsung von Rückstellungen, BGBl. I 2009, S. 3790-3791.

Scharr, C./Feige, P./Baier, C.: »Die Auswirkungen des geänderten IAS 19 auf die Bilanzierung von defined benefit plans und termination benefits in der Praxis«, in: KoR 1/2012, S. 9-16.

Scherff, S./Willeke, C.: »Neufassung des IDW RH HFA 1.009: Rückstellungen für Aufbewahrung von Geschäftsunterlagen sowie für Aufstellung, Prüfung und Offenlegung«, in: BBK 24/2010, S. 1169-1174.

Schmalenbach, E.: Dynamische Bilanz, 1. Auflage, Köln 1919.

Schmidtmeier, S./Oser, P./Zajontz, Y.: »Sonstige Rückstellungen in der Bilanzierungspraxis mittelständischer Konzerne –

Ergebnisse einer empirischen Untersuchung von BDI, Ernst&Young und Dualer Hochschule Baden-Württemberg«, in: DStR 29/2012, S. 1467-1473.

Schäfer, L.: »Droht die Pflicht zur kumulierten Rückstellungsbildung für die Entsorgung von Elektroaltgeräten?«, in: BB 50/2004, S. 2735-2738.

Sigler, W.: »Zum Zeitpunkt der Passivierung von Rückstellungen«, in: DStR 31/2011, S. 1478-1482.

Simlacher, A./Schurbohm-Ebneth, A.: »Die geplante Änderung zur Bilanzierung von Ertragsteuern in IFRS-Abschlüssen«, in: KoR 7-8/2009, S. 389-399.

Simon, H.V.: Die Bilanzen der Aktiengesellschaften und der Kommanditgesellschaften auf Aktien, Berlin 1886.

Sozialgesetzbuch (SGB), Viertes Buch Sozialgesetzbuch – Gemeinsame Vorschriften für die Sozialversicherung (Artikel 1 des Gesetzes vom 23. Dezember 1976, BGBl. I S. 3845) in der Fassung der Bekanntmachung vom 12. November 2009 (BGBl. I S. 3710 (3973) (2011 I S. 363)), zuletzt geändert durch Artikel 7 des Gesetzes vom 12. April 2012 (BGBl. I S. 579).

Stapf, J./Elgg, D.: »Abzinsung von Rückstellungen nach dem BilMoG: Ermittlung und Bekanntgabe der Zinssätze durch die Deutsche Bundesbank«, in: BB 40/2009, S. 2134-2138.

Theile, C.: »Sozialplanverpflichtungen und Restrukturierungen«, in: PiR 11/2007, S. 297-303.

Thierer, A.: »Handelsrechtliche Bilanzierung von Rückdeckungsversicherungen beim Arbeitgeber«, in: DB 4/2011, S. 189-195.

Thurnes, G./Vavra, R./Geilenkothen, A.: »Betriebliche Altersversorgung im Jahresabschluss nach nationalen und internationalen Bilanzierungsgrundsätzen – Bewertungsannahmen zum 31.12.2010«, in: DB 50-51/2010, S. 2737-2741.

Thurnes, G./Vavra, R./Geilenkothen, A.: »Betriebliche Altersversorgung im Jahresabschluss nach nationalen und internationalen Bilanzierungsgrundsätzen – Bewertungsannahmen zum 31.12.2011«, in: DB 50/2011, S. 2785-2789.

Verordnung über die Ermittlung und Bekanntgabe der Sätze zur Abzinsung von Rückstellungen (Rückstellungsabzinsungsverordnung – RückAbzinsV) vom 18. November 2009, BGBl. I 2009, Nr. 75, S. 3790-3791.

Wehrheim, M./Rupp, D.: »Die Passivierung von Rückstellungen für Innenverpflichtungen nach Inkrafttreten des BilMoG«, in: DStR 16/2010, S. 821-825.

Weigl, R./Weber, H.-G./Costa, M.: »Bilanzierung von Rückstellungen nach dem BilMoG«, in: BB 20/2009, S. 1062-1066.

Weinand, M./Wolz, M.: »Rückstellungen nach BilMoG: Das Ende der Bilanzpolitik oder Bilanzpolitik ohne Ende?«, in: KoR 3/2011, S. 161-166.

Wendhold, W./Wesemann, M.: »Zur Umsetzung der HGB Modernisierung durch das BilMoG: Bilanzierung von latenten Steuern im Einzel- und Konzernabschluss«, in: DB 23/2009, Beilage 5, S. 64-76.

Werner, E.: »Rückstellungen für anstehende Verwaltungskosten einer Betriebsprüfung (bei Großbetrieben), (Anmerkung zu FG Baden-Württemberg, U.v. 14.10.2010-3 K 2555/09)«, in: DB 3/2011, S. 10.

Winnefeld, R.: Bilanz-Handbuch, 4. Auflage, München 2006.

Wolz, C.: »Latente Steuern nach BilMoG: Analyse der konzeptionellen Neuregelung im Einzel- und Konzernabschluss«, in: DB 48/2010, S. 2625-2633.

WP Handbuch[13]: IDW (Hrsg.): WP Handbuch 2006, Band I, 13. Auflage, Düsseldorf 2006.

WP Handbuch[14]: IDW (Hrsg.): WP Handbuch 2012, Band I, 14. Auflage, Düsseldorf 2012.

Wulf, I.: »Bilanzielle Wirkungen von Entsorgungs- und Rückbauverpflichtungen«, in: KoR 6/2010, S. 342-349.

Wulf, I.: »Ansatz von sonstigen Rückstellungen nach HGB und IFRS«, in: PiR 3/2012, S. 77-83.

Zeyer, F.: »Anforderungen an die Erläuterung von nicht gesondert ausgewiesenen »Sonstigen Rückstellungen« nach § 285 Satz 1 Nr. 12 HGB«, in: DB 26-27/2011, S. 1466-1469.

Zwirner, C.: »Wann darf oder muss ein schwebendes Geschäft bilanziert werden? Drohverlustrückstellungen für nachhaltig verlustbringende Filialen«, in: StuB 23/2011, S. 891-895.

Zwirner, C.: »Bilanzielle Behandlung von Beihilferückstellungen nach BilMoG«, in: WPg 4/2012, S. 198-200.

Zwirner, C./Busch, J.: »Leser fragen – Experten antworten: BilMoG: Abzinsung von Rückstellungen: Maßgeblichkeit und Bestimmung der Restlaufzeit«, in: BRZ/BC 9/2010, S. 410-412.

Zwirner, C./Künkele, K.P.: »Rückstellungen für Betriebsprüfungen im Zusammenhang mit GDPdU«, in: BRZ/BC 3/2009, S. 113-115.

Zwirner, C./Mugler, J.: »Ansatz und Bewertung von Restrukturierungsrückstellungen nach IFRS«, in: IRZ 12/2011, S. 505-508.

Zülch, H./Hoffmann, S.: »Die Bilanzierung sonstiger Rückstellungen nach BilMoG«, in: StuB 10/2009, S. 369-373.

Stichwortverzeichnis

a

Abbruchkosten 284 f., 382
Abbruchverpflichtung 151, 155
Abfindung 63, 370 ff., 382 ff.
Abfindungscharakter 225 f., 271, 281 f., 344 ff., 357
Abgegrenzte Schulden (accruals) 34
Abraumbeseitigung 41 f., 84 f., 87 f., 91
Absatzgeschäft 70 f., 72 f.
Absonderungsrecht 251
Abzinsung 120 ff., 161, 178 ff., 187 f., 205 f., 218, 236 ff., 242 f.
Abzinsung von Rückstellungen mit Restlaufzeiten unter einem Jahr 127 ff.
Abzinsungspflicht 127 ff., 161, 237
Abzinsungswahlrecht 127 ff., 189
Abzinsungszeitraum 137 ff., 161, 180 f.
Abzinsungszinssatz 128, 130 ff., 236 ff., 248
Änderung des Abzinsungszinssatzes 179 f., 206, 274 f.
Aktiver Rechnungsabgrenzungsposten 36
Aktiver Unterschiedsbetrag aus der Vermögensverrechnung 233 f., 271 f., 406
Aktivierungsfähigkeit von Erstattungsansprüchen 114 ff.
Aktivphase 281, 344 ff.
Aktivprozess 365 ff.
Aktivwert 262, 405 ff.
Altersteilzeit 281 f., 344 ff.
Altersteilzeitvereinbarung 237 ff., 351 f.
Altersteilzeitverpflichtung 224
Altersversorgung 223 ff., 227, 353 f.
Altersversorgungspläne 231 ff., 279 f.
Altersversorgungsverpflichtung 223 ff., 231 ff., 271, 355 ff.
Altersversorgungszusage 228
Altlasten 384 ff.
Altzusagen 228 ff., 248
Andere langfristig fällige Leistungen an Arbeitnehmer 227, 271
Anhang 167 f., 188 ff., 206 f., 214 f., 287 ff.
Anpassungsverpflichtung 388 ff.
Ansammlungsrückstellung 150, 158 f., 161, 285 ff.
Anwaltskosten 366 ff.
Anwartschaftsbarwertverfahren 247 f.
Arbeitszeitkonto 358 ff.
Archivierung 300 f.
Asset-Ceiling 233 f.
Asset-Ceiling-Test 272 f.
Aufbewahrungsfristen 299
Aufbewahrungsrückstellung 296 ff.
Aufstockungsbetrag 280 ff., 344 ff.
Aufwandsrückstellung 30, 32, 82 ff., 110, 167 ff., 302 ff.
Aufzinsung 140 ff., 161, 179, 248
Aufzinsungsaufwand 140 ff., 179, 181 ff., 189, 206
Ausgleichszahlung 79, 324 ff.
Ausschüttungssperre 254 f., 263, 405 ff., 408
Aussonderungsrecht 251
Außenverpflichtung 33 f., 50 f.
Außerbetriebliche Steuern 211 f.

b

Barwert der leistungsorientierten Verpflichtung 233 f., 247
Barwertverfahren 152 f., 161, 291 f.
Beibehaltungswahlrecht 162 f., 304 ff.
Beibehaltungswahlrecht für Aufwandsrückstellungen 167 ff.

Beibehaltungswahlrecht nach Art. 67 Abs. 1 S. 2 EGHGB 162 ff., 304 ff.
Beihilfen 224 f., 227, 353 ff.
Beitragsorientierte Altersversorgungsverpflichtung 227, 231 f.
Beizulegender Zeitwert 253 f., 262
Belastende Verträge (onerous contracts) 79 ff., 313 f.
Beratungskosten 40, 382
Berechnung der Aufzinsungsbeträge 140 ff., 161
Bericht über wesentliche Chancen und Risiken 204
Beschaffungsgeschäft 68 ff., 309 ff.
Bestmögliche Schätzung 96 ff., 112 f., 160
Betriebliche Veranlassung 51 ff.
Betriebsprüfung 33, 107 f., 210 f., 212, 391 ff.
Bewertungseinheiten aus Beschaffungs- und Absatzgeschäften 72 f.
Bilanzierungs- und Bewertungsmethoden 188 ff., 194 ff., 206, 214 f., 275, 277 f.
Blockmodell 281 f., 344 ff.
Boni/Bonus 37 f., 50, 336, 338
Brutto-Pensionsverpflichtung 243, 276
Bruttobilanzierung 114
Bruttomethode 43 f., 176 ff.

c

Component Approach 89 f., 329 ff.
Contingent Liability 34 f.
CTA (contractual trust arrangement) 250, 251 f., 267

d

Dauerschuldverhältnis 74 ff., 382
DBO (defined benefit obligation) 233 f., 247
Deckungskapital 261 f., 263, 405 ff., 408 ff.
Deckungsvermögen 249 ff., 266 f., 405 ff.
Demontagekosten 285
Deponie 126 f., 159, 285 ff.
Dienstzeitaufwand 233 f., 247, 273, 275 ff.

Direktversicherung 231, 251
Direktzusage 257 f.
Doppelstöckige Treuhandkonstruktion 358 ff.
Drohende Verluste 66, 78
Drohende Verluste aus schwebenden Derivaten 135
Drohverlustrückstellung 56, 66 ff., 109, 126, 309 ff.
Durchbrechung der Bewertungsstetigkeit 190 f.

e

Effekte aus der Änderung der Restlaufzeit 180 f.
Einkommensteuerschulden 211
Entfernungsverpflichtung 284 f.
Entsorgungs-, Wiederherstellungs- und ähnliche Verpflichtungen 150 f., 155 f.
Entsorgungskosten 51, 61
Entsorgungsverpflichtung 112, 150
Erfahrungskurveneffekte 106
Erfassung von Zuführungen 165, 176 ff.
Erfüllungsbetrag 93 f.
Erfüllungsrückstand 56, 74, 229
Erleichterungsvorschriften 199 f.
Ermittlung der Restlaufzeit 123 ff.
Erstattungsansprüche 113 ff.
Erträge aus dem Abgang zukünftiger Vermögenswerte 107
Ertrag aus dem Planvermögen 242 ff.
Ertragsteuerrisiken 219 f., 391 ff.
Erwarteter Ertrag aus dem Planvermögen 243, 275
Erwartungswertmethode 112 f., 160
Eventualforderung 115 ff., 160, 199
Eventualverbindlichkeit 34 f., 61 f., 198 f.

f

Faktische Verpflichtung 40 f., 60, 89
Fehler 43, 109, 160, 196
Finanzergebnis 176, 179 ff., 187 f., 206, 273 ff., 275 ff.
Finanzierungsstatus 233 f.
Fremdwährungsverpflichtung 134

g

Ganzjährige Restlaufzeit 120 ff., 137 f.
Garantieverpflichtung 319 ff.
Gehaltsfortzahlung 382
Gehaltssteigerung 235 f., 336, 338
Geldleistungsverpflichtung 99, 103, 107 f.
Gerichtskosten 365 f.
Geschäftsunterlagen 296 ff.
Gewährleistung 111 f., 123, 195, 319 ff.
Gewerbesteuerschulden 211
Gleichverteilungsverfahren 152 ff., 161, 240, 291 ff.
Gratifikationen 50, 338
Großinspektion/Großreparatur 87, 90 f., 329
Gruppenbewertung 110 ff., 147 ff., 149 f., 160 f., 189, 320 ff.

h

Haftungsverhältnis 34 f.
Handelsvertreter 189, 324 ff.
Hauptuntersuchung 327 ff.
Höchstwertprinzip 92, 108

i

Inanspruchnahme 43 f., 45, 49, 53 ff., 163, 197
Inflation 103 f., 136
Innenverpflichtung 50, 82
Insolvenzschutz 250 f., 258, 264, 268
Instandhaltung 23, 30, 82 ff., 88, 91, 110, 302 ff.
Instandsetzung 83, 303

j

Jährlicher Aufzinsungsaufwand 179
Jahresabschlusskosten 363 ff.
Jubiläen 50, 224

k

Kippgebühren 118
Körperschaftsteuerrückstellung 213
Komponentenansatz 86 f., 89 f., 91, 329 ff.
Kontinuitätsmodell 344 ff.
Konzernanhang 194, 278
Konzernlagebericht 202 ff.
Korridormethode 244 ff., 248

Kostenänderung 101 ff., 105, 160
Kostensenkungen 104 f.
Kulanz 60, 85 f., 88 f., 91
Kurzfristig fällige Leistungen an Arbeitnehmer 226 f.

l

Lagebericht 202 ff., 206 f.
Latente Steuern 88, 150, 161, 215 ff., 220 ff., 395 ff.
Lebensarbeitszeitkonten 224, 237, 358 ff.
Leistungen aus Anlass der Beendigung des Arbeitsverhältnisses 227, 371 f.
Leistungen nach Beendigung des Arbeitsverhältnisses 226 f., 280
Leistungskongruenz 259 ff.
Leistungsorientierte Altersversorgungsverpflichtungen 227, 232 ff., 242, 247, 279

m

Marktzinssatz 121, 130 ff., 237 f.
Methode gesondert zu betrachtender Teilperioden 144 ff., 150, 161, 322 f.
Mietereinbauten 125 f., 151 ff.
Mietverlängerungsoption 125 f.
Mindestgarantie 255 f., 258
Mischkalkulation 71 f.
Mittelbare Verpflichtung 230 f.

n

Nachtragsbericht 204 f.
Nachzuverrechnender Dienstzeitaufwand 233 f., 275 ff.
Nebenleistungen 51, 209 f.
Netto-Pensionsaufwand 275 ff.
Netto-Pensionsverpflichtung 233 f., 243, 272 f., 280
Netto-Vermögenswert 233 f., 272 f., 276
Netto-Zinskomponente 243, 275 f., 277
Nettobilanzierung 114
Nettomethode 43, 176 ff., 205
Neubewertungskomponente 246, 276 f.
Neuzusagen 228 f.
Nicht zu berücksichtigende Ereignisse 201 f.
Nominaler Verpflichtungsbetrag 94

o

Objektive Verlusterwartung 67f.
Öffentlich-rechtliche Verpflichtung 51, 53, 385
Operative Verluste 55

p

Passiver Rechnungsabgrenzungsposten 36f.
Passivierungspflicht 49f., 66
Passivierungsverbot 50, 55
Passivphase 344ff.
Passivprozess 365ff.
Pendelkosten 380ff.
Pensionsähnliche Verpflichtungen 231
Pensionsaufwand 275ff.
Pensionsfonds 231, 251
Pensionskasse 231, 251
Pensionsrückstellung 223ff., 398ff.
Periodenfremde Aufwendungen 193ff., 207
Periodenfremder Ertrag 45, 193f., 207
Personalaufwand 232, 273ff., 275
Personalrückstellungen 335ff.
Planabgeltungen 275f.
Planänderung 276
Plankürzungen 275
Planvermögen 233f., 242f., 263ff., 266f., 268ff.
Preis- und Kostenänderungen 101ff., 105, 160
Preis- und Kostensenkungen 104f.
Privat-rechtliche Verpflichtung 54
Prozesskosten 365ff.
Prozesszinsen 366
Prüfungskosten 363ff.
PUC-Methode 240, 247f.

r

Rechtliche Separation 264f.
Rechtliche Verursachung 51ff.
Rechtsstreitigkeiten 198, 201, 205, 365ff.
Rekultivierung 150, 158f., 285ff.
Rentenanpassung 235f., 260
Rententrends 235f., 242, 248
Restlaufzeit 121ff., 161
Restlaufzeitänderung 180f., 206
Restrukturierung 46, 62ff., 65, 201, 205, 370ff.
Risiken und Unsicherheiten 96f.

Rohstoffbeschaffungsgeschäfte 309ff.
RückAbzinsV 130
Rückbauverpflichtung 150ff., 155ff., 286ff.
Rückdeckungsversicherung 251, 258ff., 405ff., 409ff.
Rückstellungsspiegel 192f., 197f.

s

Sach- oder Dienstleistungsverpflichtung 99f.
Saldierung 114, 197, 253, 259, 273ff.
Saldierungsbereich 68
Sammelbewertung 92, 110ff., 141, 144ff., 160f.
Sanierung 155, 382, 384ff.
Schadensersatz 107f., 115, 200, 365ff.
Schätzmaßstab 93ff., 160
Schätzungsänderung 108f., 160, 196, 206, 237
Schätzungsunsicherheit 195, 206
Schwebende Geschäfte 55, 66f.
Schwebendes Beschaffungsgeschäft 309ff.
Signing Fee 37f.
Sozialplan 371ff., 382
Standortschließung 377ff., 380f.
Standortverlegung 377ff.
Stay Bonus 38
Sterbegelder 224
Steuerbezogene Eventualverbindlichkeit 220, 395
Steuerliche Teilwertverfahren 241
Steuerrisiken 218ff., 391ff.
Steuerrückstellung 209ff., 391ff.
Subsidiärhaftung 230
Sukzessiv verursachte Verpflichtungen 150, 159, 285ff.

t

Tantieme 336, 338
Teilwertverfahren 240f., 248
Tilgungsrückstellungen 124, 144
Timing-Konzept 215ff.
Transfergesellschaft 379ff.
Treuhandvereinbarung 265f., 267

u

Übergangsgeld 224
Übergangsvorschrift 229, 282, 349, 398ff.

Umgliederung 44 f.
Umschulungskosten 63
Umweltschutzverpflichtungen 388 ff.
Umzugskosten 380 f.
Ungewisse Verbindlichkeiten 28, 31, 65
Unmittelbare Verpflichtung 228 ff., 248
Unselbstständige Nebenleistung 50 f.
Unterjährige Restlaufzeit 132 ff., 139 f., 161
Unterlassene Instandhaltung 82 ff., 91, 302 ff.
Unternehmensindividuelle Zinssätze 132
Unterstützungskasse 231, 251, 258
Unzulässige Vermögensarten 268 ff.
Urlaub 186, 335 ff.
Urlaubsgeld 336, 338
Ursache-Wirkungs-Zusammenhang 60

v

Verbindlichkeitsrückstellung 28, 49 ff., 78
Vereinfachungsregel 237 ff., 278
Vergleichbare langfristig fällige Verpflichtungen 223 f., 226, 271
Verpflichtungsüberschuss 41, 66, 311 f., 315 f.
Verrechnung von Erstattungsansprüchen mit Rückstellungen 117 ff.

Versicherungsmathematische Gewinne und Verluste 233, 244 ff., 248, 275
Versorgungscharakter 224, 356 f.
Verteilungsperiode 151, 154
Verteilungsrückstellung 150, 151 ff., 161, 170, 285 ff.
Verteilungswahlrecht 398 ff.
Verzinsliche Geldleistungsverpflichtung 107 f.
Vollkosten 100, 105, 110
Vorruhestand 224 f., 355 ff.

w

Weihnachtsgeld 34, 336, 338
Wertaufhellende Tatsachen 46 f., 100 f.
Wertbegründende Tatsachen 47 f., 100 f.
Wertfindung 99 ff.
Wertpapiere 251, 257 ff., 405 ff.
Wertpapiergebundene Altersversorgungszusagen 255 ff., 408 ff.
Wirtschaftliche Verursachung 40, 51 ff.
Wirtschaftliche Vorteile 75 f.

z

Zeitwertänderung 274 f., 411
Zinsaufwand 179, 247
Zinssatz 121, 128, 130 ff., 161, 236 ff., 242 f., 248
Zinssatz nach IFRS 135 ff.
Zinssatzänderung 179 f.
Zweckexklusivität 252, 263 ff.

431

Stichwortverzeichnis